新闻学国家特色专业系列教材

新闻采写教程

Xinwen

（第二版）

等编著

四川大学出版社
SICHUAN UNIVERSITY PRESS

图书在版编目（CIP）数据

新闻采写教程 / 操慧等编著. — 2版. — 成都：四川大学出版社，2022.10
新闻学国家特色专业系列教材
ISBN 978-7-5690-5740-9

Ⅰ.①新… Ⅱ.①操… Ⅲ.①新闻采访－高等学校－教材②新闻写作－高等学校－教材 Ⅳ.①G212

中国版本图书馆CIP数据核字（2022）第193138号

书　　名：新闻采写教程（第二版）
　　　　　Xinwen Caixie Jiaocheng（Di-er Ban）
编　　著：操　慧　等
丛　书　名：新闻学国家特色专业系列教材

选题策划：徐　燕
责任编辑：刘一畅
责任校对：王　冰
装帧设计：墨创文化
责任印制：王　炜

出版发行：四川大学出版社有限责任公司
　　　　地　址：成都市一环路南一段24号（610065）
　　　　电　话：（028）85408311（发行部）、85400276（总编室）
　　　　电子邮箱：scupress@vip.163.com
　　　　网　址：https://press.scu.edu.cn
印前制作：四川胜翔数码印务设计有限公司
印刷装订：成都金阳印务有限责任公司

成品尺寸：185mm×260mm
印　　张：46.75
字　　数：917千字

版　　次：2010年12月 第1版
　　　　　2022年11月 第2版
印　　次：2022年11月 第1次印刷
定　　价：88.00元

本社图书如有印装质量问题，请联系发行部调换
版权所有 ◆ 侵权必究

四川大学出版社
微信公众号

再版序

时间犹如恒定向前的列车，风景犹在却亦有新风采。转眼间，全球新闻传播生态发生了翻天覆地的变化，社会网络化的结构方式与生活新体验也让我们真切进入到了信息社会。2007年10月，四川大学文学与新闻学院新闻学专业获得批准，成为我国第一批高校特色专业建设点之一；2010年10月，其建设成果之一的自编教材《新闻采写教程（上下）》正式出版；2018年，《新闻采写教程（上下）》第四次印刷；2019年，四川大学文学与新闻学院新闻学专业入选国家级一流本科专业建设点；2022年7月，《新闻采写教程（上下）》完成修订版……

若以今天作为定位，回望一本教材的"旅迹"，从出版第1版第1次印刷至今，近12年间，不仅新闻传播的社会语境发生了巨变，学科建设与人才培养的侧重也有了更具时代性的内涵，本教材的作者与读者也被赋予多重角色的自省，比如我们从受众到用户的转变，我们从编著者到再学习者、协作者的身份赋能，专业教材之于我们，也许更多是学习社区的共建平台；我们在其中更多是媒介学习的社区一员。这是新时代与新场景，也是新体验与新认知。对于教与学而言，不变的是教学相长走向更加多元、融合；变化的是传道、授业、解惑的内涵与形态具有更多的技术化或媒介化特质，尤其是在不同的学科或专业领域中，学习的开放性与交互性更趋深度化。与此同时，我们意识到随之伴生的一个突出挑战，就是所谓经典适用与普遍实用的教材的品质要求及评价标准也发生了变化，如何动态把握学科、专业的立基之本，并兼顾教材使用者的现实需求与顺应社会、行业的发展？这是本教材此时再版的思考回应，也是修订者有所侧重的主要定位。对此，作为第一编著者和主编，本人以2010年起本教材出版及使用以来的12年教学实践为教材之效用考察及验证载体，不断采集整理了比编著者立场和角色更丰富的各方主要反馈，这些反馈既有我所主讲的本科、研究生专业课程的学生们的课堂作业、实训作品、实践成果与体悟（如我主编出版的"新闻实务与媒体融合案例"丛书《春华秋实新闻行："许川新闻奖"纪念文集（第一届至第十届）》《文新互鉴，融创特色——四川大学文学与新闻学院微信公众号运营实例解析》），还有同行交流、业界切磋、专业参与公共服务的积极评价——诸如媒体阅评报告、审读报告及其他专业媒介批评的成果,更有本人主持与完成的两项国家社科基金项目的内容涵括及鉴定支撑,如此教学、科研与社会服务的知行贯通,给予我极大的鼓励、有益的推动和前瞻的启示:在新闻业务走向泛信息传播和价值引领的社会化、网络化过程中,社会心理学规律及人们对事实信息的求新诉求始终会指引并影响人们不断理解外部世界、现实境遇以及观照自身心灵,这是我们在高等教育的专业化、系统化、通识化互动中的职业审思和实时调整。正因为如此,教材的修订不仅是追求内容与形式的与时俱进,还更应提供一种持久的社会沟通与专业对话,以此为基指向未来发展可能的预见及深度知识服务,进而为一种科学的专业学习方法论的形塑提供认知框架与教育导航。

在此教与学的初心与更上层楼的应变策励下,2022年3月,我带领研究生开启了本书的修订工作。各章分工如下:第一章,操慧、夏迪鑫;第二章,操慧、李玮;第三章,操慧、吴永翠;第四章,操慧、周于七;第五章,操慧、董源;第六章,操慧、雷思远;第七章,操慧、郑秋;第八章,操慧、张诗萌;第九章,操慧、林丽;第十章,操慧、孙振博、曹馨予;第十一章,操慧、彭可诣;第十二章,操慧、蒲可意;第十三章,操慧、卢毅刚、魏梓慧;第十四章,操慧、王薇;第十五章,操慧、李彪;第十六章,操慧、宋巧丽;第十七章,操慧、陈悦月;第十八章,操慧、王北辰;第十九章,操慧、李丹阳;第二十章,操慧、高敏。附录,操慧、何雯青、孙程昱。感谢上述章节中参加修订的我的研究生夏迪鑫、李玮、吴永翠、周于七、董源、雷思远、郑秋、张诗萌、林丽、孙振博、曹馨予、彭可诣、蒲可意、卢毅刚、魏梓慧、王薇、李彪、宋巧丽、陈悦月、王北辰、李丹阳、高敏、何雯青、孙程昱。这些参与者包括2016级至2021级的硕士、博士,有的已经毕业成为高校新闻院系的"青椒",有的还在四川大学文学与新闻学院在读;他们与第一版中参与的同学一样,既是我指导的学生,更是带着网络原住民文化基因的特殊读者,据说他们中的很多同学就是因阅读这本教材而促发导师投考的意向……由此令我在感动之外更加珍视和深刻地感悟到教材育人的润物细无声。做好教材,不仅体现教育工作者的使命自觉,也映照出教育工作本身的时代召唤。正是基于这样的价值认同,本次修订中,我们这个团队始终从以人为核心的能力建设与社会责任出发,立足新闻传播的新形势、新挑战、新趋向,就新闻业务技能与思维学习的自主性、能动性融合路径,多次召开线上线下讨论会,听取学界与业界的前辈、同行意见,并参考出版社责编徐燕老师和刘一畅、王冰编辑的专业建议,最终将重点放在案例的精选和互联网思维能力的阐述融贯中,它表现在替换了一些更具说服力和教学科研价值的实例及解析,同时注重对新的网络信息生态及其诸多业务影响的变化提示与人文立场、伦理道德的强调、坚守。细心的读者会发现,我们在

再版序

每一章前面增加了"内容提要",方便读者一目了然;同时,我们对第一版附录进行了幅度较大的精选重构,力争简明实用,旨在突出媒介融合背景下全媒体业务素养的全面养习之必要、可能与可为,它们作为育人成果生动诠释了本教材学以致用的特色;另一方面,也是对大量 21 世纪新生代学习体验方式的一种兼顾。

作为本教材的总负责人和第一编著者,我保留与沿用了第一版后记,对各章分工及参与者进行了具体说明,它是此次修订的坚实基础和团队传承的温馨定格。我从心底里由衷感谢四川大学文学与新闻学院及新闻传播学科带头人蒋晓丽教授的大力支持及指导;感谢有此机会回望和审视来时路,让我和我的学生团队可以依托四川大学新闻传播教育四十年来的沃土滋养及师长同事的鼓励启迪,以此新的进取探索促进四川大学新闻学一流专业再上新台阶。祈愿我们可以通过再版教材开启专业学习的"心灵对话",在切磋互学中共创求真、向善、尚美的未来新天地。

操 慧

2022 年 7 月

目 录

第一部分 新闻采写的基本原理

第一章 新闻采写的定位 ………………………………………………… （3）
 第一节 理解新闻采写的对象——新闻 ………………………………… （3）
 第二节 理解新闻采写 …………………………………………………… （16）

第二章 统领新闻采写的基本原则 ……………………………………… （31）
 第一节 真实性原则 ……………………………………………………… （31）
 第二节 客观性原则 ……………………………………………………… （47）
 第三节 时效性原则 ……………………………………………………… （67）
 第四节 指导性原则 ……………………………………………………… （90）

第二部分 新闻采写的流程

第三章 新闻发现 ………………………………………………………… （103）
 第一节 新闻敏感 ………………………………………………………… （103）
 第二节 新闻线索 ………………………………………………………… （108）
 第三节 新闻来源 ………………………………………………………… （119）

第四章 静态准备 ………………………………………………………… （123）
 第一节 静态准备的作用和层次 ………………………………………… （123）
 第二节 静态准备的主要方面 …………………………………………… （131）

第五章 新闻采访的步骤 ………………………………………………… （137）
 第一节 预约与营造采访氛围 …………………………………………… （137）
 第二节 提问与回答 ……………………………………………………… （146）
 第三节 倾听与观察 ……………………………………………………… （157）
 第四节 记录与整理 ……………………………………………………… （163）
 第五节 核实与延伸 ……………………………………………………… （165）

第六章　新闻采访的主要方式……………………………………………（169）
第一节　直面采访………………………………………………………（169）
第二节　目击见闻采访…………………………………………………（174）
第三节　电话采访………………………………………………………（180）
第四节　网络采访………………………………………………………（185）
第五节　座谈会和新闻发布会采访……………………………………（194）
第六节　隐性采访………………………………………………………（204）
第七节　体验式采访……………………………………………………（225）

第七章　采访中应注意的问题……………………………………………（230）
第一节　记者的角色……………………………………………………（230）
第二节　媒介性质对采访活动的影响…………………………………（236）
第三节　采访双方的权益与协作………………………………………（239）
第四节　采访设备的介入和使用………………………………………（244）
第五节　采访中的敏感与禁忌…………………………………………（246）
第六节　借鉴西方记者的采访方法要与本国实际相结合……………（249）

第八章　从采访到写作的过渡——新闻构思……………………………（256）
第一节　新闻主题………………………………………………………（256）
第二节　新闻角度………………………………………………………（275）

第九章　新闻的表达………………………………………………………（304）
第一节　新闻结构的考虑与选择………………………………………（304）
第二节　新闻语言………………………………………………………（336）

第三部分　新闻采写的常用报道形式

第十章　消　息……………………………………………………………（367）
第一节　消息的含义及特点……………………………………………（367）
第二节　消息的要素及结构……………………………………………（369）
第三节　消息的类型及写作……………………………………………（397）
第四节　消息写作的走向………………………………………………（410）

第十一章　通　讯…………………………………………………………（417）
第一节　通讯的含义与特点……………………………………………（417）
第二节　通讯的类型与写作要点………………………………………（422）
第三节　通讯写作的走向………………………………………………（446）

第十二章　新闻特写 (455)
第一节　新闻特写的含义与特征 (455)
第二节　新闻特写的主要类型和写作要点 (459)
第三节　新闻特写的发展走向 (475)

第十三章　深度报道 (485)
第一节　深度报道释义 (485)
第二节　深度报道的发展与主要类型 (492)
第三节　深度报道的媒介应用 (522)

第四部分　主要门类的新闻采写

第十四章　时政新闻的采写 (543)
第一节　时政新闻的含义和主要特征 (543)
第二节　时政新闻采写的一般要求 (546)
第三节　时政新闻的分类及其采写要求 (550)

第十五章　经济新闻的采写 (568)
第一节　经济新闻的含义和主要特征 (568)
第二节　经济新闻报道的主要内容 (570)
第三节　经济新闻的采写要领 (580)

第十六章　社会新闻的采写 (589)
第一节　社会新闻的含义和主要特征 (589)
第二节　社会新闻的主要类别 (592)
第三节　社会新闻的采写要求 (601)

第十七章　科教新闻的采写 (612)
第一节　科技新闻的采写 (612)
第二节　教育新闻的采写 (621)

第十八章　文体新闻的采写 (631)
第一节　文艺新闻的采写 (631)
第二节　体育新闻的采写 (638)

第十九章　人物新闻的采写 (650)
第一节　人物新闻的体裁特征 (650)
第二节　人物新闻的主要分类 (655)
第三节　人物新闻的采写 (657)

第五部分　新闻采写的走向

第二十章　融合新闻：媒介融合中的新闻报道…………………………（673）
　第一节　媒介融合：新闻报道的媒介环境………………………………（673）
　第二节　融合新闻：媒介融合下的新闻报道……………………………（678）
　第三节　全能记者：媒介融合下的新闻人才……………………………（685）
附　　录………………………………………………………………………（693）
　附录1　新闻采写作品示例………………………………………………（693）
　附录2　中国新闻工作者职业道德准则…………………………………（704）
　附录3　中华全国新闻工作者协会章程…………………………………（708）
　附录4　中国记者节的设立………………………………………………（713）
　附录5　中国新闻奖简介…………………………………………………（716）
参考文献………………………………………………………………………（729）
后　　记………………………………………………………………………（736）

第一部分

新闻采写的基本原理

第一章 新闻采写的定位

【内容提要】
　　新闻采访与写作是新闻信息传播的业务手段及专业实践。迄今为止，有关新闻的界定主要有事实说、报道说与信息传播说，在此基础上形成了以时新性、重要性、接近性、显要性和趣味性为共识的新闻价值属性。随着新闻实践活动的发展，学界与业界逐步将新闻采访定义为新闻工作者面向大众，为公开传播新闻事实而进行的各种发现、采集、分析、选择客观事实的专业活动，它以时效性、专业性、合法性和独立性为显著特征，兼具有序性、社会性、服务性。作为新闻采访的文本呈现，新闻写作是指记者遵循传播规律进行的对社会事件变动的描述与表达，它体现"用事实说话"的原则及规范。新闻采访与写作是新闻业务流程中的核心环节，采访是写作的基础，写作是采访成效的反映，二者相辅相成，是新闻记者必须掌握的基本新闻职业技能。

第一节　理解新闻采写的对象——新闻

一、关于新闻的主要界说

　　随着世界范围内社会交往的日益密切以及信息传播技术的不断飞跃，人们对新闻信息的需求与日俱增，接触媒体、接收新闻信息的频率也大大提升。新闻采访和写作作为新闻信息传播的主要手段和渠道，是提供新闻信息的专业人士尤其是记者必备的专业技能。新闻采写的对象并非庞杂无序的信息海洋中的任意信息，而是广大受众所需的新闻信息。
　　如何准确地定义新闻，长期以来，学界、业界不断探索，但始终无法给出一个统一的定义。这是一个有趣的现象，我们在对各式各样的"新闻"定义进行总结归类时发现，关于新闻是什么的界说，可以分为三种主要类型：事实说、报道说和信息传播说。

（一）事实说——新闻是重要的事实

何谓"事实"？据《现代汉语词典》的解释，事实就是"事情的真实情况"[①]，包括事物、事件、事态、局势等客观存在的一切物体与现象及其情况的变异态势等。对"事实"的理解，还包括事迹、典故或事物发展的最后结果。可见，"事实"是一种客观存在，它是人类认识的对象和载体。

"新闻"定义的"事实说"，强调"新闻是重要的事实"。我国著名记者范长江认为，"新闻是广大群众欲知、应知而未知的重要事实"[②]。除此之外，新闻学者徐宝璜指出，"新闻者，乃多数阅者所关注之最近事实也"[③]。美国威斯康星大学新闻学教授布莱尔也认为，"新闻是新近发生的能引人兴味的事实"。

我们把新闻理解为一种重要的事实，首先是指在报道中提供受众普遍关注以及需要获取的事实信息。其次，通过记者对事实进行实录，将事实展现在受众面前，使新闻尽可能准确地还原出事件本身的状态和面貌。然而，由于记者作为报道和传播信息的主体，必然受限于各种主观和非主观因素，因此新闻的真实是一种"局部真实"，而非"绝对真实"或者"本质真实"。最后，新闻中的事实与观点有着明确的区分，记者负责呈现、还原事实，而无须代替受众下判断、作结论，即记者只需保证事实的客观性。

（二）报道说——新闻是新近发生的事实的报道

对"报道"一词的理解，可以从两个方面入手：当它做名词时，是指静态的新闻报道成果、作品、文本，即我们常常在报纸上阅读到的、广播上听到的、电视上看到的新闻文章和新闻节目形态；当它做动词使用时，则指新闻媒体从业人员（主要是新闻记者和编辑）把新闻传播给有新闻需求的受众的动态行为和过程。

"报道说"的代表人物是我国著名报人陆定一。他认为，"新闻是新近发生的事实的报道"[④]，这个定义将"新闻"等同于"对新闻的报道"，强调新闻是（新闻媒体从业人员）对新近发生的事实（向新闻受众）进行报道的行为和过程，并且突出

[①] 中国社会科学院语言研究所词典编辑室：《现代汉语词典》（第7版），商务印书馆，2016年版，第1194页。

[②] 范长江，中国著名记者，1934年以天津《大公报》记者身份赴西北采访，发表连续报道，汇编为通讯集《中国的西北角》。转引自郑思礼、郑宇：《现代新闻报道：理解与表达》，云南大学出版社，2004年版，第9页。

[③] 徐宝璜，北京大学教授，最先在国内开设新闻学课程，曾主办中国新闻学刊物《新闻周刊》，1919年11月出版中国第一本新闻专著《新闻学》。

[④] 陆定一，曾任中共中央宣传部部长，该观点是他于1943年在《我们对于新闻学的基本观点》一文中提出的。

了新闻的时效性、事实性和传播的动态性。"报道说"既强调了新闻基于事实的属性，又进一步从实践操作角度对新闻进行了界定，使新闻的定义涵盖了采访与写作的动态流程，较完整地勾画出了新闻作为事实层面和传播层面的状态与流向，为我们今天理解新闻采写的行为与内容奠定了重要的认识基础。

（三）信息传播说——新闻是新近发生的信息的传播

《现代汉语词典》对"信息"的解释，一是指"音信，消息"，二是"信息论中指用符号传送的报道，报道的内容是接收符号者预先不知道的"。[①] 1948年，美国数学家、信息论的创始人香农（Shannon）在《通讯的数学理论》一文中指出："信息是用来消除随机不定性的东西"，也就是说"信息是能够用来消除不确定性的东西"。"新闻"定义的"信息说"，即以"信息论"为依据而提出的，它强调了新闻传播的内容具有对新闻本身不确定性的消除作用，也具有帮助受众消除不确定性的作用。简单来说，将新闻看做信息传播，就是指新闻报道能够反映变动事态的不确定性，让受众及时了解和把握各种变动的过程、势态并产生相应的反馈活动，进而指导生产生活，减少混乱和无序。

事实上，信息在物理属性上涵盖的范围比新闻要广阔得多，信息传播的时间、空间及效果的要求也比新闻传播的特定性宽泛得多。正因为如此，它服务于人们需求的层次、途径、方式等也更丰富，当今新闻传播活动中出现的新闻与信息的边界模糊以及新闻信息化[②]的走向便证明了这一点。随着科技日新月异的发展，新闻传播活动消除不确定性的功能对瞬息万变的社会的重要性不断提升，人们对新闻事实的需求不断提高，因此，新闻作为一种"信息"的说法，亦逐渐被大众认同。

"信息传播说"将新闻的内容范畴由传统的"事实"扩展至信息，而事实是新闻和信息的共同属性之一，因此，当我们在信息中选择一些事实作为新闻进行报道时，就构成了新闻信息，也就是复旦大学童兵教授所说的"新近发生的为公众所关注的具有新闻价值的社会信息"[③]。其次，"信息传播说"将新闻呈现事实的过程的描述由"报道"转变为"传播"，后者包括了传统报道在内的所有形式的传播，并预见了现代多媒体传播的发展所带来的多样化新闻传播的可能性。正如我们今天所

---

① 中国社会科学院语言研究所词典编辑室：《现代汉语词典》（第7版），商务印书馆，2016年版，第1461—1462页。

② 如气象信息在我国成为新闻报道的内容始于20世纪80年代。20世纪90年代中后期，气象新闻成为受到关注的新闻类别被大力发展起来。21世纪，对灾害天气、极端气候以及"哥本哈根全球气候大会"等报道的重视使信息新闻化与新闻信息化的走向突出。

③ 童兵：《理论新闻传播学导论》，中国人民大学出版社，2011年版，第45页。

看到的媒介融合时代的新闻传播样态。

"事实说"强调新闻的真实属性和客观物质性。"报道说"则将"事实说"推进了一步，它不仅包括事实的特性，还描述了具有这些特性的事实如何被呈现的过程。而"信息说"则与媒介融合时代多元化的新闻传播以及媒介接触相吻合，将"事实"与"报道"的概念进一步扩展，并预示着新闻报道的内容扩展和形式创新的动因与前景。综合上述三种界定，本书将新闻界定为：传播者为了消除受众的不确定性，而对新近发生的具有新闻价值的事实进行的传播。

二、新闻采写的客观标准——新闻价值

新闻从业人员面对种类繁多的信息，必须依据一定的标准判断并选择新闻采访和写作的对象。这些判断标准和选择依据是伴随新闻事业的发展，通过无数的报道实践与专业经验积累起来的，即通常所说的新闻价值。它是衡量事实能否成为新闻的客观标尺，是帮助我们判别与选择事实从而进行新闻报道的前提。同时，在新闻采写活动的流程中始终贯穿着对新闻价值的全面认识和把握，因此它也是指导采写活动的重要原则，并将决定新闻报道的传播效果。

（一）什么是新闻价值

新闻价值是新闻的内在属性，作为我们鉴定和判断新闻的尺度与依据，它与新闻的事实性一脉相承，能够帮助我们把新闻从信息中分离出来。

新闻价值是一个复杂的多义性概念，长期以来，我国新闻界不断尝试对新闻价值进行准确的界定，但始终顾此失彼，难以做到全面而准确。新闻价值的难以定义有多重原因，从新闻价值的语义分析来看，它既要包含具有新闻特性的客观事实，又需有新闻工作者选择衡量新闻事实的标准，还应包含对受众共同需要的了解与判断，这三方面贯穿于新闻采集的动态过程中。我国新闻界对新闻价值这一概念的认识主要分为四种类型[①]：

标准说——认为新闻价值是记者、编辑衡量新闻的尺度和标准；

素质说——认为新闻价值是指事实本身包含的足以构成新闻的特殊素质，这些特殊素质决定着新闻价值的大小；

效果说——认为新闻价值就是指新闻所产生的社会影响、作用和效果；

功能说——认为新闻价值是指新闻事实所具备的能引起社会效果的功能。

---

① 雷跃捷：《新闻价值定义再探》，载《现代传播》，1992年第1期。

这四种定义各有千秋,但也都有各自的缺陷。总体来看,标准说和素质说从新闻本身出发,在价值尺度的范畴内规定事实信息能够成为新闻的标准和要素,它一方面与新闻的部分特性相吻合,如引起受众的共同兴趣,满足受众的需要;另一方面,它又包含一定的特殊素质,即受众对新闻事实形成的某些具有共性的评价。但是,标准说和素质说都将新闻价值机械地禁锢在主观的条条框框之中,忽略了记者在灵动多变的实际新闻操作中对事实的评价选择,以及时代迅速发展后价值标准构成的转变和衍生。而效果说和功能说则侧重于从新闻产生的影响效果来考量事实是否具备新闻价值,将新闻的价值体现延伸到了社会实践领域,强调新闻满足人们在社会实践中的信息需要。这两种学说伴随着新闻学研究的深入和兴旺而生,重视了新闻传播过程上的全面性,但是仍未明确地体现出新闻价值在传者和受者间达到的统一。

将新闻价值放在实际新闻操作中来看,对新闻价值概念的难以定论还在于人们对新闻价值判断的异同。新闻价值的判断是蕴含在对新闻事实特性的把握之中的,由于不同的人对同一新闻事实的认识和特性不同,其把握原则与方式是不同的,所以,同一新闻事实的新闻价值,在不同人的眼里,可能是有差异的。但差异的存在并不是说完全不能把握,只要能引发受众的共同关注,满足受众的某些需求,我们就可以认为它是具有一定新闻价值的。这种共识是存在的,也是经过实践证明,具有一定的合理性的。例如2008年四川"5·12"汶川地震这一重大新闻,以其极大的不同寻常性和冲突性成为具有全球关注价值的新闻。对于不同地区的不同受众来说,汶川地震的新闻价值可能有所差异,但总体来讲,它对我们关注的人、自然、社会发展的影响却是一样的。相比之下,我们身边的一些家长里短、凡人琐事、自然景观,虽然没有大地震来得撼动人心,但是,当它内在的一些特性也能满足受众的新闻需求,并具有辅助认知和实践的作用时,我们同样会感觉其是有新闻价值的。

由此可见,对新闻价值的判断和评价,不可避免地会带有主观色彩,它是人们的认识成果,久而久之,这些认识成果便会凝聚成某种经验或形成某些判断。所以,在事实的千差万别和千变万化中,如何准确判断新闻价值,不仅是我们不断认识世界和自我发展的需要,而且应该意识到,其最根本的动力,还源于信息需求和受众需求的根本推动。认识需要得到交流,人的精神交往依赖事实、信息的传播,新闻的传播无疑是这种交流和交往的形式和载体,如何利用好这一形式与载体,就需要我们认识其本质与功用。新闻价值正是作为新闻的内在属性,提供给我们进一步深入理解新闻和新闻传播的切入口。

（二）新闻价值的要素

从新闻的外在呈现来看，新闻价值表现为事实所包含的足以构成新闻的种种特殊素质，这些特殊素质共同构成新闻的价值所在。有关这些要素的特征，中外新闻界和理论界均有不同的说法。

美国新闻学者梅尔文·门彻认为新闻价值是公众对报道感兴趣的因素，主要包含及时性、冲击性，所涉及名人的显赫性、与读者和听众的接近性、事件的不同寻常性、当下性、必要性。他认为在所有的报道中，至少有四分之三的报道具备冲击力、重要性和异常性的特质。美国学者庞德认为新闻价值主要包括时效、距离、事件的大小和重要性四个方面。日本学者杉村太郎认为，新闻价值的条件一是读者多少，二是得其时，三是近距离，四是兴趣的一致，五是异常事件，六是争取，七是与人间活人的关系，八是关于幼儿动物，九是关于嗜好、得意事，十是死伤和名人。

李良荣教授提出，新闻价值就是能够构成新闻的事实所含有的引起人们共同兴趣的"素质"。这些素质包括：时新性、重要性、冲突性、接近性、显著性和趣味性。中国人民大学郑兴东教授认为，新闻价值就是选择和衡量新闻的标准，它主要包括及时、新意、重要三个方面。而新华社记者孙世恺认为，无产阶级的新闻价值具有下列因素：一是看事实体现的路线、方针、政策如何；二要看它对生产力的发展、对社会进步的影响如何；三要看它反映群众工作、学习、生活愿望和要求如何；四要看它对社会秩序和人们的道德风尚所起的作用如何；五要看它给人们以知识和丰富人们的精神生活如何；六要看它对国家政治生活的影响如何。这六类因素中，具备其中一类就有新闻价值。

上述说法表明，尽管中外新闻界对新闻价值的要素在描述上存在差别，但它们对新闻价值的时新性、重要性、接近性、显要性和趣味性五个方面的要素却有着普遍的共识。

1. 时新性

时新性有两层含义：一是指新闻在时间上具有新近性，二是指新闻报道所提供的事实信息具有新鲜性、新颖性。

所谓时间新，就是指新闻事件刚刚发生或正在发生，新闻采写应尽量与之同步，做到快速、及时。美国《纽约时报》前副总编辑罗伯特·赖斯特曾说，"最没有生命的事物莫过于几小时以前发生的新闻"。人们常说新闻是易碎品，它的时效性极易衰减，因此新闻事实的发生与它被报道之间的时差越小，报道的新闻价值就越大。

2008年5月12日14点28分，四川省汶川县发生8级强震，成都震感强烈，

14 点 46 分新华社便通过新华网发布了第一条确认地震发生的消息，14 点 57 分，新华网又发布了四川分社记者陈燮在地震发生的第一时间拍摄的第一张地震照片（见图 1—1）。①

图 1—1　新华社四川分社记者陈燮在汶川地震发生的第一时间拍摄的第一张地震照片

所谓内容新，就是指新闻报道的题材有新意，这种新意既可以是报道对象的异常性、新奇性，也可以是新的角度和新的观点等。人们对于自己司空见惯的事情往往缺乏兴趣，而如果事件与自己的预期大相径庭，越具反常性，并且所包含的未知因素或者知识越多，那么受众就越容易产生兴趣，报道的新颖度也就越高。

2018 年财新数据可视化实验室凭借《博物馆里的国家宝藏》获得了全球数据新闻奖，通过对 235 万件文物数据的可视化处理，制作出精致而鲜活的网络图文新闻，赋予文物以全新的新闻价值（见图 1—2）。②

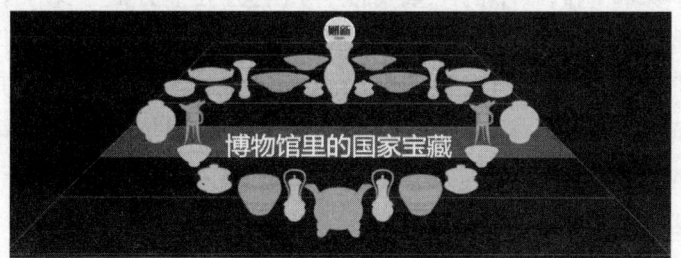

图 1—2　财新网《博物馆里的国家宝藏》网络图文新闻截图

---

①　陈燮：《四川境内发生 7.8 级地震　北京有明显震感（组图）》，新华网，2008 年 5 月 12 日，http：//news.sohu.com/20080512/n256807643.shtml。
②　《博物馆里的国家宝藏》，财新网，https://datanews.caixin.com/interactive/2018/antiques/。

2. 重要性

重要性是指新闻事实对社会和受众可能产生的重要影响。新闻事实产生影响的范围越广，对人们的认知影响越深，重要性就越显著，它的新闻价值就越高。具有重要性的新闻事实往往同公众的生活有着密切的联系，而这种关联的紧密程度决定了事实的新闻价值的高低。凡是多数人迫切关心的事实、在实际生活中迫切需要解决的问题，都具有重要性。

2009年3月，甲型H1N1流感在墨西哥发现，随即蔓延至全球。甲流的爆发和扩散关系到世界各地人民的健康以及社会稳定等诸多利益，成为全球性的公共危机事件，有关甲流的各种信息也因此具有极高的新闻价值（见图1—3）。①

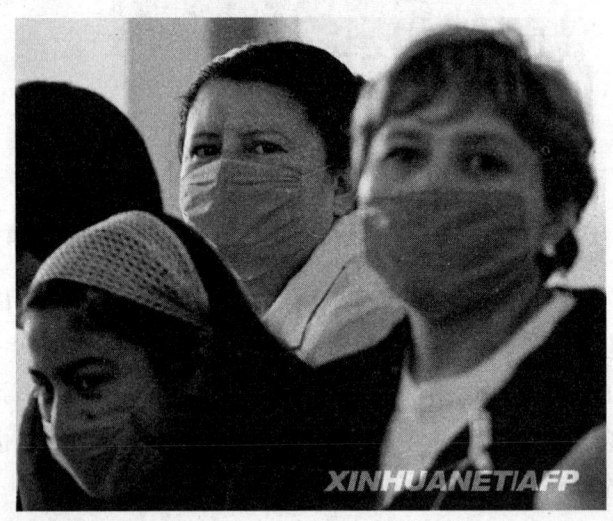

图1—3 在墨西哥首都墨西哥城的一家健康中心，人们戴口罩防止感染流感病毒

西方新闻学家将他们眼中的"重要性"归纳为五个方面：第一，人们的社会地位、名望越显著，其活动的重要性越高；第二，影响和危及国家利益的程度越大，其重要价值越高；第三，事情发展的结局越糟糕、越坏、越凄惨，其重要价值也就越大；第四，读者、听众、观众越关注的新闻，其重要价值越大；第五，新闻事实对过去或未来的影响意义越深远，其重要价值就越大。

3. 接近性

新闻价值中的接近性，是指新闻事实同受众在地域和心理上的远近程度。

地域上的接近性，是指事件发生在特定受众生活的周遭，受众对自己生活范围

---

① 戴维：《墨西哥暴发流感疫情20人死亡 学校关闭（组图）》，新华网，2009年4月25日，http://www.china.com.cn/photo/txt/2009-04/25/content_17670030.htm。

所及的事情更容易产生兴趣。例如成都市发布新的交通管制措施这个信息对当地居民来说很重要，而对北京乃至国外的读者来说几乎没有可关注性。有些学者提出，记者应当把"新闻地方化"，从而"使尽可能多的读者从自己的切身利益上，关心新闻事件的报道及其发展"。西方许多报社把本地的新闻部或本市新闻部作为非常重要的部门，他们高度重视本地新闻报道，往往将主要的人力和物力投入其中，在他们看来，本地受众更关心自己所在区域的新闻，实际情况也确实如此。

心理上的接近性，主要是指新闻事实与受众情感的接近度，即通过新闻事实调动受众的共同兴趣，进而产生喜怒哀乐的情感共鸣，适应和满足受众的心理需求，引起心理认同，这也是新闻事实所包含的人情味的体现。比如新闻事实中提供的与受众相通的经历、体验、感受、职业、阅历、信仰等，都可能使受众产生精神的愉悦或者激起内心的感动，从而拉近受众同报道对象的心理距离，使受众更加深入地理解事实。

2009年1月30日，美国亚利桑那州发生一起重大车祸，美国发生的一起车祸对中国读者来讲可能太过遥远，但是由于车上乘客均为中国人，便唤起了国人对同胞的关切，一下子就从情感上拉近了该起车祸与读者的距离（见图1-4）。①

图1-4 车祸现场图

4. 显要性

这一点主要是针对具有一定知名度的公众人物或者在某方面具有突出特点的人物，显要性即他们身上所具有的突出特征，或者能够引起受众普遍关注的事实。西方

---

① 张炜：《中国游客在美国遇车祸7死16伤（组图）》，中国新闻网，2009年1月31日，http://news.sina.com.cn/c/p/2009-01-31/144317124487.shtml。

新闻理论中有这样一个判别事实的新闻价值的公式，可以作为判断事实显要性的依据：

不平常人＋寻常事＝新闻，如：美国总统奥巴马携全家度假出游

平常人＋不寻常的事＝新闻，如：普通的大学生跳进长江救落水的小孩

不平常人＋不寻常的事＝重大新闻，如：塔利班组织袭击美国世贸大楼

上面的公式中有一个组成部分是"不寻常"因素，也就是新闻价值的异常性因素。当然，这种异常性是相对的，平常的人做寻常的事若是具有一定的特定性或者能够显现出某种不同寻常的特征时，也有可能成为具有显要性的新闻。

"感动中国"支教模范白芳礼老人，蹬车56载支教18年，虽然支教这件事比起某些显要人物或特定人物的同样举动显得平凡，但是他长期坚持的高尚品德却使这一事实极其感人，并体现了整个社会的价值导向，因此，就能成为新闻被报道（见图1—5）。①

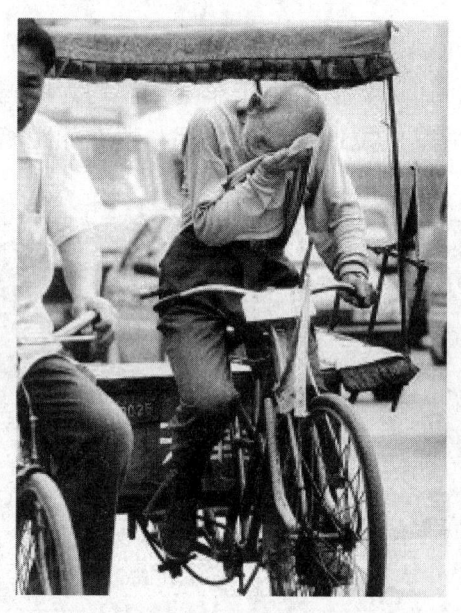

图1—5　白芳礼老人工作图

某些新闻事实的不寻常性需要以时代的发展为背景进行发掘。比如上述图1—5案例中的白芳礼老人，他以普通人的身份默默无闻蹬三轮车的行为看似平常，然而他年事已高，仍坚持以自己的微薄之力献爱心助教的事迹，却在当前受某些不良价值观冲击的社会背景下显示出不同寻常的意义。与一时之善举的某些作秀相比，白

---

① 张鸣岐：《怀念支教模范白芳礼：长留芬芳在人间（图）》，搜狐新闻，http://news.sohu.com/20050924/n227046178.shtml。

芳礼老人的长期坚持难能可贵，也使我们看到当人们习惯于不断的变化，而对某些带有永恒意义的坚守产生动摇和偏离时，这些不变的事实中蕴含着的宝贵价值，并因此凸现出它的"不寻常"。近年来，社会新闻、民生新闻的兴起和发展也表明"凡人凡事其实不凡"的新闻价值观正逐渐被人们所认同，这在很大程度上源于人们越来越关注"凡人凡事"在特定时代背景下的不凡之处，这也成为对新闻事实的不寻常性判断的重要途径。

5. 趣味性

趣味性是指新闻中能够激发受众兴趣的事实，具有趣味性的事实信息不一定能直接作用于人们的生产实践，但它可以是新奇的、是人们所未想到的；可以是情节跌宕起伏、具有戏剧性的；也可以是具有人情味，能够引起受众情感共鸣或震撼的事实。在有关逸闻趣事、社会新闻、反常现象、自然奇观等内容的报道中，这个特性尤为突出。如自然界中由于基因变异导致某些动植物出现奇异的外貌，或者千年难遇的日全食等，都可以满足人们的好奇心。

2010年1月14日，北京奥林匹克公园内的"世界巧克力梦公园"展示了一批精心制作的巧克力雕塑，由巧克力打造的仿秦兵马俑，让人感觉新鲜又有趣（见图1—6）。①

图1—6 由巧克力打造的仿秦兵马俑

随着时代的发展，受众对新闻的趣味性的鉴别和需求也发生了变化。比如人们对亲情、人情、友情等人情味要素愈加看重，相关新闻也受到青睐。此外，趣味也

---

① 《巧克力雕塑作品亮相北京奥林匹克公园（组图）》，新华网，2010年1月14日，http://news.xinhuanet.com/photo/2010-01/14/content_12810836.htm。

有格调之分，需要正确的导向。趣味绝不是表面、浅层次地博人一笑，而是蕴含在现实人们对情感和文化的感性认知中，一些低俗或者恶俗的事实并不具备趣味性，对此需要严加鉴别。

(三) 影响新闻价值判断的因素

新闻价值作为新闻事实的内在规定和特征，是一种客观标准和依据，但是我们对新闻价值的判断，不可避免地会带有主观色彩，某些外部条件的限制也要求我们对新闻价值进行取舍和处理，这就是影响新闻价值判断的因素。换句话说，我们所看到的新闻以及它们所呈现的新闻价值，是报道者从自身角度出发基于客观存在的一种选择和一种权衡，它潜在而微妙地表达着我们对新闻事实的态度、倾向与立场，这也就是新闻所谓的"无形的发言"。

我们看到的新闻，实际上是经过传播者依据新闻价值规律把关之后所呈现的事实，而新闻价值的形成是通过一系列因素作用于传播者和接收者，并最终达成的相对稳定的"契约"。宏观上，这些因素主要包括由国家的政治、经济、文化所决定的媒介体制、媒介生态、媒介法律等；微观上则包含了新闻传播的历史、理论和实践的发展现状等内容。对传播者和接受者而言，这些因素包含了新闻传播理念、技能以及受众的需求和接受心理的变迁等内容。这些影响因素对新闻价值的选择与表现起着重要的作用，并且反映在新闻采写实践中。新闻采访与写作实际上就是伴随这样的综合影响而进行的一种报道实践活动。

我们用图1—7来展示上述提及的影响新闻价值判断的因素，以便清晰、直观地了解新闻价值生成的动态过程。

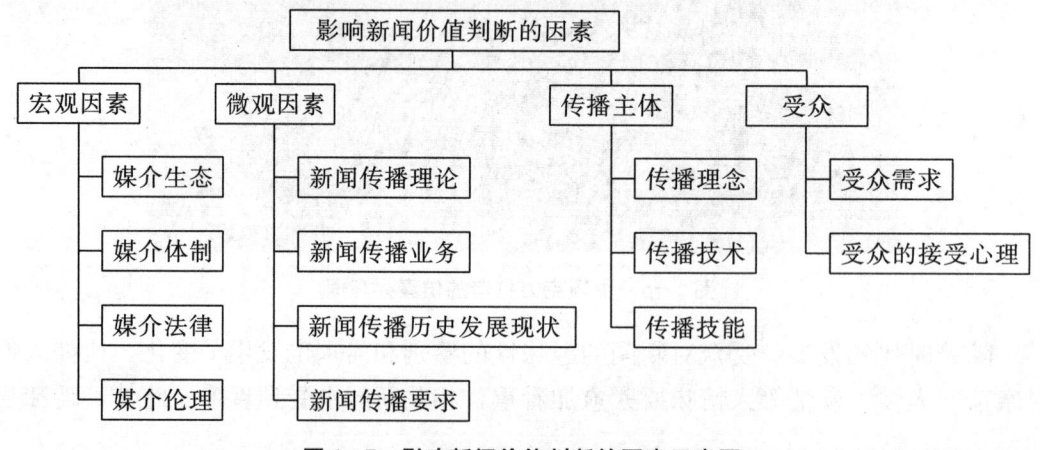

图1—7 影响新闻价值判断的因素示意图

如图1—7所示，传播者对新闻价值的判断和选择，是受到这些因素相互作用和影响的结果。这些因素同时也构成了世界新闻传播的格局和不同国家不同的新闻传播属性与体制，从而规定与限制了不同国家不同新闻媒体对新闻价值的选择标准与侧重面。而这些选择标准与侧重面则是与其国家或地区及民族的实际情况与发展目标相适应的，这也是我们理解新闻报道的样态、发展动因与走向的基本框架。离开这个多重因素交互影响的网络，我们对新闻的理解将是片面和肤浅的。唯有全面地把握这些影响因素，才能更加立体而深入地掌握新闻采访与写作的规律，进而适应媒介融合时代的新闻传播实践活动。

（四）新闻价值观

新闻价值观是指新闻从业人员、新闻机构和广大受众对新闻价值的判断以及判断方法所形成的认识成果，它既是一种观念，也是一种指导实践的方法论。在新闻传播过程中，每个人都会形成自己对新闻的看法与见解，这些看法和见解就是每个人的"新闻价值观"。主观上它代表了我们对新闻的看法，这些看法天然地受到观念、经验等的影响；客观上，它是判别某一事实是否可以成为新闻的客观标准。

需要强调的是，新闻价值观不仅是新闻机构和新闻从业人员所应具备的一种认识论、方法论，它同时也是受众所拥有的一种新闻认知，或者说媒介素养。也就是说，新闻价值观是传受双方选择和理解新闻的一种能力和素养。新闻价值观的形成不仅与我们前面谈到的影响新闻价值判断的多重因素紧密相关，而且还缘于不同的认识主体自身个性、认知方式、经验系统和价值取向上的多样化差异。此外，在特定的历史时期，我们对新闻价值的选择还必然受制于时代背景以及社会发展现状等，因此，对于新闻价值观，我们要避免简单地判别其为正确的或者错误的。

新闻价值观的外化则表现为报道者判断与选择新闻价值的方法，这既包括对新闻事实属性的判断，也包括对新闻所具有的功能的判断。而对新闻事实和报道功能的判断则又具体体现在新闻价值取向的两种定位上——宣传定位和信息定位。这两种定位同前面所述的新闻定义的三种界说是内在关联并一脉相承的。

宣传定位是一种观点传播，强调新闻报道的喉舌功能和思想指导作用，即在一定的社会制度层面通过新闻传播进行特定的舆论引导和舆论规范，以达到有利于社会核心利益发展的明确目的。宣传定位由于其目的的明确性，使新闻从业人员在采写时会主动地倾向于选用符合核心价值观的事实进行重点报道，而对于不利于舆论宣传导向的事实则进行弱化处理甚至隐而不报。在实际采写过程中，宣传定位主要表现为"主题先行"的模式，即记者在正式进行采写之前，就已经按照既定的政策导向对新闻报道主题进行了确定，并沿着事先预想的主题思路搜集资料，对事实信息进行筛选与过滤，使读者在阅读新闻作品时能够直观地领会报道的主旨。新闻的宣传定位有利于使新闻传播达到传播者所设定的理想化状态，但往往忽略了人们对信息的自主选择权利，而这一点正是信息传播定位极其重视的。

信息定位强调新闻的客观属性，它不同于宣传定位有着特定、统一的思想指导规范，信息定位在信息选择上更尊重受众的价值判断与自主选择，凡是客观存在并且是受众感兴趣、欲知的信息，都可以作为新闻进行报道。信息定位主要为西方新闻界所推崇，具体表现为在新闻采写中遵循客观报道的理念，尤其注重对新闻服务功能的开发，通过对新闻客观的采写报道来满足受众对信息的需求，避免信息的缺失及由此导致的观点的偏颇。需要注意的是，信息定位并非绝对地规避价值导向，置身于特定政治经济背景下的新闻无法保持绝对的客观真实，因此信息定位虽然将客观摆在了一个相对重要的地位，但是在实际操作中，新闻传播者仍然可以采用编辑、排版、新闻角度等手法将自身价值导向暗含其中。

在新闻采写的实践中，记者对价值定位的选择反映着其自身的新闻价值观。宣传定位和信息定位作为新闻价值取向的两种基本定位，都有其各自存在的依据和特征。无论记者选择的是何种新闻定位，都应在新闻的时效性和真实性的基础上，建立富有社会责任意识的新闻价值观，以为公众利益服务为原则，坚持新闻的客观真实性，充分满足人们及时获取信息的权利和需求。

第二节 理解新闻采写

一、新闻采访的含义与特性

"采访"一词并不局限于新闻学，采访的古意是我们理解新闻采访含义的基础。"采"，是会意字。《说文解字》中对甲骨文"采"字的释意为："采，捋取也。从木从爪。"即指人用手在树上摘取果实。"访"是形声字，左边是"言"字旁，右边与"方"谐音，就是通过语言四方打听。由此可见，采访的基本含义就是通过打听，获得四面八方的消息。我国第一部诗歌总集《诗经》，就是由古代的采诗官使用采访的方法在民间采集歌谣汇聚而成。

如今，"采访"一词被赋予了丰富的内涵。一方面，根据采访的动机和目的，采访可分为：历史学家调研历史的研究活动，艺术家的采风活动，政府工作人员到基层搜集材料的活动，司法人员审核案情的查访活动等；另一方面，采访不再局限于用语言打听消息，还包括用眼睛侦查、用身体体验、用耳朵倾听等，或者根据不同的情形综合运用身体器官进行采访。比如，艺术家到某地采风，一般会在当地住上一段时间，亲身体验当地人的生活，通过与当地人的交谈、观察他们的日常生活、倾听他们的言语歌谣等方式来获得相应的素材，为下一步创作打下基础。

因此，采访是人类通过深入社会生活的真实场景进行考察，观察和发现客观事物的属性、本质和发展规律，进而认识社会、改造社会的广泛的调查研究活动。

（一）新闻采访的含义

孔子的弟子收集并记录了孔子周游列国时的情形和言行后将其编著为《论语》，后人在阅读时犹如亲历；自唐代出现邸报后，邸吏就承担着搜集皇帝言行、宫廷律令、朝臣奏章等信息，并将这些信息汇集成"邸报"的任务。无论是孔子的弟子编撰《论语》，还是唐朝邸吏汇编"邸报"，他们的行为都属于广义的采访。新闻采访属于采访的一种，现代意义上的新闻采访，最早出现于16世纪的威尼斯。1566年意大利出版了以刊登政治、物价、船期等政治、商业信息为主要内容的《威尼斯公报》，是现代最早的新闻纸，法国学者淮尔在《日报期刊史》一书中记载了当时威尼斯新闻业的情况："甚多新闻记者，均系素执此业，轮流为手书新闻记者，新闻记者、报告记者、报纸记者。"[1] 19世纪初，西方近代报业传入中国，来华传教士兴办了第一批近代华文报刊，成为中国新闻采访活动的开端；广东人梁发等参与办报，成为近代中国最早的记者之一。随着职业记者的出现，新闻采访逐渐成为一种固定的职业行为，需要专业人员深入现场进行调查研究进而获取信息，因此它也属于采访活动的一种。

随着新闻事业的发展，业界对新闻采访的研究日益深入，并且从新闻学的角度逐渐深化了新闻采访的定义。前人对新闻采访的界定很多，总的来说，我国学者对新闻采访含义的概括主要有两类：一是将其定义为新闻记者搜集新闻报道材料的活动，如"新闻采访是记者、通讯员寻找和采集新闻素材的活动"[2]。二是强调新闻采访的调查性，将其视为报道新闻而进行的调查研究活动，如"采访是新闻工作者为新闻报道而进行的了解客观情况的活动，它实质上是一种调查研究工作"[3]。这两类看法都具有针对性，但也存在一定的缺陷。

第一类界定混淆了新闻采访的直接目的和最终目的。新闻采访的直接目的是搜集素材，生成新闻作品；而最终目的是把广大群众欲知、应知而未知的重要事实、

---

[1] 罗以澄、吴玉兰：《新闻采访》，中南大学出版社，2005年版，第2页。
[2] 何志武：《新闻采访》，武汉大学出版社，2006年版，第5页。
[3] 邝云妙：《当代新闻采访学》，暨南大学出版社，1998年版，第9页。

新的或新鲜的信息，尽量及时地通过各种大众媒介传播给受众。新闻采访活动不同于一般搜集材料的过程，它的最终目的是向受众传播新闻事实。新闻采访行为的主体需要有较强的受众意识，多角度搜集事实素材，力求为受众提供完整而全面的新闻事实；新闻采访行为的客体则是带有普遍关注度、有价值的新闻事实。

第二类界定将新闻采访等同于一般的调查研究，这是不准确的。首先，新闻采访的范围广泛，社会生活的各个领域和方面都可以是新闻采访活动涉及的对象。一般的调查研究的范围较为固定，主要涉及专业领域，调研的目的是为了解决某一具体问题，如法院为案件取证而进行调查，物价局为掌握商品价格而进行调查等。其次，新闻的目的是为了满足受众的知情权，因此新闻采访的结果主要用于公开发布。而其他的职能部门有着特定的职责，如商业部门的调研内容涉及商业机密，因此这些机构的调研结果通常是非公开传播或者小范围传播。正如著名记者艾丰所说，新闻采访是一种特殊的调查研究，其特殊性由它的目的性、行为的高效性以及社会作用的间接性等决定。

此外，西方新闻界还看重新闻采访主体和客体双向交流的过程。如美国学者沃伦等人在《实用新闻学基础》中将采访定义为"采访是一种人际交往，是被采访者与采访者之间面对面的一种思想和个性的交流"[①]。这种界定单纯地将新闻采访视作一种社会人际交往活动，而这只是新闻采访的一种社会属性，后文将对此进行详述。

从上述的解析中我们可以看出，新闻采访不仅是搜集事实、信息等素材的活动，还兼顾传播事实、信息的目的；它也不等同于一般的调查研究活动，而是具有新闻报道活动特定的职业属性。因此，本书将采访的含义诠释为：新闻采访是新闻工作者面向大众，为公开传播新闻事实而进行的各种发现、采集、分析、选择客观事实的专业活动，它是新闻学的核心，也是全部新闻工作的基础；作为一项重要的新闻业务技能，它是每个新闻工作者的职业必备。首先，新闻采访主体是拥有从业资格的新闻工作者，他们掌握新闻专业知识，熟知各种其他知识，遵守新闻职业操守。再次，新闻采访的目的是公开传播新闻事实，新闻采访的客体是具有新闻价值的客观事实。而主体与客体的桥梁，是新闻采访主体能动地认识、掌握新闻采访客体，即新闻采访主体按新闻事业的规律，发现、采集、分析、选择客观事实的过程，其最终目的是公开传播新闻事实。新闻采访是新闻实践活动的起点，也是核心部分。俗话说，"七分采，三分写"，新闻采访同新闻事业的其他部分紧密相连，是新闻写作的先决条件，是新闻事实成为新闻报道的桥梁。

---

① 转引自邱沛篁：《新闻采访论》，四川大学出版社，2001年版，第2页。

（二）新闻采访的特性

新闻采访的目的是采集新闻素材，向大众传播新闻，满足受众的信息诉求，这也使得新闻采访与一般的采访活动区别开来，具有其作为新闻工作的职业特性，即时效性和专业性、合法性和独立性。

1. 时效性和专业性

要辩证认识事物的发展和变化这一特性。新闻采访的客体即新闻采访的对象和内容包含了各种新鲜事物和现象，它们处于不断的发展和变化之中。新闻采访的对象可能在下一个时间点上就会发展为更新的事实，而先前的新闻将变为旧闻，新闻的"速朽"性说法越容易为受众所接受。这就要求新闻采访遵循新闻传播时效性的规律，缩短新闻事件发生的时间和新闻报道时间的距离，达到最佳的传播效果。因此，新闻采访要求新闻工作者有"抢新闻"的意识，全力提高采访的效率，保证新闻的"新鲜度"，以满足受众的信息需求。2003年，新华社将社内"社长总编辑奖"颁发给旗下巴格达分社的报道员贾迈勒·艾哈迈德，原因是他在2003年3月20日凌晨率先向新华社中东总分社发出快讯："巴格达响起爆炸声，美国对伊拉克开战。"新华社立刻用英语将这一快讯向全世界发送，成为第一家播发2003年伊拉克战争开始的媒体。可见新闻采访的时效性越强，新闻媒体的报道就越能抢得先机。值得一提的是，新闻采访的时效性必须建立在真实、准确的基础之上，同时要遵循一定的行业规范，符合相关法律的规定。在某些特殊情况下，需要从报道的时机和时宜出发，以传播的效果为重，而不是盲目追求时新。比如2000年《纽约时报》在美国总统大选正式结果出来前就宣布了某人获胜的消息，最后与实际结果相违背，这种过于功利地追求时效性的报道行为就不符合新闻采访的原则。

新闻采访的专业性是指新闻采访活动必须做到真实和客观公正。真实是新闻采访的第一生命，新闻采访不仅要达到部分真实或细节真实，而且必须达到整体真实，这样才能使新闻报道最大限度地真实反映客观事物的原貌。因此，在新闻采访活动中，新闻工作者要以实事求是的态度去挖掘事实的本质，要尽最大的努力，深入现场采访，获得第一手资料，既要尽可能全面地掌握事实的原貌、脉络，又要了解事实的背景和细节等信息，并且需要将事实所包含的各项基本要素核实准确。另外，新闻工作者作为具有职业素养和职责的专业人员，在进行采访"把关"时要按中立的标准，而非就个人好恶对事实进行分析、选择，自始至终都要遵循客观公正的原则。如果新闻采访只偏向事物的一面、以偏概全，或者加入主观臆断影响采访实施，其采集到的事实信息经传播后就会造成受众接受信息的偏差，导致受众不能全面、平衡地了解事实，在一定程度上致使新闻失实，甚至酿成不良的社会影响。

2. 合法性和独立性

2007年11月6日,第8个记者节即将来临之际,新闻出版总署就保障新闻采编人员合法采访权利发出通知,明确指出:新闻采编人员合法的新闻采访活动受法律保护,任何组织和个人不得干扰、阻碍新闻采编人员合法的新闻采访活动。现今,破坏新闻工作者合法进行新闻采访的现象屡见不鲜,有的单位及人员粗暴干涉新闻记者的正常采访活动,甚至出现殴打记者、毁坏采访器材等恶性事件;部分社会人员假冒新闻记者身份,以新闻采访为名从事诈骗活动;还有的新闻单位未按照国家有关规定履行用人单位义务,不与采编人员订立聘用合同,不为符合条件的采编人员申领新闻记者证等。这些做法严重影响了新闻采编人员正常的新闻采访活动,侵犯了新闻记者的采访权和社会公众的知情权。新闻出版总署在通知中指出:新闻采访活动是保证公众知情权,实现社会舆论监督的重要途径。我国宪法第35条明确规定,中国公民有言论、出版、集会、结社、游行、示威的自由,公民的言论自由和知情权受到宪法的保护,肆意剥夺新闻工作者的采访权,就是损害人民的知情权、表达权、参与权和监督权。因此,新闻工作者的采访权受到相关行政法规的保护,依法设立的新闻单位和依法获得从业资格的新闻工作者,就新闻工作的目的,拥有开展自主性新闻采访活动的权利,新闻采访具有合法性。

从新闻报道的社会功能定位出发,新闻采访的最终目的在于还原新闻事实及真相于受众,它是代表新闻媒体服务于社会公共利益的职业行为,而不是单纯地服务于某一机构或个人,因此理论上不应受某些权力或利益的左右,新闻记者必须坚持客观公正的立场,保持独立思考,尤其是在揭露事件真相、展现事实矛盾冲突等报道中,须不受利益和权力左右,尽力获取事件各方面的情况,全面充分地呈现事实。这种实践原则有助于实现报道平衡,为新闻写作打下良好的基础。

从发现新闻线索,确定采访对象,搜集、分析新闻素材这个行为流程来看,新闻采访主要由编辑指挥、协调,记者独立执行采访任务构成。记者在新闻采访中往往需要应对一些突发事件以及处理其他未知的因素,这就需要保持清醒的头脑,冷静地思考并迅速做出反应,这种独立应对采访的能力也是新闻采访的独立性特征对记者提出的要求。

另外,新闻采访作为一种特殊的调查研究活动,需要新闻报道者深入社会生活采集具有新闻价值的事实信息,进而满足受众的需求。因此,新闻采访还具有信息采集的活动特性:有序性、社会性、服务性。

(1) 有序性。

新闻采访作为一种信息采集过程,具有一定的操作实施顺序和步骤。我们来看《中国青年报》获得第十九届中国新闻奖一等奖的报道《山西霍宝干河煤矿矿难记者领"封口费"事件》的采访过程。

2008年10月21日,《中国青年报》特别报道部主任吴湘韩看到山西"封口费"事件帖子后,安排记者李剑平采访。李剑平找到了发帖的原始网站,但对方以种种理由不愿提供拍摄者的联系方式。10月24日,吴湘韩通过上网搜索,发现"中国315诚信网"上有这个帖子,注明是"本网联动记者戴骁军特别维权报道"。他马上将这个消息告诉了李剑平,李剑平通过山西某报的朋友,终于找到了戴骁军的联系方式。当天晚上,李剑平和本报驻天津记者张国在北京会合,连夜坐火车赶往太原。第二天上午,李剑平和张国在《西部时报》驻山西记者站办公室采访戴骁军后,拷贝了他拍摄的原始照片。紧接着,兵分两路,李剑平留守太原采访"封口费"其他知情人士,与视频资料拍摄者"直播山西"联系获取第一手证据,采访山西省新闻出版局等主管部门。张国则乘火车赶往临汾市洪洞县的干河煤矿现场采访。张国正面采访了矿工、出租车司机,暗访了煤矿工作人员,证实矿难是真、瞒报是真、发放"封口费"也是真。但是张国的采访并不顺利,他赶到干河煤矿控股方——霍州煤电集团公司采访董事长杨根贵,杨董事长证实了干河煤矿事故迟报及发放"封口费"之事,并称公司已做出处理。《中国青年报》记者对这一事件紧追不舍,得到调查组的配合,独家首发了许多报道,从而引导了舆论。

从这一例子我们可以看出,新闻采访是有组织、有安排、有分工、有序的采访活动。新闻记者以新闻敏感捕捉新闻线索是新闻采访的基础,在衡量新闻价值,选取新闻角度以后,就要明确报道意图,进行新闻策划。在新闻采访开始时,记者要做好充分的采访准备,在了解相关背景、基本事实等以后,就要着手采集事实材料,并对事实材料进行分析,提炼新闻主题,构思新闻框架,然后继续深入采访。这样的过程循环往复,新闻工作者每次都可能在原有事实材料的基础上又获得新的素材,产生新的新闻主题,直至某一报道达到一定的高度和深度。如果不按照这样的顺序逐步理清采访思路,或者某一环节断裂失效,记者就不可能采写出证据确凿、客观真实并具有较大社会影响力的优秀报道。

(2)社会性。

作为新闻采访内在特性之一的社会性主要包含两个层面:第一,记者的采访对象来自社会生活实际,因此实施采访的对象和内容必定具有一定的身份和社会属性。这些采访对象有着不同的年龄与性别、职业,其受教育程度、性格与经历等也不相同,这就是他们的社会属性。这一方面构成了采访对象的背景,另一方面也可能是事实信息的重要来源。原中央电视台主持人王志在谈采访时曾经强调,作为一名记者,采访的落脚点不应该放在采访对象的专业属性上,而应放在人的社会属性上。比如他在采访钟南山时,就不仅看到了钟南山作为医生这一职业身份,还着重通过采访挖掘了他作为一个社会的人所具有的人性层面的特征。

第二，新闻采访是记者代表新闻机构这一社会性组织与采访对象进行交流并获取信息的行为，不同于与私人的人际交流活动，从这个角度说，新闻采访的行为特征和操作方式具有人际交往与沟通的属性，是一种具有较强社会性的活动。正如我们常说的，新闻工作者也是社会活动家。方汉奇教授曾说："新闻人当有历史使命感。"因此新闻采访也是肩负一定使命的交往，它不同于私人交流。私人交流从个人利益出发，而新闻采访以维护公共利益为使命，当在采访中采访对象的个人利益涉及公共利益的时候，就不再是纯粹的个人私事，而是社会公共事务的一部分，此时个人私事要让位于新闻采访。

此外，新闻采访的社会性也反映在记者在采访时要具备良好的人际交往能力，要善于同各种人打交道，拥有较强的心理分析能力，营造有利于采访的氛围，并且在采访时要尊重采访对象的权利，正确把握采访的尺度。

（3）服务性。

新闻采访是具有社会性的信息采集活动，这一行为本身并不体现服务性，然而受众需要通过消费新闻产品获取信息，而新闻采访担负着信息采集的任务，因此从这个意义上讲，新闻采访具有一定的服务性。新闻采访在服务性这一特性的指导下，展开对具有新闻价值的新闻事实的采集。比如，新闻事件所包含的时间、地点、人物等我们常说的"5W+H"等内容，就是受众通常需要关注的内容。新闻报道必须通过新闻采访向受众呈现其中重要的事实或信息，以及其他一些受众感兴趣的内容，以满足其新闻需求。

不同的新闻机构拥有不同的受众群体，受众的信息需求也有所不同。因此，新闻采访对象或内容的选取不仅要考虑受众的共同兴趣，还要注意受众兴趣的差异性，体现其信息供给服务的针对性。比如，不同职业类别的受众群体，如医生、教师、农民，或者不同年龄阶段的受众群体，如"90后""80后""70后"等，他们有着不同的思维特征、兴趣偏好和审美差异，记者必然要针对他们的特点来考虑采访的设计和实施，以多样化的新闻报道来满足受众多样化的需求。

此外，受众获得信息的目的在于认识社会，从而能动地改造社会，促进社会的发展。因此，新闻采访服务受众的根本目的就是服务社会，新闻采访活动中要挖掘有益于社会进步的客观事实，要把握时机，准确反映具有社会重大意义的客观事实，注重社会效果，充分发挥引导舆论的功效。

新闻采访肩负着信息采集的任务，是新闻传播环节中的重要步骤和基本手段，也是记者必须掌握的基本功之一，它的时效性和专业性、合法性和独立性等新闻工作特有的职业特性，即有序性、社会性和服务性等信息传播活动特征，使其具有新闻传播和社会活动的双重意义。

二、新闻写作的含义与特征

（一）新闻写作的含义

新闻写作是指记者将采访所得的事实与信息，根据新闻价值规律和受众接受习惯，运用新闻思维进行构思与表达后将其转化为供受众阅听的文本的过程。也就是说，新闻写作是将动态的信息采集凝结成相对静态的文本的过程。

新闻写作主要包含构思与表达两个阶段：第一阶段是按照新闻价值规律对新闻采访所得到的事实和信息进行取舍的构思阶段；第二阶段是按照受众的需求与接受习惯，对这些事实和信息进行组织、安排并形成具体文本的表达阶段。

记者对事实和信息的取舍，开始于新闻选题之初，并贯穿整个新闻采访和写作的过程。记者在选题时，就会对新闻事实所具有的新闻价值做出初步的判定，从而形成采访计划或采访提纲，用以指导采访工作。在采访过程中，记者可能会找到相关的事实来证实自己之前的新闻价值判断，也可能发现新的新闻价值点，并对之进行深度挖掘。完成采访后，记者要对已有的事实和信息作出更明确的新闻价值判断，并进行进一步的取舍，确立报道主题和选择新闻角度，从而过渡到提笔写作阶段。

进入新闻写作的表达阶段后，记者需要根据受众需求与接受习惯，对筛选出来的事实和信息进行有效的组装和呈现。要围绕新闻主题来建构报道的结构，编织报道素材，设定报道进程。在这一阶段，记者为了高效地传递信息，需要掌握一些基本的新闻体裁，如消息、通讯、特写等，还需要掌握一些基本的新闻写作结构，如倒金字塔结构、金字塔结构、时间顺序结构、华尔街日报结构等。

新闻写作正是通过这些体裁及结构方式生成新闻作品，并在最大程度上体现采访成效。我们在谈及新闻报道水平的高低时，通常是以新闻写作及作品为载体进行评判。好的新闻写作能充分展现新闻采访的成果，让受众清楚地了解新闻事实和接收新闻信息。也就是说，新闻采访是动态化的新闻写作的准备，新闻写作是静态化的新闻采访效果的凝聚。

（二）新闻写作的特征

同为写作，新闻写作具有一般文体写作的基本属性与共性。首先，新闻写作也是人类运用语言形式，表达对世界看法的精神产品；其次，新闻写作也要历经观察、思考和运笔三个步骤来生成文本；再者，新闻写作在表现手段上也与其他写作基本相同，也要使用叙述、抒情、议论等多种表现手法。① 但作为一种特定的专业写作，新闻写作必须遵循新闻价值规律等原则选择和组织材料，写作中一方面要根据事实与信息的属性及价值进行取舍，另一方面要运用合理的结构和表达方式进行安排，因此新闻写作在实践中逐渐形成了特有的写作规范，主要包含以下几点特征。

1. 新闻写作是严格建立在事实基础之上的写作

文学写作中的事实，是作者主观感受的现实投影，它服务于作者的思想和情感，可以进行虚构和加工。而新闻写作中，事实是新闻价值的载体，新闻报道要体现一定的新闻价值就必须尊重事实第一的原则，将新闻写作严格建立在事实的基础上。这是由新闻写作的目的即将新近发生的事实准确、迅速地呈现给受众所决定的。复旦大学王中教授说："高尔基说，文学是人学；那么我说，新闻就是事学。"可见新闻写作是为了表述新闻事实而进行的特殊写作活动。

新闻写作中使用的事实材料，不能是道听途说的消息或者记者随意联想的内容，而必须是通过采访所获得的翔实的事实材料。为了表述出尽可能准确的事实，记者在新闻写作前必须扎扎实实地实施采访和搜集资料，并保证信息的准确性和可靠性。在写作的过程中，记者必须忠于事实材料，不能根据自己的成见或者某些特定的偏好对事实材料进行违背事实原貌的增减或歪曲，而应当遵循真实与客观性原则还原事实的本来面貌，尤其是细节和数据必须经过核实，力求准确。

2022年3月21日东航飞机失事后，央视新闻发出的快讯是这样描述的：

> 一架东航搭载133人的波音737客机在广西梧州藤县发生事故，并引发山火。目前救援队伍已经集结正在靠近，伤亡情况未明。

消息交代飞机发生事故、伤亡情况未明，在没有得到确切答案前，并没有对事故的原因妄加推测，这样的语言表达方式反映了记者在新闻写作中保证新闻事实准确性的意识。

我们再来看艾丰在《新闻写作方法论》一书中引用的一个例子，括号内是他本人的点评：

---

① 戴振雯：《当代新闻写作教程》，合肥工业大学出版社，2004年版，第14页。

法新社综述世界各国承认俄罗斯的情况[①]

法新社巴黎（1991年）12月24日英文电（记者 菲力普·索瓦尼亚格）综述：俄罗斯是苏联的继承国，但是独立国家联合体的其他国家有需要履行的准则。

俄罗斯已得到欧共同体的承认，不久也会得到美国的承认，所以从所有实际作用上它似乎已经取代了从前的苏联在世界舞台上的位置。（这个导语里面，实际上就有记者的话，记者对这一事件的评价和估价，主要是最后那句话。）

…………

就连坚持共产主义的中国，过去一向是用非难的眼光注视苏联的事态的，现在看来也承认了这种不可避免的事实。（这些文字里面很明显地包含着记者要说的话，他把自己对事情评价，用一种好像很客观的方法叙述出来了。）

艾丰评论的这篇稿件有违事实的原貌，其中"不久也会得到美国的承认""中国……现在看来也承认了这种不可避免的事实"等内容都是作者的主观想象，却被当成了事实信息报道出来，这样的写作方式违背了新闻写作以事实为基础的重要原则，是不可取的。

2. 新闻写作是追求时效性的写作

一般的写作通常没有紧迫的时间要求，如文学作品为了追求完美，可以"十年磨一剑"，《红楼梦》便经历了"批阅十载，增删五次"的漫长写作过程。而一般来说，新闻所包含的新闻价值会随着时间的延后而迅速递减，即新闻是所谓的"易碎品"。比如，一场备受关注的体育比赛，人们需要第一时间得知比赛结果，而如果对应的新闻报道在比赛结束后几天才完成，则必然会错过大多数受众的时限需求范围，报道也很难再引起受众的注意。因此，新闻产品的制作及发布流程必须快速及时，这样才能实现新闻传播的效果。新闻写作作为流程中最重要的文本生成环节在时效性上有着严格的时间限制，因此新闻写作要求记者必须迅速高效地完成对事实材料的加工。2003年新华社在全球范围内独家首发了伊拉克战争爆发的消息："巴格达响起空袭警报和爆炸声！"不久，新华社又以全球第一的速度向世界发出了"布什宣布对伊战争开始"的消息，并且第一时间抢发了多篇英文稿件，如《CNN记者被伊拉克驱逐》《伊北方重镇摩苏尔发生大爆炸》《美军进入伊境内160公里》《美国防部长宣布美军在进攻途中遭到激烈抵抗》等。对伊拉克战争这样的重大事

[①] 艾丰：《新闻写作方法论》，人民日报出版社，2007年版，第74~75页。

件，全球新闻媒体都做好了抢发新闻的准备，可谓分秒必争，在各大通讯社技术手段相差无几的情况下，新华社作为中国国家通讯社能拔得头筹，其采编人员高度的新闻时效意识是他们能高效完成稿件的重要保障。媒介融合时代信息的传播手段日益发达，人们对新闻时效性的要求也越来越高。面对激烈的新闻竞争，新闻媒体已由过去的"报新闻"演变成"抢新闻"。许多新闻事件往往处在不断发展变化的进程之中，每天都会有新的变化，新闻报道者必须保持高度的"戒备"，狠抓新闻的时效性，提倡高效的新闻写作，才能迅速地实现新闻产品的更新。新闻写作作为新闻传播活动的主要环节，若跟不上事实变动的脚步，其报道的新闻价值必定会大打折扣，这不仅是新闻价值的损失，更会导致新闻媒体在竞争中落败。

3. 新闻写作是面向大众的写作

新闻写作将信息采集的结果凝结成文本，并最终将其呈现给它的受众，这些受众属于不同的社会阶层、年龄段，有着不同的教育背景，这就意味着新闻写作是面向大众的写作。新闻写作的这一特征主要包含以下几层含义：

一是新闻写作在构思阶段就要考虑目标受众的信息需求，从而决定内容的取舍。在信息爆炸的时代，知识更新的速度超出我们的想象，面对无尽的新闻和信息，受众的信息需求也趋于多元化。有时为了快速获取信息，受众希望花最少的时间弄清楚一条新闻的主要事实，这就需要新闻写作通俗易懂，以最简洁的篇幅呈现最清晰、明确和可靠的信息。2008年9月17日，人民网播发消息《22家企业奶粉检出三聚氰胺》，其中末尾是这样写的：

> 据医学专家介绍，三聚氰胺是一种低毒性化工产品，婴幼儿大量摄入可引起泌尿系统疾病。目前患泌尿系统结石的婴幼儿，主要是由于食用了含有大量三聚氰胺的三鹿牌婴幼儿配方奶粉引起的，多数患儿通过多饮水、勤排尿等方法，结石可自行排出。如出现尿液混浊、排尿困难等症状时，需要及时到医院就诊。发生急性肾功能衰竭时，如及时治疗，患儿也可以恢复。卫生部门要求各医疗机构进一步加强对含三聚氰胺奶粉引发病例的筛查诊断工作，国家有关部门将继续密切跟踪调查。

记者在写作中主要选取了含三聚氰胺的奶粉会对婴儿有怎样的影响、怎样辨别患儿的病症以及在什么情况下要去医院治疗等普通受众更想知道的、与他们自身切实相关的事实信息。从受众需求的角度来讲，这些信息是首要的，所以在消息中，记者将这些问题说明白就可以了。而有时受众则需要具有深度的新闻报道，这就需要新闻写作提供更多的背景材料和相关情况，让受众了解事情的来龙去脉，或在某一方面进行深入的剖析，充分满足受众更深层次的信息需求。比如，同样是关于三聚氰胺奶粉事件,《南风窗》2008年第20期的稿件《奶粉事件的"阶层分析"》就是关于奶制品生产链的报道分析,尤其是重点分析了处于底层的奶农的情况。对此感兴趣的受众通过这篇报道,可以更好地分析奶粉安全事故背后的复杂原因,了解到一些侧面的、不被普遍重视的问题,比如奶农的生存状况。

二是新闻写作在表达上要考虑目标受众的阅读能力和接受心理。面向大众的新闻写作应当是通俗易懂的,艰深古奥或晦涩难懂都不利于受众有效地接受新闻。大众化、通俗化的写作足以实现将新闻事实传递给受众这一新闻写作的目的。新闻写作重在把事实说清楚,将客观实际情况如实呈现给受众,而不是通过高深的知识和华丽的词藻来表达。比如前面提到的《22家企业奶粉检出三聚氰胺》这则消息,记者在此报道中没有写出三聚氰胺的分子式、连篇累牍地介绍它的化学属性,也没有分析它是怎样导致泌尿系统发生怎样的病变,而是简略说明了三聚氰胺是一种低毒性化工产品,大量摄入后会对婴儿有影响,以及婴儿患病后的表现特征和解决办法等,将化学、医学等专业知识巧妙地融入其中,让受众能够轻松阅读,并通过深入浅出的描述得到有用的知识和信息。再比如,报道某某人获得诺贝尔奖,普通受众往往对获奖结果感兴趣,若要报道专业的知识与效用则需要在新闻写作中以目标受众可接受的语言和表达进行呈现。而相关的专业人士通常有其学术资源获取相关信息,不需要过于专业的新闻报道去探究有关的学术内容。

三是新闻写作的大众化、通俗化与低俗化是有本质区别的。大众化、通俗化是传播者为了使信息能更好地被更多的受众所接受而使用浅显易懂的表达方式,并在内容选择上尽可能地考虑大多数受众的需求和接受能力。低俗化是指媒体为了迎合部分受众而猎奇猎趣,大肆渲染色情、暴力等低俗内容。新闻写作追求大众化是为了达成更好的传播效果,更好地为受众服务。低俗化的内容和写作手法虽然短时间内会帮助媒体挣得一定的读者群,但是它会对社会风气产生不良影响,并且从长远来看也不利于媒体的生存发展。因此,新闻写作在使用大众化的写作方式的时候,一定要注意和低俗化划清界限。

同时还需要说明的是,新闻写作的大众化、通俗化,不是指降低新闻写作的要求,甚至没有审美诉求,而是指新闻的特性决定了受众对它的预期与诉求,这就使新闻写作形成了它区别于其他文体写作的内在规定性。记者应该在写作上下苦功夫,力争写出简洁凝练,条理清晰,能准确、生动地传递新闻事实的作品,为给受众创造"悦读"新闻的轻松愉快而不懈努力。

4. 新闻写作需要遵循新闻文体的规范

新闻的表现形式包括消息、通讯、特写等各种体裁,记者需要根据新闻事实的价值以及传播的时机和渠道等,选择恰当的新闻体裁进行写作。不同的体裁对于新闻写作有着不同的规范和要求（本书将在后面部分详细讲解），这也是新闻写作的内在要求。

新闻写作必须遵循一定的新闻体裁规范，这并不是说用一成不变的格式限制写作，而是指记者应按照新闻实践发展过程中保留下来的、被业界普遍认同、具有良好的传播效果的写作方式来辅助写作。换言之，我们必须先熟练掌握这些规范，才能根据不同的采访素材以及受众需求的差异变化等，灵活幻化出更贴近受众、具有时代气息的报道表现方式。比如写作消息时，就要用最简明得当的文字和尽可能简短的篇幅囊括最重要的信息，而通讯的报道则比消息更详细、深入、完整，记者还可以适当运用抒情等手法使文章更加生动。又比如，新闻报道与新闻评论的写作内容有着天然的区别，前者尽量以白描为主，而后者可以发表"有形的意见"，在新闻报道中记者要谨记用事实说话的原则，将事实与观点明确区分开来，并且不直接对事实发表评论。当然，这些考虑都应建立在具体采访的内容以及报道要求上，即内容决定形式，形式为内容服务。

新闻作品作为一种特定的写作体裁，写作时需要遵循特定的新闻语言的要求。新闻以事实为生命，首先需要白描化、直陈事实的语言。其次，新闻要做到真实与客观，就需要准确、精当的语言，使新闻报道符合事实的本来面目；同时，新闻写作主要是面向大众，因此还需要通俗化、可读性的新闻语言。此外，简洁、生动、形象等多元化的语言也是实现新闻写作大众化的重要手段。

遵循规范的新闻写作还可以提高记者的写作效率，帮助记者在短时间内清楚明白地交代新闻事实，从而顺利完成新闻报道。实际上，在时效性要求越来越高的今天，快速准确地报道新闻事实是最重要的，规范化的写作方式可以让记者省去一些构思上的时间，因为规范本身就是新闻效率在写作中形成的要领，它能有效地帮助记者快速完成较高质量的新闻作品。

当然，要求新闻写作遵循体裁的规范，也不是一成不变的。适当的时候是可以融合和创新的，这要根据实际情况决定。

三、新闻采访与写作的关系

新闻采访与写作是新闻产品制作流程中至关重要的两个环节，两者作为新闻报道实践活动，既有各自须遵循的规律和操作特点，又在报道过程中紧密相连、相互影响。新闻采访是新闻报道活动的基本手段，为新闻写作提供事实材料，而新闻写作是对事实的反映，是新闻采访的归宿，有时也会对采访形成一定的辅助作用，两者都是新闻报道者必须熟练掌握的基本技能。我们可以从以下两个方面认识新闻采访与写作的关系。

(一) 新闻采访是新闻写作的基础

从新闻报道活动的流程来看,新闻采访先于新闻写作,顺序不能颠倒。因为从新闻报道的形成过程来看,事实是第一性的,反映事实的新闻报道是第二性的[①],新闻采访担负着采集新闻事实,并为新闻写作提供素材、奠定基础的重要使命。没有新闻采访,新闻写作将成无源之水、无本之木。

新闻采访作为新闻写作的基础,其意义体现在:

第一,深入实际的采访是新闻写作真实性和客观性的重要保障。俗语说"眼见为实,耳听为虚",新闻报道以反映事实原貌为目的,必须依赖记者从新闻现场获取的第一手资料,或者记者亲自与当事人进行采访交流,从而保证事实的可靠性。记者若不采取实际的亲身采访,只依靠其他途径获取单方面的信息,或者通过主观臆想和推断进行写作,其新闻作品的可信度就没有保障,也将损害其所在新闻媒体的公信力。

第二,扎实有效的采访是新闻写作具有广度和深度的根基。一方面,记者深入新闻现场,在不同形式的采访活动中去观察和体验,才能获得与新闻事件或人物有关的丰富材料,为写作提供充足的素材,如展现新闻场景的全貌、表现人物的多面性格、还原新闻事件的始末等;另一方面,记者越是充分地采访,越有可能发现有关事件的新线索和新问题,挖掘出更有价值的事实。也就是说,富有成效的新闻采访将开拓记者的眼界,使其在后续的新闻写作中更有效地凸显事件或人物的新闻价值。

(二) 新闻写作是新闻采访成效的反映

新闻写作的过程既包含记者对采访所得的事实和信息的分析、筛选等构思,又包含将事实和信息以消息、通讯、特写等新闻体裁的形式生成文本的过程。所以说,新闻写作是紧接着新闻采访这一信息采集行为的文本表达行为,新闻写作是对新闻采访的成果的反映,有时也会对新闻采访产生一定的反馈。

首先,新闻采访具有服务大众的性质,它所得到的大量事实和信息需要传递给受众,但这些内容需要经过一定的组织安排并以适当的文本形式呈现,而新闻写作作为面向大众的写作,承担着这一将事实信息凝结成文本的工作。新闻写作通过对事实材料进行取舍构思、提炼主题、选择角度、安排行文结构,进而运用新闻语言

---

① 刘海贵:《新闻采访写作新编》,复旦大学出版社,2004年版,第8页。

和新闻体裁进行表达，将采访所得素材的价值发挥到极限，最后生成新闻作品，这样才能使新闻采访的成果——事实与信息被受众知晓。另外，新闻作品还可以直接反映出新闻采访是否深入与充分，并对采访成效进行检验。从这个意义上讲，新闻写作是新闻采访的"归宿"。

其次，新闻写作对新闻采访具有一定的指导作用，或者说积极的反馈作用。经验丰富的记者常常在采访之前就能根据同类题材的写作特点和方法打下"腹稿"，在采访中更加有效地判别事实材料的真伪以及新闻价值的大小，从而决定采访程度的深浅，挖掘出必要的写作要素，做到有的放矢，避免不必要的失误和无用功。也就是说，记者在新闻写作中不断地进行经验总结，可以使其在后续的采访中查漏补缺，提高采访的成效，提高新闻报道水平。

总之，新闻采访和新闻写作都是新闻报道中不可或缺的构成要素，是新闻记者必须掌握的基本新闻职业技能。在新闻传播技术和新闻报道水平不断提高的今天，新闻从业人员必须利用日益先进的传播技术，拓宽新闻采访渠道，提升新闻采访技巧，高效地获取翔实生动、深入具体的新闻素材，并且灵活运用多样化的新闻表现形式和手段以呈现更加多元化、立体化的信息，使受众通过新闻报道更加便捷迅速地获取新闻信息，掌握社会发展的脉搏。

思考练习题

一、简述新闻的三种定义，并分析这些定义的特点。

二、简述新闻价值的含义。

三、请找出五篇新闻报道，分析这些报道的新闻价值。

四、结合实例简述现代新闻采访与写作的关系。

五、在教师指导下，比较阅读党报和都市报的新闻，试分析新闻写作与媒介定位的关系，并针对新闻作品，谈谈两者在采写中的不同特点。

六、试从新闻采访与写作的关系出发，论述新闻报道"采写一体化"的合理性与重要性。

第二章 统领新闻采写的基本原则

【内容提要】

新闻报道是新闻记者通过大众传媒将采集到的信息写成（或制作成）新闻作品（或新闻节目）传播给受众的过程，它包括新闻的采访、写作、编辑、出版、刊播、售卖等一系列环节，是一个有分工的、有序的系统流程。以此看来，新闻采访和写作无疑是新闻报道的核心环节，是新闻报道的两个重要阶段。为了使新闻报道顺利完成，我们在实践中逐步探寻出了符合新闻传播规律的一些基本原则，具体包括真实性原则、客观性原则、时效性原则与指导性原则。这些基本原则是指导我们完成采访、写作等报道任务的规则和指南，对我们全面、深入认识新闻的本质，把握采访、写作的活动特征以及内在规定性起着统领与规范作用，同时，这些基本原则也为受众的多元信息满足提供专业保障。

第一节 真实性原则

一、真实性的含义

真实性是对描述事物客观存在状态的一种评价，它要求我们要尽可能反映和保持事物的本来面貌；同时，真实性也是一种对主观把握客观的要求，对新闻报道来说，就是要通过报道反映事物的客观状态和本来面貌。

真实是新闻的生命，这一要求既说明真实性之于对于新闻价值的重要性，也显示出新闻区别于别的范畴的独特性。可以说，离开了真实性，新闻也就不存在了。究其原因，主要是因为，新闻是新近发生的事实的报道，它告知人们新近发生了什么、世界有什么样的变化。但是，如果告知的事实是虚假的或者其中的部分事实不符合事物的客观面貌，那这样的事实对人们认识世界不仅没有多少价值与意义，还会造成人们对客观世界的误解甚至认识上的偏差，这样的新闻传播不仅没有起到应有的作用，还会使新闻成为错误认知的源头。

坚持新闻报道的真实性是我们从事新闻报道的首要原则,也是指导我们进行新闻采访和写作的第一原则。之所以有这样的要求,是因为我们的报道只有符合事物的客观发展、本来面貌,才能正确指导我们认识世界和我们自身,也只有这样的传播实践才具有价值和意义。与"真实"相反的即"虚假",虚假就是不符合事物的客观面貌,当然也就不能帮助人们正确认识世界。虚假的事实以及传播会误导我们的判断、干扰我们的认知,所以,我们对它必须采取反对、摈弃的态度,坚决抵制不实报道。事实上,我们说坚决抵制虚假新闻,就是要求记者(包括广义上从事新闻报道的人)克服对虚假新闻进行报道的动机与行为。实践表明,大量虚假新闻的出现,都与记者对新闻真实性的理解有偏差紧密相关,同时,各方面的影响因素也从内外两个方面影响着记者以及媒体机构,致使真实性原则在采写中受到极大损害。虚假新闻的传播也在社会中造成不同程度的危害。

例如,2018年"重庆公交车坠江"事件发生后,一则以"万州女司机逆行致大巴坠江"为标题的新闻报道,就是一个因事实调查不充分、对事件先入为主地进行主观定性而违背新闻报道真实性原则的典型案例。

【案例】

万州女司机逆行致大巴坠江[①]

【刊播时间】2018年10月28日

【"新闻"】10月28日,@重庆青年报微博发布视频消息:#重庆突发#重庆青年报消息,今(28)日上午,重庆市万州区长江二桥发生重大交通事故,一辆大巴车被撞后冲破护栏坠入长江,疑有重大伤亡。目前,事故伤亡情况不详,政府正在组织救援。据传,事故系一女司机驾驶的红色私家车在桥上逆行所致。新京报网也发布报道《重庆万州大巴坠江前曾与逆行轿车相撞》,称新京报记者从万州区应急办获悉,大巴车坠江前曾与一小轿车发生相撞,系一小轿车女车主驾车逆行导致。

【真相】10月28日12:03和17:46,重庆市公安局万州区分局官方微博@平安万州发布两次通告,其中第二次通告指出:10月28日10时08分,一辆公交客车与一辆小轿车在重庆万州区长江二桥相撞后,公交客车坠入江中。经初步事故现场调查,系公交客车在行驶中突然越过中心实线,撞击对向正常行驶的小轿车后冲上路沿,撞断护栏,坠入江中。

---

① 白红义、江海伦、陈斌:《2018年虚假新闻研究报告》,载《新闻记者》,2019年第1期。

【点评】在真相未明之前，媒体不宜对事件作先入为主的定性，在权威调查未回应前，有图也未必有真相。在这起"新闻事故"中，还有很多媒体也引用了错误的消息，把肇事原因归咎于"女司机"，并给她及家人造成很大困扰。不过，很多自媒体在知道真相后，第一时间向这位被冤枉的女司机道歉，而众多专业媒体把稿件一删了之，反而没有什么明确的表示。本就日薄西山的传统媒体，靠的就是公信力才能延缓衰退，这种失误会大大消耗媒体的公信力。因此，对于消息真实性的确认一定要慎之又慎。对于突发事件，既要及时，又要准确。事故之初应该力求客观报道不同信源的不同信息，避免过于单一和绝对，否则一旦事件有所反转，很容易陷入被动。

近年来，美国普利策新闻奖评选中也屡次发生虚假新闻被揭露的事件，这说明，虚假新闻报道事出确实有因。要坚持真实性需我们深入理解真实性与新闻的关系，除此之外，我们还需要充分认识虚假新闻报道的危害，并在此基础上采取合理、可行的制度性措施加以防范，最终为保障新闻的真实性作出长久有效的努力。

二、虚假新闻报道的原因分析

虚假新闻报道，是指记者对新闻的报道出现了偏差，致使新闻传播了与客观实际不相符合的事实，误导了受众，甚至给他人和社会带来了严重的损失和后果，如损坏他人名誉、组织利益等。

虚假新闻报道的出现以及屡禁不绝主要有以下几方面的原因。

（一）从报道者来看

报道者对新闻真实性的认识还存在偏差，认为新闻只是事实和信息的传播，不用对报道效果负责任，没有意识到事实或者信息的客观面貌需要认真核实、调查、验证，更没有树立真实事关媒体公信力的理念。

市场竞争和媒体考评的压力也使得虚构报道存在可能。报道者出于个人名利心的驱使，为了追求轰动效应或者想以轰动效应一举成名而背离真实性原则，对故意性偏差造成的失实不以为然。尤其是在今天的"流量经济"时代，为了博取流量，报道者也可能在主观方面出于故意而编撰虚假新闻，以达到快速变现与获取直接经济效益的目的。

此外，在新媒介环境下，新闻信息的样态、生产及其发布的形式和逻辑均发生了改变，复杂的新闻线索与高强的新闻时效要求，常常使得报道者对于事实或者信息的核实难度大大增加，这使得新闻失实的概率大大增加。与此同时，自媒体平台承担了大量新闻信息的发布与转载工作，而其中信息发布者与转载者专业媒介素养的欠缺同样增加了虚假新闻产生的可能性。

（二）从报道机构来看

市场化机制要求新闻媒体要有竞争力，而"内容为王""流量至上"等要求新闻报道要有吸引力、有看点，有时候为了片面地追求轰动效应，在导向上造成了新闻失实的纵容空间。

报道机构在新闻报道的生产与把关环节中片面追求时效性，出现主观、客观上的漏洞和疏忽，也造成虚假报道存在的可能。尤其是在数字时代，"抢新闻"早已成为新闻工作的基本价值观，在快节奏的时间压力下，传统新闻工作中的"时效性"观念逐渐被消解，取而代之的是"即时性"的原则。在某个事件发生的时候，同时兼顾即时性与真实性的报道难度非常大，在这样一种局面之下，即时性地抢发新闻往往就会导致虚假新闻的出现。

（三）从传播技术上看

现代传播技术特别是社交媒体、大数据、人工智能等新兴技术的诞生与迅猛发展，在为报道者和报道机构提供更多新闻线索与更大新闻发布平台的同时，也大大降低了制造虚假新闻的门槛。其中，P图技术、视频剪辑技术、AI换脸技术等的使用，以一种"深度伪造"的方式来制造虚假新闻，这无疑会进一步加大事实核查的难度。因此，在未经核实的前提下，媒体的实时传播极有可能出现真假不分的新闻。如在2020年新冠肺炎疫情暴发之初，许多作为"信息疫情"的虚假新闻就是因现代传播技术影响而产生的。

【案例】

国务院暂停武汉红十字会的工作[①]

【刊播时间】2020年2月1日

【"新闻"】2月1日下午，一张《人民日报》电子版截图在微信群和朋友圈流传，截图中的新闻显示"暂免武汉红十字会救灾物资管理"。新闻的文字内容如下："《人民日报》（2020年02月01日03版）1月31日，国务院在京召开专门视频会议，研究并决定暂停武汉红十字会接收社会捐赠物资并管理发

---

① 白红义、曹诗语、陈斌：《2020年虚假新闻研究报告》，载《新闻记者》，2021年第1期。

放的工作,要求对近日出现的物资分配不均等引发社会普遍关注的重要问题予以深入调查。国务院、中共中央政治局强调,以习近平同志为核心的党中央高度重视疫情防控和人民群众利益,中央已成立对应工作领导小组,派遣调查团赴湖北主要城市调查指导疫情防控和患者治疗工作。鉴于日前频繁出现的物资调配问题,中央决定暂时停止武汉红十字会接收、存放和派发获赠物资工作,即日起到2月3日盘点库存物资并向社会公示。"当天22:22左右,江苏卫视"抗疫情特别报道"播出新闻《国务院:暂停武汉红十字会的工作》称:"1月31日,国务院在京召开专门视频会议,研究并决定暂停武汉红十字会接收社会捐赠物资并管理发放的工作,要求对近日出现的物资分配不均等引发社会普遍关注的重要问题予以深入调查。湖北省红十字会今日回应称,对物资分配中存在的问题深感痛心、自责和内疚,并将对直接责任人依纪依规追责。"这则新闻由两条消息拼接而成,前半部分拷贝了上文所述的《人民日报》电子版截图,其后半部分(湖北省红十字会今日回应……)则来自当天湖北省红十字会的官方回应。

【真相】其实,2月1日19:27江苏广播电视总台下属的荔枝新闻就发布了《网传"暂免武汉红十字会救灾物资管理"为不实信息》,指出社交网络中流传的那张《人民日报》电子版截图是虚构的。荔枝新闻记者查阅了当天《人民日报》,发现并无截图中所示的新闻。令人诧异的是,同属江苏广电总台的江苏卫视却还是在稍后的新闻播报中引用了这张虚构的《人民日报》电子版中的内容。2月2日,人民网发布辟谣消息《网传"暂免武汉红十字会救灾物资管理"图片不实 为恶意合成》,指出网传截图中存在的纰漏。同日,中国新闻网也发布消息《武汉市红十字会:未暂停救援物资接收管理》,记者实地探访了武汉市红十字会,证伪了网传的谣言。

【点评】各种方便实用的图像编辑软件的流行大大降低了图片处理的难度,使得通过虚假图片进行的信息操控变得越来越容易。这个案例起源于一幅被人为处理过的图片,虽然无从知晓始作俑者的意图是什么,但它明显迎合了疫情初期针对武汉红十字会的不满情绪,因而被广泛传播。图片的虚假之处并非无迹可寻,正如人民网等媒体的辟谣信息所指出的,这张截图的内容存在不少纰漏。例如,所拟新闻标题没有主语、文章第一行有明显的格式错误、没有标注记者姓名或者电头,且规范的称呼应为"武汉市红十字会"而不是"武汉红十字会"。最重要的一点是,截图中的新闻竟然将"国务院"置于"中共中央政治局"前面,这是我国时政新闻中几乎不可能出现的差错。但江苏卫视报道如此重大的时政新闻时,却懒得用鼠标一点之力去《人民日报》网站核实一下,而是让其"过关"并播出,而且还是兄弟媒体已经刊发了辟谣信息的情况下,最终造成了这起严重的播出事故。

其实传播技术为造假带来便利只是表象,背后的巨大推动力还是有些记者和媒体对轰动效应、眼球效应背后能够带来的巨大经济收益的追逐。新闻报道的真实性要求我们做负责任的媒体和负责任的报道,这虽然是老生常谈,却仍然任重道远。

(四)从报道的接收环境和受众来看

现代新闻报道处于一个信息产生与传播频繁的社会环境中,人们对各类信息的需求空前高涨,因此,信息的种类越来越丰富多样。在这样的信息社会中,新闻报道处于信息传播的子系统地位,它是信息传播的重要组成部分,而且新闻与信息的边界随着人们对新闻越来越广泛的应用而变得模糊。因此,人们获取信息的渠道增多,人们理解和利用新闻报道的方向也越发偏重于实际的学习与生活,新闻与信息有时候一道成为信息传播和新闻传播的重要内容。它们进入人们的视野,为人们提供多样化的信息服务。所以,新闻报道的接受也变得越来越宽松和容易,新闻事实的真伪也随之变得不易区分。人们在满足新闻欲的过程中,似乎对真伪的鉴别也显得力不从心、不知所措,姑且就将其作为认知世界的方式之一,而不予计较、无法计较和无从计较了。

在当今的移动互联网时代,社交媒体的发展造就了一个"人人都有麦克风"的时代,人们可以随时随地将个人所知晓的消息内容发布在互联网平台上,某些消息或线索往往可以在不被专业媒体发布的情况下快速进入公众视野并引发讨论。尤其是面对突发事件,个人对信息的发布速度往往快于官方媒体,媒体与个人对于事实或信息的第一时间传播权趋于平等。这样一来,传播环境中个人与媒体发布的信息在第一时间往往互为消息源,二者边界也在不断模糊。这就使得社交媒体极有可能既成为虚假新闻爆发的源头,又成为传播过程中的助推器,甚至可能带偏专业媒体最终造成新闻失实。诸多虚假新闻案例显示,虚假新闻最初就是发布在微博、微信、自媒体上的内容,经过专业媒体的"包装"堂而皇之地以新闻的面貌出现,赚取点击率。人们在社交媒体上的分享、点赞等行为又进一步扩散和加速其流传。[1]迫于与社交媒体的时间竞争压力,专业媒体容易选择在未经事实核查的情况下对事件进行转载报道,以至于出现新闻失真。

例如,在2021年11月18日,一则"儿子牺牲6年后婆婆送儿媳出嫁"的短视频登上热搜,包括河南广播电视台"都市报道"等百余家媒体转发报道。几秒钟

---

[1] 白红义、江海伦、陈斌:《2017年虚假新闻研究报告》,载《新闻记者》,2018年第1期。

的画面配文称："6 年前，儿子意外离世，留下了当时已经怀孕的儿媳。儿媳坚持生下了孙子，而 6 年后，儿媳再婚，婆婆亲自送儿媳出嫁。网友：人间温暖！"随后，微博网友"阜阳王鹏"贴出一组截图，质疑："♯儿子牺牲 6 年后婆婆送儿媳出嫁♯有哪一家媒体采访了当事人？看看抖音吧，几个月前，相同剧本的段子满天飞！媒体把段子当成新闻去报道，不辨真伪，自损公信！"11 月 19 日，"互联网联合辟谣平台"公众号发表文章，查证发现，这可能是以一个真实故事配上移花接木的视频后，"演绎"出来的虚假新闻。11 月 25 日，"抖音安全中心"公众号称，经审查，"儿子牺牲 6 年后婆婆送儿媳出嫁"的消息"属于同质化博流量文案，且涉嫌造谣，相关视频已做下架处理"。① 在西方社会，社交媒体同样与虚假新闻紧密相关，因此，如何利用技术手段反制虚假新闻在社交媒体上的传播，已是全球新闻界一个共同的严峻课题。

从新闻报道的接收者——受众来看，受众并非真正不在意新闻事实的真伪，而是受到各种因素的局限，面对虚假新闻而无法有效鉴别。面对铺天盖地的新闻报道，他们没有判别信息真假的权威信源渠道，因而在不能占有信源的相对被动的状态下，只能任媒体报道左右，至于对虚假新闻的鉴别，也只能坐等揭露或者其他途径的佐证。同时，我们也注意到，媒体报道以及个人或自媒体信息发布中的"炒作"，为了吸引受众眼球而采取的不准确、欠核实的市场化运作，也使受众见惯不惊，对事实真相的追问也因之变得消极和"宽容"。在虚假新闻报道极大满足受众的好奇心以及"异常性""冲突性"的过程中，作为新闻生产的需要也就有了生存的空间和可能。

以上四个方面的主要原因，既有主观因素，也有客观因素。我们还可以从社会环境与制度设计层面作进一步的解释与理解。

社会学者陆震曾从社会运行机制层面提出过"制度性虚伪"的观点，即一个社会在社会运行的主要环节，如社会行为规范、社会运行机制、社会奖惩制度上存在着将人引入弄虚作假的趋势，并在实际生活中起着这样的导向作用。其具体的表现就是，在行为规范上表现为强求人性；在运行机制上表现为价值取向的倒错、相逆，即把非主流的价值取向作为主流的价值取向；在奖惩制度上表现为奖惩颠倒。也就是说，如果有鼓励造假或者造假获利的社会氛围，那么虚假就较难根除，真实就会离我们较远。他以我们时代发展过程中的某些英雄、模范人物的事迹为例，进行过深刻解析。他说，这些人物的感人事迹中都有共同的特点，就是非死即伤，本

---

① 刘鹏、王侠、简丹丹：《2021 年传媒伦理研究报告——暨 2021 年虚假新闻研究报告》，载《新闻记者》，2022 年第 1 期。

人做出了极大牺牲才获得社会和他人的赞扬。从奉献的角度讲是令人尊敬的，但是从社会的价值导向上讲，却可能扭曲人们对这些典型人物的正确认识。在新闻报道中，这种"高、大、全"的人物形象，实际上一旦形成一种程式化的模式，就失去了受众的亲近。所谓感觉"失真"，就是过于完美，不符合作为一个普通人的真实性与本来面貌。当然，随着时代的发展，这种由于制度的不合理和不人性造成的导向偏差正在转变。中国社会现在正经历重要的现代化转型，人们认知能力的极大增强，使我们的新闻报道不断改进和回归到以事实说话的本位，通过人物真实的言行，呈现出时代的精神风貌，令人信服的报道越来越多，人性化的报道也越来越多，这也说明，社会制度的调整和完善，将对我们克服虚假新闻报道起到非常重要的作用。

上述四点是对虚假新闻报道屡禁不绝的原因的分析，我们可以简要概括为：虚假新闻既有"看点"与引人注目的外表，也有报道者职业素养的偏差，还有报道机构市场化运作中社会效益的缺失以及制度上的疏漏。这些因素相互交错，最终影响了受众对新闻报道的态度和正确科学的评价。目前，在新媒体技术日新月异的现代传播环境下，这些影响因素值得我们从报道理念、技能、制度上加以思考，从而使我们能够离新闻事实更近一些，离真相更近一些，离科学的认知更近一些。

三、虚假新闻报道的主要表现

虚假新闻报道涉及的领域十分广阔，包括社会新闻、体娱新闻、科技新闻等在内的许多领域。虚假新闻的制造者往往为了迎合受众"求新求异"的趣味，片面追求娱乐性、轰动性而违背了新闻真实性的基本原则。从国内新闻造假情况的分析来看，我们主要归纳了以下五种虚假新闻报道的主要表现。

（一）用主观猜想、个人推测代替部分事实

新闻报道中出现的情节描写，人物的语言、行为、心理活动、思想变化的介绍必须真实，不能渲染夸张，更不能以想象代替事实。新闻写作不是单纯的文学创作，尊重事实真相是最基本的一大原则。描写、烘托、对比等必要的写作技巧，可以让报道更具可读性，但这些写作技巧所依存的基础还是客观事实。有一部分记者为了制造轰动效应，凭着个人推测或臆想，为故事加上情节、为人物加上心理活动描写，甚至用主观猜想、个人推测直接代替部分事实，结果却让新闻故事添油加醋，令人质疑。

《北京青年报》报道的一段快递小哥雨中痛哭的视频引发了不少关注，但之后在对该新闻报道进行追踪核查后才发现,这是一则因主观猜想和事实核查不足所造成的虚假新闻。

【刊播时间】2018年11月18日

【"新闻"】据《北京青年报》报道,一段快递小哥雨中痛哭的视频近日引发了不少关注。据网友爆料,上海一快递员冒雨送快递,一车快递被偷得没剩几件了,在雨中痛哭20多分钟。目击者小晴(化名)对北青报记者称,视频拍摄于11月15日下午,地点在上海华东师大三村,当时她听到有人在楼下大喊所以打开了窗帘看到了事发经过。小晴称,她看到快递员哭得很厉害,一直喊"这叫我怎么办,怎么办"。期间还有一位大爷前去安慰。11月18日下午,北青报记者从事发地附近的上海公安局普陀分局长风新村派出所了解到,15日下午确实接到一位快递员报警称其派送的快递丢失,快递员报警时说公司可能将损失算在他身上,截至目前快递仍未找回。

【真相】11月18日晚间,视频拍摄者在微博上澄清,称她只看到快递员雨中哭泣,所谓快递被盗是其个人推断。11月19日,多家上海本地媒体发布了进一步的调查情况。上海普陀区公安分局称他们并未接到类似警情,消息不实。11月15日至今,视频拍摄地所属的长风新村派出所未接到过快递小哥报案称快递被盗的警情。快递小哥系韵达快递公司的快递员,当日其在华师大三村送快递时因与女友吵架后站在雨中哭泣,并没有发生快递被偷的情况。11月19日上午12时,普陀公安局官方微博发布了通告。警方提醒,在网络中发帖时不要主观臆断,在不明事件具体情况下编造不实信息,网络空间不是"法外之地",一旦造成严重后果需要承担相应的法律责任。

【点评】从东方网对这条假新闻的出炉过程进行的追溯来看,这是一条非常典型的未经核实的用户生产内容经由媒体报道落地成为假新闻的案例。最初的线索来自网友在新浪微博上传的视频和文字,上传者在不知快递员因何哭泣的情况下发布了自己的推测。此后,视频网站、微信账号的转载加速了这则内容的发酵,逐渐将原因归结为"快递被偷"。11月18日16时许,《北京青年报》跟进此事,并在相关报道中增加了一句"当地派出所接到过快递丢失的报警"。即便的确有派出所接到过快递丢失的报警,但是所谓的报警与哭泣的快递员之间也不能建立因果关系。综观2018年,《北京青年报》在新闻打假方面做了很多努力,但在此事件中却暴露了核实责任和核实能力方面的缺陷。

在这篇报道中,首先是上传者在自己的推测下对视频进行了发布与描述,接着《北京青年报》在对该事件进行跟进报道时,不但没有对该事件进行事实核查,而且同样通过主观猜想的方式将"当地派出所接到过快递丢失的报警"与"快递员哭泣"建立了因果关系。该报道只对事件表象进行了呈现，在对事件前因后果等内容的报道中则出现了严重的主观猜测，在没有对事实核实的情况下用主观猜想代替了部分事实，从而导致了虚假新闻的出现，削弱了媒体的公信力。这种行为是有悖新闻职业道德的，应该坚决抵制和避免。

（二）以偏概全

以偏概全、以点代面也是虚假新闻的一大表现。以偏概全意味着新闻采写的片面性和绝对化，新闻事实不仅包括所报道的单个事实的真实，也包括总体上的逻辑真实。记者和媒体需要做到局部和整体的真实相统一，这是新闻采写真实性的体现与要求。但是我们也不难发现，一些报道为求轰动效果或者耸人听闻，新闻事实的采集与表达既不全面也不辩证，结果使报道具有明显的倾向性，不仅误导受众，还会导致受众对媒体的信任度的降低。

比如，2021年9月7日《财经·大健康》发布的一则新闻《心脏支架困局：以前没钱做手术，现在有钱没支架！》[1]，分别从做手术的人增加导致需求量增加、集采以后的价格下降引发企业动力不足、统一平台配送导致时间耽搁等方面，报道了2021年年初心脏支架国家集采落地以后中选支架短缺的情况。尽管新闻中提及的这些在某种程度上都是现实，但其只是局部现实，诚如联采办发布的官方辟谣文章中所言，该报道忽略国家心脏支架集采结果实施以来的"总体进展平稳""价格显著下降""群众明显受益"的总体现实，而使用"心脏支架困局：以前没钱做手术，现在有钱没支架"的误导性标题，其本质就是"以偏概全'博眼球'，质疑改革成效"[2]。

（三）妄下结论

一般来说，记者需要经过调查采访，弄清楚新闻事件的来龙去脉，才能进行写作。有些虚假新闻是因为记者采访不深入，不求真求实造成的，他们完全凭借个人所见的表面现象来想象甚至虚构新闻事实。例如，2021年4月13日，两岁时被拐的广西男子覃江涛与失散30年的家人重聚。《大河报》旗下"豫视频"等报道，由于覃江涛喜欢吃辣和螺蛳粉，饮食习惯和当地人不一样，怀疑自己的身世，于是在2017年做了血样采集，真相浮出水面。此后，又有多家媒体报道《男子因喜欢吃

---

[1] 健康界：《心脏支架困局：以前没钱做手术，现在有钱没支架！》，2021年9月7日，https://www.cn-healthcare.com/articlewm/20210905/content-1261013.html。

[2] 国家组织高值医用耗材联合采购办公室：《心脏支架困局：以前没钱做手术，现在有钱没支架？官方辟谣》，2021年9月8日，http://jubao.fjsen.com/2021-09/08/content_30831901.htm。

辣和螺蛳粉饮食习惯和当地人不一样 采血找到失散亲人》。4月17日，广西《南国今报》采访警方后报道：覃是在公安机关开展的"团圆"行动中，通过全国公安机关查找打拐/失踪儿童系统中DNA信息对比找到亲人的。覃称自己七八岁上小学时，就有同学告诉他是从广西来的。

记者没有深度采访，也没有经过相关核实，就妄自下论，其后果是十分严重与恶劣的，在事实真相浮出水面后，受众不得不质疑媒体的公信力。盲目将"男子喜欢吃辣和螺蛳粉，饮食习惯和当地人不一样"与"采血找到失散亲人"建立因果联系，这种妄下结论的做法违背了新闻采写必须真实的原则。

（四）张冠李戴

新闻报道中的几大要素——时间、地点、人物、事件、原因，必须真实准确，这是新闻真实性的基本保证，也是避免张冠李戴的前提。但是，在新闻采写中，弄错新闻主体、张冠李戴的假新闻却屡见不鲜，这不仅让新闻人物的身份被混淆，使受众不明就里，也会给采访对象和相关部门带来负面影响。

2015年4月15日，有消息称"内蒙古呼伦贝尔大草原失火整整两天，已有300牧民失联"，消息发出后，立刻在微信朋友圈和微博热传，引起了网友的关注，相关字眼及关键词很快出现在微博搜索栏首页，引发众多网友搜索、查看、评论及转发。4月16日，呼伦贝尔市委宣传部微博专门发文对其进行辟谣，原文如下："4月15日开始在微博和微信朋友圈疯传关于'呼伦贝尔大火整整两天了，现场失联牧民300人'的消息和类似信息，经过与发生火灾地区的属地政府和防火办核实，所有失火地都没有这样的情况，此消息纯属谣言，请勿转发，传播！据《内蒙古日报》消息，4月13日由俄罗斯境外火引发的呼伦贝尔草原大火，到14日凌晨明火被扑灭，大火未造成人员伤亡。"①

这则消息明显将时间、地点、人物等新闻要素搞混了，事件本身为4月13日俄罗斯境外火引发了呼伦贝尔草原大火，并且到14日凌晨明火就被扑灭，大火并未造成人员伤亡。而正因为对时间、地点、人物等要素的张冠李戴，最终造成了虚假新闻的出现。

（五）断章取义

断章取义，是指记者在采写中只取一句或数句引语或事实的断面，造成与原意不符，伤及事实本义。无论在新闻采访还是写作阶段，记者必要的引用是还原新闻

---

① 《官方："呼伦贝尔大草原失火300牧民失联"系谣言》，人民网，2015年4月16日。

事实、提高可信度的一种写作手法，基于新闻真实性原则和职业道德规范，记者理应尊重新闻人物的意愿，在引用当事人的话语时，应尽量符合原意，而非断章取义，随意使用。现实报道中，一些由于记者断章取义而产生的虚假新闻不在少数。例如，在关于"孟晚舟事件"的报道中，美国媒体《华盛顿邮报》就曾于2021年5月10日在推特上发布过断章取义的报道，意图扭曲事实、抹黑华为集团，以通过相关舆论战在中美贸易战中获取优势。

【案例】

新华社记者实锤《华盛顿邮报》报道断章取义（节选）①

5月10日晚9点15分，《华盛顿邮报》在推特上发出如下推文，贴出该报最新报道：

图 2—1 《华盛顿邮报》推特报道原文

推文译文：在发生了几次涉及内部文件的危机事件之后（包括他女儿被拘押），华为创始人兼首席执行官任正非已命令员工只保留必要的记录，并写更短的备忘录。

在"栽赃"之后，《华盛顿邮报》的这篇报道接着还通过添加背景的方式如此"解读"：

---

① 《新华社记者实锤〈华盛顿邮报〉报道断章取义》，新华网，2021年5月12日，https://www.xinhuanet.com/world/2021-05/121c_1211152492.htm。

第二章 统领新闻采写的基本原则

《华盛顿邮报》推特报道部分内容

译文：华为内部文件的内容在最近的几场危机中显得十分重要。任正非的女儿孟晚舟是华为首席财务官，她正在与被从加拿大引渡到美国进行斗争，美国在起诉她的案件中引用了一份（所谓来自华为内部的）PowerPoint 演示文稿作为证据。

就这样，通过短短一篇报道，美国的老牌媒体《华盛顿邮报》"生动"勾画出了华为公司为防止内部文件泄露"重蹈覆辙"，处处小心，出台规定加以预防的画面。

然而，事实又是什么呢?!

《华盛顿邮报》这篇报道里给出了一个"新闻"的来源，如上图加框部分，点开后，其实是如下"任正非在综合管理座谈会上的讲话"的一个链接……

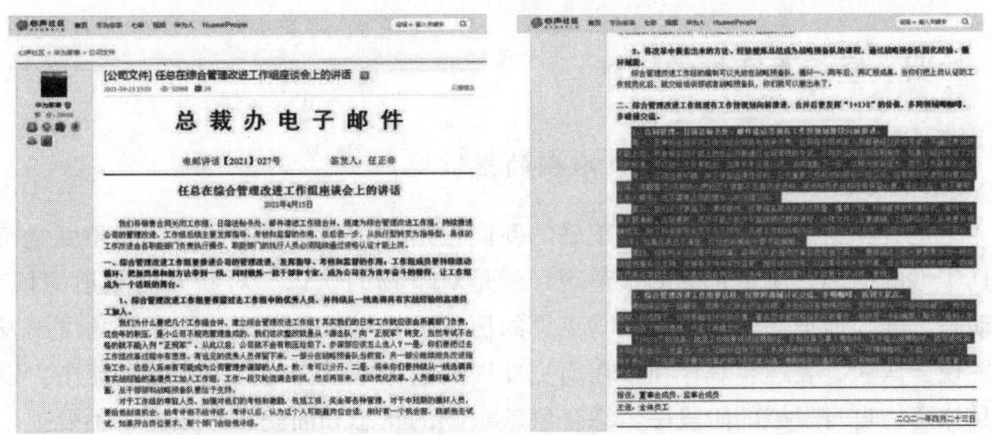

报道超链接页面的《任总在综合管理改进工作组座谈会上的讲话》

《任总在综合管理改进工作组座谈会上的讲话》里阐述的只是华为公司内部管理的方针政策，重点是"做减法""提升组织效率"。其中提到的"日落法"也很明确，就是为了简化一些没必要的数据保存。正如讲话中提到的那样："谁翻看过3年前的心声社区？谁都不去查历史资料，就说明历史资料没有保留必要。简化之后，就不要那么多人服务，也不需要占用数据中心的存储空间。"

任何一个中国读者通读下华为发布的这个讲话稿都会发现，它的目的就是要精简内部工作流程，提高效率。用通俗的话说：该保留的资料就保留，没必要保留的一律废掉。而到了《华盛顿邮报》这篇报道里，通过一定的背景添加，竟然成了"华为意欲隐瞒"的一个证据了。

事实上，华为至少早在2017年就提出了"日落法"。如果在《华盛顿邮报》文中链接指向的华为"心声社区"里搜索"日落法"，能搜到华为公司近年来很多类似内容。众所周知，华为的"心声社区"是全球科技公司里罕有的透明措施。这个网络论坛让公司内部员工公开讨论公司管理措施，并且让公司之外的网友可以随意查看公司的一些内部讲话等材料……总而言之，最近几年来，华为都要求淘汰过时的无用文件，在内部报告、电子邮件等方面要简洁明了。上述所有内容都是公开的，通过一些简单的搜索可以很容易找到。

但令人遗憾的是，《华盛顿邮报》这篇报道里，对于新华社记者轻易就在同一个论坛里搜索出来的众多历史文件"视而不见"，非要把华为一贯的工作断章取义、错置语境为"新闻"，把精简文件、提高效率的措施"嫁接"到所谓华为躲躲藏藏、居心不良、谨防麻烦的背景里，实在令人无语，也使读者对《华盛顿邮报》这家媒体的用心打了大大的问号。

四、坚持真实性的措施

（一）树立全面、动态、准确的报道观

记者和新闻报道机构树立正确的新闻报道观，是从根本和长远的角度坚持新闻真实性的措施。所谓正确的报道观，就是对事物的认识、对新闻的报道应该全面、动态、准确地把握，即能够从马克思的历史唯物主义和辩证唯物主义角度出发，去发现、认识、表达客观存在，在历史发展的进程中，在时代进步的潮流中，以及在具体事物自身发展的阶段中，综合反映事物的状态和面貌，不拔高也不贬损。记者在采写中使用环视的角度，摈弃仰视和俯视的角度，尽量采取立体的角度，看待采写对象及我们的认识对象。由此可见，全面、动态是准确的前提，准确是全面、动态的体现，新闻报道的真实，最终是通过准确的报道来呈现的。

（二）善于运用"勾推法"

"勾推法"的大意，是指古代地方官员在审理案件时，先调查了解与案件相关

的人的情况，然后再询问当事人，最后综合多方情况，比较分析后进行判案的一种方法。这种方法的实质，即采用直接、间接相结合的调查方法挖掘事情的真相，保证事实的真实性。借用"勾推法"的含义和操作原则，我们的新闻报道也需要记者在采访写作中多深入实际、多到现场，全面深入地收集各种事实材料，尤其是第一手材料，并且能够依照新闻价值来取舍材料，以保证新闻全面、客观、准确地反映事实。

（三）养成核实的职业习惯

许多著名记者和有经验的记者都很强调"核实"，这是保证新闻报道真实性的重要环节。"核实"既是记者的职业习惯，同时也是保证新闻报道真实性的有效举措。美国斯坦福大学传播学院吴惠连教授 2002 年在清华大学讲演时曾说，"采访！采访！核实！核实！一定要核实！"他说，"尽你所能地做到准确，就你目前掌握的材料而言，一定要核实它们，如果实在不敢肯定，最好暂时避开，因为比赛一直在进行，你会有机会更新和校正"[1]；美国学者比尔·科瓦奇与汤姆·罗森斯蒂尔也在其写给职业新闻从业者的《新闻的十大基本原则：新闻从业者须知和公众的期待》中强调："新闻工作的实质是用核实进行约束"[2]。可见，核实是记者和报道机构必需的职业素养。

任何事实都可能成为我们报道的依据，但它们并非一定成为新闻报道的必然内容，我们在采写过程中要注意收集各类有新闻价值的事实，这对我们认识新闻的本质有积极作用，如亲历者的现场见闻，亲身经历或体验的第一手材料，以及经过中转环节获得的第二手、第三手材料。这些事实材料既包含新闻报道的时间、地点、人物、事件、原因等（即"5W"）要素，也可能包含数据、观点等要素，记者和报道机构要有警惕性和多方核实的职业习惯。我们可以通过获取这些材料的机构、相关组织和人员以及图书馆、网络等工具，进行比照和核对，这是重要的调查研究方式，不能因为新闻报道的时效要求就忽略，甚至降低对这个环节的要求。相反，有信誉和值得信赖的报道，即公信力，正是建立在真实的报道基础之上的，这也是受众对新闻报道的高品质的期待。

随着当代网络传播的迅速发展，新闻来源和新闻事实往往混杂在一起，高热度、高流量的新闻或信息往往会在各类社交媒体上转发，甚至专业媒体也会为了时

---

[1] 李希光、孙静惟：《下一代媒体：来自清华园的思想交锋》，南方日报出版社，2002 年版，第 188 页。
[2] ［美］比尔·科瓦奇、汤姆·罗森斯蒂尔：《新闻的十大基本原则：新闻从业者须知和公众的期待》，刘海龙、连晓东译，北京大学出版社，2014 年版，第 95 页。

效性直接进行转载报道。但是在转载的过程中，经常会出现同样的新闻由于报道角度的不同、事实材料的细节差异等而造成新闻报道的不同，有的详、有的略。为了抢新闻，快速报道，新闻事实的核实可能被抛在脑后，许多虚假新闻的出现无不与此有关，核实在网络新闻时代不仅不应当忽略，而且应当大大强化和有效执行。我们可以通过巧用采访对象的回答、注明消息来源、增加必要的背景介绍等手段，核实查证，保证新闻报道的真实性。

近年来，传播技术使新闻摄影报道存在"移花接木"或者"偷梁换柱"的现象。有的记者认为，这是为了美化现场瞬间的效果，无伤大雅，有文字说明作为补充，所以，画面场景是否真实没有关系；还有的继续使用宣传手段来"摆拍""导演"新闻现场，他们也美其名曰——新闻基本事实没有作假，只是效果上需要鲜明突出，就是一点润饰而已，这些观念和行为都是错误的。记者在报道中的旁观姿态应该是理性、客观记录的要求。新闻摄影课程会系统讲授摄影报道如何保证真实性的问题，本文主要是从采写的角度提请注意，即技术作为美化的手段本无可厚非，但是以违背真实为代价是万万不能的，这对我们的核实工作也提出了新的挑战，尤其是当今的大数据、人工智能等技术的普及对新闻的真实性核查增加了难度。如何鉴别真伪，需要记者除了全面知晓背景外，还需要掌握一些现代先进的传播技术要领。

比如，为避免"深度伪造"严重危害到新闻的真实性，我们可以从技术层面来探索应对措施：首先，可以开发出基于人工智能模型的相关检测技术。清华大学的人工智能企业RealAI发布的深度伪造视频检测工具——"DeepReal"，主要利用深度学习算法、大量数据集训练模型，可在1秒内对超过10人同框的图像与视频进行识别，识别率可达99%。[1] 通过相关方式，能有效识别出假图像，预测图像混合区域。此外，还可结合数字水印与区块链技术。数字水印是信息安全领域的前沿技术，能够通过信号处理的方法在多媒体数据中嵌入隐蔽的标记，这种标记只有通过专用的检测器或阅读器才能提取，通常不可见[2]。而区块链技术的最大特点就是数据难以篡改和去中心化，利用此种方式既可以加强相关版权保护，又可以识别出篡改内容。当遇到需要进行核查的可疑音视频时，只需要运用相应的技术将内容与原文件比较，将伪造的部分剥离出来。当然，诸多新技术仍需要不断探索，同时还要将其与新闻事实核查的实践进行适配，这是一个需要时间的过程，所以目前如何将新技术运用到新闻真实性核查中的探索还需随实践发展而不断推进。

---

[1] 徐燕萍：《"深度伪造"背景下新闻事实核查的路径探析》，载《新媒体研究》，2021年第4期。
[2] 陈昌凤、徐芳依：《智能时代的"深度伪造"信息及其治理方式》，载《新闻与写作》，2020年第4期。

第二节 客观性原则

一、新闻报道"客观性"的含义

"客观"是与"主观"相对立的范畴,《新华字典》中将"客观"解释为两层含义:一是指"离开意识独立存在的,跟主观相对";二是指"依据外界事物而做观察的,没有成见的"。这两层含义,既说明了客观的属性,也指明了我们把握客观的方式。因此,用此来理解新闻报道的客观性,实际上是对新闻报道者在思维和行为层面务求保持一种无成见的"中观"立场和态度的职业要求。"新闻报道的客观性",重在"报道"两字,"报道"是能动的反映与表达,报道者要受到自身和外界多种因素的影响,这些影响会使他们在认识与选择中打上不可避免的主观烙印。因此,报道的客观性,就是要求报道者尽量克服主观倾向,立足客观实际,进行反映和表达。所谓的"中观",就是站在宏观与微观的结合点上,不干预事物发展的进程,作为一种旁观的记录,提供给受众认知的依据。至于主观的烙印,其实是不可能完全摆脱的,也没有必要去摆脱,因为认识的归宿是为人类自身发展服务,这种主观是在客观的基础之上进行的导向,它使价值的引导巧妙而隐性地孕育在事实的告知中,而这正是新闻报道的作用和功能。

新闻报道是新闻从业人员(狭义为记者)对新闻的描述与传播,是认识主体对客体的一种把握和反映。从认识论角度来讲,新闻报道是认识主体与认识客体的一种关系,它要求主、客观的平衡与统一。站在认识主体的角度看,新闻作为客观存在,是被认识的对象,报道只是呈现认识成果的一种手段,这种手段在职业分工和实践检验中形成了某些规律和规则,即我们所说的符合新闻价值规律和传播规律的要求。要使我们的认识成果符合客观实际,就要克服认识主体后天积习的主观倾向、思维定势。当然,这些主观倾向与思维定式不是以简单的"好"与"不好"来作价值判别,而是以事实的真实性为保障,以达到接受认可和社会集体的共识。因此,新闻报道的客观性能使新闻报道令人信服,能够帮助受众感知、认知客观世界,并且服务人的内在要求,严格讲,个人认知及其传播,不具有广泛和普遍的社会实践意义。

在现实世界里,新闻人在每一个重大新闻事件中,特别是国际问题面前,首先就有一个国别与文化身份上的归属,也即是新闻人在新闻事件中属于哪一方的成员，而这种归属性就必然要求其站在本集团或本国的利益和立场上说话。[①] 同时也存在另一个问题，即过于明显的报道立场和态度，可能会造成观众在接受时的排斥、反感情绪，受众认为自己本可以根据事实和经验来判断，媒体的"代言"却干扰了自己的选择，从而对媒体产生"不客观"的印象。对现代受众接受效果的研究以及媒体逐渐重视的受众调查结果表明，以事实说话并提供多方事实与观点的客观报道、平衡报道，是受众认同和喜欢的报道。那种充满过度宣传教育色彩的单向灌输的报道，多半效果差，无法实现传播预期效果。

新闻报道的客观性经历了一个发展过程，人们对"客观性"的理解、反思与把握，使新闻报道回归到了新闻传播的本来轨道，而且也使受众对新闻的理解趋于全面和科学。

（一）"客观性"原则是伴随客观报道理念发展的专业精神

"客观性"原则是伴随客观报道理念而发展起来的一种专业精神。简述之，对新闻报道的客观追求，源于人们认知世界的理性思维的生成与发展。

在新闻事业的发展过程中，中西方从近代报业开始，便经历了政论报刊时代的"观点"传播时期。在"政论报刊"时代，社会处于革命起义或者社会改良时期，各种社会思潮交锋，各党派或组织机构为宣传自己的观点、立场、态度而从事报刊活动，这就使得报刊成为这一阶段他们传播自己政见的平台和阵地，是宣传的机器和工具。我国的政论报刊时期始于19世纪60年代，以王韬为代表的近代报刊政论家们，利用报纸传播观点和主张。戊戌变法、辛亥革命、五四运动等历史时期的报刊，成为宣传维新变法、救亡图存、科学与民主的思想及观点的载体与重要工具，我们可以称那个时期的报道为"观点纸""宣传纸"。

"观点"的传播，本身就带有主观倾向性和较鲜明的感情色彩，它以"劝服""说教"为目的，虽然有一定的事实为依据，但事实只为观点服务。西方新闻事业史上也经历过政党报刊的"黑暗时期"。那时候，充斥着不同党派观点的报刊成为代表本党派利益的工具。随着生产力的发展，人们逐渐需要多样化的事实传播，因此，去主观、重客观地告知，成为新闻报道发展的必然方向。工商业信息、自然界的逸闻趣事、科学技术知识等信息与人们的生产、生活需求紧密相关。尤其是两次世界大战之后，新事物的出现和科学技术的迅猛发展，在社会转型的时代背景下，越发凸显及时告知和解读"世界发生了什么"的迫切与必要。回顾中西方新闻事业

---

① 郝雨、郝艳辉：《国际争议事件报道与新闻客观性原则——美国两大媒体对哥本哈根气候大会报道分析》，载《新闻记者》，2010年第7期。

发展的历程，我们不难发现，对客观事实存在的告知，作为新闻传播的回归，实在是经历了一个迂回而漫长的过程。随着人们知识、技能的扩增和提高，认知能力、媒介使用能力也随之提升，人们更倾向于理性理解、吸收外界新闻信息并逐渐进行相对独立的思考与判断。在这样的发展趋势中，客观报道理念在新闻报道中逐渐确立并成为主导。而客观性实际上就是对客观报道理念的属性的表达，是对报道所具有的属性的外在评价，客观报道使新闻的客观属性呈现出来，它符合人们的信息需求，尤其在形式上符合人们的接受心理。

（二）体现客观性的客观报道方法——用事实说话

正如比尔·科瓦奇所指出的，当代新闻客观性观念最早被引入新闻工作时，它并没有暗示新闻工作者不受偏见的影响，而是恰好相反，正是因为越来越多的人认识到新闻工作者充满"无意识的偏见"，因此，号召新闻工作者接受客观性观念的目的，是督促他们建立一套检验信息的方法，以确保个人及文化的偏见不会损害其报道的准确性。[①] 也即是说，新闻客观性的重心并不在于"目标的统一"，而是"方法的统一"。由此，找到通往新闻报道客观性的方法就异常重要。

所谓客观报道方法，是指在具体的新闻报道实践中，为达到报道的客观性所运用的一系列报道手法。"用事实说话"，既是客观报道理念的核心与本质，也是新闻报道所遵循的基本规律，还是最重要的客观报道方法。

"新闻"就客观存在的反映与表达来讲，就是对事实的反映与表达。以此为载体，"说话"可以直接说，也可以间接说、意会说。直接说更多地体现在新闻评论的观点传播中，而间接说、意会说，就是一种"无形的发言"，就是通过对事实的选择、排列、组合而隐性地传递出主观的立场、态度和倾向。由于认识主体本身是主客观的统一，所以，任何报道者都具有主观的经验、判断和价值取向，也因此，任何新闻报道都不可能做到纯粹客观，那种保持纯粹中立的"不偏不倚"，只是一种理想的追求，在现实传播和实际需要中既做不到，也没有必要那样去做，因为事实本身只是一种相对静止的存在，只有被报道者和受众认知才有意义、才产生价值。我们在对待新闻报道的立场和态度上，只要树立了"用事实说话"的理念就好，这是新闻传播规律的特质和个性，它与历史、文学及其他类的传播相区分。这种"无形"的意见、观点、态度的表达与传播，会以事实告知为前提和载体，提供给受众认知判断的依据，此所谓大众传播"参考的架构"（reference frame）的功

---

① ［美］比尔·科瓦奇、汤姆·罗森斯蒂尔：《新闻的十大基本原则：新闻从业者须知和公众的期待》，刘海龙、连晓东译，北京大学出版社，2014年版，第98~99页。

能。实践表明，只要是符合事实客观发展的告知，尽管它隐藏着媒介的态度与立场，这样的报道就具有一定的客观性，它就在一定程度上具有说服力，就是有效的报道。

客观报道方法在使用中需要做到"三个坚持"，即坚持事实第一，坚持事实与观点分离，坚持均衡。这"三个坚持"其实是一个意思在不同层面的表达，目的就是用事实说话。

坚持事实第一，就是记者和编辑在采写、编辑中坚持以事实为主体来传播新闻，尽量以"无形的发言"提供给受众认知世界的依据。在前面关于新闻界说的分析中我们早已讨论过，这里不再赘述。

坚持事实与观点分离，就是指事实是事实，观点是观点，观点的表达可以放在新闻评论中去传播，受众对事实的了解和对观点的了解需要分开处理。正如曾任《华盛顿邮报》总编辑的莱纳德·唐尼（Lenonard Downie）所说："我本人以及在我指导之下的报道的新闻记者和编辑们对赞同性的决定没有任何影响，对社论版以及其他社论也无任何影响。社论版的编辑梅格·格林菲尔德和其他社论作者，在我们报道新闻的时候，包括在总统选举时，都与我们没有任何牵连。从这方面来讲，报纸评论的撰写与新闻报道的功能完全分离。"[①] 早在1855年，第一个提出"独立新闻学"概念的美国人塞缪尔·鲍尔斯，就认为应该在事实（fact）与意见（review）之间划清界限；新闻应该告诉读者最原始的材料，然后让读者自行判断，这正是"客观报道"的中心要求。其实这一理念很早就受到了国人的重视，徐宝璜在《新闻学》一书中就写道："新闻栏中，专登新闻，社论栏中，始发意见，彼此毫不相混。即欲于新闻栏中发表意见，亦应注于新闻之后，以便辨别。"[②]

坚持均衡，就是指在报道重要呈现多种声音和多种事实，尽量避免因为主观性选择而造成"一边倒"或者片面的报道局面，要将媒体和记者的新闻价值判断巧妙、隐性地蕴藏在事实的选择与传播中，要让受众感觉到记者与媒体提供的事实是有依据的，是全面的。通常，我们衡量均衡的方法就是看新闻报道中是否呈现了正、反、中间三方面的意见。中西方新闻界都要求报道者对新闻事实进行严谨的查证。但多数情况下，因为主客观方面多种因素的局限，记者无法完全做到及时迅速地查证。记者在这种无法查证的情况下，要写出对受众负责任的报道，较为安全的办法就是呈现正、反以及中间这三方面的意见，并且注明消息和观点的来源。如果记者在采写时没有做到这一点，受众就可能怀疑报道的客观性，而报道对象也会对

---

① 吴飞：《新闻编辑学教程》，高等教育出版社，2004年版，第226页。
② 徐宝璜：《新闻学》，中国传媒大学出版社，2016年版，第46页。

报道的公正性提出疑问。让受众了解事实的多面和全面的情况，及时尊重和满足受众的知情权，也是避免新闻报道出现明显的片面与主观的有效途径，均衡性其实就是这一客观报道方法的应用。我们在后面的案例中会详细分析它的应用和作用。

二、新闻报道中"非客观"的表现

理解新闻报道中的非客观表现，首先要明确两点：第一是将新闻报道与新闻评论区别开，不能一概而论，后者是基于新闻事实的言论，而新闻报道是对客观事实的直接反映。第二，"非客观表现"是就记者违背新闻客观性原则的报道手法而言。尽管新闻的客观性原则，已经是新闻界公认的价值标准之一，但在采写中，由于诸多因素的影响，比如报道主题、采访条件的限制以及记者职业意识的淡漠等，导致"非客观报道"现象在中西方新闻报道中仍然普遍存在。而"非客观报道"通过媒介的呈现，常常会使事件的客观真实难以还原，造成人们对事物的"压倒性"舆论。请看以下两个案例。

【案例一】

假币新闻不应让银行蒙冤[①]（节选）

这两年，我们经常在报纸、电视上看到关于"假币"的新闻，而这些新闻几乎都剑指"银行"，如某客户去银行柜面取钱，结果从中发现数张假币；再如某客户在 ATM 机取钞，也是连吐数张假币……这些新闻往往让老百姓对"银行"的信誉打上了大大的问号——从银行取钱也没保证了吗？

但是，日前笔者采访时看到的几段银行录像，让笔者觉得对待假币问题一定要慎之又慎，尤其是新闻媒体的报道一定要客观公正和冷静求证，切莫人云亦云。

在一段银行摄像头拍摄的画面中，一名中年残疾男子来到银行柜面，要求取款 500 元，柜面人员按照操作流程取出 500 元现金，并反复在点钞机上过了几遍后，递给该男子；他拿好钱后并未离开柜面，而是让出窗口，站在旁边的柜面上，并快速将其中一张百元钞票抽出装入口袋，又将一张事先准备好的百元假钞插入其中；当窗口前的客户办完业务后，该男子又把这叠钞票交给柜面

[①] 冯娟：《假币新闻不应让银行蒙冤》，载《上海金融报》，2009 年 10 月 23 日，http://finance.dzwww.com/yinhang/yhzx/200910/t20091023_5120611.html。

人员，声称里面有张假钞。另一段录像则是显示，一位老年人用同样的手法在柜面上进行调包，再请大堂内的工作人员帮助他在柜面外的点钞机上验钞。

在这两则录像中，一个是残疾人，一个是老年人，都是人们眼中的弱势群体，也是比较容易博取公众信任与同情的一族。但是摄像头记录下的真相却让我们不得不提高警惕。据人民银行上海总部一位多年从事反假币工作的人员告诉笔者，在接到客户投诉的假币案件中，没有一起最后经查实假钞是从银行流出的。但是有关银行却往往被假钞搞得很"受伤"。据了解，在调查中有些是上述的主动调包假币行为，有些则是客户在交易过程中被人调包后，在不知情的情况下怪罪到了银行的头上。

因此，笔者认为，除了客户需要更加提高警惕，防止交易时被人用假币调包真钞外，媒体在报道此类事件时也需更加冷静和客观。

可以想象，"银行流出假钞"，甚至是"连吐几张假钞"的新闻肯定夺人眼球。于是，媒体为"抢新闻"，仅听取客户一面之词就进行不实报道。可是最终调查的实际情况往往是另有隐情。此时，媒体再做纠正就显得被动，而且前期的轰动效应已经产生，于是，往往便没了下文。因此，媒体面对客户的假币投诉一定要慎重对待，了解客户、银行的各方意见后再做报道。

【案例二】

"大妈讹老外"：一场集体盲人摸象[①]（节选）

日前，题为"北京街头外国小伙扶摔倒中年女子遭索赔"的一组图片被各大网站转载，当事中年女子遭到众多网友的激烈谴责。然而，事情随即反转。目击者称，老外驾驶无牌摩托车撞人后，用中文辱骂被撞者。北京警方证实，撞人外籍男子无证驾驶，将依法处罚。

网传外国小伙遭遇中国大妈"碰瓷"

消息的最初来源是如此描述的：12月2日10点半，在北京朝阳区，一名东北口音女子经过一个骑车老外时突然摔倒自称被撞伤，并死命抱住对方所骑车不撒手，撕扯中小伙衣服被撕烂，外国小伙子急哭了……后经医生检查，该女子并未受伤。最后，女子要到1800元"医药费"方才作罢自行离开。在消息的配图中，一个看起来很"泼妇"的中年妇女死死地抓住电动车，而外国小

---

① 《"大妈讹老外"：一场集体盲人摸象》，人民网，2013年12月9日，http://opinion.people.com.cn/GB/363551/372232/。

伙子则像一个做错了事的孩子,挠着后脑勺,不知所措地站在那里。

剧情翻转:老外撞人并用污言秽语辱骂大妈

在"有图有真相"的网络时代,网友们又愤怒了。"丢人丢到国外去了!"就在更多愤怒的网友加入口诛笔伐大军的时候,剧情突然毫无征兆地翻转了。据《新京报》的后续报道,老外当时骑一黑色无牌摩托,车上还带有一中国籍女子,大妈的确被老外撞倒。此外,据目击者提供的一段现场视频显示,老外撞人后不断用流利的中文污言秽语,如"你××啊,我×你大爷"、"你骗人,你看我是外国人想讹我钱"等,辱骂被撞者。

警方调查:外籍男无证驾驶撞人

北京警方发布消息称,当事的外籍男子确实撞人,且无证驾驶。警方通报称,前天上午10点40分许,110报警服务台接群众报警,称左家庄一路口一外籍男子与行人发生纠纷。接报后,民警立即赶赴现场开展工作。经调查,一中年女子经过人行横道时,被一外籍男子驾驶摩托车撞倒。在现场处理过程中,倒地女子称身体不适,民警立即拨打120急救电话将其送往附近医院。经医院检查,该中年女子伤情轻微。双方在医院自行协商解决了赔偿事宜。

从上述两个案例中我们发现,媒体呈现的新闻事件的真实客观性与其原貌有一定的出入,而其中都存在非客观报道的表现。这些非客观报道通常体现着一定的倾向性。案例一中,记者不顾银行录像的证据,"一意孤行"地将事件原因归咎于银行;案例二中,由于彼时"大妈倒地扶不起"的讨论热点,报道者将这一"普通的剐蹭"升级为"职业的碰瓷",进而发展为舆论一边倒地支持外国小伙而谴责中国大妈。事件对立方被刻意赋予了不同的地位,媒体通过对报道主题的设计、关键词的选择和新闻来源的选择等,试图将舆论引向他们所希望的方向,从而对当事者中的某一方造成一定的压力。非客观报道的表现由此可见一斑。归纳起来,非客观报道在具体的操作手法上,通常有如下一些表现:

其一,在事件初期进行定性判断。

许多新闻事件在初期是具有争议性的,有关各方在事件被披露之后才开始进行相关的鉴定、处理等工作,而媒体急功近利,为了夺人眼球,在报道中常常运用一些结论性的语言。这一点有时体现在标题制作上,记者或者编辑通常采用直接下结论的判断句式作为标题。比如,案例二中,作为消息来源的"北京街头外国小伙扶摔倒中年女子遭索赔"这一标题,就鲜明地对事件进行了定性判断,而此时有关事件的权威调查结果还未发布。在事件发生的初期,记者的首要任务是报道新闻事实,将与事件直接相关的属性等信息公之于众,如我们常说的"5W"要素等内容。

而且记者在获知事件动身采访之前,更不可妄自对事件下某种结论,甚至带着结论去采访。因为一旦下了某一判断就很可能按照这一角度去采访,这样会导致信息获取的偏向或偏差等问题。

这里需要提出的是,如何防止"媒介审判"的问题。这是指在法院案件审理的报道中,媒体尤其要注意在案件审结之前,避免先行做出结论,即使是暗示性的细节也要慎用,因为媒体的报道一旦造成倾向性,对于公众舆论和案件的审理等带来较大程度的干扰。2009年年底发布的《关于人民法院接受新闻媒体舆论监督的若干规定》中的第九条明确规定,人民法院发现新闻媒体在采访报道法院工作时对正在审理的案件报道严重失实或者恶意进行倾向性报道,损害司法权威、影响公正审判的可以向新闻主管部门、新闻记者自律组织或者新闻单位等通报情况并提出建议。违反法律规定的,依法追究相应责任。

还有一种由预判导致的非客观报道的表现,即把事实与观点混为一谈,将带有强烈主观色彩的观点充作基本事实,误导受众。比如,一些报道中常见记者假借专家之口,对事件进行定性报道,就属于这种情况。而客观报道的原则要求将事实与观点分开,要让受众明确知道报道中的哪些部分是基本事实,哪些是由事实引发的观点、意见,记者和媒体不能一味利用专家、权威的声音来遮蔽其他一些重要的事实。

其二,忽略信息精确度。

在案例二中,由于彼时正逢"老人倒了扶与不扶"的舆论热点,报道者仅凭一组新闻照片,就为该事件预设了一个"大妈碰瓷"的报道主题。殊不知,"耳听未必为虚,眼见未必为实"。造成这种报道的直接原因,就是记者为了使报道取得轰动效应,在采访前就预先设定了主题,而采访时忽略了信息的精确度,同时缺乏冷静细致的取证,最后导致非客观报道的出现,以致产生不良的影响。

记者为了保证新闻事实的客观性,较为安全的办法就是呈现正反两方面的意见。如果报道没有做到这一点,受众就可能怀疑报道的客观性,而报道对象也会对报道的公正性提出质疑。

其三,消息来源具有明显偏向性。

新闻要讲求可信度,必须以明确的消息来源为支撑。记者选取的消息来源,其属性以及它们被分配在报道中的比例本身也能体现报道是否客观。比如,在案例一中,记者只听信了看似"受害人"的弱势群体的一面之词,而没有向银行方面求证,就断定"银行流出假钞",报道刊出后,银行方面又拿出证据否定这一事实。诚然,记者在报道中消息来源明确,并且引用的言论属实,但由于报道中不同的新闻当事人并没有得到均等的发言机会,从消息来源的分配上,我们就能感受到客观性的缺失,争议事件的"天平"在媒体的密集报道下已经显而易见地压向了被批评的一方。

这种非客观报道的表现方式在实际中经常出现，事件矛盾双方事实上很难得到平等的发言权。而要做到客观报道，记者要尽可能获取对立观点和丰富的事实，并让它们在文字中得到平等分配。记者要以一种更为平和的心态面对矛盾双方，不能将"恶"放大为"至恶"，将"善"放大为"至善"。新闻报道首要的目的是让受众获知实情，实情必须包括矛盾各方的情况，因此，记者要避免报道中出现压倒性声音的非客观表现。

其四，"断章取义"的片面报道。

这种方式的报道常常是报道者"别有用心"，为了特殊目的，他们企图假借新闻报道的客观性和权威性，只截取事实全貌中的某一部分来说明一个问题，却不顾事实原来的发展脉络。比如，在西方某些媒体的报道中经常会有类似的表现，它们对拥有不同意识形态的国家往往大肆报道负面消息，而对一些积极的正面的事件，则采用一种所谓客观的手法，对受众进行反向暗示。这些媒体通过信念预设、观点预设和事实预设，在看似客观的新闻报道中隐藏自己的主观倾向性。[1] 在美国，某些媒体针对中东地区的报道，长年累月采用这种非客观的方式，已经将该地区战乱、蒙昧、迂腐、落后的糟糕形象，深深刻画在了其本国读者的心中。这些非客观报道的背后，其实有着非常复杂的政治意图和利益纠葛，而新闻客观、公正的属性已经被牺牲。

【案例三】

同是封城，踩完中国转头就吹意大利？
《纽约时报》"双标"20分钟就玩砸了[2]（节选）

意大利封城，是"冒着牺牲自己的经济风险"；中国封城，是"极大损害人们的生活与自由"……这是《纽约时报》在同一天内先后发布的两条推文内容。

---

[1] 陈丽婉：《从语用预设看美国新闻报道的客观性》，载《长春大学学报》，2011年第7期。
[2] CD君：《同是封城，踩完中国转头就吹意大利？〈纽约时报〉"双标"20分钟就玩砸了》，载《中国日报》，2020年3月11日，https://mp.weixin.qq.com/s/lYZlAXoUTP5j9z4oi4wHhQ。

《纽约时报》在同一天发布的有关中国"封城"和意大利"封城"的推文内容

同样是"封城",同样是特殊时期采取的特殊措施,《纽约时报》如此拉踩分明,实在有违新闻媒体基本的职业操守。

3月8日,《纽约时报》在其官方推特上先后发布了两条推文。

第一条发布于上午10点30分,抨击中国:"为对抗新冠疫情,中国隔离了6000万人,并对数亿人实施严格的检疫和旅行限制。这场战'疫'极大损害了人们的生活与自由"。

熟悉《纽约时报》"双标"套路的网友,就曾在第一条推特下方做出了"神预测":意大利也封城了,但《纽约时报》一定会说意大利是做出"自我牺牲"。

谁知,果不其然!《纽约时报》的"双标"没有让网友失望。

20分钟后,10点50分,该账号又发布第二条消息,赞扬意大利称:"意大利封锁了米兰、威尼斯以及北部大部分城市。他们冒着牺牲自己经济的风险在阻止这场欧洲最严重疫情的蔓延"。

············

除了上述四点,还有一些实际操作手法也是非客观报道的表现,比如,随意使用带有感情色彩或者倾向性的词。新闻报道以事实呈现为主,但也极其讲究措辞,某些形容词、副词或者动词,是对事物属性的一种判断,稍有不慎就会导致偏颇或失实,从而影响报道的客观性。

在客观新闻报道中,不仅形容词和副词要少用、慎用,而且动词也能够体现出记者和媒体的某种感情色彩和价值判断。比如,在案例三中,《纽约时报》对中国封城的报道中使用了"极大损害""严格限制"等带有负面感情色彩的词语,而对于意大利封城的报道中使用了"牺牲""阻止""冒着……风险"等措辞,这明显地体现了《纽约时报》的主观倾向。

美国学者塔奇曼提出,客观性法则在具体操作上包含着四个步骤:提供争论双方的"观点",以便识别冲突情况下对手之间的真实主张;提供代表这些真实主张的确切陈述;直接用引号指明这是消息来源,而非记者之言;首先按照提供最多的"事实材料"的方式组织报道。[①] 尽管事实上不可能有纯客观的新闻报道,但客观性原则始终是新闻报道必须坚守的专业立场,新闻从业人员在新闻生产的任何流程之中都应以此为镜鉴。尤其是在报道过程中,首先应尽量避免个人成见,避免对新闻事实的预判。其次,严格按照客观性原则进行采访调查和取证,保证信息源的可靠性、准确性。再次,平等对待事件涉及的矛盾方面,在报道的比重上,使其平等地表达自己的声音,不误导受众,同时尊重报道对象。

总之,新闻媒体有义务将客观性原则纳入每一则报道,甚至每一条信息中,通过正当行使媒介特殊的话语权,促进社会公平、公正、和谐发展。

三、中西方对新闻报道客观性的理解差异

(一)中西方新闻客观性理念的确立过程有着根本的区别

新闻报道的客观性原理最早产生于美国,它体现了自由主义理论的核心理念,并包含了一系列新闻实践操作的具体方法和准则,是西方新闻界流传最广、影响最大的基本原理。从新闻理念的演变过程来看,中西方新闻客观性的确立过程大相径庭,这也是中西方对新闻报道客观性的理解存在差异的历史根源。

1. 西方新闻报道客观性理念的演进

纵观西方新闻事业发展史,客观性原理自身仍处在动态发展过程中,它经历着不断的批判和调整。因此,要理解中西方新闻报道在客观性上的差异,首先需要把握客观性原理在以美国为代表的西方国家的发展历程,以及客观性原理在中国的引入背景。

早在17世纪,弥尔顿和约翰·密尔等人提出了"意见的公开市场"和"自我修正过程"等概念,这是自由理论的代表,也是客观性理念诞生的思想根源。19世纪30年代,美国便士报兴起,成为现代报业发展的基石,也开辟了客观性报道的源头,即将客观性"事实"逐渐与主观性"意见"分离开来。到20世纪20年

---

① [美] J·赫伯特·阿特休尔:《权力的媒介》,黄煜、裘志康译,华夏出版社1989年版,第151页。

代，随着以"信息模式"为办报模式的严肃报纸的出现，美国新闻界将客观性理念的核心原则确定下来，即将新闻报道中的事实与价值分离，以此避免报道中的个人偏见，从而保证报道的公正。1848年，美国联合通讯社（简称"美联社"）成立，为了使其稿件能被尽可能多的报纸采用，美联社在其所供稿件中采取了中立和平衡的报道手法，他们认为，只有遵循这一法则，才能保持报道的政治中立，从而赢得商业利益。由于19世纪中叶，新闻还未成为独立学科，大多数从业者受当时主流的科学主义和现实主义传统的影响，普遍认同记者就应运用自然科学的方法，客观地观察和描述社会事件。

随着美国报业垄断局面的出现，现代报业开始追逐巨大的商业利益，导致了以客观性理念为代表的媒介自由主义理论的现实根基面临侵蚀。第一次世界大战期间，美国组织化和科学化地运作"宣传"式报道，又使美国新闻从业者认识到，他们所推崇的"事实"和客观性理念，在国家利益的名义下是可以被牺牲的。复旦大学的李良荣教授曾就此质疑，"如果在战争时期，政府可以用国家利益的名义进行新闻管制，那么即使在一种社会常态中，众多的利益集团是否也有其独特的方式影响新闻界的报道，从而使得客观性理念成为海市蜃楼呢？"[①] 20世纪初，公共关系行业在美国兴起，又在新闻记者和新闻来源之间生成新的中介，这使得记者在获取事实真相、寻求客观公正的诉求上遭遇挑战。

第二次世界大战后，以哈钦斯为首的出版自由委员会提出《一个自由和负责的报业》文件，号召新闻媒介专业化，从而发展出新闻专业主义的新闻理念，明确了客观性是一种使新闻工作者将事实隔离于观点，从而避免个人偏见的规定或机制，它要求新闻工作者站在中立的立场上，以客观的方法报道新闻、反映观点。

尽管如此，西方新闻报道的客观性理论始终植根于资本主义制度及其意识形态的土壤，加之种种历史和现实的因素，如经济利益和国家利益等，致使当代西方新闻报道呈现出客观性报道与其它类型报道相互交错、对抗的局面。

2. 我国新闻报道客观性原则的发展

我国近代著名政论家梁启超早在1903年就提出了"报之以客观"的主张。民国初年，著名记者黄远生则进一步提出"力变其主观的态度，而易为客观"。不过，当时的认识还不成熟。比如，他们认为，只报道事实、不报道意见就是客观，但作为近代资产阶级改良人士的代表，他们是中国新闻史上首先意识到将客观性作为新闻的一个重要原则的人。中华人民共和国成立后，我国新闻学界在批判性地借鉴资产阶级新闻理念的过程中，逐步确立起对新闻报道客观性的认识。国内曾有学者认

---

① 李良荣：《当代西方新闻媒体》，复旦大学出版社，2010年版，第92~93页。

为，西方把客观性强调到了不恰当的地步，他们把"客观性"说成是超阶级、超党派的东西，是"纯客观"，只陈述事实而不表达意见①。

改革开放后，我国的新闻报道从印证式的新闻模式向新闻信息模式转变。随着改革开放的深入，新闻传媒由计划经济体制转入市场经济体制，西方新闻报道理念开始渐进地、批判性地引入国内，客观性报道在国内新闻和对外报道中得到重视。"用事实说话"曾一度作为中国新闻界对新闻的客观性、客观报道原则的朴素理解和操作方法，是有中国特色的新闻传播的"客观性"。2002年开始，新闻改革围绕"贴近生活、贴近群众、贴近实际"的"三贴近"原则，将"客观"作为新闻报道对生活、群众和实际事实的基本要求，这也成为新时期中国对新闻报道客观性的新的发展性理解。

我国现行的新闻事业体制秉承无产阶级党报的党性原则。党性原则是新闻媒体的灵魂，新闻媒体始终肩负并履行以正面报道为主、兼顾多元主旋律的宣传职能。随着新闻事业的改革以及客观性原则的引入，新闻报道已从最初强调单一的"事实服务路线"的喉舌工具性，逐渐被纳入以"事实性""客观性"为旨归的报道理念和操作手法，从强调真实性到加强时效性，再到注重与读者的接近性、公正性以及市场竞争带来的"冲突性""名人显著性""反常性""重要性"等新闻价值点的实践。国内通过不同层次、不同程度的新闻改革，在坚持和强化新闻事业的党性原则下，近年来不断借鉴西方新闻理念中的合理成分，并且结合本土实际，逐步探索出了自身新闻事业的特色发展之路。

（二）中西方新闻报道客观性理念的共通之处

1. 新闻客观存在着整体客观与部分客观

尽管中西方新闻报道的客观性理念有着不同的根源，但中西方客观性报道理念都认同"新闻的报道客观不完全等同事实客观"，以及"新闻客观存在着整体客观与部分客观"。新闻是对新近发生的事实的报道，新闻的客观性是"报道"，而不是由"事实"的属性决定。吴高福在《新闻学基本原理》中明确指出："所谓事实的客观性指的是客观实在具有不依赖于人的意识而独立存在的特性。而新闻的客观性，则是指传者反映对象的客观性，是传者反映客观事实的结果。它是一种不以人的精神、意志为转移的物质性的存在……因此，新闻的客观性，是属于认识论意义上的客观性，而是必然同主体相关联的，是作为传者根据一定目的、需要反映结果

---

① 郭可：《从新闻客观性看中美两国报纸如何报道对方国家》，载《新闻大学》，2000年第2期。

而存在的客观性。"① 我们从中可看出，尽管事物本身是客观存在的，但是，基于记者本身的主观选择等"潜网"的过滤，新闻的客观性并不完全等同于哲学中的客观存在。新闻事实本身即具有多重事实面，事实本身也正是由不同的层面所组成的。就整体而言，中西方新闻媒体的报道都必然渗透着媒介所有者和新闻从业人员的主观意识。从报道的宏观角度来看，客观报道无论在中国还是在西方国家，都不可能做到整体客观。

2. 遵循相同的客观报道之操作手法

就具体的某些类别的报道而言，中西方新闻媒体对客观性原理的现实功能又有着相同的认识，即：对于新闻机构，客观性可以带来经济利益，并且使其免受来自其他社会机构和利益集团的操纵；对于新闻从业者，客观性可以作为其处理资讯的标准，舒缓截稿期的压力，并且通过提供例行程序部分地让消息来源为报道内容负责；对于新闻管理，客观性同样通过提供一种"策略仪式"，以经受司法诉讼和专业人士的考评。②

此外，我国与西方国家新闻媒体还遵循着一套相同的客观报道的操作手法，即：看新闻作品中事实与意见是否分离，报道是否呈现了正反两方面的意见，是否交待清楚了消息来源，是否使用直接引语，是否提供了代表这些真实主张的确切陈述，以及是否依事实的重要性程度来组文。③ 这使得我们大部分的报道都能呈现客观性，否则，所有的媒介现实都将被主观性扭曲。另外，在科技新闻、国内新闻等消息中，我国与西方新闻媒体，同样强调客观报道的重要性，注重事实与观点分开，客观地叙述事实，避免记者的主观倾向，强调写作中必须保证信息的准确性和报道的平衡等。

然而，事实上我们也发现，中西方新闻媒体仍有可能出现由多个单一客观报道组合而成的带有倾向性的报道。也就是说，新闻报道在部分客观之外，在整体客观上，中西方的认识与操作也具有差异。

(三) 中西方客观性新闻报道的差异

我国学者认为，新闻具有客观性，但同时也具有倾向性，倾向性是记者通过新闻事实暴露出来的思想趋向，而不是随意作主观的解释和议论，因此，我们认为新

---

① 吴高福：《新闻学基本原理》，武汉大学出版社，1993年版，第230~231页。
② 李良荣：《当代西方新闻媒体》，复旦大学出版社，2006年版，第98页。
③ 赵月枝：《新闻报道的客观性分析》，http://media.ifeng.com/school/zyz/xgbd/200910/1029_8519_1410627.shtml。

闻的倾向性与客观性并不矛盾。① 从微观报道角度来说，对中西方客观性新闻报道的理解差异并不明显，主要存在于宏观的报道层面。也就是说，中西方两种新闻的客观性在用"事实"方面是一致的，但是在"说话"与否、"为谁说话"上却表现不同，并且在怎样"说"的方法上也存在差距。我们也可以通过这三个方面，比照认识中西方在客观性新闻报道上的差异。

1. 中西方客观性新闻报道的不同理解：植根于不同的主观传播意识

正如上文所描述的，西方新闻报道的客观性原则，是其多元化新闻理念中的一个，它为资本主义的经济体制服务，也服从于占统治地位的资产阶级的利益。我国的客观性报道以党性原则为根基，以广大人民群众的根本利益为一切事业的出发点与归宿。基于中西方各自不同的发展背景，中西方对客观性报道理念有着各自的理解，其中有交叉也有区别，并在各自历史发展的必然选择中及可控的范围内，发展着客观报道的理念和标准。我们应在这个本质区别的立足点上，加强辩证分析，科学判断。

传播的主观意识不等同于传播偏见，而是基于新闻报道的原始——这可能是国家利益，也有可能是文化差异等多重因素所致。客观报道负载了政治、经济、社会和文化的时代特征，负载了意识形态的特征，这种特征将会表现在客观报道的过程中。西方新闻记者受制于政治权力和经济权力的深刻影响，尤其在涉及国际事务的新闻报道中，必然受到国家和民族利益的影响，而使报道的客观性削弱。以自我标榜最自由、最民主的美国为例，其新闻媒介依旧受到政治的强大压力，如美军虐囚事件中著名报刊记者被迫辞职、道歉，就是明证。再如，对伊朗的新闻报道中，CNN 等媒体突出血腥和武装冲突的报道，极力反映中东的战乱、落后甚至愚昧；我国媒体则倾向于尽量避免血腥冲突报道，着重反映地区事务和事态的发展现状，两者侧重点不同，传播的客观现实有差异，而这正是新闻媒体从各国国际外交原则与国家政策取向上出发，权衡相关利益后做出的不同选择。

2. 中西方客观性新闻报道的不同表现：各类新闻报道的呈现比重不同

张威在《中西比较：正面报道和负面报道》② 一文中指出，尽管 20 世纪 90 年代中国新闻的面貌发生了很大变化，但正面报道仍是传媒的主要报道方针……西方媒体更多倾向于负面报道和负面倾向。他认为这种正、负面报道的不平衡，是区别中西方新闻报道方法的重要分界线，也可以作为理解中西方新闻报道客观性差异的一种方法。比如，正面报道、负面报道和中性报道在媒体呈现中的不同比例，其

---

① 郭可：《从新闻客观性看中美两国报纸如何报道对方国家》，载《新闻大学》，2000 年第 2 期。
② 张威：《中西比较：正面报道和负面报道》，载《国际新闻界》，1999 年第 1 期。

中，在中性报道或者说一般报道中，主观色彩并不明显，中西方客观报道差别不大；中性报道在报纸上的分布，中西方都比较均衡。而在中性报道或一般报道之外，客观性原则便体现出在其各自媒介语境中的相对适用性，这一相对性又源于中西方新闻媒体不同的传播职能定位。在我国当代，新闻媒体的重要职责是建设与传播社会主义核心价值观，弘扬社会发展的主旋律；而西方新闻媒体沿袭其自由主义传统，注重信息传播和新闻实用功能的开发。这一方面决定了两者在新闻传播的侧重点不同；另一方面也体现了两者在客观性报道的宏观策略上不尽相同。不同类型报道的比重差异就是证明。

3. 中西方客观性新闻报道的不同形式：报道技巧的多样化与娴熟度不同

上述两点概括起来，就是说新闻报道不可能摒除一切传播者的主观意识，从而达到纯客观，这是我们对客观性报道的共识。近年来，以美国为代表的西方新闻媒体，加大了阐释性报道、调查性报道、精确新闻和"新新闻"报道的应用，但是，客观报道仍然是其典型的日常报道方式，只不过在客观报道原则的口号之下，高度重视新闻报道的叙事技巧，擅长用客观化的手法来表达主观倾向，并且这种主观倾向往往隐藏在客观化叙述手法的背后，较为隐蔽而不易察觉。

1956年，刘少奇同志在对新华社工作的指示中强调："要学习资产阶级通讯社记者的报道技巧。他们善于运用客观的手法、巧妙的笔调，既报道了事实，又挖苦了我们，他们的立场站得很稳。人们从他们的新闻报道中能够看到一些真实的情况。"他还指出："外国记者强调他们的新闻报道是客观的、真实的、公正的报道；客观的、真实的、公正的报道，是他们的口号。我们如果不敢强调客观、真实的报道，只强调立场，那么，我们的报道就有主观主义，有片面性。"[①]

在报道形式上，西方新闻报道的客观性表达也有着多样化的选择。梅尔文·门彻在《新闻报道与写作》中将新闻报道分为对事实进行直截了当的报道、发掘现象背后的实质的调查性报道以及在事实和调查性报道的基础上所作的解释性和分析性的报道。由此可见，纯客观报道只是第一层次。只要报道的内容是事实，对隐藏事实的挖掘和对复杂事实的分析均借助事实来完成的新闻报道，都属于客观报道。20世纪20年代，解释性报道（Interpretive Reporting）兴起，这种报道设计出一些特殊的显示客观性的新闻种类：背景材料、专栏分析、电视的杂志节目等，将解释性内容小心地插入双方的观点和新闻报道之间；随后，调查性新闻（Investigative

---

① 1956年5月和6月刘少奇听取新华社工作汇报时，作出了《对新华社工作的两次指示》，这两次指示共约1.3万字，收入《中国共产党新闻工作文件汇编》，新华出版社，1980年版，第358～369页、377～382页。

Reporting)增强了对事实的报道,通过记者的深入发掘,揭露以思想和观点为导向、以隐藏的内幕为内容的重大事实,这类报道也遵循客观性的常规。还有一种注重技术及其客观性的社会调查性新闻,即精确新闻(Precise Journalism),它采用社会学的研究方法进行定量分析,专门以"硬数据"作为新闻报道的内容,以此来体现新闻报道的客观性和精确性,这种报道更是强化了新闻的"客观性"特征。

相比之下,在中国当代新闻史中,客观性报道的实践主要体现在简单地缝合正反两方面材料的中性报道中,然而随着时代的发展,这种方法逐渐被遗弃。20世纪80年代,借鉴西方新闻报道而兴起的深度报道、大特写等,又对新闻报道的客观性进行了有益的尝试,并延续至当今新闻媒体的实践中。总的来说,新闻报道的客观性,表现在报道形式上,中西方的操作水平有着较大的差距,我们的记者还未能熟练地将客观性报道理念灵活运用于多样化的报道形式中。因此,结合本土实际,创新客观报道的技巧是我们努力的方向。

在选择、传播事实时,西方新闻记者善于把握报道的内在逻辑,这是他们在客观性报道上的特色。比如"网易探索"曾经转引过《华尔街日报》一篇有关"中美舌战哥本哈根气候峰会"的报道,其中体现了较为典型的西方新闻客观性报道操作手法。

【案例四】

中美舌战哥本哈根气候峰会[①]

网易探索12月15日报道 据《华尔街日报》报道:本周晚些时候,包括美国总统奥巴马在内的全球政要将飞赴丹麦首都哥本哈根出席联合国气候峰会,宣告人类开启全球环境合作的新时代。实际上,此次峰会将成为中美经济较量的一次大摊牌。

国际能源署(IEA)估计,在未来20年中,几乎所有温室气体的排放增长都将来自发展中国家,其中一半来自中国。眼下在哥本哈根争论的焦点就是经济实力大增的中国是否应该从美国和欧洲每年获得数十亿美元的援助,来帮助它转型为更清洁的经济增长模式。

中国人认为的答案是"是的"。中国外交部副部长何亚非上周五说,富裕国家在消耗化石燃料的基础上积累了财富,打一个比方,就像一屋子人在吃

---

① 网易探索:《中美舌战哥本哈根气候峰会》,2009年12月5日,https://www.163.com/news/article/5QJAA3SA00013EFS.html。

饭，发达国家已经吃很久了，发展中国家刚坐下来，发达国家就说，应该由你们来埋单。

何亚非说，这不公平，谁造成了这一问题谁就该负责。不过，他说欧盟大体遵守了自己的减排承诺，他几次点名批评美国没有尽到应尽的义务。

简而言之，何亚非认为情况较上世纪90年代末，即当前用以应对全球变暖的京都议定书（Kyoto Protocol）商讨之时并没有发生太多变化。京都议定书要求工业化国家削减自身排放，并资助发展中国家推广节能汽车及太阳能板等清洁能源技术。

不过美国方面认为中国已经不再有资格获得优待了。美国首席谈判代表斯特恩（Todd Stern）在上周三的一个新闻发布会上说，虽然更贫困的发展中国家仍需要西方的帮助来获得清洁能源技术，但中国与它们不一样。他说，我没有想过公共资金，特别是来自美国的资金将流向中国，不能通过给发展中大国通行证的方式解决这个问题。

就环境问题而言，温室气体排放量占全球排放总量约40%的中美两国是此次联合国气候峰会上两股最重要的力量。截至目前，此次哥本哈根会议主要凸现出了中美在气候政策上的深刻分歧。两国对政策细节的争论是未来数十年两国广泛经济实力较量的一个缩影。眼见中国将提高能源使用效率，而不是限制碳燃料使用增长，许多美国商界领袖担心大幅削减化石燃料使用将提高生产成本并使得他们在和中国的竞争中处于不利地位。

上个月，中美在先后两天时间里宣布了自己的减排目标。美国宣布在2020年之前将把碳排放较2005年的水平减少17%，与有待美国国会通过的气候立法基本相符。而中国提出在2020年前将碳强度（即每单位国内生产总值能耗）较2005年削减40%至45%。

不过，研究显示，即便中国实现了这一目标，它在2020年时的碳排放量仍将比2005年时激增逾75%。外交关系协会（Council on Foreign Relations）专攻能源及气候变化问题的高级研究员列维（Michael Levi）说，国际能源署、美国能源部以及中国政府部门的研究都表明，早在中国近期发表减排声明之前，中国削减约45%碳强度的目标就是很有希望实现的。

欧盟和奥巴马提议欧盟和美国应该在2050年之前将碳排放总量削减80%。但是何亚非说，许下这样的远期诺言是容易的，他怀疑发达国家承诺的诚意。

何亚非说中国的环境承诺虽然可能不那么堂皇，但是更为实际。他说，我很高兴与任何人进行辩论，看看中国的承诺是比其他国家多还是少，毕竟事实胜于雄辩。

在案例的第二段即通过引用第三方国际能源署（IEA）的观点，来为总体的新闻塑造一种客观的基调。在之后的部分中，记者没有过多铺陈某一方的观点，而是交替引用中方和美方的观点，使得中美双方在新闻中的报道比例基本平衡。报道中记者并不直接进行观点表达，而是引用新闻当事方的观点，将自己的态度和立场隐于背后，使这篇报道的客观性得到了较明显的体现。

这就是西方新闻记者进行客观性报道时所遵循的一套严格的表达逻辑。除了生动的事实呈现外，优秀的客观性报道强调的是排列事实的逻辑性。他们正是将现代逻辑的原理运用于客观报道形式中，科学地对事实进行选择与报道，完成对事实的认识、判断和推理，并让受众从中得出科学的"结论"，传播文本所反映的事实，使报道更具可靠性、有效性，使客观报道更具有逻辑力量。

再看下面这篇报道是如何体现事实演绎的逻辑性，并使报道呈现出客观性的。

【案例五】

日内瓦湖的污染①

法新社日内瓦8月25日电（记者莱尔） 如果一名大夫把日内瓦湖当作病人，那他下的诊断是："严重的慢性消化不良和呼吸道感染"。

据生态学专家说，日内瓦湖仍可以从"因污染导致的死亡"中拯救出来，不过要立即采取措施。日内瓦湖周长176公里，是西欧最大的湖泊。

日内瓦湖的污染物主要是含磷物。此外还有汞、硝酸盐、钠氯化物、铅和锡等，但在数量和危险性上就小得多了。

磷污染主要来自三个方面——农场的化肥、家庭用的清洁剂、工厂的废物。

要想从湖水里排除磷，只有一种办法——完全禁止使用清洁剂。因为湖中百分之六十的磷污染是清洁剂所致。但是禁止家庭妇女使用清洁剂几乎是办不到的。或者另想办法，不让家庭的废水流入湖中，但这却要建设一项耗资颇大的工程。

日内瓦大学的一位生物学家贾奇说：美国和斯堪的纳维亚国家正在深入细致地研究湖泊污染问题。

她认为应该制定一项法律，禁止使用含磷清洁剂，因为它只是加强清洁剂

---

① 黄晓钟：《借鉴这么写》，载《新闻界》，1995年第6期。

中肥皂的效能而已。

　　她又说，未来的五年内，无论如何，瑞士将根据这些标准通过一项法律。

　　日内瓦湖有 80 亿立方米的水，水深 300 多米（900 英尺）。20 年前它含磷总量为 1000 吨。当时，相对而言这个湖是比较干净的。现在它的含磷量达到 7000 到 8000 吨，每年增加 600 吨。

　　两年来，在湖底的部分地带形成一层 5—10 米"15—30 英尺"厚的磷的覆盖物，因此，氧气就完全不能流通了。

　　因为污染，鱼类大量死亡。

　　10 年前，每年可从日内瓦湖捕捞 1100 吨鱼，1976 年捕捞量下降到 580 吨，去年竟降到 90 吨，有人甚至说只捕获了 54 吨。

　　过去用日内瓦湖产的鲈鱼招待顾客的饭馆，现在只得从加拿大、冰岛、斯堪的纳维亚国家或东欧等国进口鲈鱼。

　　由于湖水污染，渔民捕不到鱼，法国持有执照的渔民已减少到 400 人，瑞士减少到 70 人。

　　法国渔民主席安托万表示："有人埋怨我们把湖里的鱼捕光了，实际上湖水污染日益严重，湖里的生物差不多都死光了"。

　　专家认为日内瓦湖的污染还没有达到不可救药的地步，如果立即采取有效措施，它还是可以挽救的。

　　该报道采用了这样的叙事逻辑：被污染的日内瓦湖如果立即采取措施，是可以被拯救的。现在已经找到了污染的主要原因是磷污染，而防止磷污染只有一种办法，即通过一项有关禁止使用含磷清洁剂的法律，唯其如此，被污染的日内瓦湖才是可以挽救的。在报道中，记者通过专家的调查向读者陈述了污染的真正原因，并以日内瓦湖被污染后的现状来支持对于原因的判断，呼吁人们重视，然后提出对污染源的控制办法，并通过对充要条件的可行性推导"禁止家庭妇女使用清洁剂几乎是办不到的。或者……不让家庭的废水流入湖中，但这却要建设一项耗资颇大的工程"，从而得出只有制订法律"禁止使用含磷清洁剂"才能解决问题的结论。这篇报道使人们既看到了污染的严重性及问题的根源，又看到了解决问题的出路，后来由于政府命令的出台和民众的积极参与，日内瓦湖又恢复了美丽。

　　上述客观性报道的代表作品，首先做到了事实与观点或意见分开，以体现客观报道的"事实第一性"，同时，记者没有直接发言，只是充当了记录和叙述的角色。其次，在报道的逻辑上，该报道运用了严密的逻辑推理，在保证推理前提及论据真实的前提下，让受众在阅读中能够按照记者设定的事实的内在逻辑理解，从而得出结论，其论述的逻辑具有一定的合理性，因此，容易使受众产生认同和共鸣。此外，记者的报道在遵循逻辑推理的思维时，能做到截取真实的信息作为论据和结论，比如，使用明确的消息来源和直接引语等，这样也使受众对其报道深信不疑，从而增强了客观报道新闻的说服力。

西方新闻媒体在进行客观报道时，常常使用演绎法、归纳法和类比法。由于这些方法在自然科学研究中有着公认的权威性，因此，将其运用于新闻报道也能使报道看上去更具有逻辑性，也就更为客观。比如，运用演绎法去选择事实、报道事实，会增加报道在逻辑上的"必然性"和"有效性"；利用归纳推理法来选择、报道事实，可以对某些事实是否具有某种属性作出判断，并推出该类事实的全部是否具有某种属性；类比法则让受众能从报道所罗列的事实中通过类比得出有关相似性结论。

如果严格按照这些推理手法对新闻事实进行判断处理，其报道本身的客观性以及结论的可靠性都是值得肯定的。然而，我们也应当意识到，当前西方新闻媒体的客观性理念呈现出局限化发展的趋势，在利益格局的影响下，客观报道逐渐成为一种虚伪的理想。一方面，客观性仍是大多数新闻从业人员的职业诉求和从业理念，体现在大多数的新闻报道之中；另一方面，即使遵照上述逻辑思维构思报道，也仍然有可能违背事实的客观性。比如，我们通过分析西方媒体如何通过议程设置、成见系统等操作诸如对中国、中东地区的报道，就会发现，失实报道屡现媒体。究其原因，这些逻辑推理的思维在新闻报道中很难得到客观缜密的执行，在推导的过程中，任一条件的疏漏，都可能导致报道的客观性失效。

尽管中西方新闻报道的客观性存在差异，客观性原理本身也并不能完全适用于现代新闻事业的发展，但从它的历史与传统来看，它是西方绝大多数新闻从业者和媒体机构公认的职业理念，在他们的报道中仍然发挥着重要作用。[①] 我们今天对新闻报道的客观性的深入理解，目的只有一个，就是看到差异以及了解其背后的历史原因，从而为立足本土实际，遵循新闻采写的规律提供正确的方向。

第三节 时效性原则

一、新闻报道的时效性构成

新闻的"新"，强调了其固有的变动性。"新"是一个时效概念，在"过去"

---

① 李良荣：《当代西方新闻媒体》，复旦大学出版社，2006年，第98页。

"现在"和"未来"这三个时空点上,"新闻"的"新"是离我们人的需要最接近的范畴,因此,新闻发生的时间要尽量通过及时、迅速的报道,尽可能接近人们,这样才容易接受,从而实现信息传播的服务价值。

(一)时间性

新闻报道因为是对新近发生的事实的报道,所以必须迅速及时。我们通常看到的现场报道、现场直播,就是迅速、及时报道新闻的体现。"时间性"作为新闻报道时效性的构成要素,是指立足现在、现场,它对新闻记者和报道机构提出的要求,就是尽量在新闻发生的第一时间告诉受众发生了什么,也就是新闻报道尽量与新闻的发生同步。

我们的新闻报道大多数都在新闻发生后进行,这与人们想及时了解世界的变动和发展的需求有一定距离,因此,对新闻报道的时间性要求也就越来越强烈与突出。随着网络传播技术的发展,缩小这种时间距离和表意距离的可能性和现实性大大增加了。如2022年中国东方航空"3.21"民航空难事件的现场直播报道,记者及时地将现场最新的救援情况传送给大众,极大提升了新闻的新鲜度。此外,新浪新闻的"全部滚动新闻"将新闻报道精确到"分"与"秒",还提供了专栏分类设置,使用户可以挑选自己感兴趣的领域接收最新的新闻,这一系列报道都极大满足了用户对新闻时间性的需求。

进入21世纪以来,媒介融合发展进入新的高度,推动新闻报道朝着新方向发展。如果说Web1.0、Web2.0时代带来了报网融合、视网融合以及传受生产融合,那么Web3.0时代则直接将媒介融合推向了虚实融合阶段。媒介技术的快速深度发展使新闻报道的时间性发挥到极致。过去对新闻的报道更多是滞后于事件的发生时间,但现在,新闻报道几乎可以与事件的发生同步进行,这一点在新闻直播中体现得尤为明显。例如,在新冠肺炎疫情暴发之初,火神山医院的"慢直播"将新闻现场展现在受众面前,此时新闻报道的时间差几乎可以忽略不计。同时,日新月异的传播技术也使新闻报道的时间性得到更加多元与直观的呈现,如对全运会的报道中,前期可以看到预热报道,透露出许多全运会待显的亮点;中期可以看到全运会各个分会场的实时直播;后期还可以看到更加具体立体的总结性报道。通过多种媒体、多时间段的及时报道,新闻的发生、发展得以全景呈现,这大大丰富了人们的新闻感知,并且提供了更加全面的价值判断参照,这极大地满足了人们对新闻报道时间性的要求。

（二）时机性（时宜性）

时机性是新闻报道时间性落点的必要补充和完善，它体现出记者对新闻价值的深刻洞见和敏锐捕捉。新闻报道的"时机"也称"时宜"，指产生传播效果的那个"点"和"机会"。新闻报道在及时、快速的基础上必须讲求效果，也就是通过事实的传播，使事实的意义、价值为受众所感知、接受，简言之，就是要有效果，即"生效"，所以选择一个能够产生效果的点或者时机就尤为重要。这主要取决于新闻记者对新闻本身的价值判断以及对受众需求的预估，除此之外，报道机构对新闻可能产生的社会反响、体制许可下的环境的判别和"度"的把握也很重要。

在具备新闻价值和能够保鲜的情况下，我们还需要考虑传播语境、社会规范、价值导向等多种因素，因为这些因素将伴随新闻报道与受众产生互动关系。如何报道与如何接受，其实是新闻传播生效这个问题的两个方面。不考虑效果的传播，将是无效的传播，而"时机"就是这个效果产生的关键点，它以记者的新闻敏感为先导，以新闻价值判断为中枢，以社会反响为检验标准。

对一些特定时期的政治新闻报道，我们可能会优先考虑时机和时宜，而不是时新。这就是新闻报道中有关"抢"和"压"的关系。"抢"，强调的是事实发生的第一落点，而时机、时宜，则侧重发生中和发生后的社会效果。每个国家的新闻体制不同，社会法律和道德规范也有差异，这导致了受众的新闻接受与价值取向也存在差别，因此，我们不能单一地、机械地追求"快"，不能不顾一切地抢新闻，而要在新闻事实性和客观性的基础上注重时机性和时宜性，这样才能兼顾其正面、积极的社会效益，实现新闻报道的价值最大化。选择适当的时机进行报道，有时貌似延缓了时间，实则大大保证甚至提升了新闻的效率与效益。"压"的只是时间，而获得的是良性的效果。有效果的报道才是有意义的报道，只有认识到这一点，新闻报道的时效性才能指导我们的采写实践，从而实现新闻报道的多重价值。

例如，在2022年"315"晚会上，央视打假曝光了13个企业的安全隐患问题。事实上，这13个问题在过去的一年中由各类调查记者不断深入探究、挖掘信息、获取内幕而得以发现，很多"爆料"在2022年3月15日之前已有结论，如果仅仅只考虑新闻的时新性就将这些"爆料"迅速播出，也许只会在社会舆论场中引起较小的关注，就像将小石子扔进水潭里一样，荡不出太大的涟漪。但如果是将13个遭打假的企业放在一起，并且选择特定的时机——在"315"晚会上去曝光，则更容易引起巨大的社会反响，就像将一块大石头扔在了特定的水潭中瞬间荡起水花。譬如曝光"湖南插旗菜业使用土坑酸菜"一事后，某知名方便面企业的老坛酸菜类产品一夜之间滞销，随处可见货架上难以销售的产品。这一系列事件充分证明了新闻报道的时机与时宜的重要性。从新闻报道的时效性出发,对涉及人们切身利益的事件的"快"报道固然重要,但要想发挥新闻报道最大的社会价值,以引导人们的行为,还需考虑新闻报道的时机,在"抢"新闻与"压"新闻之间找到动态平衡点。此为新闻报道时效观的应有之义。

又如,2021年2月19日,《解放军报》一篇题为《英雄屹立喀喇昆仑》的文章展示了祁发宝、陈红军等解放军战士在中印边界加勒万河谷地区保家卫国、勇于斗争的事迹与精神,彰显了新时代卫国戍边英雄官兵的昂扬风貌。事实上,祁发宝、陈红军等解放军战士与印方官兵的冲突发生在2020年6月,事发初期虽然有媒体报道了此事件的基本冲突状况,但并未对英雄事迹着墨过多。事发半年后,解放军报选择在新春收尾之际大规模报道和称颂戍边战士,此文便是其中一篇具有代表性的文章。此举一方面体现了媒体对待新闻报道的"压"与"抢"的问题,另一方面也体现出《解放军报》对时机性的准确把握,即充分考虑到国际周边关系与疫情问题,选择合适的时机进行爱国主义的宣传。对此,国防部新闻发言人任国强在"就报道边防一线官兵先进事迹答记者问中"已有明确表达,"冲突发生后,中方为维护两国两军关系大局,推动局势降温缓和,保持了高度克制,体现了中国作为负责任大国的气度担当……中国媒体对英雄事迹进行公开报道,是客观报道事实的媒体责任,有利于澄清真相,以正视听,让世人看清其中的是非曲直"[①]。

【案例】

英雄屹立喀喇昆仑(节选)[②]
——走近新时代卫国戍边的英雄官兵

解放军报记者　王天益

【题记】

我站立的地方是中国

我用生命捍卫守候

哪怕风似刀来山如铁

祖国山河一寸不能丢

——高原边防官兵喜爱的一首歌

[①]《国防部新闻发言人任国强就报道边防斗争一线官兵先进事迹答记者问》,红星新闻,2021年2月19日,news.sina.com.cn/c/2021-02-19/doc-ikftpnny8031960.shtml。

[②] 王天益:《英雄屹立喀喇昆仑》,中国军网,2021年2月19日,http://www.81.cn/jfjbmap/content/2021-02/19/content_282987.htm。

喀喇昆仑高原，横亘西部边境。

立春过后，大江南北暖意渐浓，高原深处的加勒万河谷依然严寒彻骨，大河冰封，群山耸立。

这里是祖国的西部边陲，也是守卫和平安宁的一线。来自天南海北的一茬茬官兵，扎进茫茫群山，挺立冰峰雪谷，用热血和青春筑起巍峨界碑。

2020年4月以来，有关外军严重违反两国协定协议，在加勒万河谷地区抵边越线修建道路、桥梁等设施，蓄意挑起事端，试图单方面改变边境管控现状，甚至暴力攻击我前往现地交涉的官兵。

面对外方的非法侵权挑衅行径，我边防官兵保持克制忍让，尽最大诚意维护两国关系大局和边境地区和平安宁。在忍无可忍的情况下，边防官兵对暴力行径予以坚决回击，取得重大胜利，有效捍卫了国家主权和领土完整。

官兵们敢于斗争、敢于胜利，展现出誓死捍卫祖国领土的赤胆忠诚和一不怕苦、二不怕死的战斗精神，涌现出某边防团团长祁发宝、某机步营营长陈红军和战士陈祥榕、肖思远、王焯冉等先进典型，彰显了新时代卫国戍边英雄官兵的昂扬风貌。

中央军委授予祁发宝"卫国戍边英雄团长"荣誉称号，追授陈红军"卫国戍边英雄"荣誉称号，给陈祥榕、肖思远、王焯冉追记一等功。

雪山回荡英雄气，风雪边关写忠诚。

"决不把领土守小了，决不把主权守丢了！"万千官兵发扬喀喇昆仑精神，克服极度高寒缺氧，守边护边、不怕牺牲，像钉子一样牢牢钉在战位上。

巍巍喀喇昆仑，座座雪峰耸峙。

千里热血边关，遍地英雄屹立。

宁洒热血　不失寸土

"面对人数远远多于我方的外军，我们不但没有任何一个人退缩，还顶着石头攻击，将他们赶了出去。"

——陈祥榕对一次战斗的记录

英雄勇敢无畏，只因责任在肩。一线官兵常说，我们身后就是祖国，当国家受到侵犯时，唯一的选择就是冲锋向前。

…………

2020年6月，外军公然违背与我方达成的共识，越线搭设帐篷。按照处理边境事件的惯例和双方之前达成的约定，团长祁发宝本着谈判解决问题的诚意，仅带几名官兵，蹚过齐腰深的河水前出交涉。

交涉过程中，对方无视我方诚意，早有预谋地潜藏、调动大量兵力，企图凭借人多势众迫使我方退让。

"他们的人陆续从山崖后冒出来,黑压压挤满了河滩……"参谋陈鸿宇回忆说,"我们人虽少,可拼了命也不能退呀!"

祁发宝张开双臂挡在外军面前,大声呵斥:"你们破坏共识,要承担一切后果!"同时组织官兵占据有利地形。

官兵们组成战斗队形,与数倍于己的外军对峙。对方用钢管、棍棒、石块发起攻击。祁发宝成为重点攻击目标,头部遭到重创。

见此情景,陈红军带人立即突入重围营救团长,陈祥榕作为盾牌手战斗在最前面,摄像取证的肖思远也冲到前沿投入战斗。

增援队伍及时赶到,一举将来犯者击溃驱离,取得重大胜利,外军溃不成军、抱头逃窜,丢下大量越线和伤亡人员,付出了惨重代价。

军医韩子伟记得,祁发宝被救出后,左前额骨破裂,有一道十几厘米长的口子。包扎伤口时,"他一把扯掉头上的绷带,还想起身往前冲,那是他最后一丝力气,随后又晕倒了"。

陈红军、陈祥榕、肖思远毫不畏惧、英勇战斗,直至壮烈牺牲。王焯冉在渡河前出支援途中,为救助战友牺牲。

…………

赤胆忠诚　皆为祖国

"我们就是祖国的界碑,脚下的每一寸土地,都是祖国的领土。"
——摘自肖思远的战地日记

春节前夕,来自祖国四面八方的又一批新战士,走进喀喇昆仑腹地的军营,准备在新训后奔赴高原边防一线。

有人说,选择这片高原,是既需要理想、更需要勇气的。天下有那么多的好地方,一颗颗年轻的心却偏偏选择了边关——

1997年,高中毕业的祁发宝报名参军,带着新兵营"军事课目考试第一名"的成绩向组织申请:到高原去、到斗争一线去。

2009年,陈红军从地方大学毕业,本已通过公安特警招录考试,可听说要征兵就临时"变卦"了,最终走进火热军营。

2016年后,年轻的肖思远、王焯冉、陈祥榕也相继走上边关。一年年来,无数与他们一样的青年做出同样的选择。

走上高原是因为理想,留在高原则考验信念。

他们首先要战胜的,是无法摆脱的高寒缺氧,满目的荒漠冰川,漫长的冬季封山,以及由此形成的遥远而荒凉时空……

就在这样的环境下，他们必须时刻警惕，随时准备挺身而出，挫败一切侵犯中国领土的图谋。

官兵说，风与雪的洗礼、生与死的考验就像一个超级过滤器，足以滤去你心中所有的浮华，最后只剩下对这片土地清澈的爱。

"清澈的爱，只为中国。"这是18岁的陈祥榕写下的战斗口号。班长孙涛问他："你一个'00后'的新兵，口号这么'大'？"

"班长，这跟年龄没关系，我就是这么想的，也会这么做的。"他坚定地说。

这种爱，无关年龄，都是一份"边关有我在，祖国请放心"的勇敢担当——

"头顶烈日乐为祖国守边防、手扶蓝天甘为人民作贡献。"祁发宝勘察天文点前哨，默念着老营房上的这句标语感慨不已："老前辈在那么艰苦的条件下，都能坚守边防一线，现在我们更应该担起责任，把边防守好。"

肖思远牺牲后，战友们整理遗物时，看见他在一篇战地日记中写道："走在喀喇昆仑，我们就是祖国的界碑，脚下的每一寸土地，都是祖国的领土，无比自豪！"

这种爱，无关年龄，都是一腔"党叫干啥就干啥"的赤胆忠诚——

陈红军所在营官兵聊起营长时说："他最喜欢的，似乎除了工作还是工作。"在一本书中，他特意标注了一段话："党把自己放在什么岗位上，就要在什么岗位上建功立业。"

走上斗争一线前，王焯冉向党组织递交了入党申请书。他说："这个时候递交入党申请书，就是希望组织能在任务中考察自己，在斗争一线考察自己。"

…………

官兵一致　生死与共

"对峙时干部站前头、战士站后头，吃饭时战士不打满、干部不端碗，野营时战士睡里头、干部睡风口。"

——祁发宝所在团不成文的"规定"

海拔5000多米的高原，"进藏先遣英雄连"连旗迎风招展。连旗下，全连官兵庄严宣誓：向王焯冉烈士学习，发扬"先遣精神"，坚决完成边防斗争任务……

1950年，先遣连130多名官兵在党支部书记李狄三带领下，以牺牲63人的悲壮，将五星红旗插上藏北高原。

当年，李狄三病情严重时，恳请党支部不要再给他用药，把最后一支盘尼西林留给其他战友……70年后，面对滔滔激流时，23岁的王焯冉同样选择了把生的希望留给战友。

那天，王焯冉和战友马命等连夜渡河增援一线，第4次蹚河时有人被激流冲散，王焯冉和马命拼尽全力将3名战友推上岸，自己却被冻得几乎失去知觉。

突然，王焯冉一只脚被卡在了水下巨石缝中。危急时刻，他将马命猛地推向岸边："你先上，如果我死了，照顾好我老娘！"马命获救了，王焯冉则永远倒在了刺骨的激流中。

一个英雄的集体，必然是团结的集体。回顾那晚的战斗，官兵们含泪讲述着一个又一个生死与共、舍命相护的故事——

看到祁发宝受到攻击重伤倒地，营长陈红军当即带着官兵，冲进"石头雨"、"棍棒阵"营救团长。

听到有人喊"营长连长被围攻了"，陈祥榕迎着对手冲去，用身体和被砸坏的盾牌护住营长连长。

发现还有战友被围攻，肖思远再次冲向前去，拼死营救战友，用身体为战友遮挡石块、棍棒的攻击。

"团长顶在最前面阻挡外军，营长救团长、战士救营长、班长救战士。"回顾那场战斗，一名指挥员动情地说，我官兵上下同欲、生死相依是这次战斗以少胜多的关键所在。

边防斗争中，各级指挥员与官兵同住地窝子、同爬执勤点、同吃大锅菜、同站深夜哨、同背给养物资，平时铆在一线、战时带头冲锋，凝聚起以命相托的生死情谊和团结战斗的强大力量。

祁发宝所在团一直有一个不成文的"规定"："对峙时干部站前头、战士站后头，吃饭时战士不打满、干部不端碗，野营时战士睡里头、干部睡风口。"

战士张明最难忘那次渡河——

巡逻途中路过一条冰河，祁发宝带头跳下水探路，张明和几名战士也准备直接蹚河，却被团长叫住了："水很凉，我背你们！"本已过河的祁发宝蹚水回来，把张明背起来一步一晃往前走……

战士夏良最难忘那次宿营——

河谷深处寒风凛冽，陈红军带着官兵巡逻到达指定点位，宿营地遍地碎石。夜里，义务兵及有高原反应的官兵住进了运输车大厢，陈红军则带着干部骨干在空地上支起帐篷打地铺……

平时甘苦与共，战时生死与共。

战斗结束清理战场时,战士王钰发现陈红军等人牺牲现场。他看到,一名战士紧紧趴在营长身上,保持着护住营长的姿势。

这名战士,正是陈祥榕——陈红军平时关爱最多的"娃娃"之一。

以身许国　青春无悔

"穿上军装的那一刻,他就不再是一个普普通通的公民,身上肩负的是军人的天职,所以我也很为他感到骄傲。"

——姐姐眼中的陈祥榕

刚刚过去的冬天里,一封家信在高原广泛流传,激励官兵战风斗雪、坚守一线——

"奶奶,这么长时间里我最牵挂的就是您,孙子这些年一直想好好让您享福,可是我却一直不在家……

爸妈,儿子不孝,可能没法给你们养老送终了。如果有来生,我一定还给你们当儿子,好好报答你们。"

这封家信是王焯冉执行任务前写下的。字里行间,战士的家国情怀催人泪下,边防斗争的严峻考验也跃然纸上。

对此,祁发宝也深有体会。20多年的戍边岁月中,他先后40多次遭遇暴风雪和泥石流,13次与死神擦肩而过。

孩子刚出生,祁发宝就匆匆归队,妻子生病时他总是不在,父亲去世时他因执行任务未能及时赶回……

丈夫身许国,私恩邈难顾。一名老边防深情地说,戍守高原的军人不是不顾家,而是每当走上边防一线,身后就是整个国家;不是不会爱,而是没有足够的时间去爱。

正是渴望爱情的年龄,肖思远的钱包里珍藏着一张漂亮女孩的照片。牺牲当天,他还憧憬着未来:"她支持我在部队长干,我想娶她,给她做一辈子的菜……"

还有4个多月就要当爸爸了,陈红军身在一线仍想方设法托后方的战友,提醒妻子按时产检。他答应妻子,等到退役后"就一起带孩子、做饭、钓鱼"……

然而,他们都失约了。时光之舟桨橹轻摇、驶向未来,他们的爱,永远凝滞在了彼岸。

…………

英雄从未走远,精神薪火相传。气温低至零下30多摄氏度的高原上,一个个年轻的胸膛里热血澎湃——

在一线，官兵叫响"缺氧不缺精神、山高斗志更高"的口号，纷纷递交请战书要求上战场。

在一线，很多官兵主动推迟婚期、放弃休假，把执行边防斗争任务当成一辈子最为自豪的经历。

战斗热情在一线高涨，关怀温暖也向一线汇聚。在各级共同努力下，任务部队住进了保温营房，看上了卫星电视，穿上了防寒被装，打上了亲情电话，吃上了新鲜蔬菜水果……官兵们卫国戍边豪气充盈、斗志昂扬。

春节期间，华夏大地万家团圆、一片祥和；高原官兵枕戈待旦、高度戒备。见证着英雄官兵赤胆忠诚的加勒万河谷，山河如故、平静安宁。一块崖壁上，八个大字遒劲有力。

那是刚任团长不久的祁发宝带领战士们刻下的铮铮誓言，也是新时代英雄官兵捍卫祖国领土、不负先辈荣光的庄严宣示——

大好河山，寸土不让！

（琚振华，本报记者任旭、郭丰宽、李蕾参与采访）

二、现代媒体报道中的时效观

现代人是信息化进程中的主体。现代人对时间、效率的追求与需求发生了巨大变化，在快速、海量了解各类信息的欲求之外，现代社会的人们还在信息的深层意义以及与自身的利益关系等方面提出了较高的媒介预期。虽然这一提升了的预期未必能够经由新闻报道来完全满足，但现代人对时间与空间、效率与效益的观念，无疑成为不断更新新闻报道时效观的基础和动力。

（一）现代新闻报道的时效观要义

（1）时效性首先要以真实、客观为基础和保证。

（2）"时效"是"时间"与"效率"的结合，是"速度"、"价值"与"品质"的结合。

（3）"时效"要与"有效"结合，时效是有效报道的基本要求。

（4）现代报道的工具介入（如采访工具：录音机、摄像机、录音笔、照相机等）需要符合新闻传播的基本规律以及容易被受众接受，即要具有时效性。

（5）新媒体技术的发展，对时效性的要求从"及时"到"实时"再到"全时"。

上述的要义我们将在下文的案例中进行具体而形象的阐释。

（二）原创新闻报道与独家新闻中的时效观

1. 原创新闻报道与独家新闻报道的时效仍以真实为基础

新闻报道是对新近发生事实的报道，及时迅速地报道不应以牺牲真实为代价。虚假新闻报道和失实报道及其对真实性的极大损害在前文已经说明，这里主要是从传播生效的角度和现代采写实践的变动上强调真实与时效的关系。

真实性是时效之"效"的前提和保障，但现代新闻报道中将时间作为第一落点的拼抢，已经大为加强和激烈，尤其是在资源共享的情况下，信源的独家性越来越稀缺，原创报道和独家报道成为各媒体时效竞争的焦点。原创报道强调的是报道方式的独家与创新，是人无我有、人有我新，它检验的是媒体对新闻报道时效的全面理解。相比之下，独家新闻更侧重于报道内容的唯一和独特，独家新闻是"唯有特色是永恒"在内容层面的体现，同时，独家新闻更加强化了新闻价值的"独一无二"，同样是人无我有、人有我新，但它是指在发现、采集与发布新闻事实的环节中，具有独特、独到、独此一家、一马当先、一枝独秀的特质，"内容为王"是独家新闻的个性特征。因此，在纯粹的时间点上，独家新闻不是以"唯快"而著称，而是在内容的时效上取胜，它是新闻报道竞争中更加稀缺的资源。原创新闻所强调的报道方式的创新和独到，其实更多是对表现新闻价值的视角、内容，通过形式的整合以提升综合传播效果的思维与行为，它能使媒体在同题拼抢中独占鳌头，给受众留下深刻的印象。当然，时间和时机都要综合考虑，但同样不以牺牲报道的真实性为代价。须知，新闻报道的真实性是其时效性的内在保障和根本要求，离开了事实的客观告知，其他形式的创新和报道观念的延伸，都是违背人们认知新闻的客观规律与最终需求的。

下面这篇报道是央视网在2022年北京冬奥会开始之前对开幕式总导演张艺谋的采访，通过与张艺谋导演的对话，可以使受众了解到北京冬奥会开幕式"背后的故事"；同时此报道选择在冬奥会开始之前发出，能够将"时效"与"时机"有机结合，也为北京冬奥会做了一次成功的"预热"。

【案例】

总台记者独家专访北京冬奥会开幕式总导演张艺谋：
兴奋之外，责任很大①

北京冬奥会开幕在即，目前开幕式的排练和制作等工作正紧张有序进行中。中央广播电视总台北京总站记者独家专访了北京冬奥会和冬残奥会开闭幕式总导演张艺谋。张艺谋曾是2008年北京奥运会开闭幕式总导演，2014年担任北京申办2022年冬奥会主宣传片总导演，担任2018年平昌冬奥会闭幕式"北京8分钟"节目总导演。他坦言，再次任命为总导演，除了兴奋之外，责任很大，压力也很大。

北京2022年冬奥会和冬残奥会开闭幕式总导演张艺谋：因为祖国强大有实力，才能在这么短的时间之内接了两个奥运会。历史上从来没有过，所以我很幸运又一次被任命为总导演，很兴奋，兴奋是觉得又一次可以为国出力，又一次可以做这样具有挑战性的工作，我自己很喜欢这种挑战性的工作。但是除了兴奋之外，觉得责任很大，压力很大。

目前北京冬奥会和冬残奥会开闭幕式的排练、制作和彩排等工作都在紧张有序进行中。总台记者获准进入开闭幕式举办地国家体育场，独家采访了导演团队。

总台记者王小节：这里是国家体育场鸟巢，我所在的位置是开幕式导演组的工作指挥台，从去年十月份开始，所有参演人员进驻到这里，开始进行了紧锣密鼓的实地合演排练。不同于2008年北京奥运会，这次冬奥会的开幕式有相对地缩短，巧妙地把艺术表演融入了流程仪式当中，呈现出简约而精彩的特点。

总台记者王小节：您每天的行程是怎么安排的？

北京2022年冬奥会和冬残奥会开闭幕式总导演 张艺谋：现在当然以这儿为主，这次最大的好处就是提前把场馆交给我们，2008年的时候那时非常紧张的，最后才交到我们手里。这次很早交给我们，就可以进行适当的改造和设备安装、技术调试等等。因为有很多新的技术和科技含量，每一天都要维护，就更要保证万无一失。

---

① 《总台记者独家专访北京冬奥会开幕式总导演张艺谋：兴奋之外，责任很大》，央视新闻客户端，2022年1月7日，https://news.car.cn/native/gd/20220107/t20220107_525709733.shtml。

开幕式正值立春　突出"春"元素

张艺谋介绍，开幕式的节目设计突出体现人类命运共同体和中国推动三亿人参与冰雪运动，以及全世界人民共享冬奥盛会的理念和文化。而由于开幕式当天正好是中国传统二十四节气——立春，这一重要元素在节目中也将有充分体现。

北京2022年冬奥会和冬残奥会开闭幕式总导演 张艺谋：这一天立春是非常好的兆头，所以一定要把这个用到开幕式上。万紫千红总是春，其中有那么一种积极向上的乐观精神，真的像北京冬奥会主题口号一样"一起向未来"。

北京冬奥会开闭幕式工作组组长王宁介绍，开幕式大概有上万个工作细节和节点。要能够保证在上万个工作节点当中，不出一个瑕疵，这是导演团队的责任，也是压力。

北京冬奥会开闭幕式工作组组长 王宁：举办奥运会这种大型活动的开幕式，工作节点很多，细节也很多。像2008年奥运会开幕式和这次我们冬奥会的开幕式，大概得有上万个工作细节和节点，我们要保证在上万个工作节点当中不出一个瑕疵，这就是我们的责任，这也是我们的压力。

"双奥人"再度合作　倾情打造创新之作

王宁在2008年时担任北京奥运会开闭幕式运营中心主任，这次与张艺谋再度合作，两位都是名副其实的"双奥人"。这次的合作会碰出什么火花呢？北京冬奥会的开幕式将展现自然之美、人文之美和运动之美，要通过冬奥会的开幕式给全世界人民以信心，焕发出大家战胜疫情的力量，给大家以激情。王宁坦言，冬奥会开幕式有这个责任。

北京冬奥会开闭幕式工作组组长 王宁：我是既兴奋又紧张。兴奋的是我们将要把我们的最精彩的节目和最精彩的冬奥会展现给全世界。紧张的是我们要接受大家的考验对我们的认可。我们这次冬奥会的开幕式展现了自然之美、人文之美和运动之美。我们通过冬奥会的开幕式要给全世界人民以信心，焕发出大家战胜疫情的力量，给大家以激情。这次冬奥会的开幕式我们有这个责任。

继北京2008年奥运会后，时隔13年，在国家体育场"鸟巢"，奥林匹克的会旗将再一次升起。这是鸟巢首次在冬季举办大型文化活动，既要考虑寒冷天气，同时要严格做好疫情防控，这对导演团队来说挑战不小。总导演张艺谋介绍，冬奥会开幕式时长做了裁剪。北京冬奥组委开闭幕式工作部部长常宇表示，希望能在2022年的春节再次在鸟巢用世界的语言，讲述新时代中国对人类命运共同体的理解期待和展望。

北京2022年冬奥会和冬残奥会开闭幕式总导演 张艺谋：幅度做了裁剪，时长做了裁剪，不再专门设一个大规模的文艺演出环节。大幅度地减少演员的数量，用科技让它人少而不空，让它很饱满，让它空灵而浪漫，要用科技和新的观念去表演。

北京冬奥组委开闭幕式工作部部长 常宇：北京冬奥会开幕式的筹备，进入了最后的紧张的合成和冲刺阶段。前些天我们刚刚进行了一次全要素的合成演练，目前正在梳理总结我们这次整体演练的细节。我们在想在哪些方面我们还能做得更好，我们努力要抓住最后的时间，把我们各项演出细节能够磨合到最好，希望能在2022年的春节再次在鸟巢用世界的语言，讲述新时代中国对人类命运共同体的理解期待和展望。

2. 充分准备、高度敏感、多维开掘是原创新闻报道与独家新闻的时效竞争点

与对同质内容的抢先求快发表而获取时效的"第一"不同，原创新闻报道与独家新闻本身形式与内容的独特直接赋予其"第一"的内容时效特性，不仅是"第一"，而且是"唯一"。要在现代时效竞争中取得这样的领先地位，除了要具备高度的新闻敏感外，还需要在采写准备和内容的开掘上多下功夫。

长期的准备积累与高度新闻敏感的培养存在一种相互促进的关系。高度敏感能够使记者发现一些别人不曾注意或不够重视的新闻线索，至人之未至，从而占领先机。而对线索的进一步延展、扩充，又需要充分的相关准备，进而明确具体的报道方向和报道对象。报道对象确定之后还需要进行多维开掘从而找到不同的报道视角和方式，只有在这些基础上，才有可能呈现创新的报道方式乃至独到的报道内容。

2016年新华社推出系列报道《新华社特约记者太空日记》。"太空日记"系列报道以执行任务的两位航天员为主角，以"天宫二号"为电头，采用文字、图片和音视频的方式呈现，将人类新闻报道领域首次延伸到外太空。

【案例一】

新华社特约记者太空日记[①]

新华社特约记者太空日记Day1：《感受篇 景海鹏：在天宫二号空间实验

---

① 《新华社特约记者太空日记》，新华网，2016年10月，http://www.xinhuanet.com/politics/tg2h/index.htm#tyjz。

室里生活，是一种怎样的体验》

新华社特约记者太空日记 Day2：《外星篇 陈冬：第一次进入太空，有没有看到外星人》

新华社特约记者太空日记 Day3：《服装篇 景海鹏：航天员为什么有那么多套衣服》

新华社特约记者太空日记 Day4：《体检篇 陈冬：太空里真的能体检出两条人体"动脉"吗》

新华社特约记者太空日记 Day5：《食品篇 景海鹏：航天员在太空怎么喝水，飞船带的水是否够喝》

新华社特约记者太空日记 Day6：《运动篇 陈冬：航天员在太空怎么锻炼身体》

新华社特约记者太空日记 Day7：《种植篇 景海鹏：航天员带上天的植物，现在长得怎么样》

新华社特约记者太空日记 Day8：《直播篇 景海鹏、陈冬：航天员返回地球之前，要做哪些工作》

新华社特约记者太空日记 Day9：《科普篇 景海鹏、陈冬、王亚平：全球首堂"天地联讲科普课"》

这一组系列报道创新了报道方式，新华社利用自身的一手资料与航天部相关部门取得联系，让太空中的航天员成为一线的"记者"，这些"记者"传递回来的最新信息，是他们在太空中的亲历见闻，是很珍贵的独家新闻。该组系列报道涉及各个方面，如航天航空、科普与健康，此外还具有很强的教育意义。这些独家的材料与视角拉近了太空与大众的距离，让人们感受到太空的浩瀚，报道效果超出预期，也体现出新华社对一手资料的把控以及对时效性的敏锐。据初步统计，"太空报道"共推出 9 期，网络总阅读量达到 1.6 亿次，网民互动超过 10 万次。该系列组合报道为新媒体时代下的其他媒体提供了独家报道的"范本"。

【案例二】

全国两会怎么抢新闻？来看看南方报业融媒体团队的 24 小时[①]

今年全国两会，南方报业传媒集团 10 家媒体单位派出 85 名一线采编人

---

① 《全国两会怎么抢新闻？来看看南方报业融媒体团队的 24 小时》，南方报业集团，2016 年 3 月 15 日，http://static.nfapp.southcn.com/content/201603/15/c56077.html。

员,紧扣会议主题,把握正确导向,创新传播方式,发挥1+X采编联合协调机制优势,着力于报、网、端、屏各终端的融合报道,获得良好的立体传播效果,获得上级主管部门和社会各界充分肯定。

这种肯定的背后,离不开报道两会的"南方"人每天忙碌的二十四小时。凌晨00:00,当天的采写工作已结束,对"南方"人而言,新的高潮才刚刚开始——当天两会报道的"碰头会"召开,大家群策群力,讨论和落实选题;凌晨3:00,北京的记者和广州的编辑同时联动,紧密配合,将稿件以最准确、最丰满的方式呈现出来;凌晨6:30,仅仅休息了几个小时的"南方+"客户端编辑,又赶在人们上班之前,通过"南方+"客户端推送出要闻早读。在当天议程开始后,处处都有"南方人"的身影:政协新闻发布会、人大新闻发布会、南方报业全国两会直播室……一个又一个代表委员接受专访,一篇又一篇稿件从键盘上敲出,流到版面上、手机端上、LED大屏上,收获的是一个又一个点赞。

据统计,截至14日,南方报业旗下《南方日报》《南方杂志》《南方周末》《南方都市报》《21世纪经济报道》《南方农村报》6家纸质媒体共刊发两会报道302个版,总计约120万字;集团各新媒体总点击量超过6000万人次。其中,南方网推出中英文专题,发布图文报道1972篇,26件原创作品获国家网信办及省网信办全网推送。南方报业传媒集团倾力打造的移动端拳头产品"南方+"客户端,首次在全国两会上亮相,刊发报道1027篇,直播公开会议28场,制作H5、视频等新媒体作品50余件。此外,南方全线通、南方LED联播网着力服务广东,在全省各地多个商业中心实时滚动播报两会资讯,实现对主流人群的覆盖。

全国两会期间,《华尔街日报》网站、《联合早报》网站先后发文介绍南方报业创新报道举措。3月9日,《参考消息》在同一版刊发两条稿件进行报道;新华网、腾讯网、凤凰网等网站纷纷跟进。

此报道是南方报业集团关于两会的幕后报道,从时间性的角度梳理了南方报业集团在两会期间是如何"抢"到新闻的。此报道通过数字凸显两会报道的紧迫感,如"10家媒体单位派出85名一线采编人员",也体现出南方报业集团在两会报道过程中的时间敏锐性。这种"倾巢而出"的媒体动员反映出南方报业集团对时效性的深刻把握。

三、现代时效竞争的方法：实现媒体联动、实时刷新，强化过程报道

（1）做好充分、细致的准备工作，对各类背景资料和已有报道进行收集、归类与分析。

（2）以"连线"的方式，实现跨地域、跨媒介的合作，各类媒体能够进行有效联动，实施滚动报道，注重动态的过程报道（即进行式报道），如推出"滚动新闻"等。

（3）加强媒介采写技术的保障，形成预告式前期报道、进行式过程报道和后续补充式预测报道三段时效的开掘，发挥报道在各时段中的效用。

（4）充分运用大数据与智能机器人等技术，实现新闻报道的实时生产、更新与反馈。

以新华社的"快笔小新"以及央视网的东航坠机事件报道为例。

【案例一】

"快笔小新"：新华社第一位机器人记者[①]

2015年11月7日，在新华社84岁生日之际，新华社的编辑记者们迎来了一位特别的同事，他的名字叫"快笔小新"。这是新华社第一位机器人记者。经过新华社技术部门一年多的不断迭代开发，快笔小新具备了更强大的"写稿"能力。

快笔小新上线运行后，7×24小时不间断工作。每逢重要体育赛事结束，或股市开收盘、突破整数关口，或是上市公司财报季报等金融信息发布之时，就会自动根据所公布的信息快速生成新闻稿件，编辑记者在编辑系统对快笔小新生成的稿件进行核对后正式签发。

"快笔小新"是如何工作的？

在财经和体育报道中，快笔小新可以同时完成多项任务。快笔小新的写稿可以分为"采集清洗""计算分析"和"模板匹配"三个流程。依托大数据技术对数据进行实时采集、清洗和标准化处理，再根据业务需求定制相应的算法

[①] 钟盈炯、张寒：《"快笔小新"：新华社第一位机器人记者》，人民网，2019年2月27日，https://media.people.com.cn/BIG5/n1/2019/0227/c425664-30905230.html。

模型，对数据进行实时计算和分析，最后，根据计算和分析结果选取合适的模板生成 CNML 中文新闻置标语言标准的稿件自动进入到待编稿库，供编辑审核后签发。

机器人快笔小新有一套能和技术人员交流的"语言"，技术人员会告诉小新按照什么样的规则和样式生成什么样的稿件。这个过程我们称之为"模板定制"。有了定制好的模板，机器人就会自动采集数据，进行进一步清洗、分析、加工后，再根据计算和分析的结果按照定义好的格式自动生成新闻稿件。

快笔小新虽然是根据固定格式模板写稿，但写出来的稿件并非"一成不变"的。一方面我们可以在模板定制的过程中，通过为每个报道场景建立领域知识库，针对不同的场景赋予其丰富的稿件样式，在具体运用模板的过程中，对每个知识点对应的模板赋予不同的权重，利用规则库的信息计算出权值，最后根据权值自动匹配出最佳的稿件。这其实就是建立模板库和规则库的过程。另一方面通过建立完善的历史数据库，例如财经类的季报、年报、历史报价等数据库，体育类的赛事、运动员基本资料等数据库，并针对业务报道需求，研发计算同比、环比、指数、累计进球数、积分排名等各种指标的历史统计模型和趋势分析模型等，提高"快笔小新"新闻报道内容的丰富性。

"快笔小新"能为编辑记者提供什么？

体育、财经类相关稿件是小新的强项。面对互联网公布的大量纷繁冗杂的数据，比如失业经济数据、股价报盘、人民币汇率报价、上市公司公告和财报、个股资金净流入流出、融资融券数据、中超比赛结果和积分公报、CBA比赛结果和积分公报等，小新能迅速采集整理，准确编写新闻稿件。其中也包括国外的相关数据，如英国 CPI、英国失业率情况、欧元区失业率数据、欧元区 CPI 初值以及终值数据，都可以迅速处理，生成相应的稿件。

快笔小新运用文本摘要技术实现上市公司公告摘要。上市公司每天都要发布大量上市公司公告，编辑记者很难对每篇公告都进行详细阅读和跟踪。通过使用文本摘要技术，对于原文中的句子分析、评估和抽取，根据已经设计好的算法模型，自动分析和摘取其中的要点和知识点，输出短小的摘要，为编辑记者提供素材服务。这极大地降低了编辑记者的工作量。

快笔小新能够实时关注网上的热点新闻。网络用户既是内容的消费者，也是内容的生产者。自媒体时代，人人都可以写稿，人人都可以发声，微博、微信等 UGC 平台正在组建变成一个巨大的信息汇聚场所，一些热点事件往往都是从微博和微信被首先发布出来。机器人从微博、微信等 UGC 平台上获取整理这些信息，提醒编辑记者发现热点。目前，快笔小新通过采集新浪微博上多位在金融领域有权威和声望的专家微博，动态关注并采集其发在微博的相关言论，对其相关内容进行关联分析，分析结果作为素材供编辑记者参考。

"快笔小新"的实际工作成效怎样？

快笔小新上线一年多以来，在工作岗位上不眠不休，尽职尽责，是一位名副其实的"业务能手"。在擅长的体育和财经领域，无论是CBA和中超的体育比赛，还是诸如财经领域的股市行情触发、年报等财报的实时分析，原来需要编辑记者用15—30分钟时间完成的稿件，小新只需要3—5秒钟，极大地降低了新华社编辑记者的工作强度，提升了新闻信息的生成能力和发稿时效性，让编辑记者从基础数据信息的采写中解放出来，将更多时间用于采写深度分析稿件。

在去年里约奥运会期间，小新全程跟踪赛程中的所有比赛，在赛事结束的第一时间迅速生成新闻稿件，实时跟踪报道了所有比赛的结果，共有500多篇稿件被正式签发，实现了零差错。相比往届奥运报道，快笔小新的参与，使编辑记者第一次能如此轻松地播发奥运会所有比赛的成绩公报，使奥运赛事报道时效有了极大提升。

在做好体育和财经这些"主业"的同时，快笔小新正在不断地学习新的业务技能。例如，小新可以实时跟踪重要部委发布信息，一旦外交部、国防部等部门发布了重要信息，小新可以实时采集并生产稿件，为我们的编辑和记者提供参考。小新可以实时接收中国气象局发送的天气预报数据，自动生成符合要求的中英文天气预报稿件，编辑记者只需进行简单校对，就可以签发了。

…………

此文介绍了新华社研发的智能机器人"快笔小新"是如何进行新闻生产的。不难看出，"快笔小新"在特定类别新闻稿件的生成上的效率是人工难以比拟的，过去15—30分钟的稿件，"快笔小新"只需要3—5秒，极大缩短了新闻生产时间，为新闻报道提供了更充分的准备空间，对时效性的提升不言而喻。新华社在智能机器人上的落地实践也体现了现代媒体对新闻报道时效性的不断探索与追求。

【案例二】

滚动｜"3·21"东航 MU5735 航班机上 132 人全部遇难[①]

今天（3月26日）晚上，"3·21"东航 MU5735 航空器飞行事故国家应急处置指挥部举行新闻发布会，"3·21"东航 MU5735 航空器飞行事故国家应急处置指挥部现场副总指挥、民航局副局长胡振江介绍最新情况。

26 日 22 时 08 分："3·21"东航 MU5735 航班机上 132 人全部遇难

26 日 17 时 13 分：事故现场没有检出常见无机炸药、有机炸药成分

26 日 17 时 13 分：目前共确认 120 人身份 其中乘客 114 名、机组人员 6 人

26 日 17 时 06 分：尚未发现幸存者和第二个黑匣子 已搜寻到与第二个黑匣子位置较近的 ELT

26 日 16 时 20 分：连续降雨导致搜寻现场淤泥堆积 清运工作已开始

26 日 15 时 15 分：现场大量飞机残骸被挖出

…………

21 日 21 时 09 分：事故地点三面环山 进入山坳只有一条小路

21 日 20 时 54 分：消防无人机航拍坠机救援现场

21 日 20 时 42 分：东航空难：失事航班没有外籍乘客

21 日 20 时 14 分：东航空难：广西梧州民兵抵达现场展开救援

21 日 19 时 28 分：东航停飞全部 737—800 客机

21 日 19 时 18 分：广西已派出专家组前往藤县开展紧急医学救援

21 日 18 时 35 分：中央广播电视总台记者在前往藤县的路上获悉，广州白云机场正在筹备成立专项工作组，主要负责联系乘客家属。

21 日 18 时 32 分：东航 9 个专项工作小组乘飞机赶赴事发地点

21 日 17 时 58 分：广西武警 30 余名官兵已抵达现场展开救援

21 日 17 时 54 分：广东消防紧急增援东航失事航班

21 日 17 时 26 分：梧州消防首批救援力量已抵达东航客机事故现场

21 日 17 时 07 分：云南省森林消防总队驻广西桂林、南宁队伍 138 名消防救援人员正赶赴救援，目前正在机动途中。

21 日 15 时 57 分：记者从广西应急管理厅获悉，一架东航波音 737 客机在

[①] 《滚动｜"3·21"东航 MU5735 航班机上 132 人全部遇难》，央视新闻客户端，2022 年 3 月 26 日，https://globalpeople.com.cn/index.com.cn/index.php?a=show&c=index&catid=61&id=36409&m=wap。

广西梧州藤县发生事故,并引发山火。目前救援队伍已经集结正在靠近,伤亡情况未明。

央视网对"3·21"东航事故信息的滚动报道在第一时间将灾区最新的消息传递给民众,尽最大可能消除民众对灾区情况认知的不确定性。其信息发布间隔最小缩短至1分钟内,即1分钟传递两条关于灾区的信息,这是灾难报道对高时效性要求的体现。在航班失事后,网民、媒体和相关政府都迅速反应,一些当地居民也通过手机录像将灾区附近的情况传递上网,媒体及时跟进传播,相关政府部门也根据需要对各种消息进行核实并通过权威渠道发布最新信息。从此次媒体信息发布的速度来看,新兴媒体特别是互联网和手机,几乎占据了绝对的优势。微博、微信朋友圈以及各大短视频平台等互联网信息传播平台,以其消息来源的广泛性和传播技术的便捷性成为民众的首要信息来源;手机信息平台则借助手机媒体的便携性和即时性,在这场速度比拼中占得了先机。

在当前信息化时代背景下,一旦有事件特别是重大灾难事件发生,相关的信息传播会极为强调时效性,这是因为灾难的易变性、危害性更需要媒介发挥及时甚至即时的"环境监测"功能。在"3·21"东航事故中,各类传播主体纷纷行动,对灾区信息进行实时报道。更为可贵的是,在这个过程中,各类媒体实现了有效联动,进行了跨地域、跨媒介的充分合作,使得"时效性"的"时"和"效"得以最大限度的发挥,这些都是现代时效竞争的题中之义。

如下案例三代表了现代传媒竞争中为了提升时效和传播的品质而进行的跨媒体联动与合作,其运作的思路涉及整个新闻的采编、生产、分发与呈现层面,该报道提供"一站式"服务,极大缩短传受双方的时空距离,体现出新媒体时代下各媒体对时效性的全方位把握。

【案例三】

新华社推出跨媒体、跨区域
大型联合新闻直播"'一带一路',我们同行动"[①]

新华社北京5月9日电(记者关明辉) 在"一带一路"国际合作高峰论坛举行前夕,新华社依托"现场云"全国服务平台,携手四川日报、海南日报等15个省区市的17家地方媒体,围绕"'一带一路',我们同行动"这一主

[①] 《新华社推出跨媒体、跨区域大型联合新闻直播"'一带一路',我们同行动"》,新华网,2017年5月9日,http://www.xinhuanet.com//politics/2017-05/09/c_1120945433.htm。

题,开展跨媒体、跨区域大型联合新闻直播报道,充分展示"一带一路"倡议在这些地区取得的重要进展和突出成就。直播从5月10日持续到13日,共计投入逾300名采编人员,采访90余个点位,报道将在100多个终端和渠道上进行联合展示。

此次参与联播的媒体均采用"现场云"技术进行直播。"现场云"基于"现场新闻"技术平台,向全国新闻媒体开放"现场新闻"功能应用,提供"一站式"整体解决方案。通过"现场云"系统,记者只需一台手机就可实现素材采集和同步回传,后方编辑部可实时进行在线编辑和播发,从而大大增强报道全时性和即时性。

"'现场云'不同于一般的视频直播工具,除了能实时提供多线路信号自由切换的视频直播流外,还能把文字、图片、视频等各种形式的报道纳入直播中,只要记者还在现场,用户就能刷不停,真正地把新闻现场更加全面、直观、真实地呈现在用户眼前。"四川日报社"川报观察"客户端执行总编辑钟莉谈起为何选用"现场云"进行直播时表示,"现场云"移动生产、在线加工能力强大,让记者的手机变成了报道神器,编辑也因为"现场云"App的移动签发功能,实现了走出后方,与记者并肩在前方实时签发新闻,让报道更加原汁原味,准确快速。据悉,四川日报社共派出30余名采编人员分8路进行采访,启用了手机、手持云台、无人机、照相机、摄像机等多种数字设备进行全媒体直播。

采集全媒化,传播融媒化。本次报道将实现传统媒体和新媒体之间的融合互动,在数字化直播的同时,记者将根据实时生成的素材进行二次加工,形成面向报纸、电视台、电台等传统媒体的文字、视频、音频报道。参与报道的赤峰日报社新媒体中心负责人李志超表示:"直播期间,我们不仅会调动旗下包括'两微一端'在内的9个新媒体终端和渠道转载17家媒体的全部直播内容,直播结束后,《赤峰日报》和《红山晚报》还将推出整版的报道,并配上二维码,供用户回顾新媒体直播,实现新媒体和传统媒体'你中有我,我中有你'。"

据悉,"现场云"App2.0版已提交各大应用市场,供媒体和党政机关用户免费下载使用。

下面这篇来自《经济日报》的报道,即提醒与启示我们,在网络传播技术日益加快新闻生产节奏的今天,我们更需要全面、深入地理解新闻报道"时效观"的职业内涵与人文立场,而不是简单地抢新闻,也不是只依靠技术快速传递信息,而是要时刻把握好"时效"与"真实"之间的动态平衡,追求速度始终要以守住新闻的真实底线与坚守媒体的社会责任为前提。

【案例四】

网络报道真实"底线"不能破[①]

春节以来，一系列网络热点的走势如同剧情跌宕的热播剧，引得媒体竞相转载和评论，民众也在广泛讨论。现实却是，《一个病情加重的东北村庄》引申出忧心农村现状的严肃话题，文章最终证实为虚构杜撰；"上海逃饭女"事件引发城乡不同群体融合的大讨论，最终却证明是个彻头彻尾的虚假新闻。

回顾这几起事件，从普通网文发酵为热点话题，媒体的争相转载在客观上起到了推波助澜的作用。为了抢新闻、快发布、博眼球，有些媒体在根本未采访到当事人和核实基本事实的情况下抢发，迫不及待地将不靠谱的信息当成真相，最终在急功近利中酿成一起起闹剧。这给新闻舆论工作提出了一个严肃话题，在新闻抢发以秒计的当下，快节奏的报道如何坚守住真实底线和社会责任？

在新媒体异军突起的当今舆论场，媒体竞争与生存压力巨大，通过抢抓新闻、回应热点以掌握话题权及彰显存在感，本无可厚非，但真实性是新闻生命这一底线不能突破。套用一句流行语，"我们走得太快，忘记了为何而来"。一些媒体过于求快，助长了功利之心、浮躁之气，失去了对新闻事实的基本判断、对媒体社会责任的至诚坚守。个别媒体或许从中赚取了流量、获得了点击、得到了蝇头小利，但最终破坏的是社会真善美和媒体整体公信力，加剧的是社会信任危机，堆积的是负能量。

新闻媒体要直面社会丑恶问题，激浊扬清、针砭时弊，同时发表批评性报道则要事实准确、分析客观。媒体在快节奏的新闻报道中应保持一种乱云飞渡仍从容的冷静思考。这种冷静是不人云亦云，是不盲从附和，是对新闻真实的价值坚守。惟有冷静下来，才能更好地擦亮双眼，更好地澄清谬误、明辨是非，才能在众声喧哗中理性判断、理性发声。

[①] 《网络报道真实"底线"不能破》，载《经济日报》，2016年3月1日，http://views.ce.cn/view/ent/201603101/t20160301_9185106.shtml。

第四节　指导性原则

一、新闻报道的指导性原则释义

（一）作为新闻报道的一种特定功能

指导，顾名思义，即指示教导，指点引导。新闻报道的指导性原则，又称政治性原则、思想性原则，它是在社会主义新闻事业体制下发现、采集、分析各类有新闻价值的新闻事实，并且能够给予受众思想和行为上的正确价值引导的内在规定。新闻报道的指导性，往往体现于贯穿并尽量隐蔽在报道中的"无形"的立场、态度，具有能帮助受众、引导受众正确认识特定环境下的新闻事实以及采取相应行动的功能。

任何人、任何机构，都是有其历史和身份局限的，正如"科学无国界，科学家有国籍"一样，新闻事实是客观存在的，而从事新闻报道的人和机构却是一定有阶级属性、代表一定阶级的利益与意志的。因此，从事新闻报道的人和机构，在新闻报道过程中，主观能动性上往往具有一种"为我所用"的倾向、立场和态度。"为我所用"既是一种选择标准，也是一种认知取向，它强调认知主体对认知实践的一种目的性追求，强调主观认知与客观实在的科学统一。具体到我国新闻报道实践中，"为我所用"则体现为新闻报道者对客观新闻事实的主观选择和认知，必须符合代表我国先进生产力发展方向、代表我国先进文化的前进方向和我国最广大人民的根本利益这一目的和方向。

众所周知，人类在对客观事实的认知过程中，不仅要遵守客观事实的发生、发展、高潮、结局等自然过程，还要遵循人类从具体到一般、从局部到全局、从材料到观点等的认识过程。如果我们把对新闻事实的真实性、客观性以及对新闻报道时效性的原则称为新闻报道实践的"合规律性"的话，那么，新闻报道的指导性即可以被看作新闻报道实践的"合目的性"。如图2—1所示：

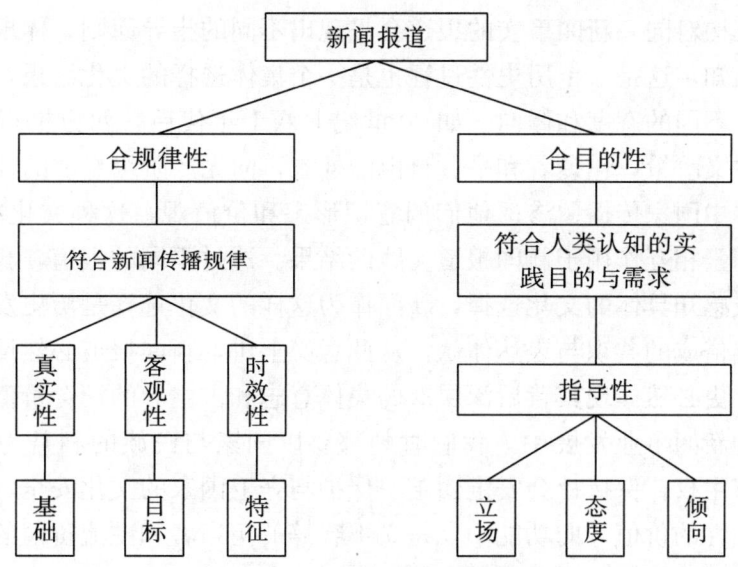

图 2-1 新闻报道指导性原则内涵示意

新闻报道的真实性、客观性、时效性，符合新闻传播规律的内在规定，它们强调新闻报道的物质属性；新闻报道的指导性作为其合目的性的必然功能，强调新闻报道的精神层面的价值，集中体现出人类通过新闻信息传播活动的目的取向与价值诉求。只有坚持指导性原则，新闻记者的能动性才能够得到充分发挥，新闻事业所属的社会体制特征、国家意志、人民利益等才能得到鲜明体现与维护。

（二）作为新闻报道社会价值实现的一种必然归属

作为新闻报道社会价值实现的一种必然归属，"新闻报道的指导性"以人类价值实现的能动性为统领，体现了人类传播和使用信息的合目的性和规律性的内在统一。

新闻报道的指导性，强调新闻人和新闻机构通过新闻报道引导受众的思想和行为的特定功能，是一种社会价值的行为引导，它强调其内容对受众的指导作用，侧重于新闻人和新闻机构与受众之间的关系和行为。新闻自由是新闻媒体为了实现其"环境监测""舆论监督"以及"社会公器"等功能和理想，而一直追求的相对独立的报道权、出版权和言论权，是一种社会属性的权益表达，强调的是媒体与外界环境之间的一个相对不受控制的关系和行为。

实践表明，在新闻人、新闻机构的生态环境中，政治、经济、文化、宗教、意识形态等诸多因素共同作用于新闻人和新闻机构对新闻事实的选择和认知，因而不同政治集团、不同经济利益、不同文化背景、不同意识形态以及不同宗教信仰的新闻人和新闻机构对同一新闻事实的报道会呈现出不同的指导原则，体现不同的价值导向与文化认知，这是一个历史性过程也是一个集体选择的文化结果，亦即不同的认知和取向，不同的态度和倾向。如20世纪七八十年代后，西方推行的文化侵略和文化殖民主义政策，包裹着和平、自由的外衣，向无产阶级专政的社会主义国家和大多数发展中国家传播、渗透他们的意识形态和价值观，这种文化冷战的背后，是西方多种因素相互作用于新闻报道实践的结果。透过不同的报道，我们可以以小见大，窥见或感知具体的文化选择，新闻作为这样的文化选择是历史发展进程中集体意志的约定俗成的共识与表达体认，从此意义上讲，新闻报道必然反映报道主体的价值立场，更必然体现其背后深层次的集体意志和占主导的社会价值观。由此可见，在我们的新闻事业发展中，我们时刻都要以国家与民族的利益为出发点和前提，维护国家主权，保持社会安定团结，保护与守卫国家的文化安全，新闻报道在其作为精神属性的价值导向功能中，是义不容辞的担当者和主流价值的倡导者、组织者与传播者。

综上，我们可以将新闻报道的指导性归纳为：为了维护国家利益和阶级利益的一种必然价值取向，它是一种建立在选择基础上的新闻价值传播，它折射出作为精神文化产品的固有的倾向性、立场和态度，它由国家性质、社会制度、文化特性综合决定，并为其服务。

二、影响新闻报道指导性的多种因素

（一）本质原因：新闻事业的性质与任务

新闻报道的对象——新闻事实，虽然是客观存在的，但新闻报道的主体——从事新闻报道的人和机构却是有阶级属性的，两者共同作用，构成了新闻报道的三大特点：真实性、客观性和指导性。其中，真实性和客观性是基础和前提，指导性则是目的和灵魂。

新闻事业的性质由一个国家的政治、经济、文化体制决定，无论中西方，其新闻事业的性质都要反映和表达统治阶级的根本利益与意志，有什么样的国家性质与社会制度，就会有什么样性质的新闻事业。我国是社会主义国家，社会主义无产阶级新闻事业的性质与任务决定了我国新闻采写要坚持指导性原则，并规定了指导的内容与形式。习近平总书记曾不止一次地明确指出，"新闻舆论是上层建筑、意识形态的重要组成部分"①;"意识形态工作是党的一项极端重要的工作"②;"党的新闻舆论工作是党的一项重要工作,是治国理政、定国安邦的大事"③;它"事关全党全国各族人民的凝聚力和向心力,事关党和国家的前途命运"④。可以说,习近平关于新闻舆论和宣传思想文化工作的一系列基本观点和理论主张,为新闻报道的指导性原则赋予了新的时代内涵,即"在新的时代条件下,党的新闻舆论工作的职责和使命是:高举旗帜、引领导向,围绕中心、服务大局,团结人民、鼓舞士气,成风化人、凝心聚力,澄清谬误、明辨是非,联接中外、沟通世界"⑤。这可以说是对我国社会主义新闻事业性质的定位和新时代马克思主义新闻观所蕴含的新闻报道的指导性内涵的阐述。

(二)重要因素:新闻理念与新闻政策

新闻理念与新闻政策也是影响新闻报道指导性原则的重要因素,它们折射出新闻报道指导性原则发展的轨迹、内容与形式,是其内部理念和外部体现的有机结合。

新闻理念主要是指对新闻的定位,包括对新闻的含义、特点、功能等的定位。我国是无产阶级专政的社会主义国家,无产阶级新闻事业的性质规定了我国新闻传播必须秉持以下新闻理念:坚持社会效益第一,以正面报道为主,要让广大群众了解党和政府的路线、方针和政策,在信息传递的基础上兼顾教育和娱乐的需求等。具体来说,就是要把新闻报道的真实性、党性、生动性有机结合起来,迅速、及时地传播信息,真实、形象、生动地宣传党的方针、路线、政策,宣传马列主义、毛泽东思想、邓小平理论、"三个代表"重要思想、科学发展观,坚持四项基本原则,用共产主义、爱国主义思想教育和鼓舞广大人民群众。在新闻实践中,要以马克思主义新闻观统领新闻采写活动,要坚持为人民服务,为社会主义服务的"二为"方针,在新闻报道中践行贴近实际、贴近生活、贴近群众的"三贴近"原则,使新闻报道工作力争做到"以人民为中心,心系人民、讴歌人民,俯下身、沉下心,察实情、说实话、动真情,努力推出有思想、有温度、有品质的作品"。

---

① 习近平:《在浙江省新闻单位负责人议会上的讲话(2002年12月24日)》,《干在实处 走在前列——推进浙江新发展的思考与实践》,中共中央党校出版社,2006年版,第308页。
② 习近平:《把宣传思想工作做得更好(2013年8月19日)》,《习近平谈治国理政》,外文出版社,2014年版,第153页。
③ 习近平:《提高党的新闻舆论传播力引导力影响力公信力(2016年2月19日)》,《习近平谈治国理政(第二卷)》,外文出版社,2017年版,第331页。
④ 林如鹏、支庭荣:《习近平新闻思想:当代马克思主义新闻观的重大创新》,载《暨南学报(哲学社会科学版)》,2017年第7期。
⑤ 习近平:《提高党的新闻舆论传播力引导力影响力公信力(2016年2月19日)》,《习近平谈治国理政(第二卷)》,外文出版社,2017年版,第332页。

新闻政策是一个国家基于其基本国情，对新闻事业进行有效管理而制定的相关政策、条例和规章，它是指导和规约一国新闻事业发展的指南，并鲜明地体现一国的新闻事业性质和价值导向。新闻政策的制定受限于不同政治、经济和文化因素的综合影响，因而不同的国家由于其政治、经济、文化等体制的差异，其新闻政策的内容和定位也呈现出本质差异。新闻政策的制定必然受限于其新闻事业的发展进程，从某种意义上说，其本身就是指明新闻事业发展的风向标。鉴于新闻政策影响和规约了新闻报道的方向、立场和态度，新闻政策的制定理应也必然立足本国实际和现实发展的需要。

2017年10月30日，国家互联网信息办公室公布《互联网新闻信息服务单位内容管理从业人员管理办法》，对互联网新闻信息服务单位的义务、内容管理从业人员（以下简称"从业人员"）的行为规范、《办法》适用范围和对象以及从业人员的管理体系等进行规范。该办法的出台，体现了新时代我国管理部门对互联网新闻传播规律的准确把握和深刻认识，为传播网络正能量、净化网络空间、改善网络生态环境、形成"风清气正的网络空间"提供了法律政策方面的保障。[1]

需要指出的是，在某些重大新闻报道活动中，国家也会出台和颁布一些新闻政策，从微观层面管理和规范新闻报道的内容与形式，如2022年1月30日国家广播电视总局发布《高动态范围电视系统显示适配元数据技术要求》（GY/T 358—2022）行业标准，是以科技标准服务北京冬奥的一项重要举措，有助于新闻媒体在北京冬奥会、冬残奥会的相关转播活动中，逼真呈现冬奥特有的冰雪场景和精彩赛事，提供更高技术格式、更美视觉体验的节目，为观众提供美轮美奂的冬奥视听盛宴，体现出我们的新闻宣传管理的与时俱进，从而发挥了新闻政策的积极指导作用。

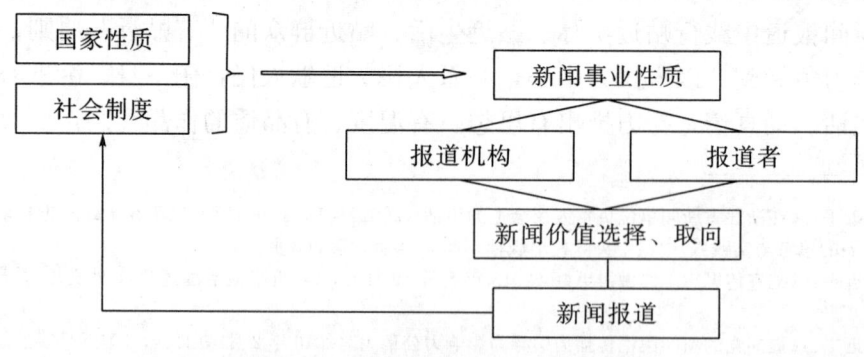

图2—2 影响新闻报道的重要因素示意

---

[1] 雷跃捷、龙鸿祥：《强化从业者责任意识，构筑互联网治理体系——〈互联网新闻信息服务单位内容管理从业人员管理办法〉解读》，载《青年记者》，2017年第34期。

综合上述两个方面影响因素的分析，我们可以通过图 2-2 来做小结，该图示反映了本质因素和重要的影响因素对新闻报道的综合作用，并直观呈现出他们相互间的作用原理。

三、指导性原则在新闻报道中的表现与应用

（一）指导性在新闻报道中的常见表现

新闻报道是一种"用事实说话"的文体，其中，"用事实"充分体现了新闻报道的真实、客观原则，"说话"则充分反映了新闻报道的"指导性"原则，"用事实"构成了新闻报道"说话"的手段、方式与特点。

因此，在新闻报道中，新闻报道的指导性是由报道机构的定位、媒体价值取向以及报道者的意识形态共同决定的。指导性原则的表现，不是通过直接的言语态度和叙事立场表达出来，相反，它是间接通过对议题的选择与过滤、在写作过程中对事实材料呈现的结构和顺序安排，以及在编辑过程中与不同版面元素的配合使用等手段共同完成和实现的。常见的表现有：

（1）通过对议题的选择与过滤，实现新闻报道的指导目标与意图。这包含时间和空间两个维度的选择和过滤。空间维度上表现为，对不利于国家安全和社会稳定的一些议题，如政治动乱、公共安全等事件的报道，新闻报道的指导性原则要求谨慎而有度地报道；对有利于社会稳定和国家安全的议题，则倾向于多选多报，这一点对于地方媒体而言也是如此。时间维度上则体现为，对一些非常重要的新闻事件或需要加强报道力度的报道，可采用连续报道、系列报道、后续报道等形式，加大影响，增强舆论。

（2）对确定选题后的新闻事实进行定调，明确报道主体的认识、态度和倾向。如，国际报道中，对待友好邦交的国家，我们多采取积极、正向的舆论宣传报道；突发事件报道中以公共利益为重，突出国家的正面形象；争议性报道、敏感事件、热点访谈报道中，多采取与国家的政策方针一致的立场进行报道，坚持以我为主，摒弃推波助澜；对国内外事态不明朗的社会现象，坚持慎重评论的原则，但必要时也需要做到先发制人，对述评类报道要充分发挥积极引导社会舆论的作用。

（3）在写作过程中，通常采用从新闻事实中提炼出报道主题，并通过引述有利于主题展现的他人观点、选择有助于主题呈现的相关事实的手段，实现无形地发言。除此之外，根据人类认知和记忆的"首因效应"原则，对事实进行结构组织和顺序安排，也是行之有效的手段。有时候，也可以直接在报道中说明报道目的。

(4) 在编辑过程中,通过议程设置和使用编辑手段来表达新闻价值取向。通常情况下,对那些需要大力加强的报道,可以采用刊载在重要版面或版面的重要位置、对报道标题采用加大字号变化字体以及加框加线等处理方式来突出其新闻价值;相反,对于那些主观上不想报道、不愿报道,但客观上又不得不报道的选题,可以采用相反的策略弱化其重要性。

(二) 指导性原则在新闻采写中的应用

指导性原则在新闻采写中的应用,是指寓观点、立场、态度等价值取向于采写的事实选择和结构安排中,媒体和记者要努力提高舆论引导的技巧和水平,注重创新报道,在弘扬主旋律的同时兼顾多元声音的表达,从而实现价值传播的引领与正确导向。

近年来,随着我国综合国力的迅速提升,西方国家在媒介报道和舆论制造中有意"妖魔化"中国的国家形象,他们所标榜的不偏不倚的客观报道,实际上也充斥着有利于自己的舆论导向。对此,从新闻传播的宏观战略方向上来说,我国必须精心构建对外话语体系,发挥好新兴媒体作用,增强对外话语的创造力、感召力、公信力,创新对外宣传方式,加强话语体系建设,着力打造融通中外的新概念新范畴新表述,以增强在国际上的话语权。[①] 具体而言,就是用好国际化传播平台,客观、真实、生动报道中国经济社会发展情况,传播中国文化,讲好中国故事、传播好中国声音,展现真实、立体、全面的中国,[②] 推进指导性原则在国际传播领域的创新性应用。从新闻报道的微观实践层面看,我们通过国务院新闻办公室以及外交部等国家权威机构,力争做到及时公开信息、澄清事实真相,在国际舆论战中不断总结经验和吸取教训,改善我们的国际舆论局面以不断赢得主动。曾经被西方国家主流媒体指斥的"片面报道"(即过去我们注重来自政府机构的声音而缺乏普通民众观点这种不全面报道的做法)或"宣教式报道"(即报喜不报忧或报喜夸大、遮蔽报忧的这种不均衡报道的做法)的方式正在转变和改进。全面报道和平衡报道虽然并不意味着我们丧失价值主导,但可能客观上削弱了我们的主导价值,因此,亟待我们提高对外报道和国际传播的技巧和艺术,坚持用事实说话,善于用事实引导,并且巧用事实贯穿新闻的指导性原则。基于此,在采写实践中,我们需要强调和更加注重来自基层以及现场的采写,并且学会在报道中善于使用普通百姓的

---

① 中共中央文献研究室:《习近平关于全面建成小康社会论述摘编》,中央文献出版社,2016年版,第107页。

② 《习近平在党的新闻舆论工作座谈会上强调 坚持正确方向创新方法手段 提高新闻舆论传播力引导力》,载《人民日报》,2016年2月20日。

声音。

除此之外，我们注意到，随着我国对外开放的推进与深化，在一些"硬"性新闻的对外报道中，我们越加注重以一些较有"文化味""人情味"的题材作为采写的"软"着陆点，这样不仅能突出新闻价值，也能体现其蕴含的指导思想和舆论导向，从而为广大受众喜闻乐见。如2008年奥运会开幕式，我国新闻报道的主旋律是要向世界展示现代化中国的国家形象、向世界传递我们对奥林匹克精神的尊重与崇尚，树立我们在世界和平与发展中的积极参与者和贡献者的形象。如果说这是我们报道的指导原则的话，那么在微观的采写中，我们如何贯彻和传播这样的原则，如何击退西方主流媒体的中国"威胁论"等不实论调、不利舆论呢？我们已经看到，对"国际传播力"的构建与提升的议题，已经正式进入国家的决策序列和执政议题，它从战略高度和新闻的政治功能、宣传功能的开掘角度，将指导性提高到了一个前所未有的战略高度。因此，我们的采写不但应该遵循，而且应该与新闻传播规律有机结合，与受众需求结合，在新闻采写的本土化和国际化中，寻找特色报道的方法，这不仅包括在题材的选取、角度的选取、叙事的方法等方面要注重有效性，还包括在指导性的"柔化"策略中，能够与时俱进，创新出一些有效的采写技能与技巧，并将之提升到艺术的层面，使新闻报道的社会价值有效转化，最终有效服务于受众和国家，这就是我们通常所说的实现"两头满意"，即党和政府满意与群众满意。从这个意义上讲，新闻报道的指导性原则就是新闻报道的服务功能的指向，即新闻报道在传播中实现社会价值和服务功能的最终归宿。

四、指导性原则与真实性原则、客观性原则、时效性原则的辩证关系

如前文所述，新闻报道的指导性原则是由新闻事业的性质和任务决定的，它体现出新闻报道的"合目的性"，并指向新闻主体在当下以及未来的主观需求。新闻报道的真实性、客观性和时效性原则，则是由新闻报道的客体和对象所决定的，它们反映的是新闻报道的"合规律性"，指向已经发生的新闻事实。

真实性是新闻报道中需要把握的新闻事实的整体真实和细节真实、现象真实与本质真实，它是新闻报道的基础和前提；客观性是新闻报道中对不同事实以及这些事实之间的关系的全面反映与平衡，这是新闻报道所追求的理想状态；时效性则是新闻报道需要把握的关于新闻发生、发现与报道之间的最短时间差，是新闻报道的独有属性；指导性是新闻报道需要把握的对新闻事实社会价值的认知，以及对受众思想和行为的导引，它是新闻报道的指南和统帅，也是新闻报道的最终目的。

在具体的新闻报道实践中，任何一件新闻作品都是以上几者综合作用的结果。指导性原则虽然是新闻报道的总指南和统帅，但指导性的发挥必须遵循真实性和客观性原则，这两大原则是其前提和基础，也是新闻传播基本规律的内在要求。虽然追求新闻报道的时效性要求缩短新闻发生与新闻报道的时间差，但时效性的独特呈现与真实性、客观性和指导性却是息息相关的，它们之间相互能够形成稳定和平衡的三角形，这种动态的稳定性表明它们内在相互关联和有机统一。对有效的新闻报道来说，新闻采写的原理就在这个动态平衡中得到规范，同时，它们之间的相互作用还能使我们从中发现创新的途径，从而实现理论与实践的结合，如图2—3所示。

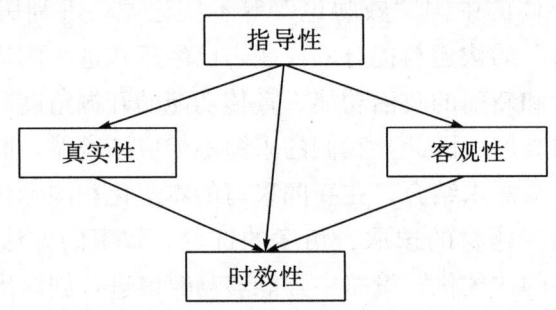

图 2—3　新闻采写基本原则间关系示意图

具言之，当真实性、客观性与指导性原则未发生冲突时，我们遵循新闻传播的基本规律对新闻事实进行真实、客观、有时效的报道即可。但当真实性、客观性与指导性发生冲突甚至相违背时，如何处理好它们之间的关系，如何准确把握报道的时间和时机，是值得媒体、记者研究与深思的。我们坚决反对并拒绝篡改和编造新闻事实，无论在何时，新闻真实性都是新闻报道的首要原则，在报道实践中，基于新闻真实性与客观性本身的有限性和相对性，我们必须以新闻报道的指导性为统领。我们在遵循新闻传播的基本规律的基础上，要逐步探索和应用有效的传播技巧，在新闻报道中用事实说话，以事实的力量来维护国家与民族的尊严与利益，力争在世界新闻传播的新格局中营建有利于我们自身的舆论和报道空间，争取传播的主动权与话语权，从而发挥新闻报道的社会效用与服务效用。

总之，我们应该把这四个基本原则作为一个有机整体来全面认识，这既有助于我们开掘创新报道的新闻采写思路，也能为我们理解和活用常规报道的新闻采写原理提供认识框架。因此，新闻报道必须坚持用事实说话，坚持依靠新闻客体"真实性"的"事实"以实现新闻主体"指导性"的"说话"，从而不断提升新闻效果的"客观性"和新闻传递的"时效性"。

第二章 统领新闻采写的基本原则

思考练习题

一、请在教师指导下阅读《新闻记者》2010年至2021年的虚假新闻研究报告，分析其中搜集归纳的虚假新闻的特征和出现原因，并提出防止新闻报道失实的对策。

二、请结合实例比较分析新媒体与传统媒体在报道失实中的原因差异，并提出相应对策。

三、请举例说明新闻报道如何用事实说话。

四、请说明保持新闻客观性的方法有哪些。

五、请谈谈新媒体时代新闻时效观的内涵变化。

六、请结合特定案例，谈谈你如何理解新闻采写的真实性、客观性、时效性以及指导性原则之间的相互关系。

七、试以报道实例阐述马克思主义新闻观与新闻指导性原则之间的关系。

第二部分

新闻采写的流程

第三章 新闻发现

【内容提要】

新闻发现是触发新闻采访流程的按钮，是记者实施新闻采访的思维起点。其中，新闻敏感是新闻发现的基础和前提，新闻线索则是新闻发现的重要来源，两者促成新闻价值的鉴别与转化。新闻敏感又称"新闻鼻""新闻眼"或"新闻嗅觉"，强调记者对事实中新闻价值的发现和辨别能力，是记者敏锐地发现和捕捉新闻的重要专业素养。新闻线索是新闻事件或新闻事实所表现出的可循路径和信号，相较于新闻事实，更为简略且稍纵即逝，需要继续追踪、发掘和证实。新闻来源是指新闻信息资源的拥有者和提供者，人或物都可能是新闻来源，新闻记者应仔细核实新闻来源的可信度，以确保新闻报道的真实性。互联网技术的出现不仅拓展了新闻发现的平台路径，也对记者核实、验证事实，提升新闻敏感的效能提出了更高要求。

第一节 新闻敏感

一、新闻敏感的定义

法国著名雕塑家罗丹在《艺术论》中说："美是到处都有的，对于我们的眼睛，不是缺少美，而是缺少发现。"① 同样，在现实生活中，不是缺少新闻，而是缺少发现新闻的眼睛。新闻发现是新闻传播者开发和挖掘事实的重要途径。潘堂林在《怎样发现新闻》一书中，对新闻发现的内涵作了这样的界定："新闻发现，就是识别事实的传播价值，看出或找到客观事实本身固有的值得传播的要素。"② 新闻的价值在于发现，没有发现就没有新闻。

---

① ［法］罗丹：《罗丹艺术论》，沈琪译，人民美术出版社，1978年版，第62页。
② 应吉庆、王仙凤：《新闻发现与新闻发现意识》，载《江西广播电视大学学报》，2002年第4期。

新闻发现是新闻采访行为的初始环节，是记者新闻采访活动中具有决定意义的第一步。其中，新闻敏感是新闻发现的基础和前提，新闻线索是新闻发现的重要来源，新闻发现正是从对新闻线索和新闻来源的判断和认知中发现新闻价值。新闻线索的获得有赖于记者的新闻敏感程度以及新闻来源的情况供给，记者在获得新闻线索后，进一步向新闻来源核实，以便及时开展新闻采访活动。

美国新闻学家卡斯柏·约斯特在《新闻学原理》一书中说："一个不善于辨别色彩的人，不可能成为一个画家；一个不懂得和谐的人，不能成为音乐家；一个没有新闻敏感的人，也就不可能成为一个新闻记者。"[1] 所谓的新闻敏感，就是对新闻的敏感程度，即通常所说的新闻感。西方新闻记者通常称之为"新闻鼻""新闻眼"或"新闻嗅觉"。美国《纽约时报》记者泰勒曾指出："没有新闻鼻、新闻眼，请走开。"新闻敏感，简而言之，就是记者对事实中新闻价值的发现、辨别或鉴别的能力。

每个行业都需要独特的专业技能和专业精神。对记者而言，最具有职业特征的标志和最重要的专业精神就是新闻敏感。新闻敏感是记者敏锐地发现和捕捉新闻的一种特有的职业素质，是长期从事新闻实践的经验和结晶，是一种新闻素养，是一种顿悟性的思维活动，是记者的思考与对客观事物的观察、判断能力的一种综合反映。记者能不能及时发现新闻、采访新闻，关键在于他有没有新闻敏感以及具备新闻敏感的程度。当记者具有较强的新闻敏感时，他就能从纷繁复杂的事实中，迅速准确地判断出哪些是新闻事实，哪些不是新闻事实，哪些事实新闻价值高，哪些事实新闻价值低，从而发现并捕捉真正具有新闻价值和价值高的新闻。

二、新闻敏感的内容

记者丰富的生活阅历和采写经验，使其能对发生的事实产生一种多方面的综合判断能力，这种能力就是新闻敏感。在我国，新闻敏感主要包括以下五种判断能力：

第一，迅速判断某一事实或情况是否具有报道的政治意义。

我国的新闻事业是中国共产党领导下的人民政府和广大人民群众传播新闻、引导舆论、服务社会的舆论工具，它是党和政府的耳目喉舌。新闻事业作为党和政府的舆论机关，作为一种意识形态，是党和政府宣传、教育、动员人民群众的一种舆论形式，直接或间接地反映了党和国家的政治立场、政治主张和政治观点。这要求

---

[1] 转引自崔启新：《增强记者新闻敏感的理论探讨》，载《理论观察》，2009年第3期。

新闻记者要具有很强的政治鉴别力和政治敏感性。记者需在众多事件中迅速判断出被采访的事物对当前的党政工作能否产生影响，是否具有一定的社会意义。

著名记者范敬宜在基层采访时，睡了两晚，什么也没发生，感觉很安稳。他敏感地意识到，这个历来以穷著称的、不安宁的贫困社，居然没有什么纠纷了，这平静安稳中就有新闻。从这个小情况中，记者发现改革开放以后，经济发展了，人民安居乐业，公社里也太平无事，遂写出了《两家子公社干部睡上了安稳觉：夜无电话声，早无堵门人》这篇以小见大的新闻。①

第二，迅速判断某一事件或情况能否引起受众的兴趣。

新闻传媒生产出新闻产品是为了向受众传播信息，受众是信息传递的归宿。受众对新闻是否感兴趣，成为判断新闻价值的一个重要方面。所谓受众感兴趣的事件，就是指能够引起受众广泛关注的事件，即群众普遍关心的问题，以及反映和表达群众愿望，与广大群众利益相关的事情。能否抓住受众普遍关心的问题，是新闻敏感强弱的重要体现。

《广州日报》记者刘志华有一次搭乘摩托车，见驾车者不戴头盔，于是问，为什么不戴头盔，结果发现原来是因为头盔质量很差，即便戴了，遇到意外情况同样难以避免不测。刘志华根据这个事件深入了解到劣质头盔夺人命的现实，最后写出题为《10元4个，劣质头盔频夺人命》的报道。报道涉及普通市民的生命安全，与受众生活息息相关，在市民中引起了很大的反响。

第三，判断某一事件或情况能否导致重大新闻的发现，对事件的发展能作出预见。

在现实生活中，有些重大的新闻事实是隐性的，被表面不起眼的现象掩盖住了，记者如何从平凡的事件中看出不平凡，透过事物的现象看到本质，看清事物发展的趋势，对事件的发展作出预见，也是新闻敏感内容的重要方面。新闻敏感强的记者往往可以从一些被忽视的细枝末节中发现重大新闻的线索，从而继续跟踪采访下去，直至采写出大新闻来。

《纽约时报》著名记者迪姆士·泰勒初做记者采访某名演员的首场演出时，到剧场后才发现演出被取消了，他就回家睡觉去了。半夜时分，他被电话铃声惊醒，编辑在电话中气冲冲地告诉他，那个名演员已经自杀了，各报都发了头版头条新闻。编辑说，像这样一个名演员，首场演出被取消，本身就是新闻，它的背后可能有更大的新闻。记住，以后你的"鼻子"（新闻嗅觉）不要再因为感冒被堵塞了。泰勒由于刚做记者，新闻敏感性不强，被表面的现象遮住了眼睛，没有准确预见到

---

① 刘保全、丁宁真等：《新闻采访三百例》，中国人民大学新闻系资料室校内用书，1986年版，第35页。

事件背后的新闻，以至于遗漏了名演员自杀这样的重大新闻。

第四，判断在同一个事件的多重事实中，哪个重要，哪个次要，哪个无关紧要。

新闻事件往往包含多重新闻事实，但是这些新闻事实在新闻事件中所占的比例、所起的作用是各不相同的。记者的新闻敏感要求记者不仅要从复杂的现实生活中挑选出新闻事件，同时也要在新闻事件中选择出最重要的事实，利用好次要事实，并筛选掉无关紧要的事实。

每年的两会，关于会议、提案的内容众多，如何在众多的新闻事实中选出重要事实，这是对记者新闻敏感的重要考验。相比两会中的热点议题，几位人大代表的笔记本看似微不足道，但当这些笔记本刻画出人大代表自觉履行职责的前行脚步，体现出人民代表大会制度强大的生命力时，它们的价值就凸现出来了。新华社记者吴晶通过自己对新闻事实的判断和比较，在2007年两会期间采写出了好新闻——《"这些字句，价值不亚于国家宝藏"——难忘几位人大代表的笔记本》。

第五，判断已发表的新闻中，有哪些与已知情况相关，从而发现新闻线索，以进行连续报道。

事物之间都是互相联系、不断发展的，在事物的发展脉络中记者要审视事物间的因果链条。在已经发表的新闻中，如果有些资料与记者目前所掌握的情况相关，将有可能发掘出更有价值的新闻，从而进行连续报道。

1988年，经济日报社召开记者片区会议，驻广东记者说，广东是香一年臭一年，香香臭臭又一年。记者们坐在一起闲侃，觉得写一篇《香香臭臭话广东》的报道，可以公开把香臭之争分析个透彻。在座的其他记者也受到启发，后来陆续推出了《真真假假话福建》《虚虚实实话安徽》《穷穷富富话江西》《进进退退话上海》《多多少少话天津》《快快慢慢话江苏》等一系列报道，在全国引起了较大的反响。

三、在三种思维方式的指导下修炼"新闻敏感"

思维方式是人们思考问题的思路，是主体认识客体时相对稳定的思维框架。思维方式的差异决定了记者发现新闻线索能力的高低。记者的新闻敏感不是与生俱来的，而是记者观察力、思考力、政治水平、业务水平以及社会经验等方面综合积累后不断实践与总结而产生的。新闻敏感看不见、摸不着，它的产生是一种内在的思维活动。记者在不同的思维方式指导下，能够培养和提高自己的新闻敏感。

(一) 发散思维——重视实践经验的积累，不断扩大自己的知识面

发散思维又称"辐射思维"，是指从一个目标出发，沿着各种不同的途径去思考，探求多种答案的思维。发散思维是人的大脑在思维时呈现的一种扩散状态的思维模式，比较常见，它表现为思维视野广阔，思维呈现出多维发散状，可以从不同方面思考同一问题。记者在发散思维的指导下，对于新闻敏感的培养，主要是通过积累实践经验和扩大知识面来体现的。实践经验越多、知识面越广，思维就越开阔，观察和分析问题就可以在不同的经验体系和知识背景下进行，即针对同一个新闻事件，记者可以通过不同的新闻角度进行观察和发现，进而进行跟踪采访和阐释。

美国著名记者华莱士在采访伊朗前国王巴列维前，把问题列成 50 个，分了八九类，如权力问题、贪污腐化问题和年龄问题等。针对同一个新闻人物，华莱士从不同的新闻角度出发，对巴列维进行提问，从采访中掌握了大量的材料，因此，对被访的新闻人物有了更全面的了解。正是这样的思维训练，让华莱士成为美国一流的电视新闻记者，也让《60 分钟》成为美国收视率最高的节目之一。

(二) 延伸思维——深入学习政治理论及党的路线、方针、政策，纵横拓展自己的认知面

所谓延伸思维，就是把所观察到的事实往深处引申，让思维再往更深层次发展，从纵横两方面交叉拓展以加深认知。2016 年 2 月 19 日，习近平总书记在党的新闻舆论工作座谈会上强调，必须把政治方向摆在第一位，牢牢坚持党性原则，牢牢坚持马克思主义新闻观，牢牢坚持正确舆论导向，牢牢坚持正面宣传为主。记者如果不深入学习政治理论，不熟悉党的路线、方针、政策，政治敏感性势必会受到影响。新闻记者在政治学习中要培养自己的延伸性思维，时刻关注党的现行政策、法律法规，同时深入研究；要全面地认识国情，掌握相关的新闻背景资料；要把新闻事件与现行的政策和法律法规进行对照、分析、综合、推理，准确判断出新闻事件报道的政治意义，以利于媒体引导舆论。

获得中国新闻奖一等奖的好新闻《140 万双袜子的命运》，报道的是国有企业武汉袜厂积存近 10 年的 140 万双袜子的故事。记者余兰最初写的是题为《140 万双袜子该不该卖？》的通讯，但很快被总编否决。后来，记者联系实际，综合目前国有企业在市场中遇到的问题，进行判断、分析——"国有企业为什么不适应市场？关键是机制不活的问题。为什么不活？再往深处说还是个体制问题、所有制问题。"最后将主题定位为国有企业改革中的所有制问题：产权不清晰，责权不分明，

政企不分开，管理不科学。记者就此围绕这一主题重新取舍、组织材料、构思成文。这篇报道见报后，在全国引起空前反响，多家报纸予以转载。

（三）逆向思维——反其道而行之，独家新闻的采掘方式之一，不断磨炼创新精神

逆向思维也叫求异思维，它是对司空见惯的、似乎已成定论的事物或观点反过来进行思考的一种思维方式，是记者从问题的相反面进行深入的探索、树立新思想、创立新形象的途径，也是其创新性的体现。独家新闻往往是在逆向思维的指导下产生的。在采访中，一般记者习惯于沿着事物发展的正方向去寻找新闻，当大家都朝着一个固定的思维方向思考问题时，如果记者能够朝相反的方向思索，倒过来思考，也许会有新的发现，甚至能发现独家新闻，这也是培养新闻敏感的一个方向和途径。

北京冬奥会于2022年2月4日至2月20日如期举行，大赛期间，吉祥物"冰墩墩"意外走红，在"一墩难求"的火热场景下，媒体报道铺天盖地，集中报道"冰墩墩"的趣闻轶事，进一步助添"冰墩墩"的热度。《南方周末》创新求异，反其道行之，关注"冰墩墩"火速增产背后的碳排放问题，探究北京冬奥如何实现碳中和，刊发报道《生产"冰墩墩"的碳排放也被纳入，北京冬奥会如何实现碳中和》，以小见大，不仅有新意，而且解疑释惑，避免了同类报道人云亦云的新闻同质化现象。

新闻敏感来自记者对周围环境时时刻刻的留意，来源于新闻记者基于职业习惯对发散思维、延伸思维以及逆向思维的培养和锻炼。记者要努力变封闭、单一性的思维为开放、发散性的思维，拓宽视野，对人和事物进行多角度、多侧面、多层次的观察和分析；同时也要将求同、经验性思维转变为求异、创新性思维，面对新闻事实时，要善于另辟蹊径，寻求新的立足点、新的思维路线，发现新的新闻价值。

第二节　新闻线索

一、何谓新闻线索

线索是指事情可寻的端绪、路径，或贯穿整个事件的思路、脉络等。所谓新闻线索，就是指新闻事件或新闻事实所表现出的可循的路径和信号，是关于新闻事实的简要信息。

有人说:"如果把新闻的采写活动比为牵牛,那线索就是缰绳。牧童只要抓住缰绳,那肥壮的大牛就会顺从地跟他行走。"在新闻采访活动开始之前,一个重要的工作就是要掌握新闻线索。对于新闻记者来说,新闻采访和写作离不开新闻线索。新闻记者捕捉新闻线索,是采访和写作的开端。

二、新闻线索的特点

新闻线索是新闻事实即将或已经发生的讯息或信号,是新闻敏感的捕捉对象,也是新闻记者进行采访活动的出发点。新闻线索并不等同于新闻事实,它的表现形式多种多样,不一定是完整和具体的,可能是一句话、一个片段或一个情景等,它需要继续追踪、发掘和证实。新闻线索主要呈现出以下几个特点。

(一)相较于新闻事实,新闻线索显得较为简略、粗糙,缺乏过程和细节,比较零碎

比如,一个记者得到通报,得知政府要举行某个重要会议,这是一个新闻线索,但是这个会议的背景、相关具体情况,记者是不清楚的。新闻线索所提供的信息是十分粗略的,只是事实的大概,并不具体。在记者深入采访之前,事件的发生发展不过是一些零星的信息碎片,或者只是其中的某个环节,只有顺着新闻线索逐步深入追踪,才能使信息由零散变得完整,才能全面准确地还原新闻事实的原貌。

(二)新闻线索稍纵即逝,具有突现性

新闻线索常常在电光石火间一闪而过,它与新闻事实一样,具有很强的时效性。它往往在不经意间从人们身边溜走,一个反应迟钝的记者,一个在思想上没有准备的记者,一个缺乏新闻敏感的记者很有可能失去抓住新闻线索的机会。

(三)新闻线索变动性大,需要考证其真实性

新闻线索是新闻事件的一种信号、一个片段、一点苗头,是有待证实的信息。它是记者看到、听到或感觉到的事物的表象,这种现象经过发展以后,可能会出现多种变化,与先前获得的信息有很大的差别。记者在获得新闻线索后,务必要经过调查、采访、研究,鉴别其价值,证实其真实性,以便继续深入开展采访活动。

新闻线索虽然只是一些片段或一个梗概,但它对记者的采访活动发挥着重要的作用。一方面,尽管新闻线索不完整、不具体,但它也是一种信息,可以触发记者的新闻敏感,帮助记者迅速准确地判断其是否具有新闻价值;另一方面,新闻线索

可以为新闻记者指明方向,成为新闻采访的重要突破口。有人将根据新闻线索所作的采访比喻成"顺藤摸瓜",就是因为新闻线索具有一定的指示性、导引性,记者可抓住新闻线索这根"藤",通过深入采访,将新闻事实加以还原,摸到新闻这个"瓜"。不管新闻线索的表现形态是零散的还是完整的,一旦确定之后,就为记者的采访活动明确了目标和方向,它能让记者有一个粗略的采访范围和大致的方向,从而提高采访活动的效率。

三、获取新闻线索的常用渠道

新闻线索不会主动送上门来,它需要记者主动去获取。除了本身需要具备的新闻敏感外,记者可以通过以下五种常用渠道获取新闻线索。

(一)会议渠道——从各种会议活动中获得新闻线索

党和政府的会议是传达贯彻党的路线、方针、政策、上级指示精神和反映下情包括群众意见、建议、呼声的重要载体之一,它是新闻线索的富矿。领导机关和各部门召开的会议,常常是讨论党和政府的重大决策、总结工作和研究解决现实问题的场合,对社会的发展有重要影响,与人民群众的利益息息相关。记者参加会议除了完成会议本身的报道,还可以从会议的发言、简报以及参加会议的人物身上发现新闻点,获取新闻线索。

《遵义日报》记者王正庆2005年在参加遵义县(今遵义市播州区)召开的一次文体工作座谈会上获悉,自2000年遵义县被评为"全国体育先进县"以来,当地呈现出许多生机勃勃的群众文化活动。记者从会议中获得该线索后,利用晚饭后或工余时间多次观看门球、扇子舞、老年健身队等全程表演,然后现场采访,撰写了一系列稿件,如《太极铺起健康路》《遵义县处处健康热》《舞林一老汉》《遵义县门球场改建竣工》等,在社会上引起强烈反响。[1]

除了党和政府的工作会议,还有一些专业性的研讨会议、公司会议、社团会议以及一些公益性的交流会议等。这些会议对各自领域的发展都有一定的指导作用,记者要主动关注这些会议活动,从中发现新闻线索。

---

[1] 王正庆:《会议是获取新闻线索的有效途径》,载《新闻窗》,2008年第1期。

（二）媒体渠道——从报纸杂志、广播电视、网络等报道中获得新闻线索

媒体不仅是传播新闻的工具，其本身也是提供新闻线索的一个重要"新闻源"。记者可以从各地的传媒中获得大量的信息，这些信息往往能触发记者的报道灵感，产生报道思路。依靠其他媒体和记者的报道获得新闻线索，也是我们发现新闻线索的常用渠道。记者是新闻线索的聚集人，和同行交往也会使自己掌握的新闻线索增多，而通过查阅、对比研究其他媒体的相关报道，如通过网站、报纸等途径获取线索，可以进一步深入采访，变化报道方式，从而做出出彩的报道。

曾获全国好新闻作品评选二等奖的《外出经商者不再是散兵游勇》，其线索来源过程是这样的：《湖南日报》的一位资深编辑到邵阳市参加职称评定会议，从申报材料中看到一则邵东县有10多个驻外个协组织的报道。这条信息在当地媒体是早已被报道过的"旧闻"，他找出当时报道该消息的报纸，仔细研读以后，认为这是一条很有价值的新闻，值得进一步深挖，于是与另外三人赶赴邵东县，进行深层次的采访。该新闻在《湖南日报》一版头条刊出。

在信息社会中，除了传统媒体外，网络正在成为重要的信息集散地。记者不仅可以从网站上的新闻报道中获得新闻线索，还可以通过网上的论坛、博客、播客等平台，了解到传统媒体没有报道的事实，从中发现具有价值的新闻线索。如美国著名的《纽约时报》以及《华盛顿邮报》的新闻网站，它不是报纸纸质文本的网络版，而是添加了许多报纸上没有发表的新闻，同时网站上有论坛供读者随时发表意见和建议，记者可以从中获得新闻线索。记者也可以从博客中获取新闻线索，如明星本身就具有新闻价值，关注明星的博客可以了解明星的最新动态，若发现有价值的线索可以及时跟进采访。除了互联网，有第五媒体之称的手机也逐渐成为传播信息的重要载体，记者可以从手机报或手机信息中获得线索。

（三）社交渠道——从上级领导、通讯员和群众等"人际网"中获得新闻线索

我国著名新闻工作者邓拓曾经对记者说："你们应该走出报社大门，深入群众，广交朋友……有了各方面的知心朋友，和他们休戚与共，通血脉，随时听取他们的意见……这样报纸就一定可以扩大题材的范围，打开我们的路子。"一个记者接触的生活面是有限的，但是通过自己编织的交际网所形成的圈子则比较大。记者与这些人经常沟通，可以形成一个信息交汇的网络，能够做到眼观六路、耳听八方。

记者经常与党政机关的上级领导联系，可以及时了解新形势、新政策，明确报

道方向，从和领导的谈话中获得重要的新闻线索。目前，很多单位都有专门的通讯员，记者与这些通讯员经常联系，可以鼓励通讯员给媒体供稿，从中发现新闻线索。同时记者要深入生活，走进群众，多与基层群众交朋友，不但可以扩大自己的社交圈，同时也可以及时了解群众关心的问题，从中发掘新闻亮点，写出群众喜闻乐见的报道。

获得河南专业报好新闻奖的报道《本是同村村民，感受为何如此不同？》，讲的是一个村庄在动员农民参加合作医疗时，一位农民说什么都不相信，认为没有什么好处，是乱收费，根本不会兑现。另一位农民也对合作医疗有所怀疑，但在村干部的动员下，勉强参加了。结果，没有参加合作医疗的那位农民在修房时不慎摔倒，造成股骨骨折，花费了8000多元，落了一身债务，整日唉声叹气，愁眉苦脸，后悔莫及。而另一位参加了合作医疗的农民的孩子在玩耍时跌倒在地，造成肱骨骨折，住院花费了7000多元，报销了4000多元，解了燃眉之急。这位农民高兴得逢人便说："新型合作医疗好！"这篇报道的线索正是记者下乡采访时，在与农民的聊天中偶然获悉的。

在现代采访中，"点题"采访越来越受到媒体的青睐，它成为媒体获得新闻线索以及展开新闻报道的重要方式。何谓"点题"采访？简而言之，就是受众点出问题让记者去采访。"您点题，我采访"，如今已成为很多媒体征集新闻线索的口号。2007年两会召开期间，《经济日报》开设了两会"点题采访"栏目，通过中国经济网向广大网友征集采访主题，包括他们最关心的话题、想反映的现象、想要向哪位代表委员提问等。记者将网民的问题带上两会，找到相关代表委员进行采访，然后将采访结果通过报纸和网络及时传播给受众，收到了良好的社会反响。

值得注意的是，互联网时代使人际交流的渠道大大拓宽，但对于虚拟网络中的人际信息传播要持谨慎的态度并加以核实。

（四）书面渠道——从各种书面材料中发现新闻线索

各种书面材料，如单位的工作总结、简报、情况通报等，都是发现新闻线索的重要来源。这些书面材料一般来说比较正规、完整，能反映各个单位的一般面貌以及工作中取得的成绩和存在的问题，记者可以从这些材料中捕捉新闻线索，发现新闻苗头。

获得1978年全国好新闻的消息作品《天安门事件完全是革命行动》，就是从材料中找新闻的典型事例。当时，北京市委的一次会议上有一个公报，北京市的有关报纸用了一个多版面全文刊发了这一公报，而新华社记者从这一公报中敏锐地发现了一条重大的新闻线索，即北京市委首次公开对天安门事件进行重新评价，认为天安门事件完全是革命行动。记者抓住这一重大新闻线索，写了一条只有200多字的短消息《天安门事件完全是革命行动》。消息发出后，立即被国内外众多通讯社和媒体采用，产生了强烈的影响。

（五）自身渠道——从热线、报料中获得新闻线索

媒体除了通过外部渠道获得新闻线索以外，有时候不用记者出去，新闻也会自动找上门来。媒体公布自己的热线电话，通过给予一定的经济报酬来吸引广大群众踊跃提供新闻线索。记者可以从这些热线和报料中进行甄别，从而判断是否跟进该新闻。公民新闻时代的到来，意味着"每一位公民都是记者"，他们通过大众媒体向社会发布自己在特殊时空得到或掌握的新近发生的重要信息。现今大家熟知的"新闻线人"，就是媒体有偿征集新闻线索的结果。2003年11月《新京报》刚刚创办时，就打出了"万元征集新闻线索"的旗号。目前来看，新闻线人报料的内容一般集中于社会新闻，多为天灾人祸、奇闻逸事、邻里纠纷等较为生活化的内容，题材严肃的、深度的报料较少。这种情况与新闻的专业性和所涉及的某些领域的特定性相关，报料新闻只是公民新闻时代拓宽报道来源的一种社会参与方式，它是对记者的职业采访的补充，但不能代替记者的职业采访工作。这是两者的区分，我们应正确认识。

《武汉晚报》2002年的一篇新闻《看个咳嗽要掏1065元》，获得了第十三届中国新闻奖一等奖。这篇题目看似普通的报道之所以能获得中国新闻奖，是因为它反映了一个普遍存在的社会问题——乱收费现象。而该篇新闻报道的线索来自该报记者接到的一位家住武昌的杨先生打进的热线投诉电话。记者在接到电话后立即去医院进行了采访，结果发现，医生给杨先生女儿开出的咳嗽处方，需要花费1065元。小小的一个感冒，竟然要花费765元的治疗费和药费，再加上验血费300元，共计1065元。记者通过深入采访，发现该医院存在严重的乱收费现象，据此写出了这篇获奖新闻。

常言道，"处处留心皆新闻"。其实，发现新闻线索的渠道远不止这五方面，只要记者能勤思考、勤观察、勤跑、勤问，就会在生活中发现值得报道的新闻线索。这"四勤"实际上就是新闻敏感的培养方式。

四、寻找新闻线索的实例

结合上面对新闻敏感和新闻线索的介绍，在此以本书的编著者操慧教授讲授新闻采访课程时的训练实例详细说明新闻敏感、新闻发现以及新闻线索之间的关系。

操慧教授于2009年4月初布置了以"四川大学校园绿化"为选题的寻找新闻线索的作业，要求新闻系本科班的同学以小组合作的方式来完成，目的是训练同学们的新闻发现能力和对线索的鉴别、处理能力，为后面完整展开采访活动奠定基础。完成这份作业的两位同学[①]拿到选题后，从求"新"的角度入手，通过前期准备和开展现场观察与随访，立体化地呈现出寻找新闻线索的实际思考过程与行动步骤，相信这一案例会对初学采访的新闻专业学生及新闻爱好者有所启发。

"校园绿化"是一个老生常谈的报道选题，通常，作为初学采访的同学，一般会采取以下两种做法：一是通过采访学校环卫负责人来了解校园绿化的总体情况，如植被的种类、数量、分布等；二是通过采访同学，了解校园绿化对同学们的学习与生活的影响。前者容易囿于数据的统计，疏于对选题的思考以及对采访深度的挖掘，后者则显得过于宽泛，缺乏一定的现实针对性，若想引起切肤之感，似乎又难以找到合适的结合点。

我们当时立足"人无我有，人有我优"来思考，在前期准备的基础上，找到了两条线索：(1) 草坪中随处可见的"新路"；(2) 校园绿化的高校网站宣传策略及其对高考填报志愿的影响。

线索一：草坪中随处可见的"新路"

"新路"是指校园草坪因被同学长期踩踏而成为常用的道路。"新路"现象较为普遍，也较易作为选题，但是一般容易将它视作同学们缺乏环保意识、自律感不强的结果，并容易引向道德审判的极端。显然，其中有主观的一面，也有客观的一面。我们是否可以抛开对主观的审判，从客观入手？例如，同学们上下课采取"另辟蹊径"，是否也是迫于无奈的一种选择？因为走已有的石板路不仅拥挤，而且费时。同时，我们希望所得出的结论并非是个人的臆测，而是基于实地调研与采访，在获得一定数据后进行的比较以及对各方观点的综合，这样会使该线索的新闻价值呈现出来，并且具有事实的说服力。

世上本没有路，走的人多了，也便成了路。这样的"新路"主要分布在教学区附近。它们的主要特征，除了将草坪磨得惨不忍睹外，还有一点，就是它们无疑缩短了路程，达到了同学走近路的目的。而造成这种情况的原因，不仅仅是同学微妙的心理，还有一些客观的问题。

在众多的"新路"中，小树林一带受损最为严重，也最能说明问题，我们

[①] 这份收录的寻找新闻线索的作业，系本书的编著者操慧于2009年3月讲授新闻采访课程时所布置的实践作业，由四川大学吴玉章学院2008级本科生陈晓波、四川大学文学与新闻学院新闻系2008级本科生王辰悦完成，特此说明和致谢。

以此为例进行分析。

最为重要的原因无疑是"僧多粥少"。

"僧多"：以江安校区星期三下午第二大节上课人数为例。在川大选课系统中进行检索，不算旁听，只计选课人数总共是12307人。需要说明的是，我们并未将第一大节下课回去的同学计算在内。即使有同学一、二两节课都上，无法回去；即使有同学下课了去图书馆或自习室，但不管怎么样，回去的人数依旧非常可观，保守估计15000是有的。

两节课的间隔时间是20分钟，要在这短短的20分钟内，穿过拥挤的人流，到达教室，的确有点困难。

"粥少"：去教学楼有三条主要的道路，(1) 长桥；(2) 足球场附近的小道（我们在长桥附近观察了一段时间，发现此道很少有人走，大都为骑自行车的同学，仔细观察可以发现，此小道路线是曲折的，相比走小树林要更费时）；(3) 小树林（包括一条临河小道）。

走长桥的行人密度最大，如果行人肩并肩挨着走，则长桥的一个横截面大约可以行走32人；如果不踩踏草坪，只走林中小道和临河小道，根据测试，林中小道每排只能同时走两人，而临河小道则只能走三人；而倘若肩并肩在小树林中走，那么一个横截面差不多可以走20人。当然，这是不现实的，但至少，通过对比，我们可以发现，这些被开辟出来的"新路"能大大缓解人流压力。

"时间至上"：同时，我们还做了一个测试，如果走新路（笔直），那么从小树林的一头到另一头需要1分36秒；如果沿林中小道（弯曲）走，那么则需要1分47秒。虽然看起来只缩短了11秒钟，但这是人流较少时的测试结果。如果一到高峰期，大家都老老实实地沿林中小道走，可想而知，耽误的时间就多了。

其他原因：林中小道的踏步石板设计不合理，适合女生纤纤细步，一到高峰期，大家走得很急，步伐迈得较大，往往一只脚踩在石板上，另一只脚就会被卡在缝隙中（两石板的间隔设计得太"巧妙"了，不大不小，刚好能把人的脚卡住）。

一位2005级学姐告诉我们，她是看着小树林的草坪一点一点被踩没的。可见在以前，小树林还是拥有草坪的。

于是有人开始抱怨设计的不合理，那么真是这样吗？

首先，林中小道的设置是用来散步闲逛的，而非作为一条重要通道。而更为重要的是，2006年川大本科招生约8000人，2007年骤升到约12000人，而

2008年也有约11000人，霎时多出三四千人每年！原有的建筑布局无法改变，难以适应汹涌的人流，"新路"的产生是必然的。

采访记录：

问：在小树林中走过吗？

答：有。

问：踩过草坪吗？是否经常？

答：踩过，经常。

问：动机？

答：便捷。

问：是否会考虑校园的绿化因素？

答：观点一：没有考虑绿化因素，但是考虑到了学校的整体环境漂不漂亮，不过没考虑那么细致。

观点二：压根没考虑绿化因素。

问：如何看待这件事？

答：不被问起压根儿没感觉，反正大家都在走嘛。

问：如果现在有人提醒，或者说学校有相关规定，那么会否遵守？

答：观点一：这个问题就类似于，午夜时分，周围没人，你驾着车子，遇到红灯，走还是不走。反正大家都在走，还是会走的吧。

观点二：一般人提醒不会理会，如果学校有规定，会遵守的。

问：对此有何建议？

答：观点一：在同学踩出的路周围设计绿化（一位法国知名建筑大师设计道路与绿化时的做法）。

观点二：把踩出来的"路"当做路，继续走下去，因为川大的路设计得很不合理。

而在采访绿化工人的过程中，我们也提到了这个问题。对于这个现象他感到很无奈，认为他们只负责绿化工作，倡议、禁止之类的得听学校的。他们认为，大学生已属于成年人，有自己的判断，也要为自己的行动负责。同时，他还表示，在将来可能会把小树林中的草坪补上，至于什么时候、怎么做，则是听上级的吩咐。我们不禁担忧，如果不采取相应的措施，小树林即使栽了草坪，很快也会恢复原状，他再一次表示无奈。

线索二：高校网站有关校园绿化的宣传策略及对填报高考志愿的影响

我们想到这个话题的起因，是源于一次和室友对四川大学新老校区印象的讨论。我们都不约而同地谈到了老校区的参天大树，并向往漫步于绿荫下的大学生活。既然校园绿化对学生具有一定的吸引力,那么,高校是否会有意识地在其网站上进行宣传呢?而这些信息在我们填报高考志愿时又有怎样的影响?我们从地域、类别两个维度入手,选择了部分高校网站,发现了不同的校园绿化宣传策略,同时通过与身边同学交谈,了解了校园绿化对他们填报志愿的影响。我们认为,沿着这条线索访问下去会获得具有新闻价值的事实。

校园绿化之高校网站宣传策略:

选取对象:211院校、二本院校、专科院校三类,每类5所大学,分别选自华东、南、西、北、中的高校。

高校网站情况如下:

211院校:

四川大学:

学校概括:"校园环境幽雅、花木繁茂、碧草如茵,是读书治学的理想园地。"

办学环境:"环境生态化、景观园林化、信息网络化的新校园展现在世人面前","新增、改造景区景点近100个,新增、改造草坪绿化13万平方米。学校的面貌发生了根本性的变化"。

四川大学江安校区之江安风光:教学区、风景区、生活区(照片展示)

吉林大学:

首页之校园景观(幻灯片)

吉大图库——建筑篇、风光篇、人物篇(照片展示)

中山大学:

首页之校园景观(幻灯片)

复旦大学:

首页之校园景色:如诗如画—校园一瞥、旦复旦兮—教学楼、沉默是金—雕塑、小桥流水—园林、复旦千日—系楼和办公楼、正谊明道—枫林校区、展翅腾飞—张江校区、纯真年代—我们的身影、朝辞暮归—宿舍楼、上海夏天—林荫道、绝情谷中—图书馆、健康之道—运动场(照片展示)

武汉大学:

学校概况:"江城多山,珞珈独秀;山上有黉,武汉大学。"(开篇)

"武汉大学环绕东湖水,坐拥珞珈山,校园环境优美,风景如画,被誉为'中国最美丽的大学'。"

校园景观之早期建筑、武大鸟瞰、李达故居、老斋舍、半山庐、流光溢彩、银装素裹、湖光山色、樱花绽开、旧景再览、人文景观、现代风范(照片

展示）

二本院校：

四川师范大学：首页之校园景观（幻灯片展示）

黑龙江大学：无明显宣传

广州大学：首页之校园风景（照片展示）

集美大学：学校概况之校园风光（照片展示）

湖北大学：无明显宣传

专科院校：

四川信息职业技术学院：学院概况之办学特色："环境幽雅，绿树成荫，被广元市人民政府评为'园林式单位'。"

北京信息职业技术学院：学院概括之学院风貌——校园风貌、青春校园、赛场风云（照片展示）

深圳职业技术学院：学校概况之校园风光（照片展示）

浙江机电职业技术学院：学校概况之校园风光（照片展示）

湖北职业技术学院：学校概况之校园风光（照片展示）

校园绿化对高考填报志愿的影响：

作为大一学生，对高考填报志愿都深有体会，被采访者：同寝室同学以及绿化工人。

采访记录：

问：高考填报志愿时是否会上网了解高校情况？

答：会。

问：是否留意到高校网站中有关校园环境、校园绿化的介绍？

答：是。

问：高考填报志愿，是否会考虑校园绿化因素？

答：观点一：会，校园绿化好，看着赏心悦目（并以自己的高考填报志愿来说明这一点）。

观点二：清华北大即使是光秃秃的，但如果要我，我还是会义无反顾地去的。只要学校自己能接受这样的环境，我就可以接受。

观点三（绿化工人，家长角色）：关键是教学质量。

问：望江和江安，仅就绿化情况而言，更喜欢哪个？

答：望江。江安的绿化虽然很漂亮，但是看着就像一个小花园，没啥感觉。

问：那么望江的绿化给你什么样的感觉呢？

答：从树的分布、样子等，更给人一种大学的感觉。

问：可不可以理解为有一种人文气息？

答：对，也算吧。

在我们所查找的15所高校中，只有2所没有明显的校园环境、绿化宣传。其中，12所高校有图片展示，3所高校涉及文字简介。尤其是"211"高校，既有图片展示又有相关文字的就有2所，更给人以治学修身佳处之感。

第三节 新闻来源

一、新闻来源的含义

美国新闻学家梅尔文·门彻在《新闻报道与写作》一书中写道："消息来源是记者生命的血液。没有通过消息来源得来的情况，记者就无法活动。"新闻来源已成为媒体竞争中争夺最激烈的对象，谁拥有高质量的新闻来源，谁就拥有高质量的新闻报道，谁就能赢得更多受众，提升媒体的影响力。

新闻来源有广义和狭义之分。广义上讲，新闻来源是提供新闻报道的渠道（记者采访，通讯社发稿，读者、听众、观众来信等）和新闻中事实的提供者（事实的出处）的总称。狭义上讲，新闻来源是指新闻事实的提供者。广义上的新闻来源包括新闻线索，新闻线索是新闻事实出现的苗头和信号，是发现新闻的前奏，属于新闻来源的范畴。狭义上的新闻来源侧重于对新闻事实的提供，而新闻线索只是新闻事实的一种简要信息，零散，不全面，真实性有待考证，因此，它并不能作为新闻来源在报道中直接应用。

新闻记者采写新闻离不开新闻来源。新闻记者不可能是每一起新闻事件的目击者，其写作的大量素材都来自消息源提供的信息资料，新闻来源是新闻记者成功报道新闻的关键与基础。在新闻采访中，记者通过与新闻来源的直接接触，能够进一步挖掘新闻，了解、掌握新闻的事实真相，而受众可以根据新闻来源判断记者报道的新闻事实是否权威、可信，以增强新闻的真实性和可信度。

二、新闻来源的分类

新闻来源在采写中作为新闻的出处，主要是指新闻信息资源的拥有者和提供者。新闻来源可以分为两大类：第一类是人的新闻来源，是指拥有新闻信息资源的人，包括新闻发布者、新闻人物、新闻参与者、新闻相关者。人的新闻来源可以是个体，也可以是组织代表、政府部门代表或群众团体代表。第二类是物的新闻来源，主要是指记录、简报、文件、参考资料、讲话稿等。

在新闻实践中，有时还会出现一些特殊的新闻来源，如匿名新闻来源，一些新闻来源不愿透露身份。这些匿名提供新闻线索的人出于各种因素的考虑往往不愿轻易公开或透露自己的身份，特别是在一些涉及国家安全和机密的问题上，这种匿名新闻来源也需要记者主动鉴别和谨慎处理。在一些批评性的负面报道中，记者要注意维护自己和相关当事人的权益，在一些涉及儿童、未成年人和妇女权益的法制新闻报道中，记者也要注意保护这类群体的利益，对他们提供的线索尽量保密。在消息源不愿意或情况不适合时，记者要保护消息源的隐私，不公开消息源的姓名，这是记者应具备的基本的职业道德。"水门事件"中两名调查记者对其线人"深喉"的保护成为体现这一原则的最有代表性的案例。从"深喉"一事可以充分看出美国媒体对线人的保护，它对新闻界产生了重要的影响。1972年6月17日，美国民主党总部水门大厦发生盗窃事件，后来的调查发现，以当时的美国总统尼克松为首的共和党为了获得大选胜利，派人窃取民主党文件并对水门大厦进行窃听。《华盛顿邮报》记者伍德沃德和伯恩斯坦在一位神秘线人的帮助下，坚持不懈地追踪报道，让整个事件的内幕大白于天下，最终导致尼克松总统辞职。《华盛顿邮报》编辑霍华德·西蒙斯称这位秘密线人为"深喉"。30多年来，人们始终不知道线人"深喉"的真实身份，《华盛顿邮报》和相关记者一直非常谨慎地保守秘密，最大限度地保护了线人。[①]

三、新闻来源的可信度

新闻来源的可信度，就是指新闻来源提供的新闻事实的真实性程度。英国作家和批评家肯尼思·克拉克针对人的新闻来源和物的新闻来源之间的可信度差异，曾说："如果我不得不回答谁正在讲述社会的真实状态——是住房部部长的一篇讲话，还是他任职期间修建的实际建筑？那么我宁愿相信建筑。"

相对来说，人的新闻来源的可信度低于物的新闻来源的可信度，因为人的新闻

[①] 2005年5月31日，美国联邦调查局前副局长马克·费尔特承认自己就是"水门事件"中那个被称为"深喉"的人，曾向美国《华盛顿邮报》记者提供"水门事件"的关键线索。随后，《华盛顿邮报》和费尔特的家人均确认，时年91岁的费尔特就是当年为伍德沃德和伯恩斯坦提供线索的神秘线人——"深喉"。

来源带有必然的主观性，而物的新闻来源是客观存在的。如一些人是没有经过专门训练的观察者，其提供的信息有待证实；也有些人为了自身的利益，掩盖部分事实，这些都使得人的新闻来源的可信度大打折扣。在使用人的新闻来源时，记者需要找到最有资格发言的人，即某个方面的专家、目击者、参与者等。然而，并非所有物的新闻来源都具有同样的可信度，其可信度的高低主要取决于提供物的消息来源的人的可信度。如专家的论述比普通报纸的报道更加可信，因为专家的论述是由专业研究者基于科学依据撰写的，新闻报道则有可能仅仅是事物表象的叙述。

美国记者默里·马德说："记者在与任何他认为可能是新闻来源交谈时应该问自己：'这个新闻来源为什么与我交谈？他所说的内容对他意味着什么？'第一，我必须找出他所说的内容对我意味着什么之前找到对他意味着什么。我永远不会认为，任何新闻来源告诉了我全部真相，因为我认为新闻来源不会知道全部真相。"关于新闻来源可信度的测试，可以从以下几个方面进行考察：（1）该新闻来源过去是否提供过正确的信息？（2）该新闻来源能否提供其他证人的资料？（3）该新闻来源是否在新闻现场？（4）该新闻来源是否有动机提供合理真实的信息？从以上四个方面可以看出，新闻记者在面对新闻来源时，应该持一种谨慎的态度，必须深入调查研究，对新闻来源提供的新闻事实核实、核实、再核实，以确保新闻报道的真实性。

在通常情况下，新闻来源向记者提出所提供信息不可引用有以下几种情况：第一，所提供信息为背景信息（Background），即记者可引用该信息的大体意思，但是不可直接引用，而且不可透露提供消息者的姓名。第二，所提供信息为深度背景信息（Deep Background）。在这种情况下，只有该信息的大体意思可以出现在新闻中，而记者不可透露该信息的任何来源。第三，所提供信息不可引用（Off the Record Comments），即该信息只可用于记者自己对某一事件的理解，完全不可引用。①

四、新闻采访中记者如何利用新闻来源

一名优秀的记者不仅依靠人的新闻来源，也依靠物的新闻来源。在新闻采访中，记者利用新闻来源时，首先要尽可能地直接观察，寻找最佳人、物新闻来源，并以物证为支撑；其次，对新闻来源提供的信息要不断地核实，确保其真实性；再者，记者要意识到人、物的新闻来源的局限性，找出其中的不足之处，不断地进行

---

① 林岩：《美国新闻记者与匿名消息来源》，载《国际新闻界》，2000年第5期。

证实和补充。

在新闻采访中，记者如何关心和培养新闻来源？《圣彼得斯堡时报》的露西·摩根给出了对待新闻来源的几条建议：（1）对任何人都要友善。新闻来源通常更喜欢态度友善的记者，而非令人厌恶的记者。记住每个人的姓名，包括看门人在内，记者永远不知道什么时候他们中的一人会向你提供一条好消息。（2）向人们寻求帮助。告诉人们你对他们正在做的事情感兴趣，要求他们如果事情以后有发展打电话给你。你会对人们多少次这样做感到惊讶。（3）帮助你每天偶遇的人理解什么是新闻。你可能不得不每次教导他们，但是当他们懂得你对什么感兴趣时，你会从他们那里听到情况。（4）倾听。让人们告诉你他们的故事，即使它不是你想知道的。保持耐心，逐步了解整个人。

思考练习题

一、名词解释

新闻发现　　新闻敏感　　新闻线索　　新闻来源

二、简答题

1. 请结合实例谈谈新闻记者如何在日常生活中培养自己的新闻敏感。
2. 新闻采访中，记者如何利用消息来源？记者如何判断消息来源的可信度？
3. 简述新闻敏感、新闻线索和新闻来源之间的关系。这三者与新闻发现有何种关系？

三、实践应用题

请以"大学生消费观"为选题，分小组寻找新闻线索，并在全班交流寻找线索过程中遇到的问题，由任课老师进行点评。

第四章 静态准备

【内容提要】

静态准备是新闻采访工作的前提和保障，主要指记者采访前对新闻事实及相关资料的储备和搜集。充分的新闻采访准备工作，不仅能让记者拉近与采访对象的距离从而在有限的时间及条件下获取有价值的材料，也能助推记者成为某一领域的专家、学者。本章主要介绍静态准备的重要作用和两个层次，以及计算机辅助新闻静态准备的数据资源和基本策略，并对其具体应用提供例证演绎，同时指出在静态准备中需要注意的事项。

第一节 静态准备的作用和层次

一、静态准备的作用

新闻采访就是新闻记者为了进行新闻报道而从事的各种收集和分析新闻事实材料的活动的总称。在行为层面，新闻采访是发现新闻、获取新闻的手段；在认识层面，新闻采访是记者与客观存在之间的认识与被认识、反映与被反映的活动，它是新闻写作的基础。采访能否取得圆满成功，很大程度上取决于采访前的准备。有记者说："真正第一流的采访可以让一个能言善辩的采访对象如醉如痴。如果他入了迷，采访就会顺流直下，你将从他身上得到更多的东西。这都取决于你事先花了多少工夫。"

（一）采访工作展开的前提和保障

古语云："凡事预则立，不预则废。"新闻采访工作也是如此。经验丰富的记者认为，充分而有效的采访准备，将对采访任务的完成大有裨益，甚至是完成了一半的采访任务，而且准备越充分采访成功的把握就越大，越能实现采访预期。

所谓新闻采访活动中的静态准备，主要指记者采访前对新闻事实及相关资料的储备和搜集。

曾任美国合众国际社记者、《中国建设》主编的艾泼斯坦说："假如你只在需要的时候去找资料，那就好像追一辆公共汽车，可能在你追到站时，公共汽车已经走远了，因此必须积累一些基本资料。"① 静态准备做得充分，可以节约采访时间，提高采访效率，同时也可以做到心中有数，这样就容易与采访对象沟通。新闻报道是有时间要求和限制的，要在有限的时间内写出真实客观的报道，必须事先占有与之相关的背景材料，帮助我们在现场单刀直入，获得有价值的新闻事实。由于采访类型的区别，我们所进行的准备也会有所不同。例如，采访常规新闻，动态性较强，事先或事后做些资料查询就可以起到补充与核实的作用；如果是采访突发事件，基本上没有时间做事前准备，就只有在现场短新闻采写的基础上做好连续报道，其间需要补充大量的相关背景和进行深入的调查研究，这就是我们通常说的不仅要有对具体采访任务的即时准备，还要有相关的长期储备。实践证明，任何一次有效和优秀的采写，都是近期准备和长期储备相结合的产物，离开了必要的日积月累和正确的方法，即便在新闻的第一现场也很难采集到有价值的新闻事实。重大事件、典型人物、突发事件等大型题材的采访，必须做好上述两方面的准备。

被誉为"政治采访之母"的意大利女记者奥里亚娜·法拉奇采访过30多位国家首脑和政党领袖，被誉为"和著名政治家纵谈天下大事的能手"和"创造新闻丰收的政治采访专家"。她在解释其采访秘诀时说，每次采访前都"像学生准备大考一样"，用上几个星期、几个月甚至半年时间，进行资料准备和研究工作，例如访问邓小平以前，她就看了好几公斤的材料。② 法拉奇很注意了解采访对象的专长、履历和其他情况。因而有人说，法拉奇认识采访对象，从未见面之前就开始了。与此相反，如果记者对所要采访的对象不甚了解，往往容易被采访对象拒之门外。

（二）拉近与采访对象的距离，获取有价值的材料

一位著名女演员曾公开说，接受记者采访最不愿意接受的是记者对自己一无所知。由此可见，作为一名记者，在每次采访前都应该对所要采访的人或事进行充分了解，尽可能掌握详尽的资料，使采访达到事半功倍的效果。采访中恰如其分地提问与采访前的准备是密切相关的。这种看似临时性的准备，实质上是采访的一种累积效应，经过理解和学习的知识积累所设计的问题，将会在采访实践中让采访对象

---

① 马胜荣、薛群：《描述世界：国际新闻采访与写作》，新华出版社，第435页。
② 李霞：《试论法拉奇采访准备工作的作用》，载《新闻天地》（论文版），2008年第9期。

有被尊重的感觉,在不知不觉中拉近与采访者的距离,使采访者从良好的采访交谈氛围中获取有价值的材料。

中央电视台高端访谈栏目主持人水均益曾专访美国国际知名大影星梅丽尔·斯特里普,这个访谈可以说充分显示了主持人访前准备的意义。由于对梅丽尔演艺生涯和与之相关的文化背景的了解深入细致,同时水均益有丰富的人物采访经验,因此他设置的问题很到位、很精巧,以至于在采访结束时,梅丽尔由衷地说,这是她接受采访中说得最多的一次,她非常非常开心。

（三）专家型记者与学者型记者的助推途径

静态采访还可以为记者成为某个领域的专家、学者,也就是我们说的"专家型记者""学者型记者"创造条件。由于在某个领域的长期准备和钻研,这样的记者可以达到专家、学者的水平,他们视采访的静态准备为必经的重要途径。例如,采访科技新闻的记者,就要对国际领域的科学发展和科技成果转化进行长期的关注和研究,当某个新闻由头出现时,如一种新型科技产品问世,我们不仅能够进行动态的告知型报道,还能解释原因,说明其作用,从而起到普及科学知识的作用。这类记者往往能够跟专家对话,使专家乐于接受他们的采访,其原因就是他们通过储备和准备,已经成为熟知详情的特殊"行家"。

二、静态准备的两个层次

采访的准备可以分为两种,即平时准备和临时准备。平时准备是不以某一次采访活动为目的的经常性准备,是一种长期储备。临时准备是指为完成一次具体的报道任务而进行的采访前的准备,是一种短期准备。

（一）平时的长期储备

新闻这个特定职业要求记者见多识广、快速反应,合理而完善的知识结构是记者的职业必备。前面讲到的新闻敏感正是记者在平时的知识储备中逐渐培养出来的,同时,在这个准备的过程中,记者可以发现新闻线索,更新新闻观念,进而对新闻进行多方挖掘与报道。知识的积累是一个长期的过程,每个记者都拥有自己的"资料库",在每一次具体采访中,他们通过从"资料库"中提取相关资料,从而使采访达到预期效果。

从图4-1中可以看出,新闻记者不仅要熟悉并掌握党和政府的方针政策、国家的法令法规以及所从事采访领域的具体政策、规章条例,同时还要提高修养,勤奋好学，广泛涉猎社会其他方面的新知识。书本学习、社会实践学习是一方面，另一方面记者要有足够的心理准备和充足的体能去采写新闻。记者作为时代的记录者、人民的代言者，通过读万卷书、行万里路来多看、多写、多听、多记、多想，在成为某种程度的"杂家"的同时，还要成为敏锐的发现者和时代精神的感知者。记者要做到时代的记录者、代言者和引领者，就需要积累得法、取其精华。反之，则杂中取物无重点，拎着一个是一个，不仅最终没能打探出"金矿"的所在，还与成功失之交臂，而且有辱记者的使命和责任。

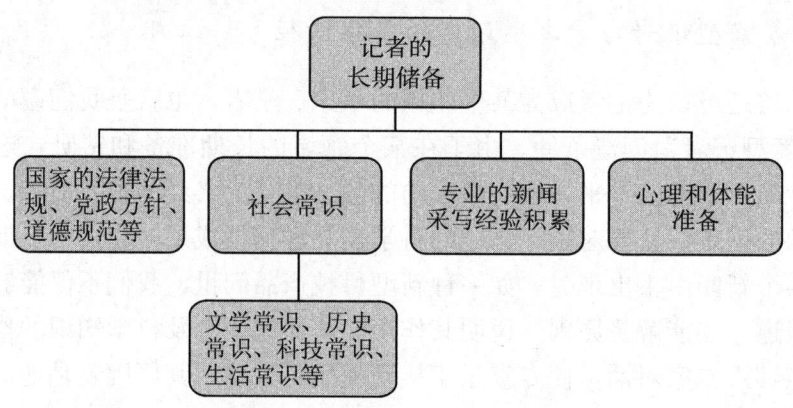

图4—1 记者的长期储备结构图

在新闻采访中，记者的长期储备主要包括以下四个方面：

第一，记者要加强对政治理论和时事政策的学习。

我国新闻事业的性质是党和人民的喉舌，因此，记者担负着宣传党的方针政策，表达人民意愿，并通过新闻宣传来引导舆论的重任。这就要求记者必须认真学习政治理论，提高理论修养，同时也要熟悉党和政府的方针政策、国家的法律法规，关注最新的时事动态，认清当前的政治经济形势，正确发挥舆论导向和宣传作用，最终对实践工作有所指导和促进。能够打动人心、具有公信力和亲和力的报道，都能够体现出记者本人的理论素养和思想高度，有思想高度的报道正是记者长期积累的结果和体现。

第二，记者要注重知识面的拓展和知识结构的更新。

新华社前社长、著名新闻记者穆青说："记者应该有更多的爱好，爱好不多，知识不广不行。"记者的采访对象上至政府高层领导，下至普通群众百姓，甚至三教九流，无所不包；报道对象大至国家大政方针，小至家庭琐事。新闻报道涉及社会生活的各个领域，因而记者的知识结构应力求广博，文、史、哲、经，中外古今、天文地理、风土人情都要略知一二。记者只有构筑较为全面的知识结构，并且随着时代的进步与发展随时更新,才能从容面对各类采访任务,这就是"杂家"的知识结构和与时俱进的准备态度。周恩来总理曾经这样评价美国著名记者斯诺:"他不仅是一位记者,更是一名历史学家。"

第三,记者要加强对专业实践技能的学习。

作为一名记者,除了有政治理论修养和广博的知识以外,其对专业技能的学习也是十分重要的。优秀的记者是在新闻实践中成长起来的,年轻的记者在成长的过程中要善于从中总结经验,并且要善于借鉴优秀记者的作品和训练自身的采访技能,重视实践中的检验。与此同时,现代信息社会对记者的摄影、摄像等实用工具的技能提出了新的要求,我们不仅要掌握这些新的技能,而且要善用这些设备来提高报道质量。

第四,记者要做好心理和体能的准备。

记者心理素质是指记者在新闻工作中所应具备的思想、感情以及性格特质;记者的体能素质是指记者从事新闻采访活动时适应外界环境的身体素质能力。记者在日常的新闻采访报道中,会面对形形色色的人和事,必须具备良好的心理素质。记者的心理素质比较复杂,主要包括需要、动机、目的、态度、意志和情绪等,其中以需要、意志和情绪对记者的新闻采访和报道行为最为重要。在紧急关头和混乱的新闻现场,在面对紧急、惊险甚至危及生命的场面时,要做到临危不惧、处变不惊、沉着应战,这都是记者必须具备的比较全面的、优良的心理素质。

在新闻事件发生时,记者首先是一个事件的旁观者,是新闻事件忠实的记录者,记者要学会控制自己的情绪、收敛自己的性格,不应在采访活动中过多地表露自己的感情,以免影响对新闻事件和新闻人物的判断。但与此同时,也引发了一场关于"职业道德"和"记者良心"的争论:记者是新闻事件的参与者,还是新闻事件的旁观者?美国摄影记者菲勒用自己手中的相机拍摄了当时美国国家卫队打死校园反战示威学生的照片,并获得了1971年普利策奖。但是这张新闻照片同时也引起了死者亲朋好友的责难。死者吉夫·米勒的朋友评论说:"吉夫最具有隐私的时刻被偷走了,它被当作商品买卖着、被用来得奖、被用来成名、被用来做广告。"[①]在此,本节不作过多的讨论和评价,引用著名报人普利策的一句话:"只有最崇高的理想,兢兢业业的正当行为,对于所涉及的问题具备正确知识以及真诚的道德责任感,才能使得报刊不屈从于商业利益,不寻求自私的目的,不反对公众的

---

① 曾璜:《漫谈美国新闻摄影的伦理道德观》,新浪文化,http://news.sina.com.cn/cl/2005-05-16/15446657216.shtml。

福利。"①

新闻活动不仅考验着记者的心理素质,同时也对记者的体能素质提出了要求。在一些环境比较恶劣的地区,在交通条件差、气候条件差的地方,如果记者的体能素质跟不上,不仅会影响新闻的采集,甚至有可能对记者的身体造成损害。例如,重大新闻事件发生在某高原气候地区,身体素质差的记者承受不了高原反应,将与此则新闻失之交臂。因此,记者除了具备基本的知识结构和专业技能外,良好的心理素质和体能素质对于长期储备也是非常必要的。

(二)为具体采访任务而进行的短期准备

美国《华尔街日报》(Wall Street Journal)记者弗雷德·齐尔默根据自己的采访经验指出:"对访问的题目和采访的人进行研究,这样,在采访中你就不仅可以提出恰如其分的问题,并且可以理解对方对这些问题的回答,而且你还可以明确而又不冒失地对采访对象表明你绝不是他轻易就可以愚弄的。"其中所说的题目和采访人,正是针对某一次具体采访而言的。

所谓短期准备或临时性准备,就是针对某一次具体采访所进行的准备。针对一次具体采访的这种临时性准备,其目的和目标更加直接与明确。短期准备主要包括:采访对象的准备,报道的题目、材料及相关知识的背景准备,采访问题的准备。

美国著名记者斯诺的夫人韦尔斯曾说过,要采访一个人,应尽可能先了解他,了解得像一个"未见面的老朋友"一样。② 对采访对象的准备一般必须事先了解其主要经历、籍贯、年龄,不仅要熟悉采访对象本人,而且要熟悉这个人的社会环境、工作环境甚至生活环境;同时也必须熟悉采访对象的主要成就、性格、爱好。这样,当采访一旦展开就能找到双方感兴趣的共同话题。

记者在采访专业性较强的行业前,必须尽快熟识题目,对所涉及的专业知识要利用一切可以利用的渠道抢学抢记,以求"速成"。"临阵磨枪"是记者采访前常用的一种战术,为的是尽量避免在采访过程中讲外行话,从而尽可能成为采访对象的合格的对话者。美国记者利伯林采访骑手爱迪·阿卡罗时,提出的第一个问题是:"你一般把左马镫控制在比右马镫长几个孔的位置上?"这个问题使这个骑手开始畅谈,采访经历了一个多小时。骑手对利伯林说:"我看得出,你曾和骑手打过很多交道。"利伯林说:"是的,不过是从我打算采访你的那个星期我才开始和他们打交

---

① 杜永利:《浅析普利策的报业经营管理理念》,载《传媒》,2007年第6期。
② 江永红:《采访效率与采访心理场的营造》,载《军事记者》,2004年第6期。

道的。"利伯林在采访前做准备时了解到，大多数骑手在按反时针方向进行比赛的美国跑道上赛马时，用把左马镫比右马镫长一些的办法来保持在马上的重量平衡，这样马奔跑时就不会偏离跑道，路程就是起点和终点之间的最短距离。利伯林一句漂亮适当的提问，缩短了记者与骑手之间的距离，使采访走上了坦途。这句提问的背后，凝聚着利伯林用一周时间了解骑手职业和骑手生活特性的心血。

记者在进行短期准备时，要着重注意以下两个方面：

首先，记者是媒体编辑部报道任务的执行者，媒体编辑部对采访的要求也直接影响到准备工作。编辑部需要考虑的环节有：（1）媒体的性质；（2）媒体的定位；（3）媒体的读者；（4）媒体报道的一贯风格；（5）媒体的报道安排。

其次，记者在采访之前要明确以下内容：（1）采访性质；（2）采访对象；（3）采访时间；（4）采访地点；（5）采访工具；（6）采访场合与氛围；（7）采访着装。

2008年"5·12"汶川地震发生后，新华社迅速成立了新闻报道指挥小组。在汶川地震报道中，新华社作为我国第一大通讯社，在报道中充分展现了大媒体的风范。新华社根据灾区的救灾情况，迅速做出了安排，按时间、地点分批进入灾区进行采访，整个报道安排有条不紊地进行。5月22日，新华社记者齐中熙作为第二批抗震前线报道组成员来到四川，主要负责对绵阳地区的报道，在接下来的七八天时间里，他全部是在灾区度过的。他随身携带手机、手提电脑等采访工具，方便随时发稿。他与灾区群众同呼吸、共命运，不畏艰难险阻，以记者独有的眼光，走进群众，采写了《爱在这里传递》《记者手记：灾区志愿者诠释生命的意义》等有影响力的稿件。

三、计算机辅助新闻静态准备

电子计算机的出现使现代新闻采访发生了重大变化。这种以利用计算机网络上各种丰富的信息资源和强大的功能去搜索、核实新闻信息，利用计算机对大量数据进行分析，并以分析结果作为报道的线索和素材为主要特征的新思路、新方法对传统的新闻采访在静态准备方面产生了重大影响。

（一）计算机辅助静态准备的数据资源

计算机辅助静态准备主要从以下三方面着手：

（1）互联网上的数据资源，主要包括新闻网站、政府网站、行业网站、网上图书馆、网上工具书、网上专家资源等。（2）电子布告栏系统与电子论坛，主要包括博客、播客等。(3) 电子邮件，通过邮件的来往可以使记者在新闻准备环节更加了解采访对象。

(二) 计算机辅助静态准备的基本策略

基于以上三种数据资源，计算机在辅助静态准备方面的基本策略主要有四个：

(1) 搜索：找寻某一特定的信息。

(2) 次数累计：统计出某一事物发生或出现的次数。

(3) 排序：将事物按照从小到大或从大到小的顺序排列，从中找出最大或最小的事物。

(4) 交叉印证：将某一文件或数据库中的信息与另一文件或数据库中的其他信息相比较。①

借助计算机处理分析数据的强大功能，记者利用这四种方法可以对原始数据加以重新组合、排列，然后在综合比较的基础上，从更大的范围着眼，以更深刻的背景分析，写出有深度、有影响力的报道。同时，也帮助记者从那些看似杂乱无头绪的报道中，准确揭示事件的本质。

美国《迈阿密先驱报》的记者里奇·莫林和弗雷德·塔斯克堪称美国新闻工作者中对政府机构的电子文件记录加以分析的开先河者。他们从佛罗里达州达德县得到税额评估报告的磁带后，利用一台计算机主机和 SPSS 软件，将该县的房产销售价格与评估价值相对比，分析的结果表明，对价值高的房产的评估比价值低的房产评估的实际税率还要低。② 这个分析结果对他们完成精确报道起到了至关重要的作用，受众因此而获得有说服力的事实，这对提升新闻报道的真实性、客观性，挖掘新闻真相也起到了不可忽视的重要作用。

近年来，互联网的崛起以及对人们获取信息的深刻影响使我们愈加重视这种以计算机为主要辅助工具，对信息进行精确分析处理的报道方法，它不仅大大拓展了新闻报道的领域，而且还避免了过去完全依赖记者直觉和敏感判断所带来的误差，也使过去从记录在纸上的信息中寻找新闻的低效做法得到改善。在新闻采访的环节中，计算机辅助新闻准备已经被媒体工作者广泛应用，并成为静态准备中的必要环节。

---

① 王波：《计算机辅助新闻学概论》，新华出版社，2000 年版，第 37～38 页。
② 王波：《计算机辅助新闻学概论》，新华出版社，2000 年版，第 27～28 页。

第二节 静态准备的主要方面

一、新闻资料的准备

(一) 资料的类别

收集资料是新闻采访准备的开始。准备资料不仅对发现新闻有意义，对掌握采访的重点和要点、提高采访效率同样具有至关重要的作用，而且还可以为后期写作提供丰富的背景材料。一些生动有趣的故事和有说服力的论据有助于新闻主题的揭示，能够增强新闻作品的可读性。吴晗说："没有资料就写不出内容充实的文章来。"一名好记者也是一名称职的资料员。美国撰写内幕新闻的记者约翰·根宝一生积累了6万张卡片资料，堪称资料富翁。

资料的类别主要包括：(1) 政治性资料，如党和政府的方针政策，国家的法律法规等；(2) 业务性资料，如记者的采写经验、好稿评介等；(3) 知识性资料，如历史、地理、知识以及分工采访的部门行业知识资料等；(4) 语言资料，如格言、名句、典故、俗语、群众语言等；(5) 地方性资料，作为地方媒体的记者，对当地的资料要多做积累，当地的历史、民俗、宗教等方面的知识也要多了解。

(二) 收集资料的途径

成功采访的关键是与采访对象建立起良好融洽的关系。要做到这一点，必须做好必要的准备，这样才能在采访时既熟悉采访对象的背景，又对报道的主题有所了解。记者日常可以通过剪报、做卡片、读书笔记、电脑存储等方式来"储备食粮"，其收集资料的途径主要有三个方面：

第一，报纸、图书等纸质资料。

大部分媒体都有自己的图书资料室，里面存放着过期的报纸、期刊，记者可以通过查阅过刊来收集所需要的资料。同时，记者也可以去当地图书馆查阅相关图书和资料来获得所需要的资料。报纸和图书等纸质资料是记者收集资料的重要途径，它的可信性比较高，记者在使用这些资料时，可以直接引用作为新闻来源。这些资料在报道中充当背景时可以提升报道的信息含量与可读性，同时也是验证前期报道和现场获得资料真伪的旁证，是保证新闻真实性的另一种途径。

著名主持人杨澜在凤凰卫视做记者时，在采访金庸（查良镛）先生前，在报馆里搜集了金庸先生近几年来的大量活动资料，节目顾问也从过刊室为她搬来了十几本《明报周刊》，还有金庸先生与日本作家池田大作的对话录的连载。杨澜阅读了这些以往的资料，全面地认识了金庸先生，并从这些资料中挑选了她认为观众会感兴趣的话题，成功地采访了金庸先生。

第二，互联网上的电子信息。

互联网是一个巨大的信息资料库，目前正发挥着举足轻重的作用。静态准备可以利用的电子信息种类有：网站、论坛、博客、播客、电子邮件、网络聊天信息等。媒体时代的到来促进了公民新闻的发展，公众可以通过互联网自由发表信息。这些信息作为采访的准备资料的同时也成为某种新闻线索，尤其是论坛的热帖和名人的博客有可能为新闻媒体提供重要的信息，为记者进一步挖掘新闻事实提供线索。这些电子信息成为新闻记者关注的重点领域。从传媒职业化角度来说，新闻媒体关注网络热点，迅速地将网络热点落地，是媒体和记者应有的新闻敏感和新闻技巧。

2010年风靡网络的"犀利哥"[①]最早出现于平面媒体《钱江晚报》《宁波城事》，一个以网络互动为主讲述"网事"的版面。记者从天涯网及时捕捉到这一网络热点，并迅速展开追踪报道，从最初讨论"犀利哥"的穿衣风格到追寻报道"犀利哥"的身世，逐步深入，提高受众对此事的关注度。再以2012年"擦鞋门"事件为例，11月10日网友在新浪微博上传了一张照片，照片中一只脚从警车中伸出来，一位擦鞋妇女坐在车门口。该微博一经发布在短时间内引起大量网友围观，《南方都市报》的记者张书舟发现了此新闻线索，并于11月12日报道《网帖曝警车伸脚享受擦鞋 警方回应在核查》，新浪网进行转载，引爆整个社会话语场域，11月14日"擦鞋哥"被免职。[②]

网络上的信息虽然丰富但是也十分复杂，每个人都可以是信息的发布者，可信度不高，因此，记者在使用互联网资料时，要对其进行甄别。美国宾夕法尼亚州怀德纳大学的沃尔夫格莱姆提出了在核查网站时应该考虑的一些非常有益的观点，主要有5项标准：

（1）权威性，即该网站资料是否有权威的发布来源；

（2）准确性，即该资料是否清楚地列出了消息来源，提供的信息是否存在常识性的错误；

[①] "犀利哥"，源自蜂鸟网上的一组照片，后于2010年2月23日，因天涯论坛一篇帖子——《秒杀宇内究极华丽第一极品路人帅哥！帅到刺瞎你的狗眼！求亲们人肉详细资料》而迅速走红，被网友誉为"极品乞丐""究极华丽第一极品路人帅哥""乞丐王子"等。"犀利哥"实为宁波街头一名乞丐，由于复杂身世流落街头。

[②] 喻国明：《中国传媒发展指数报告2013》，中国人民大学出版社，2013年版，第222~223页。

(3) 客观性，即该资料是否带有思想倾向；
(4) 现时性，即该资料是不是现在仍然在沿用的；
(5) 覆盖范围，即该资料是否覆盖了所需的所有信息。

互联网作为日益受到重视的查询工具，虽然便捷，但是它的基本定位还是一种搜索资料的工具。记者在使用互联网资料时，一定要比较核实以确保其准确性和可信度。

第三，其他公共档案信息。

公共档案，是指国家机构或其他公共组织在公务活动中形成的为社会所有的档案。档案部门及其职员应以为公民提供最大的方便为己任。中国特色的"阳光法案"——《政府信息公开条例》从2008年5月1日起正式施行，它规定"行政机关应当及时、准确地公开政府信息"。因此，记者在搜集材料的过程中，有权要求有关的国家机构公开相关的资料和档案，以备查阅。

2010年3月28日山西王家岭煤矿发生透水事故后，政府第一时间通过新闻媒体向社会通告了灾情。在党中央、国务院的高度重视和统一部署下，各有关方面迅速行动、密切配合，全力营救井下被困人员。同时，新闻媒体和新闻记者迅速赶往救灾一线，在采访过程中，政府相关工作人员向记者通报了最新的救援情况，记者也在政府人员提供的资料中查阅了相关的救援安排计划书，及时向社会发布最新的救援情况。

二、问卷调查

与相对现成的资料查询相比较，问卷调查具有一种有针对性和目的性的积极参与报道的特点，它借鉴社会学的调研方法，在现代新闻采访中的使用逐渐增多。问卷调查的设计和回收、统计分析等都可以作为采访准备工作的有机组成部分，也可能成为提问和写作中采用的内容。我们以现代精确新闻报道为例看看这种准备的应用和作用。

（一）精确新闻报道的前奏

"精确新闻"这一概念由美国北卡罗莱纳大学新闻系教授梅耶首先提出。他指出，传统的新闻报道只注意对新闻事件作一般性的描述和似是而非的评介，有时甚至因为关注耸人听闻的情节而忽视了新闻报道的准确性和客观性。梅耶提倡将社会调查研究方法应用到新闻实践中，以问题为对象，用数据来说话，从社会历史、政治、经济的角度来分析新闻事实，揭示事件真相，提高新闻报道的准确性和客观性。

精确新闻报道是指记者在采访中运用抽样调查、实验、参与观察和非参与观察、内容分析以及深度访谈等各种社会科学研究方法来搜集材料以验证事实的一种新闻形式。这种以数据为基础、以科学论证为优势的公众调查将事实一目了然地呈现在受众面前。可见，在采访报道之前，数据收集就是精确新闻报道静态准备中重要的一个部分。问卷调查是数据收集的一种手段，是精确新闻报道的前奏。问卷调查先假定研究者已经确定所要问的问题，这些问题围绕新闻采访的目标，被打印在问卷上，编制成书面的问题表格，交由调查对象填写，然后收回整理分析，从而得出结论。

目前，在媒体的新闻实践中，精确新闻报道的发展对记者前期的静态准备工作提出了更高的要求。前期问卷调查的展开将对新闻报道的精确性起到重要的辅证作用，也将推动新闻深度化报道的发展。

（二）问卷调查的过程

新闻记者想通过社会调查来研究一个社会现象时，通常是采用问卷调查的形式来收集数据，为精确报道做资料准备。

第一步，设计问题。这一步的主要目标是要形成一个中心问题，一个直接针对正待调查研究的主要事务的问题。

第二步，测试问题。记者针对设计好的问题，请有关的学者专家进行检验、测试，并对问卷提出相应的修改意见。

第三步，选取抽样调查的对象。在这一步，首先要确定答卷者；其次，在问卷调查者中进行随机抽样，同时，要确定抽样误差，以保证调查的精确度。

第四步，采集数据。设计好问卷，选好抽样调查对象后，可以通过面对面访问、电话访问和邮寄调查问卷三种基本方式来采集数据。

第五步，分析数据。记者根据问卷调查的情况，对收集到的数据进行分析，从数据分析的结果中找出报道的新闻点，撰写报道。

（三）问卷调查中记者应遵循的基本原则

第一，记者在设计问卷时要做到：（1）问题本身设计清楚；（2）尽量使用闭合式问题，答案是全面所需的信息；（3）问题形式不要太花哨；（4）过滤性问题一定要作回答指南。

第二，问卷中的问题排序要做到：（1）热身、简单问题在前；（2）敏感、复杂问题在后；（3）问卷顺序具有逻辑性。

第三,问卷长度要有时间限制:(1)自填问卷,最长时限为60分钟;(2)组织小组自填,最长时限为60分钟;(3)一对一访问,最长时限为60分钟;(4)电话访问,最长时限为20分钟;(5)购物中心区访问,最长时限为10分钟。

以下是中国政府网关于国家法定节假日调整方案问卷调查表①:

1. 对于将国家法定节假日总天数由10天增加到11天,您的态度是(　　):
    支持【　】　　　　支持【　】　　　　无所谓【　】

2. 对于将"五一"国际劳动节调整出的2天和新增加的1天用于增加清明、端午、中秋三个传统节日为国家法定节假日,您的态度是(　　):
    支持【　】　　　　支持【　】　　　　无所谓【　】

3. 对于保留"十一"国庆节和春节两个黄金周,您的态度是(　　):
    支持【　】　　　　支持【　】　　　　无所谓【　】

4. 对于将春节放假的起始时间由农历年正月初一调整为除夕(大年三十),您的态度是(　　):
    支持【　】　　　　支持【　】　　　　无所谓【　】

5. 对于调整前后周末形成元旦、清明、国际劳动节、端午、中秋5个连休三天的"小长假",你的态度是(　　):
    支持【　】　　　　支持【　】　　　　无所谓【　】

6. 对于国家全面推行职工带薪休假制度,您的态度是(　　):
    支持【　】　　　　支持【　】　　　　无所谓【　】

7. 您的职业是(　　):
    国企员工【　】　　外资企业员工【　】　　私企员工【　】
    公务员【　】　　　事业单位工作人员【　】　　其他【　】

三、静态准备中的注意点

记者在准备资料的时候,要注意两个方面:首先,背景资料准备要善于使用比较法,即注意已经使用的资料和还未发觉的事实层面之间的特点和区别,为设计采访提纲找角度。其次,资料准备中一定要有质疑的意识,这样才能够为采访获得准确信息找寻到有价值的线索。记者在收集资料时,要从细心出发,不仅做到核实、

---

① 陈正伟:《新编统计学》,北京邮电大学出版社,2012年版,第24~25页。

核实、再核实，而且要多注意细节；要从"难"出发做尽可能周详的准备，尤其在心理上注意做好克服困难和应对突发状况的准备，最后以正确的方法和严谨、深入的态度认真对待所有的准备环节，只有这样我们才可以确保材料的准确性和报道的真实性，从而为采访计划的开展奠定良好的基础。

小资料：新闻背景与背景新闻

（1）新闻背景，是指与新闻人物及新闻事件有关的历史、环境材料，主要是用来解释、说明、衬托新闻事件和人物，深化新闻主题，帮助受众认知并理解新闻。

（2）背景新闻，是对受众欲知、应知而未知的关于新闻人物及新闻事件的历史、环境等背景材料的事实报道。

（3）二者关系：新闻背景是新闻的背景，背景资料在新闻中起辅助作用，其本身是为了说明和突出新闻事件和新闻主题，帮助受众认知新闻。背景新闻是背景性的新闻，背景资料是新闻的主体，其本身具有新闻价值，是作为新闻事实传播给受众的。

思考练习题

一、名词解释

静态准备　　精确新闻　　新闻背景　　背景新闻

二、简答题

1. 静态准备在新闻采访中分为短期准备和长期准备，请简要分析短期准备和长期准备的联系和区别，并举例说明二者在新闻采访中的作用。

2. 联系实际，设计一个本地区大学生媒介接触使用情况问卷调查，并从中发现新闻线索，拟写一个简要的采访提纲。

三、报道实例分析

请阅读《面向新时代的政治宣言和行动纲领——党的十九大报告诞生记》[①]，从背景新闻的角度分析它的新闻价值及采访侧重。

---

① 《面向新时代的政治宣言和行动纲领——党的十九大报告诞生记》，新华网，2017年10月28日，http://www.xinhuanet.com/politics/19cpcnc/2017-10/28/c_1121868753.htm。

第五章　新闻采访的步骤

【内容提要】

新闻采访从发现新闻线索到准备写稿，包含一套完整从思维到行动的外化流程，即：预约采访，营造采访氛围，正式采访时的提问与回答、倾听与观察，记录与整理，采访过后信息的核实与延伸，其中每个环节都不可或缺，也彼此影响，执行好这些步骤有助于记者保障信息的真实性、实现信息的社会效用转化。本章依次介绍新闻采访中各个步骤的重要性、操作方法及要点，这是新闻采写业务的具体工作内容。

第一节　预约与营造采访氛围

一、预约方法及注意事项

采访是一个有目的的连续的过程，在一次具体的采访工作开始时，除了进行采访前的资料及心理准备、提前预约采访对象和精心制作采访计划外，还需要营造和谐的采访氛围。这些准备活动是新闻采访顺利进行的前提和保障，也是采访必不可少的步骤。

预约和制订采访计划可以称为新闻采访的策划，即新闻工作者为采集和报道新闻事实所做的采访前的安排与谋划。

《现代汉语词典》对"预约"一词的解释是事先约定服务时间、购货权利等。新闻采访中的预约，可以理解为根据采访任务确定好采访对象，并在采访前与其约定好采访时间和地点等相关事宜，以确保采访能够按时顺利完成。采访预约包括电话预约、电邮预约、面对面预约和通过中间人预约等形式。

新闻记者对受访者的预约应该遵循真诚、热情、尊重、平等和协商等原则，在五个核心原则的指导下，根据不同的采访对象，预约方式也会有所区别。根据采访经验，我们可以将采访对象大致分为相识已久的熟悉人和素未谋面的陌生人两种类型。对于第一类采访对象，预约时可以尽量轻松自然，选择彼此都比较熟悉的某些话题作为开场白或者直接表明目的，语言表述上也可以不拘泥于形式或过于客套，自然真诚即可；对于第二类采访对象，需要事先了解采访对象的背景资料，结合具体的采访目的，正确运用沟通和交流的技巧说明采访意愿以达到让采访对象接受采访的目的。与公众人物或者某些身份地位显要的人物预约时，沟通技巧尤其重要，它能直接决定受访者是否愿意接受采访。例如：

> 再说1995年采访"世纪老人"冰心吧。小葛给冰心家打了七八次电话，因冰心身体一直不好，家人总是婉言谢绝。正在为难之际，他得到全国第三次少代会将会在北京召开的消息，而冰心老人最喜爱的就是孩子，便策划组织了浙江省小记者团赴京采访活动。95岁高龄的冰心破例接待了孩子们和随行的小葛。在与孩子们的交流中，冰心自始至终非常愉快，而小葛也就做成了他的专辑《冰心——一片冰心在玉壶》。①

（一）预约的主要方法

不管采访对象是熟悉的还是陌生的，记者在进行采访预约的实际操作过程中都应该遵循一些特定的要求和途径，具体而言可以采用以下两种基本方法。

1. 明确采访目的并准确传达给受访者

拟定好采访目的与简要计划后，记者应将信息及时准确地传递给受访者，让其明确本次采访的意义、目的、内容、所需时间和地点安排等细则。此外，记者还应该向受访者有礼貌地公开自己的身份及单位名称，以便受访者全面清晰地了解本次采访，从而决定是否接受采访，整个过程应该公开、自愿、友善。在进行基本信息传达时，记者应该采用简洁明晰、通俗易懂的话语来表达采访意愿，不能为了迫使受访者答应接受采访就随意夸张、歪曲和隐瞒相关信息，要从预约开始就遵循客观、公正、自愿、互相尊重的原则。

例如，某部新闻干事李中胜"四访政委"的故事就能说明这一点。

> 《解放军报》向李干事约一篇反映师党委抓典型、运用典型指导工作的新闻，当天下午，他便急匆匆上政委办公室找政委。政委正在和其他领导商量事情，他只好退出。第二次去找政委，政委已下连队。第三次造访时，政委上军区开会刚回，途中劳顿，不好打扰。约稿期限迫近，他心急如焚。第四次造访

---

① 余继军：《"捕捉"名人——葛继宏印象》，载《人民日报》，1997年3月29日。

前他想了个点子，先了解近日政委的活动安排，接着又给政委通了电话，把报纸约稿期和内容告诉政委，请他谈点情况。政委满口答应，要他下午去办公室。他下午去时，政委早有准备，给他找来材料，还和他侃路子，采访果然很成功。[1]

2. 选择受访者感兴趣的话题吸引对方参与采访

记者需有心理准备，并不是每个受访者都有权利和义务接受采访。说服对方接受采访并非易事，尤其是关于经济、政治、社会等领域的敏感话题或涉及受访者自身利益的事件。找准能够吸引受访者的话题是获取采访机会的关键，这需要记者事前做足准备工作。记者不仅应该对新闻事实和采访主题有理性全面的认识，并且需要根据受访者的个性、地位及情感因素挖掘出一到两点能够激发受访者感兴趣的话题，通过这些有趣的话题吸引受访者参与采访活动。在与对方进行预约协商时，记者可以简单提及这些事先已经构思好的趣味话题，试探着获取对方的好感和支持，达到成功预约的目的。

（二）预约的注意事项

除了上述两条预约时可以采用的基本方法外，预约过程中记者还需要注意一些细节。采访预约的实践过程中有很多细节都非常重要，其中值得记者注意的有两个方面。

1. 约定采访的时间、地点应该满足双方的意愿且便于顺利开展采访活动

采访开始的时间和历时长短都应该由记者在预约时和受访者协商决定，既要满足双方的意愿，尤其是受访者，又要能够保证采访时间充足。时间确定后记者应该在采访前一天再次礼貌地联系并提醒受访者，以便对方如期赴约。

采访的地点不宜太过正式也不能过于嘈杂，让受访者感觉放松和亲切是最重要的权衡标准，除了本国政要或外国商界代表等特殊人物的专访外，普通的采访应选择舒适自然的环境。酒吧、舞厅、剧院等场所不是合适的选择，安静的茶楼、优雅的咖啡厅、闲逸的公园等对于以对话为沟通特点的采访行为来讲则是比较理想的选择，既能使对象听得清问题，也能使记者听得清回答，这两个层面的清楚有利于记者采集第一手信息。

---

[1] 车拥军、雷永红：《未雨绸缪——谈预约采访的作用》，载《新闻爱好者》，1994年第12期。

新闻采写教程

2. 记者预约的语言和态度务求谦虚、耐心、不卑不亢

在与受访者预约采访事宜的时候应该保持谦虚诚恳的态度，不管对方是国家领导人还是农民工，预约时都应尊重每一个受访者，礼貌的问候和虚心的解释都必不可少。同时，记者还要做到持之以恒，说服对方接受采访时可能遇到的意想不到的回应，耐心是通往成功的基石，只有真诚和坚持才有可能打动对方。面对权势地位高的受访者，除了谦虚和耐心外，不卑不亢也是记者应该坚守的职业立场。记者不能为了获取采访机会做出有失尊严、有违职业道德底线或者有损公德的事情，应当以正当的途径和正确的态度获取采访机会，接下来的采访才有可能取得成功。同样，当面对的采访对象是社会弱势群体或特殊群体时，记者不能轻视对方或带有偏见，更不能以强迫或命令的态度要求对方答应采访。

采访的预约技巧是对记者人际沟通与交流能力的考查与检验。一般情况下，记者可通过电话、电子邮件直接联系或者通过中间人如一些演艺人员的经纪人、领导的秘书、企业负责人的助理等间接联系，联系中需要采取得当的态度、准确的表达和快速的应变，唯有如此，才会赢得采访的机会。

二、采访计划的内容与制订原则

（一）采访计划的内容

凡事预则立，不预则废。在采访前制订出一套完整具体的采访计划将有助于采访的顺利实施。采访计划又称为访问提纲，包括采访对象、采访时间、采访地点、采访形式、采访目的、采访顺序、采访提问、预测答案等内容，还包括根据记者和受访者自身特点所需要的各种具体信息，这类信息因人因事而异，不具有固定的模式和范畴。把这些要素汇合在一起，用清晰明确的语言和格式记录下来，就可以形成一项规整具体的采访计划。

采访对象是记者根据采访主题所确定的能够提供采访所需信息的相关人，即受访者，可能是一个也可能是多个。

采访时间和采访地点是记者和受访者预约后确定下来的最终进行采访的时间和地点。

采访形式是记者与受访者协商后决定采取的开展采访活动的方式，有面对面采访、电话采访、电子邮件采访等不同样式。

采访目的就是记者根据能够掌握的情况所预设出的采访将取得的效果和达到的目的，这种目的并非凭空猜想而是根据现实情况作出的合理推断和预测。

采访顺序是记者根据采访实施的具体步骤对采访的各项内容进行的安排，比如开场白应该在哪里说、每个问题的顺序、过渡段的位置、结束语安排在哪里等。

现以"成都定制化公交随访"的采访作业为例，讲解采访要素的确立，以下为该作业节选：

> 采访前我们做了各方面资料的搜集，包括"定制公交"的概念、整体情况、成都市"定制公交"的发展脉络、定制公交在全国各地的发展状况，同时我们还了解到定制公交网上服务QQ号和市民服务电话，便于我们了解具体问题。
>
> 采访时间：2014年11月13日17：15—20：00
> 采访地点：成都市海棠街中站及海棠路与国香街路口周边
> 采访对象：路人，坐"定制公交"的人（从D006路公交上下车的乘客）
> 采访形式：街头随访、拦访
> 对采访中可能发生的情况有充分的估计与应变计划：
> 首先，在上班时间还是下班时间、上车点还是下车点的选择上，在充分考虑到上班时间乘客下车后会急于赶往工作地点、上车点乘客多会踩点到达且一旦发车就全部离开、存在驾驶员阻挠上车采访等情况，因此选择在下班时间的下客点蹲点守候。
> 其次，对采访过程中可能发生的情况进行预先推演，预先设计好针对"定制公交乘客""听说过但没坐过的路人"和"没听说过的路人"的三套采访提纲备用。①

除上述内容外，记者在整个采访计划的制订过程中，还需要拟定采访提问和预测答案，这是最核心的部分，也是难度最大的部分。

拟定采访提问是指根据采访主题和受访者个性等综合要素模拟出在采访时将向受访者提出的问题。这个过程看似简单，实际包含了很多技能和技巧，需要长期训练和经验的积累。要设计出一个详尽周全的提问纲领，需要从提问的角度、方向、意义、导向性和喻义等方面进行深入分析。首先，提出的问题应该紧密围绕采访主题，使之具有针对性和贴近性，切忌随意提出一些空泛的问题；其次，提问应具有一定的引导性，记者要能够设计提问来引导受访者回答出有用的信息，这就要求设计的问题能尽量激发受访者的兴趣，好的问题能够促使受访对象打开心灵的闸门并进行有效交流；再次，问题要有延展度，让受访者能够就所给问题与记者对话并进

---

① 四川大学文学与新闻学院2013级本科生成博、杨晓敏、张玮青作业节选。

一步解释、说明,在这个发散的空间内,记者要帮助受访对象延展空间,获取更多的信息;最后,记者在拟定提问的提纲时应尽量做到全面多元,多准备一些问题,这样既可以深化采访主题,又可以预防意外情况的发生。例如:

  1936年6月,著名记者斯诺到陕甘宁边区采访,他在《红星照耀中国》一书的第一章第一部分"一些尚待解答的问题"中提出了80多个问题,从红军首脑到普通农民,从政治、军事、经济到文化、教育、生活等各个领域,几乎无所不包。这是他在中国的7年里,一直未能找到满意答案的疑问,于是他决定打破新闻封锁,深入红区采访。正如人们熟知的,这次探查究竟的采访,造就了一代名记者。①

  美国哥伦比亚广播公司的节目主持人迈克·华莱士给自己定的规矩是至少准备好30或40个扎扎实实的问题以后才能去采访。②

预测答案是指记者根据将要提出的问题猜测、推测受访者可能会给出的答案,目的是更好地把握和控制采访节奏和顺序,通过预测对方的答案,可以预先设计出应该追问的问题,保证采访的顺利完成。站在对方的角度进行思考是预测答案时应当采用的方法,也是贯穿其中的原则。记者可以假设自己是受访者,面对提出的问题时会做出什么样的回答,当然还要结合受访者的具体身份、地位和个性等因素。尤其是采访某些敏感性较强的话题时,预测对方的答案将起到至关重要的作用,因为对方的回答决定了接下来的追问,如果记者在采访前已经预设到对方的回答,就可以避免冷场和尴尬,用事先准备好的应对方式引导采访继续前进。

(二)采访计划的制订原则

制订采访计划需要注重一个基本原则,就是计划应对意外或变化的随机应变的弹性原则。之所以称其为弹性原则,是因为它具有灵活机动、快速协调、服务采访任务的特性。在行为层面,采访实际上是语言的交流和思想的碰撞,制定提纲可以引导采访的方向,对无法预料的意外或突发情况,记者需要事先进行必要的部署和准备,把能够预计到的各种意外都设计到计划中,同时,也应设想好应对和处理的方法。计划意外,就是对意外发生情况的安排和调试,它意味着记者不必也不应刻板机械地照计划行事,随机应变是新闻工作者必须具备的能力。计划意外时,灵活弹性的准则应该贯穿其中,成为记者的行动指导与以变制变的职业态度。计划意外

---

① 贾刚为:《新闻采访技巧》,人民日报出版社,2003年版,第97页。
② 申凡:《当代新闻采访学》,华中理工大学出版社,1999年版,第94~95页。

和随机应变并非对立矛盾，而是相辅相成，对于才开始涉足新闻采访的记者而言，制订采访计划时遵循弹性原则非常重要且意义重大，它可以使记者做好心理和行动上的准备，不仅应变而且能为完成采访任务奠定重要基础。因此，制订采访提纲的时候，记者应高度重视并将能够预料的意外情况计划其中，并且遵循随机应变的原则。

三、营造采访氛围的必要性与重要性

采访是记者从受访者处获得信息的过程。记者在整个采访过程中担当组织和主动引导采访活动的角色，受访者的回答和态度既是对记者采访水平的检验，也关系到记者获取信息的真实性和丰富度，决定了整个采访活动的成功与否。如何让受访者积极配合采访活动的开展，如何让受访者提供更多时新有效的信息，这就需要记者营造有利于采访的氛围，它是创造一次成功采访的重要环节。

环境和氛围可以产生磁场，影响人的心情，采访现场氛围不当会引起受访者内心的抵触和情绪的起伏，采访现场冷清拘束也会影响采访进程，容易导致现场尴尬，受访者交流受阻，严重时甚至会直接导致采访中断。采访是记者与受访者双方通过提问与回答的方式进行互动的过程，只有和谐融洽的氛围才能保证采访的顺利进行，保证信息自由顺畅地传递与有效获取。

营造良好的采访氛围可以使记者与受访者在短时间内熟悉起来，并逐渐建立起互相吸引和信任的关系，这是使受访者放松戒备打开话匣子的重要环节，也是记者成功获取信息的重要途径。同时，营造轻松和谐的采访氛围，在记者与受访者之间架起感情交流的桥梁，自由真诚的交谈会使记者获得许多意外收获，如：受访者的思路打开后可能会提供一些超出采访计划之外的更具价值的看法和观点；良好的采访氛围还可能使双方结下友谊，这不仅会为以后的采访铺平道路，还将为长期合作创造条件，需知，此次采访对象可能成为今后多次采访直接或间接的合作者和采访对象。可见，建立良好的人际互动离不开记者创造氛围的才能。

四、营造采访氛围的途径与方法

营造良好的采访氛围对采访具有重要意义，营造出理想的采访氛围，需要记者具备全面的心理学知识并掌握正确有效的沟通与表达的技能。轻松和谐的氛围应该贯穿整个采访过程，它一般包含场地、时间、语言、表情、动作等要素，我们可以从以下几个方面进行介绍。

(一) 做好轻松亲切的背景铺垫,引出得当的采访开端

背景铺垫包括采访时间和地点的选择。时间的选择应该以记者和受访者双方都达到最佳状态为权衡标准。所谓最佳状态,即记者精神饱满、思路清晰、准备充分,受访者情绪稳定、心境放松,这样的状态需要记者与受访者积极充分地交流与配合;一般情况下,理想的采访地点是既能排除干扰又能让受访者触景生情敞开心扉的场所,记者在具体采访过程中应该根据不同的受访者进行不同的选择。采写新闻《嘉陵江的早晨》的记者纪希晨谈及采访老水手的感受时曾说:"往往在办公室、在家里谈不出情境、细节,一到了劳动场址,他就触景生情,侃侃而谈了。"[1] 背景铺垫能够拉近记者与采访对象的距离,得当的时间和地点能够唤起受访对象关于事件、经历等的记忆,无论是工作场合还是生活场合,只要是有利于采访对象自然交流的时间与地点都能成为良好的采访开端。例如:

> 美国著名记者斯诺的前夫人威尔斯曾介绍说:"我那次见到了毛主席,拿出了斯诺照的一张毛主席的照片。这张照片,就好比桥一样,把我同毛主席之间联系起来了。从这张照片里,毛主席可以引起丰富而有趣的联想,发生心灵的交感。"[2]

(二) 使用平等、通俗、简明的交流方式

语言,是营造采访氛围的重要因素,从语音、语速、语调到字、词、句的选择都值得记者精心考虑。当然,当记者沟通和交流的技能十分娴熟时,这就成为一种自然而然的采访交流风格了。通常情况下,记者使用受访者的地方方言与其进行交流会使对方因倍感亲切而放松心情,想说的和能说的都能充分表达。如果不能使用方言,用标准的普通话进行采访也是良策,记者切忌用受访者无法听懂的方言,这将导致信息传播受阻。采访时,记者的语速不宜过快或过慢,平常语速即可,过快会增加采访氛围的紧张度,给受访者带来压迫感,过慢会使采访氛围拖沓懒散,让受访者的精神无法集中。语调可以根据采访过程中的具体情况进行调整,比如提问时或遇到感兴趣的回答时可适当抬高声调,尽量不要从头到尾都保持一种语调,适度变调可以营造出有生机和活力的采访氛围。在交流中还要注意察言观色,对方的语言使用状态会提示记者交流方式正确与否。通常情况下,记者对字、词、句的选择要以通俗简明为主,要体现出平等的立场,口语化的表述更容易营造轻松亲切的

---

[1] 罗以澄:《新闻采访学新论》,武汉大学出版社,2002年版,第213页。
[2] 杜荣进:《中外新闻采写借鉴集成》,浙江教育出版社,1997年版,第155页。

氛围，偶尔运用一些俚语、谚语、俗语，也可能会使采访的氛围更理想。在口语中使用深奥隐晦或佶屈聱牙的字、词、句容易导致受访者的误解或曲解，从而产生距离感、隔阂感甚至是排斥感，应尽量少用或不用。

（三）适当的表情交流与动作暗示

记者与受访者的交流除了语言外，还有表情和动作，尤其是在两个完全陌生的交流主体之间，信任和好感的建立往往需要通过表情和动作的互动。采访开始，双方见面后，记者主动与受访者握手可能会胜过一大段精心准备的开场白。身体接触能够增加受访者的亲切感和认同度，也可以让对方感受到尊重和信任，为谈话开一个好头。许多受访者是第一次接受采访，由于没有经验或性格原因，自然会有各种紧张的表现，他们害怕自己的表达不够清晰或回答无法令记者满意，因此，眼神、动作和言语会比较胆怯保守，甚至出现口齿不清、讲话断断续续等非正常状态。如果此时记者及时觉察和判断，并能给予一个轻轻的点头或微笑以示鼓励，对方可能会缓解紧张、逐步放松，恢复正常的交流姿态。俗话说，眼睛是心灵的窗户，当双方眼神交汇的时候，记者应该尽量友善而非躲闪，真诚的眼神能够让受访者安心倾吐心声。采访结束后，记者应率先起身、握手道谢，这既是礼仪，也是给受访者留下良好印象的有效交流方式，当事后需要核实信息时，采访结束时记者的真诚和礼貌也会给自己赢得再次采访和补充信息的机会。例如：

> 一位女记者采访员工吕莉之前了解到，这位员工幼年时曾遭强暴，性格怪僻粗暴，而且从不向任何人讲述自己的不幸。于是，记者没有按照惯例直接进入采访，而是先来到车间，见到与一个男员工吵了架的吕莉正在操作台上，边工作边流泪。记者走近吕莉，轻轻地把手放在她的肩上，说："这不安全，当心轧着手。"吕莉抬头看了记者一眼，见这位大姐面带微笑的表情和慈爱的目光，刚才那股泼辣劲儿一下子不见了，"我没事儿，你找我吗？"记者点点头。在车间的一角，记者和吕莉同时坐在铜扁线的线轴上。当吕莉知道对面的女士是记者时，先是吃惊，继而轻轻扶着记者的膝说："我喜欢你，我们这些线轴很脏，但你吹也不吹一下就坐了。所以，你问什么，我都说。"记者不仅让这位感情受伤而守口如瓶的女工开了口，而且她还是那么的情愿，这就是后来的《中国女性》系列报告文学之一——幼年即遭强暴的经典采访过程。①

---

① 刘善兴：《新闻采访36式》，解放军出版社，2000年版，第61~62页。

第二节 提问与回答

一、提问的步骤

新闻采访中的提问，是记者围绕采访主题向受访者提出问题。提问的主体是记者，客体是受访者，载体是问题，目的是记者从受访者那里获取有新闻价值的信息。新闻采访中的提问与普通生活中的提问有较大区别，随意性和自由性较弱，目的性和逻辑性较强，需要记者在采访前和采访中精心准备、灵活应对。提问是采访过程中的关键环节，问题的好坏和提问方式的巧拙关系到信息获取的量和质，这将最终决定新闻报道的优劣和效果。一名优秀的新闻记者善于设计出好的问题、善于捕捉巧妙的提问方式，因此，他也能获取大量有价值的信息。作为采访活动的核心环节，提问可以说是衡量记者专业技能和水平高低的重要指标，同时也是记者基本功训练的重要内容。

根据采访实施的步骤，提问可以分为三个过程，即访前准备、访中提出、访后补充。三个步骤承前启后、相辅相成，构成一个完整的提问程式。

（一）访前准备

采访中的提问，并非记者随心随口所问，而是经过了访前准备这个预热阶段的精心酝酿，即记者在采访前根据采访目的和主题拟定出采访时将提出的问题。这个过程也可以叫做提问的设计，是采访提问整个步骤中最基础的一环，是决定整个采访能否达到预期目的的基础。

访前准备首先需要记者占有大量资料，以避免提出一些贻笑大方的问题，从而妨碍采访的顺利进行。例如：

> 英国著名电影明星费雯丽，来到纽约参加影片《乱世佳人》公映活动。《乱世佳人》这部影片是根据名著小说《飘》改编的，费雯丽在这部影片中扮演女主角郝思嘉，获得了奥斯卡金像奖。费雯丽下了飞机，刚走进机场休息室，很多记者就围了上来。问这问那，费雯丽很热情、很友好、很认真地一一回答。这时，有一位记者大声问道："请问你在影片中扮演的是什么角色？"费雯丽听了，脸上立即流露出很不高兴的神情，她反问道："你看过这部电影吗？"这位记者回答："没看过。""那你读过《飘》吗？""没读过。"费雯丽不

屑地说:"那就等你看过之后再来采访吧!"采访蜚声西方影坛的女明星,竟然对她在主演的非常有名的影片中饰演什么角色都不知道,这不是一个大笑话吗?这位记者狼狈地离开了现场。当时在场的美联社记者为此专门写了一篇稿子,披露了这位记者尴尬的遭遇。这位记者的失败就在于,他在采访前没有认真准备,对采访对象一无所知。①

经过对背景资料和采访中心的周密分析和思考,记者才能预设出在采访过程中将要提出的问题和提问的方式。这些问题必须围绕中心且能够吸引受访者,当然也需要考虑受众的新闻需求,做到三者结合。例如:

意大利著名女记者奥里亚娜·法拉奇,以其尖锐的提问、敏捷的思维闻名于世,她尤其善于采访世界政坛的风云人物,被誉为"政治采访之母"。她的很多经典采访都是事先做了精心采访准备的。法拉奇在1980年8月曾先后两次采访我国改革开放的总设计师——邓小平同志。法拉奇一见到邓小平就说:"明天是你的生日!"小平同志也感到很奇怪,便问:"我的生日?我的生日是明天吗?"法拉奇接着又说:"不错,邓小平先生,我是从你的传记中知道的。"可是邓小平却说:"既然你这样说,就算是吧!我从来不知道什么时候是我的生日。就算明天是我的生日,你也不应该祝贺我啊!我已经76岁了,76岁是衰退的年龄啦!"法拉奇并没有因为邓小平的"不领情"而慌张,她说:"邓小平先生,我父亲也是76岁,如果我对他说那是一个衰退的年龄,他会给我一巴掌呢!"听到这里邓小平才笑着说:"他做得对。你不会这样对你父亲说的,是吗?"两人的关系一下子拉近了许多,接下去的采访也就顺利了。在如此重大的采访中能够有如此精彩的开头,这全得益于法拉奇的精心准备。后来,她在谈到这次采访的情况时说:"我事先做了大量的准备,例如在采访邓小平以前,我看了好几公斤的材料。"②

(二)访中提问

采访中提问是指在采访具体进行过程中记者向受访者提出问题的过程,这个过程中提出的问题大致可以分为两个部分:一部分是访前设计的问题,另一部分是采访中记者根据现场情况临时提出的新问题。

预先设定的问题不可能完全包含采访过程中发生的各种情况,根据现场采访进

---

① 罗以澄:《新闻采访学新论》,武汉大学出版社,2002年版,第179页。
② 王中义、史梁:《当代新闻采访教程》,合肥工业大学出版社,2004年版,第66~67页。

度和受访者的回答等状况，记者应该及时灵活地跳出预设的问题框架，调整问题、更新问题、完善问题。这些新问题虽然是机动弹性的，但宗旨和原则应与访前预设的问题一脉相承，即围绕主题且击中共同兴趣，能够营造和谐良好的采访氛围以引导受访者进一步传递信息。将采访题目按照由大到小、由全面到具体的顺序排列，广口朝上，以笼统开放的泛问起始，渐渐"聚焦"到一些细微具体的问题，就是所谓的正漏斗型提问，在某些大活动、会议、项目等话题的采访中，其实用性相当强。例如：

2009年11月18日上午11点10分，美国总统奥巴马在北京国际俱乐部饭店接受了《南方周末》的独家专访。

《南方周末》：你此次访华即将结束，这是你第一次访华，此时此刻，你对此次访华有何感想？

奥巴马：这次中国之行成果丰硕，我们讨论了很多中美双方在共同关注的问题。这意味着，我们两国关系的持续发展，不仅仅对我们两国人民意义重大，对全世界都是非常重要的。

…………

《南方周末》：今年是中美建交30周年，你在记者招待会上表示欢迎一个强大、繁荣和在国际事务中发挥更大作用的中国。联合声明中中方也表示，欢迎美方作为亚太国家发挥重要作用。你如何看待中美在亚太地区的合作？

奥巴马：首先很明显的是，中国已经成为世界上主要的经济力量之一，这是过去20年中世界上发生的最重要的事情之一。中国能够高速发展的部分原因正是中美之间良好的贸易关系。

…………

《南方周末》：美国迄今为止没有承认中国的市场经济地位。到底困难在什么地方？

奥巴马：要记住的是，中国在WTO中的非市场经济地位只在部分领域被应用，在大部分的领域中国被以市场经济来对待，这也是为什么中国与美国的贸易发展是如此有力。我的理解是，中国政府已经采取了必要的措施，目标是在2015年获得市场经济地位。当然，美国有兴趣就这个目标与中国开展合作。

《南方周末》：请问你有针对解决这个问题的时间表吗？

奥巴马：事实上这里面包含很多经济方面的技术性问题，所以我们要做的是在中美战略与经济对话中创建一个我们可以解决问题的框架，这里面的很多事务都是技术层面上的，我们希望它能够被解决。

《南方周末》：中美之间贸易量很大，但美国在对华高科技出口方面有很多限制。两国企业界对此并不满意,这也制约了两国贸易的平衡发展。你对此有何评价?

奥巴马:首先,要意识到很重要的一点是,很明显美国是全世界最开放的市场之一,这也是为什么中国能够累积与美国如此之高的贸易盈余。高科技产品出口问题是我们正在重新考虑的,我与胡主席讨论过这个问题,我们认为美国出口商出口高科技产品到中国是有机会的。有的限制可能已经过时,我们会对一些限制重新进行综合审查。

匹兹堡G20峰会的目标之一是在我们需要一种更平衡的增长模式方面达成一致,其中中国和其他一些国家需要扩大内需,美国正在进行更多的储蓄和更多的出口,我想这有助于世界金融系统的稳定,同时可以帮助提高中国人民的生活水平,为美国创造更多的就业岗位。这是我们采取更广泛措施的一部分,还包括审查贸易条款,我们的汇率政策;等等,所有这些都是为了更广阔的目标,即增长的平衡。

《南方周末》:在东京和上海,你两次明确提及,美国不寻求遏制中国崛起,那么这种政策将如何落实?

奥巴马:我们在目前持续进行的与中国的对话和讨论中反复表示,中国的稳定与繁荣符合美国国家利益。繁荣的中国可以帮助确保一个繁荣和稳定的亚洲,正如同日本和韩国的稳定有利于世界的和平和美国商业发展。

唯一可能阻止这种积极性结果出现的是我们双方的相互误解和错误判断,这也是为什么我们不仅仅要进行经济方面的对话,安全方面的对话也是如此重要。中美双方的信任越多,产生这样误解的可能就越小。[①]

这是典型的正漏斗型提问,从最开始的"中国行感想"层层深入到中美经济贸易关系,再进一步提到美国对中国崛起的敏感政策问题。这些问题既问到了核心要点,又没有让受访者觉得突兀,成功地让奥巴马回答了美国对中国崛起的态度问题。

倒漏斗型提问则与之相反,较为适合对专家、学者及某一领域负责人的采访,采访逻辑由细微到宏观,效果较为理想。

除此之外,提问过程中,记者要注意对象的回应,根据受访者的回应态度来调整问题也是很重要的技巧;在旁听别的记者的提问对象的回答时,遇到与自己的设计冲突或重复的情况,也需要及时调整,若发现好问题虽已提出却没有得到有效信息时也可以乘胜追击,换个角度继续挖掘。这些应变技能的总结需要记者有意识地

---

① 向熹、张哲:《奥巴马接受南方周末独家专访》,载《南方周末》,2009年11月19日A2版。

归类和演练。

（三）访后补充

采访结束后，记者需要对采访问答资料进行组织整合，此时可能出现因记者和受访者的主观疏忽或紧急突发事件等客观现实所导致的信息采访量不足的情况，这就需要记者在访后通过电话、邮件等方式对受访者再次提出问题以修正和充实信息。访后补充提问的过程看似赘余，但意义重大，它可以弥补访前和访中提问时信息采集的不足，达到进一步完善采访信息的目的，是对采访前及采访中提问的延伸、扩展与补正。例如：

中央广播电视总台的《看见》栏目曾专访周星驰，但这个片子是分两次采访完成的。第一次采访完成后二十多天，周星驰联系节目组补了一次采访，"他说二十天来，他一直在努力地每天练习普通话，认为自己会表现得更好一些"。而在第二次采访中，周星驰还回答了第一次采访时没能回答上来的问题，这让整个节目更加完整。

当时周星驰执导的电影《西游降魔篇》刚上映不久，取得了巨大的票房成功。节目指出该电影中的唐僧是一个受人欺负和嘲弄的角色，但有一位驱魔人段姑娘，义无反顾地爱上他。直到段小姐为了救他舍却自身性命，他才说出"我爱你"三个字。这样的桥段，让人想起当年《大话西游》中的女主角紫霞，个性刚强，为了自己的信念可以牺牲一切，会与众不同地爱上貌似悲惨的人物，哪怕最后付出自己的性命。因此，主持人向周星驰提出了下面的疑问。

柴静：但为什么会比较多地来表现这样一个模式？

周星驰：有吗？

柴静：你看《喜剧之王》也算吧？《大话西游》也算吧？

周星驰：说起来好像也是，对啊。对啊，为什么呢？

柴静：为什么。

周星驰：我也不知道为什么。

第一次采访中，周星驰并没有想到答案，而25天之后，周星驰约节目组补了第二次采访，这次采访时他回答了这个问题。他认为，无论是《西游降魔篇》中的段小姐，还是十几年前的紫霞仙子，或者《喜剧之王》中的柳飘飘，都是从他母亲身上得来的女性印象，也是他比较喜爱的女性形象。

周星驰：我妈妈其实跟段小姐一样，她也是武功很高强的，我都打不过她，我都是被她打，那很惨。心也很善良，她的美貌也跟段小姐很贴近。她不是外表温柔里面很强，她是外面跟里面都是很强的。

这样，由于第二次的补充采访，节目得以探索周星驰电影模式的"秘密"，带给观众更深刻的感受。①

二、问题的主要类型

采访中的问题类型非常丰富并且不断得到延展与扩充，目前比较常见的问题类型主要包括开放式、闭合式、引导性和创造性四大类。除此之外，还有很多其他类型的问题样式，它们是在这四种基本类型的基础上经过融合、完善、实战而产生发展起来的。

（一）开放式问题

开放式问题是指限定面较宽，能够给受访者一定的回答空间、伸缩余地和灵活性的问题，比如"请谈谈你们厂是怎样扭亏为盈的？""请谈谈你这次的获奖感受。""您这次来这里访问有什么感想？"等等。② 开放式问题灵活多变，需要受访者回答的信息量较大，同时可以避免记者的自身偏见，使受访者的回答更加真实准确。好的开放式问题可以捕捉到受访者的兴趣，获取丰富的咨询及意见，鼓励他们自在地谈话，因为记者好像对他们的观点都很有兴趣。③ 有很多记者都善于采用开放式提问，例如以下这位记者的采访回忆：

> 1993年9月，一个偶然的机会，来自美国企业界的宁若拉博士坐到了我的面前。采访的时间只有一个小时，谈什么，怎么谈，我没有思想准备。我就用了开放式："来湖南有什么感想？"一句话便打开了他的话匣子："湖南好呢！湖南的投资环境好着呢，湖南人很客气，湖南人办事效率也在提高。我是带着疑惑而来，带着微笑而去的。"随后他又说到了遇到的几件事。尽管我没有发问，没有限制，对方是自己限制了自己，专拣我喜欢听的说。不到一个小时，就采访完了，第二天便见报了。④

但是开放式问题有时会显得太过宽泛，容易使受访者在回答时把握不了重心，

---

① 参见中央广播电视台综合频道《看见》栏目20130225期《旁观者 周星驰》，http://tv.cctv.com/2013/02/26/VIDE1361813041233367.shtml。
② 罗以澄：《新闻采访学新论》，武汉大学出版社，2002年版，第224页。
③ ［英］萨利·亚当斯、文弗·希克斯：《新闻采访：第一线采访手边书》，郭琼俐、曾慧琦译，上海三联书店，2004年版，第61页。
④ 熊先志：《新闻采写术》，新华出版社，2000年版，第25页。

思路会天马行空，容易耗时耗力。这时记者就要迅速反应，对受访者进行引导，使采访始终围绕主题。

（二）闭合式问题

闭合式问题是指需要受访者给出具体答案的问题。这类问题往往口子很小，是记者限定一个范围让对方回答，并且又不让他们把话题拉开。提问中在了解具体事实、核对事实时使用这类问题能节省时间，也能帮助记者更好地驾驭谈话。[①]"员工给您提过建议吗？您是否同意？""你这次赢得金牌是不是很高兴？""你喜欢这座城市吗？"等都属于闭合式问题。例如：

1983年11月中国新闻代表团在日本东京大田区石台中学访问时，有位记者向参加座谈的五位中学生问道："你们对中国有什么了解？"学生们面面相觑，无从回答。团长安岗立刻把话头接过去，问：

"你们知道中国有一条长江吗？"

五位学生一齐举手。

"你们知道中国有一位孔子吗？"

全部举手。

"你们知道鲁迅吗？"

"听过这个名字。"

"你们知道毛泽东吗？"

"知道。"

"胡耀邦呢？"

"听说过。"

这样话匣子打开了，采访得以顺利进行。[②]

（三）引导性问题

引导性问题通常在问题中已经包含了答案，提问者在问题中给回答者提供了一种或几种答案供其选择，回答者将按照提问者框定的范围进行回答。"你喜欢看电视，是吧？""当前的经济形势不太好，您是这样认为的吗？""慢跑是一种非常好的健身方法，你觉得呢？"等都属于引导性问题，这些问题本身已经展示出某种观点或态度。很多人认为引导性问题的提出会牵制受访者的思路，他们在面对引导性问

---

① 申凡：《当代新闻采访学》，华中理工大学出版社，1999年版，第109页。
② 贾刚为：《新闻采访技巧》，人民日报出版社，2003年版，第113页。

题时所给出的答案往往是记者设计的答案,这种情况很可能无法准确反映出回答者的认识和态度,从而违背新闻真实、客观的原则。面对这个无法回避的现实,记者应该明白合理适当地采用引导性问题的重要性,避免乱用或滥用,适时适度地提出引导性问题不仅可以避免干扰受访者作答,而且还能激发对方的兴趣,引发讨论的激情,从而试探性地确定对方的观点与态度。例如:

20世纪50年代初期,美国一位记者猜测该州共和党人正在秘密开会讨论1952年总统竞选策略,而麦卡锡问题肯定是一个焦点。因此,他向接受采访的州主席提问:"根据这次会议,你们将针对麦卡锡问题发表一篇强有力的声明吗?"对方在大吃一惊尚未恢复常态之际,脱口而出说:"你是怎么知道的?"再如,前些年,《中国青年报》一位记者采写了一篇题为《1+1+1＜1》的通讯。这个记者的采访对象是个年轻的厂长,他在改革中遇到了复杂的人事纠纷,十分苦恼,不想再干了,也不想谈这件事。记者知道这一情况后,为了更好地弄清真相,访问时还是明知故问:"你遇到的困难太多了,想辞职了吧?"这一问,击中了对方的"痛处",他很自然地答道:"是的,是不想干了。"进而,道出了事情的原委。①

(四) 创造性问题

创造性问题,顾名思义,就是指具有创造性的问题。何为创造性?在不同的情境下,对其有不同的解释,但其核心本质是建立新的事物、使用新的方法的意图和行为评价。新闻采访中的创造性问题就是指在新形势下发展起来的、不同于常规新闻采访问题的新的问题类型。这些创造性问题是记者在采访中根据当时当地的谈话内容、受访者回应和其他某些细节等实际得出某种感悟而设计的问题,这些问题通常比较新鲜和尖锐,是记者根据临时情形所创造的问题,针对性和启发性较强,能够有效引导采访对象作答。例如:

记者:议员,您今天的发言似乎暗示了您可能不再支持总统的外交政策了,尤其在于干预地方冲突的问题上。

议员:天啊!您是怎么得出这个结论的?(反应很强烈)

记者:根据您所说的一切。

议员:您是对的!您的感觉真是太敏锐了!是的,我感觉总统正在违背他

---

① 罗以澄:《新闻采访学新论》,武汉大学出版社,2002年版,第222~223页。

先前宣布的外交政策……①

三、提问的技巧

一名富有采访经验的外国记者曾经说过:"聪明的问题是浪费时间,真正聪明的问题是最短的,却可以引出最长最有趣的答案。"② 这充分说明,采访提问并非易事,需要技巧和策略来实施,好的提问技巧是打开采访成功大门的钥匙,灵活合理地运用这些技巧能获取更多更有用的信息。记者可以根据采访时的具体情况来确定应该选用什么样的问题和什么样的提问方式,比较常用的提问技巧有三种。

(一)开门见山法

开门见山法就是以直接、简洁、明晰的话语提出问题,也叫正面提问。这种提问方式不拐弯抹角,是记者围绕采访中心和主题所提出的直接与采访话题相关的正面性问题,能够给受访者简练直接的印象。开门见山的提问方式适用于多种采访情况,是最简单、最常用的提问技巧,尤其是对比较浅显、明朗的问题,采用这种提问方式可以获取更加直接、清晰、确实的信息。当采访对象是记者熟悉的或者其所从事的职业要求个人理解力较强或者善于表达的,如律师、外交官、政府公务员等,我们也可以采取这样的提问方式。例如:

> 2020年1月18日、19日,武汉突然公布新增136个新冠肺炎确诊病例,同时北京、深圳也发现相关病例,武汉的真实情况到底怎么样?新型冠状病毒肺炎是否具备人传人的特性?社会公众又该有怎样的准备和反应?带着这些疑问,1月20日,中央广播电视总台《新闻1+1》栏目连线专访国家卫健委高级别专家组组长钟南山,回应公众关切。
>
> 节目中,白岩松直接向钟南山正面提出以下问题:"(病例)比较集中在武汉,而且像上海、广东等地都是输入性的病例,也都与武汉有关系,这对于防控来说是一个好消息吗?您怎么去看待武汉的非常明确的这样的一个位置?""针对人传人现在的这个判断是什么样的?""我们对它(新型冠状病毒)的了解已经到了哪个程度,离知道它的这个病源还有多远?""从你们医学的专家的

---

① [美]肯·梅茨勒:《创造性的采访》,李丽颖译,中国人民大学出版社,2004年版,第44页。
② [英]萨利·亚当斯、文弗·希克斯:《新闻采访:第一线采访手边书》,郭琼俐、曾慧琦译,上海三联书店,2004年版,第56页。

角度，包括整个医疗体系怎么面对它，应该怎么办。而普通人应该怎么去防范？"① 由于采访对象为表达能力良好的专家，主持人采用正问法得以清晰明确地解答了人们的疑惑。

（二）鼓励法

鼓励法也称侧面提问法，可以分为两种具体形式：一种是记者在采访刚开始或不了解受访者真实想法时，试探性地提出一些与主题相关但并不直接的问题，旁敲侧击地鼓励受访者敞开心扉、打开话匣子。这种提问方法具有铺垫和引导的作用，经常与引导式问题混合使用。另一种是采访中受访者情绪比较低落或者回答比较被动的时候，记者从侧面提出一些带有鼓励和支持性的问题，一方面可以缓和采访氛围，另一方面可以增强受访者的信心，使采访峰回路转。鼓励法也是非常普遍的提问技巧，合时合理地应用可以给整个采访注入活力，带来许多意想不到的收获。例如：

《中国青年报》一位记者采访从国外经过英勇斗争回来的外事人员时，同其中年龄最小的张宝生曾经有过这样一段对话。

记者："我是青年报的，你是共青团员，咱俩谈谈。你多大了？"
张宝生："25岁。"
记者："什么时候是你的生日？"
张宝生："我是孤儿，不知道自己的生日。"
记者："那你上学时怎么填的？"
张宝生："我跟老师说，没有中华人民共和国就没有我，国庆节是10月1日，我填了10月2日。"
记者："你在国外被非法扣留的时候，是不是想到这些？"
张宝生："想到了。"
⋯⋯⋯⋯⋯⋯
这样，记者通过"诱导"挖到了所需要的材料。②

（三）激将法

《现代汉语词典》对"激将"的解释是：用刺激性的话或反面的话鼓动人去做

---

① 参见中央广播电视台新闻频道《新闻1+1》栏目20200120期《新型冠状病毒肺炎，情况如何?》，http://tv.cctv.com/2020/01/20/VIDECR2F7PWXb80z86QyB0db200120.shtml。
② 王金星、杜春海：《新闻写作》，重庆大学出版社，2010年版，第92页。

原来不愿意或者不敢做的事情。反其道而行之，有时候可以海阔天空，从反面提问，刺激受访者的神经，促使对方主动积极地或者不得不吐露心声，这就是采访提问中的激将法。具体而言，是指记者可以通过聆听、观察和思考，把对方言谈中有矛盾或有漏洞的地方提出来，或者直接诘问，或者提出假设反问；也可以用受众的名义，抓住对方可以做文章的话柄，反问一句；还可以借用和对方有矛盾的单位、个人之口，进行大胆的反问。①然而，这样的反问同时也会存在很大的风险，可能会激怒受访者或伤害受访者，从而使采访无法继续。因此，激将法只在迫不得已的特殊情况下才被使用。如果记者能够恰当、灵活地拿捏和把握，有时候激将法可能会带来其他提问方式难以企及的良好效果，这取决于记者运用它时的勇气和智慧，也取决于对采访对象性格的准确判断。例如：

  1979年春天，《人民日报》的两位记者到河北某地区采访时，一些县委书记开始有抵触情绪，不愿深谈。记者想到，不久前，《人民日报》曾登过一篇批评这个地方不落实党的农村经济政策的文章，题目是《县委书记大还是宪法大》。于是，就以此为题激发对方："你们看这篇文章怎么样？"这一提，县委书记们再也忍不住了，话里有话地说："批评得好，自古县官就没有好人，演戏凡赃官都是县官，所以批县委不批'大'的，我们没意见。"记者趁机又"激"了一下："你们别发牢骚，请指出来，谁是'大'的？只要你们敢揭，揭得对，我们就敢写。"②

后来记者就根据这次采访情况，写了一篇报道，发表在当年4月24日的《人民日报》上，激将法提问在这里收到了很好的效果。再例如：

  江苏《新华日报》有一记者，根据国务院关于搞好安全生产的指示，有一次去南京某厂采访。这是一个数千人的大厂，因安全措施落实得很好，已连续7年未发生过一起安全事故。由于记者事先得知该厂领导有思想顾虑，不愿在报上张扬，并婉言谢绝过其他记者对这一题材的采访，故记者一坐下来就使用错问手段："记不清在哪里听说了，你们厂今年二月因安全措施没落实，曾经触电死过一个人，是不是？"接受采访的是该厂的一位副厂长和厂办主任，本来想通过打"太极拳"再次婉言谢绝记者的采访，但听此错问后，顿感十分震惊和委屈，相互看了看后，两位厂领导几乎不约而同地转向记者说："我们厂？二月份？不可能！"记者紧追不舍"为什么不可能？"副厂长显然激动起来，一

---

① 申凡：《当代新闻采访学》，华中理工大学出版社，1999年版，第113页。
② 罗以澄：《新闻采访新论》，武汉大学出版社，2002年版，第221页。

边示意厂办主任打开文件夹，把该厂历年有关安全生产方面的总结报告给记者看，一边拉大嗓门站着向记者叙述厂领导抓安全生产的一条条具体措施。采访通道就此顺利打开。①

第三节　倾听与观察

一、倾听在采访中的意义

采访的交流模式基本上以一问一答为主，如果记者只问不听或者忽略倾听，那么，整个采访过程就是单向和缺乏互动的，事实上，这也就不构成采访。倾听是新闻采访中不可或缺的重要部分，也是采访的有机构成部分。记者需要在采访过程中专注倾听，只有这样，才能从采访对象那里获取信息，才能根据采访对象的回答提出下一个问题，以保证采访的连贯性。

某些记者获得的信息比别人多，是因为他们的提问少而精，但是倾听却比别人认真和用心，同时，还能对所听到的做出及时的反馈。记者一旦把自己的采访需求确定下来，倾听行为就发生了。如果需要的是一些可供引用的话或者趣闻轶事，不但要认真倾听，还要识别——及时做出反馈，鼓励对方提供更多的这类信息。②

二、倾听的技巧

倾听不是被动的，也不是随意的，而是主动且有目的的交流行为。在新闻采访中恰当地运用倾听技巧将有助于采访的顺利进行。如何才能真正发挥倾听的作用，怎样才能做到有效倾听，以下四个技巧可以参考。

（一）善听要点和亮点

采访的对话是即兴进行的，好比没有彩排的直播，受访者在接受访问时的对话可能会比较散乱冗杂，甚至无序，这就要求记者必须集中精神倾听，在短时间内发现和筛选出有用的信息。通常情况下，受访者在谈到重要内容时会采用强调或转折

---

① 刘海贵：《中国新闻采访写作教程》，复旦大学出版社，2008年版，第186～187页。
② ［美］肯·梅茨勒：《创造性的采访》，李丽颖译，中国人民大学出版社，2004年版，第84～85页。

的词语和语调论述，听到"最重要的是……""需要强调的是……""但是……"等词语和句式时，记者就应该全神贯注地倾听下面的内容了，接下来的话很可能就是与采访主题相关的要点和亮点，这就需要记者积累历次采访的经验，并有意识地训练自己通过抓重点和要点把握讲话内容的能力。

（二）辨听细节和事实

受访者的回答往往带有主观色彩，尤其是某些敏感话题，受访者可能会因为职业、身份、个性、紧张、拘束等主客观因素在回答问题时绕弯子或者带有倾向性，受访者的讲述也会呈现各种状态，他们有自己的谈话技巧与策略，这时就需要记者仔细听细节，迅速辨别出话语的真伪和事实客观与否。记者应该在受访者的回答中寻找可以支持采访主题的细节或事实案例，这些细节和事实通常并不是受访者的主观断言，而是夹杂在他们所举的一些实例或引用的某些数据之中，记者需用心听、仔细辨。

（三）巧听反面观点

正反兼顾才能做到客观公正，因此，在采访过程中倾听反面的观点也是非常重要且必要的倾听技巧。受访者有时会谈到一些与采访主题相矛盾的观点和看法，这些观点看似并不能支撑采访主题，有时候甚至与主题相违背，但正是这种矛盾所带来的冲突性，可以让采访主题获得更深刻和更广泛的发展空间。反面的观点有时候就是多元的观点，或者叫不同的声音，它不仅不会淡化或偏离采访中心，反而能够使记者深入思考、准确辨析采访话题的内涵，从而保持采访中客观公正的立场。

（四）智听引申意义

采访双方实际上在交流的措辞使用中不可避免地要受到主客观立场的限制，也因此会使用"隐喻""双关"等表达技巧，暗示某种深层次的意义或者暗藏真实的意愿，对此，记者要引起重视，并学会机智应对，练就"会听话"的耳朵。例如"作为一名公共事业的管理人员，被问题缠身是件常事，而容不得你去解释……"或者"我所在的机构目前正受到××司法行政长官的控制……"[①] 这样的话语，敏感的记者会抓住"缠身""控制"这样的字眼，揣测出这些措辞的引申意义和受访者在潜意识中想用它们说明什么。受访者有时无意或刻意隐瞒的内容都可能通过他们的遣词造句传递出来，因此，记者在倾听时应抓准这些敏感的词句，探寻并求证

---

① ［美］肯·梅茨勒：《创造性的采访》，李丽颖译，中国人民大学出版社，2004年版，第90页。

受访者的话中话。从这个意义上讲，记者的听力应该是以准确为基准的一种机智、应变的特殊的发现力、鉴别力和交流能力。

三、观察在采访中的作用

五官之中，眼睛是最灵敏、最感性的器官，曾经有科学实验证明，人所获得的知识，80％以上是依靠眼睛。用眼睛去看、用心去体会和感应就叫观察。在新闻采访过程中，记者通过对受访者话语、表情、神态、动作等反应的观看和察觉，可以感受出对方的真诚度、信任度、思维逻辑等内在情绪及变化。观察是新闻采访的重要组成部分，除了问、听、记外，看是不可或缺的互动环节，用眼睛进行采访是对观察最好的描述，它在新闻采访中有以下四方面的作用。

（一）获取现场信息

新闻采访中通过观察获得的信息通常是新闻现场中的，是对受访者回答采访问题时提供信息的有效补充。这类信息是记者通过自己的眼睛捕获到的最直观、最真实的表象，比受访者用语言表达出来的信息更加直接生动。受访者的神态动作、周围的环境、现场的布置、谈话的氛围等内容都是记者通过观察所能获取的信息，通过对这些信息的感知和判断、分析，记者可以提炼出语言之外的更深层次的意义，丰富和充实采访信息，帮助新闻写作更具现场感和立体感。例如：

> 新华社西安10月18日电（记者冯森龄）记者新近去山西北部的神木、府谷等地采访，所到之处几乎都见到了煤，简直像走进了煤的海洋。
>
> 在许多村庄，我们看到农户门前屋后堆放着煤，大大小小的矿点放着煤，有些地方连院墙、猪圈、厕所也是用煤块垒的。
>
> 在乌兰木伦河等河谷，裸露在岸边的一条条煤层呈现在我们眼前。同行的人目测了一下，有的煤层的厚度达七八米，比两层楼房还高……[1]

如果没有记者如此细致的现场观察，这则新闻就没有这么强的现场感和形象感。

（二）捕捉亮点

具有亮点的新闻往往能够吸引更多受众的眼光，在通过观察获取的生动、形象

---

[1] 罗以澄：《新闻采访学新论》，武汉大学出版社，2002年版，第263页。

的现场资料和细节材料中,可以发现许多亮点,这些亮点是从交谈中无法获取的,只能通过记者细致入微的观察才能得到。观察到一两个具有闪光点的信息,不仅可以使新闻写作有看点,有时还可以延伸拓展这些亮点,从亮点入手深入挖掘,凸显新闻的多层价值。例如:

> 有个记者采访一个列车的"三八"先进包乘组,他决心跟车观察。当时正是夏季,有两三个站都正下雷阵雨,可是到下几个站又雨过天晴了。忽然有个乘务员广播说:"前方停车站快到了。有下车的同志请准备好,注意不要把雨伞、胶鞋忘在车上。"乘务员话音刚落,不少旅客连忙从座位底下掏雨伞、胶鞋。有的乘客称赞说:"这些乘务员想得真周到,要不是她提醒,我还真把雨伞、胶鞋忘在车上了。"①

这名记者正是通过仔细观察,才捕捉到乘务员的细心和耐心,为新闻报道的写作提供了丰富生动的素材。

(三)体验与把握情感

记者通过现场观察可以体验、体会受访者的心情、情绪等,为采访的顺利进行提供心理保证。在采访现场,记者观察后可以直观地体会到新闻人物此时此地的心境,理解他们的行为缘由,也能够较好地琢磨出新闻事件的准确含义及其在特定环境里的具体意义,亲身感受事件现场的气氛、情景的感染,产生激情,诱发自己的独到见解。②准确把握受访者的感情及现场氛围有利于记者采访基调的调整和采访具体策略的应变,是非常重要的环节。例如:

> 20世纪30年代,美国记者埃德加·斯诺在陕北采访时,与普通的中国农民亲如兄弟,坐在炕头上无拘无束地交谈,甚至很高兴地回答农民提出的诸如"美国有没有鸡"之类的问题。斯诺访问时极善交谈,气氛十分和谐,常常让对象在不知不觉中谈出许多情况。③

斯诺正是准确把握了陕北农民的感情及现场氛围,才获得了重要的情况。

(四)特定采访中的秘密武器

当采访活动无法正常展开时,观察将取代提问和倾听成为一件秘密武器。观察

---

① 杜荣进:《中外新闻采写借鉴集成》,浙江教育出版社,1997年版,第200页。
② 罗以澄:《新闻采访学新论》,武汉大学出版社,2002年版,第260页。
③ 罗以澄:《新闻采访学新论》,武汉大学出版社,2002年版,第234页。

的这种作用多数时候体现在突发事件现场和隐性采访等情况下。发生突发事件，比如地震灾害或者车祸等时，地方记者因各种原因和限制无法第一时间进行现场采访，而且当事人或负责人当时也无法接受现场采访，因此，记者的观察在此时就显得极其重要，甚至成为采访的唯一方式，也是制胜的方式。在隐性采访中，一些受访者因各种原因不愿、不便直接接受采访，记者可以不暴露身份和采访目的，通过细心观察抓住有用的信息，报道"视觉新闻"或者采制目击报道。例如：

> 1998年春，浙江《钱江晚报》记者熊晓燕获得一条重要线索：几位工人投诉中法合资杭州"特维达"皮具有限公司严重侵犯工人权益。为了解事情的真相，熊晓燕以"打工妹"的身份，前往该公司应聘，经过硬磨死缠，并交上200元押金后，终于被公司答应试用三天。就在这三天的"打工"试用期内，她不仅耳闻目睹，而且还亲身感受到了这家合资企业工人们的悲惨生活："一位男工一天只'赚'了5分钱"，"这里近百名女工共用一个厕所，而且每天只冲洗一次"，"这里最喜欢用的字眼是'罚款'"，"这里工人吃的是榨菜拌饭"，"这里14岁的童工瘦弱无比"……①

这些都是记者通过暗中观察发现的情况和写进新闻的细节。

四、观察的内容

观察并非仅仅是用眼睛看，还得用脑和心配合眼睛。记者在采访中的观察应该有所侧重、有所取舍。那么，哪些内容是观察重心呢？根据传播学家拉斯维尔的"5W模式"②，观察的中心内容可确定为人物（Who）、事件（What）、背景（Background）和意义（Meaning）。

受访者是第一个观察重心，因为采访活动是围绕受访者展开的行为，受访者是整个行为的主心骨，记者获取的大部分信息都是从受访者那里得到的，因此，记者首先应该仔细观察受访者。静态的景物描写通常很枯燥，只有人物能够赋予它活力。人物观察有几个层面，包括从里层到表层、深层的价值观和动机。③ 在具体操作过程中，记者应该从受访者的语言、神态、表情、动作、衣着等各个方面展开观

---

① 罗以澄：《新闻采访学新论》，武汉大学出版社，2002年版，第364页。
② 著名传播学家拉斯维尔创立的"5W模式"，包含谁（Who）、说什么（Say What）、通过什么渠道（In Which Channel）、对谁说（To Whom）、产生什么效果（With What Effect）五大要素，任何一个传播过程都由这五个部分组成。
③ ［美］肯·梅茨勒：《创造性的采访》，李丽颖译，中国人民大学出版社，2004年版，第103页。

察，一个好的观察者能够通过人物的行为看出人物的个性和深层次意识。受访者的一个微笑、一句玩笑或者一次叹气都不能放过，这些表现是人物内心真实想法的展现，可为判断受访者的性格和观念提供推断的依据。

除了人物外，采访现场发生的事件也是应该观察的内容。这些事件既包括新闻现场发生的新闻事实，也包括受访者和记者在采访过程中出现的突发事件。新闻事件无疑是记者观察的重点，它是新闻存在的前提条件，记者在现场应该首先观察事件的发生、发展全过程；其次，记者应观察事件发生时新鲜独特的个性特征；最后，还要观察事件发生后的影响。对受访者和记者采访期间发生的突发事件，记者同样不能忽视，这是采访活动中的重要组成部分，也是有可能引起新颖的新闻话题的前因，记者应该积极重视这部分事件，从中发掘有价值的新闻点。

所谓背景，包括地点、时间和现场环境等内容，这些因素是构成新闻采访活动的外围条件，也是记者的观察重心。例如：

> 1972年美联社的记者报道尼克松访华到达中国时，首先注意到的是北京机场这个重要历史事件发生地点的背景："机场上几乎没有迎接贵宾到达的色彩——没有红地毯，没有邀请外国使团，也没有欢迎的群众，只有周恩来等人和仪仗队。"因而，这个记者就在采写中为这次迎接定了调子：合乎礼仪的，但绝不是富有色彩的。[1]

记者观察到的背景信息通常可以起到画龙点睛的作用，使记者对整个新闻事件和受访者产生更加深刻的印象和理解，从而帮助记者写出有深度的新闻作品。

美国新闻学者肯·梅茨勒在《创造性的采访》一书中，将"为意义所做的观察"归纳为两个要素：第一个要素是，通过观察来发现某种有意义的东西——一个观点，一种趋势，一种气质，一种性格——或者肯定其他来源的某种意义。第二个要素是，通过一些具体的观察来阐述某一要点，例如流浪者遇到的那些充满敌意的警察。[2] 意义或许是所有观察的内容中最抽象、最难把握的一个，但如果记者通过眼睛仔细搜捕，通过大脑灵活分析，再通过心灵深刻体会，那么沉淀于事件或人物背后的意义便会逐渐浮现，整个采访过程将变得深刻鲜活起来。

---

[1] 申凡：《当代新闻采访学》，华中理工大学出版社，1999年版，第125页。
[2] [美]肯·梅茨勒：《创造性的采访》，李丽颖译，中国人民大学出版社，2004年版，第104页。

第四节 记录与整理

一、记录的方法

俗话说"好记性抵不过烂笔头"。采访过程中受访者提供的信息非常丰富繁杂，记者仅凭记忆全部记录下来的可能性很小，而且也会因为时间的限制，对转瞬即逝的信息难防偏差，因此，正确合理地使用记录工具和记录方法就成为采访记录的保证，同时，记者在有时限的采访现场记录的信息也需要整理。一般情况下，因为采访时间有限，而访问的信息量却很大，在有限的时间内记录下有用的信息实非易事，所以需要记者借助某些记录工具，并掌握科学有效的记录方法。

（一）配备合适的记录工具

合适的记录工具包括传统的笔记本和笔，也包括录音机、录音笔、手提电脑、手机、照相机、摄像机等现代化文字、声音、图像的记录工具。除了采访前准备好硬件设备外，记者还需要在采访前确认可以操作和使用这些设备，仔细检查这些设备的配件，如电池、充电器、记忆卡等。如果对录音笔等专业录音设备不了解则应该认真学习，掌握其使用要领。记录工具的使用需要以采访现场的情况和尊重受访者的意愿为准则，要根据具体情况携带具体工具，不能影响采访进程和氛围。

（二）选择性记录

所谓选择性记录，指记者在记录信息时应该遵循有所取舍的原则，不能什么都记，也不能什么都不记，而是应该记录重要的、重点的、紧扣主题的、新鲜的、有趣的、意义重大的信息。尤其是在记者不能利用录音机、录音笔等记录工具的情况下，手写笔记成为最主要的形式，选择性记录便是笔记最有效的方法。记者在选择性记录过程中，需要弄清楚哪些该记，哪些该舍，这是一个长期训练和摸索的过程，经验和敏感性的培养异常重要。通常而言，有四个方面的内容记者应该记录：第一是与采访主题相关的内容；第二是受访者的个性化或者代表性的观点和看法；第三是精彩的事例或数据；第四是记者通过观察得到的潜在信息，比如环境、氛围、受访者的神态等。除了这四个部分，根据采访的中心和现场的具体情况，记者还可以选择一些值得记录的内容，一定要做到机动灵活。

（三）心读记录法

心读记录法，指记者不依靠任何形式的记录工具，仅靠自己的脑子和心进行记录。这种记录方法通常运用在暗访的情况或者是在记者没有任何准备也无法准备的突发事件现场，记者只能靠头脑去记忆信息，这需要记者善于观察并懂得抓关键，还需要平时有意识的职业训练。许多记者经过长期锻炼，已经养成了用心记录的习惯。西方一些著名记者经常采用这种记录方式，比如谢觉哉回忆说，斯诺在延安采访时，靠手记也靠心记，"在《西行漫记》中，他写了一段我的事。采访时我看他没有记多少，写出来基本上是符合事实的，这也是一种本领"[①]。

二、整理的方法

不管是用头脑还是用记录工具记录下信息，都是在采访现场有限的时间和有限的空间内完成的，通常字迹比较潦草、思绪比较跳跃或逻辑比较松散，记者在后期对其进行加工可以克服这些缺陷。经过整理，零散的信息将变成精炼、有序、有用的信息，成为写作的素材和基础。常用的整理方法如下。

（一）按时间顺序整理

根据采访的时间顺序进行整理，可以一目了然地看出采访的发展脉络，是比较简单直接的整理方法。一般时间性较强或者没有其他特别顺序要求的记录资料都可以采取这种整理方式。对记者而言，这种方式比较容易勾起记者的回忆，引导记者重温采访过程和现场情况，可以完善和补充一些记录中缺失的内容。

（二）按重要性整理

采访记录的信息比较零散，记者几乎无法在采访时同步进行梳理，许多信息都是按照采访记录下来的。但这些信息有的重要，有的次要，记者在后期整理时有充分的时间调整，可以根据记录信息的重要性进行整理。按照重要性顺序进行整理的好处，是便于记者在写作新闻时清晰地分辨哪些内容重要，哪些内容次要，从而为写作提供清晰的思路。按照重要性整理时需要注意辨别何为重要的信息，何为次要的信息。判断的标准应该是新闻价值核心，越贴近新闻价值核心的内容越重要，以此类推。

---

① ［美］肯·梅茨勒：《创造性的采访》，李丽颖译，中国人民大学出版社，2004年版，第138页。

（三）归类整理

所谓归类整理，指将记录的采访信息按照各种主题或者类别进行划分整理，类别的划分标准应该按照记者写作新闻时的意图进行安排，不同的写作思路可以选取不同的归类方式。可以按事物性质、特征分类，也可以按人物性别、身份等标准分类，方式灵活多变，没有固定的模式，只要划分时统一标准即可。记者可以根据自己的需要，对信息进行分类，达到方便查找的目的。

（四）补充整理

补充整理就是指记者根据采访现场的笔录以及事先拟好的提纲，将采访实际获得的信息、线索、背景等进行后续完善，查阅相关资料，或者再次就不清楚或者需要访谈的内容采访受访者，二次或数次补充素材，在此基础上，选取不同的整理标准进行整理。补充整理可以核实之前记录的信息，也可以发现采访中的遗漏和不足，为后续采访提供必要的依据，它通常可以成为记者做好某些选题的长期储备的驱动力和有效途径。

第五节　核实与延伸

一、核实的必要性

一些记者认为，完成记录和整理两个步骤之后采访工作就算彻底结束了，其实不然，采访最为重要的部分——核实与延伸必不可少。只有经过核实与延伸的新闻采访才算是完整全面的采访，因为记者和受访者的访谈对话不可能做到一次性全部准确无误，其间存在许多导致信息出现偏差的可能因素，核实和延伸可以避免或减少这样的偏差。

采访现场的环境、受访者的情绪、记者的准备和采访氛围等主客观因素都可能造成采访信息的不真实或不够真实，这就要求记者在采访后整理完资料时向受访者或相关第三方确认信息的真实性。通过与受访者、第三方一起回忆和梳理采访中的信息，从而修正和完善信息，最终得出真实可靠的信息。

真实是新闻的生命，如果记者为了省时省事而忽略核实，不实信息就可能会被写入新闻，从而影响新闻报道的可信度和真实性。核实是一个验证信息是否属实、是否客观的过程，这个过程需要记者树立坚持新闻报道真实客观的理念，它应该内化为记者的职业习惯，对任何采访获悉的资料、信息都要求证、核查。

核实成为记者的职业习惯，这是对记者的要求，也是整个新闻界应具备的职业素养。好的新闻记者不仅具有核实意识，而且会形成独到而有效的核实方法，他们甚至花费比现场采访更多的时间进行核实，这不仅是对自己、对新闻作品、对受访者及对受众的全方位负责，也是延伸采写的有效方式。

二、核实的方法

核实是必不可少的关键步骤，根据不同情况，可以采取不同的核实方法，比较普遍的核实方法有以下三种。

（一）自我核实法

自我核实法，指记者根据采访获取的信息，查找相关的文本、影像等资料，通过自己的努力寻找到信息的根源或证据，从而达到确认信息的目的。有时记者还需要寻找证物来核实材料，比如查找有关的经济账目、机关公文、设计图表、现场遗留物等。自我核实主要是依靠记者自己去搜集和查证资料，每个细节、每个关节点都需要尽量核查，以保证信息的准确无误。

（二）受访者核实法（当事人核实法）

由于采访过程时间有限，受访者可能因为准备不充分或者现场情绪不稳定等情况出现一些信息失误，不管是有意还是无意为之，失误都在所难免。访后向受访者进行信息的求证核实就是当事人核实法。记者可以通过电话、邮件或者面谈等形式与受访者联系，进一步核准自己的疑虑或不确定的信息，如果时间允许且受访者同意，可以对所有信息进行全面核对，这样准确性更高。

（三）第三方核实法

"第三方"是指除了记者、受访者之外的其他与采访内容有关联的人或单位组织。比如某厂技术员介绍了他的科技研究成果，记者需从其他技术人员中调查他讲的过程是否真实，从科室和厂领导处了解是否为他一个人研究的，对实际是否具有多种作用进行一定范围的调查；从有关研究所、科委了解这个课题是否新，是否有那样大的价值，是否能称为"国内首创"或"世界先进水平"等。[①] 向第三方进行信息的核查可以使信息更加公正客观，避免当事人受主观情感的影响。

三、补充与延伸

核实的过程也可以理解为延伸的开始，换句话说，根据现有的资料和信息再次开掘、分析、丰富就是延伸的内容，延伸中可以再次核实，它既可以成为核实的延续，也可以成为核实的一种建设性方法。

补充和延伸被称为采访的后续工作。信息核查完后，可能会出现一些需要调整和修改的地方，也可能会引发记者的一些新思路、新观点，这就要求记者对核实完毕的信息进行特定的加工，即补充和延伸。

补充是指对采访后获得的信息进行完善和填补。补充有两个基本途径：一是通过与受访者和第三方核查信息后，他们提供的更多更新的信息可以补充进去，这种补充需要记者与他们及时联系并积极合作；二是不需要借助外界帮助，而是记者自己查询相关资料进行补充，多为文本、音像等资料。

延伸并不等同于补充，延伸是在补充的基础上使新闻报道凸现出更深层次的价值。当记者进行信息补充时，有可能会产生新的念头或想法，这些新的想法就是延伸的依据。延伸不仅是添加不能缺失的必要信息，而且也是另一种方式的补充，即，延伸是增加由原来的信息所引发出的新信息和新观念，是从深化主题和中心出发的记者采写的能动性体现。记者可以根据已有的材料进行发散思维，可以是一句话、一个事例，也可以是一个人物、一个细节，通过这些引子扩展和强化主题，从而为下一阶段的采访和写作提供依据和打下基础。简而言之，我们可以把补充和延伸看做守护真实客观的一种持续的认识活动以及形成采写的良性循环的有效方式。

思考练习题

一、分别以采访本校某部门负责人和一次学生社团活动为例，制订两份采访计划书，要求体现出校园媒体和大众媒体的不同定位，并比较两份采访计划书的异同。

二、请结合实例列举三条能够营造良好采访氛围的方法。

三、记者在采访中通常使用的问题主要包括哪些类型？请举例说明。

四、试分析意大利女记者法拉奇的激将法提问在采访过程中的作用。请说明激

[①] 申凡：《当代新闻采访学》，华中理工大学出版社，1999年版，第148页。

将法的使用需要注意哪些方面的因素？

五、采访中哪些内容值得倾听？倾听的原则是什么？

六、观察有哪些技巧？请举一个采访中观察技巧运用合理的案例。

七、在课堂上播放《新闻联播》节目，在事先不告知学生教学目标的情况下，请学生在收视结束后复述新闻的内容要点，并根据新闻节目的编排分析新闻价值与媒介的关系。

八、请列举常规采访中使用的主要记录法并说明这些记录法的作用。

九、请分析突发事件中开展记录工作的要领。

十、记者在整理采访资料时一般遵循哪些程序？

十一、采访结束后为什么需要核实信息？

十二、整理采访笔记中补充和延伸的环节是否可以省略？为什么？

第六章 新闻采访的主要方式

【内容提要】

新闻采访的方式,是获取新闻信息材料的途径与方法,也是记者采访思维的方法论结晶和采访行为的指导思想。按照不同的分类标准,新闻采访可以有不同的类型,如:按双方见面方式,可分为直面采访和非直面采访;按采访对象人数,可分为个别采访和集体采访;按采访性质,可分为常驻采访、突击采访、交叉采访、巡回采访、隐性采访和体验式采访等。选择和使用合适的采访方式既是采访技能娴熟的表现,也是新闻写作的有力保障。本章在介绍常见的采访方式的同时,将结合典型案例进行应用解析。

第一节 直面采访

一、直面采访的特点

采访作为一项特殊的社会调查研究,是为新闻报道的目的服务的,其间形成的多种获取新闻信息材料的途径与方法,即采访方式。只有掌握了正确的采访途径和方式方法,才能达到采访目的,顺利完成采访任务。

按照不同的分类标准,新闻采访可以有不同的类型。如按双方见面方式,可分为直面采访和非直面采访(如电话采访、书面采访、网络采访等);按采访对象人数,可分为个别采访和集体采访(座谈会采访、新闻发布会采访等);按采访性质,可分为常驻采访、突击采访、交叉采访(同期采访两个以上的新闻)、巡回采访、隐性采访和体验式采访等。选择和使用合适的采访方式是采访技能娴熟的表现,也是新闻写作的有力保障,它是记者采访思维的方法论结晶和采访行为的指导思想。

直面采访也叫"面对面采访",是记者直接面对采访对象访问的采访方式。直面采访的特点是记者围绕采访目的,通过口头提问,用一问一答的形式,了解客观情况，搜集新闻素材。这是最早出现，也是现在最常见、使用最多的一种采访方式。

（一）缩短距离，减少陌生感

采访，在行为层面，实际上是人际沟通和交流，只是这种沟通和交流是为了报道新闻，把沟通的内容通过媒体传播给广大欲知、未知而应知的受众。当人们面对面，双方在用眼睛观察对方的同时，也可以与对方用语言交流。这种面对面接触能较快消除双方因距离而产生的陌生感，能够为进一步交流扫清障碍。另外，双方面对面倾谈的方式较容易获得对方的信任，有利于采访对象敞开谈，这样问答比较自然，能够及时互动。

（二）便于观察，发现新线索

记者与采访对象面对面时，可以根据观察到的采访对象的表情变化或者见面的环境发现新的新闻线索。在采访中，记者会遇到采访对象在说起某件事情时表现出情绪波动和变化。在适当的情况下，记者可以对此提问，可能会发现新的新闻线索。

（三）一问一答，交流直接

新华社客户端"权威访谈"是新华社新媒体的品牌栏目，它对关注度高的新闻人物及事件进行的采访，体现了时效、独家、全面及深入，面对面的问答直观、简明、可读性强。

2021年10月16日我国神舟十三号载人飞船发射之前，新华社记者张扬专访了飞行航天员王亚平。针对大家普遍关心的问题，记者和王亚平进行了面对面的提问与交流。

以下是采访问答的摘选①:

记者:对于空间站任务的太空食品是否增添了"新菜"?

王亚平:我们空间站任务的食品周期为一周。食品种类在一周里基本不重样。从一开始只能吃压缩饼干和巧克力,到现在有上百种食品,航天员在太空的饮食有了很大改变。

记者:是否会对航天员在空间站里穿的衣服有严格的要求?

王亚平:我们会配备很多种类的衣服,如舱内工作服、休闲服等。你可能想象不到,由于空间站任务时间较长,会赶上春节等节日,我们还会专门配有节日服。在我看来,在空间站过节反而更有仪式感。此外,由于太空所处失重环境,我们在太空的各类衣服将按照周期配换。

记者:我看到您在"神十"任务进行太空授课时,不仅讲授内容精彩,整个人的状态也非常好。您是怎样做到的?

王亚平:我们有时会开玩笑讲,太空是自带"美颜"功能的。由于我们所处的失重环境,就像是做了面部"拉皮"一样,所以状态会显得特别好。

记者:您曾在2013年到过太空,当时在您眼中,太空的神奇之处有哪些?

王亚平:在人的身体感知层面,太空和地面最大的区别就是失重的状态;同时,太空对你的视觉冲击同样巨大。"太空究竟是什么模样?从那里看地球又会是怎样的感受?"我此前曾很多次幻想着这样的场景,但当我真正置身于此时,只能用"两个字"来形容:那就是"震撼"——从太空看地球,你会感受到一种生命力。地球有它独特的气质、变幻的表情、神秘的色彩,你会感受到它的壮美和辽阔。人们说"距离能产生大爱",的确如此。身处太空,你所见到的世界会让你得到升华——在你心中,有很多东西会变得"很小",比如得失;有很多东西则变得"很大",比如对家人、对祖国的爱和牵挂。

该案例表明,在面对面的采访过程中,采访对象能清晰理解记者的意图,并准确、自然、迅速作答;同时,记者也可以根据回答的实际情况跟进新问题,较全面地满足受众的新闻欲。一问一答之间,营造了交流对话的氛围,凸显了新闻的价值。

(四)即时交流,深入交谈

在直面采访中,双方即时交流,互动充分,交谈往往能更加深入。此外,在这

---

① 《权威访谈 | 张扬对话王亚平:因热爱而执着,因梦想而坚持》,新华社客户端,2021年10月14日,https://h.xinhuaxmt.com/vh512/share/10317821?d=1346546&channel=weixin。

种方式下，记者可以刨根问底，被采访对象常常无法回避一些尖锐的问题。

二、直面采访的注意事项

（一）采访之前要向采访对象预约

在直面采访中，记者常常需要向采访对象预约。预约采访时，记者要先表明身份和采访目的，语气要谦逊随和，态度要诚恳。在对方答应接受采访后，记者应尽量满足采访对象的要求。比如要根据对方情况和要求约定采访时间和地点，最好能给对方充分准备的时间，采访地点最好是采访对象熟悉的环境。另外，采访环境要尽量避免外界干扰，如有特定需要，必须在工作场合中采访，要尽可能保障不被打断，并且创造宽松交流的氛围。

（二）要做好交谈前的准备

记者所面对的采访对象常常是新面孔，因而采访是一种挑战陌生、有效沟通的工作，每一次采访都是一场新的战斗。做好充分的准备，既有利于记者初步认识采访对象，又能够缩短与采访对象之间的距离，从而创造一种良好的采访氛围，有利于采访的顺利进行。如果不做准备，记者头脑中一片空白，信口开河，可能闹出笑话，使采访双方陷入尴尬境地。所以，只有做足准备，记者才能提出高质量的问题。

让我们看看一名青年记者到武钢某厂采访，在办公室与一个采访对象交谈的情景：

记者：我们参观了武钢之后，真是大开眼界，武钢规模宏伟，果真是全国最大的钢铁基地呀！

被采访者：（插话）不，不是最大的。

记者：噢，是全国最老的钢厂了。

被采访者：也不是最老的。

记者：嗯，对了，那就是最先进的了。

被采访者：也不是最先进的。

记者：（脸上泛起了红晕）嗨！您别谦虚嘛！

被采访者：（微笑着）这可不是谦虚，是实事求是。

记者：不管怎么说，总归有个"最"吧？

被采访者：是有全国之最的地方，不过不是您这位同志说的几个"最"……①

---

① 肖新生：《从"尴尬"谈到"静态采访"》，载《新闻战线》，1985年第3期。

(三）注意观察，因人而异，及时调整

直面采访最大的优势在于能够随时看到对方的表情和情绪变化，由此揣摩对方的心理，并能及时作出调整。否则，当双方陷入僵局而未觉察，可能会导致交流中止。遇到采访对象厌倦采访，甚至谢绝访问时，应该善于采用心理沟通的方法开通采访的渠道。比如寻找生活中共同感兴趣的话题来拉近与采访对象的心理距离，或者以充分的准备提出高质量的问题以吸引采访对象的注意。有两位记者采访一位八十多岁的山里老人拄着拐杖到山坡上看修路，其中一位记者平铺直叙地问："看修路啊？高兴不高兴？修了路可就方便了对吧？"老人回答："嗯，高兴，方便。"接着老人无话可说，也不愿意再接受采访了。另外一名记者则改变了提问方式：

记者："大爷，今天下着小雨，您老这么大岁数了不在家享福上这山坡上干什么来了？"

老人："来看修路呀。"

记者："修路有什么好看的？"

老人："孩子，这你就不懂了。过去……现在……"

两种提问效果截然不同。所以说，记者要注意观察采访对象的情绪，灵活地调整提问方式和话题内容，激起采访对象诉说的愿望。只有这样，才能采访到具体生动的新闻素材。①

（四）记者要掌握谈话的主动权

在直面采访中，记者要尊重对方，注意倾听，不要不等对方谈完就轻易打断对方或者转换话题。但是有的采访对象很健谈，每个问题都能侃侃而谈，如果其回答是记者需要的，那么记者可以不加引导；如果其回答是天马行空，不着边际的，记者就应该主动将其拉回来，礼貌地提醒对方，避免浪费大量时间。在掌握采访的主导权时，记者要通过一些巧妙的暗示或者具体精要的提问来转换话题，提高采访效率。例如某媒体记者在对一位裹过脚的农村老人孙永娥进行采访时，这样提问：

记者：您才4岁，知道缠脚是怎么回事吗？

孙永娥：差不多记得，那时候流行，闺女们都缠，脚越小越受欢迎。大人们都说，缠好脚就能找个好婆家。一开始挺疼的，后来就没感觉了。

记者："缠脚"对生活造成了什么影响？

---

① 王晓燕：《电视记者现场采访提问技巧之我见》，http://www.gdj.dl.gov.cn/dlrt/gdjnews/nk_content.jsp?news_id=28。

孙永娥：走路不方便，更甭提干活了。在地里干活，看见要下雨了，那些大脚的都跑到家了，我才跑到一半。我的前夫当兵出去后做了官，1948年，有个官模样的人和他一块回来了，那人跟我说，你的脚是裹脚，不能出去干工作，不能和你男人一块走。后来我们就离婚了。

记者：当时来说，小脚能带来点高兴的事吗？

孙永娥："接媳妇，送小饭，吃饽饽就肉蛋"，当时有人结婚，只有小脚才够格做这种差事。我的脚可是"横立砖上不探头"，那些"地棒"可没机会。[①]

当老人谈及因为"裹脚离婚"时，记者马上转换了话题——"小脚能带来点高兴的事吗？"这样既避免了老人过多地谈论离婚的细节，将话题扯远，而且也能更全面地了解"裹脚"给老人带来的其他影响，使采访材料更加丰富。

第二节　目击见闻采访

一、目击见闻采访的作用

目击见闻采访是记者在新闻事实发生的现场，通过耳闻目睹，了解和收集新闻事件发生情况的采访方式。"目击式"是日本共同社在20世纪40年代倡导的一种新闻报道方式，它强调记者要深入新闻事件发生的现场，以观察为主要采访手段，采用时空交错的结构形式，通过描写记者的所见、所闻、所感，再现新闻事件发生、发展的全过程。运用"目击式"报道手法写成的新闻被称为"目击式新闻"，又称"目击新闻"。

（一）有利于增强记者的现场感受，使新闻报道具有现场感和真情实感

俗话说"百闻不如一见"。新闻采访更是如此，深入到新闻发生的现场进行直接观察，常常能使记者触景生情，有时甚至是激情澎湃，产生一种抑制不住的感情冲动或激情。有了记者的情感投入和现场见闻，这样的报道往往能以真挚的感情打动读者、感染读者。2010年4月14日，青海省玉树藏族自治州玉树市发生7.1级地震，四川在线记者目睹了地震后在玉树的四川民工自救、互救的真实情景，发表了《刚到玉树便遇地震 百名四川民工被困》[②]一文。

[①] 赵琳：《采访实录》，载《大众日报》，2009年9月4日。

[②] 李和：《刚到玉树便遇地震 百名四川民工被困》，四川在线，2010年4月17日，http://sichuan.scol.com.cn/fffy/content/2010-04/17/content_668984.htm。

刚到玉树便遇地震 百名四川民工被困

　　四川在线消息（四川在线记者 李和 17 日 14 时玉树现场报道）14 日一起到达玉树，便遇地震；三天来，缺水缺粮。百名来自四川新都、蒲江、邛崃等地的农民工在玉树赛马场临时安置点度日如年。现在，他们都在焦急地等待着能有车将他们送回成都。

农民工钱包现金不足一百元

　　碰到董海燕十分偶然，17 日早晨，记者在玉树县城一个中国移动搭建的免费电话亭里听到了熟悉的四川口音。他抱着电话，很焦急地跟电话的那一头说着玉树的境况。

　　"我儿子在华西医院住院，现在我又陷在这里，真不知道该怎么办。"董海燕说。董海燕来自成都市蒲江县寿安镇圆觉村，他和另外的 43 名工友 14 日一起到达玉树，准备在这里的一个工地打工挣钱。董海燕带着记者往山上走，在赛马场还有一百名来自四川的农民工在等待着回家。

　　行走在上山的路上，董海燕说他现在就想回家，挣不挣钱已经不重要了。他钱包里只有不足一百元。此刻，他已经没有回家的路费。

刚到玉树便遇上地震

　　为了打工挣钱，董海燕和他的工友们从成都坐车到西宁，再从西宁转车到玉树。14 日早晨 7 点半，他们乘坐的大巴车抵达玉树县城外的加油站，就在汽车准备进城的时候大地震发生了。"当时车子晃得很厉害，周围的房子也在晃。"董海燕说，工友们有点慌张，感觉汽车快被掀翻了，不知道发生了什么。

　　就在他们疑惑的时候，车旁的一栋土坯房垮塌了。"快来救人啊。"两个同样有着四川口音的人朝他们的车子大声呼喊。车里的 44 名工友赶忙下车，迅速冲向那栋已垮塌的土坯房。

　　"大家动作快些，房子刚垮人肯定还活着。"董海燕呼喊着同伴，由于是土坯房，泥土很多，他们用双手使劲地刨。终于在 8 点 10 分，从土堆里刨出来两个人。一对夫妻被埋在土堆里，裹着被子，紧紧地拥抱着。

　　一名工友赶紧给他们做人工呼吸，但是看得出来，在发生地震的一刹那，这对夫妇将被子盖在身上，可惜他们被埋得太深，终究还是窒息而亡。

山上缺水缺粮他们被困在玉树

　　由于余震比较大，陆续又有几栋房子被震垮，在当地政府的安排下他们被转移到位于山上的玉树赛马场。这里以前是当地人用来赛马的，现在变成了救灾临时安置点。

董海燕到了赛马场发现比他们先出发的另外一批 60 多位工友也已经转移到了这里。很快，他们就地取材，用木材和一些牛毛毡搭建了一个木棚。但是材料有限，木棚不是很结实，里面不到 50 平方米，而顶板只能用一些木头堆着，下雨的话肯定会漏雨。

一百多个人就挤在这样的木棚里，将随身带的铺盖丢在地上打地铺。14、15 日这两天是最难熬的，因为地震来得太突然，工友们都没有防备，食物、水严重缺乏。有人从山后的一个小水沟里取来些水，将仅有的半包米拿来煮粥，每人每天只能早晚喝一点稀粥。

由于严重缺水和营养，很多人嘴唇已经干裂。昨天，他们从山下的救援队伍要来了一些方便面和大米。今天，他们所在的建筑公司想办法弄了些青菜过来。晚饭能有青菜吃，令很多人兴奋不已。

18 岁的女孩天天拉肚子

"我想回家，能不能帮帮我。" 18 岁的女孩婷婷见到记者时，哭得很厉害，在这个地方，她已经感到害怕，怕自己回不去。婷婷来自彭州，原本是跟着队伍到工地煮饭洗衣的，但现在却被困在这里。

最令人担心的是她已经有高原反应，身体非常不适应，每天都在拉肚子，自己肯定是无法走下山了。"我什么时候能回家？"她不断地问。

在这些工友中，年龄最大的是一位来自彭山县 59 岁的大爷，他也有高原反应，而回家也成了他现在最大的心愿。

17 日中午，几名工友在吃稀饭后呕吐不止，被紧急送往山下医疗救护点。医生说，他们可能是煮粥用的水有问题，在山后水沟里取的水肯定不干净，以后不能再喝那些水了。

建筑公司的一位领队董正卓说，他们也在想办法帮助工友们回成都，但是现在是抗震救灾的关键时期，车辆一时间没法赶到玉树，只能尽量保障食物，等待救援。

中午一点半，赛马场的天空飘起了雪花，人们不禁担心一旦下起大雪，他们住的木棚是否安全。如果木棚垮了，他们又该住在哪里？

在该报道中，记者在新闻事件发生的现场进行采访，用自己的眼睛和耳朵，亲身感受新闻事件发生时的现场实情、气氛。记者作为新闻事件的目击者、见证人，写出来的报道生动细腻，具有强烈的现场感，更容易打动读者。

（二）有利于获得第一手材料，增强新闻报道的权威性和可信性

第一手材料是指直接来自原始来源，不经过中间环节的材料，它最接近原始信

息，最符合事实的真相，可避免中间环节导致的信息减弱、走样或变形。深入实际进行直接观察，有利于记者掌握大量的第一手材料，确立新闻报道的权威。

（三）有利于鉴别新闻事实的真伪，确保新闻报道的真实性

俗话说：耳听为虚，眼见为实。记者在采访中对采访对象介绍的各种情况，要争取到现场实地考察与核实。通过直接观察对已得的材料进行分析，从而判定其真伪，同时也有助于记者了解事情的具体规模、数量、相关的环境等，做到事情的全局和具体的细枝末叶都是准确无误的。如果只听不看、人云亦云地加以报道，不仅缺乏切身的体验和生动的感受，而且可能以讹传讹，导致新闻报道失实。

（四）有利于新闻细节生动形象，报道通俗易懂

有些记者认为，到现场观察费时又费力，吃力不讨好，唯恐耽误了新闻的时效。实际上这是一种误解，现场观察能加快记者的采访过程。尤其是对科技新闻等专业性很强的报道，记者假如在访问中一知半解，又不愿到现场去弄清楚，"雾里看花，水中望月"，写出来的报道只会让读者"一头雾水"、笼统含混。对于这样的新闻，记者只有老老实实到现场去观察，通过自己的亲眼所见，捕捉细节，才能在报道中用形象化的语言把抽象的事物"再现出来"。唯有如此，报道才能做到通俗易懂，读者才能看得真切明白。

二、目击见闻采访的注意事项

（一）抓取最有特色、能够表现主题的典型事例

在记者的目击见闻采访中，有些现场采访场面很大，内容丰富多彩，令人眼花缭乱。记者在观察中要能够发现最有新闻价值的事实，要能够抓取最有特色的情景，用以说明烘托报道主题。例如：

> 2002年11月，中国国际航空航天博览会在珠海举行，各大媒体纷纷报道。在一份发行量较大的报纸中出现了这样一条消息。主题为《珠海航展"夺人眼"》，副题为《飞机靓女看花眼 百人排队领赠品 高价热狗卖得火》。该消息在"飞机美女看花男士眼"的小标题下这样写道：
>
> 参展商更多花了心思，在展览现场大打没有硝烟的"眼球"抢夺战，令参观者大饱眼福。一进航展大厅，60%的男性看的首先都不是飞机。那是什么？是靓女。从南航的空姐到俄罗斯姑娘，从东航的粉脸看到山东航空公司的笑面桃花，不少在场的男士眼睛都看花了。

看来这招"美人计"着实厉害。不少外国姑娘碧眼金发,高挑的身材,白皙的皮肤怎么也和飞机或者是飞机配件联系不起来,但好看就是好看。没有大屏幕,没有点心送,可展示台前的观众依然络绎不绝,仔细看,还是男士居多。

据记者观察,此地的靓女大部分都是空姐,除了长相出色外,气质极佳,再配上航空制服,落落大方,笑容可掬地介绍自己的航空公司,真是此届航展的最大看点之一。①

而另一媒体则刊登了《中国航天昨爆五大猛料》②,该报道这样写道:

昨天,珠海航展开幕第一天。

与往届相比,本届航展虽然因为没有飞行表演、国产最新战机歼—10缺席,看点显得乏善可陈,但在下午各参展单位举行的新闻发布会上,却"猛料"迭出,让人应接不暇,尤其是我国航天航空部门,纷纷向媒体透露各自最新成就及未来发展计划,堪称中国航天"X档案"大揭秘。

随后,报道分别从"三年内实现载人航天飞行""快速实现月球卫星发射""大推力运载火箭2008年首飞""太阳能无人驾驶飞机2003年展翅""第一枚固体运载火箭已问世"这五个方面作了介绍,并邀请专家进行了解答。

同样的题材,为何会出现不同的报道呢?原因在于,记者是否抓住了最具特色、最能表现主题的事实进行报道。中国国际航空航天博览会作为我国展示改革开放以来航空航天领域技术新成果的窗口,国内外厂家比拼各自航空航天技术实力的舞台的盛会,其意义并不只有这些花絮新闻,更重要的是报道各国航天事业发展的现状和未来趋势。记者是新闻事件的目击者,媒体是社会生活的记录者,新闻报道要正确反映出新闻事件的本质特征,这就要求记者能抓住庞大的新闻场面中最能表现主题的新闻事实,而不要被眼花缭乱的各种场景所干扰。

(二)抓取具有新闻价值的生动细节

在记者的目击采访中,能否抓取有新闻价值的细节,是对记者观察能力是否敏锐的检验。细节观察运用得好,能小中见大,见微知著,使新闻人物更丰满,新闻事件更生动,新闻报道更具有表现力和感染力。有时,一个细节比千言万语生动得多,深刻得多,有力得多。

---

① 《珠海航展"夺人眼"》,载《信息时报》,2002年11月5日。
② 曾伟:《中国航天昨曝五大猛料》,载《北京青年报》,2002年11月15日。

战后谅山[①]

　　新华社广西边防前线 1979 年 3 月 6 日电　新华社记者阎吾报道：记者 5 日下午访问了激战后的越南谅山省省会谅山市。随着奇穷河南岸地区和谅山西南 413 高地守敌的覆灭，枪炮声渐渐平息下来。我边防部队指战员正从各个阵地上把缴获的坦克、装甲车、导弹、火箭筒、火炮和各种枪支弹药汇集在一起。一队队中国边防战士们，精神抖擞地跨过奇穷河大桥，开赴谅山以南的各个阵地，准备迎击胆敢反扑的越军。

　　记者在蒙蒙雨雾中来到谅山北区的一个高地旁，看到那里停放着一辆守敌的指挥车。解送这辆指挥车的战士告诉我们，一个上了岁数、脑袋已经秃顶的敌指挥官被击毙在这辆车上。

　　滚滚浓烟笼罩着谅山的上空。南北市区到处是一堆堆废墟。街头巷尾到处堆放着越军丢下的武器弹药和各种食品，这些武器弹药和食品大都是过去我国作为援助物资赠送给越南的。

　　在谅山市西南的石山上，我们看到文庙越军炮台里的枪炮已被我军打得东倒西歪，越军的火力点二仙洞和其他一些山洞也被我军炸塌。一个边防战士笑着对记者说："他钻洞，我炸洞，在我军面前没有攻不破的堡垒！"

　　记者在谅山敌军的一些阵地上，看到所有的日历都没有翻到 2 月 28 日，有的翻到 2 月 27 日。可以想到，他们刚把日历翻过 26 日那一页，就被我军打得丧魂落魄，再没有能往下翻了。正像一个越南士兵在一封未发出的家信中写的那样："我们这里形势很紧张，每天都有许多人死伤，不知哪一天轮到我的头上。"

《战后谅山》是一篇优秀的战地新闻，其最大的特点在于记者置身战场，仍能敏锐观察到细节，通过战士们的精神状态和越军溃逃时散落在地上的物资，以小见大，反映出我军取得这场战役胜利的信心。细节的加入，使得较刚硬的战地新闻变得生动起来。

（三）树立全感官配合采访的职业意识

　　目击采访作为新闻采访的一种方式，并不是万能的。所以，我们在用眼睛观察的同时，还要善于调动身体各部分器官，不仅用眼睛看，还要用耳听、用鼻嗅，以及尽可能用嘴说、用口尝、用身触，形成"全感采访"。在"全感采访"的基础上，

[①] 阎吾：《战后谅山》，新华网，1979 年 3 月 6 日，http://news.xinhuanet.com/newmedia/2006-11/01/content_5276740.htm.

将所采访的材料加以分析研究，让新闻报道写得有现场感、立体感，让受众阅读新闻时犹如进入现场一般。例如，记者在一个制作不合格食品的黑作坊采访，这要求记者除了用眼睛观察黑作坊里的卫生情况外，还要用鼻子闻一闻气味，甚至用手摸一摸生产设备上的污垢。记者在采访中调动了视觉、嗅觉、触觉等感官，相比单一的视觉采访所获得的材料更能全面反映事物的特点。

第三节　电话采访

电话采访就是指记者借助电话与访问对象交流，从而获取新闻素材的一种采访方式。电话采访的优势在于不受空间的绝对限制，能节省记者的采访时间，实现异地采访。另外，对于采访资料的补充与扩展，借助电话采访既方便快捷，也不会影响新闻的真实性。

一、电话采访的作用

（一）突发事件，快速报道

在新闻实践中，突发事件发生地往往与媒体所在地相距甚远，或者因为时间关系，不可能及时赶到现场进行采访。在此情况下，记者就可以使用电话采访当事人、知情人，获得现场的事实材料。比如，在某个车祸现场，有现场热心市民向媒体提供了这一新闻线索，但因为时间太紧或距离太远，很可能在记者到达现场时，现场已经被处理完毕，当事人和目击者可能都已离开现场，记者要再找到采访对象有一定的困难。此时，记者可以采用电话采访的方式，与提供线索的知情者取得联系，向他了解事件发生的详细经过以及后来的处理方式。记者在对采访材料进行整理之后，如果要补充资料，仍然可以通过电话采访交管部门、医院的负责人以及当事人，进一步了解车祸发生的原因、造成的损失和善后处理等情况。

（二）社会热点，广泛调查

新事物、新现象、新观点往往是人们关注的对象，记者可以针对同一问题通过电话采访多个对象，搜集他们的观点，以获取一定范围的调查数据。以近几年人们关注的住房问题为例，未来的房价是涨是跌，人们对购房有哪些看法，这类观点或事实都可以通过电话进行较为广泛的采访来获得。新华社2004年发表的《房价问题已趋白热化》这一报道就是记者对某房地产公司经理、公司职员、大学教授等人进行了电话采访,总结出的有代表性的三个观点,这三个观点既有普遍的代表性,又能够帮助受众和社会各界全面了解该问题的现状。使用电话采访,记者不必花大量时间上门寻找采访对象,却能够在短时间内搜集到广泛的事实材料,大大提高了工作效率,但是在采访中仍需以真实性为前提开展采访工作。

(三)传闻颇多,澄清事实

针对社会上每天出现的新消息和某些传闻,记者在采访中需要对某些传言或消息中与新闻有关的事实或数据进行核实,从而保证新闻报道的真实性。而电话采访就能够实现较快速的口头核实。2009年10月30日,全球最大的在线旅游公司Expedia通过旗下公司TripAdvisor与酷讯网达成了并购协议。此消息一经传出,立即引起了许多人的议论,有的人认为这是虚假传言,有的人则认为是真实的。为核实并购事实,赛迪网记者电话采访了酷讯网相关负责人,并最终证实该消息属实。[1] 由此可见,通过电话采访求证,记者既可以得到事实的真实状况,又能够作为报道依据消除人们的疑虑。

(四)重大事件,跟踪回访

重大事件的报道往往会引起社会的强烈反响,并产生连锁反应,这些后期的信息(即社会反响、后续发展等)也是记者需要及时了解和掌握的。一些后续的跟踪和回访常常需要借助电话采访完成。如2008年的"5·12"汶川特大地震造成了重大的人员伤亡和财产损失,引发全球关注。由于地震带来的破坏,重灾区的多处山体滑坡,形成了堰塞湖,其中唐家山堰塞湖形势最为险峻。地震发生后,许多媒体对唐家山堰塞湖的施工情况进行了跟踪报道。在中央电视台新闻频道的"抗震救灾 众志成城"专题报道中,主持人通过电话采访快速了解到唐家山堰塞湖的施工进度、物资运输和官兵生活等最新情况。

下面是主持人白岩松连线位于唐家山堰塞湖的中央电视台记者邓军的一段电话采访[2]:

  白岩松(以下简称白):现在我们要连线在唐家山堰塞湖现场的记者邓军。邓军,你好!

  邓军(以下简称邓):你好,白岩松!

  白:现在雨停了没有?

---

[1] 赛迪网,http://news.ccidnet.com/art/11095/20091030/1926029_1.html。
[2] 中央电视台网站,http://space.tv.cctv.com/video/VIDE1212069406390891。

邓：这场雨是昨天晚上11点钟开始下的，今天中午就停了。

白：雨停了之后，直升机是否又恢复了大型机械的运输和相关物资的运输呢？

邓：是的。我观察了一下，从今天中午1点半开始就有直升机来到唐家山堰塞湖，今天下午，米－26直升机运行10个架次，共运送了6罐油料和10个集装箱的物品，半个小时前，最后一架直升机才从这里飞回去。

白：因为毕竟经历了这么一场大雨，我们同时也在关心堰塞湖的水位有没有上升的趋势？

邓：今天的水面上涨了1.5米。

白：目前导流明渠的施工不管是在长度、深度和宽度方面进展情况怎么样？

邓：今天施工进展比较顺利，因为今天是施工面积最大的一天，由于昨天许多大型机械运到了现场，所以施工面展开得非常大，到目前为止，已经挖了7万立方米的土方，今天一天作业就达到了1.3万立方米土方。据我了解，明天将还有一部分施工机械运到施工现场，其中有两部转机。为什么要用转机呢？因为越往下挖，施工遇到的石头就会越多，给施工作业带来一些困难，因此采用打眼放炮的方式进行作业。

白：据你的了解，你觉得现场施工的难度怎样？

邓：就目前看，还比较顺利，因为今天下雨的原因有些机械不能使用，再有因为下雨，机械的燃油告急，好在今天下午及时运输过来，从下午1点到7点的6个小时里，基本把燃油运到位了……

白：目前在施工现场实行"三班倒"，因为昨晚开始的中到大雨，有没有影响到武警官兵的休息呢？

邓：这场大雨的雨量是非常大，我们记者使用的帐篷旁都积满了水，不得不定期排水。我昨晚观察到，大多数武警官兵的休息没有受到太大影响。今天中午，直升机给战士们送来了热的盒饭，大家可以吃上热的饭菜了。

这个案例其实不仅是重大事件的回访，更为重大的意义是其在电视新闻中的运用。

既然在运用中有回访，自然也应当有预访，通常的做法是记者先通过电话了解新闻价值，获取基本新闻事实，再决定是否需要到现场采访或做出其他安排。

（五）咨询专家，释疑解惑

在新闻采访中，有时为了对所采访的事实提供专业上的解释和建议，有时为了提高可信度与权威度，或增加新闻的深度，记者往往需要针对某一事实、事件、现象、活动等访谈专家或专业人士。这种采访围绕新闻事实,就事论事,采访专家或专业人士是为了深化报道或者突出报道的新闻价值,因此,在坚持时效的前提下可多采用电话采访并辅以录音笔记录的方式。

国家天文台专家:此次日全食与预计差异不大①

新华网北京7月22日电(刘军)国家天文台专家22日上午接受新华网记者电话采访时表示,这次日全食和国家天文台此前的预计差异不大,对科学研究具有较大意义。

国家天文台专家包星明介绍说,他是在浙江安吉的天荒坪观测点进行观测,当地云集了来自美国、英国、法国、西班牙等20多个国家和地区的200多名天文学家及6000多名天文学爱好者组成的观测队伍。

不过由于当地气象条件的限制,观测效果受到较大的影响。

包星明表示,日全食观测研究的内容主要有两项:一是日冕观测。日冕是太阳大气的最外层,厚度达到几百万公里,温度高达百万摄氏度,日冕只有在日全食时才能看到。二是寻找"水内星"。水星离太阳很近,因掩盖在太阳的强光之下而很难观测到,因此当日全食发生、太阳被月亮挡住时,就是科学家观测水星及水星轨道的最佳时机。

此次在安吉的观测,无线电波段观测由于不受天气影响,可以正常观测,获取翔实资料。但对成像观测而言,天气的影响就比较大,只能或好或坏获取不同的信息。包星明说,最受影响的是光谱观测,由于多云的原因,很难获取满意的数据。

"这一切其实也都在预料之中。"包星明说,长江中下游流域因为气候比较潮湿,通常晴天能见到日照的机会也不是很高,因此对这次观测效果,国家天文台也有心理准备,遇到云层也在情理之中。

包星明说,这次日全食对于天文科研的帮助,成像观测是非常重要的一个方面,但由于最后日冕的光不是很强,有薄云对光球效果带来影响。

同在浙江安吉的国家天文台副台长、国家天文台科学观测总指挥郝晋新接受媒体采访时也直言,作为普通人来说,肉眼如果能看见太阳的轮廓,就能够欣赏到日全食。但作为专业观测来说,对天气的要求比我们普通人观赏日全食要高得多,虽然仪器能够看到,但是由于有云的遮挡,很多观测项目实际上是

---

① 刘军、袁韵:《国家天文台专家:此次日全食与预计差异不大》,新华网,2009年7月22日,http://www.chinanews.com.cn/gn/news/2009/07-22/1785926.shtml。

没有办法进行。

国家天文台研究员王华宁在接受本网记者采访时表示，国家天文台安吉观测点在此次日全食观测中收集到了很多数据，这对天文研究而言具有较大的意义。

据悉，为了这次日全食的观测，国家天文台在日食带中选择了9个观测点，多数集中在长三角的城市。

记者运用电话采访方式，邀请专家介绍影响日全食观测效果的因素。专家的解释不仅揭示了日全食观测对天文研究的意义，而且为人们提供了科普知识。如果记者登门拜访，与专家进行面对面交谈，一来记者要提前预约时间，并专程前往面谈，二来采访对象也要专门腾出时间来接待记者来访，这样对双方来说都不高效。如果采用电话采访的方式，一问一答，既能快速完成采访，使整个过程简单快捷，也有利于记者采访效率的提高。

二、电话采访的注意事项

（一）做好采访准备，提高采访效率

电话采访和直面采访不同，记者无法察言观色、灵活应变地提出问题，因此记者在采访前做好准备工作就显得很重要也很必要了。电话虽然便捷，但是并不适合长时间交谈。采用电话访谈一般都是就事说事，较少闲聊其他话题。因此，记者在给采访对象打电话之前，应该列一个详细的采访提纲。这样一方面可避免采访过程中可能出现的遗漏，有助于一次性获得相对完整的资料；另一方面，记者列提纲的过程也是对将要报道的事实的一次思考，可以为写作打下基础。

（二）注意倾听，防止误解、曲解

在电话采访中，记者看不到对方的面部表情，只能凭借对方的语气感觉其情绪的变化，这就要求记者能仔细倾听对方的讲话内容并准确判断对方的语气语调，避免会错意而造成误解。因此，在电话交流的倾听过程中，记者一定要快速、详细、准确地记录谈话内容，并且学会在电话中掌握主动权，如有跑题能够及时、巧妙而礼貌地将采访对话拉回主题。

（三）做好事后的核实工作

电话采访虽然方便快捷，但是也易出差错。这种差错有的是因为记者耳误所致，还有的是因为对方不与记者面对面，心理压力较小而更容易造假，特别是当采

访对象有意掩盖负面事实或刻意夸大有利事实时，更是如此。所以，电话采访的核实工作很重要，尤其是有关事实的细节、数据、人名、地名等更要求准确无误。核实工作可以在采访对象回答完该问题时，记者把不清楚的地方重复一遍，向对方再次证实，也可以多访谈几位相关人士，获取较丰富的材料，在结束采访整理完资料后，综合分析并最终取舍。

第四节　网络采访

一、网络新闻采访方式的类型与特点

随着网络成为"第四媒体"，利用网络采访搜集资料正在成为记者们常用的采访方式之一。网络采访是依托网络而存在的新闻采访方式，其特点及应用形式在很大程度上与互联网自身的特点相契合，是传统新闻传播实务的重要补充之一。记者可以利用电子邮件、BBS、博客、网络电话和聊天工具、可视化交互式设备等进行远距离的全球性、实时性新闻采集和新闻调研等活动，还可以利用网络所提供的信息寻找采访线索，收集和核查数据。

网络给新闻采访带来了深刻变革。清华大学国际传播研究中心主任李希光教授讲过这样一个故事："当你托人买好票，把录音机、电池、磁带、照相机以及牙膏、牙刷、毛巾和刮胡刀匆匆装进包里，乘火车去沈阳采访这天在美国《科学》杂志发表封面文章的化石研究专家时，另一家新闻单位的记者已经完成了这篇报道，他是在办公室里完成的。他先在互联网上阅读了这本杂志和图片，并根据《科学》杂志在网上提供的中国和世界各地与此有关专家的采访线索、电话和 E-mail 地址，除了用电话详细采访了沈阳、南京和北京的科学家外，还通过电子邮件网上采访了（由于时差，打国际长途不方便，另外国际电话费太贵）5 个国际上的权威专家，调阅了数十篇与这类化石相关的文章和照片。当你第二天筋疲力尽地坐在飞回报社的航班上，思考着选个什么样的导语时，你突然看到邻座的乘客翻阅的报纸上醒目地刊登了你正在构思的长篇报道，报道旁边配发了一张大照片。你这时可能才猛醒：'哇，人类进入了互联网时代。'"[①]

根据采访者与采访对象的关系，网络采访大致分为两大类型：点对点式采访和

---

① 李希光：《互联时代逼迫我们重塑自己》，载《中国记者》，1999 年第 2 期。

点对面式采访。点对点式采访是指采访者对采访对象进行一对一采访。点对面式采访是指多个采访者同时对特定采访对象一起进行采访。

(一) 点对点式采访

1. 电子邮件采访

在1999年出版的某期美国《新闻评论》杂志上，一位记者向读者讲述了一个网络采访的故事——1993年，旧金山一个精神失常者杀了8个人。记者想了解这个杀人狂的故事，于是在网上通过房产记录找到他的地址，并由此找到他的邻居和同事，给他们发电子邮件进行采访。由于这次成功的报道，这位记者被提升为该报墨西哥分社的主任。

在传统新闻采访中，利用信件采访也是一种较为有效的采访手段。由于记者和采访对象往往相距较远，不具备面对面采访的条件，另外有的采访对象一段时间内比较忙，不能确定具体的采访时间，在这种情况下，记者可以采用信件采访的形式。信件采访的优势是能给采访对象充足的思考时间，有助于受访者更好地回答问题。同时，信件可以作为记者后期写作中的直接引用资料，这就避免了对话中因采访对象的口误或记者记录不准确产生的偏差，能保证新闻的真实性。随着网络的普及与广泛应用，许多企业、机构或个人都开通了网页，建立了专门的电子邮箱，这为记者通过电子邮件采访提供了便利。

电子邮件采访不仅具有传统信件采访的特点，而且在其他方面还独具优势：一是更加方便快捷。传统的信件采访要经过信件的来回邮递，整个过程少则几天，多则几个月。如果采用电子邮件，记者可以把采访请求和问题发送到对方的电子邮箱里，只要网络畅通，电子邮件都会在几秒钟之内发送到地球的任何地方。二是电子邮件可以通过附件形式传送大量的文件、图片，甚至音频、视频资料，一方面有利于记者更好地表达采访意图；另一方面采访对象也可以向记者提供详尽的资料。三是对于一些社会地位较高的人士如学者、专家、名人等，他们如果正在出差而接听电话又不方便时，可以使用电子邮件及时交流沟通，确保采访任务的完成。四是使用电子邮件采访几乎免费，这对记者来讲降低了采访成本。

2. 网络即时通讯采访

除了使用电子邮件外，利用即时通讯工具，如QQ聊天工具进行采访，也是现在比较普遍的采访方式。现在国内很多媒体都公布自己的采编QQ邮箱，鼓励受众参与，或者征集新闻线索，或者征集公民新闻，或者征集报道选题。如《武汉晚报》开设了《百姓讲述》栏目，并在报纸上刊登栏目QQ号码，读者一旦有想要与记者交流的话题，可以立即通过在线聊天的方式与记者交谈。QQ采访的优势在于交互性强，同时对于一些不愿意面对记者的采访对象来说，这种方式可以使其避免紧张和尴尬，使谈话更加流畅和深入。

（二）点对面式采访

1. 聊天室采访

网络聊天室是一种多用户、多频道的实时交流工具。当某人进入聊天室时，他发表的言论会被与他在同一会话空间（也称为"群"或"房间"）里的所有人看到，他也能看到其他人的谈话内容。聊天室可以同时容纳较多人，采访者可以选择不同的采访对象进行不同话题的交流，也可以单独设立聊天室与特定的采访对象进行单独交流。目前，采访对象在特定时间、特定的聊天室接受人们的采访最为常见。

"非典"时期，人们外出受到较大影响，网络媒体以其发布快、容量大、形式多、检索易以及交互性强和无地域限制等特点，受到人们的广泛关注，成为受众了解"非典"信息的重要渠道。广大网民利用网络聊天室，对专家学者或者政府官员进行采访，及时获取有效信息，并使所获取的信息又能为其他网民所共享，这种互动方式在"非典"期间得到了较多的应用。聊天室采访的采访对象这个"点"虽然相对固定和特定，但是参与提问的采访主体逐渐增多，体现了"面"的范围越来越广。这种采访方式既体现出公民新闻的发展方向，也体现出现代新闻采访的民主性特征。近几年，网络聊天室采访方式的应用越加广泛，每年两会期间人民网、新华网都会邀请采访嘉宾到网站的聊天室接受记者的专访，同时也回答在线网友的问题。

2015年5月13日，澎湃新闻推出"问吧"栏目（见图6—2），这一新型问答社区可谓是聊天室采访的延伸与发展。名人和达人开设一个议题，网友可以向其提问。在积累了一些问题后，名人和达人将陆续回答网友的问题，当征集问题足够多或答主不想再继续作答时，这些话题会被关闭，不接受新的提问。最终，被回答的问题将显示在页面中。例如：

[黄绮] 我是全国政协委员黄绮，如何让成年自闭症患者融入社会，问我吧！

"星星的孩子"长大后去哪儿了？4月2日，是世界自闭症日。近年来，大众对自闭症群体的了解日益增加，然而相比较而言，我国关护自闭症患者的政策更多地向未成年患儿倾斜，对大龄和成年的患者，政策支持几乎是空白的。长大后的他们凭自身能力无法融入社会，绝大多数不得不待在家里让父母照顾。这不仅让家庭不堪重负,另一方面,当父母逐渐老去,他们又该何去何从?

我是黄绮,全国政协委员、上海市妇联兼职副主席、上海外国语大学法学院副教授、高级律师。2020—2022年,我连续三年为自闭症患者提案,呼吁更多政策支持。成年自闭症患者的就业现状如何?如何鼓励、帮助他们融入社会?怎样让患者和家长们没有后顾之忧?关注"星星的孩子",欢迎大家向我提问![2022—04—02]

[好学的小青蛙]现在有的地方有专门为阿尔兹海默患者设立的餐厅,服务员都由患者组成,对于自闭症患者,是否也可以采取类似的方式?目前看来他们最适合从事哪些方面工作呢?[2022—04—02]

[黄绮]您好,我接触过一个专门培养自闭症患者就业能力的模拟场所"爱咖啡",在那里,有专人教自闭症患者学习冲泡咖啡的技能,然后有志愿者扮演"顾客",让自闭症患者学习将冲泡好的咖啡端给"顾客",然后和志愿者扮演的顾客进行交流沟通。在这里"工作"的自闭症患者表示很开心,他们觉得可以和人正常交流了,而且也觉得自己是个有用而不只是添麻烦的人了。自闭症的特点是社会交流和语言障碍,行为上重复和刻板性,但他们能够学习技能,比如绘画、演奏乐器、厨艺、冲泡咖啡等简单的工作,我想如果是社会沟通要求不太高的工作环境,技能要求也不太高又重复性的工作,也许会是适合他们的工作机会。[2022—04—02]

[S052D75]自闭症患者长大后何去何从?还有机会正常融入社会吗?[2022—04—02]

[黄绮]这是一个很好的问题,也是一个很需要关注的问题。自闭症患者在结束义务制教育阶段后,由于基本无法被单位录用正常就业,基本就回归家庭,又不得不进入一个自闭的环境,让他们之前受到的教育和康复效果渐渐消失,这是非常可惜的事情。所以我们呼吁要让他们能够在离开学校后能够继续有机会接触社会,这就需要给他们就业的可能,在工作中接触社会,这对他们是最有利的。但现实是,他们目前的就业机会非常少,这是我们政府在政策层面亟需去考虑的,如何通过政策的推动,鼓励企业单位接纳他们做力所能及的工作,创造他们融入社会的机会。[2022—04—02]

[木木—2222]星星的孩子如何接受教育?[2022—04—02]

[黄绮]我们这些星星的孩子(孤独症患者)目前是接受义务制教育,和普通孩子一起随班就读。但是,对于轻度自闭症孩子来说,随班就读可能还可跟上进度,但程度严重些的自闭症孩子就跟不上正常的教学进度了。因为跟不

上进度，他们在班级里在学校中与其他同学相处的自我感觉就很差，会产生自卑的情绪，有可能更加加重他们的病症。所以，应该考虑对自闭症的患儿根据程度进行分类，对于能跟得上普通学校教学进度的，可以和普通孩子一起融合教学，对于程度严重跟不上教学进度的，应该考虑开辟专门的班级，甚至开办专门的针对性教育的学校，有的放矢地提供教学资源给这类学校，如此可以让教的有效果，学的有成效，各取所得。[2022—04—02]

[S052D75] 现在社会对自闭症的关注程度足够多吗？生活中看起来不太常见。[2022—04—02]

[黄绮] 今天是关爱自闭症日，说明全球范围对自闭症都日益重视和关爱了。据世界卫生组织统计，自闭症人群比例在0.7%左右，成为世界上公共卫生疾病排列在前的，所以引发全人类对此的日益关注。[2022—04—02]

[f盲fl] 除了专门机构，社会上有哪些就业渠道可以较好容纳、接洽自闭症患者呢？[2022—04—02]

[黄绮] 目前现实中其实没有看到，所以我们应该要考虑创造适合他们的就业渠道了。他们尽管有社交障碍，但他们有学习能力，也能学习工作技能，所以可以考虑找出一些适合他们的就业岗位，比如绘图、文印、冲泡咖啡、厨艺等简单工作也许是可以尝试的。[2022—04—02]

[muyingda] 黄委员好！现有公立医院或民办机构开展的自闭症儿童康复训练，费用相对较高，一般家庭难于长期承受。请问国家有相应的支持吗？[2022—04—02]

[黄绮] 就我了解的情况，国家残联似乎有培训康复费用的支持政策。[2022—04—02]

[你的名字约定的地方] 自闭症是否有性别倾向？男孩更容易患病有这个说法吗？[2022—04—02]

[黄绮] 现状是自闭症患儿中男孩比例比女孩比例高得多。[2022—04—02]

[我的世界MC] 请问自闭症是先天因素多还是后天导致的多？和基因有关吗？[2022—04—02]

[黄绮] 抱歉，这个问题我不是专业的研究人员，无法回答，但据说和基因及后天都有关系。[2022—04—02]

[澎湃网友Fnamqu] 我们普通人在日常生活中可以为自闭症儿童做些什么？如果遇到自闭症患者，我们应该有哪些注意事项需要注意呢？[2022—04—02]

[黄绮] 以我自己和自闭症患者及家庭接触的感受，我觉得他们最需要的是理解和关爱，需要被接纳。因为他们最大的障碍是欠表达，低口语甚至无口语，心里想的说不出来，所以就会焦虑和着急，就会在行为上表现出非常地冲动、很大的情绪。所以，对于自闭症患者如果有认识了之后，遇到焦虑冲动的患者，可以安抚他们，让他们平静，不要以我们日常的行为规范来要求他们，要顺应他们的状态，缓解状况，安然相处。这点在目前义务制教育中在学校进行融合教育中的自闭症孩子，更需要老师和同学们去理解，去学习和他们的相处模式，要换位思考和有同情心。[2022—04—02]

[我的世界MC] 请问如何辨别自闭症？轻症和重症之间有什么区别？[2022—04—02]

[黄绮] 对这个问题我不是专业人员，无法告知。但是，医学上已经有一套使用经验和仪器配合的辨别方法进行早期辨别了，包括通过眼神、走路步行等各种方式辨别。对于程度的差别专业医院也会通过量表来确定的，这个就需要向专业人士了解了。对于程度轻的自闭症患者，他们还是有与他人进行语言表达的能力的，可以进行一定程度的交流和沟通；反之，交流障碍大的，不能控制自己情绪的，程度就属于严重些了。[2022—04—02]

[啊猪啊猪] 自闭症是否有改善的可能？患有自闭症的孩子能通过何种方式在成年后独立生活？[2022—04—02]

[黄绮] 自闭症的病症是从小开始的，所以早发现早干预效果会好些。对于采取了有效干预措施的自闭症孩子，是有很大可能改变状况的。我目睹了不少自闭症的孩子，从一开始的自闭，到后来通过干预参加学习后，学会了弹钢琴、吹小号、演奏乐器等，还有能力学习文化课，甚至有些自闭症孩子还考上了大学进入高等院校学习。所以，干预成功的孩子成年后的独立生活能力是没有问题的。[2022—04—02]

[你的名字约定的地方] 自闭症如果不进行干预会怎么样？[2022—04—02]

[黄绮] 据我了解，自闭症孩子应该尽早发现尽早干预，早干预效果绝对好于晚介入。对于有经验的专业医生来说，3个月的孩子就有可能判断是否有自闭症的可能了。所以对有迹象的孩子家长需要尽早观察和作出判断，寻求专业帮助。[2022—04—02]①

---

① 参见澎湃"问吧"：《我是全国政协委员黄绮，如何让成年自闭症患者融入社会，问我吧》，2022年4月2日，https://www.thepaper.cn/asktopic_detail_10023131。

第六章 新闻采访的主要方式

图 6-2 澎湃"问吧"网页截图

从上面的案例可以看出，在网络聊天室里，网友们可以即时对自己感兴趣的话题提问或发表看法，可以提供更加广泛和多元的意见，大大丰富了采访的内容，增强了互动性，采访方式本身也增加了现场感和时效性，如每次问答都有时间记录。

2. 新闻组采访

新闻组（Usenet 或 NewsGroup）是一个基于网络的计算机组合，这些计算机被称为新闻服务器，不同的用户通过一些软件可连接到新闻服务器上，阅读其他人的消息并可以参与讨论。简单地说，它是个人向新闻服务器所投出邮件的集合，有点像日常生活中收发信件的邮局，是大量包含不同内容的邮件的集散地。

新闻组可以提供海量信息。据有关资料介绍，目前国外有新闻服务器 5000 多个，据说最大的新闻服务器包含 39000 多个新闻组，每个新闻组中又有上千个讨论主题，其信息量之大超出想象。但是，记者要找到需要的信息并不难，因为这些邮件按其主题和内容进行了分组，通过有意识地设置相关论题，就能够一步到位得到自己想要的信息，而且新闻组的数据传输速度与网页相比要快得多。

新闻组也是一个完全交互式的超级电子论坛，是任何一个网络用户都能进行相互交流的工具。在新闻组上，每个人都可以自由发布自己的消息，不管是哪类问题、多大的问题，都可直接发布到新闻组上和成千上万的人进行讨论。这似乎和 BBS 差不多，但它比之 BBS 还有两大优势：一是可以发表带有附件的帖子，传递各种格式的文件；二是新闻组可以离线浏览。但新闻组不提供 BBS 支持的即时聊天，也许这就是新闻组在国内使用欠广泛的原因之一。

3. BBS 采访

BBS（Bulletin Board System）就是电子公告板。通过它可以交流信件、传输文件、交流信息、查询资料。如果是大型多线的 BBS 站，采访者可以约集采访对象一起上线，彼此通过线上会议讨论问题。这不仅能丰富采访线索，还可以帮助记者找到好的新闻选题。

4. 5G 沉浸式多地跨屏访谈

5G 沉浸式多地跨屏访谈，指利用 5G、CAVE（基于投影的虚拟现实）技术、MR（混合现实）技术、LED 屏幕多角度三维缝合技术等，通过计算机将真实与虚拟相结合，打造一个可人机交互的虚拟环境，为体验者带来虚拟世界与现实世界之间无缝转换的"沉浸感"。在此技术下，主持人和嘉宾可以实现异地、超时空对话，也可以实现实时、实地的交流、互动。

图 6—3　新华社打造首个 5G 沉浸式多地跨屏访谈[①]

二、网络采访的注意事项

与传统的面对面访谈、电话采访不同，网络采访借助网络技术与网络手段，其时效性更强，这大大扩展了新闻记者的采访范围，它成本更低，减少了采访所需的

[①] 陈凯星、周亮：《国社推出新"神器"，张伯礼院士体验后说："怎么那么神奇？"》，新华社微信公众号，2021 年 3 月 2 日，https://www.81.cn/2021zt/2021-03/02/content_9994554.htm。

时间、人力、物力等；但是，网络采访在为记者工作带来便利的同时，也给记者带来前所未有的新问题。在网络采访中，记者要注意以下事项。

（一）不应过多地依赖网络采访

因为网络采访是依托网络直接进行的，当记者在室内联网的电脑前与采访对象进行通信或交谈时，就会失去耳闻目睹新闻现场的机会，长此以往，会导致视觉和听觉等采访功能弱化，影响新闻事实的准确性和生动性。因此，事件性、活动性、体验式的报道一般不宜在网络中直接进行采访。

（二）重视核实采访内容的真实性

互联网的开放性和匿名性决定了它是一个无法严格管制的信息通道，信息发布者的身份和信息的真实性都无法完全证实。因此，互联网在给记者提供丰富的海量信息的同时也难免有大量失实甚至虚假的信息。如2001年1月20日，南方某报社一名记者在互联网上发现了一条名为"一村民因饮酒过量昏迷不醒，家人以为死了便为其发丧，人送至火化途中复活"的新闻。为了争抢独家报道，报社使用电话对其信息发布人进行了采访，写成的消息在报纸上及时刊发。但由于其人其事都是那个网民自编的，为了争"快、独、奇"，使采访工作缺失了核实的环节，从而造成严重失实。所以，记者在网上采访中必须善于辨别网上信息的真伪，对网上得到的信息要进行认真查证和多方核实，保证其真实性和准确性。

（三）确保第一时间接触到第一手信息

互联网是一个交互式的传播工具，网上传播的信息来自多个媒体和多种声音。不管是在线聊天（Chatting）、网上论坛（BBS）、网上浏览（WWW），还是电子邮件（E-mail），都可能成为记者寻找和发现新闻报道的人物或事件线索的新闻源。如1999年4月15日，大韩航空公司一架麦道MD11货机于16时4分从上海虹桥机场起飞，一分钟后坠落在上海郊外的莘庄附近。当天17时57分一网友将主题为"飞机坠落"的帖子贴到新浪网的《谈天说地》栏目上，并简要地描述了自己所目击的事故现场的情况。根据这条线索，18时11分，新浪网以"快讯"形式在国内新闻栏目中报道："一架飞机今天16点在上海附近失事"（见图6-4）。随着事态的发展，新浪网在滚动播发的《要闻》和《国内新闻》栏目中共播发了20多条相关新闻和图片。值得注意的是，记者在使用网络资源时，必须确保所获消息是最新信息，而且在没有现场记者的情况下，最好注明消息来源。如果不加确认，报道出来的新闻可能已经被其他媒体报道过，不仅会丧失时效性，而且有可能造成新闻失实。

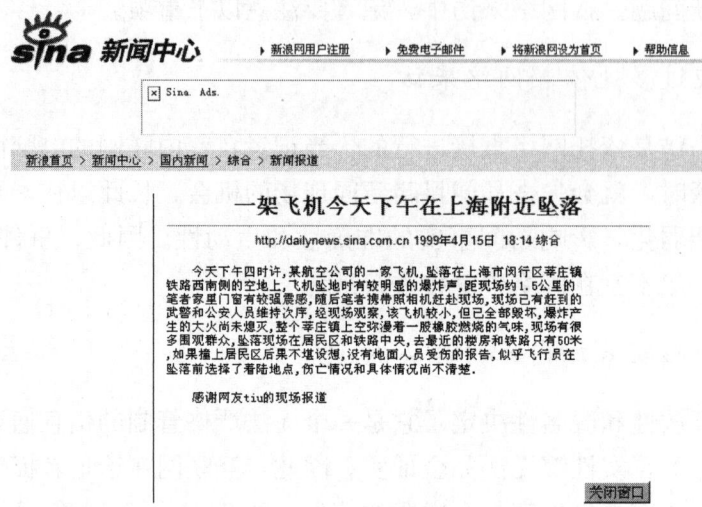

图 6—4　1999 年 4 月 15 日新浪网相关报道网页截图①

第五节　座谈会和新闻发布会采访

通常情况下，采访形式是一位记者和一位采访对象两人交谈，这种"一对一"采访的优点在于可以形成良好的交流和互动。由于是小范围的交流，它便于记者深入、细致地了解情况。然而，"一对一"的采访也存在一定的局限性，即耗时长、效率低。如果记者为了获得较为完整的丰富资料，则要采访几个甚至几十个对象，这时如果采取"一对一"采访，势必会耗费大量的时间，要多次预约，等到采访结束，新闻可能已经成为旧闻。如今，新闻媒体在新闻战中越来越强调时效性，因而一些大型或特殊类型的采访需要正确的方法，以提高效率。座谈会和新闻发布会采访在一定程度上可以弥补"一对一"采访的缺陷。在同一时间和地点，这两种方式可以同时进行，从而实现高效采访。

---

①　参见新浪网，http://news.sina.com.cn/china/9904/041551.html。

一、座谈会采访

（一）座谈会采访的定义和分类

座谈会采访是指记者通过座谈的方式，在同一时间、同一地点就同一话题，向多个对象进行提问并采集事实材料的一种新闻采访样式。根据采访实施的不同方法，可以有不同的分类。

按照新闻事实分类，座谈会采访可分为两类：一类是记者围绕某些已经发生的事件，请事件的当事人或者目击者、知情者进行座谈，以了解事件的真相；另一类是记者围绕某些社会关注的问题或者事件，请与其有关联的对象或者问题、事件的关注者，或者对该问题、事件有权威性的发言者进行座谈，以便了解或反映社会上有代表性的看法。

按照座谈会召开的形式，可以分为直接报道座谈会和间接报道座谈会。直接报道座谈会由某些组织或机构出面开展，邀请具有代表性的人士，就某一话题进行座谈。这种座谈会往往本身就构成新闻。2009年春节前夕，中纪委、中组部、中宣部组织采访团深入四川省巴中市南江县采访南江县县委原常委、纪委书记王瑛的先进事迹，新华网记者随后发表《领导眼中的王瑛——王瑛先进事迹采访座谈会实录》[1]一文。这种座谈会既是一种采访方式，也是一件新闻事实。间接报道座谈会是指记者为听取各方意见，收集事实相关信息而组织的座谈会。

（二）座谈会采访的特点

1. 节约时间，有助于提高采访效率

有的采访主题涉及多个单位和个人，如果记者一一访问，工作量较大，耗时较长，不被及时报道所允许。而召开座谈会可以把需要采访的人一次性召集起来，每个人提供自己知道的相关情况，记者就能用最少的时间将大量的、零散的新闻材料迅速收集起来，这样就节省了时间，提高了效率。

---

[1]《领导眼中的王瑛——王瑛先进事迹采访座谈会实录》，新华网，2009年12月17日，http://news.xinhuanet.com/newscenter/2009—02/15/content_10823846.htm。

继水价听证会后，洛阳市又邀请各方人士座谈
洛阳水价调整再次问策于民[①]

核心提示

8月6日，继水价调整听证会后，洛阳市又召开了供水价格改革调整网友座谈会，有59名网友参加了座谈。座谈会上，反对方和赞同方各抒己见，但都对政府开门听取意见表示赞赏，希望能综合考虑各方面意见，使水价改革调整方案更加科学可行，尽可能减少对居民生活的影响。

洛阳市领导表示：水价调整关系群众的切身利益，必须广泛征求群众意见，问计于民。此次水价调整将坚持居民基本生活用水零利润原则，即在基本用水定额内实行零利润率供水。

8月6日，洛阳市继城市供水价格改革调整听证会之后，又召开了洛阳市城市供水价格改革调整网友座谈会。

座谈会：开明政治沟通信息

7月31日，在洛阳市召开的城市供水价格改革调整听证会上，关于洛阳提高水价的问题，18名代表中17人赞成，1人反对。听证会结束后，网友们对此议论纷纷，有网民对听证会的结果表示质疑，甚至戏称其为"被听证"。

为了在更大范围内、更广层面上进一步听取社会各界的意见和建议，使决策更加符合洛阳实际，8月4日，洛阳市委市政府通过网络发布了"关于举行我市城市供水价格改革调整座谈会"的公告，邀请网友就水价调整问题进行座谈。共有81名网友报名参加座谈会，8月6日实际参加座谈会的网友有59人。

发改委：调价原因仔细说明

昨天的座谈会上，洛阳市发改委首先介绍了洛阳市水价改革和调整的基本情况。

洛阳市发改委表示，洛阳市现行水价是2003年经省发改委批准后实施的。6年内，全省有10个城市分别在2005年和2006年调整过一次价格，而洛阳未调整。

目前，洛阳市水价主要有两个弊端：一是基本水价层次低，未设定用水定额和超定额加价的约束性指标，不符合国家利用价格机制节约资源的要求；二是水价分类复杂，对同等市场实行差别定价，形成价格歧视和不公平竞争。同

[①]《继水价听证会后，洛阳市又邀请各方人士座谈 洛阳水价调整再次问策于民》，载《大河报》，2009年8月7日。

时，水价长时间不变动，造成了供水企业亏损。6年来，社会综合物价指数上涨了23.1%，其中影响制水成本的电价上涨47.8%。同时，洛阳市水务集团还千方百计筹资进行城市供水基础设施建设，6年共投入2.07亿元，铺设城市供水管网346.5公里。至2008年底该公司共形成债务负担2.8亿元。这种矛盾的积累使供水企业难以持续经营。

洛阳市发改委介绍，本次水价改革调整方案突出了三个方面的特点：一是突出改革。改革的主要措施有两项，第一项是对居民用水实行阶梯水价，第二项是合并水价分类，将原来的工业、商业服务业和行政事业三类水价统一合并为"非居民水价"，实行同等水价。二是突出"零利润"。对居民用水价格按成本价进行核定。三是突出政府投入。建立健全政府投入和价格补贴机制，对新建供水管网实行企业贷款政府贴息或补贴支持，建立"一户一表"户表改造基金，对低收入群体用水进行财政补贴。

洛阳市发改委介绍，水价是省管价格，洛阳市的供水价格改革调整方案还要经省发改委批准。据悉，今年上半年，全省有包括洛阳市在内的8个城市计划调整水价。

洛阳市发改委领导表示，听证会发表的意见和形成的结论只是政府进行价格决策的重要参考依据，而不是最终定价决策；听证会结束也不等于定价的全部过程就结束了，而是还有大量的工作要做。这次座谈会就是再次征求意见的一种方式，发改委将把座谈会意见和听证意见一并作为修改定价方案的依据。定价方案最终形成后，报市政府研究通过，再报省发改委审批。审批后，将及时向社会公告。

反对者畅所欲言

在座谈会上，有些网友对洛阳水价上涨持强烈反对态度，这部分网友主要针对"洛阳市水务集团财政亏损""提高水价可以促进居民节约"这两个促进水价上调的原因提出了不同看法。

对于洛阳市水务集团亏损的问题，网友"啄木鸟"认为，水务单位在垄断经营的情况下，管理不善、人员超编，都可能是导致亏损的原因，在原因不明的情况下，以提价方式弥补亏损，难以让人心悦诚服。

网友"奇石顽童"说，"公用事业，百姓至上"是水务集团的口号。供水不能以追求利润最大化为目标，应以"保住成本，略有盈利，不至亏损"为原则。这位网友认为，浪费水资源与水务部门也有关系。比如洛阳市区一处地方大量漏水，居民多次反映，水务集团的人就是不来处理，以致这里蛙鸣声声。

也有些网友表达了自己的疑虑：多用水多交钱可能形成"我有钱，不怕多用水"的观念，使水资源利用完全成为一种经济行为，并不能达到保护水资源的目的。

此外，有网友提出，在目前经济危机的情况下，提高水价是不合适的，会使区域经济雪上加霜，居民负担加重。网友"简单化生活"说："很多低收入者本身就很节约用水，涨价会加重贫困人群的负担，如果执意要涨的话，每户每月10吨以内就不要涨了。"

赞同者言之有据

座谈会上，并非都是反对涨价的声音。

关于提高水价是否能真正有利于水资源保护，网友"画中游"表示赞同。网友"smilepkn"是一名北大四年级学生，她说："宣传节水的公益广告比比皆是，但让节水深入居民意识往往由用水成本决定。"

关于提高水价对低收入人群基本生活的影响，网友"smilepkn"引用了2009年1月世界银行在北京发布的《解决中国水稀缺：关于水资源管理若干问题的建议》中的观点：当前水价政策仍不能满足水务部门有效运行的需要，更不能从根本上实现水资源长期可持续利用的要求，融资不足将导致水管网难以扩展至贫民区域，同时水质也难以保证。而且低水价会使低收入家庭从水价补贴中获得的利益更少，而因为所获得的供水服务差，反而需要支付更高的代价——包括健康受影响以及为获得更好的供水服务支付更高成本。

"smilepkn"建议，对低阶梯用水提供部分补贴，对低收入家庭有保护作用。

聚焦点：民主座谈消除误会

座谈会上，59个网友代表中有30人发言。赞同方和反对方各抒己见，但也有明确的共识：

首先，网友希望对水务集团的财政状况进行公开，保证决策更加透明；其次，希望在出台水价政策的同时，也出台对低保人群的补贴政策；再次，政府加大对地下管网等基础设施的投入，对水务集团真正的亏空进行补贴，避免亏损、涨价、再亏损、再涨价的恶性循环。最后，如果水价上调，希望水务集团可以提高其服务质量。同时，网友表示：水价上调可能掀起新一轮物价上涨，政府对此如何应对？

记者现场采访了部分网友，他们对政府此次的开明做法一致赞赏。记者听到最多的话是：这件事办得很民主，也很透明，消除了政府与市民之间的一些误会，沟通了各自的见解和看法。

副市长：问计于民问策于智

洛阳市委常委、经济工作部部长、副市长宋殿宇在座谈会上做了发言。

宋殿宇说对广大网民关心、关注洛阳市水价调整表示感谢，并表示政府愿意听取和吸纳更多、更好的意见。水价调整关系群众的切身利益，必须广泛征求群众意见，问计于民，问策于智，以保证水价改革调整方案更加科学、更加可行、更加符合洛阳实际。对此次供水改革调整，洛阳市委、市政府将始终坚持五条原则：

一是始终坚持居民基本生活用水零利润原则。在基本用水定额内，实行零利润率供水。政府将再考虑制定一个优惠用水定额，在优惠用水定额内，实行更加优惠的价格。

二是始终坚持加大政府对供水基础设施投入的原则。政府投入主要用于水源地建设和保护，用于城市管网建设的补助。

三是始终坚持惠民的原则。对低保家庭生活用水政府给予补贴，确保其基本生活用水，保障其基本生活水平不因水价调整而降低。

四是始终坚持鼓励节约用水的原则。对居民用水实行阶梯水价，在基本用水定额以上，实行梯次加价。

五是坚持差别化用水原则。对国家鼓励类产业实行优惠水价，对限制类产业实行浮动加价，对高耗水行业实行高额水价。

宋殿宇表示，洛阳市政府将认真吸纳各界人士的意见和建议，慎重研究、慎重决策、按程序报批。

当天下午，洛阳市还召开了市民座谈会，以进一步听取各方意见、建议。

座谈会引来了众多媒体的关注。

"水价调整"涉及政府各职能部门和群众生活，要做好这篇报道，需要记者拥有综合的新闻素材。试想，如果记者先到各部门找相关负责人了解情况，再到社区采访居民，收集群众意见，势必要耗费大量的时间和精力。一次座谈会，将与"水价调整"相关的政府领导、发改委负责人和持不同意见的群众聚集到一起，能够访谈到他们的想法、做法，倾听他们的主张和建议。记者在几小时内就能获得丰富全面的新闻材料，它们是权威、客观、平衡报道的保证。

2. 了解各方意见，有助于记者的分析和判断

对客观事物的认识，因人而异。新闻的客观性原则要求记者以公正、公平的态度反映事实。如果记者只听一面之词就作出判断，报道难免出现倾斜和偏差，从而影响新闻报道的客观性。在众人参加的座谈会上，对同一件事、同一个人，人们会

用事实的不同方面证明自己与他人不同的观点。这些不同的事实和观点有助于记者辩证地认识报道对象，有利于理性报道思路的形成。

3. 互相启发与验证，有利于达成共识、接近真相

座谈会不同于一问一答式的面访。因为是多人讨论，在主持人的组织下，受访者互相之间有一个互动作用，一个人的反应会成为对其他人的刺激，这种互动作用会提供比同样数量的人做单独陈述时所能提供的更多的信息。因此座谈会采访有利于采访对象之间的共同激发、相互补充，从而把问题弄得更清楚。

（三）座谈会采访的注意事项

1. 明确告知采访目的并做好准备

记者要在采访前把座谈的内容、目的及要求告诉与会人员，或拟一份提纲提前送达，使参加人员事先有所准备。参加座谈会的采访对象只有事先明确了要谈什么、为什么谈及怎样谈等事项，才能尽早做好准备。

2. 精心选择、确定与会人员和人数

座谈会的参加者并不是随意安排的，记者应当精心选择参加座谈会的人员。一是要选择具有代表性的知情者参加，这是记者了解事情的来龙去脉、详细占有材料的首选人员；二是选择持不同意见的人员参加，这样有利于记者全面、辩证地看待事实以保证报道的客观性，即所谓的兼听则明；三是要选择那些不仅了解情况而且对新事物有热情、对新闻报道工作支持的人员参加，他们会给予记者帮助和启发。

参加座谈会的人并非越多越好，一般以3至8人为宜。这个人数规模可以保证座谈会谈得深刻、具体，记者也容易组织、主持与把握。有些需公开报道的座谈会，参加人数可略多一些，以显示其代表性。

3. 采用适当的漫谈

所谓"漫谈"，就是开放式的较宽松的谈话，多以讨论的方式进行座谈，并非无目的地闲聊。座谈会采访切忌采用"问答式"访谈，要尽量使与会者不受约束，畅所欲言。同时，在座谈会上，记者要注意发现和寻找引发漫谈、讨论的"由头"，使多种意见都能表达出来，这样，座谈会既能开得生动活泼，又能不断引向深入。座谈会一般是就某个问题进行讨论，争论是正常现象。此时记者要因势利导，而不能轻易表态下结论。因为争论双方此时正处在兴奋激越的状态，主观性较强，记者要随机应变，有效掌握组织的主动权，这样既尊重了座谈会成员，又能巧妙地引导讨论，使座谈会保持活跃而有序的和谐氛围。

4. 座谈会采访要与个别采访等相结合

由于时间、环境和参会人员的个体差异等因素的限制，在座谈会上，采访对象通常很难准确完善、详略得当地提供事实材料，这就需要记者注意座谈会上有价值事实的提供者以及会后及时整理分析座谈内容，必要时，记者需要结合个别采访或追踪、完善采访工作。另外，座谈会上常会出现这样的情况：某人叙述到某个问题或事实时，好像有难言之隐，不方便全部吐露；当某人在叙述某个问题或事实时，其他采访对象的脸上露出诧异、惊讶或不满的神情。这些都是特定心理活动的反应，其背后一定掩藏着什么，甚至有可能是很有价值的东西。这就需要记者善于察言观色，做深入采访并捕捉线索的有心人，将这些信息储存在记忆中，待座谈会结束，再一一做个别采访。实践证明，这样的处理往往能有意想不到的收获。

二、新闻发布会采访

（一）新闻发布会的特点与发展

新闻发布会是指国家、政党、机关、团体定期或不定期举行的向新闻界发布有关新闻信息的公开会议。新闻发布会具有专题性、周期性、部门性、主持性的特点。专题性就是指新闻发布会围绕某个议题、某项任务、某个活动、某一方针政策的贯彻执行，某项技术成果问世，某人获得重大奖励或荣誉等具有专门目的和专项内容而召开；周期性是指发布新闻的具体时间和发布内容涉及的时期，如国务院新闻办公室有定期的新闻发布会，它在网站上会事先告知传媒发布会的日程安排以及内容，这个内容就涉及相关阶段和时期。部门性也指行业性，它是一定的机构或组织所代表的特定行业召开的会议，是具有组织行为和工作指向的会议。主持性是指这个会议的组织方式和实施以代表组织和机构利益的发言人来主导，他负责介绍情况、表明态度并回答提问。新闻发布会的发言人可以分为专职和兼职两类。

我国的新闻发布会作为一项制度，始于20世纪80年代。1983年4月23日，中国记协首次向中外记者介绍国务院各部委和人民团体的新闻发言人，正式宣布建立新闻发言人制度。2003年"非典"之后，新闻发言人制度在全国普遍建立和逐步运行。2008年5月1日起《政府信息公开条例》正式实施，这对于各地新闻发布制度的发展和健全是极大的推进。如今，新闻发布会已成为保障公民知情权，构建政治文明的重要途径。

新闻发布会因为不同的性质和规模决定了参加媒体机构的数量。通常情况下，国家级的大型和重要的新闻发布会，如我国每年两会的新闻发布会、2008年北京奥运会的新闻发布会,不仅设立了固定的新闻发布中心,还因为参会的记者与媒体机构数量大而备受关注。这样的新闻发布会,组织有序、发布周期固定、发言人和采访嘉宾具有一定的知名度,因而成为新闻战的重要阵地,一些不能参会或者名额之外的记者只能另辟蹊径进行场外采访。不论新闻发布会的规格、性质与内容,参会的记者都会根据媒体的性质与定位提出自己感兴趣的问题,以期获得有价值的新闻。在我国,中央各部委、地方各厅局以及基层的一些组织机构都开始重视新闻发布会的作用,不仅将它作为政府部门和公众、社会沟通的重要渠道和机制,而且在信息社会,还将它作为消除危机、减少矛盾、满足公众知情权的公共关系策略。新闻媒体积极参与新闻发布会,既是本身职责所在,也是代表人民群众了解情况,实现上下沟通,有效对话的社会参与。从这个意义上讲,新闻发布会的作用和价值远远超越了提供新闻事实本身,它是一座"新闻资源"的富矿,等待记者去挖掘。

与一般的现场采访提问相比,新闻发布会时间有限、机会有限,这就要求记者在事先做好准备的前提下提出高质量的问题,这可能会为媒体赢得独家新闻,也可能会提升媒体的知名度和美誉度。这是对记者的理论素养、业务水平、政治立场、社会活动能力等的综合检验。因此,要想利用好新闻发布会上的内容,就要以观察、聆听为前提,以提出高质量的问题为核心。2008年3月18日上午,十一届全国人大一次会议闭幕后,时任国务院总理温家宝在人民大会堂会见中外记者并回答记者提问。凤凰卫视记者吴小莉获得首问:"上届政府曾经有两次令全球华人为之牵挂的突发危机的发生。5年前,新任总理的您经历了非典,人们还不知道当时您的心路历程。5年之后,突如其来的南方的冻雪灾害,人们又看到您奔走在抗击雪灾的前线,这场雪让您感受到了什么?未来5年您还将面临什么样的挑战?"她的提问温文尔雅,深刻生动,角度好、立意新,让在场的所有记者同行们都为之赞叹。

(二)如何开展新闻发布会采访工作

1. 做好充分的准备工作

新闻发布会是一个在规定时间内对记者提出的问题进行集中回答的特殊场合。在这种特殊场合中,记者应尽量避免一般性、尝试性或者未及要害的问题。查阅背景资料是记者的必备功课,尽量在发布会上提出高质量的问题即广大受众关心的重要问题,这是每个记者在发布会上的目标。

在2007年国务院新闻发布会上,英国《金融时报》记者发问:"我有一个问题,关于中央政府对于国内和全球环境保护的政策,为什么政府去年没有达到降低能耗和减少污染的目标?具体问题是在哪些方面?到2009年,有预期中国将成为全球最大的温室气体排放国家,如果政府认为环境保护政策目标还有用的话,中国将来会不会愿意接受国际社会共同确定的温室气体排放目标?"温总理的回答是:"关于我们去年没有完成环保的目标,我在人代会上已经作了充分说明。今后采取的措施也提出了八个方面的工作,我想不再重复了。"对于发言人已经回答过的问题,即使不是在此次发布会上做的回答,记者都要尽量避免再次提问。这就意味着记者在会前一定要做好充分的准备工作,提出独家的、有价值的问题。

2. 提问要有针对性,切中实质

新闻发布会的流程安排是先选定主题,再根据主题来确定新闻发言人。因此,记者应全面了解此次发布会的主题和新闻发言人,然后依此准备问题并提问。这里讲的"针对性",是指记者应该在合适的时间、合适的地点、针对合适的对象提出合适的问题。虽然大型新闻发布会是针对国家重大问题的一个专场发布会,但社会的复杂性也会带来众多关联问题,在规定的时间内发言人不可能回答完每一位记者的问题,因此,对于那些过细的、专业性较强的问题,发言人一般不予回答,而把它交给专门的负责人来应对。这也是新闻发布会的一种公关策略,记者要保持冷静和理性,给予理解。

3. 提问要言简意赅

新闻发布会是记者获得重大新闻的理想渠道,也是新闻竞争的重要场所。它一般是在规定的地点、时间进行,它是对各项事务周密安排部署的有序的组织行为。在参加记者众多,新闻发言人回答记者问题有限的情况下,记者务必在新闻发布会之前设计出准确、具体并且双方感兴趣的问题。这样的问题既能使发言人快速、清楚地了解记者的意图,进而做出准确的回答;同时,也可省出时间给予其他记者提问的机会。

(三) 善于倾听,讲究礼仪,提问前对发言人给予必要的致谢

记者进行新闻采访的目的是能够获得尽可能多的新闻素材。在新闻发布会这种正式场合,记者代表广大受众、所在媒体和个人,其采访行为是大众传播与人际传播的有机结合。就个人而言,这两种传播的结合就是记者与发言人之间的现场对话。在这种短暂的对话中,记者如何给新闻发言人以好的印象进而获得更多的新闻信息尤为重要,因此,记者既要仔细倾听发言人的介绍,从中选取线索捕捉新闻,同时也要善于聆听别的记者的提问和发言人的回答,这些现场信息都可帮助记者及时调整采访策略,从而保证有效地获取信息。当记者获得提问机会时,需要遵循出席新闻发布会的必要礼仪,提问前简明介绍自己的身份和代表的媒体,对发言人的

回答、介绍给予必要的致谢。这些环节不应忽略，它是对发言人的尊重，也是保证采访圆满完成的必要方式。

（四）新闻发布会后与相关机构和发言人保持通讯联络

新闻发布会的结束并不等于采访活动的结束。记者应该保存相关机构或发言人的通讯方式，一方面可以同有关负责人核对新闻发布会公布的信息，避免新闻报道出现错误；另一方面，记者还可以针对某一方面，与相关负责人联系，对一些细节进行更加深入的采访。

第六节 隐性采访

什么是隐性采访？让我们先看一个典型的案例。

1995年，中央电视台为纪念《焦点访谈》栏目开播一周年，制作了一档45分钟的特别节目《在路上》。节目播出后，观众反应热烈。该节目组由28人构成，他们分别乘轿车、面包车、货车、长途客车，动用了多台摄像机，进行了此次大规模的采访。主持人敬一丹在介绍这次采访的做法时说："货车的玻璃是特制的，从外面看不见里面，从里面却可以看见外面，北京电影制片厂的专业道具师在车上搭了个玻璃屋，我们的摄像在必要的时候钻进小屋，就可以极其方便地偷拍了。"这里指的"偷拍"，就是隐性采访的一种手段。

一、隐性采访的含义和特点

（一）隐性采访的含义

新闻采访有多种方法，以记者在采访中是否向采访对象表明身份来划分，就有显性采访（公开采访）和隐性采访（隐蔽采访）两大类。

显性采访是记者采访的主要方式，它是指记者公开自己的职业身份从事新闻信息的采集活动，而对象也公开自己的身份并知晓记者的采访目的和采访方式，它是采访活动最常用的方式。

隐性采访指记者为完成某一特定的采访任务而把自己的身份和意图隐藏起来的采访方式。这是一种特殊的采访方式。现在我国新闻界又把这种采访方式称为"秘密采访"或"暗访"。

（二）隐性采访的特点

隐性采访的成立必须具备一个前提和三个条件。前提是隐性采访的当事人必须是在媒体供职的新闻记者，或者是受媒体委托的采访人。隐性采访得以成立必须具备的三个条件是：

1. 记者隐去记者身份而出现在新闻事件的现场

值得注意的是，这时的"记者隐去记者身份"是一种带有主观故意的行为，这和一些记者不期而遇的目击性新闻或者目前新闻界争论较多的体验式采访有所不同。新闻记者了解到某些地方正在发生适宜进行隐性采访的事件或者经常发生适宜进行隐性采访的事件后，会有意识地进行隐性采访。"我在现场"，这对隐性采访来说是十分重要的，如果记者不在现场，就无法顺利完成隐性采访。当然，这里的"现场"是一个比较宽泛的概念，例如电话暗访时，记者不一定在"绝对现场"，但也可视作"我在现场"，是一种"相对现场"，记者面对的是隐性采访新闻事件的当事人。

2. 采访是在采访对象未知的情况下进行的

这一点是不言而喻的。如果采访对象知道自己的行为是在新闻记者的注视下，他们就会采取一些规避自己错误言行的方法，新闻记者也就无法获知客观真实的新闻素材。这样，隐性采访就成了公开采访。隐性采访能否顺利完成，与能否做到让"采访对象未知"密切相关，这也能体现出记者业务水平的高低和采访经验的多寡。

3. 采访未事先征得被采访对象的同意

如果说第一、第二个条件主要涉及的是采访的技巧、方法问题的话，那么，第三个条件则较多地涉及新闻职业道德和法律责任问题。事实上，围绕隐性采访的道德和法律争议，也主要集中在这一点上。

二、隐性采访的类型

从实践角度可将隐性采访分为两种类型：旁观式和介入式。

（一）旁观式隐性采访

所谓旁观式隐性采访，是指记者不显露自己的身份，以旁观者的眼光观察，没有介入或干预事件的发生、发展过程而获得新闻信息。在这种采访过程中，采访对象完全不知情，记者是以目击者、旁观者的身份进行采访的。随着民生新闻的盛行,许多媒体开始采用暗访方式完成采访,如暗访黑心棉加工、火车站的票贩子、各类骗局等。

中央电视台的名牌栏目《生活》以维护百姓权益、全面提升生活品质为宗旨,通过对具有典型意义的消费陷阱、黑幕、骗局的追踪报道,对新近发生的关乎生命健康、公共安全、公众利益的热点、难点、疑点问题进行解疑释惑,提供权威、深入、细致的服务,并以此在众多生活服务类节目中独树一帜。旁观式隐性采访也是《生活》栏目运用得较多的一种采访方式,以此制作出了一系列好的新闻作品,例如《鲜肉如何换新装》《真真假假阳澄蟹》《自行车的神秘旅行》等,其中以2002年7月3日播出的《鲜肉如何换新装》最为典型。当时,记者无意中发现北京市一家销售各种肉类制品的商店,其所有产品的生产日期都是当天的,这种高度的一致不禁让记者产生了怀疑。第二天,记者紧随上早班的员工进入了他们的操作间,用暗访设备拍下了生产过程,同时还让员工们自己说出了实情。

鲜肉如何换新装[①]

你有没有见过不会过期的食品?不会过期的食品?不会吧!任何一种食品都有生产日期和保质期,你说的不会是塑料食品吧?是真的食品,而且食品名称是鲜肉。奇怪吧?欲知详情,请听以下分解:

北京市某大型商场的地下一层超市,有一家主要销售各种肉类制品的连锁店。这里每个产品的外包装上都清楚地标注着生产日期和保质期。然而记者在无意中发现,无论哪天去,所有的产品生产日期都是当天的。这种高度的一致不禁让人怀疑它的真实性。于是,我们《生活》的记者起了个大早,紧随着上早班的员工来到了他们的操作间。不问不知道,原来他们的员工要在早7点前就到班,真够辛苦的,可商场要在九点才开门呢,这其中两个多小时不知道都要准备些什么?

按理说,一大早上班,工作人员应该是包装鲜肉,没想到他们的工作却是从撕掉外包装开始的,从这些外包装上我们得知,这些都是前一天没有卖完的肉制品。

好好的包装就这样拆掉了。肉还是原来的肉,盒也还是原来的盒,所要进行的加工也很简单——重包。把刚刚拆完旧包装的肉食品换上新的保鲜膜。换完了保鲜膜,还要在机器上打出当天的新标签。当然,生产日期和保质期可以很轻松地设置,并随时打印出来,于是,改头换面后的一盒盒鲜肉就可以新鲜出炉了。

---

① 《鲜肉如何换新装》,中央电视台网站,《生活》栏目,2002年7月3日,http://www.cctv.com/lm/624/11/36678.html。

当然，还得贴上新的检疫合格证。这样，"今天的肉"就这么被完成了。员工们天天早早地劳动，也就意味着肉要天天早上都得这么重新包一下。

天天换新装，肉制品的真实生产日期当然就无从查起了。那么哪些可以换上新装，哪些换了也不行呢？经验丰富的店员们用先看后闻的方法加以判断。

肉的颜色是白的，又没有什么异味的话，就可以重包，继续销售。

肉是没有臭味就算新鲜，但内脏呢？动物内脏放久了以后，会渗出血水来。甭着急，有办法，把内脏包在纱布里挤一挤，再换个包装盒，照样按新鲜的卖。

经过近一个小时的工作，这些前一天卖剩的肉，就基本上处理完了。到快八点的时候，当天的新肉也到了，分切加工之后。店员把新肉和前面已经处理完的那些肉食品，一起放进陈列商品的货柜。这样，顾客在货柜上看到的，就既有当天的鲜肉，也有昨天或者前天的肉。而它们的生产日期和保质期却都是一样的。

在对前一天没卖完的生肉进行分拣、换包装、打新标签之后，员工们会发现，有些肉是怎么看也不新鲜了。这种颜色不好的，甚至都发灰了的肉，换包装换生产日期的办法是肯定行不通了，让人看出来可不大好，没办法，倒掉了吧。不行，那多浪费呀，我们酱！酱？噢，做成酱肉。勤俭节约让他们做了个十足，一般情况下的肉是能不扔就不扔。记者在操作间靠近门口的地方，看到了乱窜的蟑螂和飞来飞去的苍蝇。几口看上去已经历经磨难的铝锅放在锅台上。这里也就是店家加工酱肉的地方。

由于卫生防疫部门查得比较严，所以他们一般在下午三点左右才开始加工酱肉。酱肉做起来就没那么繁琐了，多加点盐和酱油不就什么都看不出来了吗？

什么猪肉、口条、耳朵，什么鸡胗、排骨、鸡爪子，什么都有，一应俱全，只有您想不到的，没有他们做不到的。

在他们操作过程中，记者从他们取得的卫生许可证上发现，除了有资格经营干鲜果蔬以外，他们只能进行现场烧烤，根本没有加工酱肉的资格。在那样一个空间狭小的操作间里，肉制品生的和熟的并没有太严格的界限，而直接盛放熟肉的大铝盆用自来水洗完就放在桌子下边，加工好的酱肉都要先放在铝盆里凉一会儿，然后用一次性餐盒包装后进行销售，就连直接夹肉的夹子也不时地跟地板亲热一下，对这种做法，这里的员工早已习以为常了。

什么？消毒？哪有什么消毒，不消毒都加工了四年了，还用得着吗？

肉食随意包，消毒用不着，那哪能不出事。据记者了解，早在去年就曾有一位消费者在食用了店里的肉食后出现不适。后来店家自知理亏，员工们自己每人掏了几十元赶快赔钱息事宁人。没想到他们现在还在这么做。看来，对于店家的这种天天换包装，永远不过期的做法，是该管一管了。对于加工熟肉制品，尤其是对于酱肉等工艺比较复杂的食品制作，卫生防疫部门有严格的规定，要求生产企业有独立的操作间、要固定专人、有专用的加工工具、消毒设备以及紫外线空气净化设备等。比如说酱肝，就首先需要有一个非常严格的清洗过程。而超市作为一个销售单位，有限的场地面积是无法满足这些要求的。因此，北京市目前还没有一家超市获准在营业场所加工熟肉制品。一边卖生肉，卖不完又加工成熟食继续卖，更是不能被允许的。

无论如何，老百姓是不会轻易知道这样的内幕的，我们只能依赖于卫生防疫部门永不停止的检查和监测了。可商家是不是也应该在赚钱的同时想一想，如果您也吃这里的肉会怎么样。

（二）介入式隐性采访

所谓介入式隐性采访，是指记者根据需要，乔装打扮成某种"角色"，参与到人物的工作、生活环境中的方法。这种采访是在采访对象完全不知情的情况下，记者以一种参与者的身份直接介入事实的采访，有人形象地称之为"打入敌人内部"。2004年6月20日，《沈阳今报》刊登了《地沟油加"料"熬炼流入肉串店》的报道，揭示了地沟油的生产黑幕。在采访过程中，记者假扮成"做肥皂的小区居民"与捞地沟油的工人套近乎，取得对方的一定信任后，一步步深入生产地沟油的黑作坊，清楚地了解到地沟油的生产和销售全部过程。

地沟油加"料"熬炼流入肉串店[①]

不知道什么时候，饭店后面的下水道成了一些人发财致富的地方。他们每天要从下水道捞取大量的地沟油，仅仅经过一夜的过滤、加热、沉淀、分离就可以使这些"地沟油"变回"食用油"，并以每公斤23元的价格销往沈阳的各个小饭店，供炸肉串、油条之用。这些油含有大量苯、酚等致畸、致癌、突变的毒性物质，如果食用将对人体健康产生严重危害。6月上旬，记者对黑"炼油厂"淘油、炼油、销售"地沟油"全过程进行了数天的跟踪暗访。

追踪：走街串巷淘地沟油

和平区十一纬路和南二经街交叉口是一个繁华地段，这里饭店林立、生意红火，每天消耗的各种废油就顺着下水道流到了这些饭店楼后的下水井里。不知道从什么时候开始，这些下水井成了一些人经常"光顾"的地方，据这里的居民讲，每天下午经常有人来这里"淘下水道"。

---

① 《地沟油加"料"熬炼流入肉串店》，载《沈阳今报》，2004年6月20日。

6月2日下午5点左右，一个身穿蓝色衬衫的中年男子骑着自行车驮了两个脏兮兮的油桶来到了某小区门口。他下了自行车，从车后面拿了一个铁桶、一把铁钩子和一个长把的铁勺子，径直来到小区一栋楼后的一下水井旁。

这个人先用钩子移开了下水井盖，然后蹲下来用长把的铁勺子伸进下水道，一勺一勺地捞出下水道里的地沟油。捞出来的地沟油呈黄色，里面掺杂着各种"异物"，并发出令人作呕的气味儿。之后，"蓝衬衫"把这个小区里的3个下水井全都"扫荡"了一遍。"哎，我每天都看你来这里捞，你捞这油是干啥用的？"记者佯装成这个小区的居民问。"做肥皂。""蓝衬衫"说。"干这个能挣多少钱啊！""也挣不了多少钱！""蓝衬衫"警惕性很高，没有多说什么。"蓝衬衫"将捞出来的地沟油倒进油桶后，骑着车出了小区，顺着南二经街来到了十三纬路上的一家拉面馆的楼后，在这个下水井里大捞特捞了一阵子后，拐上了青年大街。"蓝衬衫"又先后在大西路、怀远门文化市场、南顺城路、南通天街、热闹路等地的下水井里捞了一阵子后，于晚上10点左右，载着满满两桶地沟油向东陵区方向行去。

目击：地沟油还原食用油

记者跟着"蓝衬衫"来到了沈抚高速路口，从旁边的便道下去不远就到了一个足有三四百平方米的院子。院子的门口堆满了黑油桶。院子中间的一间房亮着灯。"蓝衬衫"把刚捞出来的地沟油倒进一口大锅里。旁边的大锅内装着糊状的东西，一个工人正用勺子不停地搅动，大锅旁的墙已被熏成黑色，靠近大锅的地下还有一个洞，从洞口流出的废油渣形成一条黑色的"油道"。院子内有近百个肮脏的油桶堆在一起，空气中弥漫着一股难闻的馊臭味。

一个工人将盛满地沟油的大锅加热，用大笊篱捞出油里面的杂物，又从一边的白袋子里往锅里倒了一些东西。然后，让锅里的油沉淀了一会儿，就将油分装在一个一个蓝色的塑料桶里，盖上盖子码放到了院子的一侧。

一连两天，记者都以小区居民的身份与"蓝衬衫"搭讪。混得有些熟了，"蓝衬衫"才说自己姓腾。记者表示自己有一个朋友是开饭店的，想买点"便宜油"，腾某立即表示可以给介绍个卖油的地方。第二天，腾某给了记者一个"139"的手机电话，并表示找姓窦或者姓单的都行。

6月4日晚8点多，记者与窦某取得了联系，称自己是饭店的老板，想买油，窦某立即表示正好有油，可以马上交易。随后，记者根据他提供的地址来到了沈抚高速路口附近的那个院子。

身穿黄色T恤的窦某指着两个1米多高的蓝色塑料桶说："这两桶油你看看，行不？"说着拧开了油桶的盖子。油桶里面装满了暗黄色的油，而且没有任何异味。"你这油颜色也太黑了。"记者装作有些为难的样子。"你放心。"窦某说,"这两桶油品质特别好,别看颜色有点暗,但是没有什么其他的味儿。""你这油不能吃出什么问题吧?""你回去炸肉串、油条什么的肯定没问题,经常有饭店的人来我这里买油。"看记者还没有拿定主意,他又强调:"没事,只要不炒菜就行。""多少钱啊?"记者问。一旁站着的单某捅了窦某一下,表示3元钱一公斤,这两桶油有700多斤。随后,记者表示价钱有点贵,先拿回一些油回去用用。窦某很慷慨地给了记者一酒瓶油。

查处:工商查处黑炼油厂

6月7日中午,记者向沈阳市工商局东陵分局东陵工商所反映了这个情况,朱殿龙副所长很重视,立即调集工商执法人员与记者一起前往黑油厂进行检查。

再次来到黑油厂的院子,先前要卖记者的两桶"食用油"依然放在那里。记者走到了炼油的4口大锅旁,锅内臭气熏天,从下水道捞出来的地沟油上面漂浮着方便筷子、红辣椒和塑料袋等杂物,旁边的地上还有一个用来榨油的油井,它的旁边则码放着20多个蓝色塑料桶。桶里的油经过沉淀,最上面的油很清,下面的则很暗,最底下的甚至有些凝固了。

面对执法人员的询问,业主腾某表示,这个厂子刚开不久,油大多是从饭店的下水道捞来的,但是用来做肥皂的,不是加工后当食用油卖的。

记者指着要卖给记者的那两桶油问,"这是用来做什么的?"腾某指着仓库里堆放的袋子,表示"也是用来做肥皂的,袋子里全是肥皂"。"那你这些肥皂都卖到哪里了?""还没卖出去呢!"腾某说。

工商人员要求业主腾某出示有关执照、手续,而腾某表示这个厂有执照但是不在他的手里,现在拿不出来;至于卫生许可、环保手续则一概没有。随后,工商人员以无照经营、销售渠道不能说明等问题,依法将其产品进行了扣留。

调查:业内人士解谜团

一位曾经从事炼垃圾油的业内人士介绍,其实"地沟油"加工程序简单:放到大锅中加热,再加入某种化学原料,废油中的残渣和杂质就被分离出来,沉淀在锅底。上层相对清澈的油肉眼看上去与普通油差别不大,剩下的厚厚的"油泥"加入火碱等则可以作为肥皂的原料。

这位业内人士讲,这几乎是无本买卖,炼制的油如果作为化工原料一吨可卖1500~2000元;如果炼制工艺精一点,很难与豆油区别开,只是气味稍有不同,如果当做豆油卖,每吨可卖到3000多元。而这些由地沟油"还原"的食用油多数还是流向了炸肉串、油条,甚至水煮鱼的饭店。

当然,介入式隐性采访也有应用于报道正面题材的。以第七届中国新闻奖特等奖作品《岗位作奉献 真情为他人》一稿为例，这篇人物通讯写的是北京市公交战线服务标兵李素丽的先进事迹。记者在接受采访任务后，并没有先同采访单位打招呼，而是以普通乘客身份乘车进行暗访。然后又跟随李素丽的车十余次，耳闻目睹了许多生动的素材之后，还采访了李素丽的同事及家人，从而掌握了大量的第一手材料。报道刊出后，在全国引起了强烈反响，取得了良好的传播效果。

三、隐性采访的积极作用

隐性采访贴近新闻事实，与显性采访不同，它的采访环境相对开放，容易抓住问题的本质，可视性很强，能满足受众追求新闻真相的需求。其积极作用主要体现在以下几个方面。

（一）揭露社会阴暗面，发挥舆论监督作用

"揭露"是针对批评报道而言。批评性新闻报道多为揭露丑恶、虚假现象，且这些丑恶行为可能或已经对社会造成危害。但是，从事危害社会公共利益的当事人是绝对不愿面对记者公开承认自己的违法或不道德行为的。虽然不是所有的批评报道都必须用隐性手段，但确实存在一些批评报道涉及的采访对象出于对自身声誉的考虑，不接受甚至用暴力抵制采访的现象。如果记者公开采访与此事相关的知情人士，他们也可能因害怕被打击报复而闭口不谈。而隐性采访具有不公开采访者身份、采访目的和采访手段的特点，这样被访者就会放松戒备，从而有助于记者把握采访的主控权。比如，某媒体接到举报，当地一个集贸市场有商贩非法暗中出售野生动物，记者随即以购买者身份出现在该市场，先是"诱使"商贩亮出"家底"，又让商贩"交代"了货物来源，记者用随身佩带的微型录音机把所有的证据记录下来，这对后期报道和揭露违法行为来讲，是颇具价值的真材实料。2007年5月，河南电视台记者先后三次前往山西暗访黑窑场，采访了运城、晋城的许多窑场，目睹、了解到当地许多非法用工情况，搜集到大量真实资料。如果记者公开采访，一定会受到对方的百般阻挠，不可能完成采访任务。

（二）看到最自然的一面，体现新闻的真实性

隐性采访不只适于批评报道，同样也可运用于对正面典型和先进事迹的采访。有些人在面对记者的采访本、话筒、摄像机时，会因紧张或刻意表现而做出与平时完全不同的举动。如果记者采用隐性采访的方法，走进采访对象的生活，成为他们中的一分子，这样就会大大减少交流障碍，避免被访对象自身认识的局限性和接受

采访时因心理负担所导致的信息损耗，呈现出最自然、最本真的一面，从而有助于记者写出更富有人情味的生动报道。如某地有一位下岗人员自办养殖场脱贫，并带领当地一大批人走上致富的道路。在采访这个人物的先进事迹时，记者以慕名"求教"养殖经验的外地人身份，同这位企业家一起生活了七八天，采访到许多真实、生动、感人的细节，写出的报道在当地媒体刊发后，引起不小的轰动。如果记者亮出"记者"这种"特殊身份"，这位企业家有可能说不出那么多感人至深的动人故事。这就是隐性采访用于正面典型报道的例子。

（三）增强新闻的可信度和表现力

真实是新闻的生命，客观是真实对媒体报道的基本要求。新闻的客观性有两层含义：一是新闻事实必须客观存在，不能造假；二是媒体运用文字、声像等手段播放新闻必须客观，不能"掐头去尾""张冠李戴"、歪曲事实，即局部必须真实可信，与整体真实一致。隐性采访中获得的声音、图像（如同期声的记录等）通常能更好地客观再现新闻真实。就广播电视新闻而言，单纯靠记者的文字叙述，往往很难达到使受众"信服"的目的，而如果能用音响和画面加以"佐证"的话，就会增强新闻的可信度。如某地有人举报有团伙正在聚众传销。记者携带隐形摄像机立即前往。因为记者是以普通参与者身份出现的，没有引起非法团伙的戒备和怀疑，因而得以拍摄到传销的全过程。报道播发后，不仅现场记录事实确凿，而且为工商部门打击传销提供了有力证据。

另外，亲身经历的感受是最为强烈的。记者的采访大多数是先听他人讲述经历，然后转述给读者或观众。在多次的转述过程中，新闻事实带给人们的震撼力也逐渐消减，最终会减弱新闻报道的表现力。而隐性采访排除了种种干扰，记者可以全程目睹、体验事件的发生发展过程，那么对事件的感受会更深刻，最终形成的新闻报道也更具表现力。

1999年，《南方日报》记者梁文祥冒着生命危险卧底广州火车站附近整整一个月，拍摄到大量珍贵的照片。在他撰写的《独闯毒穴：一名摄影记者卧底毒窝30天》一书中，不仅真实记录了吸毒者的生活状态及内心世界，而且把自己在采访过程中的各种感受表现得淋漓尽致，给予读者身临其境的感觉和震撼。

独闯毒穴：一名摄影记者卧底毒窝 30 天[①]（节选）

上：走马岗毒窝

终于看到了一个听说是卖毒品的人。

这得归功于"小四川"。一早上他就陪我在广场上转悠，路过地中海商场的门口，一个瘸子蜷缩在地上睡觉。"小四川"小声告诉我："这个拐子可厉害了。"

"他吸了多久？"我问。

"他才不吸呢！他卖！"

我再看那瘸子，感觉已不一样了。但我今天还顾不上他，我要去找阿钟和阿牛。

昨晚，我写了一份遗书，把自己这些年挣的一点钱分了分，主要是给父母和妹妹。和"毒"打交道可不是好玩的。我知道。

广场上没找着阿钟和阿牛，我有点着急，转到出站口，一个人摇摇晃晃地走过来，正是阿牛。我喜出望外，迫不及待地要他带我去走马岗。阿牛说他刚从那儿回来，为了我，他愿意再跑一趟。

我们穿过西广场，拐上一座天桥。这里的人明显少了。桥栏杆上有一行漆黑的大字："不要在此地逗留，有人抢劫！"我心里又浮起第一天看见无名尸体时的奇特感觉。

先到一处，那里的三间旧屋已经被拆掉了。看我失望的样子，阿牛赶紧说："我带你去那边吧。"他带我去另外一个地方。那是一条窄得只容一人侧身而过的巷子。

巷子穿到一间破屋边，我走过去的时候，脚下哗哗直响，好像踩着很多又细又圆的东西。我们从窗子里爬进去。一屋子大约十几人都在吞云吐雾或正在注射，大部分人光着上身。我突然明白，刚才地上那些哗哗响的，都是些旧针筒。

一屋子的人都惊愕地盯着我，我感觉脸上好像有十几盏探照灯照着。阿牛马上招呼："大家别怕，这位大哥可是好人。看我身上这件衣服，就是大哥给的。"我忙拿出一包烟，撒了出去："我来看看大家，来看看。"说着，我毫不介意地蹲下来，一点没有嫌他们脏的样子。

大家也就都没什么戒心了。屋子里光线很暗，人躺得横七竖八。我也顾不上什么构图、取景了，只是疯狂地"横扫"。幸亏来之前有准备，借了一个马达，一次最多可以连拍 3 张，真是派上了大用场。

[①] 梁文祥：《独闯毒穴：一名摄影记者卧底毒窝 30 天》，南方日报出版社，2000 年版。

可能很少有人这样投入地给他们拍过照，吸毒者们的兴趣渐渐来了。一个吸毒者向我推荐了另一个吸毒者的腿。这果然是一条非同一般的毒腿：伤痕累累、血脓交流的皮肤上覆盖着一层白色的痂，可怕之极。他们说这是从体内排出的毒粉。在广场上泡了几天，我自认为也算见多识广，没想到这条毒腿还是让我一阵恶心。毒腿的主人却很高兴，他想把腿伸直，这个动作让他着实痛苦了一下。我刚要拍，一个吸毒者突然说："这样拍还不过瘾。"他把自己的针筒摆在了那条毒腿下面。我又提出要拍他们稀释毒品的过程，他们很快在地上摆上了一个装了自来水的矿泉水瓶子，旁边还插上两支针筒。

说实话，他们都很聪明，是我所见过的最聪明的拍摄对象。

这次我拍到了很多吸毒的第一手照片，基本上是吸毒过程全纪录。他们打开矿泉水瓶子，用瓶盖接些水（经常是自来水，屋子附近没有水源，很多人就从外面带水回来），然后，他们从口袋里或是裤管里取出针筒，吸点水推几下算是清洗，接着从口袋、裤脚、鞋子甚至袜子里拿出包白粉，把白粉极其小心地倒入针筒，接上针头，吸水。

下：出击

去年2月17日的《南方日报》摄影报道专版登了我的照片：《茫茫人海见毒瘤》。广州火车站广场成为各家新闻媒体强攻的滩头，社会注目的焦点。

自2月17日上午起，《南方日报》的热线电话就响个不停。编辑告诉我，有很多读者打来电话。有读者说："这些照片铁证如山，让我们知道广州火车站居然生长着这么可怕的毒瘤，如果没有一点拼命的精神，这样的照片是拍不出来的！"有读者说："看了照片，我真的是佩服你们！请代我向那位记者说一句'非常感谢'！这样的毒瘤应该早日割掉！"有读者说："看了你们的报道，我一夜未眠。你们真的是有勇有谋，敢于刊登这样真实、可信的报道，让我觉得中国的记者也很了不起！"还有的读者说："火车站是广州的窗口，怎么能容忍这样的事呢?！你们的报道让该负责任的有关部门坐不稳了！"……

我真的很高兴。我所做的一切事，大家都是理解的。更为关键的是，公安部门采取了行动。

2月17日至19日，广州市公安局出动警力1200多人次，对广州火车站广场及周边地带进行大规模清查，抓获吸毒人员15名，清理"三无人员"260多人，缴获海洛因150多克，还对三元里街、走马岗一带的酒店、出租屋进行了清查，对抓获的吸毒人员进行强制戒毒处理。目前，这些地段的吸毒现象已经销声匿迹。公安部门表示今后将进一步加强火车站地段的治安工作。

2月25日晚，广东省公安厅、广州市公安局再次集结警力，对火车站广场及周边地区进行清理整顿，并取得了阶段性的胜利。2月26日的《南方日报》为此刊发了《羊城扫毒清污大行动》专版。

　　25日晚采访公安部门行动的编辑告诉我一个可靠的消息："小哈尔滨"被收容后检查发现感染了艾滋病毒。

　　今天，我和《南方周末》的记者又去了火车站广场。我本来想化装的，因为我有一种感觉：他们已经回来了。因为他们是寄生在火车站的特殊群落，只有这个地方，可以随时随地搞到钱，随时随地搞到毒品，离开这里，很多人无法生存。

　　春运已过，可是广场上还是有很多人在这里停留。可能是前几天各新闻媒介报道的余威仍在，值勤的警察和保安每过两三个小时就会巡视一遍，把坐在候车区栏杆外路边或者台阶上的人赶走。

　　"第七候车室"一侧的墙角，两个人裹着被子睡在地上，我认出了他们。

　　售票厅前的栏杆边，我又认出了好几个。他们也看到了我，把头埋得很低，或突然站起来走掉。

　　阿牛旁若无人地从我们面前走过，表情异常紧张。

　　我也很紧张。走马岗的那片废墟已经没有房屋存在，乱石间成了露天厕所，臭气熏天。深夜的人行天桥的一头，一些人躺在黑暗里。突然来了一个保安，把地上的人轰起来。

　　一个瘦弱的身影站了起来，在离我们很近的地方。他看见了我，我也看见了他，彼此都愣住了。突然那人"哦"了一声像想起什么，抱起地上的被子朝天桥上跑去。

　　"是他！"那是四川人杨的忠实朋友，他平时跟杨是形影不离的，看来，杨已经不在人世了。

　　他在逃跑的途中把一个什么东西飞快地藏在了天桥的铁栏杆外，我们赶过去一瞧——一只一次性使用的注射器插在缝隙之中，还在风中摇晃。

四、隐性采访的前提

在我国的新闻实践中，隐性采访使用是否得当，意义重大。以电视为代表的新闻媒体，进行必要和有序的隐性采访具有合法性，但应当指出，这种采访方式必须遵循一定的条件和掌握好"度"。

（一）必须以社会公共利益需要为前提

我国法律规定，在肖像权和隐私权等合法权益的保护中，社会公共利益需要是一个正当的抗辩事由。我们知道，法律上的隐私是指与社会公共利益无关的秘密；与社会公共利益有关，就不再属于法律保护的范围。但即使是对与社会公共利益有关的人和事的采访，所获得的涉及个人隐私的内容在报道时也要有所选择，与公共利益没有大的关系的就不能、也没有必要披露。

（二）必须事先获得采访权

采访权是新闻机构及其从业人员的权力，隐性采访权也是如此。我国新闻报道的权能是国家专门授予经批准登记的新闻机构和新闻记者的，因此，未经授权的其他机构和个人就不是新闻报道的权利人和行为人。所以，非新闻机构和非记者提供的报道，新闻机构和记者若直接采用，就有责任对报道的真实性和合法性进行确认，并要对新闻报道失实和侵权承担完全的法律责任。

（三）必须遵守法律规范

新闻隐性采访必须严格遵守一切法律，在法律许可的范围内进行，要特别警惕，不能跨入如下法律禁区。

1. 严格遵守有关保密法规，隐性采访不得涉及国家秘密、法人秘密

如我国1988年颁布的《保守国家秘密法》第20条规定："报刊、书籍、地图、图书资料、声像制品的出版和发行及广播节目、电视节目、电影的制作和播放，应当遵守有关保密规定，不得泄露国家秘密。"我国通行的涉密文件分级是绝密、机密和秘密。绝密和机密文件一般不允许公布在大众传播媒介上，秘密文件也是有分别地部分予以公开，如科学（教学案例、试卷、课件、教案）秘密、商业秘密和军事秘密等也都是禁载禁播的内容。再如记者不能为了探究我国国防的最新进展，到军事禁区等保密场所进行隐性采访。

2. 严格遵守有关未成年人保护法规

我国《未成年人保护法》第30条规定："任何组织和个人不得披露未成年人的个人隐私。"第42条规定："对未成年人（该法指未满18岁的公民）的犯罪案件，在判决前，影视节目、公开出版物不得披露该未成年人的姓名、住所、照片及可能推断出该未成年人的资料。"因此，隐性采访不得违背有关未成年人保护法规。

3. 严格遵守有关隐私权保护法律规定

隐私是公民与公共利益无关的私人信息、私人活动和私人空间。对于这些隐私内容，只有权利人自己才能够支配，不受任何人侵犯。在隐性采访中，最容易受到侵害的人格权就是隐私权，侵害隐私权的冲突也最容易发生。隐性采访侵害了隐私

权,就构成侵权。某媒体用电话采访一位歌星,未经允许,就将采访现场实况在广播电台进行直播,这是严重侵害隐私权的行为。对涉及个人隐私内容的不能进行隐性采访。我国1993年实施的《最高人民法院关于审理名誉权案件若干问题的解答》中也明确规定:"对未经他人同意,擅自公布他人的隐私材料或以书面、口头形式宣扬他人隐私致使他人名誉受到损害的,按照侵害他人名誉权处理。"因此,以个人隐私为内容的隐性采访是绝对禁止的。

4. 严格遵守有关司法机关法律规定

我国对法庭审判的新闻采访有严格限制,规定对法庭的审判活动不能进行隐性采访。1993年颁布的《中华人民共和国人民法院法庭规则》第10条规定:"新闻记者旁听应遵守本规则。未经审判长或者独任审判员许可,不得在庭审过程中录音、录像和摄影。"《最高人民法院关于严格执行公开审判制度的若干规定》第11条第1款规定:"依法公开审理案件,经人民法院许可,新闻记者可以记录、录音、录像、摄影转播庭审实况。"所以,在法庭上记录、录音、录像、摄影,必须是公开审理的案件并经法院许可,如未许可,不得进行采访,更不能进行隐性采访。

5. 严格遵守暗访器材使用的相关规定

《国家安全法》第21条规定:"任何个人和组织不得非法持有、使用窃听、窃照等专用间谍器材。"在这一规定中,禁止持有、使用的是专用间谍器材,不是一般的采访器材。在隐性采访中,偷拍、偷录有时使用的是窃听、窃照的器材,这是不允许的。但是没有规定不能使用一般的新闻采访器材进行偷拍、偷录。因此可以说,只要不是使用专用间谍器材,偷拍、偷录的采访方式不会受到法律的特别禁止。但是,如果使用这样的器材进行"隐性采访",则为违法。

五、隐性采访的注意事项

(一) 不能在采访中影响事实的发展

在隐性采访中,记者应以观察者或是一般性的第三者身份介入,不应成为新闻事件的决定性力量,更不能把自己变成"导演",人为地影响和改变客观事物的发展过程。否则,就有制造新闻的嫌疑,媒体的社会公信度和权威性就会受到损害。某媒体记者为"考察"路人的道德水平,故意将钱包丢到地上,看行人如何处理捡到的钱包。如果据为己有,行人在道德上就有了欠缺之处,成了该报道的反面典型。但是,我们可以这样设想,如果没有记者设置这个"陷阱",就不可能产生后面捡钱包的一幕,也就不会形成此报道。所以,从这点看,这则新闻是记者蓄意

"导演"的一出戏。无独有偶,2007年3月,中新社浙江分社记者乔装成患者,将事先准备好的茶水送到杭州10家医院检测,结果有6家医院检测出茶水有炎症。

用茶水当做尿液样本送检 医院竟化验出"发炎"[①]

中新网杭州3月19日电(记者柴燕菲 特约记者郑瑜 李京)随着人们健康知识和法律意识的不断增强,患者对医院、医务人员的期望值不断增高,而现代医学的局限以及一些医务人员的不负责任,使医患矛盾成为社会的热点和难点。

这段时间,针对医院前来投诉的人很多:杭州的一位陈女士看了个小病花了两千多元,病历和药物的明细单都没有;一个医院口腔门诊部花四千块钱给患者装的烤瓷牙居然是个合金的假货;明明是一般的主治医师却偏偏说成是北京大医院来的教授、专家。这两天,本网记者和浙江电视台钱江都市频道《新闻007》记者一起暗访了这些医院。仅仅化验一项得出的结论就让人不寒而栗。

以茶水做试验 茶水"发炎"了

我们用一只崭新的玻璃杯泡了绿茶,并将茶水当做尿液的样本送检。

记者首先来到了位于杭州萧山区萧绍路1541号的萧山钱江医院。值班的蔡医生在问了记者的大致情况后,叫记者先去做个小便化验。

记者把事先准备好的茶水倒进盛放尿液样本的量杯,然后送进了化验室。不到5分钟,化验结果就出来了。上面的数值显示:包括胆红素在内的三个指标超标。蔡医生看了化验单一眼后表示,从化验单显示的:"白血球,1到3个"说明有炎症,可能是尿道炎,必须先配点药回去吃,不好的话马上再来。

蔡医生给记者开了三盒消炎药,两盒甲砜霉素胶囊,一盒阿奇霉素片,包括药费和检查费,记者一共花了二百二十多元。

在位于杭州萧山区萧绍路608号的萧山华东医院,化验员拿到我们的茶水样本后,把它送进了检验机,几分钟后,报告单出来了,胆红素一个加。"胆红素什么意思?"记者问到。值班医生告诉记者:"胆红素一个加问题不大,不像白细胞,有白细胞可就问题大了。"当记者问可不可以不配药,这位医生没有回答,只是说最好做进一步检查。

记者来到的第三家医院是位于杭州学士路一号的浙江大学附属妇产科医院,听说记者小便时有点痛,这位医生让记者先做个小便化验,同样记者把事先准备好的茶叶水送进了化验室。半小时后化验结果出来了,白细胞2个加,白细胞显

[①] 柴燕菲、郑瑜、李京:《用茶水当做尿液样本送检 医院化验出"发炎"》,中新网,2007年3月19日,http://www.chinanews.com.cn/sh/news/2007/03-19/894949.shtml。

微镜检测 2 到 3 个。"有炎症了，尿路感染，挂盐水效果好。"医生让记者不要紧张，并给记者开了 3 天的盐水消炎，花费了近 400 元钱。

茶叶水难道真的会发炎？大医院难道也会搞错？带着这样的疑问，记者又在这家医院用同样的茶叶水作了第二次检测。化验单上显示，仪器检测白细胞一个加，人工显微镜检测白细胞 1 到 3 个加。这次医生给记者开的药是，一盒西药，五盒中药，西药是左克盐酸左氧氟沙星胶囊，中药是银花泌炎灵片和热淋清颗粒，药费 70 元。

记者跑的第四家医院是浙江省中医院，10 分钟后化验结果出来了，胆红素一个加，人工显微镜检出红细胞 1 到 3 个，还没等记者弄清楚是怎么回事，化验室的医生说话了："这个要查一下肝功能，应该排除一下肝脏疾病。"

2 天时间，记者跑了 10 家医院，其中 4 家是民营医院，6 家公立医院，6 家公立医院里有 4 家是省级医院，都是用同一杯茶叶水作尿液样本，检测结果是：2 家民营医院和 2 家省级医院茶叶水中没有被检出白细胞，另外 6 家医院不同程度地检测出了白细胞和红细胞，其中 2 家医院的化验单上显示，用显微镜也能看到白细胞，5 家医院给记者配了消炎药，总计药费 1300 元左右。

"茶水"是不可能发炎的

那么茶叶水中到底有没有白细胞和红细胞呢？记者就此问题专门请教了浙江省著名的茶生化专家、中国国际茶文化研究会副会长、农业部茶叶研究所前所长程启坤教授。

"到目前为止，没有文献报道茶叶中有胆红素和白细胞这样的成分，这个东西主要存在于动物细胞里面，白细胞在动物的血液里存在。"据程教授介绍，现在已经知道茶叶当中化学成分有五六百种，其中 96% 左右都是有机化合物，茶水里没有红细胞也没有白细胞。

那么茶叶水中到底能不能被检测出白细胞呢？我们请来了杭州邵逸夫医院检验科的主管化验师为我们作了试验。仪器试验结果显示：胆红素阴性、尿阴血阴性。也就是说没有红细胞，尿白细胞微量。仪器检测后，主管化验师又把尿液拿到显微镜下用肉眼进行仔细观察，一两分钟后金主管告诉记者茶叶水里根本看不到白细胞，也没有红细胞。

是有人在让"茶水"发炎

既然茶生化专家和主管化验师都肯定茶水中不可能有红、白细胞的存在，那么记者去医院检测出的那些数据又是怎么回事呢？是检验仪器出了问题还是化验师的检验水平有问题？难道是一些化验员在有意篡改化验数据？

据杭州邵逸夫医院检验科的主管化验师金主管介绍，小便的检测程序其实很简单，因为现在的仪器自动化程度很高，一些条件好的医院，尤其是一些大医院用的都是进口品牌，像德国产的拜尔、日本的京都等。它们的工作原理都是采用激光照射来分析尿液的成分，当然在实际使用过程当中，比如试纸的过期、仪器的老化等原因会影响检验的正确性，为了弥补这些可能的误差，还要做第二步的人工显微镜检测，这一步才是医生判断病人有没有炎症的主要依据。"镜检报告有红细胞就报红细胞，有白细胞就报白细胞，如果什么都没有看到就报阴性。"金主管说。

那么为什么仪器的检测结果显示白细胞微量呢？

金主管告诉记者，这个主要是仪器的工作原理导致，茶叶水可能对仪器有一定的干扰作用。"但有一点是肯定的，那就是在显微镜下是永远也看不到白细胞，也看不到红细胞的。"据金主管介绍，作为一般的检验师，排除外界污染的情况下，不可能说没有看到白细胞而写白细胞的。

而记者调查的萧山钱江医院、省中医院和省妇保医院的 4 张化验单，显微镜检测白细胞 1 到 3 个，红细胞 1 到 3 个，白细胞 2 到 3 个，白细胞 1 到 3 个，也就是说这 3 家医院的化验师在显微镜上看到了白细胞也看到了红细胞，其中省妇保医院还两次在同一杯茶叶水中看到了白细胞。

医学是一门非常严谨的学科，现代高自动化的仪器加上镜检，一杯茶水竟然"发炎"了。这一结果至少说明这些医院的工作作风极不严谨，像这样的医院能让患者放心吗，谁又能排除这种"马虎"不会发生在患者身上呢？！

该报道一经刊发，立即引发了医疗界和社会的广泛关注。不少媒体的报道都将矛头直指医院，发出是"茶水发炎"还是"医院发炎"的质问。但事隔 20 天之后，卫生部（今卫健委）就此事做出回应，指出根据专业检测证明，"茶水发炎"属于正常现象，医院并无过错，并指责策划此条新闻的记者有悖记者职业道德，不利于维持正常医疗秩序和构建和谐医患关系。一时间，"茶水发炎"事件所引出的关于新闻职业道德、医患关系、医院与记者孰是孰非等问题的讨论，在全国各类媒体上迅速蔓延开来。

"茶水发炎事件"没完没了？[①]

原始新闻

2007 年 3 月 19 日，中国新闻社刊发新闻《茶水当作尿液样本送检，医院竟

---

① 《"茶水发炎事件"没完没了？》，载《健康时报》，2007 年 4 月 16 日。

化验出了炎症》。中新社浙江分社记者乔装成患者,将事先准备好的茶水送到杭州10家医院检测,结果有6家医院检测出茶水有炎症。这6家医院其中4家是有一定名气的公立医院。此事引发了医疗界和社会广泛关注。

各方反应

公众:

"茶水验尿事件"着实让策划此新闻事件的媒体和记者风光了一把。在日益激化的医患关系上撒一把盐,烧一把火,这家媒体也颇有"伸张正义""大快人心"之意,用茶水泼了医院和医生一身的狼狈。

医院问题多、民怨大是事实,但也不能是非不分。医生不是神仙,真有病也不一定能查出异常;没病装病,更不易鉴别。比如你说头痛,真头痛也不一定能查出异常,装头痛更无法识别。如果你装得痛不欲生,开镇痛药是必然的,不开药你岂不又倒打一耙,说医生对你漠不关心?

记者以茶水充当尿液,以此作为医生医德和医术的试金石,其创意本身就很蹩脚,起到的是很糟糕的作用,失去的是医生对患者的基本信任。

个别记者热衷主动"策划"各种新闻,只求"轰动"不顾后果,并不关注科学常识和客观实际,不仅违背了新闻职业道德,也干扰了医学诊断和治疗的严肃性。少数媒体为追求"眼球经济",走入了"新闻娱乐化"的误区。恶化本已紧张的医患关系,而且使更多的媒体和群众受到误导,给社会制造了不和谐音符。

92家医院:

北京协和医院等全国92家三级甲等医院的医务人员分别做了同样实验:用茶水做尿常规化验。结果显示:在136份化验单中,未检出"阳性"项目的报告单为9份,占总数的6.6%;检出"阳性"项目的报告单为127份,占总数93.4%。

当事记者:

中新社浙江分社记者张慧慧、柴燕菲:

茶水化验的选题最初是因为业内一位专家的一句戏言。记者去拜访一位医学专家时,专家聊了很多医患关系、医疗价格问题,当然也就涉及了民营医院。大家都知道,浙江是一个民营经济比较发达的地区。专家给我们提醒说,现在媒体关注的已有新闻都是一些表面的,甚至是事后的,放"马后炮"。他建议应该报道一般人不知道的事实真相。这时他说了句笑话:"就是拿一杯茶水也能验出问题来。""茶水怎么可能化验出问题来?"同去的几个人听到后,都觉得不相信。

但经过讨论,还是决定从这个角度做一新闻。

高端声音

卫生部:有悖记者职业道德

4月10日，卫生部回应"茶水发炎"事件。卫生部新闻发言人毛群安对此提出了批评。他表示：根据专家建议，此行为有悖记者职业道德。

事件发生后，卫生行政部门给予了高度重视，除了当地的卫生行政部门组织有关的医疗机构和专家针对这个问题进行了讨论研究外，卫生部也组织北京各大医院和卫生部的临床检验中心就这个事件进行专题研究。北京的医疗机构也用茶水作为检验样本让各大医院进行了化验，结果许多医院的化验报告也出现了假阳性。

毛群安强调，如果不懂化验技术要求，而别出心裁地想到这么一招，不仅会影响正常的医疗工作，而且会误导广大公众。现在已经有很多患者对医院检查结果产生了怀疑。对媒体做这样的事情提出批评，并不意味着卫生行政部门不接受舆论监督。应该说在当前的情况下，舆论监督对于我们发现一些问题，特别是发现一些带有倾向性的问题提供了非常重要的帮助和参考。

"茶水发炎"事件中，记者成了该事件的主导者和推进者，这种行为不仅影响新闻的客观公正，而且也损害了媒体的公信力。

（二）介入式隐性采访要注意记者所扮演的角色不可随意

记者所扮演的社会角色不是随意的，也不是没有任何限制的。记者不能装扮成国家公务员、法官、检察官、警察等，以行使公务的名义获取新闻。因为这类职务都是依照法律规定专门授予特定机关及其工作人员的，任何人假冒都要承担相应的法律责任。尽管有时记者的初衷是好的，其隐性采访的行为也是为了揭露腐败、揭露犯罪行为，但法律只赋予公安机关、检察机关或国家安全机关在一定的条件下，按照严格的程序搞化装、窥视、窃听的特权。因此，记者应该明确并摆正自己的角色定位，不可越权冒充角色搞暗访。

此外，记者不应装扮成违法犯罪之徒进行采访。曾有某媒体记者为了解公民道德素质，在公交车上装扮成"小偷"和被盗乘客，观察其他乘客的反应。违法犯罪之徒不是正常的社会角色，是社会予以打击的对象，具有社会危害性。装扮成这类人易卷入违法犯罪的漩涡，不仅记者的人身安全得不到保障，同时也会玷污记者的职业形象。

（三）要处理好社会公德与职业道德的关系

新闻采访活动不仅要合法，而且要合乎道德。1996年美国大选期间，73岁的多尔在一次竞选集会上不小心从讲坛上跌下来，由于右臂在第二次世界大战中受伤致残，他一时无法站立起来，在场的许多记者只顾摄像、拍照，却没有一个人过去搀他一把。在突发事件上摄影记者有悖常理的现场反应，一方面引起了公众的愤慨，另一方面也引起了从业者的争论和思考。当然，完成拍摄是记者的职责所在，作为新闻记者，有义务客观报道事实。但是我们知道，人首先是社会人，然后才是新闻人。在遇到这种问题时，记者首先考虑的应该是人的生命安全问题，这事关人性；然后才是新闻的震撼效应。

面对难得镜头，我选择救人①

这是一次伦理道德和职业责任的考验。在洪水中，当群众有生命危险时，新闻记者是选择救人还是选择拍照？今年7月，记者亲身经受了这样一次考验——

今年的抗洪救灾报道中，我抓拍了数百张珍贵的镜头。然而，前不久，面对汹涌的洪水中县委书记救人这一生动感人的镜头，在三家媒体记者同时采访时，我却主动放弃了拍摄。事后我无怨无悔。因为那一刻，一种超乎职业之上的精神力量让我别无选择——为了救人，也为了另外两家媒体的同行能拍好这个镜头。

今年7月，澧水暴涨，超过1998年历史最高水位0.7米。由于外洪内渍，临澧县遭受了严重的洪涝灾害。7月10日上午，合口镇芭茅等村被内渍水围困了两天两夜的部分群众来不及转移而被困在楼房中。因为放心不下这些群众，湖南省临澧县委书记吴友云与县委常委、县委办主任朱泽欣一同坐上一艘小木船，由一村民小组长带领，划船深入到汪洋中巡查。我作为常德日报社驻县记者站的负责人也一同上了船，同行的还有湖南日报摄影部记者刘建光和县电视台摄像记者。此行，吴友云仔细察看了灾民的受灾情况，给没有吃上早餐的群众送去了早餐等，这些珍贵的镜头我都抓拍到了。中午1时许，有群众告诉我们说，某某家中有一老人身体不好，困在家里已有一天一夜，无人照料，其儿子去前线抗洪一直未回。迅速救人！吴友云当即指挥调转船头。看到来了船，老人十分激动，我们的船刚到家门口，老人就摸水下了二楼，洪水淹到了他的腰间。由于水流较急，木船很难平稳，不是船直往屋里钻，就是船靠不到边。

书记虎口救人，这无疑是个生动感人而又十分珍贵的镜头。而就在这一刻，我发现必须将船"稳定"下来，才能迅速将老人救起来，但要稳船，只有靠我了。此时，拍照和救人，究竟选择谁？

当时，我坐在船头，离老人和吴友云最近，完全可以拍下效果不错的照片。但如果不能让船停下来，不仅会延误救人时机，且所有的人都难以拍摄。"我是驻地记者站的记者，县外的记者来报道本地，我就是半个东道主，他们是客人，我

---

① 李显鸿：《面对难得镜头，我选择救人》，载《新闻记者》，2003年第8期。

应当配合。"想到这些,我立即决定放弃拍这个镜头,迅速站起来,两手紧紧抓住门顶,两脚分开使劲踩着船底,尽量减小船的晃动,并尽可能侧着身子,不让自己挡住其他记者的镜头。

吴友云终于抓住了老人的手。就在老人被救起爬上床的那一刻,我发现房子中有一块二米宽的镜子,正映现着救人的这一幕。机会来了,说时迟,那时快,我立刻腾出一只手,拿起相机对准镜头按下了快门。当晚,县电视台拍摄的书记救人的新闻播出来,次日,湖南日报记者刘建光打来电话说那张救人的照片很成功。两个媒体的新闻发表后,在当地引起很大反响。同行们为两位记者的成功拍摄表示祝贺,我在心里也为他们暗暗高兴。事后有人问我,怎不见我拍的照片呢?我呢,莞尔一笑,权当回答。

(四) 隐性采访和公开采访相结合

单靠隐性采访,材料的核实就有很大难度,记者还要尽可能地将其与显性采访结合起来,以便得到对方的支持并获得完整、可靠的材料。比如,可以先用隐性采访,等到材料收集得差不多时再改用显性采访,向对方核实事实;在隐性采访中,对那些旁观者、目击者或相关主管部门,记者可以采用显性采访。"明察"与"暗访"相结合,将所得的新闻素材进行对比,有时候还能得到强烈的戏剧效果。2000年6月,中央电视台记者随公安部治安行动总队前往青岛清查娱乐场所。暗访资料显示,一家娱乐场所在清查行动之前,赌桌旁人头攒动,场面十分热闹,清查组一来,"明察"资料显示房门紧锁,空无一人。如此这般用事实说话,就取得了很好的收视效果,并且展示了事实的真相。

(五) 注意保护自身安全

由于隐性采访多为对社会不良现象或负面问题进行曝光揭露,这样的报道肯定会令相关单位和个人利益受损,所以,被曝光者总会采取一切可能的手段进行反抗。近年来,新闻记者对社会不良现象进行舆论监督的力度在不断加大,那些躲在阴暗的角落,从事不法行为的人在新闻媒体的报道下"见了光",其长期存有的非法收益在一夜之间忽然失去或可能失去。对此,他们会采用各种手段,对新闻记者的采访行为轻者硬加拒绝,重者暴力相向甚至危及记者的人身安全。近年来,记者被打事件屡有发生,这从一个侧面说明了这部分人对记者的工作具有一定的威胁。完成"铁肩担道义"的使命固然重要,但是在采访中记者首先要保证自身的人身安全,这是能够完成采访任务的前提。遇到危险时,记者要想方设法逃离现场,摆脱对方的追击,另外还可以寻求有关部门的密切配合。

第七节 体验式采访

一、体验式采访的含义

体验式采访也叫参与式采访，是指记者直接投入所要报道的新闻事件中去体验生活，以获得新闻报道所需要的素材，以及获得对新闻事件的认识的采访方式。

需要指出的是，本书上一节讲到的"隐性采访"也含有记者的体验。这里提到的"体验式采访"是一种显性采访，记者不必隐瞒职业身份和意图，而是公开参与到新闻事件中。体验式采访是记者深入生活、体察民情的一种有效方法，对于记者的思想作风和新闻写作都有益处。

二、体验式采访的特点与作用

体验式采访其实就是要求记者深入生活，这是采访和写作的基础和源泉。深入生活就是要贯彻深入实际、深入群众的采访路线和"贴近生活""贴近实际""贴近群众"的指导方针。"涉浅水者得鱼虾，涉深水者得蛟龙"，这就是对体验式采访特点与优势的形象总结。

体验式采访出佳作[①]
——有感于《微观中国：我住进了东北棚户区》

翻开 4 月 27 日的人民日报海外版，我立刻被长篇通讯《微观中国：我住进了东北棚户区》所吸引，仿佛同记者一起住进了吉林省辽源市的棚户区，又和记者一起来到仙城小区，感受这"人间仙境"——这个新区可能还没来得及标示在城区的地图上，但它已经铭刻在辽源市棚户区百姓的心中，并通过人民日报海外版传播到五洲四海。

我的原籍在吉林农村，年轻时也居住过棚户式的泥土房屋，所以对这篇文章感触颇深。我反复看了三遍，还用笔标出了重点部分。

与其说记者在采访棚户区，莫如说记者就是一个棚户区居民，同那位低保户

---

① 宋木仁：《体验式采访出佳作》，载《人民日报》（海外版），2007 年 5 月 26 日。

李志刚及其老妈妈同吃、同住、同生活。辽源市建设局长曾担心"这个白白净净的京城女记者能够住土炕、烧柴火，男女老少挤一屋吗？"

然而，记者真的成为李志刚一家的"编外"成员，住进他们老少三代4口人不到30平方米的房子里。"我的棚户区生活，就从这个新家开始。"夜晚，记者的脸冻得发麻，厚厚的棉被散发出浓重的潮湿气味。这是记者"一生中感觉最冷的夜晚"。早晨，几百户人家共用一个露天厕所，记者也去排长队，但实在等不及，"我只好返回来，用门边那个丑陋的黑塑料马桶解决了问题"。

记者也从棚户区"乔迁"到新楼，实地体验被称作"人间仙境"的仙城小区。正在包饺子的洪旭和晓明夫妻带女儿一家三口从棚户区搬进了两室一厅的楼房。红彤彤的地板，锃亮的铝合金橱柜，微波炉正在给忙着准备上学的女儿热牛奶……洪旭还在客厅镶了一面墙的大镜子，专门给上舞蹈学校的女儿小佳斯练跳舞用。洪旭说："过去，连我自己都不愿回家，现在恨不得让全世界的人都来看看我们的新家。"

记者经过实地体验，以对比的方法揭示棚户区的变迁。辽源市中心的摩天大楼与一片灰黑的棚户区相比较，一幢幢楼宇的仙城小区与破旧不堪的棚户房屋相对照，乔迁新楼的洪旭一家与仍在用大帆布遮门窗、住土房的李志刚一家相对比，揭示出了今昔两重天。

于是，记者发出由衷的感叹："要是我没有先到李志刚家体验，我会体会到洪旭一家人那种从未有过的满足和幸福感吗？"这是记者贴近生活、贴近群众的结果。

体验式报道既是新闻记者采访方式的转换，又是新闻记者作为社会一员的人生积累。从单纯的我问你答、你说我记的采访方式，到入住棚户区；从同李志刚一起学点炉子生火取暖，到白净净的脸抹上了片片煤黑，记者很快就与报道中的主人公产生了共鸣：为居住棚户人家的忧而忧，为乔迁仙城人家的乐而乐，记者的情完全融入于棚户人家。

记者还对李志刚被棚户"压塌"的婚姻给予特别关注。她几经辗转找到了李志刚的前妻、阳坤的妈妈小平，委婉地启示她："等李志刚住上新楼了，那你会不会回家呢？"读到这里，我以一个痴情读者的心情，非常希望他们一家三口重新团圆，因为有记者的牵线，有亲友的期盼，阳光总会在风雨之后的。

（一）体验式采访能更真切地了解事实真相

采访是一个认识过程，通过亲身体验，记者的这个认识过程就会更扎实、更自然、更合情合理。记者有时要报道完全陌生的事情——不仅对读者是完全陌生的，而且对记者自身也是完全陌生的事情，记者只有与事实直接接触，亲自实践，才能真切了解事实。以上文为例，记者和报道对象的生活环境是截然不同的，如果不去亲自体验，自然无法获得"要是我没有先到李志刚家体验，我会体会到洪旭一家人那种从未有过的满足和幸福感吗"这种深刻的体验。

（二）体验式采访能打破僵局，获知所需材料

体验式采访往往深入采访对象的生活，这便于记者与采访对象打成一片，从他们那里获得更多的帮助，了解到更深入的情况。因此，在采访中，遇到无法从采访对象那里获得有用材料的时候，不妨先参加到他们的生活中去，在实践活动中同他们打成一片，加深与他们的感情，或许采访会出现新的局面。

（三）体验式采访能写出更生动的报道

俗话说，听过不如见过，见过不如亲自干过。听过可以说"知道"，见过可以说"了解"，亲自干过才能有深切的感受。记者写一般的新闻报道，可以不经过亲身感受，而如果想写出打动人心的报道，那就一定要有自己的实际感受。自己没有被感动过是不可能感动别人的。魏巍的著名通讯《谁是最可爱的人》，其中显露的激情曾震撼了千百万读者的心灵，在读者中激起了强烈的共鸣。通讯的感人力量来自记者本身的真挚情感，来源于记者对现场的直接把握，如松骨峰战役后的场景描写。记者在《我怎样写〈谁是最可爱的人〉》一文中写道："在现实生活中的深入感受，对写作的人是多么重要，你感受得深了，写出来也就必然有那么一股子劲，人家读了，也就感受得深；你感受得浅，人家从你这儿感受到的也就浅。你根本没有感动呢，那就不用说了。"

总之，体验式采访不仅有利于记者正在进行的采访，而且有利于记者对生活的完整体验和持续积累。经常进行体验式采访，能够使记者同生活保持有血有肉的联系，同社会上的人们保持息息相通的联系，避免仅仅从记者角度看问题而产生诸多局限与弊端。

三、体验式采访的注意事项

体验式采访虽然有不少优点，但它只能是众多采访方法中的一种，是一般采访方法的补充，我们不能盲目使用，更不能以体验式采访为万能。

（一）不能影响体验对象的正常工作或事物的自然进程

记者以参与者的身份去体验，但是不能为了采访需要，随心所欲地影响体验对象的正常生活和工作，也不能干扰事情的自然发展。

南方某媒体曾于1998年8月25日头版刊出《本报记者在上海街头报警》的新闻。为了测试上海警方的快速反应能力，在得到有关部门的特许后，记者冒充遭抢劫的外地旅客，向上海"110"报警。报案后仅2分钟零10秒，先后便有4辆警车呼啸而至。110报警台是服务社会、为人民排忧解难的社会公共服务部门，记者为了采访，制造这一场"闹剧"，破坏了正常的工作秩序。假如在同一时间，真的有人需要报警，而警力不够，后果将非常严重。该报纸的做法是欠妥的，甚至是错误的，值得我们引以为戒。

（二）要真正融入角色

体验式采访的突出特点就是"沉下去、贴上去、融进去"。它强调的是采访者要完全融入被采访者的生活，去经历和感受他人的思想和工作生活方式，以获得对采访对象的生活真实而深刻的认识。所以，记者在体验过程中，要克服"记者"这一职业身份，充分调动自己的情感，要像演员扮演某个角色那样，把自己融入"戏"里。只有这样去体验，才能获得真实、深刻的感受。

（三）要防止片面性

体验式采访有时因记者素质、经验的关系，容易"钻得进，跳不出来"，使观察和体验产生片面性，影响新闻报道的质量。因此，当记者进入某一角色后，不能被一人一事牵着鼻子走，产生片面的同情心和亲和力，而应站得高、看得广，把宏观和微观结合起来。记者平时也要不断加强自身学习，积累素材，锻炼自己的实际工作能力，开阔视野，丰富社会经验，提高自身素质，以便在体验式采访中更好地把握事实。

思考练习题

一、名词解释

目击见闻采访　隐性采访　体验式采访

二、简答题

1. 请谈谈电话采访适用的范围有哪些，应该注意哪些问题。
2. 谈谈在电视新闻中如何实施电话连线采访。

3. 网络采访能代替传统的新闻采访方式吗？为什么？
4. 请谈谈记者招待会和新闻发布会的区别与联系。
5. 请说说体验式采访的作用和局限性分别体现在哪些方面。
6. 谈谈对隐性采访这一非常规采访方式的看法。

提示：可以从隐性采访的必要性、隐性采访中的身份改变、隐性采访中的危急时刻及隐性采访所带来的法律隐患这四个方面中的任意一点切入进行分析。

三、实践应用题

1. 以"探访食品卫生"为选题，指导学生分组进行一次隐性采访，并采写成一则新闻，要求每一小组在课堂上讲述采写的过程与遇到的问题，由教师做采写要领的点评与总结。

2. 请以小组采访的方式围绕"成都交通拥堵问题"进行一次体验式采访，写一篇1000字左右的新闻报道，在全班交流体验过程，并由老师进行点评。

3. 由老师指导学生围绕一个新闻主题分小组模拟一次新闻发布会，模拟练习提问的技能，总结参加新闻发布会的程序及采访要领。

第七章　采访中应注意的问题

【内容提要】
　　记者的角色既体现社会分工赋予的职业素养要求，也内化其社会责任的担当。作为"媒介人"和"社会人"双重特性合一的记者，在采访活动中，既要遵循社会基本规范，又要顺应新闻传播工作的基本规律，为了高效工作将面对各种实际情况的挑战，如何正确处理人与社会实践及维护最大化的公共利益的关系，这是采访思维、技能及人文关怀须和谐相生的命题。本章立足记者在新闻采访工作中的实践应对，解析职业素养的提升策略，以提供实现新闻采写实效的行动与能动参照。

第一节　记者的角色

一、什么是角色定位

　　每个人在社会中都扮演了一定的社会角色。社会角色是指与人们的某种社会地位、身份相一致的一整套权利、义务的规范与行为模式，它是人们对具有特定身份的人的行为期望，它是构成社会群体或组织的基础。[①]角色定位是指社会对于单个个体所扮演的社会角色的种种期望、要求和规范。例如，医生作为一种社会角色，社会给予其的角色定位就是救死扶伤、悬壶济世，期望他们运用高超的医术解除患者的痛苦；教师这个职业则要求从业者传道授业、答疑解惑；警察最主要的任务是打击犯罪，保护公民的合法权益，维持整个社会的安定秩序……不同的社会角色，承担着社会对其不同的外在要求和规范，而社会角色的扮演者，即社会个人，则必须让自己的行为自觉地与这些要求和规范相符合，否则，就会出现角色冲突、角色

[①] 朱力等：《社会学原理》，社会科学文献出版社，2003年版，第90页。

不清和角色不当等各种角色失调现象。

事实上，社会中的每一个人都扮演着多重社会角色。某个人可能在课堂上是老师，在学校中是领导，受聘于政府部门担当顾问，下班后还可能作为组织者筹办书法爱好者协会等。除此以外，他同样也身兼父亲、丈夫、儿子等角色。所有的这些角色都是人类社会系统正常运转所必不可少的，都归属于社会角色的范畴。

虽然每个人的社会角色各式各样，但所有人都承担并无时无刻不在扮演的是"社会人"的角色。原始的人类作为一种群居性的动物，单个个体只有通过与其他个体展开各种形式的交流和联系才能生存与发展，人类社会也因而得以形成。每个人都生活在社会这个大的集群群体之内，个人既是社会的独立个体也是社会的组成部分。工业革命后的现代社会走向精细分工，个人必须全力投入社会生活中去，扮演好"社会人"这个角色，才能从社会交往当中获得生存与发展所需的各种资源。

二、记者的角色定位——媒介人与社会人

近现代新闻的产生源于资本主义萌芽时期对商业信息的需要，记者作为专门职业也随之而生。社会的信息需求赋予了记者"信息传递者"的角色，其角色定位包含多层含义：记者应该是党和政府与群众之间的信息联系者和传递者，负责上情下达、下情上传，他不仅将党和政府的方针政策传递给人民群众，而且也将人民群众的意见呼声传递给党和政府；记者应该是社会群体之间的信息传递者，促进整个社会的信息流动与沟通，以创造更多的社会价值；记者应该是社会群体与社会个体之间的信息传递者，帮助社会个体了解不断变化的现实，指导自身的行动，并形成科学决策……总之，社会对记者的要求与期待就是希望他们成为迅捷有效、客观公正的信息传递中介，通过新闻信息传播引导舆论朝着健康、良性的方向发展。

如同所有社会职业群体一样，记者同时扮演着两个社会角色，即职业角色"媒介人"和基本角色"社会人"。

（一）媒介人

记者在工作时间内开展采访报道活动时，就是以媒介人的形象示人。记者作为媒介人，承担着实现社会舆论监督的职责，承载着实现公众知情权的吁求。他们要深入新闻现场，排除阻力，千方百计地第一时间采制出真实可靠的新闻信息，告知公众正在发生的事实和社会的真实面貌。当记者履行媒介人的职能时，是相对中立的旁观者姿态、目击者姿态，因为他所肩负的职业使命和社会责任感，使他必须到新闻现场去采访报道，他采集和获取新闻信息的权利是社会分工使然，得到国家法

律的保障。此时，记者须明确"媒介人"的角色定位，以行业专业标准考量行为，遵循公正、客观、真实的报道原则，坚守新闻工作者的职业道德、理性导向和人文关怀，而不受个人情感喜好的影响，独立于新闻报道对象。

（二）社会人

记者除了作为职业人外，也是一个普通的社会人。面对社会的不公和罪恶时，他会愤怒；面对悲剧和灾难时，他会痛苦和难过；面对幸福和成功时，他会欣喜和满足。置身社会生活，他会自然流露出自身的性情和偏好。需要指出的是，社会人是除开了职业角色来看待的，但是它仍然具有社会化的特质，在社会化的进程中学习与成长、成熟，有自己的思想、信仰、行为准则和社会化选择，是具有社会认知意识及能力和自我建设意识及能力的适应社会与自身发展的独立个体。当一个报纸记者在家中观看电视新闻节目时，他可能会从专业角度发表自己的看法，也可能从普通观众的角度表达自己的意见，这就说明记者具有双重角色。因为这样的双重角色，记者能够贴近普通人，贴近生活，做出好的报道。然而记者也需要主动克服这个双重角色平衡不当带来的不利影响，这就需要我们准确把握双重角色的辩证关系。

（三）媒介人和社会人的辩证关系

记者的角色定位与其他的社会角色定位相比，有着更复杂的状况。记者的职业角色——媒介人，与其所扮演的基本角色——社会人之间，在某些时候会发生冲突。

记者的职业角色代表的是社会的"公"权力，与社会人这个角色中的"私"成分是互相抵触的。记者在工作时可以以合法身份到处采访，获取所需要的新闻信息，而一旦脱离了办公时间和工作任务，记者作为私人个体再通过各种方式获取此类信息，有时就会被视为是对他人的窥视，是违反道德甚至是违法的行为；当记者作为一个社会人时，他可以基于个人的价值和情感喜好，对他所观察到的新闻事件发表或褒或贬甚至是推崇或唾弃的评论。但当他转换角色，变为记者对新闻事件进行采访时，他就必须尽量保持客观中立，绝不能以个人的价值观念来进行推理和判断。

媒介人和社会人这一双重角色的对立性和矛盾性，是记者在采访活动中应该注意的问题，也是新闻专业主义和新闻人文关怀两种专业精神的分歧所在。

三、记者在采访过程中如何把握自身的角色定位

有关记者角色冲突最著名的例子就是南非的"自由记者"(freelancer)摄影师凯文·卡特的故事。1993 年,在极度贫困的非洲,一个饥饿的奄奄一息的非洲女童在地上艰难地爬行着,在她身后,一只几乎和她同样大小的秃鹰死死地盯着她,只等她死去就立刻扑上去啄食。卡特看到了这一幕,他用照相机拍下了这震撼心灵的瞬间。拍完之后,他赶走了秃鹰,这个在沙漠和荒原上徘徊了两天,目睹了成群的饥饿儿童的摄影师坐在那里哭泣了很久……

图 7-1 饥饿的苏丹

这幅照片被刊登在 1993 年 3 月 26 日的《纽约时报》上,获得 1994 年普利策最佳特写摄影奖,产生了世界性的影响,任何看过这幅图片的人都会感到无比的伤痛。然而,这张照片带给卡特的不只是荣誉,还有死亡。照片发表之后,读者不断地追问:"那个女孩最后怎么样了?"有人质疑卡特的道德品质:"摄影记者为什么不去帮助那个孩子,却忍心在一边照相?"甚至有报刊严厉地指责卡特:"他是另一只秃鹰!"面对如潮的批评,卡特心力交瘁,最后在极度的自我谴责中自杀身亡。他留下遗言:"很抱歉,这个世界有太多苦难。"

卡特的境遇不能不让人感到痛惜:一个记者忠实地履行了自己媒介人的职业使命,但却遭到了整个社会的批评。那些指责卡特的公众明显太过苛责,拍摄苦难固然有失冷漠,但拍摄出的照片所带来的世界性的关注和同情难道不比单纯地救一个小女孩的命更有冲击力与震撼力?

由此产生了一个令人纠结困扰、难以解答的问题：究竟在采访中记者应该如何界定自我的角色定位，才能做到既不干涉采访对象又起到解决问题、引导正确价值导向的作用？

国内也不乏同样类型的例子：

2008年5月，汶川地震发生72小时之后，救援人员在北川某处建筑废墟下发现了仍然坚强生存着的小伙子陈坚，他被三块预制板压在下面，身体异常虚弱。四川电视台某记者现场对其展开了采访，不停地和他说话，为了配合直播，还把他的声音通过电话连接进入电视直播间。陈坚的情绪一直处于亢奋的状态，在救援人员花费六个小时将他救出来后仅仅数分钟，他就因为体力消耗过度而死亡。此次采访通过电视媒体传播出去之后，在观众以及学界中引发了激烈的争论：有人认为，记者与后方的主持人这样处理这条新闻时是心怀善意的，他们是为了鼓舞陈坚的斗志、礼赞生命的坚强；另外一些人则认为，媒体这样做是出于收视率方面的考虑，而且这种做法有违生命规律，连普通公众都会觉得不妥，作为社会公器的媒体在此事上表现得欠缺考虑……

种种意见将记者逼入了一个两难的境地：要么为了保证新闻的真实性和客观性，放弃记者的中立旁观立场，介入新闻事件当中去帮助、去奔走、去揭露；要么就恪守记者的职业禁忌，冷眼旁观并如实记录、传播出去。但无论记者采取哪种做法都难免会被批评、被指责。有学者认为，在面对这种两难的境地时，记者不妨"功利"一些，也就是说："在特定的情况下，只要损失小而利益大，只要以小过失取得大好处，那么这种采访就是值得肯定甚至赞赏的，我们不能苛求记者的行为事事都做得完美。"[①] 所以，如果记者在采访中面临自身角色定位把握不准的情况时，尽量对现场的情况进行认真的分析，"两害相权取其轻"，虽说不能完全解决这一问题，但终究不失为一种可资借鉴的思路。

四、记者的角色职能

记者在新闻传播工作中扮演"媒介人"的角色，有着两个方面的意义。

（一）传播者——记录历史、报告新闻、传播文化

在信息交流发达的当代社会，记者在社会生活中有着其他职业难以企及的重要

---

① 陈超南：《在正反论争中求善——也谈〈海口色情交易大曝光〉中的职业道德问题》，载《新闻记者》，2002年第5期。

性。因为只有有了记者的报道，人类对自己生活的世界才有了更为全面和深入的了解和认识，而当人们有了这种认识之后，就更加离不开记者对世界所做的深刻描述。记者的报道成了人类感官的延伸，成了人们科学地看待世界必不可少的依据。人们开始习惯于通过对媒体事件的认识来了解整个世界，这些信息构成了他们大脑中的"世界图景"。尤其值得一提的是，与人的感官相比，记者的信息采集行为能够打破时空上的限制，甚至在不同地点同时发生的事，通过记者的信息采集，也能被媒体用一种整合的信息传播方式提供给受众。从这个层面来说，记者的新闻报道不仅仅是对现实社会的呈现，还是在为未来的读者记录历史。

人们不仅把记者的报道作为了解世界的认知窗口，而且也把记者的报道与自己的生活紧密地联系在一起，使之对自身的行为产生最直接的作用。通过报道，人们可以了解到政府最近制定的各项政策，可以了解到法律法规的最新变化，从而调整自己的行为，与变化了的环境相适应。同时，记者的报道能够在一定程度上实现社会不同阶层和职业间的信息流动，从而维护社会的有序运转。

记者是当今时代最重要的精神产品生产者之一，他们在构建人们头脑中世界图景的同时，也在构建着人们的知识结构。只有记者和媒体才能完成如此大规模的人类知识记录传递工作；而且，也只有记者和媒体才能将这种传承自然地渗透在人们的日常生活当中。记者在搜集和发布新闻信息的同时，也在传播知识和文化。现代人除了在各个层次和类型的学校中通过传统的教授方式获取知识之外，还有一大部分的知识获取来自社会信息的传受过程，而媒体在这个过程当中扮演的则是至关重要的角色。每天通过电视、报纸、网络、广播等媒体传播的新闻信息，本身就是对各种社会现象的反映和解释，这些报道在突出其主题的同时，往往还连带着对与新闻要素相联系的某一方面的内容进行一定程度的阐释，不失时机地向读者传输一定的相关知识。财经、科技、艺术、法律等专业领域的新闻报道，则是该领域知识与理论的一种普及化、大众化的传播形式。这样的新闻富有知识含量，使人眼界开阔，见识大增。记者更是一个民族文化精神和价值观的传播者。在美国媒体的新闻报道当中，人们可以看到记者们自觉或不自觉地流露出来的美国人的价值观；在我国新闻媒体的报道当中，凸显着中华儿女的爱国主义情怀和中华民族特有的价值观，绝大多数报道尤其是关于传统节日、传统文化方面的报道，在传播信息过程中都深刻体现出了民族文化的烙印。记者经过自己的努力，能使民族文化精神和价值观中的精髓得到更好的传承。

（二）价值导向者——铁肩担道义、时代精神的形塑

社会对于新闻记者的角色期待，一个最重要的方面，就是希望他们能够成为整

个社会的价值导向者。在这一点上，普利策的观点最具有代表性："倘若一个国家是一条航行在大海上的船，新闻记者就是站在船头的瞭望者。他要在一望无际的海面上观察一切，审视海上的不测风云和浅滩暗礁，及时发出警告。他不计自身荣辱盈亏，而是为信任他的人民服务。"①

一个称职的新闻记者，首先必须代表公众利益对社会进行舆论监督。在西方，新闻媒体被称为独立于行政、司法、立法三权之外的第四种权力，履行着对社会的监督权。在中国，记者的权力和媒体的属性都与国外有所不同，但记者还是被广大人民看做是舆论监督的重要力量。随着改革开放的不断深入以及我国法治化进程的不断推进，记者作为舆论监督者的社会影响力正在不断扩大。

一个称职的新闻记者还必须时刻对社会中人的生存状态进行理性的反思。这种反思既可以针对流行的社会思潮，也可以针对已经发生的、对人类影响巨大的新闻事件。反思并不是为了缅怀历史，而更多的是为了通过理性的思考，认识人的生存环境，帮助人们追求更好的生活。

记者可以通过舆论途径针砭时弊，表扬社会现实中的光明面，批评阴暗面，从而推动社会不断往更好的方向发展。一方面，记者是社会公权力的代言人，有责任深入实际、深入群众，倾听弱势群体和底层民众的意见和呼声，并不遗余力地通过媒体传播出去，使更多的人关注到社会问题并使之得到解决；另一方面，记者要敢于和善于发现问题，勇于揭露问题，实现社会公众的监督，同时，记者要对社会问题进行透辟的分析，对社会发展进行准确的预测，塑造更加和谐的时代精神。

第二节　媒介性质对采访活动的影响

一、报纸采访需要注意的问题

新闻采访活动的目标和目的就在于采集和获取有价值的新闻信息，并通过新闻媒体这个传播平台以新闻作品的形式传递给广大受众。但是，当代社会的新闻媒体数量众多，媒介形式多种多样，媒体各自的定位、功能和服务对象也不尽相同，这就造成不同媒体对新闻价值有不同的判断标准。同样一个新闻事件可能被某家媒体当做重要新闻而大加关注，也可能被另一家媒体认为价值微小而作弱化处理。因

---

① 转引自张威：《比较新闻学：方法与考证》，南方日报出版社，2003年版，第358页。

此，不同媒体的记者在进行采访时要立足于自身所属媒体的媒介性质和遵循采访活动的特定规律，对自身的角色有准确的定位，这样才能在保证最大限度地获得符合自身价值判断标准的新闻信息的同时，也符合媒体的定位与相关价值取向的要求。

当前，新闻媒体的主要媒介形式除了传统的纸质媒介、广播媒介和电视媒介之外，还包括新兴的、被称为"第四媒体"的互联网，它们构成了媒体新闻信息采集和传播的主要途径。这四类媒介形式有着各自不同的属性、特点和优势，分属其中的记者若是能够把握住这些媒介的特点，在采访活动中就会取得事半功倍的效果。

纸质媒介与其他三种媒介形式相比，在时效性、生动性和互动性方面都不占优势，但纸质媒介的深刻性和权威性却是其他媒介在短时间内难以取代的。文字虽然不如广播音响报道那样生动，不及电视画面那样直观，但是文字在进行事物观察和分析评论时能够触及事物发生发展的根本原因，而且能够给读者带来冷静的思考和情感共鸣。所以，纸质媒介应以深刻性和思想性作为新时期发展的主要思路，为此，对纸质媒介的记者有以下两点要求：

第一，报纸和新闻期刊等纸质媒介的记者在采访活动中要注重思考。由于时效性的差别，纸质媒介往往很难抢到报道新闻事件的"第一落点"，也就是对新闻事件本身进行"5W"形式的记录和传播，所以只能是在报道的深度上下功夫，也即通常所说的深挖"第二落点"。在这个过程当中，就要求记者对新闻事件进行全方位的思考，仔细分析其方方面面的信息和影响因素，以决定在哪一个点上大力发掘。此外，在采访活动当中，记者也同样要随着新闻事件的发展和采访对象的言语动作进行思考，以便能够快速跟进和进行良好的互动。

第二，纸质媒介的记者在采访活动中要注重细致观察，因为纸质媒介无法将新闻现场直观地向受众进行实时展示，所以必须依靠记者细致的观察来发现和记录新闻现场的各种细节，从而帮助受众推想新闻现场的实况。

二、广播采访需要注意的问题

广播媒介是以无线电波为载体传播声音形式的新闻报道节目的媒介，诉诸人们的听觉而产生作用，它的主要采访方式就是使用录音设备录制新闻现场的声音。与报纸等媒体在采访现场进行录音活动采集新闻素材的目的不同，广播媒介录制声音是为了将其作为新闻作品直接进行传播。所以，广播媒介在进行录音报道的采访时应该注意以下几点：

第一，在选择采访题材时要注意报道对象有无符合新闻价值的声响可供采录。声音是广播媒介的唯一表现形式，广播新闻的价值只能通过声音来体现，所以，只有那些具有符合新闻价值的声响题材才是广播媒介的报道对象。而诸如安静的考场、紧张的手术室等环境，虽然也可能有着较高的新闻价值，但由于现场没有声响或声响很小，很难通过声音报道来体现，所以一般不作为广播媒介的采访题材。另外，人是广播录音采访报道的主体对象，人的活动音响是展示新闻事实的主要手段，因此有无人的活动音响也是广播录音采访题材的重要选择标准，如救灾现场、文艺演出等环境，现场和人物声响丰富多彩，适宜作为采访题材。

第二，采录现场实况音响时要有所选择。广播媒介录音报道所需要的音响，是能够直接或间接体现报道主题的声响，而不是新闻现场及其周边环境的一切声响。记者在采访时要注意采录那些能够反映新闻事实特点、深刻表现新闻主题的典型声响，以及能够加强现场气氛、说明事件所处环境并烘托报道主题的背景声响。对于那些价值不高的嘈杂环境或与采访主题无关的"噪音"要设法减小和舍弃。

第三，注意录音采访的"一次性"原则，确保采录过程的真实性。广播新闻的采录过程一般是伴随着新闻事件的走向或新闻现场的发展而完成的，事后难以进行补充和改动，此即录音采访的"一次性"原则。记者在采访过程中要牢记该原则，注意提问的简洁、明快、明了和访问过程的条理性和完整性，争取一次性获得所需的新闻信息和报道声响，避免采访后的信息缺失等问题，更重要的是避免为弥补这种缺失而进行的人为布置和导演采访现场等违反新闻真实性原则的行为。

三、电视采访需要注意的问题

电视是现代电子媒介的代表，它通过电子技术采集和传递图像与声音复合叠加的电视信号，融图、像、形、声、色为一体，分别刺激人体的视觉和听觉感官，产生远超过报纸、广播媒介的传播效果。由于电视媒介"声画并茂"的特性，其采访活动也有一些特殊的要求：

第一，电视新闻记者要强化"抓拍"意识。电视新闻是形象具体的现场纪实性报道，记者必须在新闻事件发生和新闻人物所处的特定时间和空间中完成对新闻事件和新闻人物的采访拍摄工作。在这个过程当中，一些能够反映新闻事件本质与意义、新闻人物个性与特征的高价值画面会随时出现，并且往往一闪即逝，不再复现。所以，电视记者在新闻采访现场要保持高度的注意力，在这些画面出现的瞬间不失时机地抢拍下来。

第二，选择电视新闻画面要注重其信息容量和价值。电视新闻的画面包含了数量巨大的非语言符号内容，是信息传递的主要载体，选择画面时要观察该画面是否具有与报道主题相符的新闻价值，是否包含一定量的、有助于表现或深化主题的信息内容。否则就是无效画面，不能用到电视新闻报道当中。

第三，在后期制作当中要注意素材的剪辑效果。电视新闻采访得到的画面素材在后期剪辑过程当中应该以事物的真实性和客观性为依据，即电视画面的剪切组合应该符合新闻事件的本来面貌，画面与画面之间的连接顺序不应该使受众产生误解或者引起歧义。记者不能利用剪辑手段在电视画面内灌注某种暗示以达到影响受众解读新闻内容客观性的目的。

四、网络采访需要注意的问题

互联网这一新的传播媒介经过短短十余年的高速发展，已给传统媒体的生存带来了巨大的冲击，其难以匹敌的时效性、互动性和高度的自由性得到了受众广泛的赞同和欢迎。网络媒体也渐渐发展到了足以与传统媒体一较高下的阶段，但是网络媒体目前还有着信息混乱、权威性不强等缺点，所以网络媒体记者的采访应关注以下几点，规范操作。

第一，对于网络上的信息源要加强鉴别，确保其真实性。匿名性和高度的互动性造就了网络上海量的信息来源和传递流动，这是其对于现代传播的积极意义之所在，但是由于缺乏有效的监管和控制，这些信息当中充斥着各种片面、残缺甚至是虚假的内容，如果记者不加以审慎鉴别，而是拿来就用的话，很容易酿成虚假报道事件。回望历年业界评选出的"年度十大假新闻"，其中有很大一部分就是由于记者轻信网络消息造成的。因此，记者必须以专业的眼光、科学的思维，尽可能地多方验证网上的信息，确保新闻报道的真实性。

第二，记者应该掌握多种采访方式混合使用的技能，增强网络报道的说服力。网络媒体缺乏权威性是短期之内无法圆满解决的问题，在这种情况下，网络媒体记者可以向传统媒体记者学习借鉴，采取笔记、录音、照相和摄影多种采访方式混合使用的方式以及采用体验式采访等方法来增强报道的说服力。

第三节 采访双方的权益与协作

一、正确认识采访双方的权益范畴与协作关系

理想的记者和采访对象之间的关系，绝不是冷若冰霜的"公事公办"的关系，

也绝不是一个拼命挤,一个张嘴吐的"挤吐关系";而应该是双方相互影响,相互启示,相互感染的"互激关系"。[①] 马克思主义哲学认为,矛盾存在于一切事物当中,在记者与采访对象之间,在和谐互动的关系之外,同样有着各种各样的对立与矛盾。正确认识这些矛盾,并且积极寻求解决办法,认真协调记者与采访对象之间的权益关系,是记者的采访活动获得成功的关键。要保障采访活动顺利开展,尊重与维护双方的权益需要记者切实贯彻采访自愿原则,以及采访目的公益性原则,这是双方协作的社会基础,我们要给予高度重视。

采访活动的整个过程就是记者与采访对象面对面交流沟通的过程。一般说来,在这个过程中,记者是处于"主导"位置的一方,要通过提问的方式从采访对象那里取得需要的采访素材;采访对象通常是处于"从属"位置的一方,以被动的回答为途径向记者提供自身拥有的相关信息,这对"取"与"供"的矛盾就是记者和采访对象之间互动关系的实质。记者的采访能否获得成功,取决于其是否能够通过协调、沟通和合作等方式不断缓解并最终化解这对矛盾。能,则访谈双方相谈甚欢,记者满载而归;否,则访谈双方话不投机,采访不欢而散。

然而在实际操作中,采访双方存在的矛盾远比理论探讨中简单的"取"与"供"的情况复杂得多,社会交往中形成的纷繁复杂的社会角色、人际关系和法律、道德以及除此之外的各种限制共同约束着记者和采访对象,采访现场实际上同时牵涉双方背后难以计数的方方面面。比如公众的知情权、政府信息公开原则与保守国家秘密之间的矛盾;记者的采访权与公民的隐私权、公司保守商业秘密之间的矛盾等。要对这些记者可能遇到的矛盾进行逐一的介绍和分析无疑是一件浩大到不可能完成的工作,但是,所有的这些矛盾都是同一个原因所引起的,只要抓住这个原因进行探讨,问题就不难得到一个较为清晰的答案。

记者和采访对象之间的这些矛盾都是由于双方同时扮演着不同的社会角色这一点所导致的。关于社会角色的内容,上文已有介绍,此处不再赘述,只从社会角色差异所引起的立场、利益和地位这三对冲突性矛盾的角度来分析记者和采访对象之间的协作关系。

二、协调记者与采访对象之间的立场分歧

立场,是指立足于某一角度看待问题的基本观点、思想和态度。立场不同,看待同样一个问题也会衍生出不同的观点和看法,而不同的观点和看法之间往往存在

---

① 艾丰:《新闻采访方法论》,人民日报出版社,1982年版,第210页。

矛盾。虽然说记者以完全反映新闻事件的真实面貌为天职，应该站在完全中立的立场，从纯客观的角度观察新闻事件，但在现实生活当中，记者必然隶属于一定的政党、集团，获聘于一定的媒体、机构，所以就必然以相应的立场和态度来看待问题。采访对象亦然。二者的立场不同，就会出现分歧，而这种在立场上的分歧如果处理不当，轻则导致采访对象出现抵触情绪，记者无法获得需要的信息，重则可能引起纠纷甚至冲突，但无论孰轻孰重，记者的采访活动都必然以失败而告终。在信息技术高度发达、媒体竞争空前激烈的当代社会，新闻报道的时效性是以分秒来计算的，如果记者因为不懂得弥合分歧而使得采访失败，其结果可能是整个媒体的淘汰出局。所以，如果记者在采访过程中遇到与采访对象出现立场分歧的情况时，要采取"妥协与适当斗争相结合"的策略来应对。这是因为一定程度的思想交锋的确能够起到深化谈话内容、激发采访对象谈话激情的作用，通过与采访对象言语上的"辩论"，记者能够更加深刻地了解到新闻事件的真相和对方的观点、态度等，可能还会有超出采访提纲的意外收获。但这种"斗争"一定要把握好"度"，要讲究谈话的艺术，时刻保持理智，不可冲动和鲁莽，更不能一味穷追猛打，激怒采访对象，期间操作稍有偏差，就会招致采访失败的后果，得不偿失。所以，在大多数情况下，通过妥协以寻求双方的共同点，增进双方的理解才是记者化解立场分歧的主要方式。记者采访的主要目的是获取新闻信息，而不是为了"说服"采访对象或是与其在辩论上一较高下。记者暂时调整自己的立场和态度，顺应采访对象的观点与其交谈，会更快取得采访对象的信任，得到新闻事件的真实情况。"退一步海阔天空"，必要时的让步和妥协会让采访过程更加顺利。

三、协调记者与采访对象之间的利益关系

利益，是人类一切活动的出发点和归宿，人类活动就是一个由利益引发动机，动机指导行为，行为导致利益满足的循环往复的过程。在记者的采访活动中，宏观上记者要维护所属的政党、集体的利益，微观上记者要维护所属的媒体、机构以及自身的利益；而采访对象除了要维护同记者一样的社会角色的利益之外，还牵涉作为新闻事件当事人或知情人与新闻事件之间千丝万缕的利害关系，同时，他们还要向记者提供线索、介绍事件情况，要充当记者的向导和接待员。但是，采访活动是不会涉及金钱回报的，采访对象不会从采访活动中获得任何物质利益，有时候甚至要承担一定的风险。从某种角度来看，采访活动是记者不断"索取"，采访对象不断"付出"的过程。所以，记者要想顺利获得新闻信息，就必须在双方的利益关系中进行协调，也向采访对象做出"付出"和"给予"。此处所提到的"给予"不是

指物质回报，而是指记者所代表的舆论影响力。记者要使采访对象认识到，他们的付出并不是无偿、无条件的，记者在了解到他们的困难、问题之后，会向他们提供帮助，为他们的疾苦鼓与呼，他们个人的利益付出会以得到整个社会的关注作为回报。这样，采访活动就会变成双向"给予"的互动过程，并由此产生良性循环。

四、调整和正确对待记者与采访对象之间的地位差异

社会是由人和人之间的相互关系和交往构成的，虽然说人生而平等，但人在社会交往过程中都具有一定的社会身份和社会地位，不同的人其身份和地位也是不同的。记者这个职业要与社会上形形色色的人打交道，经常会遇到社会地位高于或者低于自己的人。记者在面对这些采访对象时，如果不能适当调节自身的心理状态，就会产生心理隔膜和鸿沟，影响采访的效果。一般说来，记者因为与采访对象之间的地位差异而产生的心理状态变化大致可以分为两种情况，即"惧上"与"轻下"心理。前者是因为采访对象的社会地位高过自身而出现，后者则多见于面对地位低于自身的采访对象时。在采访过程中，如果记者出现"惧上"与"轻下"心理，应当从情感与行为两个方面来进行自我心理调适。从情感方面而言，记者在面对不同社会地位的采访对象时，应当自觉把自身的思维方式朝着对方的情感方向推移，在二者之间形成一种"趋同"的状态，从对方的情感角度出发，以对方的情怀、气质、理想等与其展开沟通，同其建立一种情感和人格上的"平辈论交"关系，拉近双方的心理距离，构建平等的对话关系。在行为方面，尤其是在交谈的语言上要尽量与采访对象使用同样的话语方式，即俗话所说的"到什么山，唱什么歌"。记者在采访前如果能够对采访对象所处的行业、单位、机构等进行详细的调查了解，在采访中使用对方经常接触到的"行话"来进行交流，则会使采访对象产生亲近感和信赖感，有利于迅速打开采访局面。

五、切实贯彻采访自愿原则以及坚持采访的公益性、公共性原则

每个采访对象都与新闻事实有所关联，他们或者目睹了事实的发生，或者对于事实的相关情况有所了解，或者掌握了与事实相关的背景知识。总之，他们对记者采访的话题具有一定程度的发言权，否则他们就不应当成为采访对象。而采访对象说什么、不说什么，往往是从自身利益出发，采访对象更倾向于把有利于自身利益的内容告诉记者。任何采访对象在接受采访时，都存在有意无意隐瞒或筛选对自己不利的信息的可能，他们选择那些对自己无害或者有利的信息传播给记者的动机与

行为，从采访心理学的角度来说具有合理性，但却需要记者科学分析，辩证对待。但是，我们也注意到，为了采写独家新闻，有的记者采用不当手段，诱惑、引导甚至欺骗采访对象来获取所需信息。这样做的结果就是记者虽然获得了新闻信息，但是却可能给采访对象带来很多不必要的麻烦、困扰甚至是损害（包括物质上或心理上的损害）。这种行为违背了新闻采访必须坚持的双方自愿原则，不仅有损新闻记者职业形象的构建，不利于社会大众对新闻工作的全面认识，还会从根本上影响记者和大众之间的相互信赖以及协作的基础，这是值得媒体、记者高度重视的问题。

此外，采访中还存在一种现象，即一些记者会采用付出一定费用的方式，用金钱换取采访对象掌握的信息，这种行为被称为付费采访。付费采访发源于20世纪90年代的日本媒体，当时日本记者由于在欧洲采访足球联赛时屡屡受阻，于是打出"付费采访"的旗号。这种做法在采访当红体育、娱乐明星时被迅速广泛地使用，在欧美被形象地称为"支票簿新闻"。随着我国改革开放的推进与深入，这种做法在我国也不乏先例。2001年，姜文接受了 Tom.com 网站的专访后，获得该网站支付的1万港元酬劳；2003年中巴之战后，里瓦尔多、小罗纳尔多和罗纳尔多等三人接受广州某报专访，前两者各收入2万元人民币，罗纳尔多收入3万元人民币。除了采访体育、娱乐明星，付费采访也在其他领域出现。时下在各媒体通行的"热线奖励""有奖问答"等做法虽带有物质刺激受众参与的新闻社会活动性质，但从实质上看，也可视作付费采访的一种形式。

与此同时，付费采访也并不仅仅局限于媒体为了获取信息而付出酬劳，也有采访对象主动提出收取一定采访费的情况，这方面最典型且争议较大的案例，莫过于著名电影演员孙道临拒绝《羊城晚报》记者免费采访的事件。2005年年初，《羊城晚报》记者为了做"走访老电影人"的系列专题，邀请著名电影演员孙道临接受采访，但对方提出报社需对此次采访付出酬劳的要求，在数次沟通未果后，采访受阻。该事件经该媒体报道后，引发社会广泛关注，并展开了较大范围的讨论。[1] 有学者明确表示支持孙道临，认为艺术家没有义务向记者无偿提供信息，这种采访属于私人活动，采访对象如果认为提供给记者的信息是具有知识产权性质的信息，并要求记者付费，属于合理要求。如中国传媒大学魏永征教授对孙道临要求采访付费的行为表示赞同[2]，他认为采访对象花费了时间，并提供了知识或信息，要求一定的劳务报酬是应该的，这和"支票簿新闻"本质上不一样；南京师范大学新闻与传

---

[1] 参加《成都商报》"明星采访是否需要收费"问卷调查的数百名读者中，有73%持反对态度。
[2] 《采访付费，你说我说——对老艺术家孙道临提出采访付费一事的访谈》，载《浙江日报》，2005年3月21日。

播学院顾理平教授也持赞成态度,他认为从法律的角度讲,采访对象发表的讲话可以归为《著作权法》中明确保护的"口述作品",从经济学角度讲,孙道临掌握的相关电影资料是"稀缺资源",他人要想获得需付出经济代价。但更多的讨论是质疑孙道临的付费要求,如中国人民大学新闻学院教授喻国明认为,付费采访行为将会严重危害社会氛围,使新闻采访的公益性原则遭到破坏,若是简单地把商业化原则推及所有领域,就会使社会形成"一切东西都可以用钱收买"的错误看法,并给腐败提供土壤。另外,这种所谓的新闻竞争,其结果会造成对弱势群体的忽视,如果媒体片面关注那些有钱和有权的人,就会在很大程度上破坏媒体维护社会公正的职能。浙江大学新闻与传播系副教授邵志择认为,公众人物在享用新闻媒体这一公共资源的同时应承担一定的责任,故收取采访费是不合理的;西南政法大学法学硕士刘寿堂认为,出于传媒发展、社会精英应承担社会义务等考虑,采访费既不合理也不现实,同时采访对象有接受采访和拒绝采访的权利,一旦接受采访即是授权,就没有收费的理由了。而在律师廖鸿鸣看来,收取采访费主要是一个双方协商的问题,就像订立合同一样,双方无异议即可。广西大学新闻系靖鸣和龙鸿翔在《对社会名人要求"采访付费"的法理思考》中对此事的观点是:采访付费是合乎社会发展趋势的新生事物,应该从法制的视角理性看待。

对社会公众来说,新闻的采集和传播是一种建立在自愿原则基础上的公共信息流通行为,当记者获取的新闻信息是用来满足公众的正当信息需求时,除去新闻制播的成本和必要支出,它的社会效益是第一位的,所以在这个公共性、公益性信息服务的总目标原则下,采访对象一般都会理解采访工作并无偿接受采访。也因此,记者更应注意在采访中明确说明采访意图和新闻流向,使采访的自愿原则得到社会的认同,并坚持采访的公益性、公共性原则,通过正当合理的社会交流获取新闻信息,从而完成新闻作品,提供新闻信息的社会服务。

第四节 采访设备的介入和使用

一、采访设备的介入必须以尊重采访对象为第一原则

采访和记录,是记者将新闻信息转化为新闻作品的首要步骤,笔、采访本和录音与录像设备是记者进行采访活动的记录工具,以至于一提到"记者",人们头脑中就会出现一个在交谈中奋笔疾书做记录的典型形象。但是,正如西方新闻记者常

说的那样："掏不掏，以及什么时候掏出采访本也是一门学问。"采访活动中各种采访工具设备的介入和使用也有着许多需要注意的问题。

采访记录是记者采访活动的主要成果和后期进行稿件撰写的重要依据，所以记者们都非常重视记录工作。除了传统的笔和笔记本之外，录音机、录音笔、照相机、摄像机等电子设备目前在采访中也经常用到，记者依靠它们记录下采访现场的声音或者动作和画面。在记者的思想意识里，采访过程中的记录行为是自然而然的行为，采访对象天然就对记录工具习以为常，因此在采访中使用工具进行记录时往往不会先同采访对象进行相关问题的沟通与交流。实际上，许多采访对象会对记者的记录设备感到不同程度的不适，这是因为一问一答并实时记录的交谈方式会让他们感觉如同在被"审问"似的紧张，记者的记录工作也会令采访对象觉得似乎留下了某种"证据"而诚惶诚恐。原本轻松愉快的交谈在记者拿出笔记本和按下录音键之后就变得磕磕绊绊、难以推进，这就是由于记者忽略了采访对象的感受，对其不够尊重的缘故。所以，记者在采访尤其是访谈过程中要使用记录工具及设备时，应该首先向采访对象言明记录是采访活动的主要方式和必需过程，在征得其同意或通过交流消解其不适感后再使用工具和设备开始记录。

二、记者对采访设备不可过度依赖

采访活动是记者与采访对象互动交谈的过程，在这个过程当中，记者需要通过提问并获得采访对象回答的方式来取得所需的信息，虽然说提出的问题可以在列出采访提纲时就拟好，但记者通过采访现场采访对象的神态举止、语言观点等提出的有针对性的问题才是双方擦出火花的关键所在。然而，有的记者牢牢记住了采访记录的重要性，却忽视了双方的互动交流，在采访过程中只是一味埋头记录，采访对象一字一句地说，记者就一字一句地记，将采访对象的语言表述巨细无遗地照录下来，其间既顾不上思考，也顾不上提出有针对性的问题，甚至不能与采访对象及时交流，采访变成了采访对象的独角戏，记者也变成了采访记录的奴隶。这样的采访气氛沉闷，双方没有互动，更不会有激情火花，所产生的也只能是中规中矩或者说是平庸的新闻作品。有的记者在采访中使用录音设备来记录与采访对象的谈话，觉得这样就可以不再使用笔来记录了，于是就与采访对象谈得海阔天空、气氛热烈，但采访结束后开始撰写稿件时，却发现对有的内容的记忆已变得模糊甚至已经忘记了，再用录音设备来回播放当时的对话，或是因为访谈环境嘈杂，或对方口齿不清，或设备故障等原因而无法还原，记者这时后悔已经来不及了。全记不好、不记不行，较为合适的方法就是有重点、有选择地记录，并且采取多种记录手段并用的

方式，即采访时使用录音设备来记录双方的交谈内容，同时使用笔记来重点记录录音设备无法保存的非语言信息，如采访对象的表情、神态和动作等，还可以根据谈话内容用笔记做出一个提纲挈领的提示，方便采访结束之后用来核实与补充。总之，记者要充分了解各种记录设备和工具的特点，在采访中取长补短、综合利用，达到最佳的采访效果。

三、记者在采访中使用采访设备须考虑现场展开采访的可行度

时效性是新闻之所以成为新闻的表征，"抢新闻"已经成为记者的本能反应，记者的身影往往最先出现在突发新闻事件的现场，但是随着新闻伦理观念逐渐受到社会普遍重视，记者在新闻现场的某些表现也引发了较大的争议。比如，在某些灾难现场，伤员从深井或是废墟中被抢救出来，他们长时间身处黑暗环境，眼睛对光线的变化极为敏感，如果不加以保护，可能会造成永久性的视力损伤。这时就可能会有缺乏常识的记者冲上前去询问对方的获救感受，闪光灯不停地闪动，照明灯具将现场照得通亮，全然不顾强光可能对伤员造成的伤害。再比如，在医院中关闭手机已经是生活常识，因为通讯设备发出的电磁波可能会对某些精密的医疗设备产生干扰，但有的记者为了采访会直接将摄像机和话筒带至手术室附近，甚至闯入消毒室，给医院的救护工作造成困扰。所以，在这些新闻现场，记者应当适当收起手中的采访设备，让以人为本成为新闻采访的指导原则。

第五节 采访中的敏感与禁忌

一、新闻采访时应尽量避免涉及的敏感问题

1644年，英国著名资产阶级思想家约翰·弥尔顿撰写了《论出版自由》的小册子，并在国会发表演说，正式提出了"出版自由"的口号。这一口号发展至今，已经演进为包含采访自由、通讯自由、出版自由和批评自由等方面在内的"新闻自由"思想。新闻自由思想是得到普遍认同的现代社会的基本原则之一，世界各国都通过立法等手段确保本国媒体的新闻自由权利。然而，现实世界并不存在毫无约束的绝对自由，在实际生活中，新闻媒体仍要受到来自政治、法律和社会伦理等方方面面因素的制约，新闻记者在展开采访之前，一定要对这些敏感和禁忌因素进行深

入了解，避免触及，以保证采访活动的顺利进行。

《现代汉语词典》对敏感的解释为："生理上或心理上对外界事物反应很快。"该词在引申意义上多表示在人际或者组织、集体甚至国家间交往中出现的，一旦被某方的动作、行为、语言等作用力触及，被作用方就会迅速做出反应的某些问题，而且一般说来这些反应多为负面性质，如人际交往中的个人隐私，国与国之间的敏感问题等。虽然没有某些明确、硬性的规定标明敏感性问题不能涉及，但是人们在日常交往当中仍然约定俗成不去触及这类问题。具体到记者的采访活动，敏感问题大多为人际交往过程中惯常存在的，如政治敏感、社会敏感、私人敏感等，记者要注意不要针对这些方面提问，因为采访对象对这些敏感问题的第一反应往往是负面的，记者对这类问题提问会显得不礼貌甚至会引发采访对象的不快，给继续采访造成障碍。

（一）采访当中的政治敏感问题

政治敏感问题是指记者在采访活动当中不要针对采访对象的政治立场提问；不要引导采访对象对党和政府的决策做不适当的评论；不要与采访对象探讨与党和政府不一致的政治观点；不要非议党和政府的路线、方针、政策；不得散布错误的言论来动摇人民的社会主义信念；必须自觉和党中央保持思想观念上的高度一致；自觉抵制各种与党中央的方针、政策相悖的错误思潮的侵蚀等。

（二）采访当中的社会敏感问题

社会敏感问题大多涉及采访对象的职业和工作，有关这些问题记者要平时多观察了解，因为有些平时看来无关紧要的问题，在特殊的场合之下就有可能变为敏感问题。比如，每家上市公司都会定期发布本公司的财务公报，这是投资人进行评估、选择投资对象的重要依据，但如果记者在公报披露之前采访公司高管时问及财务问题，就属于敏感问题，因为如果在不适当的时间、地点公布财务公报可能会给公司带来一定的麻烦。

（三）采访当中的私人敏感问题

私人敏感问题往往是与采访对象的个人隐私相关的问题，如家庭财务收支状况、夫妻情感状况、患有何种疾病等；也有针对不同人群的不同的敏感问题，如对女性不问年龄、对男性不问收入等。此外，一些采访对象不愿谈及的问题，如不光彩的过去、极度痛苦的经历等，也属于敏感问题，但这些问题因人而异，记者在采访前要深入了解。

二、新闻采访时不可涉及的禁忌问题

禁忌问题是指在社会生活中逐渐形成的某些禁止和忌讳提及的问题，记者在采访中绝对不应该以这些禁忌为提问内容，这样会极大地冒犯采访对象，造成采访失败，甚至引起纠纷和冲突。禁忌一般包含民族习俗、社会风俗和宗教信仰这三点。

（一）民族习俗禁忌

我国是一个统一的多民族国家，一共有55个少数民族，不同的民族有着不同的图腾崇拜、生活习性以及不同的禁忌。如蒙古族被称为"马背上的民族"，他们视马为神，有祭马和禁食马肉的习俗；东北一带的满族认为"佛托妈妈"和"柳枝娘娘"是他们的始祖女神，对其敬仰有加。记者要注意在采访过程中不要以言语、动作等冒犯这些民族信仰当中的神祇，也不要违反关于饮食习惯的禁忌。

（二）社会风俗禁忌

我国一些传统的社会风俗和行业习惯禁忌一直延续至今，如广东人忌讳说"死"和"舌"，认为不吉利，把舌头叫做"口条"；水运行业忌讳在船上说"翻""沉"等字眼，改称"帆"为"蓬"，改称"陈"姓为"咆"（浮的意思）等。对于这些社会风俗禁忌，记者要逐渐理解和适应，如果遇到，要持有尊重之心。

（三）宗教信仰禁忌

不同宗教的信徒有着不同的禁忌和习俗，如信仰伊斯兰教的穆斯林严禁食用猪肉和狗肉，斋月期间日出之后和日落之前禁止饮食。记者若不熟知一些必备的宗教信仰常识，则容易和采访对象发生冲突、矛盾甚至酿成纠纷。作为采访者，记者应该事先了解情况，尊重采访对象和他们的风俗习惯，平时自觉学习宗教知识和民俗礼仪，为采访工作的顺利开展奠定良好基础。

三、记者在采访中需要注意的其他敏感问题

（一）记者在采访中要注意采访的礼仪和礼节

礼仪和礼节是人际交往中互相表示敬意的规范，是文明和教养良好的表现，它是在社会文化氛围和人们的日常交往中逐渐形成的，对人们的行为具有某些法律和

道德不能实现的约束力。诸如仪表大方得体、称呼合适得当、会见守信守时、待人接物友好和善、结交朋友重情重义等基本的人际交往原则，记者应该牢记在心并且训练有素，直到成为一种自然而然的习惯。此外，记者由于身份的特殊性，还要经常参加一些新闻发布会、记者招待会和娱乐宴会等，对这些公共社交场合的特定礼仪也要用心学习，因为一个缺乏礼貌而又失态的记者既有可能不尊重采访对象，也有可能造成不必要的误会而导致其采访被拒绝。

（二）记者要逐渐强化新闻伦理观念

目前，新闻伦理观念在学界和业界都备受重视，特别是人文关怀精神，在形成构建和谐社会的普遍共识过程中，国内的社会新闻报道风格有了较大改观，温情色彩逐渐浓重，强调报道的人文立场，但还需改进，其中突出的问题之一就是"侵扰悲痛"的现象依然存在。所谓"侵扰悲痛"是指媒体在灾难新闻中，对亲历灾难或痛苦事件的人进行采访，从而在一定程度上迫使采访对象对其悲惨经历进行回忆和表述的行为。此外，"侵扰悲痛"还包括：使用欺骗或强制手段进行采访、报道内容失实、报道内容冷漠或轻佻、图片使用和文字描述过度刺激。[①] 灾难新闻因为呈现的破坏场景和伤亡惨状，会对受众的视觉、心理造成强大的冲击，所以备受关注，新闻价值高，是媒体竞相报道的重要选题，具有重要的警示作用和社会意义，所以记者在进行此类报道的采访时要讲究方式方法，树立正确的伦理立场，强化自身的新闻伦理观念，提高人文关怀意识，同情和尊重报道对象，在具体采写过程中细致谨慎，坚守不伤害原则，尽量将对采访对象的侵扰减小到最低。

第六节　借鉴西方记者的采访方法要与本国实际相结合

一、某些西方记者不择手段地获取新闻的行为值得我们反思

西方媒体作为现代新闻思想的策源地，对我国新闻事业影响巨大，二者之间存在深刻的联系，我国媒体对西方媒体的态度也存在截然相反的两个阶段：改革开放之前，我国对西方媒体的资产阶级属性大加抨击，不予认同，认为其是资产阶级愚弄人民以获得剥削利益的工具；改革开放之后，我国无产阶级新闻事业对新闻规律

---

① 肖伟：《新闻报道怎样避免侵扰悲痛》，载《新闻记者》，2007年第2期。

有了新的、全面的、辩证的认识,既看到了制度不同的差异,也看到了差异背后的原因;既注重自我的本土立场,也重视学习并合理借鉴西方新闻业务的技能技巧。然而,国内媒体在借鉴西方媒体的经验心得时,绝不能照抄照搬,一味推崇而迷失了自我的价值立场。这两种态度都是片面的,正确的做法应该是用辩证的态度看待西方媒体及记者,认真分析其先进经验在我国具体环境内借鉴的可行性。我们始终要从自身出发,与本国实际、自身国情相结合,在比照和合理借鉴中形成具有中国特色的新闻采编方法。

以下一些西方媒体的报道理念和做法值得我们注意。

西方新闻媒体对新闻采访有这样一种看法:"只要目的正确,采取什么方法都可以。"所以,有很多西方记者在采访过程当中用尽一切手段来获取信息,有时甚至背弃记者本应坚守的职业道德,窃听、偷窥、偷拍等手段屡见不鲜,或者置采访对象的隐私权和人身安全于不顾,用蹲点守候、尾随纠缠等近乎骚扰的恶劣行径进行"采访"。那些被称为"狗仔队"的娱乐新闻记者就最擅长使用这种"采访"手段。

"狗仔队"现象发端于发达资本主义国家意大利,该词源自意大利语Paparazzi,指那些专门追逐名人私生活、偷拍照片卖给媒体并从中牟利的摄影记者,他们在美国和欧洲诸国以及我国香港等这些市场经济、娱乐经济发达的国家和地区最为活跃。值得注意的是,这种最初只在娱乐新闻采访中出现的现象目前已有向政治、艺术、体育等领域以及更大范围扩散的趋势,逐渐成为弥散在各种采访活动中的泛化现象。

"狗仔"们使用各式各样的手段偷拍各种名人、明星的私生活,极大地侵害了名人的隐私权,而名人为了逃避偷拍也是极尽所能,在"狗仔"们与名人间你追我逃的过程中发生了许多悲剧性的事件,其中最令人扼腕的莫过于"英伦玫瑰"戴安娜王妃的香消玉殒。

1997年8月30日下午,英国王妃戴安娜与其男友埃及亿万富翁之子多迪·法耶兹在法国南部旅游胜地圣托贝度假一周后回到巴黎。午夜时分,他们在巴黎里茨饭店用餐完毕,准备前往多迪在巴黎16区的私人住宅。自他们从饭店出来之后就遭到一批驾驶汽车和摩托车的"狗仔队"的尾随偷拍。为了躲避拍摄,戴安娜的司机将车速提高到时速160公里,在通过阿尔马隧道时,汽车失控撞上隧道中间的隔离柱,多迪和司机当场死亡,戴安娜也在送往医院之后伤重不治。

图 7-2　戴安娜王妃

图 7-3　戴安娜王妃出车祸的现场照

　　虽然调查报告显示当晚司机醉酒驾驶是导致事故的根本原因，但穷追不舍的"狗仔队"对戴安娜王妃的死亡依然负有不可推卸的责任。而且当晚在车祸现场，仍有尾随而至的摄影师对着车祸后的惨状不停拍摄，旋即遭到现场救援人员的殴打，可见"狗仔队"的所作所为已经被人们所唾弃。

　　西方记者的这种为获取新闻坚韧执著的精神可供我们学习和借鉴，但"狗仔队"的做法是我们应该摒弃的。我国记者应该严守新闻工作者的职业操守，以正当合理的方式开展采访活动，进行信息传播和舆论监督工作。

二、我国记者独立活动的精神需要加强，但要避免不顾全局、无视纪律的擅自行动

由于我国新闻事业体制的规定和传统价值观念的影响，我国媒体记者的专业活动方式是依靠组织和集体的力量进行活动，虽然采访、写稿等工作是由单个记者独立完成，但报道选题的组织策划和最终的编辑组合都是由采编部门共同完成，而且记者可以凭借所在新闻单位的公共资源和威信，较容易地获得各方面的信息和支持。西方记者则不同，西方新闻媒体的独立性决定了他们需要全力找寻公共资源，而市场竞争的压力促使所有的采编活动都必须依靠记者本人来完成。在这种情况下，我国记者容易形成"等新闻"的心态，他们可能因此而缺乏足够的主观能动性。相比之下，西方记者由于资本主义新闻体制所形成的激烈竞争，在那样的压力和工作氛围中必须以个人能力来完成职业任务，其独立活动的精神也随之养成。所以，曾经一段时期，我国媒体界就有了学习西方记者独立精神的呼声。这种呼声提出的动机是为了提高新闻报道的质量，其作用和结果是值得期待和肯定的，但必须注意，我国媒体与西方媒体存在体制上的根本差异。我国媒体记者的根本职能是为人民服务，充当党和政府的喉舌、党与人民之间的桥梁。我国媒体记者可以学习西方同行的奋斗精神，多跑动、勤调查，深入基层，主动发掘更多新闻线索，多报道一些能够给社会发展带来正面意义的新闻。与发达国家国情不同的是，我国正处在一个继往开来的社会转型期，目前已经进入"黄金发展期"与"社会危机高危期"并存的时期，社会经济经过多年的持续高速发展，社会各领域潜伏着不少危机，我们在前进中所面临的错综复杂的新矛盾、新问题需要正确处理，而此时期媒体的新闻活动必须谨慎开展，所有的新闻活动必须坚持为改革发展鼓与呼的原则，绝对不能给党和政府的工作添乱，要为构建社会稳定、民族团结的社会主义和谐社会提供思想舆论的保障。比如2003年的"非典"疫情和2020年的新冠肺炎疫情，这两场突如其来的灾难为媒体提供了大量的、持续的新闻来源。为确保信息在全社会及时、有效和透明地流通，记者应该不畏艰险，深入疫区、医院进行报道。但同时，为了社会稳定和防控工作的需要，记者还应有大局观，准确地把握报道的"度"。灾难新闻是具有高关注度的新闻，它的震撼力、影响力使它的新闻价值尽显无遗。但是，只求"看点"，忽略导向，报道上就会良莠混杂，泥沙俱下，甚至导致灾上加灾，祸上加祸。因此，在灾难性新闻报道中，要时刻保持大局意识、责任意识，既努力保障群众的"知情权"，又要为政府妥善处理灾难事件营造有利的舆论氛围，力求导向与新闻报道内在统一。"非典"期间，媒体若是一味夸大渲染"非典"的

危害，忽视抗击"非典"的力量，就会在社会上造成过度恐慌。以凝聚力量，传播知识，弘扬正气，鞭挞丑恶为出发点来搞好报道，引导人们万众一心战胜"非典"，才会使灾难向积极的方向转化。① 同样地，在新冠肺炎疫情防控期间，媒体报道可以通过联系与调动传统"国家身体"观念与家国想象，建构民族共同体意识，实现广泛的情感动员，与英雄中心叙事相结合，淡化突发性公共卫生危机对社会秩序的冲击。此外，媒体也可以引入科学知识对新冠肺炎祛魅，以深入解读提升民众的健康素养，使民众面临陌生疾病应对有方，不再一味对"看不见的敌人"恐慌。②

坚持正确的导向是新闻事业的行动指南，更是记者采访的最终归宿。坚持正确的导向，不仅是我国新闻媒体的首要任务，而且已经成为衡量新闻报道优劣的最重要标准，成为新闻活动的生命线。记者作为新闻从业人员，就必须具备较高的马克思主义理论水平，明了国家工作全局和世界局势；必须使自己的行为和思想自觉地与大局相适应，任何独立活动都不能是擅自行动或无序活动，更不能损害人民群众的根本利益和影响党和政府的工作大局。

三、面对西方媒体竞争中的异化行为，我国媒体从业人员应该坚持社会效益第一的原则，保持清醒的头脑，切忌盲目追捧

西方媒体是资本主义经济体制下个人私有、独立经营的经济实体，在本质上它们是私营企业，其一切行为目的都是为了在竞争中击败对手，获得更大的利润，所以，他们想方设法采取各种手段来吸引受众的注意，以提高阅听率、收视率，如西方新闻史上的"黄色新闻"③ 风潮正是这种利益驱动下所导致的结果之一。靠渲染色情、暴力、血腥和犯罪等新闻内容参与竞争的方式在西方新闻业发展到较高阶段时曾得到了一定程度的遏制，但在我国，这种行为似乎也有发展之势。我国的媒体从业人员应该清醒认识和预估新闻报道低俗化、庸俗化、恶俗化所带来的严重后果，自觉抵制这种不良发展，同时还要本着对社会和大众高度负责的职业道德，善于从西方媒体的演进历程中寻找应对的方法，从而跨越这一媒体无序竞争的阶段。

对此，我们从制度和机制建设上做出了规范与导向。2015 年 12 月 29 日，中

---

① 刘桂茂、殷毓平：《灾难新闻应把握的"度"》，载《新闻记者》，2003 年第 6 期。
② 陈阳、周思宇：《战争隐喻、国家身体与家国想象——基于语料库的新冠肺炎疫情报道隐喻研究》，载《国际新闻界》，2022 年第 2 期。
③ "黄色"在汉语中常常与色情、淫秽挂钩，但在新闻史上则特指 19 世纪末期美国报业兴起的一种编辑手法或新闻思潮。《人民日报》2004 年年末发表了《别学"黄色新闻大王"赫斯特》一文，把"黄色新闻"定义为"热衷于暴露凶杀、抢劫、强奸、淫乱等社会阴暗面，热衷于炒作明星绯闻、隐私，展现抢劫、凶杀等血淋淋的暴力场面和犯罪细节"的报道。转引自赵强《半人猿、男妈妈和独眼女婴》，载《中华读书报》，2005 年 3 月 9 日。

国记协新闻道德委员会正式成立，它是新闻行业加强职业道德建设的自律机构；同日召开第一次全体会议，审议通过《中国记协新闻道德委员会章程（试行）》，选举产生中国记协新闻道德委员会领导机构。2021年8月24日，中国记协新闻道德委员会召开专题评议会，从政治责任、阵地建设责任、服务责任、人文关怀责任、文化责任、安全责任、道德责任、保障权益责任、合法经营责任等9个方面对人民日报、新华社、中央广播电视总台等18家中央主要新闻单位发布的2020年度社会责任报告开展评议并打分。① 这是媒体社会责任报告制度工作开展8年来，量化打分工作首次覆盖18家中央主要新闻单位。这九个方面的责任可以代表媒体社会责任的整体内涵以及坚持正确的舆论导向的建设方向，既是媒体健康发展的保障与遵循，也是构建中国特色新闻事业发展体系的有效举措（见图7—4）。

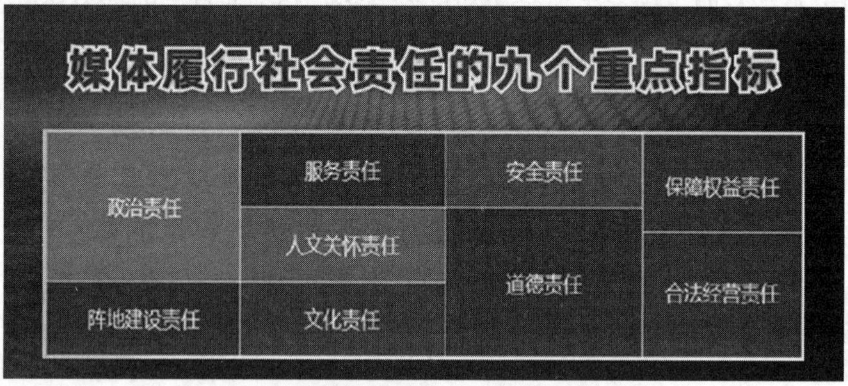

图7—4 媒体履行社会责任的九个重点指标

由上可见，我国新闻媒体应始终坚持社会效益第一的原则，努力用先进文化占领思想文化阵地，并用先进文化引领社会发展的方向，不断提高人民群众的文化品位，陶冶人民群众的情操，通过健康的新闻传播与舆论引导，防止一切危害人民、污染社会和反社会的不良物泛滥。这是我国每一位媒体从业人员的重要社会责任和使命，是需要我们通过长期的不懈努力去完成的时代课题。

思考练习题

一、联系实际认知，谈谈如何认识记者的角色定位？

二、怎样认识并正确处理记者在采访活动中的角色冲突？

三、结合实例谈谈不同的媒介形式在采访活动中需要注意哪些问题？

---

① 《中国记协新闻道德委员会召开2020年度媒体社会责任报告专题评议会》，参见中国记协网，http://www.zgjx.cn/2021-08/24/c_1310145991.htm。

四、采访中使用记录设备时应该注意哪些问题？

五、记者在采访时应该注意的敏感问题与禁忌主要有哪些方面和内容？

六、选择一则采访案例，其中记者与采访对象之间在职业、地位、年龄、学历等方面要存在较大差异，仔细揣摩记者提问时的技巧性内容，谈谈需要注意的问题。

第八章 从采访到写作的过渡——新闻构思

【内容提要】

新闻构思是新闻采访迈向写作的衔接部分，它既是记者观察与分析事实的思维活动，又是新闻事实有机选择与整合的结构过程，从而预设出新闻写作的基本方向与形式表达。新闻构思在本质上是记者在对新闻价值的辨识中达至事实与思想之内外契合，是主观同客观相统一的认知实践，影响着新闻作为报道文本的有效输出。本章将从新闻主题、新闻角度两个维度剖析新闻构思过程，介绍二者的定义内涵、提炼与选取方法、表达要求，并在此基础上以动态案例演绎新闻构想的逻辑与落点，具体呈现从事实到新闻的框架考量与专业编码。

第一节 新闻主题

一、何谓新闻主题

新闻主题是新闻报道的主旨和中心思想，是记者加工材料、选择角度、表达及运用语言的主要依据，是贯穿于新闻报道写作的主要线索，它体现了记者对客观新闻事实的看法、态度和通过事实的报道所表达的主张、见解等。新闻主题是新闻的灵魂，主题的提炼是决定报道成功与否的关键。在写作中，交代新闻背景、选取报道新闻事实的角度以及谋篇布局等都要为烘托和表达新闻主题服务。新闻主题不仅必须真实、客观、正确，还需鲜明、深刻而有针对性。新闻主题的表达要求记者用最简洁的文字，准确写出最重要的事实。

新闻主题是记者构思新闻报道的主要线索，它在采访开始实施到写作开始之间形成。在大多数情况下，记者在采访流程开始时就同步进行思考和准备了，然后通过采访前的预设、采访中的发现、思考和补充采访等环节，逐步明晰和提炼出报道的主题。这里，我们以一个采访报道实例来简单描述一下新闻主题的提炼：

第八章　从采访到写作的过渡——新闻构思

1957年，中国第一座横跨万里长江的铁路、公路两用桥——武汉长江大桥建成通车的第一天，《工人日报》记者前去采访。当天，武汉突发少有的寒潮，记者在公共汽车上无意中见到有人感叹"这天气说变就变，要不是有了大桥，怎么得了"，记者带着对天气与大桥的疑问向其求教，结果得知由于长江狂风巨浪，迫使渡江的轮船抛了锚，木船停了渡，而这位乘客家住汉口，女儿在江对岸的武昌，正要分娩，急等她照料，却遇到坏天气，若在往日，除非插翅飞过江去，而现在长江大桥通车，车辆行人可以随时南来北往……而车上还有武汉钢铁公司某工地的两位女打字员也向记者表示，她们刚在汉口修好了打字机亟待回工地，不巧也遇上了轮渡停航，幸好这天大桥刚好通车，才没有耽误工作。就这样，记者从留心到细心，通过观察访问，在报道大桥通车这一事件中，抓住了一个重要的新闻主题，即：举世闻名的武汉长江大桥在正式通车的第一天，就在武汉少有的八级大风所带来的惊涛骇浪的考验中安然无恙，这使长江大桥充分显示出了重要的作用。①

在这个案例中，记者出发前即准备要报道武汉长江大桥通车这一新闻事件，而大桥的修建背景、当天的天气情况以及记者的见闻等，则属于新闻事实要素。这些要素之间存在各种各样的联系，记者就在若干的关系线条中抽出一条主线，即他最想要表达的中心，从而形成了这篇新闻报道的主题。这一采访报道实例就是记者提炼主题的一个典型示范，说明主题通常蕴藏于新闻事件中，需要在采访中进行挖掘和提炼，而确定好的主题又将支配记者的写作，即指导记者选取写作角度、组织事实材料、规划报道结构等。也就是说，新闻主题的提炼过程贯穿于采写的动态流程之中，并且统领与主导着写作。

从更深层意义上说，新闻主题是记者在对客观事物的认识和分析的基础上确立起来的新闻作品的表达意向。它通常反映一种舆论导向，是将所要采写的事件、人物、经验、问题等纳入社会背景中，并提炼、概括，形成报道的要义。比如，在构建和谐社会这一导向中，新闻报道需要突出与其相关的主题，因此，在一些重大事件的新闻报道中，记者采访时首要思考的，就是哪些事实可以提炼出与构建和谐社会相关的主题。另外还有一些常见的社会问题，如农民工问题，在不同的社会发展阶段，农民工的生活、工作等新闻事件往往会呈现不同的报道主题，而这些主题则是社会发展现状的浓缩和反映。比如，改革开放初期，我们关注农民工大量涌入沿海城市打工，主要以宣传改革开放的政策为主题；随后，我们开始关注留守儿童的生活与成长、进城务工人员的社会福利待遇；最近，我们又开始关注"80后"农

---

① 白庆祥、刘乃仲、郑保章：《新闻采访写作编辑案例教程》，新华出版社，2003年版，第54~55页。

民工的群体生存现状等。透过这些主题的变化，我们看到了社会的发展与变迁，它既是农民工问题本身的发展，也是与时代发展同步的社会问题、社会现象的折射。这也从另一个角度表明，新闻主题是新闻事件在社会发展的历史意义中的一个投射，是事实本身蕴含和反映的社会历史面貌的一个浓缩。我们常说的"以小见大"的写作方法，就是指具体事实中蕴含着反映时代变化的主题，主题不能主观强加，而要在具体发展的进程中去发现与总结，新闻主题的提炼过程就是完成这个认识规律和表达规律的辩证统一，无数变动的"小"的事实经过时间的洗礼，就会形成"大"的规律性的抽象；反过来，在"大"的抽象的宏观规律下必然会指导并演绎出不断变化的微小，此所谓主题来源于具体的无数的事实，同时必然深化、统领这些具体的无数的事实，只是新闻写作的构思和表达要遵循其特定的规律罢了，其间的原理和文学作品、历史纪实写作的主题类同。

因此，新闻主题是对新闻所涵盖的事实要素的高度概括，也是对其蕴含的意义的揭示，新闻采写就是要对这种意义以新闻写作为载体进行传播。新闻主题就像新闻报道的统帅与灵魂，以它为框架，我们可以看到经过选择的有序的事实巧妙传递出世界如何变化、为何变化。从这个意义上说，新闻主题是新闻传播活动中以记者为主体，对事实的认识成果加以提炼与抽象化，主导我们写作报道的关键和框架。

新闻主题具有新闻价值的概括性和新闻写作的统帅性特征，它来源于新闻采访，回归于新闻写作，起到高屋建瓴、突出价值要素的作用。

二、提炼新闻主题

（一）新闻主题应有的特性

1. 能够体现一定政治意义的全局观

一篇有深意的新闻报道必然具有着眼全局的主题立意。这个主题在政治上是具有重要意义的，它能够推动党的路线、方针、政策的贯彻与执行，是对全局有影响的问题；它能反映现实生活中的主要矛盾和展现时代精神。

新闻本身就是当代史，它一方面反映、引导社会舆论舆情，另一方面记录着社会发展的变迁。在全媒体时代，大众每天都会接收各类媒体纷繁复杂的各种新闻信息，新闻作为"易碎品"，真正能够引发人们深层思考，甚至引起心灵震撼的，一定是上升到政治层面的事件，因为具有重要政治意义的事件，才是关系全局、影响久远的事。通常，初学采写的人对政治的理解比较片面和简单，认为那是国家大事，是领导者的事，是政府的工作任务，与我们普通人没有关系；记者也往往认为,把这些政府和官员的信息发布出去,就完成了宣传任务。殊不知,政治实际上关乎每个人的利益。我们对政治的理解受各种因素的影响,以致认识褊狭,这是需要扭转和改变的。尤其是政治作为一种认识方法,它是帮助我们透过现象看本质的辩证思维。记者在报道新闻时,肩负着帮助受众理解事实的本质的责任,因此,新闻主题作为统率报道的灵魂,是记者提炼出的认识成果,它应该具有这样的辩证性和全局性。

以第三十一届中国新闻奖文字消息二等奖作品《复兴号奔向"未来之城"》为例,2020年12月27日,京雄城际铁路全线开通。面对这个"国家大事、千年大计"的重点工程,人民铁道报高级记者李蓉坚持以党性思想指导思考,以习近平总书记相关重要指示批示和重要讲话精神为指引,挖掘新闻主题。雄安新区是习近平总书记亲自谋划、部署、推动的历史性工程,而京雄城际正是"开路先锋"。记者正是以此为原点,深入理解京雄城际铁路全线开通的深刻意义,筑牢稿件的思想立意之基,最终得以跳离素材本身,通过客观、理性、深度的思考捕捉时代命题,探新报道视角,在历史纵深中准确地展现了习近平新时代中国特色社会主义思想和党中央关于设立雄安新区、深入推进京津冀协同发展做出的重大战略选择。

复兴号奔向"未来之城"①

京雄城际铁路全线开通,京津冀协同发展再添新动能,
71项智能化设计彰显中国智慧

本报雄安12月27日电(记者李蓉) 12月27日10时38分,时速350公里复兴号高速动车组从北京西站开出,奔向"未来之城"雄安新区。几乎同时,雄安站也向北京开出首发列车。这标志着京雄城际铁路全线开通,京津冀协同发展再添新动能。

"古都北京与'未来之城'连得更紧了!"在开往雄安的首发列车上,京雄城际铁路雄安建设指挥部指挥长杨斌回忆起那一幕,心潮澎湃——2019年1月16日,习近平总书记通过大屏幕连线雄安站建设工地现场,向施工人员挥手致意,称赞他们正在为雄安新区建设这个"千年大计"做着开路先锋的工作。

雄安新区是继深圳经济特区和上海浦东新区之后又一具有全国意义的新区。作为雄安新区第一个开工建设的重大交通基础设施项目,京雄城际铁路全长91公里,设6座车站,为打造"轨道上的京津冀"搭建起高速大通道。

"这是一条超级'聪明'的高速铁路。"中国铁道科学研究院集团有限公司首

---

① 《复兴号奔向"未来之城"》,载《人民铁道》,2020年12月29日。

席研究员赵红卫说，京雄城际铁路应用了物联网、大数据、云计算等前沿科技，智能化设计多达71项，首次实现从设计、施工到运营三维数字化智能管理，树立了世界智能高铁的新标杆。

11时09分，列车抵达大兴机场站。在这里，列车穿过一条长11公里的地下隧道。为最大限度减少震动，建设者们在航站楼下方安装了1232个减震垫。

"在绿色环保方面，这条铁路的创新有很多。"中国铁路设计集团有限公司副总工程师康学东正介绍着，复兴号列车转眼驶入一段长800多米的全封闭声屏障。他接着说："这条'隔音隧道'把噪声降到了20分贝以下，当列车高速通过时，附近村民可以免受干扰。"

"雄安站到了！"11时28分，列车抵达终点。尽管已为雄安站拍摄了10万多张照片，摄影师任双欢此时仍难掩兴奋，边抓拍边说："从高空俯瞰，毗邻白洋淀的雄安站形似荷叶上的一滴露珠，美极了！"据了解，雄安站巨大的椭圆形屋顶，本身就是光伏电站，每年能为这座亚洲最大的高铁站提供30%的绿色能源。

雄安站采用站城一体化设计。未来，旅客在这里可"零距离"换乘，半小时到北京、天津，1小时抵达石家庄。

"20世纪80年代看深圳，90年代看浦东，21世纪看雄安。"清华大学交通研究所所长陆化普说，按照规划，京雄城际铁路将与京港台高铁、津雄城际铁路在雄安交会，必将推动京津冀地区快速成为中国经济社会发展新的增长极。

这篇约900字的消息在人民铁道、中国铁路微信公众号第一时间以图文形式全媒体发布，并在《人民铁道》头版见报，全网共计130多家转载，其中新闻网站转载30多家、移动新闻客户端转载70多家、其余平台转载30多家。该消息体现出的政治性与全局观，既离不开记者前期的理论学习、背景资料的积累与研读，更离不开几十次一线采访，对"轨道上的京津冀"之时代内涵才得以准确把握与呈现，这是铁路与民生关联的新闻主题的聚焦，也是新时代中国超级工程建设的意义及价值的彰显。

2. 具有思想性，能提出启发大众思考和指导社会生活的有一定影响的问题

随着新闻事业改革的不断深入，新闻媒体越来越重视新闻报道的可读性、可听性与可视性。然而党的十四届六中全会通过的《中共中央关于加强社会主义精神文明建设若干重要问题的决议》指出新闻出版业存在总量过多、结构失衡、重复建设、忽视质量等散滥问题，其中所说的"忽视质量"就包括新闻思想性的缺失。新闻作为建设社会主义核心价值体系的重要传播工具，除了传递真实的、重要的信息外，还应当着眼于价值传播和价值导向，即传播思想、推行正确的价值观。而新闻

报道要发挥价值导向的功能,解决思想性的问题,就需要在落实到具体的新闻报道时,从提炼新闻主题开始,从思想领域着眼,概括出具体的社会问题所反映的社会思想潮流,通过新闻报道,启发大众的思考和指导社会生活。具有思想性的新闻主题应该涉及具有影响力的问题,从政治上、思想上揭示实质问题,这些问题是新闻角度的具体体现。对此记者要通过训练来敏锐发掘和把握,使新闻报道在更广阔的范围内对人们的思想和客观现实产生深刻的影响。

面对社会转型期的诸多社会问题,新闻报道要更多地挖掘具有思想性的主题,才能够去伪存真地反映社会思想进步以及不可回避的重要议题,新闻工作者只有深化这一认识,才能写出具有时代意义的报道。

3. 具有针对性,对有关社会发展变革迫切需要关注、亟待解决的问题提供指导

人们阅读新闻的目的之一,是要关注社会的发展变化以及对其自身生活的影响,因此,报道社会生活的变化和社会矛盾的发展是新闻媒体的首要任务。好的新闻主题应当针对社会现实,提出社会发展变革中迫切需要关注和亟待解决的问题,并且能够提出深刻的见解。新闻主题若是能够指向人们普遍关心的问题和社会舆论的焦点,就能凸显新闻的价值,实现新闻的社会效益。

> 陕西是一个干旱、半干旱的农业大省,干旱严重地影响着农业的发展,广大农民群众渴望战胜干旱,政府千方百计寻求发展旱作物之路。1998年,位于陕西省渭北旱原上的合阳县,农民群众和农业科技人员经过几年的探索实践,推广种植的10万多亩地膜小麦喜获丰收,比露地小麦增产76.9%。省委书记李建国曾先后5次到合阳进行调研和指导工作,并对此经验给予了充分肯定。《陕西日报》记者就此采写了《我省农业生产史上的一次飞跃》,消息发表后,在全省产生了强烈反响。省委、省政府发出通知,要求在全省推广,农民群众看到这一报道后,也纷纷到合阳县学习取经。作品不仅得到了群众的承认,而且还受到专家、学者的好评。在1999年的新闻评比中,此稿获1998年度陕西省新闻奖一等奖。[①]

记者正是抓住了陕西作为干旱大省,"政府千方百计寻求发展旱作物之路"这一现实问题背景,才提炼出了这一篇取得广泛影响的经验性报道的主题。又如第十五届中国新闻奖消息类一等奖作品《昆山31万农民刷卡看病》,报道了一个县级市率先实践了农民像城市人一样刷卡看病这一农村居民生活方式的变革。一个小事件

---

① 王明光:《怎样体现新闻作品的思想性》,载《新闻爱好者》,2004年第12期。

却反映了农村医疗改革发展趋势变化这一大主题，报道的现实针对性使其获得了成功。还有近年来的获奖通讯《欧美黑杨砍掉之后》《关于猪肉的通讯——"稳猪价"背后的农业供给侧改革》，消息《诸城农民迈进3公里社区服务圈》以及众多的调查性报道，都是针对社会转型期涌现的、备受关注的现实问题展开报道，这样的报道才能满足受众对社会现状的了解和认知需求。另一方面，通过有现实针对性的报道反映民情，才能使有关部门及时把握社会舆论，从而对全局工作起到重要的指导作用。

4. 能够揭示新闻事件所蕴含的普遍意义

我们常说，新闻要"就事论事"，讲求客观性，但从提炼新闻主题的角度来说，新闻又不能局限于"就事论事""坐井观天"。新闻媒体每天要报道大量的新闻事实，呈现纷繁的社会现实，然而这众多的事实背后是否存在某种发展规律或者普遍联系，就需要记者对复杂的社会问题进行"透视"。新闻主题要力求深刻，一方面是要将重要的事实说清楚、讲透彻；另一方面，新闻主题要由此及彼，把单一的事件联系到更深层的语境中去，从而反映出一个具体问题所代表的更为普遍的价值和意义，显示出新闻更深刻的内涵，这样才能满足受众的多层与深层的信息欲求，新闻主题所担当的重任的意义也正在于此。比如改革开放以来，户籍制度一直是社会矛盾的主要焦点之一，关于户籍制度引发的社会问题时有报道，而2009年8月6日的《南方周末》头版文章《"集体户口让我结不了婚"》报道了多个拥有集体户口却由于没有房产证明不能结婚的案例。这篇报道与以往的同类题材不同，它没有局限于就事论事，而是折射出了频发事件背后的"通则问题"。

"集体户口让我结不了婚"[①]（节选）

一个外地大学毕业生进入一个新城市工作，一般只能以"集体户口"的方式落户。这类户籍的奇特之处是，它和民政部门的规定、计生政策相互作用后，只要集体户口者没有在这个城市拥有房产或直系亲属，他就结不了婚。

集体户口为何结婚难

"结婚是人权，怎么可能买不了房子就结不了婚？"从北京大学毕业三年的杨蕾，就被一本房产证和一张集体户口卡阻挡了婚姻。

杨蕾"结不了婚"是因为陷入了由房地产市场与集体户口管理政策组合起来

[①] 沈颖、祝莹莹、雷妍：《"集体户口让我结不了婚"》，载《南方周末》，2009年8月5日，http://www.infzm.com/content/32535。

的荒诞怪圈：

杨蕾在广州工作后，成为挂靠在人才市场的"集体户口"。国内的多数人才市场都规定，"集体户口"结了婚后一个月内必须从人才市场迁出，杨蕾也面临这个选择。杨蕾的集体户口如迁出落成"家庭户"，就必须要把户口落在当地房产上。但广州的房子太贵，杨蕾的月薪虽然达8000元，但她和爱人仍买不起房，所以他们就"落不了户"。由于他们的现状已表明"迁不出户口"，所以人才市场就不会把户口卡给杨蕾。没有户口卡，民政局就不愿给她办结婚证。所以，最后的结果是，仅仅因为她是集体户口与无房一族，她就被剥夺了结婚的权利。

这种阻碍了杨蕾结婚的户口，是由业缘关系共同居住在机关、团体、学校、企业、事业单位内部或公共宿舍而立户的户籍。杨蕾要结婚，就得成为"家庭户口"，以"具有血缘婚姻或收养关系"而立户。所以，集体户口是介于临时户口与常住居民户口之间的特殊户口。

杨蕾也曾绞尽脑汁想突破这个由"特殊户口"设下的怪圈。

她曾给人才市场写"保证书"，保证"只要把户口卡给我去办一下结婚证，我就在一个月内把户口迁出去"。但人才市场看她拿不出房产证，也就能判断她在事实上是不可能马上迁出户口去落户的，所以就拒绝了她的请求。

最后，杨蕾就考虑将户口迁回老家山西小城，但当地派出所不接收，"往北京广州迁可以，往回迁不行"。杨蕾一家四处托关系，甚至向当地一市级官员求情，但仍无果。她也想过找在广州有房朋友以"表姐表妹"名义落户，最终也没成。

经历半年折腾，杨蕾心灰意冷，只打算回家办个酒席，"证先不领了，太痛苦"。

杨蕾只是"集体户口"结婚难的代表而已。

············

人才市场倒苦水

对这一户籍怪圈，《南方周末》记者作了不完全统计：

广州、苏州、沈阳等地人才市场要求集体户口结婚就必须把户口迁走。福州、重庆、西安、兰州、哈尔滨、泉州、杭州、广州等城市多个人才市场规定，无房集体户口的孩子不能落户。北京、宁波、南京等城市子女落户较困难，需要单位开具证明；上海改革后可以落户。这一政策影响了许多人，仅广州、兰州媒体报道称两地就各有十几万集体户。

北京政策莫衷一是。2006年初，北京发生集体户口父亲因孩子上不了户口，抑郁症发作，将亲生儿子摔死的惨剧（详见2006年8月10日《南方周末》头版报道《无户口婴儿之死》），同年官方对该规定作了改革："父亲是北京市集体户口

（不包括在校生集体户口和驻京办事处、联络处等集体户口）子女可随父报出生。"但附加条件是"集体户口征得'所在单位同意'就可为孩子落户"，这又使不少人"卡壳"。

凭户口卡结婚遭学者批评

李映辉把集体户口问题归结到公安部门的户籍改革。但户籍专家、中国人民公安大学教授王太元认为："公安部门在替人背黑锅。"

在为谁背黑锅？王太元认为是在替"制定了不合理规则的民政、人事、教育、社会福利、住房等部门"背黑锅。

"50年来，尤其是改革开放以来，在户口制度上存在的最大问题是，各个社会领域错用户籍制度管理内部事务。"王太元说。

如对集体户口结不了婚的问题，王太元认为："拿户口卡登记结婚根本不讲道理。婚姻法里有要求是本市户口吗？民政部清楚。"

自1985年身份证颁发，国务院、司法部、民政部、公安部等四部门一同发文，凭身份证结婚、离婚。

实际上，全国婚姻和计划生育信息系统早已联网，民政部和计划生育管理部门有手段查出此人婚姻和生育状况。

在中国人民大学劳动人事学院刘尔铎教授看来，一系列死结背后的深层次问题是，1977年后，集体户口异化成流行至今的控制人口流入城市的重要手段。

改革者建议给户籍"减负"

了解内情的专家告诉《南方周末》记者，该调研组得出的结论是：户籍改革本身并不复杂，但附加在户籍制度之上的相关社会经济政策以及由此形成的社会利益分配格局错综复杂。不研究解决好相关问题，户籍管理制度改革将难以稳步推进，建议国务院责成有关部门对计划生育、最低生活保障、社会保险、教育等与户籍改革相关的现行法律法规政策进行一次全面清理，并制定出相应的过渡性措施。

近年的户籍改革，主要由公安部推动，还涉及国家发改委、民政部、人力资源和社会保障部、财政部、教育部、卫生部等，但"无实质性改变"。

王太元解释，"这和利益涉及面太广，与各部委的协调配合难度大有关"，所以他认为"不改革现行社会政策，户籍改革单兵难进"。

但这并非一定要中央改了地方才能改，上海对集体户口就作了有益的改革尝试。

2008年上海两会期间，该市政协委员沈以华提案，上海集体户口家庭未成年子女落户难，一直是新上海人关心的重要问题。不少新上海人短期内还难以具备买房条件，子女落户"门槛高"，容易间接导致人才流失。

此后，上海市公安局迅速修订了相关政策，允许此类集体户口子女在没有买房的情况下落户，但对集体户外省市配偶及子女不能享受就学、就医等市民待遇问题尚未涉及。

这篇报道可以说是近年来对于户籍制度报道较为深入的一篇，其主题指向了多年来困扰着人们的户口问题发生的原因、现状及未来的趋势等，结合具体的事例逐步揭示这一现象背后的"通病"，即户籍改革的难点问题，将一些读者熟知的由户籍引发的问题串联起来，并引用多方事实和观点进行报道，使其对户籍制度在现行体制下的问题有了更深入的认识。

这类报道的成功也提示我们，好的新闻主题是在对众多新闻事实的共性和实质的分析之下提炼出来的，从而揭示出具体事实所包含的普遍问题。

5. 主题应当鲜明而集中

前面四点是新闻主题的内涵性特征，这一点则是对其表达的最基本要求，再高远的立意、再深刻的内涵，如果没有鲜明而集中的表达，就等于一篇报道失去了最基本的结构，组织行文和材料将遭遇阻碍。如此这般，又何谈主题的内涵？新闻主题在一篇报道中具有非常重要的作用，它是报道的主线，也是写作的骨架，因此，新闻主题必须鲜明而集中。从大量的获奖新闻作品中也可以看出，它们都有一个共同点，那就是首先要具备鲜明的主题，在此基础上才能进一步在结构、段落、语言等其他方面呈现各自的闪光点。因此一篇报道的主题是否鲜明而集中是决定报道成败的一大关键。大量的西方新闻采写教材都有章节专门介绍新闻导语的写作，强调导语对新闻报道的重要性，其根本原因就在于他们将导语视为新闻主题的直观呈现，并且要求导语要精炼、突出重点，这也就是要求报道的主题必须清晰而有力。

（二）提炼新闻主题时的常见问题

选择、提炼和深化主题，是记者的一项重要基本功。一篇新闻报道质量的高低、价值的大小、传播效果的预期，首先取决于主题的选择、提炼和深化。在实际写作中，对新闻主题的把握，通常容易出现以下问题。

1. 混淆主题与题材

混淆主题与题材主要是指在新闻业务实践中记者容易在概念上发生理解误差，

将主题与题材混为一谈。我们通常所说的"选题"也往往是包含主题与题材两方面内容的选择。实际上，主题和题材明显不同：其一，题材是记者搜集和需要处理的事实，它是记者生产新闻所需的"原材料"，有时甚至是相对于具体事件而言更为宽泛的范畴，比如社会分工的具体领域；而主题是通过这个或这些事实要说明的主旨，是建立在事实材料的基础上的"初级产品"。其二，题材是不以记者的意志为转移的客观存在，是可以被发现的；而主题是在事实的基础上提炼出来的、贯穿于报道之中的主线。① 有的题材往往蕴含着常见的主题，但主题可以随着时代的发展而不断变化，题材本身却是相对稳定的。

2. 主题过于宽泛

许多报道结构松散、事实堆砌冗杂，很大一部分原因就是缺乏简练、明确的重点。来看下面这一事例：

三篇"好新闻"为何不能见报② (节选)

我们知道，主题是新闻的"灵魂"和"统帅"。一篇新闻质量的高低，首先取决于主题是否明确。然而《郝民胜和他的"坐骑"》这篇通讯的主题，粗一看，好像隐隐约约有一点主题思想，细一瞧却不知所云，使人如坠五里雾中。此稿反映的是一个中队的给养员骑着个破自行车天天往返40多里路到市镇为中队买菜。稿件的突出特点是语言活泼，像"郝民胜骑的那辆破自行车，不知什么时候买的，经历了几任给养员，到了他的手中早已'残不忍睹'，除了铃铛不响，什么地方都响……"通篇都以这样风趣幽默的语辞写人记事，令编辑爱不释手。其次是他的事迹也较为生动。遗憾的是这篇1000字的通讯没有写出郝民胜为什么不要求买新车，而坚持骑经常出毛病的破车？郝民胜为什么两年来风雨无阻地在坑洼不平的土路上奔波？由于主题不突出，不鲜明，自然作者所写事例就无法说明主题，甚至是不正确的。例如，这篇通讯有这样一个事例：一次郝民胜在买菜回来的路上，车胎戳破了，他为了能赶回中队吃饭，就打点气，猛骑一阵，车胎又瘪了，就再打气。10公里路，竟打了16次气。不但误了开饭，还累得流鼻血。郝民胜辛辛苦苦赶路，竟是怕误了自己吃饭。这还有什么值得宣传的呢？如果我们把这篇通讯的主题明确在"郝民胜为改善中队伙食，千方百计让官兵吃饱吃好"上，就会好得多，就会挖掘出郝民胜为让战士中午吃上红烧鲤鱼或鱼香肉丝等而拼命赶路的事例来。因此，写人物通讯一定要着眼于对人物"思想"的发掘，不仅要写人

---

① 艾丰：《新闻写作方法论》，人民日报出版社，1993年版，第129页。
② 胡新刚：《三篇"好新闻"为何不能见报》，载《军事记者》，2001年第12期。

物做了些什么，而且要写出他为什么这样做，从中提炼出正确、深刻、集中的主题来。那种"心里没有数，文章没有题，思考无头绪，信手就动笔，写到哪里算哪里，最后中心游离"的做法是万万要不得的。

这是《人民武警报》一位编辑的感言，点出了记者在写作中常见的主题问题，其中之一便是"没有重点"。面对复杂多面的新闻事实，记者有时难以发现重点，报道没有一个突出的主题；有时却又贪求全面，在一篇报道中容纳太多的要点，甚至每个要点都可以单独成为一个主题而进行报道，使得单篇报道中真正重要的问题被冲淡。

3. 主题缺乏针对性

虽然受众通过阅读能明白稿件要重点说明的问题，但是如果记者在行文中因为笼统空泛，含混不清，不能突出体现针对性，那么主题不但不能得到强调突出，还会使报道缺乏说服力。正如前面的这篇反面案例中，记者看到了众多有价值的事实，却没有细心追问，对有价值的问题提出具有针对性的事实作为回答，致使报道没有一个反映深刻内涵的主题。大多数初次接触新闻报道的记者很容易犯这样的毛病，正如这位编辑所言，他们"心里没有数"，不能抓住问题的关键所在，采访和写作比较随意，反映在报道中就是缺乏具有针对性的新闻主题，有时尽管围绕一个主题成了文，却把更重要的、更本质的材料忽视了。

4. 主题难以体现独特视角，人云亦云

在面对一些相似题材的新闻事件时，记者有时会选择照搬别人已有的思路，报道常常是主题接近，只是替换了时间、地点、人物等要素，造成新闻同题。事实上，我们现在看到的许多新闻都有这样的问题：按同一个模子打造，读起来没有新鲜感。导致这一现象出现的原因，很大程度上是记者没有在提炼主题的过程中进行足够的创新和对新闻事实的再挖掘。

2004年，山东省济宁市原副市长李信因涉嫌贪污、包养情妇等问题被举报，《南方周末》当年最早对此事进行了独家报道，其下跪的照片也在网上广泛流传，下跪副市长成了一个吸引眼球的大新闻后，一年中间不断地有媒体对事件进行跟踪报道，《南方周末》作为一家周报，在这种日常新闻的竞赛中没有任何优势。当李信案一审判处无期徒刑后，《南方周末》开始思考如何为自己首家报道的新闻作一个漂亮的收尾。但是究竟要怎样报道呢？把一年来的案情进展重新说一遍？或者把李信的案子再梳理一遍？好像都没有多大的意义，读者已经厌倦了，我们必须给读者提供新鲜的增量新闻。此时，李信的儿子李昆成了重要的线索，据说他是中国科学院一个研究所的在读博士生，跟他爸爸完全是两类人，记者找到李昆，从其口中补正了前次报道中不确切的地方，并从儿子的视角充分展示了人性的复杂和被遮蔽的声音，这时的官员其实也是弱势者，最后《南方周末》几经周折后发表了报道《儿子眼中的下跪副市长》，其角度刁钻，却为读者提供了更独到、更全面、更深入的新闻。①

《儿子眼中的下跪副市长》这篇报道获得了南方周末2005年度好新闻二等奖，正是因为记者充分考虑了同题竞争中如何制胜的问题，反复锤炼、踏实采访，最后才获得了重要的线索，找到了新颖的角度，这也是对记者勤奋挖掘的一种回报。由此我们可以看出，优秀的媒体、优秀的报道必须以扎实的主题锤炼为基础，才能写出与众不同、令人印象深刻的好文章。

艾丰曾谈到，好的主题应该是符合马克思主义、毛泽东思想和党的方针、政策，符合采访对象的实际，并且符合当前的宣传要求的。② 结合当前的现实，我们发现，新闻主题是具备一些自身的特性的，它是主观认识与客观存在的统一物。

(三) 如何提炼并确定一篇报道的新闻主题

1. 从大处着眼，把握全局，掌握主流舆论导向

先看这样一个事例：

> 1995年一个寒冷的冬日，新疆维吾尔自治区党委代书记王乐泉同志来到乌鲁木齐市南郊考察温室大棚蔬菜生产基地的生产情况，考察农牧民脱贫致富的办法。对这条时政新闻的报道可以从几个角度来确定主题：党的高级干部深入扎实的工作作风，党对农村脱贫工作的高度重视，自治区党委对首府菜篮子工程的关心，等等。那么，到底确定哪一个主题更准确、生动呢？
>
> 我们随行采访的几位记者经分析研究，认为这不是一条一般的视察工作消息，数九寒天，自治区第一把手亲自到农村考察温室大棚蔬菜的种植情况，这是党和政府关心菜篮子工程的具体体现，是领导深入基层、解决实际问题的具体行动……在一路的采访中，我们把镜头重点对准王乐泉书记与农民的亲切交谈上，力争从生动真实的细节中表现主题。在一户农民的蔬菜大棚里，农民出身的王乐泉与农民面对面地谈黄瓜种植技术，还答应给这位农民提供这方面的技术信息。我们及时捕捉到这一生动的情景和亲切的话语（同期声）。
>
> 考虑到党和政府抓贫困地区脱贫的办法主要有两条：一是引导农民打开山

---

① 蔡军剑、张晋升：《准记者培训教程——南方周末采编精英演讲录》，南方日报出版社，2007年版，第159页。

② 艾丰：《新闻写作方法论》，人民日报出版社，1993年版，第131页。

门，走向市场，把产品变成商品，使农民在经营中致富；二是靠科学技术走大农业的路子，实现规模化、集约化经营，党和政府的扶贫工作已从单一输血的路子转入提高农民自身造血功能的新阶段，从这个基本点出发，这条时政新闻的题目就定为"书记送技术下乡"，……但我们以独特的视角和生动的表现使这条时政新闻独树一帜，赢得了观众的好评，并获得了1995年度全国城市电视台好新闻评比二等奖。①

社会在一个特定时期内往往有其重要的主流价值观和政策导向，而新闻媒体要通过新闻报道来实践符合主流价值观及社会发展需要的舆论导向。坚持正确的舆论导向，是党的新闻舆论工作的核心和生命，是党对新闻舆论工作、意识形态工作领导权的直接体现。② 比如上述这一报道案例，就是典型地做到了根据其所处时期内党和政府工作的目标及政策提炼出了优秀的报道主题，体现了正确的政治方向和舆论导向。当前我国正处在全面建成小康社会，第一个百年奋斗目标已经实现，全面开启中国特色社会主义现代化建设新征程，向着全面建成社会主义现代化强国的第二个百年奋斗目标迈进的新的历史时期。新的历史时期党的新闻舆论工作承担着"高举旗帜、引领导向，围绕中心、服务大局，团结人民、鼓舞士气，成风化人、凝心聚力，澄清谬误、明辨是非，连接中外、沟通世界"的重要职责和使命，媒体要肩负好这个重任就要牢牢坚持正确的舆论导向，不断巩固和壮大主流思想舆论阵地，唱响主旋律，传播正能量③。如2015年中央第六次西藏工作座谈会提出，依法治藏、富民兴藏、凝聚人心等治藏方略，2015年3月26日《四川日报》头版刊发记者深入偏远藏区采写的消息作品《629户人的藏乡走出359名大学生》④。该报道通过深入扎实的采访，聚焦求吉乡的教育发展，勾勒出藏乡人民在教育层面的可喜进步，在以小见大中展现藏区人民在党中央的领导下，对接受教育培养人才的深度认识，折射出发展教育、培养人才是治理藏区的必由之路，与中央政策一脉相承，把握了正确的舆论导向⑤。该作品荣获第二十六届中国新闻奖消息类一等奖，并被人民网、中国西藏网等众多媒体迅速转载。

---

① 李敏、梁新根：《对时政新闻主题确定及表现的一点思考》，载《新疆新闻界》，1997年第1期。
② 胡栓、童兵：《牢记新闻初心使命 坚持正确舆论导向——兼论新中国70年新闻舆论工作基本经验》，载《新闻爱好者》，2019年第12期。
③ 刘世玮：《新闻舆论工作要坚持"讲导向"》，人民网，2016年12月23日，http://media.people.com.cn/n1/2016/1223/c14677-28972327.html。
④ 徐中成：《629户人的藏乡走出359名大学生》，载《四川日报》，2015年3月26日。
⑤ 董晓玲：《事例典型，导向正确——评中国新闻奖一等奖作品〈629户人的藏乡走出359名大学生〉》，载《青年记者》，2017年第3期。

2. 从小处着手，选择具有新闻价值的典型事件

新闻主题的直接来源还是新闻事件。一个新闻事件或人物通常包含多方面的事实要素，记者不可能提取所有的信息概括成一个主题；同时，分散来看这些事实时，常有看似不起眼的事实被忽略的情况发生，而这些不起眼的事实往往能成为提炼好主题的依据；此外，现实生活中不是所有的新闻事件本身就具有重大的意义，有些事件具有一定的新闻价值，但不一定蕴含着显而易见的重大主题。这些情况都是对记者细致观察和周密思考能力的考验，记者若是能从小处着手，不断训练自己的新闻思维，联系新闻发生的相关背景知识等，选择、分析与检测出具有典型性的事实，就能准确地提炼出较为出色的主题。

比如《郝民胜和他的"坐骑"》那篇未能见报的稿子，记者在采访中了解到"郝民胜骑的那辆破自行车，不知什么时候买的，经历了几任给养员，到了他的手中早已'残不忍睹'，除了铃铛不响，什么地方都响"，却不要求买新车，而坚持骑经常出毛病的破车，两年来风雨无阻地在坑洼不平的土路上奔波等事实，这些对于主人公来说是其日常生活中的常态，但记者如果能对此稍加留意就能够以小见大，窥见事件对于塑造人物形象而言的典型意义，进而提炼出反映新闻人物精神品质的、更具新闻价值的主题。

3. 创新思维，沙里淘金

事物总是处于不断发展变化的过程中，记者需用发展的眼光去看待旧闻，若能将其放置于当下的环境中，并善于运用创新思维，同样也能发掘出具有新意的主题。

比如，过去曾经被报道过的新闻人物，历经时代的发展变化，他们的生活所发生的变迁或许仍然具有现实意义，值得被关注；或者是一些经常发生的同类事件，看似雷同，仔细调查其新闻背景和事实要素，也许能发现不同于以往的新闻价值，从而提炼出重大的主题；又或者在历年来的常规报道题材中，如春运、两会中，我们若是能结合不同时期的舆论热点进行比对，也能开掘出新的具有贴近现实意义的主题。

2006年7月的一期《中国青年报》"冰点"特稿《无声的世界杯》就是这样一篇别具"慧眼"的报道。世界杯是四年一届的足坛盛事，关于世界杯的报道大部分都是围绕着世界杯赛事本身展开的，题材相对固定，主题也很难创新，然而这篇报道却在世界杯带来的欢乐浪潮中让我们看到了一个特殊的群体与世界杯的故事。

无声的世界杯[①]（节选）

本报记者 包丽敏 李润文

天下着大雨，6名农民工卷着裤管，打着伞，深夜站在广州街头一个露天大屏幕下，仰着脖子凝神观看正在转播的世界杯。因为大屏幕只有画面而没有声音，为此，他们中的一人专门花65元钱买了部收音机，6个人支着脖子，边听广播电台的直播，边看无声的大屏幕。

其实，农民工看不看世界杯，看不看得上世界杯，原本没人关心。但6月中旬广州一家媒体的一则报道，却深深触动了我们。我们联系到写这则报道的记者，试图打听到这几个农民工的联系方式，对方告诉我们，他们也只是路过时看到了这一场景，就写了这篇报道，并未留下他们的联系地址。于是，我们决定前去广州，深夜等待他们的出现。

No.1这块大屏幕安装在广州至尊国际夜总会大门的上方。每当夜幕降临，夜总会里穿白制服的服务生和穿红色露背长裙的女招待便忙碌起来。很快，他们的客人坐着奔驰、宝马、尼桑等各种名牌轿车陆续光顾。

....

直到今年6月中旬足球世界杯开幕后的某天，夜总会三四百米外的建筑工地上，一位开塔吊的农民工突然看到远处这块大屏幕上出现了德国的绿茵场。

"他妈的大屏幕上转播世界杯啦！"消息很快从塔吊工人那里传遍工地。

顷刻间，这个工地上就有4名农民工跑到了夜总会对面，坐在马路牙子上，一人买了一瓶啤酒，仰着脖子沉浸在大屏幕转播的无声世界杯之中。这几个人并未意识到，他们是在分享全人类一个共同的狂欢节日。

一个当时只是凑热闹的农民工还记得，两个漂亮入时的女孩从他们身边经过，其中一个用四川话嘲笑道："看，四个傻×在看球呢。"

另一个农民工似乎没听懂，还对着她们高声调笑："靓妹，来看球！"

那时，这个工地上60层的大楼正要封顶。水电工陶辉那几天连续加班，等到收工已是晚上9点半了。他顾不上冲洗，只是换上一双拖鞋，浑身汗水和着泥浆，就跑到大屏幕下，看下半场比赛。

事实上，陶辉在大楼54层加班时，就不时远远地瞅一眼这边的大屏幕。当镜头拉近时，他虽然看不清球员球衣上的号码，但能看到足球，"看到带球速度"。当镜头推远时，只能看到满屏的绿色。有一天，陶辉实在忍不住了，背着当班的监工偷偷跑到了大屏幕下。

[①] 包丽敏、李润文：《无声的世界杯》，载《中国青年报》，2006年7月12日。

....

一部分人拿着收音机,将耳机塞进耳朵里。所有的人都仰着脖子在看大屏幕。大屏幕右侧,"至尊国际"大招牌上,七彩的霓虹闪动着,像在跳舞。

....

记者想向这家夜总会探问转播世界杯的详细情况,一位发福的中年男人显得狐疑而又不耐烦地回答:"这跟你们有什么关系?"说完转身便走。

"对不起,你们不能在这里待了,我们管事的下了逐客令了。"一位工作人员客气地说。

此前,另一位工作人员则说:"这是显示我们这家夜总会的实力。我们是广州唯一一家有大屏幕的夜总会。"

....

这篇报道的题材是我们较为常见的,报道主题也是我们熟知的,然而这篇报道的主题使我们在读完之后收获的是一种"另类"的关于世界杯的感触,将人们的目光从世界杯的赛场拉向一个十分不起眼的角落,这样的新闻主题无疑是具有震撼效果的,值得我们回味和借鉴。

4. 由浅入深,抓住本质

这里的由浅入深是指提炼主题不能急于一时,记者有时完成了初步的采访,得到了一个看似完整、明晰的主题后便浅尝辄止,但这是不够的,在没有更深入的采访的基础上得到的主题有可能意义还较为浅显和普通。新闻报道要想出精品,主题必须更加深刻,因此要求记者自觉地进行更加深入的主题提炼,也就是在已有主题的基础上,再进一步地观察和思考,发现新的切入点。比如从事实或事件的个性及其与其他事件的共性的角度出发,再进行更深入细致的采访,挖掘出更多的事实,这样更有助于抓住事物的本质,修正、完善或者提升主题,从而发掘更有价值的新闻主题。

总之,记者需要磨炼发现新闻的眼光,需要开发与训练新闻敏感,增强新闻的鉴别力和洞见力。如果题材本身缺乏创新的可能性,那么从新闻主题出发,寻找"新瓶"盛放"陈酿",这也可以成为新闻写作的创新途径。

三、新闻主题的表达

对新闻主题的思考是写作新闻的前提与重要基础,但是在经过提炼以后,新闻主题必须准确而有效地表达出来,这样才能使新闻写作落到实处。因此,记者在采访过程中逐步构思出一个大致的主题以后，还需要在表达中注意一些问题，以帮助写作顺利展开。

（一）立足客观，切勿拔高

我们常说"提炼"主题，而"提炼"一词的本意，是指用化学或物理方法使化合物或混合物纯净，或从中提取所需的东西。提炼新闻主题的过程也是这样，主题不是凭空而来的，它是对新闻事实的概括，主题本身也必须是新闻事实，而非记者的杜撰。另外，前面说到主题，是报道的主旨，它体现记者对新闻事件的见解、意图等，但这里必须明确的是，新闻要体现事实第一性，记者就必须立足客观事实，用事实说话，切忌运用"观点＋案例"的论证方式来提炼主题，更不能拔高事实本身的意义。从这个意义上说，记者对主题的选择是有限度的，不能超出事物所包容的范围，否则，偏离客观事实的主题提炼，将是报道失实的导火索。

（二）着眼具体，避免抽象

新闻主题服务于新闻报道，蕴含着记者的写作意图和主旨，但是它不是一个抽象的思想总结或者理论规律的概括，它是对新闻事实的浓缩提炼，其本身也是一个具体的事实，是贯穿于报道文本之中的主线。同时，新闻主题并不是隐形之物，它包含在文本之中，通常可以在新闻标题中显现；有时也出现在导语中；有时也位于段落的中心句中。即使没有明确的语句对其进行标示，读者在阅读主题鲜明的报道时也能够浅易地把握其主题。

（三）强调集中紧凑，切忌松散冗余

新闻主题经过提炼，能够成为吸引受众的"极为精锐的一击"。精炼的主题能够抓住一个重点问题或提供一项有价值的经验，它能帮助受众理解报道、抓住重点、突出新闻价值，使报道易读易懂。正如先前所述，一篇优秀的报道必定包含一个明确、突出的主题。只有主题鲜明，才能保证报道的结构合理，有助于对材料的组织和运用，从而有效地避免文章结构松散混乱、信息冗余，甚至"不知所云"。

（四）保持新鲜，力争创意

这一点是在保证前面三点表达要求的基础上，对提炼新闻主题提出的更高层次的要求，也是记者在日常的新闻报道中要经常思考的问题。《南方周末》的那篇获奖报道《儿子眼中的下跪副市长》的采写经历就是记者勇于实践创新的典范，记者不甘于跟随现行的报道主题，而是不断思索，最终获得新的线索，取得更为独特的角度。这也说明新闻主题力争创意，关键在于记者要下功夫，不满足于现状，有创新的精神才有可能收获创意的主题。

  2007年5月有位记者在慈溪市委政法委采访时，看到一份乡镇上报的有关当地和谐促进会的工作简报。纯粹从字面上理解，记者很快将这桩事与正在开展的"和谐宁波"主题宣传挂上了钩。了解后得知，这是一年前该市五塘新村自发成立的由本地人与外来人共同组成的一个民间自治性组织，目的是调解本地人与外来人的矛盾，促进双方的融合。作为新生事物，这桩事早就引起了媒体的注意，包括晚报在内的许多媒体都曾陆续作过报道。

  我们从"共建共享和谐社会"的高度解构慈溪和促会，解构沿海发达地区由于外来人口大量涌入导致的社会问题，从而把文章落在促进新老宁波人融合的思考上。一篇经验报道变成了一组具有广泛影响的主题报道，也为其后宁波市出台一系列关于进一步改善外来人口的政策措施营造了良好的舆论环境。[①]

记者在日常报道中时常接触到上述这类宣传任务，有时往往是主题先行的，但这并不意味着没有创新的空间。上述案例中该报记者就从"共建共享和谐社会"的高度立意转化到了"促进新老宁波人融合"的主题上，一方面避免了"观点＋举例"的"图解"式报道；另一方面又在迎合宣传主题的同时丢弃了直白表象，找准了新闻事实的内在价值。这些做法都是值得我们借鉴的创新手段。

新闻主题是报道的主旨、贯穿报道的主线，记者写作前必须确定报道的主题，才能围绕主题搭建报道结构，根据结构选择事实材料。主题的表达，首先是记者脑海中的构思，其次是形成文本。在任何情况下，记者必须首先确定主题，然后决定将它放在报道的哪一个位置。[②] 此外，一篇报道有了确定的主题后，这个主题还可以被运用于新闻标题、按语、导语，或者是小标题的制作中。现代新闻写作中唯有创新才能使新闻留住受众，才能在新闻竞争中胜出。所以，新闻主题的提炼过程和采访是前后相承、交互影响的，采访的成效与质量直接影响到构思的深度和广度，记者对新闻主题的表达又建立在构思的深度和广度上，它们环环相扣，为新闻角度的选择提供依据。

---

  ① 王满园：《着眼日常新闻 创新主题报道》，载《中国记者》，2009年第1期。
  ② ［美］梅尔文·门彻：《新闻报道与写作》（第9版），展江等译，华夏出版社，2003年版，第163页。

第二节 新闻角度

一、新闻角度的含义

(一)新闻角度的定义与特质

根据甘惜分主编的《新闻学大辞典》,"新闻角度"就是指记者在采访和新闻写作中认识和表现新闻事实的着眼点和侧重点。即:记者从什么立足点,什么视角,什么突破口,去寻找、挖掘、认识、选择和表现新闻事实,以更充分、更鲜明地体现新闻事实的新闻价值。构成事物的各个因素和各个侧面都是新闻报道可以选择的角度。不同记者对同一客观新闻事件的报道,通常会有不同的新闻价值判断与选择,其中一个重要的原因就是观察问题的角度不同。

新闻角度是记者和受众对新闻价值识别、选择以及理解的一种思维的显现。对记者来讲,新闻角度源于记者对新闻价值的判别与鉴定,它直接作用于记者如何选择新闻事实来进行报道;对受众来讲,新闻角度又是他们接受新闻传播的着眼点和侧重点,虽然是间接了解事实,但是根据他们已有的认知经验,他们对记者的报道还是有自己的看法与理解的。这个认知角度会反馈给记者与媒体,帮助他们改进新闻报道,尤其是对有效的传播将起到积极而重要的反馈作用。

在全媒体信息时代,尽管媒体获取新闻信息的渠道是多样的,但由于网络的海量传播,信息的共享度空前提高,因此很难获得独家新闻,同源、同质的新闻报道越来越多。这就要求新闻记者在采写独家新闻困难的情况下,追求独家的报道角度。所以,"角度"成为独家的突破点与可行点,它需要记者长期而自觉地训练创新思维,能以敏锐的视角选取独特的新闻角度,开发出别样的新闻价值,从而写出与众不同、具有影响力的报道。

(二)采写过程中新闻角度的层次

1. 采访过程中新闻角度的层次

从记者采访的环节看,新闻角度主要包括接触事实、观察事实和解剖事实三个角度。

接触事实的角度是指记者进入采访现场的地点和首先接触到的事实或者人物。

新华社在 20 世纪 50 年代的经验总结中提到，现场选择要恰当，地点本身就能在新闻中说话，它能帮助我们更好地表现主题。如新闻报道《访上海资本家荣毅仁》，国外读者不知道中国资本家是否有自由的物质生活，记者就到荣家去采访，并且在采访的开头就介绍荣的住宅里有钢琴等陈设，以此解答读者的疑问。采访成功的记者，大多是从最易开采新闻价值的地方去接触事实的。

观察事实的角度是指记者观察新闻、挖掘新闻价值的窗口，它可以是一个具体的地点或事物。比如节假日，为了报道市场的经济活动，记者通常会去农贸市场、超市等地；为了报道交通新闻，记者会前往机场等地；在战争报道中，记者为突出某一主题，通常会选择某一个观察点，这个观察点就是角度，并以此处观察到的事实为基础来选取事实。

解剖事实的角度是记者在面对一个范畴较大、涵盖事实较多的题材时，采取横剖或者纵切的方式，选取事实进行采访报道的方法。在文学创作中，短篇小说受其篇幅限制，通常截取生活的某一横断面，反映一个深刻的主题。而在新闻报道中，横剖面的事实便于记者和受众了解面貌，纵切面的事实便于记者和受众深挖原因，有时两者也可以结合起来，以横剖面为主或者以纵切面为主，进行多种角度的切割，这样有利于记者了解事件的多个侧面，从而使报道更加立体化。

2. 写作过程中新闻角度的层次

从新闻写作的环节看，新闻角度的层次主要包括截选事实、表现事实和解释事实这三大角度。

截选事实的角度是指记者要从已掌握的新闻事件中，从庞杂的事实信息中将有价值的部分摘选出来加以报道。同一新闻事件，记者截选开端、枝叶、高潮或者结尾等不同部分，就会使自己的报道呈现不同的新闻角度。比如在突发自然灾害报道中，记者可以选取政府积极援救的事实写成正面报道新闻，也可以选择政府忽视灾害防范的事实写成旨在进行舆论监督的负面报道。

表现事实的角度是指记者在确定了报道所含的素材的基础上，决定用适当的表现方式来强调或者强化我们的表达对象。比如在新闻摄影中，我们可以通过长短焦距、广角等变化，来反映同一个场景不一样的特点，正如绘画中有白描、渲染等不同的表现手法一样。新闻报道通常采用直陈其事的报告方式，如消息。特写则可以"讲故事"的口吻娓娓道来，用以突出事件的戏剧性、人情味；记者也可以采用分析式的语气，以逻辑推理的顺序再现新闻的发展，用以唤起受众对事件的理性思考。在同一篇报道中，不同的事实所占的篇幅大小和在文中的位置也是事实表现的一种手段。如一些外媒的涉华报道，常常是同一篇报道中既有正面的事实又有负面的事实，但正面事实和负面事实所占的篇幅和位置却有很大不同。负面信息被凸显，正面事实被弱化，一强一弱的表达，体现了报道的角度，这种角度代表了记者与媒体的意见和价值判断。表现新闻事实的角度还包括叙述人称的选择，不同的人称有时也决定不同的叙述口吻，甚至直接反映不同的报道主题。

解释事实的角度是指记者决定以怎样的口吻叙述新闻事实，通常包括质疑、否定、肯定等。这些角度往往也就构成了记者对于事件的观点、态度，只不过它们在报道中有时是显性的，有时则是隐晦的，从这个意义上讲，角度就是一种表现主题的写作技巧。

就采写活动的整体而言，新闻角度主要体现为采掘的角度和表现的角度。在文字采访写作中，有时采掘的角度即等同于表现的角度，也就是说，采访时设定的角度即写作时的表现角度；有些时候则不然，写作时有可能会调整先前采访时的角度。不过多数时候，记者在采访时就开始构思写作的角度，因此，在选择采掘角度时，也往往要同时考虑表现的角度，特别是在进行深度报道的采访时，通常要带着对表现角度的思考去探寻新闻事实。

（三）新闻角度与新闻主题的区别

新闻角度与新闻主题是构思新闻报道的重要环节，它关系到我们在采写中的成效，因此，有必要在对比中认识两者的关系与特性。

首先，就本意而言，"角度"一词源于摄影，是个视觉上的概念，而主题是一篇文章的主旨和中心思想。新闻角度是选题、立意和表现新闻事实的角度，是一种思维方式的体现；而新闻主题是一篇报道的主要线索，报道的行文都紧紧围绕主题展开。

其次，就作用而言，新闻角度是在新闻报道者占有详细材料的基础上，为其提供一种价值判断，并辅助提炼素材，揭示新闻事实蕴含的深层含义，挖掘其独特的新闻价值，进而提出鲜明而深刻的新闻主题。新闻主题则是对新闻事实、意义的概括与提炼，是一篇报道的中心思想，它与新闻角度相互融合但又有所区分。

最后，新闻角度与新闻主题类似，同样在新闻采写流程伊始便开始各自的活动，前者在视野、角度和价值判断上提供思维辅助，后者则在采写活动流程中逐步得到提炼和深化。新闻主题在报道中最终将形成一个具体而集中的意图表达。

由于新闻角度与新闻主题共同作用于新闻的构思，融于新闻采访与写作之中，它们相互联系和影响，因此，在实践中，我们没有必要刻意强调两者的差异，只要认识到两者的关系，并且能够协调作用于指导实践，那就能有助于采写任务的顺利完成。

二、选取新闻角度的原则与标准

(一) 选取新闻角度的原则

相同的题材由不同的记者采写,由于角度不同,将发掘出不同的主题,这样同题报道就会呈现出丰富多样的姿态。但是,这种报道内容与形式的相对区分,是在遵循基本原则的基础上出现的。而且,就记者理解新闻和报道新闻的规律而言,选择新闻角度也有在实践中积累的方法论,对于初学新闻采写以及后期力争报道能出精品的人来讲,都有必要遵循这些基本原则。

1. 党性原则

我国的新闻事业服务于党的事业,党性原则是党的新闻舆论工作的根本原则。坚持党性原则是做好党的新闻舆论工作的前提,是党的新闻舆论工作健康发展的根本保证。[1] 新闻事业要坚持党性原则,就必须自觉在思想上、政治上、行动上同党中央保持高度一致,坚持党性和人民性的统一,坚持"党管媒体"的原则。我们可以从三个层面理解党性原则:其一,政治上要旗帜鲜明,立场坚定,听党话、跟党走,作党和人民的喉舌;其二,理论上要保持清醒,深化认识,全心全意为人民服务是共产党的初心和使命,党同人民群众的血肉联系是党的最大优势,新闻舆论工作是巩固和加强这一联系的重要纽带,媒体应该积极传达党的理论方针和政策,反映人民群众的呼声和意见;其三,实践上要抓牢抓实,与时俱进[2]。在此基础上,要坚持党性与人民性的统一,这就要求新闻工作者在坚持党性原则的同时,将视野投射在反映人民现实社会生活的各个层面,使新闻报道真正贴近大众,做到"对党负责和对人民负责的有机结合"[3]。

在新闻实践中,党性原则必须内化于新闻工作者的思想价值体系之中,新闻媒体必须坚持用党性原则来指导报道新闻事件。尤其在社会转型期,面对诸多社会问题及突发事件或群体事件等,记者在报道过程中也许会遇到一些困惑,如尖锐的或敏感的事实,这就需要遵循党性原则,第一时间作出正确的价值判断,同时,进一步思考如何在体制内进行合乎情理的表达,进而凸现报道的新闻价值。

---

[1] 邓绍根:《百年寻根:中国共产党新闻舆论工作党性原则的确立》,载《中国出版》,2021年第9期。
[2] 邓绍根:《百年寻根:中国共产党新闻舆论工作党性原则的确立》,载《中国出版》,2021年第9期。
[3] 郑保卫:《习近平"党性人民性统一论"的理论内涵及价值》,载《现代传播(中国传媒大学学报)》,2018年第1期。

2. 客观真实性原则

新闻角度是为准确反映事实服务的，因此，新闻角度必须服从于新闻事实，遵循客观真实性原则。现实中，有些媒体的报道却常常是强迫事实服从角度，即预先设定一个人为预设甚至是"捏造"的新闻角度，"断章取义"地截选事实，以此来机械印证事先确定好的角度，导致报道失实。这些报道不仅背离了新闻客观真实性原则，盲目追求"噱头""看点"或者"卖点"，用错误的角度诱导读者，而且产生了极为不良的社会影响。

新闻角度与新闻主题和报道框架等紧密相关，选取新闻角度需要筛选事实材料，设定表现事实、解释事实的角度，必须以遵循客观真实性原则、尊重事实的原貌为前提。正如艾丰所说："选取新闻角度是为了更好地反映事物的本质，不应为'突出'新闻价值而歪曲事物的本质。"[①]

3. 符合媒介定位原则

新闻媒体的传播特点由其所属媒介机构和媒介所有者的新闻理念以及所处地区的社会环境等因素共同作用而成，表现为其各自的媒介定位和新闻品格。同一个传媒组织中的不同媒体会有各自的新闻理念，有时即使同一媒体中不同的版面或者栏目，也会有不同的编辑思想。这些理念及思想都是记者选取新闻角度时的指导性原则。具体而言，不同的媒体报道同一题材的新闻时，就必须考虑自己的媒体风格，不同的媒体风格会使记者有不同的侧重点，这些侧重点会指导记者选择符合自身媒介定位的报道角度。因此，新闻传播活动必须明确媒介定位，才能实现高效传播。

记者选取新闻角度，要根据媒体定位的总体风格、具体要求以及受众对特定媒体的心理期待。比如一条娱乐新闻，普通的都市媒体会选择爆料娱乐人物隐私的角度，而一家关心公共利益的媒体可能会留意事件的舆论效应、社会意义等角度，这就是因为不同的媒体有不同的角度取向。此外，各家媒体在使用"通稿"时，也要考虑根据媒体自身的特点进行一定角度的编辑，比如根据时间线索分时段进行不同内容的报道，既能满足媒介定位，又能带来角度的创新。对于与自身媒体定位不相符的新闻，记者也要适当舍弃或思考其他角度，使其为新闻价值呈现和媒介定位服务。

4. 遵循新闻道德原则

新闻角度涉及采访和写作两大环节。在采访中新闻角度决定记者采访的方向。有的采访角度要从涉及受访者私密、道德伦理、情感等问题入手，记者在采访时往

[①] 艾丰：《新闻采访方法论》，人民日报出版社，1992年版，第124页。

往内心有许多问题并试图向受访者索取答案，但这可能会刺激甚至伤害到受访者，造成采访关系僵化，因此记者必须遵循职业道德，尽量避免这样的伤害，调整角度。对于已经获取的事实信息，也要替当事人考虑其公开后的社会影响，许多当事人自身缺乏话语权，对于舆论的影响力没有概念，比如一些隐秘信息，报道出来虽然会满足受众的猎奇心理，但是却会对当事人造成难以估计的负面影响。这样的信息，即使可以令报道取得更好的角度，但考虑到职业道德，记者也必须舍弃，在新闻报道中最大限度地尊重和保护当事人的权益。

与此同时，记者选取新闻角度还应遵循社会道德。一部分记者为了使报道出彩，采用一些具有"轰动""煽动"等特殊效应的信息来凸显自己"独特"的角度，而不去考虑报道的社会影响。比如过分突出暴力与血腥、煽动受众盲目的激动情绪，或者伪造事实等，这些做法值得警惕。新闻媒体要塑造冷静客观而理性的形象，首先记者就要对报道负责，选取的新闻角度必须符合客观事实，避免"偏见"或者故意性的新闻失实，尽量规避某些特定信息经报道后可能造成的不良影响，不能一味追求新鲜性和刺激性，损坏他人名誉以及导致社会舆论的偏激。

（二）选取新闻角度的标准

1. 标"新"立"异"，体现时代新意

这是选取新闻角度最基本的标准。新闻贵在"新"，记者要捕捉对受众而言新鲜的事实信息。所谓"新"，主要是指"新知"，它可以是时间上的"新"，也可以是空间上的"新"。前者是对旧题材、旧主题的角度创新；后者是对同一时间段内相同事件报道的创新。角度要凸显新意，须从受众出发，要能提供给受众日常生活中必要的辅助信息，丰富其生活见闻，拓宽其知识面，提供其社交生活的谈资等。尤其是在一些常见的题材或主题报道中，记者从挖掘新知的角度出发，往往会有意想不到的结果。总之，记者通过角度的选择，要能提供与时代背景相结合的"新知"。

非典型肺炎病原是衣原体？[①]

广东专家对此持保留意见，认为病毒引起的可能性极大

本报讯（记者/段功伟）昨天，新华社发布消息，称经中国疾病预防控制中心和广东省疾病预防控制中心的共同努力，引起广东省部分地区非典型肺炎的病原基本可确定为衣原体，但广东的绝大多数专家对此持保留意见，他们认为是病毒性肺炎的可能性很大。

---

① 段功伟：《非典型肺炎病原是衣原体？》，载《南方日报》，2003年2月19日。

北京专家认为病原可能是衣原体

为什么将本次非典型肺炎的病原基本确定为衣原体呢？新华社报道说，中国疾病预防控制中心病毒预防控制所报告，通过电镜观察发现两份死于本次肺炎病人的尸检肺标本上有典型的衣原体的包含体，肺细胞浆内衣原体颗粒十分典型。

报道说，衣原体是一种在真核细胞内寄生的原核微生物。某些衣原体曾经被归为病毒，可通过呼吸道分泌物、气溶胶，直接与病人接触，以及与病禽或鸟类接触而传播，临床表现为肺炎和支气管炎。衣原体引起的肺炎采用针对性强的抗生素治疗非常有效，但必须是全程、足量的规范化治疗。同时对病人加强护理和休息，供给营养丰富，易于消化吸收的食物及充足水分。

报道称，该病是完全可以预防的。

广东专家认为病毒性肺炎可能性大

昨晚，记者采访了很多广东专家，他们认为本次非典型肺炎是病毒性肺炎的可能性极大，因而对病原是衣原体的结论持保留意见，理由大致如下：

一、衣原体肺炎一般呈散发性，即零零星星地发生，所以流行的可能性不大，但这次广东局部地区发生的非典型肺炎有局部流行的特点；

二、衣原体肺炎死亡率不高，大概在 $0.1‰\sim1‰$ 之间，而且发病也不凶险，比如发烧热度不会太高，这与本次发生的非典型肺炎不同；

三、衣原体肺炎属肺间质肺炎，肺泡隔会增宽，但这次非典型肺炎死亡病例尸检显示，肺泡隔变化不大；

四、在本次发生的非典型肺炎病例中找到了病毒包含体，这是诊断为病毒性肺炎的重要依据。

鉴于此，还有专家说，不能按衣原体的结论来制定治疗方案，否则可能造成可怕后果。他们表示会按既定预防治疗方案行事。

专家们说，虽然本次非典型肺炎属病毒性肺炎可能性极大，但到底是何种病毒引起尚难确定。这需要多长时间很难说，因为病毒有很多种，很难分离。不过暂时找不到病原体不可怕，可以针对具体症状，对症治疗。

这篇报道获得了第十四届中国新闻奖消息类一等奖。该作者在衣原体是不是非典型肺炎的病原的争论中，没有随波逐流认同北京专家的意见，在全国媒体中第一个报道了广东专家的观点，引起社会的广泛关注和强烈反响。世界卫生组织后来宣布非典的病原是变种冠状病毒，此后再也没有人称非典病原是衣原体了。这位记者凭借强烈的责任心，甘于冒险，为受众提供"新知"与"真知"，这种报道角度的创新令人钦佩。

2. 见微知著，由具体问题反映一般现实

"见微知著"比喻见到事情的苗头，就能知道它的实质和发展趋势，"微"意为隐约，"著"意为明显。在新闻事件中，有时一个细小的情节如果经仔细琢磨，就可以洞悉较大的影响或结果。艾丰曾提出，记者要把握"新闻事实与普遍事实"，找到新的事实与原有事实之间的内在联系，观察类似事件之间是否存在普遍联系，它们的相继发生是否反映了某种社会现状，体现了特定的时代背景下的时代特点等。记者如果能理解与把握社会现实的深度和广度，做到"见微知著""因小见大"地由具体问题联系到一般现实，往往能使新闻事实的分量更加突出，以此为基础的报道角度更显深邃，有助于提升报道的深度。

3. 立足"人"和"社会"的现实观照

新闻作品的受众是社会中的人，他们有着感性和理性的精神诉求，可以通过新闻报道部分地对生活进行观察和思考。从媒体和新闻传播的社会责任出发，以受众的社会生活需要为标准，是记者寻求新闻报道角度的一个价值参照。比如处理重大主题的题材时，可以从贴近受众心理的角度出发，将视角转向人们的生活，从而提炼出靠近目标主题的具体主题。新闻角度的选取立足于"人"和"社会"的现实观照，是指在反映时事的变化中关注人生，体现人文关怀，表现出一种平民化趋势。有重要社会影响力的新闻报道往往具备社会洞察、人文关怀的视角，能满足人们闲暇生活的精神需要。这方面比较具有代表性的报道是20世纪90年代《中国青年报》推出的"冰点"栏目，其文章多以平民的视角、平民的感受谈平民的生存现状与生存理想，如本章上一节引用的《无声的世界杯》一文。这些报道的角度说明只有立足于大众生活以及其生存发展，深切关注社会发展中人的命运和心理，我们的新闻报道才能深得人心，其新闻角度也才能适应新闻价值的表现。

4. 清楚明晰，突出重点

一篇新闻作品往往只能反映事物的重要特征而非全貌，这是新闻本身的属性所决定的。一篇新闻报道要做到主题鲜明，必不能面面俱到，必须有一个相对单一的视角，达到"管中窥豹"的效果。一个新闻事件的全貌涉及多个角度，受众要通过新闻报道了解事件，但并不需要在一篇报道中看到全部的角度，那样对他们而言信息太庞杂难以消化，因此记者在自己的报道中只要寻找到一个切口，即一个合适的小角度，从中发掘主题即可。角度如果选得太大太模糊，会造成材料堆积和表达混乱。一篇好的新闻报道必须有足够精练或者巧妙的角度，才能使报道更有特点，也更容易给受众留下深刻印象。记者要避免"全面"且过于宏观的报道，即刻意聚集全部的信息、频繁转换视角、模糊报道角度，否则，报道的逻辑会显得无序混乱，让人不知所云。

三、选取新闻角度的方法与案例

通常，新闻记者拿到某一报道的题材时，除了必要的采访准备外，最重要的工作就是思考新闻角度和新闻主题。而新闻角度的选择首先取决于事实本身的特点，同时也与记者采取什么样的报道形式以及具体的报道任务等密不可分。对单一事件的报道有时只需交代清楚新闻"5W"要素和事件的大致经过即可，并不需要寻找特别的角度；单纯的信息产品，如气象信息，甚至不会产生角度问题。而对于非事件性报道，如人物专访、行业新闻等，就要特别注重新闻角度的选择。这类新闻如果没有好的角度，报道主题会缺乏针对性，报道结构也会因此而松散，所以，只有选择好的角度，才能更好地挖掘新闻价值，揭示事物的本质。

此外，报道的形式也关系到角度的选取。同一个题材，比如某一人物的先进事迹报告会，在写作报告会消息时，我们通常侧重交代发生的结果，并不需要从特定的角度切入，但如果是特写，就需要考虑采掘事实和表现事实的角度。这些角度的选择会体现在最后的新闻文体的特征上。换句话说，新闻文体的表现形式——新闻体裁是由新闻角度的选择内在规定着的，有什么样的角度，就会有什么样的体裁特征。

（一）人（或物）与事的组合

写人的文章通常由对人物经历的描述来侧面展现人物的性格；叙事的文章需要借助人物的动态，使事件发展的过程描述更为具体、直观。记者组织新闻报道、寻找报道角度，也可以借鉴这样的思维方式。报道事件新闻可以思考"见物见人"的角度，报道中的视觉形象可以令报道更生动。比如一些热点新闻事件，大部分媒体已经进行了相关报道，要在这样的同题材报道中胜出，记者就可以从分析与事件相关的人物要素出发，对直接当事人或间接知情人在事件中所扮演的角色以及他们的所作所为进行分析；从人物的个性角度入手，形成独特的视角，并且采取详述事件的某一局部的方式，从点和面的关系出发，写出有个性特征的独家视角的报道。在此以刊登在2002年8月17日《中国铁道建筑报》上的消息《请过路吧 亲爱的藏羚羊》一稿为例，该稿在第十三届中国新闻奖的评选中被评为消息二等奖。

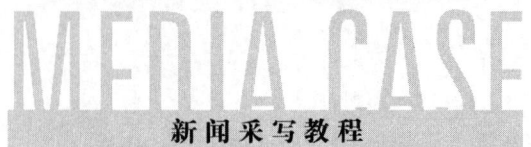

> 欢迎"孕妇"来，不舞彩旗；
> 喜送"母子"去，不敲锣鼓
> 这段青藏铁路又成"无人区"

请过路吧 亲爱的藏羚羊①

朱海燕

昨晚，约有500只藏羚羊带着刚满月的儿女们，通过可可西里青藏铁路建设工地，向黄河源头的扎陵湖、鄂陵湖迁徙。

为不惊扰这些可爱的精灵，可可西里至五道梁一线，铁路夜间停止施工，拔走彩旗，灯光休眠，机器熄火；作为高原生命线的青藏公路，过往车辆在夜间停驶3个小时。这里又呈现一种远古洪荒的宁静，只有高原的夜风为这群母子结成的队伍送行。

潜伏下来的观察哨称，跨越铁路线，母藏羚羊若无其事，像跨过自己家的门槛一样；小羊羔紧依着母羊，流露出一种莫名其妙的惊喜。

每年6至8月，藏羚羊集结成群，长途跋涉，前往可可西里腹地的卓乃湖、太阳湖一带产崽，去完成一年一度的延续种群的历史使命。小羔羊满月后，再由母羊呵护着返回原栖息地。

今年6月20日前后，两万多只雌性藏羚羊北上产崽，铁路夜间停止施工10天，为它们开辟通道。一个多月里，两万只小羔羊诞生在那块神秘的"天然产床"上。估计，从8月4日到8月15日，将有4万只大小藏羚羊跨过铁路安然回迁。

藏羚羊是国家一级保护动物，有"羊绒之王"之称，因此，也带来杀身之祸。近十多年，偷猎者大量拥入，每年有上万只藏羚羊遭到捕杀。1994年，保护区工委书记索南达杰，为保护藏羚羊，在太阳湖与18个偷猎者搏斗壮烈牺牲。

青藏铁路开工后，环保理念渗透到建设者的血脉之中，青藏高原成为他们心目中环保的圣地。他们精心爱护每寸绿草，善待每一种动物。一年来，他们将5只失去母爱的小藏羚羊送到自然保护区机关，可爱的小宝贝得到妥善的保护。在他们的精神昭示下，没有一只藏羚羊在捕杀的枪声里倒下。

这块拥有野生动物230多种，国家重点保护的一、二级动物20多种的土地，正在恢复野生动物天堂的动人景象。

可可西里自然保护区党委书记才嘎说，铁路建设的一年间，藏羚羊增添了两万多只，到铁路建成之日，将由现在的7万只增至15万只。

据悉：青藏铁路在设计中专门设立了动物通道。铁路建成后，不影响野生动

---

① 朱海燕：《请过路吧 亲爱的藏羚羊》，载《中国铁道建筑报》，2002年8月17日。

物正常生活和自由迁徙。

这篇反映青藏铁路建设重大题材的报道采用了一个全新的"物"的视角,即藏羚羊。记者深入实地观察,发现了青藏铁路建设过程中对国家一级保护动物藏羚羊采取的积极的保护措施。这一角度不仅涵盖了重大题材的应有之义,又联系到珍稀动物保护这一环保主题,并且生动地描绘了藏羚羊在当地的生活情况,视觉形象十分突出,这些亮点都得益于记者的扎实采访和细心观察。

对于一些题材较为常规的新闻,记者可以从分析新闻人物的经历着手,采用"以小见大"的方法,从人物身上一件看似平常的事或者其经历的某件事情写起,不需要全方位刻画人物,而只需用特写镜头的方式,写出令人印象深刻的细节,即可凸显报道的特殊角度。或者对一些本身还在发展变化中的事件,从有着特殊身份的特定人物着手,从当事人的视野出发来关注事件的进展,并将人物与事件有机统一。这些都是着眼于具体的人、事和物的思考角度的方法,凭借此法可以为一些由主客观原因造成的程式化报道寻求到突破的角度,同时,记者要善于运用"见人见事见精神"的方法,不断寻求新的报道角度。这种方式在当前的报道中已被广泛应用,实践表明,它确实能使原本枯燥乏味的报道变得更有亲和力、更具可读性。

小平夹克衫 感动三代人[①]

本报讯(记者童曙泉)自《世纪伟人邓小平——纪念邓小平同志诞辰100周年展览》10日在国家博物馆公开展出以来,已经有近万名首都各界群众前往参观、缅怀邓小平同志。人们从一件件展品中,再次感受到小平同志的伟大。

王老先生是在女儿和外孙的陪同下,来到国家博物馆的。参观中,王老先生的外孙惊奇地发现,小平同志生前穿的一件夹克衫好像有毛病:夹克衫纽扣间距都是十五厘米左右,但最下面一颗纽扣离衣服下摆只有四五厘米,显得非常不协调。找讲解员一问,王老先生和他女儿、外孙三代人不禁齐声感叹:邓小平如此朴素随和,真是可钦可佩!

原来,当年邓小平视察南方之前,女儿给他买了这件夹克衫。回家试穿发现下摆长了一截。邓小平舍不得把这件新衣服搁置浪费,就让裁缝剪掉一截下摆。在整个视察南方期间,这件灰蓝色夹克是邓小平的两件主要外套之一。他就是穿着这件纽扣不协调的夹克衫,站在罗湖口岸,深情地眺望香港的。

听到这个故事,几位围过来的观众不约而同地鼓起了掌。负责布展设计的国博工作人员龚青女士眼眶都湿润了,她说,虽然这件衣服纽扣间距不协调,但和

---

① 童曙泉:《小平夹克衫 感动三代人》,载《北京日报》,2004年8月12日。

邓小平这位老共产党员朴实无华的作风是和谐一致的。

在展厅后部，分别按0.7∶1和0.5∶1比例复制的房间格外引起观众注意。这是邓小平在景山后街家中的办公室和会议室。30来平方米的房间完全按真实情况布置，暖壶、沙发等物品都是由邓小平家人提供、邓小平当年用过的。

右侧房间内，只有9张老式的套布沙发，8个小茶几，一条两米多的条案和一个小书柜，再也没有其他装饰，这就是邓小平设在家中、用了二十多年的会议室。这里曾召开过许多重要会议。邓小平的办公室也很普通，办公桌上是一把十几元的暖壶、放大镜、毛笔和孙辈送的一个小毛绒玩具。唯一的电器是一台彩电，产于上个世纪80年代，一直陪伴到邓小平去世。

许多观众感慨道："小平同志真是太俭朴了！"

《小平夹克衫 感动三代人》一文所报道的活动是纪念小平同志诞辰100周年的诸多活动之一，可以说是一个程式化的活动，再加上伟人、名人受关注度高，该发的稿该写的新闻，在他们的生前身后已经被媒体挖掘得差不多了。而这篇消息却从"人"与"物"的角度出发，在程式化的题材中挖掘出了"人无我有"的鲜活事实，从一件不太被人留意的小平同志的旧夹克衫入手，挖掘出了它背后的重要新闻价值，即一个老共产党员朴实无华的精神风貌。这篇报道的成功，为我们提供了见物及人、突破陈规地选取新闻角度的经验。

（二）点与面的配合

当记者需要处理一个报道面比较广的题材时，比如采访某一政策的实施效果，记者可能面临一大堆搜集到的事实，如何选择？如何报道？这就需进行综合分析与解剖，记者要准确快速地找出其中更有价值的新闻点，以此为角度切入报道。有时记者只拿到一个相对单薄的材料，需要补充相关材料，并且以单一事实作为时效的由头，这时就需要结合相关背景，寻找到一个更广泛的投射面，即发掘它与同类事件的共性，这个共性就是报道角度，它不仅能帮助记者提炼新闻主题，还可以让单一的事实丰厚起来，实现报道价值的"以小见大"。比如，在成就性报道中，我们通常需要在"规定动作"的旧主题基础上，挖掘出旧题材中不同于以往的、吸引人的要素，以此作为新闻的切入"点"，再将其放在当下的时代背景中，以点带面，相互映衬，使报道点面结合。

第八章　从采访到写作的过渡——新闻构思

峰会的尴尬①

美联社约翰内斯堡2002年8月30日电　尽管参加地球峰会的代表们在唇枪舌剑地争论保护地球迅速减少的资源的最好办法，但他们自己并没有率先垂范。

为期10天的地球峰会号称是有史以来规模最大的联合国会议。预料会议将产生300吨到400吨垃圾，到目前为止，只有其中的20％正在得到回收处理。

会议厅里摆放了盛放可回收物品的废物箱，但结果里面塞满的却是各种各样无法回收利用的废物。

数百个组织在峰会上散发了无数的小册子、新闻稿和宣传手册，希望引起与会者对它们各项事业的关注。会议组织者估计，整个会议将消耗掉500万页纸张。

峰会的代表们还在耗费其他资源。平均每个代表每天要用水200升，约翰内斯堡的用电量也因为这次会议而猛增。

这篇稿件篇幅不大，却抓住了一个"很厉害"的角度。虽然题材是一个例行会议，但却抓住了峰会上高谈阔论者们的"软肋"，也抓住了时下资源保护问题的"软肋"，很有现实针对性。这就是以"点"及"面"的典型角度，眼前只有一物，但记者却看到此物辐射的问题，犀利的角度也使其报道主题极具现实意义，发人深省。

再比如刊登在2001年8月2日《工人日报》上的《郑州：罚单"赶"走首家擦鞋店》一文，也是由点及面地选取报道角度，报道"一厂、一店、一人、一事"，却引出了备受关注的社会问题，这篇报道被评为第十二届中国新闻奖消息三等奖。

本想告别"游击战"　开张连连"吃罚单"
郑州：罚单"赶"走首家擦鞋店②

本报讯（记者肖树臣　通讯员肖明来　姜东辉）门店开张半个月，"大盖帽"们接踵而来搞检查，上交罚金近千元，最终"退店上路"继续摆摊打"游击"。这就是郑州市首家擦鞋店绿城保洁擦鞋公司的遭遇。

"绿城保洁公司"的老板孙红涛说，郑州市区的固定人口和流动人口数百万，擦鞋业有大市场，况且，街头违规的擦鞋摊很多。于是他参照北京、上海等地的成功先例，着手创办这家"擦鞋公司"。今年3月份，他以每月800元的租价在东

---

① 刘明华、张征：《〈新闻写作教材〉教学参考书——新闻作品选读》，中国人民大学出版社，2003年版，第32～33页。

② 肖树臣、肖明来、姜东辉：《郑州：罚单"赶"走首家擦鞋店》，载《工人日报》，2001年8月2日。

风路租下一间30多平方米的门面房，办理了有关证件，从社会上招聘50多个初中以上文化程度的下岗青年，经过培训后上岗。7月初，河南省省会有了第一家擦鞋店。

然而，门店新开张，生意还没有做红火，各个管理部门的"大盖帽"们便接踵而来，工商部门认为，擦鞋店是新的特殊行业，得办理特殊岗位就业证，但新行业没有标准，就业证自然办不成，如此只好接受罚款；卫生部门要擦鞋店跟饭店服务人员一样，持有健康证，没有办也得罚；城管部门来检查，称擦鞋店门口放着顾客使用的拖鞋属占道行为，被"清理"走了；街道居委会找上门来要收卫生费……

擦鞋店每天至少要接待两拨检查和罚款人员，半月的时间，擦鞋店上交罚金近千元。而擦鞋店每天只能收入30元左右。擦鞋店的店员更是心灰意冷，他们说，在郑州下岗职工要找份工作干，可真难。

据了解，不少市民对本市第一家擦鞋店的消失普遍表示惋惜，他们认为，不占道的擦鞋店是现代化城市擦鞋业发展的新趋势。若能规范发展，无疑是件好事。有关部门应该为其提供一个宽松的发展环境，也是为再就业工程作出一份（分）贡献。

点与面的配合可以理解为"大处着眼，小处落笔"，或者由具体到抽象、由个别到一般，从眼前所写的具体的新闻事实——新闻点，联系到更为广阔、深远的内容，比如这篇报道就是通过叙述郑州首家擦鞋店被罚单"赶"走，揭示了下岗职工再就业难的深层次原因这一具有普遍意义的问题。下岗职工再就业问题曾是改革期间党和各级政府十分关注的问题，但是到了各个职能部门那里，却是各唱各的调儿，甚至把它当做"唐僧肉"，此种做法严重制约了再就业工程的实施。该报道正是抓住这一现实中普遍存在的问题予以解剖，使人们认识到，罚单赶走的不只是"擦鞋店"，还会有这店那店，只有全社会都来关注再就业工程，再就业才能蓬勃发展。这一角度使这篇报道的主题得到了升华，具有强烈的针对性和现实意义。报道刊出后，在当地引起了较大的反响，中央电视台和中央人民广播电台进行了摘播，收到了良好的传播效果。

有一些题材和主题每年都必须按规定进行报道，例如行业新闻中关于产量、安全生产、产品质量的新闻，一些机构的工作报告或工作经验。记者在获得这些材料时常常会觉得枯燥乏味，但若要写出好看的新闻，记者需要看到材料中的亮点，翻新角度，在点和面的结合上做文章，从而形成有新意的主题。比如记者在写工作报告会新闻时，可以绕开会议议程，着重研究报告中有价值的信息，就像下面绍兴晚报社记者描述的这样：

我曾经写过一篇《台湾高山族同胞根在绍兴》的消息，那是大禹学术研讨会上的一篇论文的题目。当时很多媒体的记者都在，并没人注意到这篇论文，我觉得这篇研究历史的论文很有新闻价值，因为当时台湾有人叫嚷"台独"叫得很厉害，这篇论文论证的事实，是给叫喊"台独"的人一个有力的回击。新闻带动了旧闻，这篇消息发表后，被广为转载。①

此外，记者可以比照材料中不同于以往的变化、数据等，结合当前社会热点问题进行报道。因此，寻找结合点需要点面配合，这就是寻找角度的过程。

（三）动与静的结合

动与静，象征着新闻事实的动态发展历程和静止的稳定状态，可以结合空间与时间的范畴来理解。比如，我们眼前有一株正结着果实的植物，可以直接再现它在某一时刻的形态，就好比只拍摄下一张图片。如果要换个角度来表现它，我们可以试着还原它的生长过程，在动态的发展历程中开掘有趣的内容，揭示它的成熟历经了一些怎样的生理过程，让眼前静态的植物变得更有"故事感"与形象感。

在现实生活中，受众往往不满足于了解事物的表面，他们需要知道事件的成因等动态的因素。以电视新闻为代表的多媒体新闻因其传播介质的属性可以很好地实现动静结合，比如运用镜头、图片、资料回放、原音重现等手段；而平面媒体要从事件动态与静态的方面着手选取角度，需要更为深入的挖掘，对"动"与"静"有更深入的理解。

内蒙古阿拉善右旗：做个牲畜好辛苦②

据新华社巴彦浩特（2002年3月13日电）在沙尘源头采访，记者时常遇到倒毙在戈壁滩和沙漠中的驼羊的尸骨，而觅食的驼羊也形容憔悴，记者不禁叹息：在这里做个牲畜好辛苦。

在阿拉善右旗努日盖苏木一个叫梭梭井的地方，牧民白桂珍告诉记者："这几年沙尘暴越来越猛，一场大风过后，就能在草场中找到死羊。"

走进额济纳旗苏泊淖尔苏木牧民达布罕家，我们惊奇地发现，每只山羊都戴着一只口罩。达布罕老人解释说："哪是口罩呀，这是给山羊补喂饲料。"因为，喂饲料时，饥饿的羊群一哄而上抢食，弱小的羊就被挤伤甚至挤死，无奈发明了

---

① 周能兵：《如何让消息"活"起来》，载《新闻实践》，2006年第12期。
② 刘明华、张征：《〈新闻写作教材〉教学参考书——新闻作品选读》，中国人民大学出版社，2003年版，第23页。

这个土办法，让老伴和女儿缝了这些袋子，里面装上饲料分别挂到羊的嘴上，给羊实行"分餐制"。

在沙尘源头阿拉善，骆驼和羊群想吃上柔软的青草几乎是奢望，沙尘源头的驼羊赖以充饥的还是这些扎嘴的灌木丛。盟农牧局副局长李福锁说："过去阿拉善1亩草场平均产35公斤干草，现在只能产10多公斤干草了，90%以上的草场沙化了。过去草场上有160多种牧草，现在只剩20多种牧草了。"

这篇报道的角度非常特别，报道的题材是常年困扰当地的沙尘暴，但作者选择的切入对象是生活在戈壁滩的驼羊，标题以驼羊的角度发出感叹，导语部分描写相对静止的戈壁滩上驼羊生存的画面，而主体部分又有对驼羊日常生活的生动写照。在原文中还有这样一段叙述：

驼羊们并不明白，它们为什么会饿着肚子还要饱受风沙之苦，而且这风沙之苦越来越猛烈；驼羊们更不清楚，它们生存的家园越来越小，成了闻名的沙尘源。为了寻觅食物，它们不得不走比过去更远的路程，因为草场的植被比过去稀疏了，饲养一只山羊需要过去近3倍的草场。比起50年前，阿拉善人口增加了3倍，牲畜增加了6倍。

通过拟人化的叙述，报道对象更加生动，作者试图让深受沙尘暴之苦的驼羊发言，"讲述"戈壁滩的环境现状。因此这一新闻角度令报道增色不少，并且提升了报道的可读性和易读性。

从动与静的结合寻求报道角度的方法还可以运用于人物报道中，历时性叙事是人物报道通常会采用的叙事逻辑，在单一的叙事线条外，人物的人生转折、冲突矛盾乃至一些微小细节，却往往能够成为静态的瞬间定格，化作点睛之笔，将人物形象烘托得更加立体、生动、可感。

英雄无言——95岁老党员张富清的本色人生[①]

新华社武汉4月8日电（记者唐卫彬、杨依军、谭元斌）71年前，他是西北野战军的突击队员，冒着枪林弹雨，炸掉敌人四个碉堡，战功卓著，是董存瑞式的战斗英雄。

64年前，他退役转业，主动选择到湖北省最偏远的来凤县工作，为贫穷山区奉献一生。从此，赫赫战功被他埋在心底，只字不提。

---

① 唐卫彬、杨依军、谭元斌：《英雄无言——95岁老党员张富清的本色人生》，2019年4月8日，新华网，https://www.xinhuanet.com/politics/2019-04/08/c_1210102672.htm?agt=2854。

第八章 从采访到写作的过渡——新闻构思

7年前,他88岁,左腿截肢,为了不给组织添麻烦,更为了让子女"安心为党和人民工作",装上假肢,顽强地站了起来。

现在,他95岁,仍然坚持学习。他说:"人离休了,政治上思想上绝不能离休。"

....

所有这些,只因他是一名共产党员。

他就是原西北野战军359旅718团2营6连战士张富清。

(一)

2018年12月3日,来凤县城。

来凤县委政法委干部张健全,小心翼翼地怀揣着一个包裹来到县人社局。彼时,县里正在按照上级统一安排,开展退役军人信息采集工作。

张健全带来的东西,是父亲张富清一生珍藏的宝贝。

"那是下午5点20分,我正准备下班。看到闪耀着光芒的勋章,我一下就被吸引住了。"对那天的情景,来凤县退役军人信息采集工作专班信息采集员聂海波记忆犹新。

在聂海波的注视下,张健全郑重地一一取出包裹里的物品——

一本立功证书,记录着张富清在解放战争时立下的战功:立军一等功一次,师一等功、二等功各一次,团一等功一次,两次获"战斗英雄"称号。

一份西北野战军的报功书,讲述着张富清"因在陕西永丰城战斗中勇敢杀敌",荣获特等功。

一枚西北军政委员会颁发的奖章,镌刻着"人民功臣"四个大字……

激动地看完张健全带来的材料,聂海波深感震撼:"没想到我们来凤还隐藏着这样一位战功赫赫的大英雄!"

(二)

"永丰战役带突击组,夜间上城,夺取敌人碉堡两个,缴机枪两挺,打退敌人数次反扑,坚持到天明。我军进城消灭了敌人。"

这是立功证书对张富清1948年11月参加永丰战役的记载。

发生在陕西蒲城的永丰之战,是配合淮海战役的一次重要战役。战况异常惨烈,"一夜之间换了八个连长"。

对那场艰苦卓绝的战斗,95岁的张富清仍历历在目。

张富清所在的连是永丰战役突击连。张富清又是突击连的突击班成员。27日夜,他和两名战友匍匐前进,扒着墙砖缝隙攀上城墙。张富清第一个跳下城墙,与围上来的敌人激战。

"我一转身,看见敌人将我围住了,就端起冲锋枪扫射,一下子打死七八个。"张富清说,交火的时候,他感觉到自己的头被猛砸了一下,消灭眼前的敌人后,手一摸,发现满脸都是血。原来,子弹擦着头顶飞过,把一块头皮掀了起来……

"打死七八个敌人后,我逼近碉堡,用刺刀在城墙底下刨了个洞,把我带的八颗手榴弹和一个炸药包码在一起,拉着了手榴弹,炸毁了碉堡……"

那一夜,张富清接连炸毁两座碉堡,缴获两挺机枪、数箱弹药。战斗中,他幸存下来,两个战友却从此杳无音信……

因在战斗中表现英勇,张富清获得军甲等"战斗英雄"荣誉称号。

1948年3月参军,8月入党,在壶梯山、东马村、临皋、永丰城等战斗中都冲锋在前——这位陕西汉中小伙子历尽了九死一生。

(三)

陕西、新疆、北京、南昌、武汉……

几经辗转,1955年初,已是连职军官的张富清面临退役转业的人生转折。听说湖北西部恩施条件艰苦,急缺干部,他二话不说:"我可以去!"

听说来凤县在恩施最偏远、最困难,没有丝毫犹豫,他又一口答应:"那我就去来凤。"

那是一个寒冷的冬天。从武汉动身,一路向西,再向西。恩施是湖北西部边陲,来凤更是边陲的边陲,怀着投身社会主义建设的憧憬,张富清来了。

"这里苦,这里累,这里条件差,共产党员不来,哪个来啊!"——带着一个共产党员的赤诚,张富清来了。

此后几十年,"人民功臣"张富清勤劳的身影,先后出现在粮食局、三胡区、卯洞公社、外贸局、建设银行……双脚却很少再迈出来凤。母亲去世,他也没能见上最后一面……

工作挑最苦最难的干,从不争名争利。张富清把余生献给了来凤,献给了这片曾经毫无关联的大山。

浴血奋战,战功卓著……自从到了来凤,过去的一切,都被张富清刻意尘封起来。

60多年,无论顺境逆境,张富清从不提自己的战斗功绩。证书和军功章被他藏在一个随身几十年的皮箱里,连儿女也不知情。

(四)

瞒得再紧,瞒不过最亲的人。

妻子孙玉兰最清楚丈夫身上有多少伤。右身腋下,战争中被燃烧弹灼烧,黑乎乎一大片;头顶的伤疤至今依稀可见……

孙玉兰和张富清是同乡。战争期间及之后的几年,村里人都以为张富清已经不在人世了。1954年,张富清回了趟家乡,大家才知道,他还活着。

共青团员、妇女主任孙玉兰,和长自己11岁的张富清一见钟情。不久后,被爱情召唤的孙玉兰,追随张富清到了来凤。

这一来,就是一辈子。

20世纪60年代,为给国家减轻负担,担任三胡区副区长的张富清率先动员妻子从供销社的铁饭碗"下岗"。他的理由很简单:"国家困难,我首先要看看自己有没有占群众、公家的好处……要精简人员,首先从我自己脑壳开刀……"

同挚爱的人在一起,多苦都是甜。

夫妻俩生养了四个孩子。大女儿患病,至今未婚,常年在家靠母亲看护;小女儿是卫生院普通职员;两个儿子凭自己的本事上学、工作,从基层教师干起,一步步成长为县里的干部。

几个子女,没有一个在张富清曾经任职的单位上班。

如今,最小的儿子也快到退休年龄。形容自己眼中的父亲,张健全用了一个词:"平凡"。

从转业到离休,数十年如一日,张富清像一块砖头,哪里需要就往哪里搬。乐观、朴实、真诚……在大家的印象中,他就是这样一个平凡的人,和普通老百姓没什么差别。

(五)

张富清是"战斗英雄"的消息,在来凤迅速传开了。

不少人感到震惊。"只知道他当过兵,没想到他是那么大的英雄。"

有人感到不解。"别人没他那么大的功劳,还整天问组织要这要那。他老婆没有工作,大女儿又残疾,也没见他提什么要求。"

有人感到惋惜。"那么大的战功,如果当初留在武汉,早就成了高级干部。"

更多的人深受教育和感动。

2018年,张富清做眼部手术。术前,中国建设银行来凤支行行长李甘霖特意叮嘱,张老是离休干部,医药费全额报销,可以选好一些的晶体。但张富清听说同病房的农民病友用的是最便宜的,也选了最便宜的。

"我已经离休了,不能再为国家做什么,能节约一点是一点。"

衣服的袖口都烂了,还在穿;儿子给他买的新衣服,他叠得整整齐齐放在箱子里。

张富清的心里,几乎没有他自己。

"以前,只不过觉得他大我们一些,工作在我们前头;现在他从我面前过,我都要在心里默默向他致敬!"72岁的来凤县关心下一代工作委员会副主任张昌恩说。

(六)

在张富清简陋的家中,珍藏着一个打满了补丁的搪瓷缸。

一面是熠熠生辉的天安门、展翅飞翔的和平鸽;一面写着:赠给英勇的中国人民解放军——保卫祖国、保卫和平。孙玉兰说,这是丈夫最心爱的物件。

从1954年起,这个搪瓷缸就是张富清生活的一部分。如今,补了又补,不能再用,张富清就把它认真保存了起来。

20世纪80年代初,张富清一家搬到现在仍居住的建行宿舍。30多年过去,楼上楼下、左邻右舍都已翻修一新,老两口的家还是老样子。

斑驳的墙壁,褪色的家具……虽然朴素,这个家整洁而充满生气。阳台上整齐地养着一排绿植,像是一队整装待发的战士。

面色红润,声音洪亮,精神矍铄——我们面前的张富清,仿佛不是一位90多岁的老人。近几年,他仍然坚持自己下楼买菜,有时还下厨给老伴炒几个菜。透过窗户,常常听到他爽朗的笑声……

1985年离休后,张富清一直保持着读书看报的习惯。他特别爱看《半月谈》。

卧室的写字台上,一本2016年版的《习近平总书记系列重要讲话读本》,被他翻阅得封皮泛白。

第110页的一段文字旁,做着标记——

"要不断改造主观世界、加强党性修养、加强品格陶冶,老老实实做人,踏踏实实干事,清清白白为官,始终做到对党忠诚、个人干净、敢于担当。"

这不正是共产党员张富清一生的写照吗?

(七)

战争年代不怕牺牲、出生入死,张富清靠的是一个党员的信仰——

"我一直按我入党宣誓的去做……满脑子都是要消灭敌人,要完成任务……所以也就不怕死了。"

和平时期淡泊名利、扎根大山,张富清为的是不负入党的誓言——

"和我并肩作战的战士,有几多(好多)都不在了。比起他们来,我有什么资格拿出立功证件去摆自己啊?!我有什么功劳啊?!"

讲起这些,这位95岁的老人声音颤抖,泪水溢满了眼眶。

英雄事迹传出后,有媒体闻讯而来。张富清拒绝接受采访。记者越来越多,没有办法,张健全只好骗父亲:"这是组织的要求!"张富清这才答应——身为一名共产党员,必须服从组织的安排。

张富清最欣慰的,是一家四代有六个党员。

考虑再三,让子女拿着立功证书去登记,出发点也是对党忠诚——

"党和国家开展退役军人信息采集工作,是一件大好事。如果我不如实向党报告,那就是对党不老实……"

(八)

时光回溯到 2018 年 3 月 17 日。

北京人民大会堂。十三届全国人大一次会议表决通过关于国务院机构改革方案的决定。

近一个月后,退役军人事务部正式挂牌。

组建退役军人事务部,是以习近平同志为核心的党中央着眼党和国家事业全局作出的重大战略决策。

"军人是最可爱的人""不能让英雄流血又流泪"……随着退役军人管理保障工作有序开展,许多英雄事迹,陆续被发掘出来。

九旬老兵张富清,不想给党、给国家、给军队添任何麻烦。不久前,在给曾经战斗部队的一封答谢信中,他情真意切地写道:

"希望你们坚决听党的话,坚决听从习主席指挥""心往一处想,劲往一处使,拧成一股绳……"

(九)

新疆军区某红军团,张富清当年战斗的英雄部队。年轻的官兵,正紧紧围绕听党指挥、能打胜仗、作风优良强军目标,学习老前辈张富清英雄事迹,立志做新时代革命军人。

2019 年 3 月 2 日,部队派员专程到来凤,探望老战士张富清。

是夜,平素内敛沉默的张健全抑制不住内心激动。眼含热泪,他写下深情的记录——

部队来人了

老兵心中掀起波澜

面对军装上的军徽

老兵用一条独腿坚强站立

缓缓举起右手

庄严地行上军礼

这是一篇以"共和国勋章"获得者张富清为对象的人物通讯,获得了第三十届中国新闻奖文字通讯与深度报道类别一等奖。张富清老先生的故事被很多媒体报道,在此基础的人物故事外如何传递真情实感,挖掘人物的精神内核,这些成为报道出新需要考量的问题。这篇报道便是在视角上下功夫,兼容了静态与动态的观照。动态以时间为线索展露老先生的英雄生平,在九小节的篇章结构中植入影视中的蒙太奇手法,如同幻灯片般"还原"人物故事;以"搪瓷缸""《半月谈》"等事实细节辅助静态聚焦,实现短暂的人物定格,让细节说话,通过小切口撬动"大"人物,邀请读者透过这些平实而特别的切面,深入榜样事迹,透视英雄的"本色"人生。

在类似的系列报道题材中,可以考虑动与静的结合,这种时空结合、现状与背景的结合,能够使静态的角度生动起来,使人物和事件流动起来,对于我们全面了解事物的发生、发展都会起到积极的作用,同时,新闻价值的深层开发也会得到实现。

(四)情与理的融合

新闻报道作为一种信息产品要被人消费,就必须做到有亲和力,单纯地罗列事实信息会让人觉得枯燥无味,刻意煽情也会令人反感。受众接触新闻报道,既有感性诉求也有理性诉求,因此,新闻报道在选取角度时就要考虑人们容易接受的内容和表达方式,如何从情和理的角度切入报道,使受众更易读易懂应该成为记者采写的目标。通常,一篇新闻报道的角度可以考虑以"情"为主,或者以理为主,或是两者结合。

在一些趣味性、人情味强的新闻采写中,如自然界的奇观、动物园新闻、名人的逸闻趣事、文体花絮报道等,记者往往更倾向于选择有人情味的角度来报道。如选取能表现新闻事件中人物的情绪、情感;或者是针对具有鲜明个性的新闻事实来提炼主题、组织报道;又或者在一段时间内,当某一新闻事件在社会上形成了舆论一边倒的态势后,记者不仅要跟进报道,还应该冷静理性地进行客观分析,从情与理融合的角度出发,思考新闻价值要素,力争在事实中提炼出思想更深邃、见解更有力的主题。

泰国士兵接到最新命令:要"保持微笑"①

新华社专电:泰国士兵接到最新命令,内容是"保持微笑"。

"民众全力支持士兵们",陆军电台23日说,"人们带孩子来看坦克,并与坦克和士兵合影留念……士兵应该提升正面形象,保持微笑,彬彬有礼。"

---

① 《泰国士兵接到最新命令:要"保持微笑"》,新华社,2006年9月24日,http://news.sina.com.cn/w/2006-09-24/100910095718s.shtml。

自 19 日针对看守政府总理他信·西那瓦的军事政变以来,坦克和步兵就驻扎在曼谷周围的各战略地点,眼下成为许多泰国人和外国游客不可错过的合影"风景线"。

一些士兵还把自己的贝雷帽和 M-16 突击步枪借给平民,作为照相的"道具"。

在《曼谷邮报》刊出的一张照片上,4 名微笑的女性军队警察在政变领导集团总部外站岗。这家报纸说,自从哨兵换为女性后,气氛轻松了许多。

美联社说,许多泰国人认为,这是"最友好"的一次军事政变。泰国是个政变频发的国家,仅 20 世纪 70 年代到 90 年代,泰国就先后爆发多次政变。19 日的政变是 15 年来的首次。

这则消息的背景是 2006 年泰国政变,但其突破了这一题材以往的消息报道角度,在政治局势紧张的情况下,将政变与"微笑"联系在一起,将驻扎的士兵与武器描绘成了"风景线"。这样的角度和主题一改其题材的沉重感,抓住了极易引起读者共鸣的情感要素,从而使报道富有意味。

非典时期的"特别天使"[①]
——殡葬工的情感世界

新华网北京 5 月 27 日电(记者翟伟、邬焕庆)人们总是把挽救生命的医务工作者称为"白衣天使",殡葬职工也是天使,是人生路途另一端的"特别天使"。

"战胜自我"

4 月,北京防治非典型肺炎联合工作小组决定,大兴、昌平、门头沟区的殡仪馆承担火化非典逝者遗体和非典医用垃圾的任务。北京市殡葬系统立即启动非典防治预案:殡仪馆专人、专车、专炉和专门用具处理非典逝者遗体,保持密封包装,不组织告别活动……

通常焚化一具遗体需 40 至 50 分钟,为了达到高温杀菌的效果,焚化非典逝者的遗体最长达到一个半小时。4 月 24 日至 26 日,大兴区殡仪馆火化量和夜间接运最多的 3 天,那段时间,工作人员昼夜工作,有的职工甚至只有两三个小时的睡眠时间。

非典逝者的遗体上存在着病毒,尽管作了消毒处理,可焚化非典逝者遗体,仍有很大的危险。"要战胜非典,先要战胜自我。"大兴区殡仪馆职工李玉岭,戏

[①] 翟伟、邬焕庆:《非典时期的"特别天使"》,新华网,2003 年 5 月 27 日,http://news.sohu.com/19/40/news209574019.shtml。

言自己是个一级防护"武(捂)士"：身穿隔离衣，头戴防护帽，加厚口罩、眼罩、手套、鞋套……全副武装后，人被裹得严严实实。"连日的高温，让我们每个人的衣服里都能拧出水来，嗓子像被火燎了一样，火辣辣的。"

为了减少接触遗体的人数以降低被传染风险，殡仪职工一般要身兼三职：司机、搬运工、消毒员。在医院接运非典逝者遗体时，如果遗体未经消毒处理或死亡证明不完备，殡仪职工宁可多跑几趟，也不让工作留下死角。

4月19日，大兴区殡仪馆工作人员来到北京一家医院准备接运非典逝者遗体。死者的儿女守候在大门口，他们恳求工作人员替亲人们焚烧死者生前最喜爱的一套衣服。工作人员立刻答应下来，让家属们没有留下遗憾。

"多一些理解"

昌平殡仪馆离市区比较远，馆里两台专门接运非典死亡患者遗体的车辆每天要跑10多个小时，往返全市多家医院。已连续在抗击非典一线工作30多个日夜的昌平区殡仪馆副馆长陈进达，憨厚的脸上还带着几丝倦意。说到非典死亡遗体的消毒、运输、焚化，这位身高膀阔的汉子，没有任何抱怨，但社会上一些人的误解却让他伤心得落泪：有人把殡仪馆看成非典病毒的疫区，有的小区不让殡仪职工回家，更有职工家属被所在工作单位力"劝"回家……

"其实，在采取严密的防护措施后，病毒是不会传染的。"陈进达说："我们和医生一样，都在用自己的生命守护着群众的安全。社会应多给我们一些理解！"

"无法静静旁观"

"这些天，我已经习惯了面对死亡，但那天当我火化一位在抗击非典一线因公殉职的年轻护士遗体时，我还是忍不住在没人注意的角落偷偷抹了几把泪。"

昌平区殡仪馆火化工梁建国忘不了那一幕："5月上旬的一天晚上，我接到了通知，要焚化一位在抢救非典病人工作中感染病毒病重身亡的年轻护士遗体。我通过逝者的姐姐知道，这位可敬的护士在告别人世的最后时刻，都没能见到亲人最后一面。"

"那时，我无法像一个陌生人那样静静地旁观着。当我按动焚化炉的电钮时，我希望或许这可以让一个灵魂从此得到永生。"

"每每在电视上看到非典患者笑容灿烂地康复出院的画面时，我内心总是激荡着幸福。看到了死亡，更知道生活的美好，尤其是体会到人与人之间心手相连、共闯难关的重要。"

"好好活着，其实是纪念逝者的最好方式！"梁建国说。（完）

"非典"期间，各级领导干部、"白衣天使"、公安战士等是各路媒体报道的焦点，而同样与非典病人密切接触、危险并不低于这几类人群的殡葬工人却成了被人遗忘的角落。这篇报道将"镜头"对准了他们,可谓视角独特。由于参与了抗击非典斗争,殡葬工人同样面临着来自社会上的误解与歧视,从殡葬工人口中说出的无奈,也使人们更好地了解这些"特别天使"遭受的不公待遇,既烘托出他们精神的可贵,也唤醒公众对他们工作价值的重新认识与评价。报道以主人公的情感世界为切入点,深入其复杂的内心世界,避免了简单的刻画,也使人物更加真实可信。

上述的讲解和案例,只涉及了新闻角度运用的部分要点。在实践中,新闻角度对于新闻报道而言有着至关重要的作用,是记者们每时每刻都要思考的问题,它贯穿于新闻生产活动的诸多重要环节。好的新闻角度是报道取得成功的关键,也是记者新闻思维成熟的体现。要想写出优秀的报道,必定要在实践中不断琢磨,每一篇稿件无论题材大小都值得深挖角度、深化主题,以使我们的新闻报道更加丰富,产生更加积极的社会影响。

思考练习题

一、请结合本章第一节的内容,谈谈你对新闻主题的理解。

二、找出 2~3 篇令你印象深刻的新闻报道,归纳一下它们的主题,试分析一下它们的特点。

三、写作练习

1. 阅读完整版的《无声的世界杯》,并概括该篇报道的主题;尝试就此题材拟出一个你自己的报道主题。

2. 阅读《"集体户口让我结不了婚"》一文,按照新闻主题的表达要求,将其改写为一篇 1000 字以内的通讯。

四、请结合本章第二节的内容,谈谈你对新闻角度的理解。

五、选择几篇你认为角度独到的报道在课堂上进行展示,并解释其角度的成功之处。

六、阅读一些你喜欢的记者或者媒体讲述他们采写经验的文章,体会他们在寻找报道角度、提炼主题时的思维过程以及与具体的采访实践是如何发生关联的。

七、你认为还可以从哪些思维方式入手选取报道角度?

八、综合练习

小组实践操作:假设你们是地方日报的编辑和记者,根据下面这篇关于全国体育大会的无主题报道,策划一组专题报道,并按以下要求完成:

1. 写作前先选择并描述每篇报道的选题角度和确定主题的思路;

2. 根据所选角度和主题制作标题;

3. 尝试不同形式的主题表达,如直接导语、小标题、段落主旨句;

4. 成员交叉审稿，检查每篇报道的角度与主题是否清晰，是否符合本章节的要点；
5. 审稿后，成员间进行问题汇总；
6. 最后进行好稿交流。

5月28日。宁波。

以"健康、娱乐、参与"为特色的新千年首次全国体育盛会，在闻名世界的"东方大港"拉开大幕。新千年第一缕阳光照射到祖国大陆时，为全国体育大会采集圣火的高中女生潘梦懿，将一篇题为《阳光·微笑》的散文献给桑兰。灯光亮处，桑兰坐着轮椅出现在舞台上，轻轻地歌唱："请把我的歌，带回你的家，请把你的微笑留下……"

一个全新的体育大会，把非奥运项目在宁波"炒"火了。

7项改革引人关注

我国对非奥运会项目采取国家扶持、面向和依托社会、自我发展的方针，但由于没有全国性综合性运动会，这些非奥运会项目的发展参差不齐，有的社会影响力减弱，很难得到发展。

这次全国体育大会就是为了促进非奥运会项目的发展而举办的，并在主办方式、承办方式、参赛方式、运行方式、比赛方式、经费投入、奖励方式等7个方面实施了改革措施。大会由国家体育总局和中华体育总会第一次联名主办，但实行管办分离，由宁波市负责承办。这是第一次由省会以外的城市承办全国性的综合性运动会。参赛则采取自愿报名的方式，而且参赛队伍、参赛范围可以自定。运作方式上改变过去由体育管理部门统办的办法，由社团运作；比赛方式上一改运动员唱独角戏的方式，场内比赛与场外群众参与的比赛紧密结合；在经费投入方面，国家财政不拨一分钱，资金全部向社会筹集，通过有偿转让电视转播权和冠名权来开发无形资产；在比赛奖励方面也进行了改革，不排奖牌榜和积分榜，除对比赛优胜者进行个人奖励外仅对各代表团设立道德风尚奖。

叶江川马失前蹄

此次大会围棋和国际象棋比赛顶尖高手云集，没想到首日比赛就大爆冷门，一些"大腕"国手面对新手似乎并无优势可言，有的甚至马失前蹄。

国际象棋第一轮比赛中，等级分排名国内第一的特级大师叶江川的对手是名不见经传的重庆棋手乔梁。正因为对手太弱，叶江川反而显得有点紧张。只见一向稳重的叶大师不停地抖动双脚，一副坐立不安状。残局阶段，经过一番判断，已落入下风的叶江川很有风度地停钟认输。

第八章 从采访到写作的过渡——新闻构思

叶江川在对局结束后,便来到自己的学生、女子世界冠军谢军旁边观战,可就在谢军快速进攻的时候,叶江川便早早离去,因为他判定谢军已没有胜机。结果不出所料,谢军与国家女队教练张伟达在互相兑掉主力棋子后,最终握手言和。

群众和运动员同台竞技

从来的体育运动会都是运动员唱独角戏,而宁波的全国体育大会却出现了群众和运动员同台竞技的场面,成为本届赛会鲜明的一个特点。

中国象棋特级大师柳大华赛前就在宁波与13名当地中国象棋爱好者进行了长达数小时的盲棋赛,吸引了1000多名观众到场观看。体育大会进行期间,大会组委会在中国象棋、国际象棋、围棋、桥牌、保龄球、台球、高尔夫球等11个项目的竞赛过程中,特意安排了擂台赛、挑战赛、盲棋赛、车轮大战等为群众的参与而设置的赛事。

同台竞技会是什么结果呢?也许观众会输,但不一定。台球、保龄球就规定,运动员要让分,最后群众也许会赢。而且,与会的世界冠军多达47人,能和世界冠军对垒,是许多体育爱好者梦寐以求的事情。于是,报名者众,热闹非凡。

航模比赛最火爆

"惊险,刺激,太好玩了!"

风景秀丽的宁波月湖湖畔,当一条条赛艇如游龙戏水,绕过一个个航标时,人群中不时传来阵阵惊呼。伴随着马达的轰鸣,人们的心提起来,目不转睛地盯着湖面急速追逐的海模。

一个非奥运项目吸引了这么多观众,这是采访全国体育大会的记者意想不到的。

因实施奥运战略,一批项目被调整出全运会,其中就包括航海模型。从那时起,各地体育部门相应减少了对航海模型等非奥运项目的投入,一些原来水平较高的地方队伍开始滑坡,近年来刷新世界纪录的势头有所减弱。

拥有众多世界冠军的航海模型项目今后出路在哪里?航管中心的姜玉龙说,这是一项集观赏性、趣味性、科普性于一体的运动项目,配合中小学减负,航海模型运动在稳固专业队伍的基础上,将考虑如何走向社会,面向青少年。

"关键还是缺乏资金投入",夺得过世界冠军的江西队队员郭木文说:"社会对这项运动了解少而不愿赞助,这是制约这项运动发展的关键原因。"他告诉记者,江西航海模型队正考虑通过培训学生、授课等方式向社会推广海模运动,同时向社会募集经费,尽快更新设备,培养更多的后备人才。

技巧项目巧"包装"

全国体育大会很多项目纷纷强化"包装",增强观赏性,走近群众。体育与艺术审美相融合的趋势已经表现得很明显，尤以技巧项目最为突出。

技巧是我国竞技体育中的优势项目，在1980年到1999年获得了124个世界冠军，占我国体育所有项目获得的1298个世界冠军总数的近10%。但是，技巧长期以来在社会上影响不大。从去年开始，我国创造了一种中国特色的技巧比赛项目——集体项目。

集体项目由2~13人参加，运动员自选服装、配乐，每队配备一名舞蹈教练，设计编排有主题的整套动作。从本次比赛看，有的运动队将杂技糅合在技巧中，有的结合艺术体操，有的跳起了恰恰舞，有的是时尚的现代舞，上海队的表演是身穿霓裳的女子与狮共舞。技巧的难度并不具备打分上的优势，关键是整体编排效果。有人说，这就像一截毛竹，用各色各样的花草点缀起来，虽然不是大束的玫瑰，但也具有独特的美感，总比单纯的毛竹好看多了。

转变观念话门球

印象中，门球只是一种老年人偶尔玩玩的"游戏"，但全国体育大会门球赛，却令记者吃了一惊。首先是没想到小小门球场边会围了那么多观众，气氛非常热烈；再就是参赛运动员大多非常年轻，并非想象中清一色的花甲老人。

目前全国打门球的人口已达到500万，各级门球协会的组织也已相当健全，目前全国每年都要举办4次大型赛事。今年将在上海举行的第三届亚洲门球锦标赛参赛队将达到222支。作为东道主，中国将有60个队参赛，但仍远远不能满足需求。

门球确实是从老年人中开始流行的，但近年来，这一运动的年轻化趋势已非常明显。本次体育大会门球赛代表了中国门球运动的最高水平，大部分选手的年龄在30至40岁之间，而且三分之一是女选手。不仅如此，门球也已逐渐普及到孩子中，许多学校都开设了门球课。一位老师告诉记者，在孩子中开展门球活动是他们落实减负的一项措施。

生产"冠军"专业户

福建技巧队的教练杜辉雄和陈日金，这对相濡以沫几十年的夫妻，在16年的时间里，带出了大批优秀选手。从1988年至今，这些选手在世界技巧锦标赛上已经夺得32个世界冠军。本次全国体育大会上，看到弟子纷纷摘金夺银，夫妻俩的眼中闪烁着欣慰的泪花。

杜辉雄和陈日金60年代就是福建技巧队的顶梁柱。1964年，两人搭档获得全国锦标赛的混双冠军。1965年后，中国取消了技巧运动，福建技巧队解散。陈日金改练体操，杜辉雄由于患有严重的内脏下垂症，到省杂技团当教练。

远离技巧的日子，夫妻俩一刻也没有忘记那让他们献出了青春的运动。他们利用各种机会搜集国际上关于技巧的最新资料,在那个封闭的年代追踪世界前沿。

1984年,技巧在中国又恢复了。老杜夫妻俩又回到福建省技巧队。4年后,福建技巧队就开始在世界比赛中崭露头角。

老杜夫妻俩发明的三人掐颈倒立,双重倒立等高难度动作,尤其是单臂侧水平倒立举上面人单臂倒立,如乳燕斜飞,都是难度极高又非常优美,每次在国际比赛中亮相,都引起轰动。

宁波人的新思路

全国体育大会也许是一个社会体育社会办的典范。新闻发布会上宣布的数字令人惊奇——大会预计只需资金2000万元——这也许是中华人民共和国成立以来花费最低的全国运动会了。宁波自古是知名的商埠,"宁波港、宁波帮、宁波景、宁波装"。宁波人以其特有的热情和聪明创造了一种全新的思路。

历来大赛最费钱的是开幕式,而宁波的开幕式文艺晚会《世纪之约》,历时50分钟,仅投资100万元,并没有因俭朴而缺失了隆重热烈。没有邀请明星、大腕,编导、演员完全来自本地。没有新建任何体育场馆。接待工作也改变了以往由组委会负责的模式,发动各区、县、委、办对口接待,这一创新不仅节省了经费,而且使得宁波市人人都成了东道主。

抓住体育大会带来的商机,聪明的宁波商人不失时机地推出了拔河比赛、童车大赛、跳舞毯娱乐大赛、明星健美表演等一系列商业文体活动,一时间此起彼伏,红红火火。

第九章 新闻的表达

【内容提要】
　　新闻的表达在形式上体现为对新闻结构的设置，在内容上体现为对新闻语言的运用。新闻结构是指新闻作品中各部分间的组织排列及对新闻材料的布局安排方式，随着新闻实践的变迁及受众体验信息方式的变化，新闻结构也渐趋灵活多样，并不断发展创新。新闻结构方式一般被分为两大类：一是倒金字塔结构，二是非倒金字塔结构，后者又包括时间顺序结构、华尔街日报型结构、并列式结构、散文式结构、章回型结构等类别。作为新闻结构的内容及表意载体，新闻语言是表达新闻事件、传播新闻信息时所使用的文字、声音及图像语言，是记者报道观的外化，具有准确写实、质朴精炼、通俗包容等基本特征。新闻文风是新闻语言及新闻构思的整体呈现，其与作者风格相适应，须与媒体定位相匹配。此外，媒介语境的不同决定了新闻语言的差异，切实凝练的文字语言是纸质媒介的主要表达方式，广电媒介则转向声画相谐的视听语言，随着网络技术的发展和移动媒介的普及，新闻语言变体日趋增多。

第一节　新闻结构的考虑与选择

一、新闻的结构释义

　　在新闻采访中，记者获取的新闻材料往往是多而无序的。采访完成之后，如何取舍、组织这些材料并最终形成完整的新闻报道，是记者将采访内容落实为新闻写作时面临的主要问题。前面章节中所讲到的新闻主题的提炼和新闻角度的选择都是解决这一问题的重要方法和步骤，但是在此之后，我们还需要对选择出来的新闻材料进行组织安排，使之连贯并以具体的文本呈现，即构成新闻表达的具体形式。而在这一步中，恰当的结构安排不可或缺。

　　《现代汉语词典》对"结构"一词有三种解释：一指"各个组成部分的搭配和

排列";二指"建筑物上承担重力或外力的部分的构造";三指"组织安排(文字、情节等)"。① 如果从广义上理解,"结构"泛指一切事物的组合排列方式。就文章写作而言,结构是指文学创作中对文学作品的总体组织、安排、构建,即通常所称的"谋篇布局"。以此类推,新闻的结构就是指新闻文本内部的组织构架,是新闻的整体与部分、部分与部分之间的组织排列方式②,是对各种新闻材料的布局和安排。

合理的结构安排能使新闻中各种事实材料或观点有效地串联起来,从而形成一个有机整体,达到有效传播的目的。因此,在新闻写作之前,记者需根据采访主题以及收集到的材料,考虑好文章的结构——新闻报道怎样开头、用什么方式承接、重点突出什么、如何安排背景等。当谋篇布局工作顺利完成时,新闻写作便会顺理成章、一气呵成,新闻文本也就构建起来。

基于新闻的结构对新闻写作的重要性,本节我们将探讨新闻的结构原则及其主要结构方式。

二、新闻的结构原则

原则,即说话或做事所依据的法则或标准。新闻的结构原则就是指在新闻写作过程中,组织文章框架和布局新闻素材时所依据的法则或标准。

俗话说,"无规矩,不成方圆",新闻的结构也存在一定的规矩,即新闻的基本结构原则。这些原则并不是对新闻结构的束缚,而是新闻的基本特点和写作规律在结构安排上的体现,是我们在安排新闻结构时必须遵循的法则。

那么,新闻的结构原则主要有哪些呢?

(一)遵循新闻价值的客观规律

就一般叙事结构而言,所写事物之存在和发展的客观规律是文章内部结构的基础,写作遵循这一规律会过渡自然、水到渠成。同样,对新闻写作来说,其结构的形成不是记者随意构思,而是对新闻材料的存在、发展及其内在联系的能动反映。在新闻结构的安排中发挥根本作用的是新闻价值。新闻价值是指事实所包含的、足以使其成为新闻的种种特殊素质的总和。遵循新闻价值的客观规律,有助于我们分

---

① 中国社会科学院语言研究所词典编辑室:《现代汉语词典》(第7版),商务印书馆,2016年版,第666页。

② 李法宝:《新闻写作的艺术与技巧》,中山大学出版社,2005年版,第139页。

清主次新闻材料以及对新闻材料的取舍，这不仅能减少新闻写作的障碍，也符合新闻报道客观性的要求。

（二）服从新闻报道主题

任何文章的写作都围绕文章的主题展开，新闻写作也不例外。报道主题是新闻的核心，新闻采写是围绕报道主题进行的。从微观上讲，我们的叙述方式、遣词造句是为了更好地展现报道主题；从宏观上讲，我们对新闻素材的选择和排列也是为了更好地体现报道主题，所以，新闻结构的安排应根据报道主题的需要来确定。

（三）与体裁和内容相适应

《现代汉语词典》将"体裁"解释为："文学作品的表现形式。可以用各种标准来分类，如根据有韵无韵可分为韵文和散文；根据结构可分为诗歌、小说、散文、戏剧等。"① 而下文提及的"体裁"特指新闻体裁，即新闻作品的各种表现形式。新闻体裁种类较多，如常见的消息、通讯、特写等，它们之间有较大的差异，新闻结构的安排应适应不同体裁的特点。同样，对内容各异的新闻报道，我们也要"量体裁衣"，在安排结构时做到具体问题具体分析，灵活地选择与报道内容相适应的结构，绝不能简单机械地一概而论。

（四）结构设置贴切灵活

在组织新闻结构时，贴切灵活是一项重要原则。新闻报道的结构应在服务于内容和主题的基础上，尽量做到易于拆装、灵活得当。

易于拆装主要是指方便编辑对新闻稿件进行修改。在新闻报道中，新闻材料最好是围绕各自的核心思想分别集中在一起，形成独立的段落或者段落群。这样的新闻稿在编辑手里便像积木一样，可以分别修缮，也可以重新排列。在争抢时效的新闻竞争中，可以做到快捷有序、突出重点，从而满足自身媒介定位和受众的特定需要。

灵活得当主要指新闻报道"可以借鉴许多的文字的甚至是其他样式的文化形式

---

① 中国社会科学院语言研究所词典编辑室：《现代汉语词典》（第7版），商务印书馆，2016年版，第1287页。

的作品的结构方法"①。例如，文学体裁就曾在新新闻主义②中得到大力应用，电影中"蒙太奇"的结构方法现在也为很多新闻通讯写作所借鉴。

二、新闻的主要结构方式

文章的结构方式是指文章各个部分的搭配和排列的方法和形式。新闻的结构方式便是指新闻作品内各部分间的组织排列，以及各种新闻材料的布局安排的方法和形式。

新闻报道所采用的结构方式并非一成不变，它因报道内容和体裁的不同而千变万化，即所谓的"文无定法"。但这并不是说建立新闻报道的结构模式毫无意义。当新闻的一些结构方式被业界和受众所认可，并且以其相对固定的结构方法和形式传承下来时，便成为新闻的结构模式。可以说，结构模式是新闻实践长期发展的结晶。它们像模具一样，在相对固定的结构框架里被灌以不同的内容，或者结合具体的需要作出相应改变，从而为新闻写作者所利用。尤其对初学者而言，新闻结构模式可以帮助其更好地组织报道的具体结构。而我们选择具体模式时，应该立足于为内容服务，并在此基础上灵活多变。

新闻的结构方式有多种，并且还在不断地发展创新。目前，我们一般将主要的新闻结构方式分为两大类，即倒金字塔结构和非倒金字塔结构，其中非倒金字塔结构包含多种结构方式，比如时间顺序结构、华尔街日报型结构、并列式结构、散文式结构、章回型结构等。下面我们将对主要的新闻结构方式进行介绍。

（一）倒金字塔结构

1. 倒金字塔结构的概念

顾名思义，"倒金字塔"结构形式的特点就是，报道中信息点的排列如同一座颠倒了的金字塔一般，头重脚轻，新闻信息的重要性从上到下依次递减。倒金字塔结构是按照新闻信息重要性递减的原则来组织新闻信息点、安排报道内容层次和各项事实材料的一种新闻结构方式，它是消息写作最常用的结构形式之一，尤其适用

---

① 艾丰：《新闻写作方法论》，人民日报出版社，2007年版，第152页。
② 新新闻主义（New Journalism），又译为"新吉纳主义"，是一种新闻报道形式，其报道最显著的特点是将文学写作的手法应用于新闻报道，重视对话、场景和心理描写，不遗余力地刻画细节。它受文学的影响很大，尤其是对文学体裁进行了大胆的借鉴，但讲究"和而不同"，即新闻要素的借鉴要符合新闻媒介自身运作的规律和原则。新新闻主义的起源可追溯到殖民地时期，并在争议中不断发展，发展高峰出现在20世纪60年代。其代表人物有汤姆·沃尔夫、诺曼·梅勒、杜鲁门·卡珀帝和亨特·汤姆逊等。

于突发性新闻。

2. 倒金字塔结构的由来

倒金字塔结构形成于美国南北战争时期。当时电报已经发明，并成为记者的主要发稿渠道，但是刚发明不久的电报技术的稳定性并不高，会时常发生故障，而且电线也常被敌军割断或者被军队占用，导致新闻不能完整和及时地传回编辑部。于是，为了保证最重要的战地信息不致遗漏，战地记者们放弃了传统的时间顺序结构，开始将最重要、最新鲜的新闻信息要点放在文章的最前面。

这一新闻结构方式后来为记者广泛沿用并不断完善，成为硬新闻写作，特别是消息写作的经典结构样式。

3. 倒金字塔结构的特征

（1）按照新闻信息的重要性，从重到轻依次排列。这是倒金字塔结构最显著的特点，也是其写作的原则。在采用倒金字塔结构写作新闻报道时，要以概述式的导语开头，交代清楚焦点信息，而报道的结尾常常是不作特别构思的，新闻材料按照重要性递减顺序依次排列下来，放到最后的就自然成了文章的结尾。

（2）叙述事实精要，无需全面详尽。因为倒金字塔结构更多应用于消息类报道，消息报道简洁迅速的特性决定了采用这一结构方式时只需将事实要点说清楚即可，无需更多发散。

（3）导语要传达最重要的信息，而非传统"5W＋H"的六要素。倒金字塔结构的导语应该呈现新闻报道中最重要的信息，它可能仅给出新闻六要素中的一个或几个，而并非全部要素，其他的要素可作为次要信息放在导语之后。

（4）段与段之间按包含逻辑排列。在倒金字塔结构中，内容按照其所反映信息的重要性递减次序排列。同时，段落之间往往具有一种包含逻辑关系，即后一段通常是前一段的支持、补充或说明。

了解倒金字塔结构的主要特点之后，我们可以结合路透社达拉斯 1963 年 11 月 22 日发表的一篇短新闻《肯尼迪遇刺丧命》[①]来加深理解：

> 急电：肯尼迪总统今天在这里遭到刺客枪击身亡。
> 总统与夫人同乘一辆车中，刺客发 3 弹，命中总统头部。
> 总统被紧急送入医院，并经输血，但不久身死。
> 官方消息说，总统下午 1 时逝世。
> 副总统约翰逊将继任总统。

---

① 苏立：《新闻采访学》，中国传媒大学出版社，2014 年版，第 248～249 页。

这则短新闻采用的就是典型的倒金字塔结构。首先，它在导语中概括出报道的核心信息，即肯尼迪遇刺身亡，里面包含了人物、事件、时间、地点这四个新闻要素，而这四个要素无疑是读者对此新闻最为关心的内容。之后，内容按照重要性从重到轻进行排列：第二段是刺杀细节的进一步说明；第三段是刺杀事件的后续；第四段则是来自于第三方的消息，作为对前文的补充；最后一段紧接前一段的逻辑，对事件进行后续说明或补充。整篇报道用精简的语言归纳了主干事实，虽短小，但信息量丰富。

4. 倒金字塔结构的优点与局限

（1）倒金字塔结构的优点。

倒金字塔结构在新闻写作，特别是在消息写作中备受推崇，具有不可替代的优越性。

第一，便于记者快写快发。一方面，先重要后次要的顺序符合人们认识事物的一般规律，记者采用倒金字塔结构写作时思维更加顺畅；另一方面，在时效性要求很高的情况下，采用此结构，记者可以边写边发稿，甚至可以写一段传发一段，提高了写作和发稿的速度。

第二，便于编辑编删稿件。对于采用倒金字塔结构的稿件，由于各部分的相对独立性，编辑可以边看边编，甚至于编辑只需稿件的第一部分，就可以开始制作标题了。如果稿件太长，编辑可以直接从后往前删减，而且无需重新制作加工，因为对于倒金字塔结构来说，从后往前删减后剩下的部分都可以独立成篇，即便只剩下导语，亦可自成一篇新闻。

第三，便于读者迅速获得关键信息。倒金字塔结构把最吸引人、最有价值的信息放在文章的最前面，读者在阅读时无需通篇阅读即可了解事实要点，有利于信息的迅速传递和接收。

（2）倒金字塔结构的局限。

倒金字塔结构的主要局限就在于程式化、单一化，比较枯燥。同时，由于它将重要信息前置和突出，可能导致读者读过了开头，了解到关键的信息之后便不再继续阅读。

倒金字塔结构是一种贯彻新闻专业主义理念的写作方法，其优点远远多于缺点，因而得到了持久、广泛的应用。但需要注意的是，在运用倒金字塔结构写作时一定不能太过呆板，更不能将其绝对化、固定化。其实在具体的新闻实践中，倒金字塔结构不仅能够独立运用，还可以和其他非倒金字塔结构相结合，不断更新发展出丰富多彩的新闻结构方式。

5. 倒金字塔结构的写作要点

在对倒金字塔结构有了初步的了解之后，就应该来解决采用这一结构写作的具体问题了。采用倒金字塔结构写作新闻报道，到底应该怎么操作呢？

（1）按重要性递减原则组织信息。

信息按重要性递减顺序排列是倒金字塔结构最基本的特征，也是其写作的基本原则。在用倒金字塔结构进行新闻写作时，应该事先将所有的新闻事实材料进行筛选，选出其中富有新闻价值的材料，然后按照其重要性，从重到轻依次排列。

如何判断哪一个信息最重要，哪一个信息按照重要性递减顺序应该紧随其后，表面上看起来完全依靠记者的主观判断，实际上新闻价值才是公认的衡量新闻信息重要性的客观标准。另外，与报道主题的契合度、内容对读者的吸引力、材料的说服力等都是记者采用倒金字塔结构写作前在判断信息的重要性时应该仔细考虑的问题。

（2）以概述式导语开头。

采用倒金字塔结构写作的导语应该是概述式的，它精炼地概述并突出了所报道事件中最重要的一个或者几个新闻信息点，引起读者的注意和兴趣。这种导语仅需回答新闻六要素中的一个或几个，未在导语中出现的其他要素一般作为后续的支持性材料使用。

（3）在导语之后放置支持性材料。

支持性材料就是指能够对导语中的焦点信息进行解释、说明或者补充的事实或观点。

（4）注意段落之间的逻辑联系，后一段常常是前一段的补充和说明。

（5）加入影响段落，增强对读者的吸引力。

影响段落主要告诉读者这则新闻反映的信息会让他们受到何种影响，以及影响的程度等内容。大多数人都会关心对自己有影响的信息，它是增强倒金字塔结构吸引力的有效途径。

6. 范例解析

【案例一】

美国圣何塞市枪击事件造成 9 人死亡[①]

本报华盛顿 5 月 27 日电（记者张梦旭）　　当地时间 26 日，美国加利福尼亚

---

① 张梦旭：《美国圣何塞市枪击事件造成 9 人死亡》，载《人民日报》，2021 年 5 月 28 日。

州北部城市圣何塞发生枪击事件，造成9人死亡，枪手在案发现场自杀身亡。

圣何塞所在的圣克拉拉县警方说，枪击事件发生在6时30分许，地点位于圣何塞市圣克拉拉谷交通管理局一处轻轨设施。枪手和多名死者均为圣克拉拉谷交通管理局工作人员。

警方已指认开枪凶手是57岁的塞缪尔·卡西迪，他的住所当天早晨发生火灾。警方正在调查火灾与枪击事件是否存在关联，尚不清楚枪手的作案动机。另据报道，警方在事发地点发现至少一枚爆炸装置。

据美国有线电视新闻网统计，今年以来，全美已有超过7500人死于枪支暴力，同比增长23%。

以上是一则典型的倒金字塔结构的新闻报道。这篇报道的层次如下：

第一段——导语概述焦点事实，交代了新闻的时间、地点、事件，突出了所报道事实的核心信息。

第二段——主要是围绕导语中读者关注的信息点进行适当的补充说明，进一步叙述地点、人物、事件这三个要素。

第三段——明确事发地的地理位置，并告知后续情况。

第四段——补充一些与事件相关的背景材料。

通过上面的分析我们可以看到，该新闻每一段都交代了新的信息。信息点的重要性从第一段到最后一段依次减弱：导语中交代的地点、事件、时间、死亡人数是此则新闻最重要、最核心的信息；前三段中每一段都是前一段内容的进一步展开；最后一段补充了一些相关材料，目的在于让读者了解更多背景信息，它并非必需，将它删除不会影响报道主题及中心事件的完整性，因而放在最后。

【案例二】

中国驻美国联络处升起五星红旗[①]

【合众国际社华盛顿1979年1月1日电（记者：斯图尔特·凯勒曼）】 中华人民共和国红底、金星国旗今天清晨在一次规模不大的仪式中在北京驻美国联络处升起，这标志着美国已同台湾断交，并同中国正式建交。

前一天黄昏，"中华民国"的红白蓝三色国旗在数百名面色阴沉的观众面前从台湾使馆屋顶上最后一次降落。

---

① ［美］斯图尔特·凯勒曼：《中国驻美国联络处升起五星红旗》，合众国际社，1979年1月1日。转引自黎信：《外国新闻通讯选评》上册，长征出版社，1984年版，第140页。

穿着灰色和蓝色毛式上装的几十名中华人民共和国外交官在雨中肃立。在背景国歌的伴奏声中，中国的五星红旗在联络处前冉冉升起。

官员们在国旗升到顶端时鼓了掌，然后排成单行走回联络处，简单的仪式就此结束。

中国外交官对聚集在楼前的文字记者和摄影记者握手、微笑，其中一个中国人大笑说："这是我们的大喜日子。"

在太阳升起的时候举行的这个仪式，是中华人民共和国的代表在元旦到来的时候在华盛顿庆祝美国对华政策来了一个一百八十度大转弯。

两位中国官员指出，3月1日以前，北京驻美联络处还不是正式使馆。在此以前，台湾人员接电话时仍可使用"中国使馆"这个名称。

该篇报道采用倒金字塔结构写作。第一段导语部分交代中华人民共和国国旗在北京驻美联络处升起这一事件的核心信息；第二段是从侧面对导语的内容进行补充；之后，第三、四段描述了升旗仪式的详细情况；第五、六段进一步展开，描写中国人民对于此事件的态度和心情；第七段为相关材料的补充。七个自然段层次分明，并根据内容重要程度递减顺序依次排列，同时内在逻辑联系紧密，虽没有过渡的语句和段落，读来却很顺畅。

（二）时间顺序结构

时间顺序结构是指按照新闻事件发生发展的时间先后顺序来安排报道内容的新闻结构方式。根据其写作是否受导语规则的限制和是否具有悬念，这种结构方式又被细分为单纯时间顺序结构、悬念式结构和沙漏式结构三种。

1. 单纯时间顺序结构

（1）单纯时间顺序结构的概念。

单纯时间顺序结构通常被称为时间顺序结构，也叫做编年体结构，即报道通篇都按照新闻事件发生发展的先后顺序来进行叙述的结构方式，可以是顺叙，也可以是倒叙。

（2）单纯时间顺序结构的特点。

单纯时间顺序结构的特点就是文章从头到尾都采用时间顺序，对于导语没有严格要求，可以从事件发生的起点写起，也可以先设置一个有特色的情景来吸引读者的注意。它线索清晰，接近事件的原始样态，与人们认识事物的习惯相吻合，容易被读者接受和理解。但采用这种结构作出的报道，其核心信息往往不在报道的开头，而位于其中间或者结尾，读者需要通读全篇方可完全了解信息。

这样的特点决定了时间顺序结构更适用于故事性强、有情节的新闻。相对而言，突发性新闻报道不适合采用此结构。

(3) 单纯时间结构的写作要点。

在用单纯时间顺序结构进行新闻写作时存在一个问题，即如果对事件的发生发展机械地平铺直叙，容易行文拖沓，使报道显得平淡呆板，无法引起读者的兴趣。因此，采用这种结构方式写作时要注意以下要点：

第一，在写作中使用穿插技巧。"穿插"的手法就是将现场情景、事件参与者或目击者的叙述、有关人士的评价、必要的背景材料、生动的细节等灵活地穿插到叙事过程中去，使报道显得生动活泼。

第二，锤炼新闻语言，精选新闻素材，捕捉事件发展各阶段的关键场面和关键人物的语言行为，使新闻生动感人。

(4) 范例解析。

【案例一】

两名大学生玩命[①]

本报讯　1月22日下午7时，北大分校物理系学生吴某，与三名女同学到学校附近的铁路边散步。吴对女同学说，国外曾有人趴在路轨中间，货车过后安然无恙。

这时，一列火车正巧从西直门方向驶来，吴和一个女同学欲亲身一试。他们迎着火车趴在路轨中间。火车司机发现后，立即采取紧急制动措施。车头和一节车厢从他们上面驶过之后停了下来。

女同学从车下爬出，侥幸留下了性命。吴某却没有出来。他的颅脑受到了严重损伤，已经丧生。

这篇报道采用的是典型的单纯时间顺序结构。报道的开头即事件的开端，没有完全交代核心信息，并按照事件发生、发展、结尾的顺序来进行叙述，并把读者最关心的问题——学生玩命的惊险过程和后果放在了报道的后半部分。这样的安排虽不像倒金字塔结构那样开门见山，简明直接，但却能一步一步引导读者进入情境。

---

① 《两大学生玩命》，载《北京晚报》，2003年1月24日。

【案例二】

福特总统遇刺　幸而无恙[①]

【合众国际社加利福尼亚州萨克拉门托1975年9月6日电】今天晴空万里，阳光明媚，那个娇小玲珑的红衣女郎同群众一道等待着福特总统从他们面前走过。

大多数前来欢迎总统的人都希望同他握手。

这个红衣女郎携带着一支枪。

勒奈特·阿丽丝·弗洛姆27岁，属于查尔斯·曼松那个恐怖主义团体。在这个团体中她的代号是"雏鸽"，据目击者说，她一声不响地站在人群的后排，站在州议会大厦前等待总统光临。

她对人群中一位名叫凯伦·斯凯尔顿的14岁姑娘说："啊，今天天气太好了！"

事件发生后，凯伦说："她看上去像吉普赛人。"

"雏鸽"身穿红衣长袍，头戴红色无檐帽，同她的红头发很相配。

她的前额上有一个红色的"×"记号，这是1971年曼松及其三名女追随者因谋杀罪名成立在洛杉矶受审时她自己刻上的。

"雏鸽"特地从北加利福尼亚赶到萨克拉门托，从而步正在服刑的41岁的曼松的后尘。现在她正耐心等待总统到来。

她的手提袋里藏着一支0.45口径的自动手枪。

太阳热辣辣地直晒下来，气温是华氏90多度，人们热得不耐烦，不由得走来走去。

突然，欢迎人群振奋起来了，原来福特出现在参议员大饭店门口，接着走上一条人行道，穿过州议会大厦前的停车场朝着人群走了过来。他的前后左右都是特工人员。

福特止步，向欢迎的人群挥手致意。

欢迎的群众被绳子拦在后面，他们纷纷向前涌去，同总统打招呼。

总统向左转过身去，他伸出双臂，去握欢迎群众伸出来的手。

每同一个人握手，他就说一句："早晨好！"

"雏鸽"仍没有采取行动。

突然，她从人群后面挤到前面来，边挤边用双臂拨开周围的人。

警察说，她挤到离总统只有两英尺的地方时，突然拔枪瞄准总统。

[①] 《福特总统遇刺　幸而无恙》，转引自黎信：《外国新闻通讯选评》上册，长征出版社，1984年版，第121～123页。

凯伦·斯凯尔顿说，总统见到这支左轮手枪，"脸唰地吓白了"。

另一位欢迎群众50岁的罗伊·米勒说，福特"大吃一惊，吓坏了，把脖子缩了起来"。

说时迟，那时快，特工人员莱瑞·布恩道夫立即采取措施保卫总统生命安全。他冒着生命危险，冲到"雏鸽"和福特中间。

接着他把"雏鸽"摔在地上，同警察一道缴了她的枪。

"雏鸽"失声叫道："他不是你们的公仆！"

她还对警察说："别激动，伙计们，别打我，枪不是没响吗？"

四五名特工人员同时围了上来，把福特与群众隔开，旋即簇拥着他离开。

福特的膝部一向有毛病，这次在惊吓中几乎支持不住自己，但他很快就站稳了。

当警察给"雏鸽"戴手铐时，她喊道："美国乱透了！那家伙不是你们的总统！"

过了一小会儿，警车把她送走，这时，她的脸上浮现出一丝微笑，神情似乎很镇定。

这篇报道同样采用单纯时间顺序结构，从事件的开端开始叙述，循着发展、高潮、结束的顺序将新闻事件娓娓道来。同时，作者加强了情节冲突的描写和"穿插"技巧的运用，使整篇报道读来波澜起伏，引人入胜。

2. 悬念式结构

（1）悬念式结构的概念。

悬念式结构也被称作金字塔结构。它与倒金字塔结构正好相反，其高潮或者说核心内容一般出现在文章的最后。就像魔术表演一样，前面的内容都是在作层层的铺垫，而最令人惊叹的充满戏剧性的结果总在最后一刻让人眼前一亮。

（2）悬念式结构的特点。

悬念式结构在报道开头便形成悬念，并一直持续到结尾，在结尾解开悬念。全文以时间顺序为主，最重要的信息常放在报道结尾。

这种结构中的悬念可以增强读者的阅读兴趣，但悬念的使用效果并不是绝对的，文章篇幅过长或报道事件本身较平淡等因素，都有可能中断读者的阅读行为，从而影响传播效果。因此，悬念式结构主要适合报道那些带有明显传奇性、戏剧性的事件，在篇幅上它适用于比较简短的文章，这样更能吸引读者进行阅读。如果报道篇幅偏长，可以辅以适当伏笔，加强戏剧性情节的描写来引起读者的兴趣。

（3）悬念式结构的写作要点。

第一，开篇即按时间顺序展开叙述，一直到结尾。悬念式结构跟单纯时间顺序结构一样,并不要求在导语中交代核心事实,而是一开头就按事件的自然开端进行叙述。

第二,在导语中设置悬念。这是与单纯时间顺序结构不同的地方。悬念式结构要求在导语中根据事实设置悬念,为后面的核心内容埋下伏笔。

第三,结尾揭示关键事实,解开悬念,形成高潮。悬念式结构结尾处可视作一篇报道最为重要的部分,内含读者最想知道的信息,是整篇报道的高潮部分。

第四,写作中要善用伏笔,层层铺垫,激发读者的阅读兴趣。

(4) 范例解析。

糖果里的海洛因[①]
——亚丁机场破获特大毒品走私案纪实

【本报萨那4月7日电】3月25日,穆斯林最盛大的节日开斋节的第二天。晚上7时20分,一架也门航空公司的班机呼啸着由孟买抵达亚丁国际机场。一名妙龄女子同其他旅客一样,在机场接受对抵达和过境旅客例行的行李检查。海关人员检查她的行李时,没有发现任何疑点。她的行李里有一些尼龙口袋,里面装着印度著名的"宗教的月亮"牌糖果。这种糖果外表精美,令海关人员垂涎欲滴,想弄几块尝尝。于是,检查结束后,这位海关人员向她提出:能否送他几块"宗教的月亮",让他的孩子们节日里高兴高兴。海关人员的这一要求本来是很平常的,但这名女旅客一听脸色陡变,惶恐不安,仿佛在她头上打了一个响雷。她没有送他糖果,而是慌慌张张地掏出200美元和一块贵重的"劳力士"金表要送给他。

面对这种戏剧性的事态发展,检察人员感到这里面有文章。他没有接受她的馈赠,若无其事地让她关上箱子,准予放行。然后,他立即向政治安全部门报告了发生的事情。安全人员把这名女旅客叫到了一个专门的房间,重新检查行李。在安全人员埋头检查时,她迅速掏出两个红色小胶囊,一口吞下,几秒钟后就昏倒在地。闻讯赶来的医生检查发现,她服用了可迅速致命的毒药,已经死亡。经查,死者名叫穆罕默德·侯赛因·雅辛,现年25岁,持吉布提共和国护照。她原拟在亚丁做短暂停留,次日上午转机去吉布提。她的行李里藏有9公斤海洛因,价值1300万美元。

以上这篇报道自始至终都充满了悬念。它并不在报道开头就告知读者新闻的核心内容,而是采用设置悬念的笔法,以"例行行李检查""没有任何疑点""海关人

[①] 《糖果里的海洛因——亚丁机场破获特大毒品走私案纪实》,载《参考消息》,1993年4月8日。

员的平常要求"等描述来进行层层铺垫,给人以"暴风雨前的平静"之感,使整个新闻事件的核心像被迷雾笼罩,充满神秘感。当事态的发展进入戏剧性的转折时,作者也不慌不忙,继续描写女旅客的怪异举动以增加悬念,将读者的好奇心引发至最高点。直到最后一刻——报道的最后一句话中,女旅客行为怪异的原因才终于被揭开,报道的核心信息显现出来,令人恍然大悟。

3. 沙漏式结构

（1）沙漏式结构的概念。

沙漏式结构又称作"倒金字塔与金字塔结合式结构"。采用这种结构的报道的导语写作同倒金字塔结构类似,首先给出最重要的核心信息,然后按信息的重要性递减顺序排列,而主体部分内容则按照时间或事件的发展顺序逐步将事件具体展开。它的形状就如同两头大中间小的沙漏一般,因而得名。

（2）沙漏式结构的特点。

沙漏式结构在开始时与倒金字塔结构很相似,在报道的开头给出核心信息作为导语,导语之后的主体部分则按照时间顺序写作。主体部分按时间顺序叙述可增加文章的故事性和可读性,但也有可能会重复叙述导语中已提及的信息,使叙述显得不够简洁,文章的长度也会相应增长。这种结构特别适合对犯罪和灾难进行报道。

（3）沙漏式结构的写作要点。

第一,报道的开头使用概述式的导语,交代核心信息。读者读完导语就能大致了解报道的核心事实。

第二,在导语之后安排一些对导语内容进行支持的新闻材料,比如支持性引语、支持性的背景资料等。

第三,主体部分按时间顺序对所报道的事件展开叙述,事件的开端、发展、高潮、结尾在这一部分都要有所涉及。

（4）范例解析。

【案例一】

印度尼西亚蓄水湖决堤事故死亡人数升至 50 人[①]

印度尼西亚文登县 27 日凌晨发生的蓄水湖大坝决堤事故造成的死亡人数目前已升至 50 人,另外有数十人失踪。

印度尼西亚灾难事故应急中心官员鲁斯塔姆说,当地时间 27 日凌晨 2 时许,

---

① 《印度尼西亚蓄水湖决堤事故死亡人数升至 50 人》,载《大理日报》,2009 年 3 月 28 日。

在距雅加达以南约50公里的文登县唐格朗地区发生湖坝决堤事故。当时附近居民都在睡梦中,约10米高的古农湖大坝突然崩塌,洪水随即冲入了居民区。400多栋房屋被淹,水深最高达2.5米。

鲁斯塔姆说,附近很多居民在睡梦中被洪水冲走,目前还有约数十人失踪。救援人员说,死亡人数可能还会上升。

当天早些时候,印度尼西亚官员说,当地已有数百人被紧急疏散。发生决堤的蓄水湖平时用于农业灌溉。据印度尼西亚警方介绍,因决堤而倾泻的古农湖储水量为200万立方米。

眼下还无法确定决堤事故的起因,但当地警方怀疑这次决堤事故是由当地自26日夜间开始的暴雨引发的。

目前,印度尼西亚总统苏西洛已抵达事故现场。

这篇对印度尼西亚蓄水湖决堤事故的报道就采用了沙漏式结构。第一段的导语用精炼的语句交代了事件的核心,包含时间、地点、事件、伤亡人数这些要素。在导语之后,报道开始按照时间顺序为读者讲述这一事件,讲述的具体方式为大量采用引语,并且在每则引语之前都明确了引语的来源,不同来源以段落进行区分,以免读者混淆。这些细节都是在新闻写作中需要注意的,新闻报道的真实度和可信度往往由此确立。

【案例二】

无证醉酒驾车 4条生命凋零[①](节选)

成都

成龙路,无证驾驶、醉酒驾驶、肇事逃逸、逆行,道法规定的几项最重大的交通违法,29岁的司机孙伟铭在昨天下午全违反了。昨日下午5时,他开着别克车先后与5辆正常行驶的汽车发生碰撞,造成了2人当场死亡,2人送医院抢救无效死亡,另有1人还在医院抢救,生命垂危。

现场 两车冲上绿化带

下午6点过,车祸现场一片繁忙。交警们有的正在指挥交通,有的忙着拖车。一辆长安奔奔和奥拓车骑在绿化带上,绿色QQ车横在路中间,这几辆车受损严重,车头被严重撞瘪,车内残留着摊摊血渍。另外一辆汽车比较完好地保留在现

---

① 席秦岭、王浩野、李东阳:《无证醉酒驾车 4条生命凋零》,载《华西都市报》,2008年12月15日。

场。地面上四处散落着玻璃碎渣和各式各样碎片。一辆黑色别克吉祥汽车的车头被撞烂，车内两个安全气囊弹出，挡风玻璃上留着一个球状窝，路面泄露着很长一段黏糊糊的机油。发生车祸后，成龙路曾一度非常拥堵。6时许，交警指挥此路段只允许汽车朝城外开。

目击　眼都没眨就撞上了

事发时，市民胡明远将汽车停在卓锦城广场一侧休息。突然，他听到"呜……"的一声怪响。胡明远抬起头来，只见一辆黑色汽车从川师方向朝龙泉方向一路狂飙，在立交桥下100米远处遇到红灯。当时，进城方向路面上排满了汽车。黑轿车绕过前面的汽车朝右前方冲去。在路口，黑轿车颠簸了一下，迅速朝左冲去，越过了双实线。"就在一两秒之间，就传来'砰、砰'的连环巨响！"胡明远赶紧与其他群众跑过去。

……

原因　肇事司机多项违法

昨晚，记者在交警三分局见到了肇事司机孙伟铭。他29岁，是某公司营销总监，没有驾照，属于无证驾驶。知道闯下大祸的他有些坐立不安。由于他要接受警方调查，记者没能和他对话。

……

事故发生后，交警三分局几乎所有部门都加班处理这起事故。昨晚11时，记者从交警三分局了解到，事故处理民警已经认定，孙伟铭应负事故全部责任，成都市交管局也已经批准将其刑事拘留。

这篇关于孙伟铭醉驾肇事的报道整体上采用的就是沙漏式结构。报道篇幅较长，第一段导语交代核心事实和各新闻要素。主体分为三个部分，这三个部分采用顺叙与倒叙穿插进行的方式。在叙述事件经过时，记者大量转述和引用了目击者和相关调查人员的话，增加了报道的可信度。

我们在写灾难、事故、犯罪这类需要还原事件经过的新闻题材时，要争取收集尽可能多的材料，同时要明确材料的来源，以增强报道的可信度，体现记者的职业素养。

（三）华尔街日报型结构

1. 华尔街日报型结构的概念

华尔街日报型结构也常被称为"华尔街日报体"或"华体"，它是指以某一独特具体的事例（人物故事、场景、细节）作为开头，自然地引出主要新闻内容，并以结尾呼应开头的新闻写作结构方式。它的应用以美国《华尔街日报》最为典型，因而得名。

2. 华尔街日报型结构的特点

华尔街日报型结构的主要特点是，以与报道主题密切相关的典型事例作为全篇报道的结构主线及主要的描述内容，使整篇报道具有较强的故事性，用故事来组织报道，体现报道主题。

华尔街日报型结构一般如下：

开头：典型事例的一个或几个情节性的简练描述。

核心段（过渡段）：承接开头事例，引出报道主题。

主体：展开故事，交代主要内容，穿插新闻背景。

结尾：回到开头的事例，可以补充一些新情节，也可以采用其他事例或者自然结尾。

这种结构方式从小切口进入，向大话题扩展，遵循从特殊到一般的原则，符合读者认识事物的规律，能更好地帮助读者理解报道的主题。同时，它以故事引出主要报道内容并作为线索，可读性强，能引起读者的兴趣。另外，报道开头常从小人物或小事件入笔，对于普通读者来说心理接近性强，容易引起共鸣。它主要适用于非事件类题材的新闻报道，比如一些政府新闻、财经报道等。

3. 华尔街日报型结构的写作要点

（1）导语属于软导语，写作比较灵活，可以是对一个场景的描述，也可以是对一件事情的叙述，还可以是对一个人物状况的概述。

（2）导语之后紧接的是报道的核心段落，它承上启下，展示新闻焦点，引出报道主题。

（3）在核心段落后面放置为报道主题提供支持的新闻素材，包括具体事实和相关人物的引语，从而使报道主题得到深化。

（4）对主题内容进行横向扩展，即展开材料。通过对不同观点、相关背景材料的补充来使报道更加全面，也能让读者的理解进一步深入。

（5）华尔街日报型结构报道的结尾一般会与开头相互照应。具体来说结尾可以是开头典型事例的进一步发展，也可以是相关人物的引语。这样的前后照应一方面可使报道的整体感增强；另一方面也可加深读者对故事的印象。

（6）根据实践经验，采用这种结构时，从典型事例过渡到报道中心所用的段落不宜太多。因为，如果报道开始太久还未进入主题，读者也许会失去继续阅读的耐心，预期的传播效果自然无法达到。一旦吸引到读者的注意力之后，就应该及时告知核心内容，而不是考验读者的耐心。

4. 范例解析

下面这篇报道主要写的是四川在"严厉整肃公安队伍，建立警察经费保障机制"方面做出的努力、经历的阵痛和取得的成效。报道采用了典型的华尔街日报型结构。下面我们一边看报道一边进行解析：

【案例一】

四川：铁腕治警① （节选）

又是一夜没有睡好。

大清早吕卓就坐在办公桌前，望着一沓紧急上报材料，心事重重。

那是2003年8月的一天，在事隔大半年之后，让吕卓想来依然刻骨铭心，他称之为"最烦恼的日子"。从39岁始，吕卓已在四川省当了9年的公安厅厅长。

但他现在遭遇的挑战是前所未有的。桌上的那些材料上说，四川一些城市诸如绵阳、广元、内江、达州等地，一些派出所的所长、公安局的局长准备辞职不干了！

其中一个县的30个派出所中，竟然有14个派出所的所长萌生了辞职的念头。

以上是这篇报道的开头部分，采用软导语写作，没有开门入题，而是从小处落笔，用了五个自然段描写一位公安厅厅长的烦恼。同时在这五个自然段中设置了不少悬念："当了9年公安厅厅长的吕卓又是一夜没睡好""他心事重重""事隔大半年之后，2003年的8月的那一天仍被他称为'最烦恼的日子'""四川一些派出所所长、公安局局长准备辞职"。面对这些异常，读者都不禁会问一个为什么，阅读的兴趣也随之增强。

这可是从没有过的事。吕卓知道，这些所长、局长是冲着省公安厅颁布的一项措施来的。

这是报道的过渡段落，虽然简短，但不可或缺。前一句话紧接开头导语的故事，后一句话很巧妙地引出了报道的主题，即"省公安厅颁布的一项措施"。作者并没有直言措施的具体内容，而是卖了一个关子，吸引读者继续往下读：

2003年1月发生的"李昭远事件"，引起四川省委书记张学忠的高度重视。四川省委决定以此事为契机整肃政法队伍，并要求"政法队伍整顿，公安

---

① 曹勇：《四川：铁腕治警》，载《南方周末》，2004年4月1日。

先行"。

6月5日，根据四川省委常委会决定，四川省公安厅颁布了第6号令《关于严禁公安民警参与经营娱乐服务场所及为其违法活动提供保护的规定》以及第7号令《关于严禁公安机关乱收费、乱罚款的规定》，两令各有4条，合称"8条严禁"。

6号令严禁警察经营或参与经营服务娱乐场所、接受这些场所经营者的馈赠，或者为这些场所的色情、赌博、吸贩毒提供保护等；7号令严禁自立项目收费、超标准收费，严禁超标准、超范围罚款，严禁下达或者变相下达罚款指标等等。违反6号、7号令者，轻则给予纪律处分，重则降级、撤职甚至被开除，违反禁令又触犯刑律构成犯罪的，还要追究刑事责任。

············

以上是报道的主体部分，因为篇幅原因在此略去一些内容。在主体部分里，记者随着对吕卓故事的进一步展开，叙述了"8条严禁"的出台背景、出台后警界及社会各方的反应、为保障公安经费所采取的措施以及地方的执行情况。从写作手法上说，重点与细节兼备，作者合理引入重要材料、组织人物语言，用一些生动的细节保持读者的阅读兴趣。从内容上说，这一部分无疑是报道的重心之所在。

尽管有许多未尽事宜，但吕卓还是充满了信心："套用一句话，现在是坚冰已经打破，航道已经疏通。"

在张罗1号文贯彻的同时，四川警方又干了两件与经费保障相关联的事：其一，清退了数千名曾经靠滥收乱罚养活的协警员（有些地方叫"二警察"）；其二，开始在一些城市试点，要减少管理警察的中间环节，把警力充实到基层，现在一方面是基层警力严重不足，另一方面却又机关化倾向严重，警务运行机制不科学，造成警力浪费。

"我感到很开心。"吕卓说，2003年毫无疑问是四川警方的阵痛和改革之年，在整个过程中，警察失去的是特权，而得到的，将是广大民众的支持和爱护。

报道的结尾部分回归到开头的故事人物，以故事人物的话来点破主题并使之升华。首尾呼应，令人回味思索。

【案例二】

在苏民工领到了失业金[①]

50万外来打工者参加苏州五大保险，和本地人一样享受失业保险

本报讯（记者 周建越 通讯员 蔡跃进） 近日，39岁的袁志青在失业之时，得到了非常大的宽慰——因为，作为失业民工的他，同样领到了550元的失业救济金，成为在今年4月1日我市对农民工参加失业保险政策调整后，首批1111个领到失业救济金中的一个。

今年7月，从苏北农村来苏打工已10年的袁志青，在苏州开宝时装印制有限公司工作的合同到期，随后失业。按照4月1日之前的规定，农民合同制职工在城镇单位就业后，用人单位按工资基数的2%缴纳失业保险费，个人无需缴纳，但失业后，符合条件的，只能享受一次性生活补助费，其生活补助费按城镇失业人员的三分之二来计。在过去，袁志青只能得到3300元左右的一次性生活补助金。而这一状况，从2006年4月1日起得到了根本改变。

按照苏州市新的城乡统筹政策，对农村劳动者在城镇单位就业的，实行统一的城乡失业保险制度——用人单位和职工个人分别按缴费工资基数的2%和1%缴纳失业保险费，其中职工个人应缴的失业保险费由用人单位在发放工资时代扣代缴。这样，在农村劳动者失业后，只要符合条件，就可享受与城镇职工同等的失业保险待遇。按照袁志青的情况，用调整后的新政策来计，他可每月领取失业救济金500元，加上10%的医疗门诊包干费为50元，此次失业，袁志青总共应可领取失业金11000元。至此，苏州市区参保单位及其职工失业保险缴费比例、待遇享受标准、发放期限等，全部实现了统一。

统计显示，截至8月末，全市五大社保险种参保人数均突破160万人，基金收缴率达到98%以上。其中农民工参加基本养老、医疗、失业、工伤、生育保险达50多万人，均占企业职工参保人数的三分之一。苏州市区从今年6月开始给失业民工发放失业救济金起至8月底的3个月中，除本地农民工享受失业保险外，因失业领取失业救济金的外来民工有1111人，共领取失业救济金60多万元。

这篇消息获得了第十七届中国新闻奖三等奖。除了报道内容贴合民生话题、体现"执政为民"的方针政策以外，其采用的华尔街日报型结构也为报道添色不少。报道从在苏民工袁志青领到失业金一事切入，引出报道的核心信息：苏州市实施新的城乡统筹政策及其对在城镇单位就业的农村劳动者产生的有利影响。此消息采用

[①] 周建越、蔡跃进：《在苏民工领到了失业金》，载《苏州日报》，2006年9月5日。

华尔街日报型结构,从受到核心事件影响的小人物入手,利用小切入点引起读者的亲近感和阅读兴趣,随后以一句"在过去,袁志青只能得到 3300 元左右的一次性生活补助金。而这一状况,从 2006 年 4 月 1 日起得到了根本改变"承上启下,进行典型故事叙述向核心事件的过渡,引出报道的核心。第三、四自然段对报道核心进行展开,详细报道了苏州的新政策及其影响。结尾强调了已经受惠于新政策的"1111 人",与报道开头"首批 1111 个领到失业救济金"的内容相呼应。这样由浅入深、由个别到一般的结构方式,更具可读性,传播效果更佳,为民生新闻报道提供了很好的参考。

(四)并列式结构

1. 并列式结构的概念

并列式结构是指在概括式导语后并列地叙述若干个相近或重要程度相当的新闻事实,以表明新闻主题的一种新闻结构方式。

2. 并列式结构的特点

采用并列式结构的报道以一个陈述焦点事实的概括性导语开头。在主体部分,各新闻信息点的重要性大致相当,因而并列举出,其所占篇幅和叙述方式也大致相同。

在并列式结构里,主体各部分内容之间不存在总分、主次的关系,它们相互独立、平等,共同为报道主题服务。

这种结构能够打破时空的限制来安排报道的层次段落,不仅条理清晰,还拥有暗示读者"各部分内容重要性相当"的结构语言,比较适合反映某个问题多方面综合情况的新闻报道,比如政府会议新闻和经验性新闻。但是这种结构的并列逻辑比较简单,不利于反映复杂事物的内部联系,报道容易缺乏深度。

3. 并列式结构的写作要点

并列式结构的写作比较简单,以概括式的导语作为文章的开头,之后安排对导语的支持性材料,其后在主体部分逐一叙述新闻的主要信息点,直到结尾。各要点段落的叙述方式和篇幅大致相同,还可以适当采用使读者易于辨认其并列关系的标志,比如序号、小标题等。

4. 采用并列式结构报道新闻时需要注意的问题

(1)根据报道内容决定报道形式。前面提到过,并列式结构的逻辑比较简单,适合于对本来就具有并列逻辑的事实进行报道,而对一些比较复杂的事件或者问题,这种结构不能承担相应的报道任务,不建议使用。

(2) 充分发挥创造力，使报道形式灵活化。并列式结构很容易让报道显得呆板无趣，但在其基础之上还有很大的创新空间，我们可以将这种结构与其他结构相结合，探索出更适合特定新闻内容和题材的结构方式，比如在内容上进行正反对比、各并列部分都采用倒金字塔叙述等。

5. 范例解析

地方媒体两会报道有何新招式[①]

对媒体而言，一年一度的全国两会，无异于一场"大考"。在今年的"大考"中，我们看到，地方主流媒体继续创新思维、突破自我，不仅提前策划跨区域报道，形成媒体联动，还充分利用新技术和新手段，实现技术赋能、花式表达，在全国两会胜利闭幕之际，交出了一份满意的"答卷"。

跨区联动　传播力"爆表"

媒体间的跨区域联动报道成为今年地方媒体两会报道一大亮点。与以往的"单打独斗"不同，跨区域联动报道能够最大限度发挥各家媒体自身的优势和地域特色，产生"1+1>2"的传播效果。

今年是京津冀协同发展上升为重大国家战略的第八年，津云新媒体集团联合千龙网、长城新媒体集团策划推出《云瞰京津冀》系列访谈节目。京津冀三地媒体密切合作，从策划、采录、制作到刊播，全程参与，内容丰富翔实，传播效果良好。

除了京津冀，东三省、川渝地区的媒体也积极联动。东三省的《黑龙江日报》《辽宁日报》《吉林日报》联合推出大型主题策划报道，为保护好、利用好黑土地这个"耕地中的大熊猫"献计献策。川渝地区的政务新媒体"四川发布"和"重庆发布"共同推出重磅策划产品——"川渝群英谱"手绘长漫，武侠风的设计充满江湖味和烟火气，轻松拉近与受众间的距离。同时，川渝地区其他政务新媒体积极转发、全力推广，使该作品迅速火爆全网。

媒体共同发声，可以传播好两会声音，形成强烈的聚合传播效应。《甘肃日报》《河北日报》《陕西日报》以"如何做好'长城+'这篇大文章"为主题策划的联动报道就是很好的印证。3家媒体共话各地长城文化价值发掘和文化资源保护传承利用，弘扬新时代长城精神。

此外，《江山如此多娇》《追梦这十年》《开往春天的列车》《国潮兴文化行·

[①] 米瑷琪：《地方媒体两会报道有何新招式》，中国记协网，2022年3月15日，http://www.zgjx.cn/2022−03/15/c_1310515087.htm。

八省市区代表委员话自信》等一系列媒体联合报道作品，为本次全国两会报道增色添彩。

"神器"上线　科技范"爆棚"

今年全国两会期间，地方媒体纷纷亮出"神器"，以5G、8K、AI、VR/XR/MR等技术为支撑，打造了众多轻量化、智能化的"现象级"融媒体产品，提升了两会报道的科技范。

在此次两会报道中，AI技术的应用更为成熟，虚拟主播的样态也愈渐丰富。

长城新媒体集团制作的《您的"两会AI助手"已上线》融媒创意互动作品，首次启用新一代真人虚拟主播"冀小青"，用户通过手机麦克风即可与"她"对话，在聊天中掌握两会知识。

上游新闻也推出了《上游AI主持云记者会 邀你问代表委员答》创意融媒体互动产品，打造虚拟记者会场景，用户进入即可使用AI智能语音技术向代表委员提问。

为了使报道更具年轻态，二次元虚拟主播成为媒体新选择。大河网的二次元虚拟主播"河宝儿"在《河宝儿SHOW两会》系列短视频中，以轻松活泼的表达方式让两会报道更接地气。闪电新闻和山东广播电视台新闻频道推出的二次元虚拟主播"小妮"也亮相两会报道，智能播报两会最新动态。

随着技术的不断创新发展，"云端"节目再次升级，一改以往的"屏对屏"为"面对面"，真正实现"零距离"交流。

比如，《云瞰京津冀》系列访谈节目，运用"5G+MR+AR"技术，打破空间限制，实现三地代表委员、专家学者齐聚"协同号"，共话京津冀协同发展。同样，河南广播电视台利用"5G+AI+4K"技术，让身处异地采访间的代表们与演播室内的记者实现实时的"同屏互动"，画面逼真，动作表情流畅自然。

黑龙江广播电视台《两会"云"访谈》专栏，除了通过"5G+MR"远程交互式数字化虚拟技术，让主持人与参会代表委员"千里同屏"，还加入"隔空递物""时空穿越"等特效手法，令人耳目一新。

花式表达　互动感"刷屏"

设计精美的海报、富有互动性的H5、活泼动感的短视频……让传统的新闻报道得以花式呈现，实现了从静态到动态，从可读到可听、可互动的转变。

其中，地方媒体制作的不少H5作品以沉浸式的现场感和互动感受到众多网友的喜爱，形成"刷屏"之效。

比如，中国江苏网制作的《长风万里燕归来》H5作品，带领网友跟随燕子的视角一路俯瞰江苏大地，目光所及之处尽是青山绿水、乡野阡陌。伴着声声鸟鸣，网友在富有诗意的生态画卷中，沉浸式感受环境之变，体味江苏之美。

同样展现生态之美的，还有闪电新闻客户端推出的场景式手绘H5作品《听，人与长河的交响》，以声音之变为切入点，带领网友聆听山东沿黄河9市在黄河流域生态保护和高质量发展上奏响的新乐章。

由湖南日报全媒体制作的互动类SVG海报《春风里，跟着总理报告看"湘"景》，一发布便引得网友纷纷转发。该作品将政府工作报告和湖南元素有机融合，配以诗词及地方美景图片，以诗入画，以话言情，凭借精美的制作和有趣的互动，给网友留下了深刻印象。

河南日报客户端推出的H5互动产品《闯关答题！"河南号"等你来开》，将河南的中心工作、发展规划、两会知识融入H5小游戏之中，精心设置问题，让网友以答题闯关的形式，学习两会知识，感悟河南变化，提升网友的参与感。

此外，福建省广播影视集团融媒体资讯中心制作的说唱短视频《说唱两会 逐梦晨昏》，触电新闻客户端推出的AI音乐互动产品《我把未来写成歌》等作品，都以时下年轻人喜爱的形式实现了两会报道的"软"表达。

此篇报道分别从区域合作、融媒技术和互动传播这三个方面来展现地方媒体的两会报道创新，各部分重要程度相当，因此作者采用了简明清晰的并列式新闻结构：在概括式导语之后，用三个部分将"两会报道新招式"——阐明，并以小标题进行标识和区分，使整篇报道层次清楚、易于阅读。

（五）散文式结构

1. 散文式结构的概念

新闻结构中的散文式结构，是指消息写作中，安排材料时突破传统的规范标准与方法并结合使用散文笔法而形成的一种相对自由灵活的结构样式。散文的创作取材自由、章法灵活、没有固定的格式，因此，新闻的散文式结构组织材料、安排材料不以重要性或时序等作为标准，同样强调不拘泥于固定格式，"形散神不散"。

2. 散文式结构的特点

（1）文字优美轻松，可读性强。这是散文式结构最明显的特点。优美轻松的文字容易抓住读者，让读者能享受阅读新闻的过程。

（2）风格形式灵活自由。作者可以根据报道的内容和题材，以灵活适当的写作风格和手法叙述新闻事实。

（3）形散而神不散。所谓"形散"，是指文章写作中的运笔如风，随性而为，不拘陈法；而"神不散"指的是，不论材料安排上看似多么自由松散，表现手法多么灵活，所有材料实质上都围绕着一个明确的中心，由一条贯穿全文的脉络所串联，形成一个有机整体。

因为散文的章法机巧灵动，所以，在新闻写作中采用散文式结构可以将简单写得富有变化，把呆板写得生动活泼，使平面变得立体，使单一的新闻事件变得丰富。采用这样的结构写出的新闻一般更加富有人情味，使受众易于接受。但是，其缺点是严肃性不足，容易模糊新闻的真实性，造成一些新闻伦理问题。它比较适合于那些蕴含一定的社会意义，或者能体现出某种精神和情感的题材，常为通讯和特写所用。

3. 散文式结构的写作要点

(1) 将散文笔法充分运用进新闻导语、主体等环节中，诱发读者的阅读兴趣。比如《大平夫人看望"欢欢"——长得多么可爱啊！》这篇日本共同通讯社 1979 年 12 月 7 日刊发的消息，其导语为："'啊，新娘子，让我看看你的脸蛋吧！'正在中国访问的大平首相夫人大平志华子，7 日下午访问了北京动物园，看望赠送给日本的熊猫'欢欢'。"在这则导语中，作者并没有采用传统导语的写法，而是通过散文式笔法使大平夫人的言谈举止跃然纸上，把受众带进了"现场"，激发了读者的阅读兴趣。

(2) 散文式结构借鉴的只是散文的形式，在内容上必须确保新闻的真实性。采用散文式结构的新闻报道能否确保真实性，正是其备受争议的地方。这种结构在传播新闻事实方面显得不够严肃，报道呈现给读者的真实性和权威性会相对减弱。另外，一些记者在采用散文式结构写作新闻时混淆了散文与新闻的本质区别，完全照搬散文的写作方法和风格，做出不符合实际的新闻报道。所以散文式结构受到争议也在情理之中，这也提醒记者在采用这种方式写作的时候，一定要掌握好分寸，从事实出发，确保新闻的真实性。

(3) 采用散文式结构写作新闻，要善于用贯穿全文的线索将看似零散的素材串联成篇，达到形散而神不散的效果。

(4) 文章中应有一两句话来较明确地反映主题，统领全文。这一两句话在文学创作中就叫做"文眼"，它凝聚主题思想，是一篇文章的画龙点睛之笔。在采用散文式结构写作的新闻中，"文眼"的巧设可以铺垫情感基调、点明报道主旨，使读者可以更好地理解报道的主题。

(5) 注意细节描写和对现场的再现。在用散文式结构写新闻时，细节描写可以使人物形象显得丰满，使环境显得真实，使故事显得合理。另外还需要抓好现场画面，用生动的现场形象说话，创造出"叙事如画"的意境。

4. 范例解析

英雄携手飞天①
——神舟六号航天员费俊龙、聂海胜出征记

2005年10月12日凌晨5时37分，中国人进军太空的又一次伟大出征，从酒泉卫星发射中心航天员公寓——问天阁拉开序幕。

两年前，在同一个地点，我国航天员杨利伟首次从这里走向太空，圆了中华民族的千年"飞天梦"。

天公似乎有意要考验出征者，几天来风和日丽的戈壁滩，此时突然风雪交加，气温骤然下降十几摄氏度。

"总指挥同志。我们奉命执行神舟六号载人航天飞行任务，准备完毕，请指示。中国人民解放军航天员大队航天员费俊龙。""航天员聂海胜。"

"出发！"问天阁前的广场上，响起了载人航天工程指挥部总指挥陈炳德洪亮的出征令。

"是！"坚定的回答，标准的军礼，中国航天员的风采又一次定格在人类征服太空的史册上。

片片雪花带着祝福，丝丝细雨滋润着征程。在《迎宾曲》的伴随下，航天员费俊龙、聂海胜肩负着中华民族探索宇宙奥秘、和平开发利用太空资源的使命，在风雪中踏上了通天之路。

费俊龙，汉族，江苏昆山人，大学文化，1965年5月出生，1982年入伍，中国航天员大队三级航天员，上校军衔，是中国首批航天员当中级别最高的飞行员——特级飞行员，曾连续安全飞行1599小时22分，荣立二等功。

聂海胜，汉族，湖北枣阳人，大学文化，1964年9月出生，1983年入伍。中国航天员大队三级航天员。上校军衔。他飞过3个机种，安全飞行1480小时，被评为一级飞行员。先后两次荣立三等功，是我国首次载人航天飞行首飞梯队成员之一。

两小时前，被确定为执行神舟六号载人航天飞行任务的费俊龙、聂海胜准时起床。面对充满风险的太空之行。两人平静得如同一次普通的"出差"。心跳依然保持着每分钟70次左右。经过7年常人难以想象的艰苦训练，经过一次次近乎苛刻的考核选拔，他们从14名航天员中脱颖而出，代表祖国第二次出征太空。

寒风习习，国旗招展。酒泉卫星发射中心航天员公寓前的广场上，身着军

---

① 李选清、赵波、刘程：《英雄携手飞天——神舟六号航天员费俊龙、聂海胜出征记》，载《解放军报》，2005年10月12日。

装、礼服和五颜六色民族盛装的人们在夜色中静静地等待着。中央领导来了，与航天员朝夕相处的战友、教练员来了，天真烂漫的孩子们也来了……大家有一个共同的期待，为英雄出征太空壮行。

5时30多分，在千百双企盼的目光中，费俊龙、聂海胜身着乳白色的航天服，从容地从问天阁航天员专用通道向送行的人群走来。他们的脸上，挂满自信的微笑。

在出门的刹那，记者看到，费俊龙、聂海胜不约而同地把目光瞄向了问天阁门前的右侧墙上。那里，有首飞航天员杨利伟招手致意的巨幅画像。尽管两人刚刚与战友杨利伟话别，但他们还是深深地凝望着画像。头顶天空，背靠深邃的宇宙，杨利伟传递着中国人屹立世界民族之林的豪迈，折射出中华民族不屈不挠的探索精神。

在得到总指挥的授命后，费俊龙、聂海胜转身走向停在旁边的专车。车队在7辆摩托车护送下，穿过夹道欢送的人群，向发射场驶去。

此时，天公好像也特意为英雄壮行——雪停了，风小了。6时许，车队到达发射架下。仰望高高的塔架，只见上面悬挂着"祖国和人民等着你们凯旋"的巨幅标语。

陈炳德总指挥带领全体工程指挥部的领导和科学家，已率先来到塔架下，在防爆电梯门口排成一列，向航天员告别。

当费俊龙、聂海胜走来时，陈炳德总指挥突然下令："敬礼！"送行队列里的将军和科学家们分别行军礼和注目礼。

敬礼，象征着嘱托。共和国把庄严的使命交付飞天骄子。

敬礼，象征着祝福。航天人把真挚的祝愿献给航天英雄。

费俊龙同志，聂海胜同志，你们就要肩负祖国和人民的重托飞向太空，希望你们发扬我军一往无前的战斗精神，沉着冷静，坚毅果敢，出色地完成这次光荣的任务。我们期待你们凯旋！陈炳德对费俊龙、聂海胜深情叮嘱着。

"请首长放心，我们坚决完成任务，北京见！"费俊龙信心百倍地回答。

电梯启动，在无数双火热目光的注视下，两位英雄从容地登上发射塔架，走进飞船舱……

9时整。火箭点火发射，神舟六号载人飞船拔地而起。费俊龙、聂海胜携手乘坐飞船飞向茫茫天穹。他们将沿着杨利伟开辟的航迹，飞得更长、更远……

这篇特写获得了第十六届中国新闻奖一等奖，是记者在神舟六号载人飞船发射现场采写的一篇特写。据他们回忆，其实当时的欢送仪式不过短短十分钟，而且画面单调，与当年欢送杨利伟场景雷同，给新闻采写带来了较大难度。但是，他们采用散文式结构，以自己的亲眼所见，细致地描写了冒雪欢送费俊龙、聂海胜出征太空的感人场景，全景式地记录了这一重要历史时刻。整篇报道笔触细腻，情景交融，现场感强烈。除此之外，文中还穿插了对杨利伟第一次出征太空的回顾以及两位航天员的简介，全文材料丰富且安排得当，堪称形散神聚。

（六）章回型结构

1. 章回型结构的概念

在写作篇幅较长的新闻报道时，我们可以依据一定的逻辑关系将报道内容划分成几个相对独立的部分，然后围绕每一部分的中心内容独立写作，最后将这些部分组合在一起，形成一篇章回型结构的新闻报道。这种结构形式就好像长篇小说写作中的章回体一样，每一章讲述一个相对独立的故事或主题，许多章串联在一起，一个形象完整、内容丰富、情节跌宕的故事便展现在读者眼前。

2. 章回型结构的特点

章回型结构的最大特点就是：将划分出来的每个部分都当作一个独立的故事去写作。在采用这种结构时，新闻内容按照一定的逻辑关系被划分为若干个部分，每一个部分都是一个相对独立的章节，在写作时使用单独的导语和结尾。这些独立的章节由内在的逻辑关系串联组合，最后形成一篇完整的新闻报道。这种结构适合于内容复杂、篇幅较长的深度报道。

3. 章回型结构的写作要点

在运用章回型结构进行报道时，有两个要点需要注意：第一个是形式要点，即报道由若干部分组成，每一部分独立成章，拥有自己的主题、导语、主体、结尾；第二个是内在要点，即各个部分之间要具有一定的内在逻辑联系，也就是说章节的划分要有依据。

下面介绍三种常用的划分章节的方法：

第一种是根据观点的异同来划分文章的章节。在一篇新闻报道中，如果主要内容涉及多方面意见，就很适合用章回体结构来写作，将能反映各方意见的各个事实分别写成独立的章节。比如要报道一个富有争议的话题，那么在报道中就可以依据意见的不同分章叙述事实，并且每一章节的结构都相对完整。

第二种是根据时间的先后来划分文章的章节。当报道在叙述一则新闻事件时，可以将其划分为过去、现在、未来几个阶段，分别讲述其过去和现在的状态以及对未来的预见或期望。

第三种是根据事物内在的逻辑关系来划分文章的章节，比如包含关系、并列关系、因果关系等。

4. 范例解析

孤"星"泪[①]（节选）

有这样一群孩子，他们内心丰富却无法与人沟通，他们听力完好却对外界充耳不闻，他们和正常孩子一样美丽可爱却行为怪异刻板，他们有着"星儿"这个动人的名字，充满诗意却远离我们的世界，静静地、孤独地闪烁着，与所有的喧嚣无关。

"星儿"，这一群体在医学上被称为孤独症（自闭症）患者。自2008年起，每年的4月2日定为"世界孤独症宣导日"，和艾滋病日一样，是联合国仅颁布的两个疾病日之一。

在我国，目前尚无权威的自闭症患者的统计数据，据广东省有关专家估计，全国大约有500万患者，该病在人群中的发病率高达1/150。全国残疾人普查情况表明，儿童自闭症已占我国精神残疾首位。而据公开报道，在广东，全省患者人数在60万以上，其中约15万儿童患有自闭症。

15万自闭儿童的背后，是15万个脆弱而痛苦的家庭。及早治疗、康复教育，是他们的共同选择。然而，在我省目前仅有30—50所康复机构。对于众多亟待治疗的"星儿"而言，无异杯水车薪。

南方日报记者连日调查走访发现，在广州多家不被外人熟知的"星儿"康复机构里，无论是家长还是老师都哀叹治疗难、教育难、生活难。

"如果政府部门能够像关注艾滋病一样关注自闭症，那么这个人群就有希望了。"不少康复专家呼吁。

【母亲的呐喊】
"失去的不仅仅是自我，还有卑微的自尊"

在广州星语儿童心理素质培训中心见到全全的时候，她正在和老师上一对一的发音训练课程，老师一遍又一遍地喊着全全的名字。全全含糊不清地答应着，每答应一次，老师就奖励一颗她爱吃的开心果。妈妈齐女士已然泪流满面，她告诉记者，这一句"哎"，足足让她等了九年。

全全已经9岁了，眉目清秀却唇齿模糊不清，至今还不能说一个完整的词语。齐女士说，孩子是去年9月送来的，白天来学校上课，晚上就一起完成老师布置的任务，"现在我们每天都很充实，虽然反反复复教的东西容易忘记，像蜗牛一样

[①] 曹斯、李惠媛、徐康胜、徐滔、张素圈：《孤"星"泪》，载《南方日报》，2010年4月2日。

爬得很慢，和以前相比还是进步很大"。谈起过往的心酸，齐女士忍不住落泪，她每天的生活都是围着孩子转，无论怎样努力亲近疼爱，孩子却无动于衷，我行我素，"在她眼里我还不如她的玩具"。

全全7岁的时候，他们前后去了几家小学报名，无论是机关小学还是普通小学，都不愿意收留。"孩子不会说话，来到陌生的环境就哭闹、吼叫、尿裤子、砸东西，管也管不了，别人都说孩子没教养，我真的不知道怎么办，我的生活已经没有了自我，被别人嘲笑连卑微的自尊都没有。"

最后，在朋友的介绍下，齐女士辞去工作，带着孩子来到特殊学校，并在附近租了房。现在，齐女士每个月开销保守估计已达六七千元。"光学费就3000元一个月，家里的开销都是老公支撑，他一个人在深圳打拼赚钱，每天晚上都打电话来问宝宝今天学会了什么，哪怕是一点点，他都很开心。"

平时在家，全全谁都不搭理，在她的世界里，人和物没有区别，没有认知能力，就爱转东西，特别喜欢转小凳子。"来这个学校5个月了，孩子终于在我喊她的时候有回应了，第一次听到'哎'的时候，我高兴得哭了。现在，我就盼着她有一天能喊我一句妈妈，别的，已不敢奢求。"

【沉重的负担】
"等我们老了，孩子可怎么办?"

尽管一扇门已经关上，但通向希望的窗户似乎并未打开。

家有"星儿"的梁妈妈，很多亲戚都劝她去给孩子申领残疾证，按现行政策，这样可以生第二胎，"以后老了有人赡养，这个孩子也有兄妹可以帮忙照顾"。

"再生一个，我们根本负担不起，孩子生下来我们做父母的就想给他最好的，现在实在不忍放弃。"这一年来，在孩子身上梁家已花去6万多元积蓄。

去年3月底，她辞去了在汕尾海丰一家饮料公司的文职工作，独自带着两岁半的瀚瀚来到广州这个陌生的城市，开始艰辛的治疗康复之旅。

记者了解到，广州大部分自闭症儿童康复中心，如广州小天使儿童潜能开发中心、欢乐岛、星月湾等，每月的培训费为2500—3000元，而且培训之后更面临着义务教育衔接的问题。

以每个月3000元培训费计算，从孩子3岁起，继续培训下去，至少需要20万元。对城市普通家庭来说，这已是天文数字，更不用说农村家庭。

3岁的宝宝，大眼睛、长睫毛，分外可人。梁妈妈说，2岁时孩子被广州中山三院确诊为自闭症，痛苦和绝望纷至沓来，笼罩着整个家庭。

"专家说要是及早干预培训治疗还有康复的机会。"梁妈妈坦言，现在肩上担子很重，孩子每个月的康复费用将近2900元，全家的吃住都落在了孩子爸爸身上，压力很大。

现在梁妈妈在康复中心附近租了一间不足20平方米的房子，准备陪着孩子打持久战。来这里租房的多是自闭症孩子的家长，大家住在一起，同病相怜，也算是有个照应。"我们就盼着他长大点能读书，不读书就没有出路，等我们老了孩子怎么办？"

爸爸工作，妈妈赋闲，全职照顾自闭症孩子，在康复中心这是很多家庭的真实写照。

许多家庭拿到了二胎准生证，但由于经济原因不得不暂时搁浅。"保险公司不给孩子参保，所有费用只能由自己承担"，经济负担沉重，外界的歧视，凡此种种，梁妈妈越发看不到未来。

"等这个孩子病情好转，估计我们也都40多岁了，再生也不可能了。"为找康复机构四处奔波，找到了又为高额的康复费犯愁，绝大多数康复机构只接收学龄前儿童，义务教育阶段去哪儿就学又是更大的问题。

【医疗机构困境】
治疗资源缺乏，大多患儿蜗居家中

对自闭症患者家庭而言，治疗和教育如影随形。实际上，对于自闭症这个特殊人群，治疗和教育交织融合，花费的时间终其一生。客观上，这对相关教育机构提出了很高要求。

中山大学附属第三医院儿童发育行为中心，是华南地区最早开展儿童自闭症治疗的机构。该中心主任邹小兵教授向南方日报记者介绍，在刚建立的时候，自闭症只占中心总门诊量一成，但现在自闭症患儿已超过50%，每天至少有20~30名患者前来诊断。

"自闭症"通常会伴有智力发展迟缓、癫痫、极度活跃、退缩以及其他情绪障碍。由于存在着心智解读和社交障碍，自闭症儿童有着让人难以理解的逆反行为，他们很难融入社会，久而久之被"主流社会排斥甚至唾弃"。

邹小兵介绍，这些孩子经常沉迷在一种情景之中，不知疲倦地反复做同一件事，固守在自己的世界里。虽然现在治疗自闭症没有特效药，但是通过行为干预可让这些患儿的病情逐渐缓解。

"治疗这种病越早越好，过了6岁就很难治了。"邹小兵介绍，患儿必须及时到专业教育训练机构接受治疗，因为科学、系统的训练可使绝大多数患儿的病情得到改善，进而挖掘出患儿在某一方面的特长，使之成为可用之才。

目前，广东省地区级医院大部分都能诊断，但治疗康复却未跟进。据邹小兵统计，我省目前仅有30—50所康复机构。"如果政府部门能够像关注艾滋病一样关注自闭症,那么这个人群就有希望了。"

邹小兵介绍,全国有11所大学授予特殊教育本科学位,但是没有特别针对自闭症治疗的课程设置,中山大学也只开设了相关的选修课程。

自闭症孩子得不到足够的重视和照顾,大多数只能被迫地选择待在家里。"患者的父母亲通过培训能得到相关治疗知识",邹小兵介绍,发育行为儿科学不同于传统医学,治疗起来周期长、问题多,患儿家长光有热情和耐心远远不够,但现阶段家长最主要的知识来源仍然是网络。

即便能进入专业机构接受治疗,目前小规模的机构无法满足巨大的需求,许多孩子只能年复一年排队等候治疗。

【民办机构之殇】
一个个孩子因费用中途辍学

年复一年等候的背后,折射的是目前自闭症服务组织有生存困境。

据了解,国内自闭症患者的服务行业以民办服务机构为主体,但民办机构在发展中遇到的问题却让"常人无法想象"。

广州星月湾儿童自闭症康复中心学校,靠着数个患儿家长的资助从无到有。刚成立时,因为没有足够的资金,家长们只好提前预交学费,通过各种关系才能找到场地。

六年过去了,中心负责人谢志新颇为欣慰:"如今,最困难的时期已经度过。"

但事实是,学校最初的规模只有五六名,到目前也才十多人。

自闭症康复教育需要具备教育、康复、治疗的功能,师资需要控制在1:1的配置,投入巨大。对于鲜有政府资助的民办机构而言,只能靠家长交的学费空头运转。

对于一个普通家庭来说,每月2000余元的康复支出也不是个小数目。

看着一个个因学费中途辍学的孩子,谢志新无奈却又无力。

招老师难,留老师更难。

自闭症孩子需要老师投入难以想象的爱和耐心,自闭症儿童康复、教育属于比较新的领域,对从业人员的综合素质要求很高,现在学校的老师没有模式可参考借鉴,很多经验都是教学实践中总结出来,教学过程又完全靠探索。

每个孩子都需要主教、辅教两位教师配合,并全程跟踪他们的一举一动,"从饭桌到课桌,从床铺到厕所",广州自闭症儿童康复中心主任樊越波告诉记者,这些教师劳动强度、压力比普通教师大得多,"但他们大多没有编制,不能拿到'阳光'工资"。每个月1500元左右的工资,很多老师来了又走,"至多待两年"。

社会歧视,同样是众多机构无法逃避的魔咒。

一听到是办自闭症儿童康复学校，很多人不愿租场地，"宁愿空着也不租"。普通民众都对自闭症这个特殊的人群缺少认识和关爱，认为他们是患有精神病，会扰乱社会秩序。

不久前，广州星语儿童心理素质培训中心三年租赁合同到期，"对方说什么都再也不肯续租"，校长张建伟说，这么一搬，积累三年的信誉、人际关系将会损失很大，很多家长被迫迁移，在新的地址附近找房子租住。

星语中心现址地处偏僻，但也"还是找了很多朋友托关系才租到"。10间教室，每月光租金仍需2.5万元。

找好地方，请好老师，后面的手续才是真正的"拦路虎"。

"学校注册难度大，商家、民政和教育部门相互推托，都说管不了"，谢志新办的学校成立8年了，目前为止已经招收了43名学龄前儿童，但这所学校到现在还没有拿到相关部门的"准生证"，严格意义上属于"黑户"。

…………

我们对主要新闻结构方式的简要介绍，是为了方便学习者能在短时间内掌握一些典型的写作方式。然而，在具体的新闻写作实践中，各种结构方式的应用并不是固定死板的，常常会出现交叉融汇的情况。大家对各种新闻的结构方式融会贯通后，自然能在新闻写作中得心应手。

第二节　新闻语言

一、什么是新闻语言

长期以来，不论是业界一线记者还是普通受众，对新闻语言都缺乏一个明晰的感知判断，存在认识误区。误区之一：不少读者乃至记者因为新闻报道讲究简练通俗，而将新闻语言简单地视为一般口语，认为新闻语言就是日常口语，"把事儿说清楚就行了，不必讲究太多"。误区之二：一篇好的新闻稿只需要详尽的采访素材和讲故事的技巧，文字无需打磨和润饰。

新闻写作是对事实的表达，记者是掌握和把握这项表达的主体。记者对语言的认识和运用，能体现出新闻语言的个性特征，这是报道综合因素集成和记者日积月累而形成的写作规范。新闻语言既需要符合新闻传播的基本规律，又要在此基础上符合新闻价值的表达并满足受众的需要。正如《华尔街日报》资深头版撰稿人威廉·E. 布隆代尔所说:"文字的魅力是绝对存在的。它往往能让记者的新闻故事更上一层楼。如果一个非常普通的故事拥有美丽的文字,这个故事会变成一个好故事,而一个好故事如果拥有了完美的文字表达,就将成为让读者回味无穷、久久难忘的故事。"①

简言之,既要体现新闻客观、真实的简洁明确语言风格,又要展现文字生动、形象的可读性。这正是受众对新闻语言的基本要求。

克服新闻语言的认识误区,首先要明确三个问题:第一,新闻语言的构成要素;第二,新闻语言与文学语言的区别;第三,新闻语言的技巧运用是记者报道观的外化。

(一)新闻语言的内涵和构成要素

新闻语言这个概念,就像武侠里的"太极剑法",看似无形,实而有物。

著名记者艾丰认为:"新闻语言就是从新闻的角度对全社会进行'选择'和反映时所用的工具。"②

张默在《新闻采访与写作》中解释说:"新闻语言作为一种独立的书面语体,它服务于事实的报道,具有质朴、实用的语言形态,明快而富有表现力的语言风格,讲求信息的运载量,使之适宜于社会的广泛传播。"③

蓝鸿文、马向伍在《新闻语言分析》中提出:"通过新闻媒介,向人们报道新近发生的事实,传播具有新闻价值的信息时所用的语言,即为新闻语言。"④

要实施新闻传播,语言是一个基本载体,可以说,没有语言也就没有新闻。语言产生于人类漫长的生存史,源于人类交流的基本需求。语言是音义结合的词汇和语法的体系,是具有丰富内涵的文字符号。新闻语言是语言在社会交际发展中自动生成的一种写作语言。新闻是新近发生或变动的事实。那么,新闻语言即是表达新闻事件、传播新闻信息时所使用的语言文字,是写作语言中较为特殊的一种。早期的新闻语言是单纯的写作语言,而技术的发展使新闻语言的外延逐渐丰富,从最初的简要写作语言到包含了声音、图像的广播电视符号语言。本节主要探讨的是全媒体时代作为写作语言的新闻语言。

对新闻语言来说,事实、信息量是其第一内涵,情感的抒发、情绪的渲染在适当的时候可以融入新闻语言,但是绝不能凌驾于事实和信息之上。我们可以看到,

---

① [美]威廉·E. 布隆代尔:《〈华尔街日报〉是如何讲故事的》,华夏出版社,2008年版,第179页。
② 艾丰:《新闻写作方法论》,人民日报出版社,1999年版,第231页。
③ 张默:《新闻采访写作》,武汉大学出版社,2000年版,第344页。
④ 蓝鸿文、马向伍:《新闻语言分析》,中国物资出版社,1989年版,第8页。

在众多的新闻作品中，尤其是 20 世纪 90 年代以来流行的交叉性报道中，例如散文式新闻、报告文学式新闻、述评式新闻等，都在一定程度上与一些文学体裁结合，它们是成功的交叉型新闻写作样式。但我们必须注意，各种交叉型新闻写作样式都必须在保证新闻事实和信息真实传播的前提之下发展和创新，否则那就不能算作新闻。

新闻传播是扩张性的信息传播语言，涉及新闻采写主体和受众。新闻的信息性要求语言客观、真实，通过文字编码而表达新闻是基本准则。新闻同时具有广泛性，涉及社会生活包括政治、经济、文化、科技、民生等各个层面，因而新闻语言必然是夹杂着多种"行话"的交叉性综合语言，同时新闻的受众具有群体广泛性。这需要讲究文字编码的艺术，既要保证语言准确，语义单一，又要具有易读性和可读性，不仅能准确解释所涉及的必要的各行业的术语，不会产生歧义，还能让普通受众喜欢看、看得明白。

(二) 新闻语言与文学语言

新闻语言属广义的文学语言，而又同时独立、区别于文学语言。"文学与音乐、美术、戏剧等同属'艺术'范畴，一切艺术的本质属性乃是'通过形象审美地把握现实'。文学是语言的艺术，故而文学作品的语言必须具有审美性，便是天经地义的了……文学语言的审美性是指文学语言具有一定的美感色彩，能引起读者的审美感情。所谓'视之则锦绘，听之则丝簧，味之则甘腴，佩之则芬芳。'"[①] 较文学语言具有的抽象审美特性来说，新闻语言具有平实、直白、简练的基本特征，这是狭义上新闻语言与文学语言的主要差异。文学以情感渲染为主要目的，擅用夸张等修辞手法，多从"自我"主体感觉出发而非以事实客观描述为主。因此，文学语言的特点较为感性、夸张，修辞丰富，变化多样。新闻语言是为描述和呈现客观实际服务，因而以白描勾画为主，抒情议论为辅。

新闻作品与文学作品也具有一致性，新闻写作中的语言同样含有特定技巧，它不是纯粹形式上的简明，而是简而有神的"白描"。新闻语言技巧的准确掌握和使用，是新闻报道能否吸引受众的一个重要因素。在保证新闻真实客观的基本原则下，运用恰当的文学写作手法，有助于提高新闻的可读性。

孟子有言："感有万端之异，言有万态之殊。"所谓"万端之异"，是社会万象的"新""异"，这正是新闻报道所追求的价值之一，即"感"，这是指记者的新闻敏感；"言有万态之殊"，是指新闻表达时语言的丰富多样。犹如王羲之的传世名作

---

① 张鹄：《文学语言艺术》，南方出版社，1999 年版，第 4 页。

《兰亭集序》，23个"之"字形态各异，字字不同。新闻报道在追求时效性的基础上，对语言的琢磨与运用达到"言有万态之殊"，再加上有新闻价值的事实，那么，写出的新闻将会成为让受众回味无穷的作品，甚至是精品。精品意味着记者的新闻构思和表达能够完美结合，能使新闻价值最大化，其传播效果最佳，写出新闻精品应该成为每个记者的不懈追求。

（三）新闻语言是记者报道观的外化

所谓报道观，从宏观说，是记者对新闻的基本认识和在实践中所总结出的指导原则；从微观说，报道观是记者对新闻报道活动具体操作过程在脑海中的初步构建，是对记者采访写作的具体方法的指导。新闻的报道观指导记者构思新闻，其语言就是记者报道观的直接体现。换句话说，我们的语言是表达的符号，而新闻语言就是新闻报道观指导下的符号化传播。

例如，精确新闻是源于对社会学定量研究的推崇而在新闻界派生出的报道体例，这种报道观提倡将繁杂的现象用直接具体的数据呈现给受众，取代传统意义上含糊并难以作为依据的"一部分""一些"。我们首先追溯精确新闻的理念。精确新闻（Precision Journalism），也称精确新闻报道、精确报道，泛指以各种民意调查结果为内容的新闻报道。精确新闻最早于20世纪60年代出现在美国，当时的美国对社会科学研究方法推崇备至，出于对新闻信度的高质量追求，精确新闻作为一种新的样式兴起。可以看出，精确新闻这一样式的出现正是出于对信源、数据、结论的精准报道观念的推崇。在这种报道观的指导下，精确新闻的语言则具有了明显的精确特征，累赘的描述形容大量缩减，连串的数据、图表甚至包括三维演示图等构成了新闻的语言主体。

短命建筑屡现 民调显示仅8%的人满意所在城市规划[①]（节选）

2月6日，由于规划与设计问题，江西南昌一个使用不到13年的四星级大酒店，在"浪费公众财富"的质疑声中，被爆破成约4万吨的废墟。据了解，在一些发达国家，大型建筑的使用寿命一般都超过50年，而我国"短命"建筑不在少数：2007年，沈阳五里河体育场才用18年就完了；今年，福建一所投资1500万元的小学，只有2年就面临被拆迁的命运。

是什么造成如此多的"短命"建筑？我们的城市规划出了什么问题？近日，

---

① 王聪聪：《短命建筑屡现 民调显示仅8%的人满意所在城市规划》，载《中国青年报》，2010年2月23日，http://www.chinanews.com.cn/gn/news/2010/02-23/2132333.shtml。

中国青年报社会调查中心通过民意中国网和新浪网，对4916人进行的一项调查显示，85.8%的人表示自己所在城市有过"短命"建筑。对于自己所在城市的城市规划，50.1%的人表示不满意，41.8%的人表示"一般"，仅8.0%的人表示满意。

从标题"民调显示仅8%的人满意所在城市规划"即可清晰看出这则新闻的样式属于标准的精确新闻。因为它不是事件类型的报道，所以记者没有使用倒金字塔模式。江西"短命"四星级大酒店的爆破成为新闻由头，被当做新闻导语，首先用"国外大型建筑至少50年寿命"对比实际案例"沈阳五里河体育场""福建某小学"，向读者描述出国内诸多大型建筑"短命"的情况。第二段话锋一转，将由头转向民意调查所显示的民众对此的态度。没有用惯常的"大部分民众对城市规划表示不满"这样苍白而主观的语言，而是以一连串由"中国青年报社会调查中心"这样一个清晰可信的信源出炉的数据，向读者直观表现"仅8%的人对城市规划满意"的结论。

二、新闻语言的基本特征

"万丈高楼平地起"，记者首先应对新闻语言的基本特征有所认识和领悟，才能准确把握新闻写作的基调。艾丰在《新闻写作方法论》中说："不理解白描的特点，很难把握新闻语言的特征。"[①] 可见，白描的写作手法就是新闻语言运用的基调。只有把握准基调，在新闻语言的基本特征之上进行语言艺术的加工，一篇好的新闻稿才能形成。

何为白描？白描是一种中国画技法名，即：用墨线勾描物象，不着颜色的画法，也有略施淡墨渲染的。借用在文学创作上，这种表现手法，就是使用简练的笔墨直述现状，不加烘托形容，刻画出鲜明生动的形象。将"白描"用在对新闻写作的总体概括上是再贴切不过的，我们可从三个方面来理解。

（一）准确写实

新闻是对已经或者正在发生事实的真实、客观的描述，真实性是新闻的第一性，准确写实是新闻语言的首要的基本特征。失去真实性的新闻，文字再精美，结构再起伏，顶多是个好故事而不是新闻。好新闻一定是个好故事，但是好故事却不一定是新闻。

---

① 艾丰：《新闻写作方法论》，人民日报出版社，1999年版，第235页。

单就语言文字的运用讲，新闻语言必须准确，新闻不仅要使人了解信息，还得让人不误解信息。一方面，记者需要深入了解客观事实；另一方面，记者还应具有扎实的文字功底和很强的叙述能力，能够做到"三避免"，即：避免含糊不清，避免产生歧义，避免夸张渲染。

如何避免？以下是经由新闻报道经验所归纳出的一些有效的方法：

1. 向读者交代精确的数据和明确的信源

例如某市拟召开水价上涨听证会，新闻的常规写作中出现"大部分市民、多数人"等约数词语，记者需要将它们变为民意调查中的精确数据，用数据表明事实，避免模棱两可。

对信息进行搜集、核实是记者的专业能力之一，记者需要时刻牢记：受众需要的是清楚、准确的信息。要避免使用模糊性词语。如一些记者喜欢用"近日""近期""据悉""专家称"等含糊不清的表述，到底多久算"近"呢，五天还是十五天？使用"近期"的新闻往往是时效性不强的旧闻，是以旧换新的障眼法，至于"据悉""专家称"更是"假新闻皇帝"的"新衣"。不明确来源的信息并不是可靠有效的信息，对受众来说，它们是噪声而不是信息。

2. 尽量少用形容词

一个好的动词、一个对比，比一堆形容词更有现场感、更可信。形容词大多是主观性较强的词语，在表达程度时不如事实性的动词更真实、更具说服力。请看案例：

北京人大代表现场激辩：房价上涨 政府该不该管（节选）

"政府为什么要遏制商品房价格上涨？只要政府有保障房，商品房价格卖得越高越好！"

昨天下午，在海淀团的分组审议中，潘利群代表语出惊人。

话音刚落，坐在对面的张建明代表站了起来，盯着潘利群代表："我的观点和你不一样，现在房价这么高，老百姓呼声这么高，难道政府就能眼看着它往上涨，什么都不干？"

潘利群代表两只胳膊支在桌子上，一边翻着手里的材料，一边继续"扔石头"："我对报告中说要调查哄抬房价的说法也不同意！"①

---

① 周明杰：《北京人大代表现场激辩：房价上涨 政府该不该管》，载《北京晚报》，2010年1月27日，http://news.sohu.com/20100127/n269860889.shtml。

在记者的描述中，没有出现"场面激烈""代表发言尖锐"等形容性描述，而是代以描述代表的动作来表现激烈的现场氛围。"站起来""盯着"这些动词很形象地描绘出张建明的激动情绪。潘立群则"两只胳膊支在桌子上，一边翻着手里的材料，一边继续'扔石头'。""胳膊支着"一般情况下是人们比较悠闲的状态，但是他面对对方的反驳还继续翻阅材料，这写出了潘沉稳的作风，但是又以打比方的方式说明了他说的观点是"石头"。这段描写主要采用动词，形象地描述了现场人物的形态和场面；同时，通过双方人物的动作对比，反映出对立的激烈辩驳场面，给读者留下了深刻的印象，帮助读者理解新闻价值。

3. 善于用"眼睛"写作

对于事件性新闻尤其是突发事件，记者的现场报道就是为读者提供一个真实情景的再现。记者是信息采集者，除了采访，还必须有鹰一样锐利的眼睛，用现场观察进行"实况播报"，让新闻报道具有现场感。语言虽然没有画面的视觉直观感，但是好的语言能让受众在脑海中构建现场。记者仔细观察现场，并清晰地描述出来，其视觉感官化语言就是现场视觉画面与受众的脑海画面之间的桥梁。请看以下报道：

国旗飘扬　祝福祖国
天府广场举行国庆升旗仪式①

2022年10月1日，上万名群众在天府广场观看国庆升旗仪式
（成都日报锦观新闻记者　李冬　摄）

---

① 杨升涛：《国旗飘扬 祝福祖国 天府广场举行国庆升旗仪式》，载《成都日报》，2022年10月2日。

东方破晓，晨曦初露。2022年10月1日早上，中华人民共和国迎来73周年华诞，上万名群众聚集于成都市天府广场，等待国旗升起的那一刻。当鲜艳的五星红旗在雄壮激昂的国歌声中升至顶端，广场爆发出热烈的欢呼：祝福祖国繁荣富强！

等待
熬夜、早起　只为亲眼见证

凌晨5时许，天空还未亮起，但天府广场的各入口处，已有许多群众在现场排队等候。一张张手机拍下的照片，记录下人们满是期待和幸福的笑脸。

"今天是专门带孩子过来的。"队伍中的一位母亲告诉记者，早在一周前就和孩子约定带他来看升旗仪式，"孩子很早就自己醒了，我们5点钟就出门。"在这位母亲看来，参加升旗仪式是最好的爱国教育，当五星红旗缓缓升起，希望孩子永远记住这种骄傲与自豪感。

"昨天晚上12点就来到广场了，是希望能在更靠前的位置感受升旗。"成都某中学高一学生龙彬表示，和同学在节前就约定，一起在新中国73周年华诞当天观看升旗仪式，特别有纪念意义。

记者注意到，人群中，有戴着红领巾的学生，有脸上贴着红旗的市民，大家激动地挥舞着手中的国旗，等待国旗升起，此时的天府广场，仿若一片红色海洋。

合唱
红旗升起　国歌声响彻广场

"仪仗队来啦！"6时50分许，武警成都支队队员迈着统一整齐的步伐，喊着铿锵有力的口号，出现在人群的视野中，行至升旗台前，擎旗手和升旗手登上升旗台，其余队员围着升旗台分三面站立。

"向国旗——敬礼！"6时59分，口令声落，全体队员肃立凝神，向国旗敬礼。《义勇军进行曲》奏响，展旗手挥动右臂，划出刚毅优美的弧线，鲜艳的五星红旗迎风展开。现场观众自发合唱国歌，歌声响彻天府广场，鲜艳的五星红旗在人们的注目下冉冉升起，现场观众的脸上洋溢着幸福和欢乐，写满了激动和自豪。

7时整，当五星红旗分秒不差地升至旗杆顶端，天府广场的人群中爆发出热烈欢呼：祝福祖国繁荣富强！

祝福
留影点赞　期盼越来越好

国歌结束，五星红旗空中飘扬，升旗方队整齐离开天府广场，观礼的人群却久久不愿离去，纷纷拿起手机拍下自己与国旗在清晨的第一张合照。"我把合照发到了朋友圈，同事家人们都在点赞，表达祝福。"市民庄女士拿出手机展示道。

"祝新中国生日快乐！祝祖国永远繁荣昌盛！""这几年成都的变化越来越大了，祝愿家乡发展越来越好。"仪式结束后，群众纷纷表达对党和国家的祝福，以及对成都未来的期待。

据悉，担任此次升旗任务的是武警成都支队机动某中队，升旗方队共有36人，整个方队的平均身高在1.8米左右。升旗方队入场后直行路线距离为108米，首先是齐步，之后是正步，最后再转为齐步。行进过程中，领队会用路边的灯柱作为标志物，来确定变化动作的位置。同时上半身对应的动作分别为托枪、劈枪、托枪。

从群众等待到合影留念，成都日报锦观新闻记者全程跟进与记录了此次在成都天府广场举行的国庆升旗仪式，并通过亲身观察与采访，及时以记者本人与观看群众的双重视角回放了升旗的场景，现场感极强。整篇报道结构清晰，衔接自然，描述客观，写作有镜头感，在刊发后迅速被人民网与成都市人民政府网站转载，取得了良好的传播效果。

该篇报道大量使用细节描写，生动呈现了天府广场升旗仪式的实况。报道共分为三个部分，分别由"等待""合唱"和"祝福"三个小标题组成，既按时间顺序概述了升旗仪式的全过程，也记录了现场群众的动态。在升旗仪式开始前，记者描述了自己的所见——"大家激动地挥舞着手中的国旗……此时的天府广场，仿若一片红色海洋"，直观展现了现场氛围。在升旗仪式进行中，报道通过"挥动""划出""展开"等细节刻画了升旗方队的行进步骤与动作，配合现场群众的合唱声和欢呼声，调动了受众的多种感官，让升旗情景得到再现并作为一个庄重神圣的仪式加以定格。在该报道中，既有记者本人作为事件目击者的观察、体验，又有对现场群众的采访，令读者不仅能了解参与升国旗仪式的全过程，还能将大家带入这一特定的场景氛围，如临其境，充分体现了新闻报道在目击还原中的对新闻价值的把握及其采写技能的贴切运用。

（二）质朴精练

新闻语言既要精练又要包含丰富的信息。目前，新媒体崛起对时效性提出了新的要求，纸质媒体要求生存，大多加强和突出"深度报道"，形成差异化生存之势。但是，深度报道、特稿并不等同于简单的篇幅概念。不论什么体裁或是什么媒介的新闻，都应保持新闻所特有的简练之风。篇幅的长短仅存在于信息量的差别，而不应该是语言的赘述。著名的《大西洋月刊》总编托比·莱斯特在谈及新闻语言时说："至于语言本身，我们总是喜欢简洁直接的表达，而不是华而不实的语言。我们希望，如果作者能用一个词表达，就不要用三个词。我们喜爱优美的文笔，但同时要求简练优雅。"①

"意真则简,理当则简。"新闻语言是否简练,记者能否认识透彻,思路是否清晰是重要因素。如果记者对新闻信息的内在逻辑认识不透彻,对报道整体构思不清晰,不仅会造成文字啰嗦、逻辑混乱,还容易使受众一头雾水、不知所云。

怎样精练文字?这需要记者有扎实的文字功底,写完稿后能够去掉重复累赘的词句,能够替换主观渲染不当的形容词句。新闻是快餐式接受,不要让读者在清晨上班的匆忙中因为报道累赘而反复琢磨,尤其是广播电视由于特定的媒介传输特点,其报道更应讲求简明、精悍。请看下面的报道:

我国首开时速350公里动车组列车②

人民铁道报 北京8月1日电 今天,国产CRH3型"和谐号"动车组,恰如追求更快、更高、更强精神的奥林匹克运动员,创造了中国铁路运营速度的精彩纪录——时速350公里。

列车在不知不觉中启动。10时40分,列车驶离城市新地标北京南站,记者感觉几乎没有噪音和晃动。仅用5分钟,时速就达300公里。10时56分,当车厢屏幕显示时速350公里时,初次感受高速铁路的旅客纷纷举起相机,记录下中国铁路这一"飞速"时刻。

坐在一排的三个姑娘笑得最灿烂:"在打工的餐馆看电视时,知道今天有高速列车到天津,我们仨就请了天假来坐火车。"她们说,58元的车票比平时买一件衣服还便宜,却坐上了国内最先进的火车。

墨西哥《改革报》记者比拉尔希梅内斯专程到北京采访奥运会,今天她特意来"体验"。看了列车时刻表,她说要在8月6日比赛当天下午,再坐京津城际列车到天津,观看中国女足奥运会第一场小组赛,赛后立即坐火车赶回去采访另一场比赛。

11时9分,列车在天津站停稳,29分钟的时空距离。距北京奥运会开幕7天时,京津"双城记"与第29届奥运会精彩相逢。

"北京游客占今年春节进津游客的47%。"南开大学经济研究所副所长谢思全认为,"半小时经济圈"的新模式,将为我国区域合作树立典范,京津两市居民往来将如同串门。

京津城际铁路是中国首条通车运营的、最高时速达到350公里的城际铁路。

---

① 王栋:《对话美国顶尖杂志总编》,作家出版社,2008年版,第160页。
② 和平、肖培清、胡艳波:《我国首开时速350公里动车组列车》,载《人民铁道报》,2008年8月2日。

目前，我国尚有多条客运专线及城际铁路在建设中，京沪5小时直达、武广4小时直达，将在未来3到5年内实现。

能在短篇幅的报道中融入大量信息是对记者新闻构思与文字能力的极大考验。这篇现场短消息反映的是我国第一列时速350公里的"和谐号"动车组列车开行的重大事件。报道短小精悍，信息量大，现场感强，文句简短，清新洗练，呈现了中国首列时速350公里高速列车开行的生动场面。首先，消息标题高度浓缩了该消息所涵盖的主要新闻事实，清晰地反映了消息所承载的宏大主旨。一是题中"我国首开"明确地提示读者消息所报道的新闻事实是神州大地上的第一；二是题中"时速350公里"以数字说话，表明这是我国名副其实的铁路第一速度，意义特别。消息精选采访对象，选择了特意来体验国内最高时速动车组的打工妹、前来采访北京奥运会的外国记者及天津南开大学经济学教授，从中国普通老百姓、国外媒体、经济学专家的视角，佐证时速350公里动车组列车给人们生活带来的显著变化，从铁路这个侧面反映了中国经济社会发展的巨大变化，在有限的篇幅里扩大了消息的信息容量。

（三）通俗包容

新闻传播需要大众化、通俗易懂，新闻用语如果高深晦涩，就会拉大与受众的距离，不利于信息的有效传播。记者在写作时必须确立通俗包容的语言意识。

何为通俗？通俗必须是通用的，记者在写作时首先要考虑大众普遍适用的语言，也就是以普通话为基本标准的语言；其次是简单易懂，对于报道中不可避免的术语采取技巧，用简明易懂的语言表述。何为包容？新闻报道是社会的全面反映，社会信息包罗万象，表述用语各不相同，不仅有政府部门等公共机构的公文，还有各种行业的行话、术语以及社会各阶层的生活习语等。新闻的包容性特征决定了新闻语言是糅合了社会综合信息的综合性语言。新闻机构的作用就是用简单易懂的通用语言，搭建社会综合信息与普通受众之间的桥梁，将原本各体系、各阶层的行业用语和特定用语转变为平实易懂的用语，进行信息传播。怎么做到通俗包容呢？在写作用语上有几个技巧，如举例解释专业词汇、使用人物引语等。在"语言处理技巧"部分中将详细讲解。

三、新闻语言的时代性与规范

新闻以"新"著称，其语言自然也是紧随时代语言的发展而发展。某晚报记者曾经调侃，在某地依然习惯使用驾驶员等"某某员"的年代流行的职业称呼，是一种复古的新闻风。当然，这只是一个调侃。翻阅报纸，新闻语言的变化随处可见。互联网初始阶段，"网虫"称谓盛行，随着网络的普及，"网虫"变成了"网民"；20世纪80年代中后期，"务工青年"变成了"打工仔"，现在我们则称之为"民工"。

语词的变迁反映了时代的发展，体现着其时社会普遍流行的潮流。例如，网络的普及加速了社会的发展和新闻语言的发展。进入21世纪以来，每年都会有"中国媒体十大流行语"被发布，其中，网络语言越来越频繁和大量地出现在新闻报道中。新闻语言越来越多地受到网络语言影响，这直接体现在标题制作与报道行文中。如记者在采写一个典型事件时经常冠以"某某门"，如"铜须门""艳照门""泼墨门"等；对于某一类人群，则冠以"某某族"的代称，如打工族、啃老族、月光族、蚁族等。2007年，网上各大论坛广泛流传一篇名为"史上最牛钉子户"[1]的帖子，是当年盛极一时的媒介事件，"史上最牛的某某"也借势流行在网民乃至新闻报道中。可见，记者在新闻写作中适当使用网络语言，不但可以提升新闻语言的张力和新鲜感，还可以增加新闻的时代感和对青年受众的吸引力。更有传统媒体直接采用网上流传的信息加以核实形成新闻稿，这类新闻稿则带有鲜明的网络语言特征。如：

史上最"有范"乞丐走红网络 不输藤原浩之流[2]

"那忧郁的眼神，唏嘘的胡茬子，还有那杂乱的头发，都深深地迷住了我。"近日天涯论坛上一个乞丐网帖突然在网络上走红，帖内叙述的是一个被网友誉为"究极华丽第一极品路人帅哥"的乞丐。因为他放荡不羁、不伦不类的感觉以及那原始版的"混搭"潮流，让人们眼前一亮，被网友开始追捧，并加以"人肉搜索"。

还有网友恶搞评论：欧美粗线条搭配中有着日范儿的细腻，绝对日本混搭风格，绝对不输藤原浩之流。发型是日本最流行的牛郎发型。外着中古店淘来的二手衣服搭配LV最新款的纸袋。绝对谙熟混搭之道，从视觉色彩搭配上讲，腰带绝对是画龙点睛之笔。然而这根腰带绝非那些上班族小白领所能承受得起的，全球限量发行的GUCCI×clot混色系腰带，只有那些敢于为潮流献身的人才能懂得。不禁有网友说："这个乞丐太有范了。"

---

[1] 《钉子户拒不拆迁 立在10米深地基正中央》，载《东方今报》，2007年3月9日，http://news.sina.com.cn/s/2007-03-09/032512468160.shtml.

[2] 《史上最"有范"乞丐走红网络 不输藤原浩之流》，载《信息时报》，2010年2月24日。

新闻语言的时代性同样在新闻文体中生动体现。例如，20世纪80年代兴起的报告文学，在当时是将新闻与文学结合的新文体，一度占据主流，广受欢迎；《中国青年报》名记者卢跃刚以一部《大国寡民》引发一个时代的思考；李大同的《冰点故事》以一个"粪桶"的故事，开启了20世纪90年代新闻界流行的"冰点文体"写作之风。如今，因财经新闻备受关注而使"华尔街日报体"风靡。值得注意的是，随着时代的发展，社会关注的焦点也在变化，这都会引发新闻文体适应新闻报道而创生新的写作体例，新闻报道在引导社会潮流与进步的进程中，不断更新语言的内容与形式。透过新闻语言的变化，也能看到新闻写作发展的趋势和价值取向。

改革开放以来，新闻语言逐渐脱离了我国早期的新闻"宣传腔"，随着社会的发展，新闻语言也日益丰富多样，新的词汇、新的用语形式层出不穷。有些新闻报道片面争抢时效性而粗糙失范，多有歧义；有些新闻报道为了一味追求眼球效应而大肆采用带有色情、低俗、恶俗性质的词语。这些都造成了极坏的社会影响，污染了社会语言环境。鉴于新闻媒体的社会影响力和引导力，传统新闻媒体的新闻用语，实际上起着规范社会语言的示范作用。作为公众信息传播主体，新闻语言必须树立正确的语言意识，既要符合新闻传播的基本规律，又要能够满足受众的需要，同时还应体现洁净、健康、充满活力的用语导向，具备环保意识和环保行动。我国的新闻阅评制度中就有加强新闻语言纯净性的要求，中宣部和各地媒体的阅评员会对媒体报道用语进行监督和纠错。

如何既体现新闻语言的时代性又遵循其规范性？记者需要注意以下三个方面的内容。

（一）适度运用网络语言

网络语言因交流平台的开放性和交互性，使得特定语境下的词义发生了很大变化。不可否认，网络语言充满了活力和时代感，它们常常跟新闻息息相关，有时甚至就是新闻的有机组成或新闻本身。如2003年各大媒体对"超级女声"的报道，出现了"PK"一词。经过解释和说明，受众才知道这个源于网络游戏的词语被借用到文化娱乐报道中，是指"决斗，一决胜负"的意思，由于"超级女声"比赛广受关注，参与面很广，所以新闻报道使用这个网络语来生动、形象地描述比赛的激烈程度。如果不做必要的说明和解释而贸然使用，受众可能会感到费解，结果与报道意图背道而驰。新闻语言如果一味追求新鲜、时尚、轰动，将诸如"杯具（悲剧）""洗具（喜剧）"等网络语言在新闻中不当使用，就会对整体语言环境造成污染，尤其对缺乏辨别能力的青少年来说，容易对其造成使用不良用语的误导。

(二) 适度运用方言

方言是具有地方特色的语言，它来自特定地区人们的日常会话，具有很强的地域性，在传播中，尤其是本地新闻对于本地受众来讲，它具有拉近距离的传播优势。方言随着时代的发展也被注入了时代气息，新闻语言中恰当使用方言，能够在一定程度上弥补"新闻八股腔"的不足。我们注意到，在现代媒体报道，尤其是民生新闻、社会新闻中，因为报道内容的日常化和贴近性，较为注重方言的使用。但是过量的方言新闻大多有"哗众取宠"的嫌疑，不仅造成新闻质量低下，并且在全国范围的传播过程中容易出现理解偏差。过量的方言或不当的方言，尤其是一些低俗方言，在新闻语言中应当避免使用。

(三) 具备语言文化常识

新闻应当避免语言上的失误和错误，同时，新闻也应当成为公众寻找语言标准的典范，这是对记者语言文字功底及语言修养的基本要求。汉字广博多义，在使用时要能正确理解其意和准确选择，避免模棱两可或似是而非，记者平时需要做足功课，具备语言常识，避免出错。语言常识能够显示记者的缜密思维和语言修养，同时，语言严谨也关系着新闻的真实、客观和准确。比如，新闻中常见"中国队队员凯旋归来"，殊不知，"凯旋"本身即有"胜利归来"的意思，加上"归来"二字就是画蛇添足。再比如，在某些报道或是现场采访中，称自己的父亲"令尊"、称采访对象的母亲"您的'家母'"等。这是典型的语言文化常识缺失，"家母"只能用于向别人提及自己的母亲，"令尊"则是对谈话对象的父亲的尊称。

四、新闻语言的处理技巧

(一) 巧妙处理专业性、技术性较强的术语或专门用语

在报道经济、科技类新闻时，会涉及科学知识和技术理论。如果完全援引照搬，会给受众造成理解障碍。这一方面需要记者本身的专业积累和知识素养；另一方面也需要记者能够在语言上深入浅出，作一些通俗化的解释，做到通俗晓畅，使一般受众能够明白。例如：

我国绘制首部高原濒危物种全基因组序列图谱①

12月25日,由青海大学和深圳华大基因研究院共同发起并承担的藏羚羊基因组序列图谱在青海大学医学院宣告绘制完成。这是世界上第一部绘制完成的高原濒危物种全基因组序列图谱,也是中国科学家对全球基因组科学的又一重大贡献。

藏羚羊是我国青藏高原特有的物种,其生存环境高寒、缺氧,自然条件极为严酷。在喜马拉雅造山运动形成的封闭环境中,藏羚羊经历了数百万年的演变和进化历程,未受物种迁徙和人工选择的影响,是研究低氧适应性的极佳模式动物,具有珍贵的进化研究价值。

"藏羚羊基因组序列图谱的绘制完成,将为破译慢性高原病发病机制提供科学依据,并有助于从根本上改善高原居民尤其是青藏高原藏族等世居少数民族的生存状态。"国际人类基因组单体型图(HapMap)计划协作组中国协调人、中国科学院院士杨焕明表示。

青海大学副校长、国际高原医学会常务理事兼项目负责人格日力介绍,完成基因组序列图谱是藏羚羊基因组研究计划的第一步,这项成果为开展基因组水平上的各项高原生命科学研究奠定了基础,也为后续研究提供了全新的起点和平台,提升了中国在高原医学、物种进化、生物多样性和环境气候变化等领域的研究水平。在此基础上,他们将开展一系列基因组水平上的探索和研究,如识别基因组上的功能元件,解读其全部遗传信息,探索藏羚羊作为一个物种的进化能力和适应严酷环境能力的基因组基础。

藏羚羊基因组研究计划是中国科学家世界三级动物(企鹅、北极熊、藏羚羊)基因组研究计划的一部分,2009年4月,中国科学家世界三极动物基因组研究计划在深圳正式启动。

这则报道的导语后,记者首先对藏羚羊的研究意义进行了解释,随即换用第三人称解释了绘制藏羚羊基因组序列图谱为何能改善高原人民的生存状态,并对图谱进行了必要说明。读者因此能够了解这样一部图谱绘制出来具有何种作用。同时,记者在引用专业说明时,明确了信息来源,增强了信息的可信度和权威性。

(二)处理数据

数字在新闻中是一种特殊的语言,它往往是抽象的、需要解读的,它背后的意

---

① 马勇:《我国绘制首部高原濒危物种全基因组序列图谱》,新华网,2009年12月25日。

义才是报道的目的和受众的需求点。在新闻写作中用好数字、用活数字，可以令新闻更为直观和生动，凸显新闻的价值及社会意义。

1. 善用数字，核准数字

数字是对事实的精确描述，是精确新闻的主要表现形式。因而，权威、可靠是数字语言在新闻当中运用的首要要求。"最高、最好、最大"这类冠之最高级的形容词要慎用，如需使用必须核准。同时，记者写作时也要避免随意引用一般性的估计数字，哪怕是权威部门发布的数字信息，也要核准后才能发布。

过多冗长数据也会将读者推向另一个枯燥的感觉。一连串的数字不仅不能提升新闻的直观生动性，反而会让受众无法辨别一连串数字背后的意义。因此，记者使用数字时，要能敏锐鉴别出多余和无意义的数字，并将其果断删去。

运用数字语言，有几大技巧：

第一，使用比喻，为数据提供实物参照对象，帮助受众理解数字的意义。如"据勘测，田家镇石头蕴藏量足有4亿吨，全镇人均近两万吨。如果将这些石头垒成1米高1米宽的石岸，足足可以绕地球10圈！"

第二，运用文字概括数据对比的结果。单纯的数据罗列，有可能让读者遗漏数据的意义信息。例如，某工厂去年产值2千万元，今年产值达4100万元。如果我们将这一表述直接换成"今年产值翻了一番"，效果会更直观，读者可以很清晰地知道，这组数据是为了说明该厂今年的经营状况很理想。受众的关注点其实不在数字本身，而在数字的意义，此时，只要从结果的角度给出一个概念就能满足受众的需求。

第三，使用图表让数据更清晰。在数据繁多并具有一定规律时，用一组图表直观传递数据信息，比向读者反复赘述300字更值得推崇。百分比表格、柱状图、圆饼图、曲线图等，甚至一副三维示意图，都能将数字背后的含义表达得更直观、更容易理解。

第四，通过对比、强调发挥数字的特殊效果。如2009年12月19日《中华读书报》的一则新闻，说"某某老人62岁后18年间完成142部创作"。通过"62岁""18年"和"142部"三个数字，将创作时间之长和创作量之多与老人年纪形成一组对照，加强了语言效果的张力。再如：

从数字看澳门[①]

30和45万——澳门的面积从回归前的22平方公里发展到目前约30平方公里,人口由回归前的42万余人增长到2009年的54万余人。

1718亿和3.9万——从1999年到2008年,澳门本地生产总值由427亿澳门元增加到1718亿澳门元;2008年,澳门人均本地生产总值达到3.9万美元。

78和13——回归10年来,特区与78个国家或地区签署了特区护照免签证或落地签证待遇,澳门作为中国代表团成员或以"中国澳门"名义出席国际会议420多次,以"中国澳门"名义单独参加的政府间国际组织有13个。

97.36%——澳门理工学院"一国两制"研究中心近日公布的大型民意调查报告显示,81.84%的澳门居民对"一国两制"在澳门的实施表示非常满意和满意;对中央港澳政策非常满意、满意、一般满意的合计高达97.36%。

1——2009年1月,美国传统基金会与《华尔街日报》联合发布的"全球经济自由指数"报告显示,澳门在首次被纳入调查的21个微型经济体中排名第一,在全球179个经济体中排名21位。

1+6——2003年10月17日,《内地与澳门关于建立更紧密经贸关系的安排》(CEPA)及其附件在澳门正式签署。此后六年,中央有关部门和特区以一年一项的速度陆续签署6项CEPA补充协议。

3300万——2003年7月,内地多个城市陆续实施居民赴澳门"个人游",从2003年7月底至今年10月底,内地赴澳"个人游"超过3300万人次。

2293万——在2008年,全球经济受金融危机影响的时候,澳门全年入境旅客仍达到2293万人次,是本地人口的42倍。

29.1亿——目前,内地已成为澳门最大贸易伙伴和进口来源地。2008年两地货物贸易总额29.1亿美元,是1999年的3.14倍。

361.65——2009年11月,国务院批复澳门特区政府,同意特区填海造地361.65公顷,以建设澳门新城区。

3%——回归10年来,澳门失业率大幅下降,由1999年的6.3%下降到2008年的3%。

80%——目前澳门人中80%拥有私人住房,但回归以来,特区政府仍出资修建了3万多个单位公共住房。

15——澳门是世界上少数从幼儿园到高中实施15年义务教育的地区之一。

[①] 《从数字看澳门》,新浪网,2009年12月20日,http://news.sina.com.cn/c/2009-12-20/062916802055s.shtml。

1.09——今年上半年，中央决定同意澳门大学在珠海横琴岛建设新校区。该校区预计3年内完工，面积将达1.09平方公里，远大于现有的0.05平方公里。

这则报道标题"从数字看澳门"，清晰地通过数字来表达澳门的发展主题。报道中既有来自中央与澳门地区官方信源的精确数据，又有民意调查的数据，三方信源让该则新闻的数据所表达的澳门飞速发展主题具有较高的可信度。同时作者还对一些抽象数据进行了文字解读，让报道中一些较为抽象的数据直观化，方便读者理解。

例如，"在2008年，全球经济受金融危机影响的时候，澳门全年入境旅客仍达到2293万人次，是本地人口的42倍"。"2293万人次"对一般读者而言仅仅是个数据，可能数量是算多，但是具体多到什么程度，与澳门有什么关系，他们并不清楚。而后一句"是本地人口的42倍"，则能让读者很直观地了解到旅游人次量的巨大，远超本地人口的旅客表现了澳门旅游经济的发达程度。

2. 善于发掘简单数据背后的新闻

各个新闻源所发布的数据信息多属专业数据。如果只是单纯地转载数据，不仅让读者看起来了无生趣，而且无法让读者了解数字背后的含义，让新闻陷入空洞的数字漩涡。同时，数据背后常常隐藏着逻辑联系，包含一些隐藏的信息，这些信息常常是一个独到的新闻由头。这就需要记者做足功课了解行业情况，从数据中发掘出隐含的新闻由头。

例如，2006年因为上海证券报记者从单纯的企业股票上市公告数据中发现端倪，其连续报道引起市场与监管部门的高度关注。这一事件也随报道的发布而成了当年证券市场的一件大事。6月19日，8家中小企业公布股票上市公告书，有一家基金公司出现在其中5家公司的前10名股东榜上，而且持股数量都很大。这引起了上海证券报记者的关注。这些中小企业发行股票的数量不大，由于申购的资金很多，中签率很低，只有千分之零点几，这家基金能中那么多的签，说明其申购的量很大，而对基金申购股票的数量监管部门是有严格规定的。2002年3月，中国证监会专门就基金参与股票申购发文，其中明确规定："单只基金所申报的股票数量不得超过拟发行股票公司的本次股票发售总量。"从该基金持有5家企业股票数量推算，其申购的股数，分别超过5家企业股票发行总量上限的1.4倍至3.6倍，显然这是违反规定的。这篇稿件见报后，立即引起市场的广泛关注和监管部门的高度重视，第二天中国证监会就发出紧急通知，要求各基金公司进行自查。

由此可见，要发掘简单数据背后的新闻，需要记者有高度的新闻敏锐度，而这种敏锐度是建立在记者对相关行业的熟悉基础之上的。

（三）处理好人物引语

好的人物引语无疑能增强新闻的可信度。那么，什么时候需要使用人物引语？引用谁的话？怎么引用？这些问题才是记者进行写作时所面临的困扰。

人物引语是当事人带有主观倾向的说辞与观点，记者在引用人物语言后，需要及时补充与人物语言内容相关的事实，这样可以保证和提升引语的可信度。同样，也可以采取人物说辞与客观事实不符的对比方式，为读者设下悬念：真相是什么？通过这样的悬念留给读者思考和判断的空间。

第二个问题：什么人的言语可以引用？在一个新闻事件中，当事人不止一个，那么，是不是只要是当事人说的话都可以引用呢？当然不是。过量引用和错误引用只会让新闻报道杂乱不堪，记者的信息传播意图往往也会被掩埋。首先，记者必须确定引语的可信度。其次，应当确定被引人在新闻事件中的地位。记者应该判断当事人的话在事件中是否关键，是否有价值，如果不是，不能为了引用而引用，记者可以通过现场观察或以事实描述来推进新闻写作。决定引语的使用与否，说到底，就是看它和新闻价值的关联度，它是不是表达新闻价值的必要组成，记者可以根据这样的原则来取舍引语。例如：

污水处理站建成三年未见一滴水①

本报讯（记者 于丽爽）　农村建污水处理站，本是环保的好事。可怀柔区汤河口镇后安岭村村民反映，他们村的污水处理站建成3年多，村民家的污水也排了3年多，污水站里却始终不见处理过的清水排出来。污水到底去了哪儿？

后安岭村是一个建在白河岸边的新村，灰色的二层小楼整齐划一，村子背山面水，景色秀美。污水处理站就在村委会楼前坡下，面积约20平方米，现场只能看到水泥地面和几处井盖、两排排气管。井盖上着锁，锈迹斑斑。

污水站下隔着马路就是白河。路面上有一道新修过的痕迹，村民说，这是修污水站时挖开的，下面埋着排水管，出水口就在河边。

记者找到出水口的位置，发现已经被水泥状的垃圾包住，周围杂草丛生，五六步外的河道里还有一处简易鸡舍。这里显然长时间没有排过水。

后安岭村搬迁上楼后发展民俗接待，全村70多户有近一半办了农家乐。记者走进一家看到，厨房、卫生间都有下水管道。户主说，打入住那天起，污水就直排下水管道了。"肯定都进了污水处理站，不处理那还行！这白河可是饮用水

---

① 于丽爽：《污水处理站建成三年未见一滴水》，载《北京日报》，2015年6月29日。

源地。"

村民说污水进了处理站，可处理站里却看不到处理过的清水排出来，那全村的污水都去了哪儿？

"我们村2012年搬迁上楼，污水处理站也是那时候建的，但建完后就没正常用过。"村党支部书记说。为什么建了不用？"处理站里一滴污水也见不到，没污水还怎么处理！"

污水没进处理站去了哪儿？"听说是管线出了问题，应该是漏到地下了吧！建设单位也在查，但管道都封在水泥地下，不好查。"一位村干部说。

一个污水处理站建成三年没处理过污水，村民家的污水是否直排到了地下？水务部门对此是否知情？

"这个项目不是我们做的，但这事儿听说了。"怀柔区水务局相关负责人告诉记者，这个项目是工程质量出了问题，但在京郊农村，建成后长期闲置的污水处理站不在少数。

原来，农村污水处理设施都由上级部门出资建设，建成后交给村里运营维护。"村里没有专业人员，哪儿坏了修不了；二是运行维护需要钱，一些村财力有限，就不愿意用。"这位负责人说。

为解决农村大量污水处理设施闲置问题，去年市里出台政策，鼓励区县政府以政府购买服务的形式，把这些设施交给市排水集团统一管理。今年，怀柔区拨付资金1000万元用于此项工作。

"我们正协调专业机构检修，修好后就移交市排水集团，确保后期能正常运转。"这位负责人说。

希望"专业机构"尽快修好后安岭村污水处理站，不要让白河水源地再喝三年污水。

以上这篇报道是获得第二十六届中国新闻奖三等奖的文字消息作品，其中共出现了村民、村党支部书记、村干部、水务局负责人等四个主要人物。报道首先引用开办农家乐的村民的话，既强调了污水处理的重要性，又突出了村民说法与现实情况之间的矛盾。继而借村党支部书记的话来补充核心事实，并引出关键问题，即："污水没进处理站去了哪儿？"随后引用另一位村干部的推测之言来推进问题溯源，最后再连续引用水务局负责人的三段回应来交代可能原因和解决办法，并适当穿插客观陈述，通过层层剖析呈现问题焦点，在主客观的适时切换中回应矛盾关切。

五、新闻语言与新闻文风

（一）新闻语言与新闻文风

新闻写作在长期的发展中形成了一些固定的程式，如倒金字塔结构、"5W"导语等，这好比是新闻写作的基本配备。而媒介的融合发展与受众越来越细化的需求，使新闻写作必须有更多的变化或更多类型的文风来适应。例如，早期通讯的限制让西方新闻界提出短、多、快的新闻基本程式。如今，这依然是新闻写作的基本要求，倒金字塔结构也是在这一理念下诞生的经典新闻写作模式。

如今，倒金字塔结构已得到极大的拓展，双层倒金字塔乃至多层倒金字塔结构在新闻报道中也早已出现，尤其在调查性报道中，多层倒金字塔结构配合记者的层层剖析被一一罗列。媒介的包裹式信息覆盖，使受众不再满足于简洁的信息，因而，记者也更加注意细节和花絮在文章中的插入，这些都是文风发展的具体表现。

文风，简单地说，即语言文字的风格。它最早源于刘勰《文心雕龙·风骨》之"意气骏爽，则文风清焉"。它是指"人们在写文章（也包括讲话）时表现出来的风格和风尚，是文章或讲话的思想内容与表现形式等方面各种特点的总和"[1]。1942年，毛泽东在延安开展整风运动，其中之一即是整顿文风。针对具体的新闻文风，中宣部下达的《中共中央宣传部为改造党报的通知（一九四二年三月十六日）》中便提出："各地党报的文字，应力求通俗简洁，不仅使一般干部容易看懂，而且使稍有文化的群众也可以看。"[2]

新闻语言是新闻文风的主要构成部分，新闻文风也是新闻语言以及新闻构思的整体呈现。独特的富有吸引力的新闻语言必然是一种令人欢迎的新闻文风。例如，老一辈著名记者穆青擅长散文式的新闻写作，其新闻语言突破简单、平直的基准，赋予了新闻语言清新、优美而有张力的特征，这种形散意不散的语言也成为穆青独具一格的散文式新闻文风。

在新闻写作中，构思好比枝干，语言则是血肉。只有枝干而没有血肉的丰盈，这样的新闻难成精品，更难提文风。好的新闻必然是构思精细，语言也是精妙有张力的，这样的新闻才是有血有肉、富有感染力的。因而，要形成独具一格的文风，对新闻语言的精炼、创造和突破是必不可少的。

（二）新闻文风的构成要素

新闻文风具有明显的时代性、独特性，其中，独特性体现在记者个人语言素养与媒体定位要素两个方面。

新闻是时代语言的体现，其语言风格具有强烈的时代特征。正如刘勰在《文心

---

[1] 张默：《新闻采访写作》，武汉大学出版社，2000年版，第367页。
[2] 中央档案馆：《中共中央文件选集 第十三册（1941—1942）》，中共中央党校出版社，1991年版，第359页。

雕龙·时序》中所说的："时运交移，质文代变"，"文变染乎世情，兴废系乎时序"，新闻文风总是走在反映时代变迁影响的前列。

如我国早期的新闻，受政治宣传影响较深，新闻语言以政治教育为主，叙事风格宏大而缺乏实际意义。改革开放后，受市场经济浪潮影响，社会发展迅速且充满活力与乐观向上的氛围，新闻风格也积极乐观，传达出一股奋发向上的精神。20世纪80年代后期到90年代初期，社会转型加剧，新闻涌起反思风潮，文风崇尚理性。进入新世纪后，随着全球化的加速，经济稳定，文化多元，娱乐之风蔓延至新闻文风。

在西方，以美国为例，新闻文风也几经变迁。19世纪末期，普利策、赫斯特在新闻界引发"黄色新闻"浪潮，新闻文风煽情、夸张。20世纪60年代掀起要求客观、公正的精确新闻文风，特点是用精确的数据、概念来分析新闻事件，文风严谨翔实，以求最大可能避免主观、人为的错误，从而使新闻报道更趋客观、公正，令人信服。

新闻文风与文学作品一样具有鲜明的个人风格。例如，意大利传奇记者法拉奇撰写的新闻，以直白的对话体著称；《中国青年报》记者卢跃刚的报道，以浑厚的文化感和历史感感染读者；新华社记者穆青的报道，以散文式文风自成一家等。

从微观上说，新闻文风带有强烈的个人色彩，这与个人对新闻的理解、判断以及表达的取向密切相关。我们常说，文如其人，就是指透过文章可以看到作者的个性与风格，新闻报道也是这样。熟悉报道风格的读者，只要看了报道就能判断出报道源自哪家媒体，出自哪位记者之手。但是文风不是写两三篇新闻稿就能形成的，它要经由记者长期的摸索和训练、积累与总结，最终与媒介定位和受众需求互动优选才能形成较为固定的风格。媒体鼓励、受众需要，这是促进记者在长期的实践中形成有个性的文风的动力，我们应追求新闻报道的多样风格，力争百花齐放。从宏观上讲，这也是适应新闻本身内涵丰富的特质，以及新闻价值多向挖掘的可能性的要求。客观而言，一种风格并不能完全适合或适宜所有的新闻题材、体裁等。例如：

红旗插上了珠穆朗玛峰[①]（节选）

银灰色的山峰隐没在浓密的雾层里面，峻峭的山岩上铺盖着一望无边的白雪；一道道浅蓝色的原始冰川，像瀑布一样从万丈悬岩"飞泻"而下；纵深的峡谷曲曲弯弯，好像永远无法走到它的尽头……珠穆朗玛——这座海拔八八八二米的喜

---

① 郭超人：《红旗插上了珠穆朗玛峰》，新华社，1960年5月30日。

马拉雅山脉的主峰、地球上最高的峰峦，巍峨而奇峭，耸立在祖国西南高原的边缘，成为一道雄伟壮丽的天然屏障。

……

今年3月19日，珠穆朗玛山区风雪交加，干燥的粒雪像浓雾一样弥漫在山峦的上空；阵阵刺骨的寒风翻滚，把沙石卷起几十丈高。中国登山队的全体队员们，冒着高原的风雪和严寒，来到了珠穆朗玛峰下。

他们在珠穆朗玛山下海拔五一二〇米的一块谷地上停下来，前面就是珠穆朗玛峰的重峦叠嶂。这块谷地是一道已经萎缩的山谷冰川的脊部，两旁堆积着冰川流逝时带来的垒垒岩石。中国登山运动员们决定把登山队的大本营设在这里。

这段新闻的描写，可以使读者很清晰地感觉到珠穆朗玛峰的雄壮气势。几段环境背景的描写，让读者身临其境般感觉到登峰的艰难，也勾起读者继续探知中国登山队如何破险登峰的阅读欲，同时也在文字表达的张力中展现出记者郭超人豪迈大气的文风。

新闻文风应与记者个人气质相适应。这里的气质，是指记者本身的文化素养、个人喜好、性格特征等。所谓"文如其人"，如性格豪爽的记者行文大多大气豪爽。有的记者善于捕捉新闻现场细节，行文敏锐生动，具有现场感，新闻型记者大多如此。有的记者善于分析事件，抓住事物的内部逻辑，行文严谨如抽丝剥茧，专家型记者往往具有类似特质。有的记者善于察觉情感变化，文字功底强，行文饱含情感，富有感染力，文学型记者常属此例。但不论是新闻型、专家型还是文学型，这只是一个大体的分类，并不能完全对号入座。新闻风格的形成，需要记者找准发展目标，培养并发展自己的优势。例如，近年来以《大败局》《激荡三十年》等著作享有高知名度的吴晓波，毕业于复旦大学新闻系，因为常年从事财经报道而精于财经专业，算是一位专家型记者。他善于从事实当中分析其内在动因，行文逻辑严密、清晰，善于从事件描述中半藏"舌头"地向读者传达意见。

新闻语言风格也应与所在媒体的定位匹配，媒体的定位决定了新闻的总体风格。例如，《人民日报》与《南方都市报》的新闻文风必然不同。《人民日报》作为中央级党报，文风大气、严谨、沉稳，《南方都市报》作为国内都市报的代表，文风活泼、辛辣、新锐。因此，记者在写稿前需要"看菜下饭"，与编辑沟通了解所在媒体的语言风格，这样才能确定稿件的文风基调，与媒体整体的文风特征保持基本一致，从而提高传播效果。

六、新闻语言在媒介语境中的差异化表达

任何语言交流都是在一定环境中进行的，这就是语境。语境包括上下文语境、

情景语境、社会文化语境。语境影响新闻语言的表达。新闻语境从宏观上看，是社会文化语境；从微观上看，是上下文语境和现场的情景语境；从中观上说，则是一种媒介语境。媒介特质的不同，决定新闻语言表达有差异，这在全媒体时代显得尤为突出。全媒体时代，不仅传播内容进一步细分，媒介的报道取向同样因其特质而有所取舍。例如，广播追求信息更新的速度和易接收，网络追求新闻的丰富性和时效性，报纸追求新闻的权威性，电视追求新闻的多感官接收以及画面的真实感。在这样一种媒介语境下，新闻语言的表达在不同的媒介中走向差异化。

媒介各自的传播优势决定着新闻语言的表达方式。广电媒体新闻以音（画）感官为主要新闻语言，文字则退居解说地位，文字语言的作用主要是要传达简明的信息。报纸则发布最终版的权威信息，后续报道主要以分析、解读为主，但因为文字符号的特定性，新闻语言没有发挥到最佳的新锐度。相比之下，尽管准确客观度不够，网络新闻依然凭借其草根性、口语性、自由性、情感强烈等特点而受到关注。

（一）纸质媒介

对传统的纸质媒介来说，语言文字是新闻表达的主要方式。从美国近年来的传统报业发展看，纸质传统媒介在媒介环境的竞争中逐渐走向"抓大放小"的发展路径，即纸媒在竞争中将资源逐渐集中于优势主体，其他业务则被淘汰或者转向新媒体。《华尔街日报》前执行编辑、《华盛顿邮报》执行总编马库斯·布劳奇利在写给职工的备忘录中称："在资源有限和竞争压力日益增加的情况下，我们很有必要集中资源，集中于报道华盛顿本地新闻，集中于报道有关美国和华盛顿的政治、政策以及政府的信息、趋势以及观念。我们将一如既往地覆盖国家大事，也会向这些领域加派记者。"[1]

这是全媒介时代媒介市场竞争激烈的外部环境与社会新闻资源有限的内在动力不足而促成的结果，尤其在日报类媒体中，这一现象尤其明显。纸质媒体在全媒体时代充当的角色，不再是全能型的媒体，而是有所取舍。

同样一则新闻，广播、手机报即时发布消息；电视配合画面音效直击受众感官；网络时效、草根、即时互动强。纸质媒体有什么优势可以留住读者？就目前看来，纸质媒体必然走向分众，必然在内部走向集约；且新闻以权威、主流、深度为主要定位方向。因而，新闻语言在纸质媒介中的表达较其他媒介更为传统，语言内部逻辑性较强，不提倡网络时代割裂的断句方式。整体文风基本保持大报的稳重基

---

[1] 钟岩：《华盛顿邮报关闭全美分部 专注本地无力覆盖全球》，中国网，2009年11月25日，http://finance.sina.com.cn/roll/200911/25/09117013007.shtml。

调,语言较为规范严谨。同时,为与其他媒介有区分优势,纸质媒体更为注重文辞的优美质感,对语言要求较高。

权威信息、深度剖析、优美文辞,这是纸质媒体得以在全媒体时代竞争中屹立不倒、有所发展的立足点和出发点。

(二) 广播电视媒介

从广义上说,广播是听觉媒介,新闻当中的播报、同期声、背景音响与音乐均可以视作新闻语言;电视新闻是视听媒介,解说音与音画为主要语言,文字语言是为画面服务的第二新闻语言。狭义上广电的新闻语言指的是文字稿。文字稿是对图片、实物、事件等的介绍、说明,当文字稿进入电视并成为电视片不可或缺的重要组成部分的时候,它日渐成为一种特殊的屏幕文体。它与画面语言相融合,反映社会生活,传递信息,表达思想情感,提供独特的美感。文字稿作为电视新闻的表现元素之一,并不仅仅对画面语言起解说、补充的作用,更重要的是,它对画面语言有着串联、提示、丰富的意义,使听觉信息与视觉信息有机结合,并延伸和深化画面内涵,拓展视觉的深度和广度,以便观众能更好地理解画面,加强电视新闻的传播力度。

广播电视新闻追求短、平、快,它尽量使用日常说话方式写作,避免过于书面化。为什么人们在会议上坐上半小时就按捺不住,而可以听人聊天两三个小时?这是因为会议中大量使用的正式语言让听众觉得信息繁杂、枯燥无味,而在日常的聊天中,大量的信息就在新鲜的日常用语中进行了传递,听的一方因为语言本身的生动也不会感觉疲劳。

对信息分段,避免使用长句子。长句子信息刊载过量,容易让受众产生接收疲劳。将一个长句子分段,信息就能更容易深入受众、观众与听众的头脑。例如:

> 在昨天举行的"某年某省流感防控策略研讨会"上,省疾控中心流行病研究所专家对开学以来有多所学校出现甲流病例不少学校采取班级或学校停课的应对措施表示不赞同。他认为目前某省甲流病毒在社区已经普遍存在的情况下学校停课防控甲流的作用有限,学生停课回社区也可能感染甲流。

这样一段话,受众是没有太多耐心去听明白的。稍微改动一下:

> "某年某省流感防控策略研讨会"于今日举行。省疾控中心专家指出,目前少数学生感染甲型 H1N1 流感后,学校停课意义不大。学生在社区同样可能感染甲流。

该报道第一句告诉受众,今天召开了流感防控会议。那么受众会想,会上说了什么？第二句告诉他们：专家不赞同学校停课防流感。受众又会形成一个疑问：为什么？第三句解释：因为学生回社区同样可能感染。新闻信息就在受众自觉的好奇下被接受。

（三）网络、手机等媒介

网络中信息庞杂，新闻要具有眼球效应才能吸引受众。因而业界也流传"点击率是万恶之源"的说法。尽管目前网络媒体尤其是商业网站不具备自主采访权，但是，网络新闻在编辑过程中同样能体现网络语言的特殊表达方式，传统媒体在新媒体平台上的传播实践也会参考借鉴网络语言表达。在网络新闻中，时常会出现最新近的网络流行词汇，例如"苏炳添，YYDS！"[①] "北京冬奥会的那些破防瞬间"[②]等，其中"YYDS"（即"永远的神"拼音首字母缩写）和"破防"（比喻深受触动而心理防线被突破）均在2021年十大网络用语之列。

网络同时配备了画面、声音、文字等多渠道的传输符号，其多媒体特性让它拥有广泛的互动平台。就目前而言，专业性网络新闻依然以传统媒体转载或者集纸质、广电等传统媒体的传播模式再整合为主要的传播形式；同时，受众参与的内容生产也赋予了网络新闻更多元的语言风格和特征。单就新闻语言而言，网络媒介的新闻语言在自由度和创新性方面较传统媒介更强。在体育、娱乐等受限较少的报道领域，网络新闻语言呈现出用语自由、情感强烈、变化多样、善用比喻和俚语的特点。例如：

创历史！谷爱凌获自由式滑雪女子大跳台金牌[③]

完美！完美！还是完美！

北京时间2月8日上午，北京冬奥会自由式滑雪大跳台项目决赛如期而至。中国代表团"顶流"选手谷爱凌创造历史，获得中国队冬奥会历史该项目首枚金牌！

这是中国代表团本届冬奥会第三枚金牌，也是冬奥雪上项目中国队女子的历史首金、谷爱凌个人冬奥首金！

[①] 《苏炳添，YYDS！》，人民日报微信公众号，2021年8月1日，https://mp.weixin.qq.com/s/5Ga0wsylW-e8V-s4cTM0KQ。

[②] 《北京冬奥会的那些破防瞬间》，人民日报微信公众号，2022年2月21日，https://mp.weixin.qq.com/s/P6VtD-ce43G2GUwdynmhYQ。

[③] 邓睿侃：《创历史！谷爱凌获自由式滑雪女子大跳台金牌》，观察者网，2022年2月8日，https://www.guancha.cn/sports/2022_02_08_625368.shtml。

大跳台并非谷爱凌的主项，但凭借着出色的综合实力，她依然是奖牌的有力争夺者。

今天的比赛，谷爱凌身边高手环伺，包括现世界排名第一的瑞士选手马蒂尔德·格雷莫，世锦赛冠军俄罗斯选手塔塔利亚，1620度超高难度动作法国选手苔丝·勒德克斯。

值得注意的是，高手云集，也吸引了国际奥委会主席巴赫前来观赛。

强强对抗，比赛一上来，运动员们就拿出了最佳状态，都想先声夺人。

第一轮，谷爱凌挑战两周偏轴转体1440抓板，动作流畅，落地稳健，获得93.75分暂列第二。法国选手苔丝·勒德克斯则拿出杀手锏1620度，获得94.50分暂列第一。

第二跳，谷爱凌发挥依旧稳定，拿下88.50分，暂列第三。

关键的第三跳，谷爱凌跳出了令人难以置信的一跳，向左转体偏轴1620，这是她从未挑战过的难度，稳稳落地，拿下94.50分！

或许是自己也没有料到能够如此完美地完赛，谷爱凌在看到自己的分数后喜极而泣。

随着法国选手完成最后一跳获得73.50分，谷爱凌成功实现反超，以188.25分获得冠军！（决赛共有12名选手参加，取三次滑行中两次不同方向动作的最好成绩相加排定名次。）

"今天是我人生最高兴的一天，最高兴的一秒，"谷爱凌在赛后采访中说道，"最后一跳我挑战了历史上没有一个女孩挑战过的动作，因为我想做到最好，我想把自己的能力展现给世界。赢了冬奥会，是没法形容的高兴！"

值得注意的是，谷爱凌在比赛结束第一时间上前安慰了最后一跳稍有失误的苔丝·勒德克斯。同为年轻选手，她们都在今天承受了巨大压力。

接下来，谷爱凌还将参加坡面障碍技巧赛（2月13日开始）和U型场地技巧赛（2月18日开始）。

此前谈到一人兼顾三项，谷爱凌表示这反而减轻了自己的压力，"因为我有三个机会去达到自己的目标。"

谷爱凌人气有多高？从昨天（7日）预赛之后的现场视频就看得出来，短短几十米的采访通道，到处"埋伏"着中、外记者，其中不乏"放弃"羽生结弦的日本记者。

有国内媒体粗略统计，谷爱凌边走边接受采访，整个过程持续了近50分钟。

毫无疑问，谷爱凌是北京冬奥会的"顶流"。她凭借的，除了出众的实力外，还有与自己年龄有些"不符"的气质和格局。

面对一声声"谷爱凌"，她并没有不耐烦，而是坚持一字一句说完自己的答案,尽管有些内容在几分钟甚至几秒钟前刚刚和另一个媒体说过。

除了谈自己的表现,她始终不忘推广冰雪运动,鼓励青少年勇敢尝试。

"对所有的青少年们,尤其是女孩们,我最大的希望是让大家去接触,去试试,去找到冰雪运动的热爱。通过冰雪运动去了解自己、挑战自己,去打破界限,去认识朋友,去做一些以前没有想到要去做的事情。"

话音刚落,她又开始介绍起自己设计的滑雪板、滑雪服。

转过身,金色的中国龙展示在众人面前,"我一定要说一下这个!我今年的雪板上有一条龙,中文意思就是'人中之龙'。我后背上还有一条龙,都是我设计的!我是想通过滑雪,把中国元素带到世界"。

对于奥林匹克格言中的"更团结",她认为"我们虽然来自不同的国家,但今天在这里比赛都非常享受,我觉得这就是一种团结!"

近年来,微博、微信、抖音的流行以及AR、VR、5G等技术的应用,宣告了一个新媒体时代的来临,以智能手机为代表的移动媒介之功用已经得到充分展示。新媒体时代,网络新闻语言在信息传播时效和媒介平台适配的要求下,呈现出更多元、更生动的发展趋势,拉开了新闻报道新时代的序幕,也对新闻写作朝着广义的公共表达拓新提出了更高要求。

思考练习题

一、请说明安排新闻结构时,应遵循什么样的原则。

二、新闻写作中基本的新闻结构方式有哪些?请结合本章内容,谈谈你对倒金字塔结构的理解。

三、请根据下面的材料,写一条倒金字塔结构的导语。

3月23日中午12时50分许,午休的辽阳市白塔区实验小学学生高某(女,12周岁)和另外几名同学在校门前玩耍时,将一铁管扔到了王妍(女,33周岁,市检察院案件质量管理处科员、书记员)停放在实验小学东门艺友琴行门前的红色荣威汽车前机盖上,将车砸掉直径约一公分的一块漆。王妍发现后,将高某追上,抓住高某的胳膊对其质问并拽其往停车处,期间发生撕扯,王妍打了高某脸上两巴掌。民警到达现场时,王妍正用手拽着高某的衣领。后高某亲属到达现场,民警将双方当事人带到派出所进行查处。之后,辽阳市检察院根据公安局的调查情况,认为,王妍打人行为严重违背了社会公德和检察人员职业道德,虽然,其行为不是工作上的职务行为,其行为发生时间也非工作时间,但其行为已给全市检察机关带来严重影响。对此,市检察院以高度负责的态度认真对待,并根据公安机关调查结论,依据《公务员法》《检察人员纪律处分条例》,经市检察院检察长会议研究决定,先行停止王妍工作,再根据相关组织程序作出进一步处理。

四、请举例说明新闻语言和文学语言有何区别。

五、请说说新闻文风主要包含哪些要素。

六、不同的媒体在新闻写作中如何注意新闻语言的大众性与规范性？

七、请以证券、通讯、农业等行业中出现的热点或现象为例，选取一个新闻由头，采写一则报道，要求语言精准、通俗易懂。

八、请以"关注校园生态"为题，分别从报纸、广播、电视、网络的报道要求出发，结合这些媒体的特性，各写一则简短的报道，比较它们在新闻语言表达中的异同。

第三部分

新闻采写的常用报道形式

第十章 消 息

【内容提要】

消息是报道体裁诸种类中的一种,与通讯、特写等共同属于新闻体裁范畴,以最直接、最简练的方式报道新闻,是最经常、最大量运用的报道体裁,体现了其作为"报纸的主体""报纸的主角"的重要地位。消息具有时效性最强、篇幅最短、适用范围最广等三大突出特点。从结构上看,一则完整的消息,主要包含两方面的内容:一是消息的构成要素,即它是由哪几部分组成;二是消息的构成方式,即消息各个部分之间的关系以及结构布局方式。本章结合具体案例,从消息的含义、特点、要素、结构、类型及消息写作等方面,结合传播理念、报道内容的变化及传媒技术的发展,详解消息写作范例及创新变革走向。

第一节 消息的含义及特点

一、消息的含义

按照 1993 年出版的《新闻学大辞典》中的解释,消息是"以最直接、最简练的方式报道新闻事实的一种新闻文体,是最经常、最大量运用的报道体裁"。此定义揭示了消息所具有的四个方面的内容:首先,消息是报道体裁诸种类中的一种,与通讯、特写等共同属于新闻体裁范畴;其次,消息的目标在于报道新闻事实,新闻事实指的是现实生活中新近发生的具有意义的事实;第三,消息以最直接、最简练的方式报道新闻,这是它区别于其他报道体裁的根本之处;第四,消息是最经常、最大量运用的报道体裁,这揭示了消息作为"报纸的主体""报纸的主角"的重要地位。

二、消息的主要特点

与其他体裁相比,消息具有时效性最强、篇幅最短、适用范围最广这三大突出特点。

(一) 消息是时效性最强的新闻体裁

新闻报道的基本任务就是将现实生活中具有传播价值的新情况、新问题、新创造、新风尚快速告知给广大受众,所以,讲求时效是新闻本身的要求,也是新闻之所以为新闻的本质特征。在新闻报道的所有形式中,消息是时效性最强的新闻体裁。

消息的时效性有两个层面的含义:一是时间上的"及时、快速",即要求消息的报道时间与新闻事实发生、发现时间之间的时间差要最短;另一个是内容上的"时新、新鲜",它要求记者对新闻事实的冲突性、异常性给予敏锐的发现和关注。

与其他新闻体裁相比,消息更加强调时效性,即"抢新闻"的观念在消息的采写上表现得异常突出,对同一新闻事实的报道,通讯、特写等新闻体裁一般在时间上可以相对宽松些,而消息则力争"保鲜"。对消息曾有两种非常形象的说法:一是"时效就是金钱",二是"易碎品"。所谓"时效就是金钱",是指对新闻事实的报道一旦错过时机,时过境迁之后,此事件的新闻价值马上就会降低,甚至变得毫无价值;"易碎品"则是指时效性是消息的生命,没有了时效性,消息便失去了其存在的根基。因此,消息必须迅速及时。此外,消息的时效性也意味着消息的内容必须是新鲜的,是独一无二的,"马后炮"式的内容,对消息而言都是有缺陷的。

(二) 消息是篇幅最短的新闻体裁

消息的时效性和时新性特质,要求消息的报道时间距新闻事实的发生、发现时间尽可能短,这就要求记者与媒体必须尽可能缩短报道时间与事实发生、发现时间二者之间的时间差。在尽可能短的时间差内,记者往往无暇顾及报道的语言与辞章,而是以简洁明了地传递事实信息为首要目的,抢占第一落点,保障内容的独家性。因此,记者在写作消息时,必须遵循简明、准确和平实的写作规范,重在突出新闻价值,并易于受众理解。

消息写作的简明规范,要求记者尽量简洁明晰地陈述新闻事件中的核心事实,因为是快速传达新闻发生的综合动态,所以需要克服无法长时间精细采访、细致写作的客观困难。实践证明,优秀的消息都是开门见山、直言其事,能够一语中的的。消息写作的简明规范,不仅方便记者写作,也方便编辑编排,还便于受众接受。目前,越来越多的简短消息,如标题新闻、一句话新闻、简讯等在报刊、网站上出现,少则几十字,多则上百字,文约却意丰。

消息写作的准确规范,要求记者要真实、准确地传达现实生活中新近发生的具有新闻价值的新闻事实。常言道,真实是消息的生命,准确是消息的灵魂。真实、准确地报道新闻事实,意味着记者切忌根据自己的合理想象和主观猜测,对新闻事实进行失实报道和歪曲报道,而是需要在宏观层面上按照事实发生、发展、高潮、结局的客观逻辑来进行报道,并在微观层面上准确核对新闻事实发生的时间、地点、人物、起因、经过和结果,以及包含的具体细节、数据和背景材料等。核实是消息写作的内在要求与记者的职业习惯。

消息写作的平实规范,要求记者在消息报道中,对新闻事实的选择、组织和描述尽可能保持客观立场,写作用语尽可能朴实无华,避免失度地直接发表议论或意见,注意巧妙、间接地表达一定的态度和倾向。

(三)消息是适用范围最广、运用频率最高的新闻体裁

消息是适用范围最广的新闻体裁,无论是政治、经济、社会,还是文化、体育、娱乐领域,随处都可以见到消息的身影,记者用它来呈现社会各行各业、各领域的发展动态以及变化。同时,消息也是使用频率最高的新闻体裁,我们任意翻阅报纸或收看新闻节目时会发现,90%的新闻都是使用消息这种体裁进行报道的,其使用的频率和范围远远高出通讯、特写和深度报道等新闻报道形式。

第二节 消息的要素及结构

一则完整的消息,主要包含两方面的内容:一是消息的构成要素,即它是由哪几部分组成的;二是消息的构成方式,即消息各个部分之间的关系及其结构布局方式。

一、构成要素

一则完整的消息应该包含以下基本要素——标题、消息头、导语、主体、背景和结尾,这六者相辅相成,形成消息的外部形态。其中,标题是消息的眼睛,是对消息内容的高度概括和浓缩;消息头是消息的外在形式标志,是对消息刊发于所播

报的媒体、时间和地点的交代;导语是一则消息的开头部分,是对消息中最主要、最新鲜的新闻事实的揭示;主体是一则消息的躯干,是对导语中新闻事实的展开、补充和解释;背景是对新闻事实产生的相关条件和有关知识的介绍;结尾是消息的结束句,是对消息全篇的收束。

(一)标题

标题常被比作文章的"眼睛",它是指以醒目的形式刊出,用以提示文章内容的简短文字。正因为它具有如此功能,"看文先看题"已经成为现代社会许多人的阅读习惯,它能帮助受众根据标题所提供的信息确定是否继续阅读,因此,标题对文章信息的传递,起着重要的导引作用。

1. 消息标题的含义

消息的标题是指位于消息顶端并概括消息内容的简短文字。消息标题的制作堪称一门艺术,好的消息标题是新闻记者和编辑共同协作的结晶(记者虽然承担标题写作的主要工作,但是编辑在把关时,通常为了更加凸现新闻价值并吸引读者阅读,会进行加工和修改润饰)。革命导师恩格斯在论及新闻时,曾提出消息标题"愈简单,愈不费解,就愈好"。我国早期著名报人邵飘萍曾就消息标题的制作专门论述道,"最好在十余字之大标题中,即能将新闻要素显现出其大半。如时日、人名、地名、结果等"。

媒介发布消息时,一般都有标题,其作用首先在于消息标题可以通过对消息核心内容的强调和评价来达到帮助读者尽快选择消息信息、了解新闻事实和理解报道主旨的作用;其次在于消息标题能够通过较大字号、不同字体以及相关装饰来达到体现报道风格、吸引受众注意和美化版面空间的作用。

一个成功的消息标题,要力求准确凝练、简洁明快、形象生动,既能高度概括消息的内容主旨,又能揭示新闻事实的时代意义,还能广泛地吸引受众的注意力。从这个意义上讲,消息标题制作功底如何,不但能显示出记者的语言文字驾驭能力、思想认识水平、分析判断能力、新闻职业素养以及各种知识积累程度的高低,而且还能反映出记者的新闻触角是否敏锐,采访作风是否扎实。

2. 消息标题的结构

(1)消息标题的结构方式。

按照标题的组成部分来划分,消息标题的结构可以划分为两种类型,一是单题,二是复合题。单题只由一个部分构成,复合题由两个或两个以上的部分组成,即辅题与主题。辅题又分为上辅题和下辅题,上辅题又叫引题或眉题,下辅题又叫副题。因此，复合题可以有三种构成形式，即引题＋主题、主题＋副题、引题＋主题＋副题。

　　按照标题构成部分的论述内容与方式来划分，标题的结构方式又有实题和虚题之分。实题以叙事为主，一般用名词或动词来表达，着重表现具体人物、动作和事件；虚题以铺陈、烘托、说理、抒情等为主，一般用形容词、副词来表达，着重说明原则、道理、意义和愿望。实题可以单独使用，若它能使受众明白新闻的含义，记者就无需再作虚题。因为消息是新闻事实的写作与传播，所以其标题如果采用虚题，则必须与实题相配合。在消息标题的结构要素中，其组成部分必须有实题。通常情况下，副题必须是实题，否则，只有虚题而无实题，受众就无法知晓和理解新闻的具体内容。

　　（2）消息标题的结构组成：引题、主题、副题。

　　引题，又名肩题、眉题、上辅题，为了引出主题，放在主题前面。引题可为实题，用于对主要新闻事实的概括，或交代新闻事实发生的背景；也可为虚题，用于揭示新闻事实的引申意义和社会影响，或烘托渲染氛围，以加强主题。在报纸版面上，它的字号比主题小。有时为了表意方便，引题后可以加破折号。

　　主题，又称为主标，是对新闻事实中最核心内容的概括，是几类消息标题中唯一不可缺失的标题种类，主要为实题，用来指示新闻事件中最有影响力或最引人注目的事实或观点。在消息版面中，如果出现复合标题，主题的字号最大也最醒目。

　　副题，又名子题、下辅题，位于主题之下，一般为实题，常用来补充交代新闻事件的主要事实，例如较为重要的新闻要素，或对主题作必要的解释、印证与补充。值得注意的是，消息的标题中，副题前面一般不加破折号。

　　（3）消息标题的结构方式：引题、主题和副题的关系与组合。

　　主题可以单独使用，构成单行标题，也可以结合引题或副题一起使用，构成多行标题。

　　单行标题，又称为单一型标题、主标式标题，指只有一行主题的标题形式。短讯、国际消息写作中多采用这种标题形式。

　　如《光明日报》2009年9月10日的一则单行式消息标题：

吴邦国出席中美经贸合作论坛开幕式并致辞

　　如果新闻主题的字数较多，但又受版面编排的限制，原本只有一行话的主题则需排为两行，但是字体大小要一致。如《南京日报》2022年4月26日的这则消息标题：

学习习近平总书记重要讲话指示精神
研究部署安全稳定防汛抗旱信访等工作

多行标题，又称为复合型标题，指有两行及两行以上标题的标题形式。多行题有完全式标题（引题＋主题＋副题）、主肩式标题（引题＋主题）和主副式标题（主题＋副题）三类，是核心要素较多的消息常用的标题形式。其中，引题、主题与副题之间必然存在着一定的逻辑关系，如因果关系、目的与手段关系等。

引题＋主题结构。这种组合之下引题可实可虚，但主题一定要是实题。如《华商报》2004年3月12日的一则消息标题：

墓价4000元碑价1500，一亩地年租350元能建200座墓（引题）
墓园暴利 人"死不起"（主题）

又如《中国青年报》2008年5月14日的一则消息标题：

空军实施历史上最大规模应急空运（引题）
六千空降兵飞赴灾区（主题）

再如《中国教育报》2009年12月26日的一则消息标题：

小小儿郎几多愁 作业写到九十点 家长心焦又无奈（引题）
幼儿园咋教上了小学课程（主题）

主题＋副题结构。这种组合方式中，主题可以是实题也可以是虚题，但副题必须是实题。

如《工人日报》2009年12月27日的一则消息标题：

我国首部《侵权责任法》获通过（主题）
首次明确规定精神损失赔偿、网络侵权责任、医疗器械侵权责任（副题）

再如《文汇报》2009年12月27日的一则消息标题：

"逼真"逼走本真（主题）
专家认为一些年轻人走进追求表象真实的创作误区（副题）

引题＋主题＋副题结构。在这种标题组合方式中，引题、主题可实可虚，但是副题一定要是实题。如《工人日报》2009年12月27日的一则消息的标题：

百年铁路强国梦 潜力粤汉半日还（引题）
武广高速铁路投入运营（主题）
标志着我国进入高速铁路时代（副题）

再如《工人日报》2009年12月27日的另一则消息标题：

依靠的法律法规存在抵触（引题）
福州水价听证会代表"身份潜伏"遭质疑（主题）
市民们表示，保证听证会代表不"被代表"才能保障市民话语权（副题）

3. 制作消息标题的要领

制作消息标题须做到准确鲜明、简洁凝练、形象生动，同时还须符合不同媒体的传播特点。

(1) 准确鲜明。

消息标题是对消息内容的浓缩与概括。新闻工作者必须对核心事实作准确鲜明的概括，才能有助于读者对消息内容的认识和理解。消息标题的准确鲜明，一方面要求消息标题所表现的内容要清楚明确，在题文一致的基础上，不随意夸大或缩小，也不任意拔高或歪曲，它不能产生歧义，更不能背离事实；另一方面，这要求消息标题必须突出新闻事实中最重要的、最新鲜的、最有特点的方面。

(2) 简洁凝练。

简洁凝练要求新闻工作者在制作消息标题时应注重炼字、炼句和炼意，能够达到篇幅简短，但核心事实突出。在"受众本位"的当代，新闻报道为了能吸引受众注意和帮助受众理解，对那些容易枯燥、时效延缓的题材，如会议新闻报道，应采取抓住其中最有价值的新闻事实鲜明强调、化繁为简的制作方式。

(3) 形象生动。

消息标题的形象生动，要求记者善于使用得当的修辞手法，通过对各种俗语、谚语和成语的活用；对诸如比喻、对偶、排比、顶真、回环、借代等在内的多种修辞手法的运用；对形容词、动词的巧妙运用以及句式的灵活变换等手段，深化报道主题，扩大标题的信息容量，从而使消息标题更加形象、立体和富有感染力。

(4) 符合不同媒介的传播特点。

不同的大众媒介有不同的传播符号，不同的传播符号又决定了标题制作的不同取向。

报纸、杂志等纸质媒体以单一的文字符号为传播载体。文字在抽象、概括方面的独特优势以及报纸读者整体文化程度较高的受众特点，使报纸消息的标题制作可以较为深刻耐读，并且可以较好地发挥对成语、俗语和谚语的变化引用；同时，报纸排版和阅读的空间延展性也使报纸在消息标题制作上可以多使用复合型标题。

广播以单一的声音符号和电波为传播载体，其线型的、转瞬即逝的、只诉诸听觉的传播特点，决定了广播消息的标题制作需要侧重浅显平易的口语化，要易于听众理解和记忆，因此，广播消息标题的结构需较为简单，应多使用单一型标题。除此之外，广播是时效性非常强的传媒，其消息标题的写作也应以短小简明来突出这一特性，所以单一型标题可以视作广播消息标题的内在要求。

电视是声音、画面和文字三位一体的传播媒介，它集文字和声音的优势于一体，还补充了直观、形象的画面，因此，它在一定程度上实现了可视性和生动性。在电视消息标题的制作中，需要综合发挥文字在说理中的深刻和声音在论述中的浅显易懂以及画面的直观形象三重优势，需要将抽象、复杂的事物运用多种符号转化为可以理解的内容，故长期以来，报纸消息标题的制作一直是电视消息标题制作的重要参考。如何发挥电视的传输特性，需要在这三种符号的有机结合中去寻找标题制作与创新的结合点，这也是当代电视新闻传播面临的挑战之一。

被称作"第四媒体"的网络，集文字、图片、视频和音频为一体，其超链接的传播模式使得网络新闻传播采用消息标题集纳在一起的引导式的页面安排，这样的页面排版需要用户点击标题的内容来获取每条新闻的内容，所以，其标题对网络新闻的阅读就起着至关重要的作用。这种点击式的选择阅读使得网络消息标题制作以单一型为主，并且必须注重求新求异，必须考虑如何在准确的基础上吸引受众的注意力。

（二）消息头

1. 消息头的含义与外部特征

消息头是消息的外在形式标志，是消息区别于其他文体的基本特征之一。所谓消息头，是指用以说明消息所发媒体、时间和地点的文字，有时也包括记者的署名。通常情况下，报纸和广播电台在消息的开头就要交代消息来源，并且将消息头放在消息正文的前面；而电视台则往往将消息头置于新闻后面，通过屏幕文字显示。报纸上的消息，消息头和正文之间一般用不同的字体区分，且消息头前面应空两格，网络上的消息同样如此，如图10—1。

图 10-1 人民网新闻中心超链接截图

消息头一般包括"讯"和"电"两大类。"讯"主要是指通过邮寄或书面形式向媒体传递新闻报道;而"电"则主要指通过电报、电讯或电话等形式向媒体传递新闻报道。对消息头的称谓,各媒介在使用中并不统一,一般而言,通讯社称之为"电头",报社称之为"本报讯",电台、电视台则称之为"本台消息"。如:

新华社北京 4 月 17 日电

本报安卡拉 4 月 16 日电

消息头一般采用"×报(社)×地×月×日电(记者××)"的形式,有些消息头不需要记者署名,则省去后面括号内的内容。有些不完全引自通讯社的消息,例如记者参考某消息改写的报道,则采用"综合×及×报道"的形式。

2. 消息头的功能

规范消息头的写作在新闻传播领域是十分必要的,这不仅有助于提高新闻工作者的写作素养,简化记者、编辑人员的工作程序,同时,对受众而言,可以使信息的判断、获取快捷化。[1]

消息头主要有三方面的作用。首先,对媒体而言,消息头是一种表明身份的标志,用来更正视听。消息头能够表明此篇报道并非虚构而是由相应媒体实际采写而来,从而使新闻事实有据可依。其次,消息头准确、客观地标明了消息来源,能够帮助读者阅读。消息头中的信息告知了读者新闻发布的单位以及报道该新闻事实的

---

[1] 魏少华:《关于"消息头"写作中的问题与思考》,载《新闻爱好者》,2005 年第 4 期。

地点与时间,它能够有效地帮助读者判断该新闻的权威性、可信度与新闻发布者的立场等。此外,消息头是一种职责与权利的象征。消息头象征着信息发布者的"版权所有",一旦标出就意味着信息发布者对该报道负全部责任,同时是对该消息来源的版权的尊重与维护。①

(三)导语

导语是一则消息中紧接消息头的第一句话或第一段文字,是具有一定独立性和统领性的开头部分,它承载着写明消息中最主要、最新鲜的事实,揭示题旨,制造悬念和唤起受众阅读兴趣的多重重任。同消息头一样,导语也是消息体裁所特有的构成要素。与其他文章的开头不同,消息的导语是新闻事实或问题的提要、结果或高潮,因此,导语的成败,直接关系到消息内容能否顺利到达读者。

1. 导语的发展历程

导语从无到有,从有到优,经历了一个漫长的发展过程,其间,时代的需要是根本动因,同时,技术创新提供了其生存发展的土壤。电报的发明和美国南北战争的爆发,是与导语的诞生密不可分的两大要素。1844年,美国科学家莫尔斯发明了电报,到19世纪60年代美国南北战争时期,用电报传递战地新闻已成为各大报纸和通讯社记者常规的发稿渠道。但在当时,由于技术的不完善与战地的特殊性,记者所采写的新闻经常会因为各种原因而不能及时、完整地传到编辑部,因此,为避免最重要信息的遗漏,加上战争因素所导致的电缆随时可能被炸断而影响发稿,战地记者们放弃了传统的直叙型写作方式,改为将最重要的信息放在文章的最前面,这样即使主体缺失,读者仍能了解到核心事实。由此,便诞生了最早的第一代导语,即5W+H(who, what, when, where, why, how)六要素导语。美联社总经理梅尔维尔·E. 斯通在1898年明确提出,美联社记者所发的每一条新闻必须具备5个W和1个H,从此确定了六要素导语的地位。

第一代导语尽管完整,却很呆板,既无创造性,也没有悬念感,冗长而没有重点。随着广播的兴起,新闻业竞争加剧,六要素导语在经历了其黄金的40年后,最终被简短生动、重点突出的第二代导语所替代。1954年,《纽约时报》总编辑在采访部贴出一张布告:"我们认为没有必要、也许永远没有必要,把传统的五个W写在一个句子或一个段落里了。"由此拉开了第二代导语流行的序幕。

第二代导语又称部分要素导语,即将最为重要、最能引发读者阅读兴趣的一两个要素放在导语中,其余要素则在主体部分进行阐述。这样的导语既短小精悍,开

---

① 车建平:《体育报纸消息头缺失现象探析》,载《体育学刊》,2002年第5期。

门见山，又一目了然，便于阅读，受到读者的普遍欢迎。时至今日，部分要素导语仍是众多记者惯用的导语写作手法。

进入 20 世纪后，广播电视等电子媒介蓬勃发展，读者趣味日趋多样化，这给报刊记者带来了巨大的压力。为了更有效地吸引读者、丰富新闻本身的趣味性，导语的写作进入了不拘一格、争奇斗艳的自由式导语发展阶段，即通常所说的第三代导语。第三代导语已不存在什么定式，只要是能最大限度地接近读者、吸引公众兴趣的内容，都可放进导语中。导语成为记者彰显个性、追求创新的阵地，悬念、对比、设问、比喻、拟人，各式各样的修辞表现手法使导语显得与众不同、独出心裁，报纸自身的风格也在百花齐放的导语写作中各显特色。

在快速阅读的信息化时代，能否写出一条贴切而精彩的导语，愈加成为衡量记者写作能力高低与媒体编辑水平高低的关键所在。

2. 导语的功能

中外新闻名家无不将导语看做是消息写作中最重要，同时也是最需要花心思的部分。毛泽东曾借用古人之语，将导语概括为"立片言以居要，乃一篇之警策"；我国新闻学开拓者任白涛在《实用新闻学》中说："冒头者，诱起读者读欲之饵也，故饵味不可不使之美。"这里的"冒头"就是今天所说的导语。美国名记者威廉·梅茨在《怎样写新闻》一书中说："导语是记者展示其杰作的橱窗……如果记者未能在导语中表现出水平的话，那么，他就是没有水平。"导语的重要性正在于它在整个消息写作中有着无可替代的点睛、定调、引人入胜三大功能，它使消息从开头便决定了报道的整体质量和走向，并且影响着报道效果的生成。

（1）点睛。

点睛指在导语中应用简洁的语言突出消息的新闻价值所在，揭示出报道的核心内容。

新闻报道的目的在于向受众传播他们欲知、应知而未知的信息，受众能否接收到这些信息，决定着新闻报道的目的能否实现。现实情况是，大多数读者没有足够的时间和耐心读完报纸上每一条消息的全部内容，因此，为了提高新闻信息传播的效果和效率，记者需要在报道的开篇为受众提供新闻中最重要、最精华的事实信息，从而展示出报道的核心内容，点明报道主题。

那么，导语是如何发挥其"点睛"功能的呢？以下面的导语为例。

我国鸟类起源和早期演化研究再获突破性进展，中美科学家通过大量研究，确认在我国甘肃昌马盆地早白垩世地层发现的甘肃鸟，是目前世界上发现的最古老的今鸟类化石。这一研究成果，将今鸟类的化石纪录提前了约 3000

万年。美国《科学》杂志于当地时间6月16日，发表中国地质科学院尤海鲁等人撰写的这一科学成果论文。①

该导语用三句话简要清楚地交代了消息的报道核心。单独看该导语，它完全可以构成一条微型消息。读者读完这则导语后，即使不再阅读后面的部分，也会比较清楚地了解到该篇新闻报道想要讲述的内容。又如：

> 由司法部副部长张苏军、原中纪委监察部驻农业部纪检组长夏文义带队的国务院"两纲"中期评估督导组，8月20日上午在陕西省实施"两纲"汇报座谈会上点名批评一些参加会议的部门代表交头接耳、不认真开会的散漫行为，让所有参会者的精神为之一振。②

这是一条会议消息的导语，但是与一般会议消息不同的是，它并没有采取传统的六要素导语，不再是全面直观地报道会议的召开情况，而是选取了会议中最具新闻价值的一部分内容——督导组对于与会代表散漫行为的批评，由此点出了消息的报道核心。

（2）定调。

导语的定调功能指通过导语为消息全文定下一个基调，指明一种方向。这种定调，可以是确定情感上的基调，或喜或悲，但更重要的是确定宣传导向的基调，即代表记者和新闻媒体的主观态度，或褒或贬。在导语中定下全篇报道的基调，有助于选择新闻素材、确定语言风格，也有利于新闻写作的顺利开展，同时，它能使受众在第一时间感知记者和新闻媒体对某事件的态度，从而为人们正确认知此事件提供一种参考。例如：

> 71岁的云南省晋宁县昆阳镇农民张林和妻子现在每人每年都能领到600元养老金。这笔养老金是政府专门给独生子女户和二女户发放的。他高兴地说："养儿子也给不了这些钱。"③

从这则简短的导语中，我们不仅能体会到农民张林高兴的心情，并且能迅速感知这是一篇积极正面的报道，记者的态度与报道的基调都是对"政府发放养老金"这一制度的肯定。

（3）引人入胜。

导语有一个与消息标题相同的作用，即吸引读者的注意力并且引导他们继续阅

---

① 林英、曹菲：《我国发现世界上最古老今鸟类化石》，载《光明日报》，2006年6月17日。
② 朱谦：《"两纲"督导动真格 个别汇报卡了壳》，载《中国妇女报》，2006年8月24日。
③ 白剑峰：《农村计划生育家庭后顾无忧》，载《人民日报》（海外版），2006年10月11日。

读。唐纳德·默里在《为读者而写》一书中这样写道:"三秒钟内读者会决定阅读或者转到下一个报道。你必须在三秒钟内抓住读者视线并且留住读者视线,你必须在这个时间里吸引读者并向其提供信息。"尤其在如今"速读"盛行的时代,只有精彩的、具有吸引力的导语才能让受众留步,才能让他们愿意花时间去了解导语之后更多的内容。例如:

冬天,如果没有燃煤、燃气或电力供暖,人们还能享受到温暖舒适的生活吗?答案是:可以![1]

上面这则导语用设问的方式引发受众的好奇心和阅读兴趣。是否如导语所说,没有燃煤、燃气或电力供暖,我们还会享受到舒适的生活?那又是什么样的新方式来给我们供暖呢?这些由导语带来的悬念,便会成为吸引受众读完整条消息的动力。

3. 导语的类型及写作

按照新闻实践中常规有效又相对稳定的写作方式来对导语进行划分,导语大致可以分为直接性导语和延缓性导语两大类别。

(1) 直接性导语。

直接性导语是指开门见山、直截了当地切入事实本身的导语。一般而言,直接性导语是当代导语中最主要、最常见的范式,尤其适宜当代社会迅速快捷的信息传播方式以及受众快餐式的信息消费习惯。从表现手法上看,直接性导语又可分为直叙型导语、解释型导语和述评型导语。

①直叙型导语。

直接明了地叙述所发生的事件是直叙型导语的主要特点,它同时也是最简明、最客观的导语写作手法。下面是一条典型的直叙型导语,它将时间、地点和人们关心的主要事实真实、直接地呈现在读者面前。

新华社海南文昌11月24日电 11月24日4时30分,我国在中国文昌航天发射场,用长征五号遥五运载火箭成功发射探月工程嫦娥五号探测器,火箭飞行约2200秒后,顺利将探测器送入预定轨道,开启我国首次地外天体采样返回之旅。[2]

---

[1] 师锁伟、赵雪、王秀茹:《脚下的土壤能供暖》,载《长春日报》,2006年3月13日。
[2] 胡喆、陈凯姿:《嫦娥五号探测器成功发射 开启我国首次地外天体采样返回之旅》,新华网,2020年11月24日,http://m.xinhuanet.com/2020-11/24/c_1126777146.htm。

②解释型导语。

解释型导语用于对科技、法律、经济、交通等领域的报道,对于相关规章、条例、制度、政策等读者不熟悉的内容进行解释说明,使读者了解主要事实产生的意义、作用、结果等。以下这条导语通过对成昆铁路规划方案公示的说明,揭示出该规划方案对读者生活带来的改变和意义。

中铁二院网站近日公布了《成昆铁路成都至峨眉段扩能改造工程环境影响评价第二次公示(简本)》。根据规划,成都至峨眉将设4个站,时速可达200公里,建成后成都坐火车至峨眉只需要40分钟左右。据了解,该段是成都至昆明复线工程中一段,是我省计划今年开工的铁路"7+2"项目之一。①

③述评型导语。

述评型导语通常是针对本身蕴含一定的普遍意义或很有必要在消息中表达出作者主观评价的新闻事实,以引起读者的共鸣而使用的导语。由于述评型导语带有一定的主观成分,因此,应该根据报道的具体内容和报道的基调谨慎使用。

本报西藏珠峰大本营5月8日电 记者燕管社报道:历史将铭记此刻,人类首次在地球距太阳最近的地方点燃奥运圣火,在前所未有的高度把梦想变成现实!今天上午9时17分,象征"和平、友谊、进步"的"祥云"火炬在世界最高峰珠穆朗玛峰峰顶点燃。西藏边防总队奥运圣火运送护卫特勤队在两小时前首先登顶珠峰,圆满完成了护卫北京奥运火炬珠峰传递中国登山队登顶珠峰任务。②

以上这则导语表达出作者对火炬在珠峰上点燃这个事件的喜悦和赞许之情,这种主观情绪能有效地与读者达成共识,因此在这里使用述评型导语就显得十分恰当。

(2)延缓式导语。

延缓性导语并非直接切入事件本身,而是通常先依托某种表现手法以烘托气氛,力求更形象、更生动、更有趣地间接展现事实。随着人们审美趣味的提升,延缓性导语愈加受到读者的欢迎。相对于直接性导语,延缓性导语的表现手法更加丰富多彩,它可分为描写型导语、悬念型导语、拟喻型导语、对比型导语和引语型导语等。

---

① 《成昆复线成都至峨眉设4站 环境敏感点声屏障降噪》,载《华西都市报》,2009年12月14日。
② 《护卫"祥云"登上世界之巅》,载《边防警察报》,2008年5月10日,该新闻获第十九届中国新闻奖三等奖。

①描写型导语。

描写型导语通过对现场最特别场景的勾勒，烘托出生动的现场气氛，使读者有身临其境之感并能迅速沉浸其中。下面这条导语绘声绘色地描写了一名女子在地震中获救的那一瞬间的感人场景，使读者深受感染。

本报四川北川5月15日电（特派记者李英挺 通讯员胡金文）15日上午10点37分，四川省绵阳市北川县地震灾区夏禹电力公司的一堆废墟上。当誉欣终于获救时，废墟上守候的人群响起一阵欢呼掌声。誉欣永远无法忘记这一时刻——被埋在坍塌建筑68个小时，当她绝望时，来自海南的地震紧急救援队冒着生命危险，为她打出一条生命通道。①

②悬念型导语。

悬念型导语通常将反常、神秘、出人意料的事实放在消息开头，通过设置悬念以引起读者的好奇心。下面这条导语一开始就摆出了安远矿产资源管理局不同寻常的"冷面孔"，使读者对管理局为何拒人千里之外产生疑惑，随后报道又进行了解答释疑。需要注意的是，悬念型导语的事实内容必须与新闻主题密切相关，否则只会弄巧成拙。

本报安远讯 记者卓凡、徐锦忠报道：在安远，有一个部门"门难进""事难办"——当你跨进该县矿产资源管理局，只要是提出想在东江源区域开矿办厂，对方肯定会将你拒之于"千里之外"。今年，就有10多批来自全国各地"热心"开采地下资源的人，在这里碰到了"冷面孔"。因为在东江源区域内进行开采，势必对生态环境造成一定的污染和破坏。②

③拟喻型导语。

拟喻型导语通过形象的拟人或比喻，将一些复杂的、不为读者熟知的概念拟人化或拟物化，从而化难为易，方便读者阅读。下面这条导语将"和谐号"动车组拟喻为运动员，既形象地描述出动车组的快速便捷，又从另一侧面反映出中国铁路的飞速发展。

本报北京8月1日电（记者和平 肖培清 胡艳波）今天，国产CRH3型"和谐号"动车组，恰如追求更快、更高、更强精神的奥林匹克运动员，创造

---

① 李英挺、胡金文：《"海南的救命恩人，让我摸摸你们的脸"》，载《海南日报》，2008年5月16日，该新闻获第十九届中国新闻奖二等奖。
② 卓凡、徐锦忠：《东江源区域对开采说"不"》，载《江西日报》，2008年11月25日，该新闻获第十九届中国新闻奖二等奖。

了中国铁路运营速度的精彩纪录——时速350公里。①

④对比型导语

对比型导语是将具有反差或矛盾特质的两个事物放在一起进行对比，从而反衬出被对比事物的核心要点所在，由此凸显对比物各自的特色。以下这则导语将"重贫县"和"奢侈风"放在一起，形成强烈反差，以此突出重贫县中存在的奢侈风的不良影响。

河南省濮阳县是省扶贫开发重点县。然而，近几年来，这个县刮起了一股奢侈风：县委县政府及一些县直机关竞相建起豪华办公楼，这些单位的"头头脑脑"们也纷纷搬进高档住宅。②

⑤引语型导语

引语型导语是指在导语中直接或间接地借用他人的话语来引出主要事实。所引话语通常具有一定的重要性，或者有趣、精彩，能够迅速吸引读者的注意力。以下这则导语中使用的引语既交代了湖南冰冻灾害中抢险救灾工作取得的成绩，又自然地过渡到唐山兄弟支援抗灾的重要新闻事实，导语写作十分巧妙。

本报湖南郴州2月23日电（记者樊江涛）"你们参与抢修的线路已经全部通电！"今天上午9时，郴州电业局局长易泽茂带来的好消息，让今天启程回家的唐山13位自费前来支援抗灾的农民兄弟的心踏实了。③

4. 导语写作的禁忌

写作导语时，最容易出现的问题主要有以下四种：埋没导语、臃肿导语、模糊导语和瞎导语。一些写作者认为，消息内容较短，几百字足矣，干脆就不写导语，直接按照自己的想法叙述，结果造成了导语的"埋没"；一些写作者认为新闻事件涉及的各种信息都是重点，什么要素都不能丢掉，遂将其一股脑地塞入导语之中，结果使得导语冗长臃肿而导致受众分辨不清事实的主次；一些写作者经常出现表意不清的现象，例如高频率使用"近日""据悉"等表意模糊的词汇，使受众在阅读时感觉导语中的新闻事实似是而非，好像是隔着一层雾看事实而得不到确切信息；

---

① 和平、肖培清、胡艳波：《我国首开时速350公里动车组列车》，载《人民铁道报》，2008年8月2日，该新闻获第十九届中国新闻奖二等奖。

② 李钧德：《贫困县刮起奢侈风 濮阳干部建豪宅机关盖大楼》，新华网，2007年2月27日，该新闻获第十八届中国新闻奖一等奖。

③ 樊江涛：《唐山13位农民兄弟惜别郴州市民》，载《河北日报》，2008年2月24日，该新闻获第十九届中国新闻奖二等奖。

一些写作者对于新闻事实材料理解不透彻，一味精简事实内容，"官话"连篇，堆砌很多诸如"××提出三建议五措施七号召"等没有实质内容的信息，让受众感觉记者是在做宣传，华而不实，虚空无物。纵观这些问题，我们不难发现，这都源于写作者对导语的重要性和作用缺乏充分认识。

导语写作发展至今早已突破了所谓的定式，但是记者在写作导语时，仍要将受众需要放在首要的位置，以受众的视角检查导语是否能提供主要的事实信息，是否能吸引受众继续阅读消息的下文，从而尽量避免上述言之无物的弊病。

（四）主体

1. 主体的含义与功能

消息主体，也就是"消息的躯干"，从篇幅上看，也就是在消息中所占篇幅最大的文字部分。从结构上看，消息的主体位于导语之后、结尾之前，是对导语中核心事实的展开、解释和说明，有时也会加入背景性材料来对核心事实进行补充、说明和解释。

消息的主体主要具有以下功能：

(1) 解释导语，阐释主题，使事实更加具体详细。

美国哥伦比亚大学新闻学教授麦尔文·曼彻尔在《新闻报道与写作》中说："每篇新闻报道都有一个开头，这个开头要引出主题和阐述、解释这个主题的主体要素。"导语虽然已经包含了最突出的新闻事实，但它仅仅是一段概括性的文字，因此，紧接在导语后面的主体就要对导语所概括的事实进行详细的阐述，使报道的主题更加清晰具体。

(2) 补充导语，展开事实，使事实更加饱满完整。

著名记者穆青曾说："消息就像一个人，导语是人的脑袋，主体是身躯，脑袋精神了，身体再壮实灵活，就显出活跃来了。"导语只交代了新闻中最突出的事实，而没有完全交代事实中的其他新闻要素，这就需要主体对其进行进一步的补充。因此，消息主体的另一功能就是对导语的内容进行补充，使新闻事实更加全面和完整。

(3) 提供背景，丰富事实，告知来龙去脉，使报道立体化。

所有的事物都不是孤立存在、静止不变的，它们与周围的人、事、物都有着密切的联系，并且也有自身发展的先后顺序。同样，每个新闻事件，总有它产生的历史条件、自然环境、社会环境以及来龙去脉等，这些就是新闻的背景，这些背景主要在新闻报道的主体部分呈现。新闻背景的呈现不仅有助于将新闻事实叙述得更加清楚，而且能让受众更清楚、更深入地了解新闻事件产生的原因，从而更立体地理解新闻报道的主题。

还应注意的是，在一篇新闻报道中，主体的三大功能并不是单独发挥作用的，而是交叉作用，互相支撑，共同为一篇好的报道效力。例如：

投入近十万大军 震区抗震救灾工作全面展开①

  本报北京5月15日电记者徐生报道：15日上午8时10分，济南军区参加抗震救灾的第二梯队官兵乘坐的一架大型运输机在成都机场着陆，集结后紧急驰援四川地震灾区；兰州军区15日又抽调某红军师2100多名官兵投入陇南重灾区；经过12小时连夜行军，由武警第二交通支队组成的抢通突击队奔袭91公里，准时到达灾区……至15日全军和武警部队投入抗震救灾的总兵力已近10万人，出动各型飞机148架。

  该新闻导语主要通过简要介绍原济南军区、原兰州军区、武警第二交通支队的最新救灾情况，告知读者"至15日全军和武警部队投入抗震救灾的总兵力已近10万人，出动各型飞机148架"的大行动，从而引出紧随其后的新闻主体。那么，是谁部署了这一行动？近10万人的总兵力来自哪里？有哪些兵种？为什么要出动148架飞机？种种疑问都需要主体对导语进行解释。而军人和武警战士如何参与抗震救灾，灾区的哪些地方有了救灾部队，除了飞机之外还有其他的军用机械进入灾区吗，它们又具体做了什么，这些具体情况也需要主体对导语进行补充和展开。接下来进入该条消息的主体部分：

  根据党中央、中央军委和胡锦涛主席决策部署，全军和武警部队迅速调动最强力量投入救灾，3天时间内两次增兵，至15日投入现役部队总兵力达到95553人，涉及成都、原济南、兰州、北京、广州军区，海军、空军、第二炮兵和武警部队等大单位，包括地震救援、防化、工程、医疗防疫、侦察、通信等20余个专业兵种。救灾部队以空投、机降、徒步、涉水等各种方式进入震中地区。15日凌晨，第二炮兵某总队268名工程专业技术骨干被空运到成都后，紧急向绵竹挺进，6时到达灾区后立即展开施救作业，以最快的速度于今晨到达北川，并紧急投入道路、桥梁的抢修战斗中。15日下午6时，济南军区某通信团53名技术骨干携带13台卫星通信装备抵达成都，迅速派出一个13人的小分队乘直升机进入汶川。至此，所有受灾县都有救灾部队。

  遵照中央军委命令，总部在第一时间从北京、天津、辽宁、河北、河南、

---

① 徐生：《投入近十万大军 震区抗震救灾工作全面展开》，载《解放军报》，2008年5月16日。

陕西、上海等地战略储备中启运2815万元物资运抵成都。价值1.9亿元的通用车辆、工程机械、渡河器材等24.3万余件装备正在运送途中,紧急采购的120套便携式多功能钳等机械工具、内燃式切割机等已经运抵灾区,正加紧向一线部队运送。目前,空军和成都军区在重灾区已空运空投帐篷、食品、药品各类物资近300吨。

以上在"脑袋"之后、在"尾巴"之前的部分就是新闻的主体。它对导语提到的"总兵力和飞机"进行了详细解释,告诉我们"总兵力"的部署者以及他们的来源和兵种;同时也解释了投入飞机的目的是向灾区空运帐篷、食品、药品等各类物资。与此同时,也展开和补充了其他新闻事实,向读者展示了第二炮兵某总队、原济南军区某通信团的具体行动,还告诉读者所有受灾县都有救灾部队,让"解放军给全国人民吃了一颗定心丸",也交代了中央军委投入了通用车辆等机械到灾区,使我们的救灾工作了有技术的支持。整个主体部分全方位反映了中华人民共和国成立以来我军最大规模、最快速度地执行多样化军事任务的战役性集结,充分体现了人民子弟兵全心全意为人民服务的宗旨和战胜困难、勇于拼搏的英雄气概,从而激发了全国军民夺取抗震救灾伟大胜利的空前热情,深化了主题。

接下来便是新闻的结尾部分,它对整个新闻事实进行了总结和概括:

截至16日凌晨记者发稿时,四川受灾较重的58个乡镇已全部有部队进入救援。此举标志着震区抗震救灾工作全面展开。

2. 主体的写作要求

(1) 紧扣新闻主题。

主体写作要始终围绕一个新闻中心开展,主体内容必须是与新闻主题紧密相关的新闻事实,具体体现为不能无限制地膨胀导语,不能勉强植入那些生动有趣但与主题无关的内容,否则只会造成主体冗长而臃肿。

(2) 避免与导语重复。

主体是对导语中所提及事实的具体化和细节化,因此,主体部分的写作尤其需要注意处理好与导语的关系。主体紧跟导语,既需要跟随导语铺设的基调和方向以确保不与导语脱节,又需要变化角度以避免与导语内容重复。主体跟导语的脱节会给受众理解带来很大疑惑,使整篇报道无序难懂;而主体对导语的重复,又会使报道显得啰唆繁冗。因此,导语和主体的关系必须处理得当,而最有效的办法就是主体不断变换新的角度,从不同方向展开核心事实。

下面以消息《郭昊东施工队巧绘北京奥运场馆"双唇"》①为例，首先来看该消息的导语部分：

本报讯（记者 苏保伟）1月22日，在北京奥运会国家会议中心，郭昊东将火车票分发到一群打工者手中，让他们回宁夏过年。此前，这位从彭阳县大山深处走出来的打工头，率领他的"郭昊东施工队"奋战在国家会议中心外观装饰工程施工现场，攻克了一道道世界性施工难题，为宁夏人争了光。

导语部分交代了这篇报道的主题，即"郭昊东施工队"攻克了多道施工难关并将回家过年的新闻事实，它为全文铺设了基调。

家境贫寒的郭昊东读完高中后便到银川、西安、深圳等地打工。2001年7月13日，北京申奥成功的不眠之夜，他在深圳做出决定：到北京去，与奥运同行。不久，他受聘于北京一家公司。2005年他成立了北京德泰兴装饰公司，将彭阳、同心一带农民纳于"麾下"。他重视职工生活和技能培训，花30多万元购置了一栋三层移动式职工宿舍，3万多元添置了图书和影像资料，采取岗前学习、岗中传帮带、周末和晚上辅导等形式对工人进行培训。与武警北京北苑支队结成军民共建单位，对职工进行军训。一支纪律严明、作风技术过硬由西北人组织的规模最大的玻璃幕墙施工队伍——"郭昊东施工队"在首都业界声名鹊起。

2007年3月10日，"郭昊东施工队"承担了奥林匹克公园中心四大主场馆之一的国家会议中心东、北、南三面玻璃幕墙的施工任务。施工难度最大的是东面外观双曲线悬挑唇型工程，长各500米的"上、下唇"是不规则的三维曲面，全部用钢结构和金属铝板及4万多叶片组合而成，每一工艺、细节均通过三维空间集中表现，独特的造型由英国RMJM设计公司作总顾问设计，这样的施工在世界上是首次，没有先例可借鉴。此前已有几家施工队因技术难度大而临阵退缩。郭昊东组织技术人员，积极探索，大胆创新，采用"土洋结合"的办法，攻克了一道道技术难关。2007年底，在监理单位严格审核下，中心上唇和玻璃幕墙工程顺利封闭，得到2008奥组委的认可。

可见，接下来的主体部分并没有重复提及该施工队分发火车票即将回家过年的事实，而是从新的角度阐释了该施工队之所以能取得这些成就背后的故事。主体的第一段讲述了家境贫寒的郭昊东是如何与奥运会结缘，打造他的"郭昊东施工队"直到取得一定声誉的经历。主体的第二段具体阐释了导语中提及的"攻克了一道道

---

① 苏保伟：《郭昊东施工队巧绘北京奥运场馆"双唇"》，载《宁夏日报》，2008年1月28日。

世界性施工难题"的事实,描述了他们所面临的巨大施工难度,以及他们克服困难攻克技术难关的过程,这些事实的细节都包含在主体中。

(3) 层次分明,过渡自然。

消息的主体应适当采用分段式,各个段落之间需过渡自然,切忌逻辑混乱。主体之中的新闻要素要合理穿插与安排,写作时切忌出现你中有我、我中有你的混杂局面。就像城市的街道,设计合理才能使各条道路既能承担交通重任又互不干扰。

主体各个段落之间的自然过渡是有方法可寻的。在新闻写作中,最好的过渡技巧是利用新闻事实逻辑上的自然连接,根据读者对新闻信息的期待来做安排,例如在下一段内容中解答上一段内容提出的问题,或对上一段提及的某个细节、悬念进行深入挖掘。

在实际写作中还可采用一些具体的技巧来实现段落间的自然过渡:第一,利用与说话者相似或相反的观点来过渡,即将消息中提及的多位讲话人的观点进行整理和梳理,将其话语相关联的部分组合在一起,形成不同的观点单元进行排列。这种方式特别适合有多方观点的新闻报道。第二,重视逻辑关联词的使用。当陈述完一方观点还要提及另一方观点时,可以使用一些过渡性短语,例如"关于此问题还有不同的看法""此外,还有另一个问题存在"等。第三,把握时间关联词的使用。尤其是当需要插入一些过去发生的背景性材料时,不要忽视时间关联词的使用,例如"在此之前""追溯到半年之前""与此同时"等。第四,重复关键词。利用关键词的重复进行记忆链接是西方新闻常见的报道技巧,旨在利用读者阅读新闻时形成的记忆暂留衔接主体的各个段落。例如:

>……当晚11时,记者在高桥村见到了刚从地里回来的何正智。说起养老保险证质押贷款,他告诉记者,1995年,县里推行了农村养老保险,不满69岁的农民都可以根据自己手里的余钱,一次性或分期买养老保险,买上保险后,就可以领到一个养老保险证。
>
>"但这个本本里的钱在60岁前取不上,变成死钱了,急用钱时还得想别的办法。后来我听说可以把本本押到农保办,本本里面有2000元就能贷出1000元现金,不用再找人担保,利息和银行一样,手续还简便,我就第一个办了贷款。"何正智说……①

在此例中,"养老保险证"和下一段开头的"本本"这两个关键词相互照应,使读者的思维顺畅地连接了起来,理解也变得容易了。

---

① 刘大为:《"呼图壁模式"破解中国农民养老难》,载《新疆日报》,2005年6月13日。

（4）内容充实，突出"两动"。

所谓"两动"，就是指消息的主体应同时具备生动性和律动性。生动性要求报道活泼有趣不乏味；律动性要求主体中事实与事实之间有起伏，要能抓住矛盾写出波澜。主体的写作要尽量避免机械地罗列事实，只有将报道写得起伏多变、生动活泼、可读性强，才能给受众带来阅听乐趣。例如：

从"打工仔"到"打工头"，郭昊东常年组织带领家乡一二百人在外进行比较稳定的务工，几年的亲身实践，使他对家乡的劳务输出有了独到的认识。

……

他高中毕业后走出彭阳大山，银川、西安、深圳、北京，把打工世界当做继续学习的课堂。打工长了见识，学到了本领。

——在银川，他给一家公司做业务员，3个月时间，跑了20多家大大小小的企业，包里装满了十几斤重的企业及产品介绍等资料，白天上门跑业务，晚上灯下"啃"资料。事隔多年，他仍然和记者自如地畅谈其中一些企业的过去和现在。

——在深圳，他受聘一家世界顶级进口五金销售公司做业务员，好学的精神、机敏的思维和对宁夏市场的了解，使他成为公司谈判业务的重要人员，还被派往银川做公司谈判业务总代表。

——在北京，他受聘于一家颇具规模的公司做建筑装饰材料业务的同时，充分利用首都的资源和信息优势，进图书馆、去学校、听讲座，广泛"充电"。由于业绩出色，他被委以副总经理的重任。当他将大半个月的工资换成一套崭新的西服，坐在专家课堂上感受最新的市场营销理念时，更加感悟到了"山外是个大课堂"的现实意义和作用。终于，在首都业界，郭昊东成为不少公司"防守"和"挖掘"的重要对象。

也正因为孜孜不倦的学习，开拓了思路，他才有底气"自立门户"成立了北京德泰兴装饰公司。他将这种学习的理念贯穿到自己的公司，一次性投资30多万元购置了一栋3层移动式公寓楼，既方便职工生活管理又便于集中培训学习，还添置了3万多元的图书和影像资料，利用周末和晚上时间，与岗前培训结合起来，对来自家乡的打工仔进行辅导学习，提高技艺技能，打造"郭昊东施工队"品牌。目前，已有来自家乡的二十多名打工农民成为施工队的专业技术骨干。也正因为有了这支素质过硬的队伍，他们被奥林匹克国家会议中心总承包方北京建工集团相中，跻身奥运赛场施工，在国奥"赛场"一显身手。北京一媒体在报道他们施工的500米长上、下唇外装饰工程时这样称道："郭昊东带领的施工队，面对着世界上从没有过的施工技术先例，大胆创新，

'土洋结合',一条天路,在身着'同一个世界、同一个梦想'的宁夏人手中横空出世。"

……

打工"甘蔗"两头甜——青壮年常年在外打工,村里多了留守妇女和老人,怎么办? 用外面的大市场撬动家乡的特色产业基地发展。

以上每一条新闻材料都自成一段、短小精悍,使读者读起来不觉疲劳,层次清晰,帮助读者提高了阅读效率。同时,这篇报道并没有罗列事实,而是表达灵活,文笔跳跃有致地进行了报道。"面对着世界上从没有过的施工技术先例,大胆创新,'土洋结合',一条天路,在身着'同一个世界、同一个梦想'的宁夏人手中横空出世""打工'甘蔗'两头甜"等一些常用语的运用使报道生动鲜活。而对郭昊东在各地学习的过程,该主体部分有起伏、有律动地介绍了他从一个业务员做起,通过不断充实自己,从而在市场大潮中立足的过程。

3. 主体写作的创新发展

目前,伴随着新媒体对传统媒体的冲击以及媒介融合的发展趋势,新闻主体写作的样式和内容越来越变化多端。新闻主体写作实践不仅可以遵循上述三种传统写作方法,同时,还可以根据报道内容与实际需求创新写作形式。例如,目前按相关性和新闻价值显著性来构建新闻主体的方式,正逐步运用于各种媒介报道。

按相关性展开主体,即将密切相关的新闻信息放在一起,使整个主体看起来紧凑集中,这更加符合现代读者"快餐式"的阅读习惯。按新闻价值显著性展开主体,即按照新闻价值由高到低的次序排列材料,按显著性递减的排列顺序进行事实材料的构建与组合,这种方式更加符合新媒体的传播特征。新的传媒语境要求记者要有更强的语言驾驭能力、更娴熟的深化主题能力以及更敏锐的信息筛选能力,记者需要把自己置于受众的位置,不断创新视角,拓宽思维,从而使消息主体的写作更加符合读者的信息接受习惯,充分有效地满足受众多元化的信息需求,同时也为寻找适应新时期信息传播的有效方式不断求索。

(五)背景

1. 背景的含义及作用

新闻报道关注的是最新发生的事实,但任何事实的发生都不是孤立、偶然的,它们是许多历史性因素和相关性因素共同作用的结果。所以,为了使受众更好地了解和理解新闻事实,为了使报道更好地烘托新闻主题、彰显新闻价值,消息报道有必要对与主体事件相关的历史、环境、原因、意义以及多种综合知识背景等进行解释、说明和补充。美国哥伦比亚大学新闻学教授麦尔文·曼彻尔认为："不使用背景材料，几乎没有什么报道是全面的。"背景对于全面客观地进行新闻报道具有极其重要的意义。背景的缺失，不仅会使新闻本身缺乏说服力，让受众对报道的内容感到突兀、晦涩、难懂，更重要的是，如果消息中未能对新闻事实从不同侧面予以必要的补充和说明，仅凭记者对事件本身进行描述，则很难衬托出事件在某些方面的新闻价值，致使报道单薄无力。

新闻界通常将背景比喻为消息结构中的"维生素""敲门砖"，这形象地揭示了背景对消息整体的关键作用。一般来说，新闻背景有四个方面的作用：一是对新闻事实进行解释说明，加强受众的理解认知度；二是对新闻事实进行必要的铺垫和衬托，凸显新闻主题，彰显新闻价值；三是借新闻背景中的客观材料巧妙表达作者的观点，从而避免消息中涉及过多的记者的主观评述；四是告知读者各方面的知识，发挥新闻媒介的教育作用，开阔读者的视野。

2. 背景的分类

在消息写作中，背景材料通常包含历史背景、环境背景、地理背景、社会背景、知识背景等。按照新闻背景在实际使用中的效果划分，最常见的三种背景材料是：对比型背景材料、说明型背景材料以及注释型背景材料。

（1）对比型背景材料。

对比型背景，有时又称烘托型背景，主要是作者在报道某一新闻事实时，为了突出其性质、特点和意义，运用今—昔—今、正—反—正的思路，通过对新闻事实的历史性脉络和相关情况进行介绍而形成的与新闻事实有明显的对照和映衬关系的材料，它强调的是背景材料与新闻事实所形成的今昔对比和正反对比。例如：

> 本报和布克赛尔讯（记者李秀萍 通讯员王吉亮 张西安）11月底，从农十师一八四团传出喜讯：今年该团种植的10万亩棉花皮棉单产再上百公斤，连续7年保持了高纬度皮棉单产的世界纪录。
>
> ……
>
> 位于北纬46度02分32秒至46度23分30秒的一八四团在世界第三大沙漠古尔班通古特沙漠的西北边缘，属典型的大陆性气候。该团从20世纪50年代开始试种棉花，由于气候复杂、缺少技术、缺乏水源、没有高纬度植棉经验等原因始终未获成功，到1997年，棉花面积仅有1400亩，皮棉平均单产仅66公斤，团场年年亏损，职工对植棉失去了信心……[①]

[①] 李秀萍、王吉亮、张西安：《10万亩棉花成为世界高纬度样板田》，载《兵团日报》，2007年12月12日。

以上这则消息片段中，后一段的内容对农十师一八四团在高纬度地区种植棉花所遭遇的坎坷经历进行了补充说明，与导语中该团取得的种植成就形成对比，使读者能直观深入地了解高纬度样板田成功背后的艰辛，从而烘托出该成就的重大意义。

（2）说明型背景材料。

当新闻事实本身所处的环境、历史状态、事件产生的原因及条件等方面的信息对受众来说是鲜为人知的内容时，说明型背景材料就可发挥作用，它可以对新闻事实进行补充说明，便于受众理解和阅读。例如：

> 本报华盛顿 9 月 15 日电（记者马小宁）经过 48 小时紧张激烈的谈判，已有 94 年历史的华尔街第三大投资银行美林公司 14 日同意以每股 29 美元、总价约 440 亿美元的价格将自己出售给美国银行。这一收购价较美林上周五收盘价 17.05 美元溢价 70%。公司董事会周日晚间已批准了这项交易，交易将交付股东和政府监管部门审核批准。15 日一大早，美国第四大投资银行雷曼兄弟公司宣布申请破产保护。15 日美国股市一开盘，道指就下跌 300 点。美国舆论认为，次贷危机引发的金融危机正进一步加剧，美国金融业将呈现新格局。①

在该金融消息的导语中，记者首先对美林公司进行了背景说明——已有 94 年历史的华尔街第三大投资银行，强调了美林公司在金融危机中被收购极具代表性；随后又提供了一条历史背景——上周五收盘价 17.05 美元与其现在的收购价作对比，突出了形势紧迫；紧接着自然而然地引出第四大投资银行雷曼兄弟公司破产，提供了道指下跌 300 点的环境背景。三条背景综合呈现，为最后突出新闻主题——"美国金融业呈现新格局"提供了极具说服力的说明。

（3）注释型背景材料。

注释型背景材料通常是对一些专业术语、有关历史知识和科学知识进行通俗易懂的讲解的解释性文字，它能起到一定的解疑释惑和普及科学知识的作用。例如：

> 本报讯（记者李佑民）农民把自家的承包地交公司托管，农民只管收获，不用种地，这样的事情你听说过吗？10 月 21 日，记者在长安区的农村看到，今秋该区西南一带 1.61 万亩小麦开始由长丰现代农业公司托管，农民张保民高兴地说，种地轻松、放心了。粮食生产专业化、规模化在这里变成了现实。
> ……
> 托管的具体做法是，公司把农机专业户，农村有专长的农技、水电人员组

---

① 马小宁：《美金融格局发生重大变化》，载《人民日报》，2008 年 9 月 16 日。

织起来，成立3个专业服务队，并从省农科大和农技部门聘请专家当顾问，全面负责农作物从种、管、收、售全程的服务和保障。公司在托管中承诺，农家"3个不变"，即土地经营自主权、投资方式和受益主体不变。公司主要在良种、耕、播种、化肥、化学除草、防治病虫害、灌溉和收获方面统一进行。而在浇水、施肥量和庄稼的晾晒个别操作细节由农家自主把握。托管后，小块地变成大块田，在专家指导下，科学种地，专业化推进有了保证。公司承诺若低于过去3年平均产量，将给农民进行补偿。托管要求农民每亩小麦交30元托管费。①

这则消息中，当读者读到"农民把自家的承包地交公司托管"一句时，可能会对"托管"产生疑惑，不知道这个词的具体含义以及农民与公司之间有着怎样具体的联系，而只能获取表层信息，读者期待文章给予解释。因此，后文就对"托管"进行了必要的解释，这一解释，使读者了解了这种生产模式的确切含义，并且理解了当地农民高兴的真正原因。

3. 背景的写作原则

对于不同的消息报道，使用背景需要记者在对新闻事实进行整体构建、设计布局时进行巧妙、缜密的安排。根据实践中积累的写作经验，在消息报道中置入背景需要遵循以下三点原则：

（1）分清主宾，突出主题。

背景是对新闻事实的支持，属于消息报道中的附属材料。在选择使用何种背景材料时，需紧紧围绕新闻主题，选择与事实有直接关联的背景材料。写作中不要片面追求消息内容的充实与全面，将与之相关的背景材料全部罗列在消息中，这样只会喧宾夺主，降低核心事实在消息中的地位与重要性。对于不必要的背景材料应坚决摒弃，避免无关的背景转移消息报道的重心。

（2）简明扼要，恰到好处。

必要而简明的背景，直接关系到消息全文的流畅程度。优秀的消息通常能将背景用一两句隐藏在主体中的话作迅速简明的交代，使文章精干而易读。记者在写作中要始终把握消息背景的添加是为受众高效获取信息服务的原则，所以，记者在使用背景材料时应首先熟悉受众对新闻事件的理解认知程度，考虑清楚受众需要哪些信息作铺垫，从而对背景材料做出合理的取舍。需要注意的是，并非每一条消息都需要新闻背景。如果新闻事件本身简明清晰并在导语与主体中已经做了完整的阐

---

① 李佑民：《长安近四千农户把土地交公司托管》，载《陕西日报》，2008年10月23日。

释，受众能够直接获取核心新闻事实，这时就不必考虑添加更多的背景材料。此外，一些突发事件有时效性的特殊报道要求，在动态报道层面也不必添加过多的背景材料，可在事件的过程报道中逐渐交代。

(3) 灵活巧妙，通俗易懂。

背景在消息报道中的穿插方式，传统的有"固定段落法"和"天女散花法"等。由于新闻写作正逐步呈现出突破定式的发展趋势，背景在新闻写作中的限制因素也越来越少。这就要求记者应当以灵活性为原则，巧妙自然地将背景穿插在新闻事件中，随时进行补充和解释，从而使行文流畅通俗，使报道富有立体感。此外，还需要注意消息背景的语言风格。由于背景中经常会涉及一些对专业术语的解释和说明，记者应当从利于受众理解的角度出发，综合运用多种修辞手法，转晦涩为通俗，转陌生为熟悉，从而使背景材料妙趣横生，易于受众阅读理解。

(六) 结尾

1. 结尾的含义

我国元代著名散曲家、戏曲作家乔吉有句名言："作乐府亦有法，曰：凤头、猪肚、豹尾六字是也。"[①] 其实，不仅乐府，所有文章的写作都如此，消息也不例外。一则成功的消息不仅要巧妙展开、自然过渡，还应完美结尾。因为一个好的结尾不仅能增强新闻报道的力度，更能让受众在读完之后留有深刻印象并有所思考，从而起到"余音绕梁"的作用。

对消息而言，结尾的作用是多方面的。首先，结尾可以对新闻导语和主体内容作最后的回应与锁定，使消息在整体结构上更为完整和匀称；其次，结尾可以为消息加入一些补充性的材料，使报道内容更加丰满；再次，结尾还可以画龙点睛地揭示新闻的意义、点明报道的主旨；除此之外，结尾还有助于启迪受众。

新闻报道的结尾大致有三种情况：一种是自然收束式结尾，即随着所讲述事件过程的结束而自然收尾，事实在哪里讲完就在哪里结尾，这是典型的倒金字塔结构的结尾方法。另一种是特意安排的结尾方式，即记者根据写作意图另外写一句或几句话作为结尾。还有一种是增新性结尾，即在消息的最后补充时效性最强的一则新近事实以提高读者的阅读兴趣，同时增强报道的整体时效。这是现代消息写作中为了克服倒金字塔结构按照重要性递减顺序排列事实所造成的读者阅读兴趣的减弱而采取的一种结尾写作方法，在重大突发性事件的报道中广泛使用，因为受众最想知道事件的最新进展，而增新性结尾可以满足受众这样的时效要求。

---

① 陶宗仪：《南村辍耕录》卷八，中华书局，1959年版，第103页。

2. 结尾的表现手法

消息的结尾有多种表现手法,这些手法的合理运用可以让受众在完整地获取新闻信息的基础上有所回味,从而引发其思考与行动。常用的结尾表现手法可以依次归纳为以下几种:背景式结尾、描写式结尾、述评式结尾、启发式结尾、引语式结尾和展望式结尾。

(1)背景式结尾。

背景式结尾即将消息的背景一直延续到结尾部分,以新闻背景自然收束。这种结尾手法可以帮助读者更好地理解前面报道的新闻事实,利于最大化地展现信息。例如第十九届中国新闻奖获奖作品《我国首开时速350公里动车组列车》,其结尾中的背景资料就让读者对中国高速铁路的发展现状有了更全面的了解。

> 京津城际铁路是中国首条通车运营的、最高时速达到350公里的城际铁路。目前,我国尚有多条客运专线及城际铁路在建设中,京沪5小时直达、武广4小时直达,将在未来3到5年内实现。①

(2)描写式结尾。

描写式结尾将对新闻现场的全景或细节的描写作为消息结尾,力求生动具体地再现新闻现场的氛围,颇具文学气息,能够加深受众的印象。如《参考消息》1993年9月15日刊登的一则路透社消息《宿敌握手言和——巴以和约签字仪式纪实》,该消息报道了巴勒斯坦领导人阿拉法特和以色列总理拉宾在华盛顿签订合约的消息,结尾写道:

> 当拉宾握住阿拉法特的手时,来宾们发出一声清晰可闻的叹息,终于松了一口气。南草坪上好长时间都隐约回响着这一叹息。

这样的结尾让读者仿佛真的听到那一声叹息,身临其境之感油然而生。

(3)述评式结尾。

消息在叙述完一个新闻事件后,记者在结尾时加上一两句精辟的评论来呼应新闻主题,可以帮助读者全面和深入地理解新闻事实和报道主旨,这即是述评式结尾。由于新闻报道强调以客观描述为主,因此,在使用这种结尾手法时,要特别注意议由事出、点到为止。如第二次世界大战期间,《纽约先驱论坛报》刊发的消息《900架"超级堡垒"给日本人最后一击》,其结尾这样写道:

---

① 节选自《我国首开时速350公里动车组列车》,载《人民铁道报》,2008年8月2日,http://news.xinhuanet.com/zgjx/2009-05/21/content_11976168.htm。

> 漫天的大火吞噬了熊谷和伊势崎。日本对和平协定的迟钝反应使它付出了两个城市的代价。

最后一句话是记者发出的评论，但是由于该评论的依据是无可争辩的事实，所以并未显得偏颇与主观，让读者感觉评得及时在理。

（4）启发式结尾。

相对于述评式结尾，启发式结尾是指作者在结尾中不直接发表自己的意见，而是从新闻事实中提出一些问题，引导读者去思考或回味，是一种巧妙地发言的方式。如1993年11月28日《纽约时报》刊登的消息《艾滋病究竟何去何从》的结尾部分：

> ……我并没有大声呼叫，我叫不出来，我的唯一遗产是我所写的新闻报道，包括此文在内，我真正要叫出来的是：艾滋病究竟何去何从？①

作者通过一个疑问句，启发读者深思艾滋病问题并引导社会加强对艾滋病患者的关注。

（5）引语式结尾。

把有力的直接引语安排在消息末尾，可以强化新闻主题，给读者留下一个鲜明、深刻的印象，这种手法便是引语式结尾。引语可以体现客观性，可以让记者将自己所要表达的观点或评论巧妙地构筑于发言人的引语之中，这种"藏舌头"②式的结尾体现了新闻用事实说话的写作特点，因此应用普遍。如第十七届中国新闻奖获奖作品《"看了签到单很心酸"》的结尾部分：

> "近年来，全国安全生产形势逐步好转，去年全国安全事故大幅减少，而泸州的安全事故件数和死亡人数却高于全国平均水平，经济损失同比大幅增加。去年泸州安全事故经济损失达2691万元，这些钱可以建多少个希望小学？去年泸州安全事故死亡347人，给多少个家庭带来灾难？"金磊夫说，"期待泸州安全生产形势能尽快有明显好转，并以此造福泸州人民。"③

记者巧妙地将期待泸州安全生产形势得到改善的想法嫁接于金磊夫的引语中，相比于直接的述评式结尾更为客观和意味深长。

（6）展望式结尾。

展望式结尾即在消息的结尾部分针对新闻事实的未来走向提出展望和预测，使

---

① 孔祥军：《新闻传播精品导读新闻（消息）卷——范例与典例》，复旦大学出版社，2004年版。
② 所谓"藏舌头"，就是指记者和媒体在新闻报道中把自己的主观意见、态度、立场和倾向性巧妙地隐藏起来，尽量通过事实的选择和排列组合来表达意见、态度、立场与倾向性。"舌头"就是指观点、态度、立场以及倾向性。
③ 余义勇：《"看了签到单很心酸"》，载《四川日报》，2006年6月13日。

消息内容更具有延续性和指导意义。这种结尾手法在会议报道、政策报道、经济新闻中使用较多。例如第三十一届中国新闻奖二等奖获奖作品《复兴号奔向"未来之城"》的结尾是这样写的：

> "20世纪80年代看深圳、90年代看浦东，21世纪看雄安。"清华大学交通研究所所长陆化普说，按照规划，京雄城际铁路将与京港台高铁、津雄城际铁路在雄安交会，必将推动京津冀地区快速成为中国经济社会发展新的增长极。①

该消息的结尾部分预测了京雄城际铁路开通后对京津冀地区发展的促进作用，体现了它在京津冀与雄安新区发展上的战略价值，对利益相关者也具有一定的指导性。

3. 结尾的写作原则

作为消息必可不少的构成部分之一，结尾有其重要作用。尤其在当代，受众越来越倾向于"扫描式阅读"的新闻消费方式，标题、导语和结尾成为受众"速读"的必备，这就显示出结尾的独特功用。因此，消息结尾的写作需遵循以下基本原则。

第一，应尽量以客观陈述事实为主，即便有必要表达有倾向性的观点和态度，也应寓观点于事实和引语中。

第二，与消息的其他部分一样，结尾也服务于凸显报道主题，应着眼于烘托和升华主题。

第三，尽量避免简单重复前面的内容。消息的结尾应力求传达新的信息，防止受众产生阅听疲劳。

第四，应干净有力、简洁生动。正如前面所述"豹尾"，尽管所占篇幅不大，但其重要性与力度却不可小觑。

二、结构布局

要写出一篇完整的消息，除了了解消息各构成要素的作用和写作原理外，我们还必须掌握对各部分进行组装的方法，即消息的结构布局的原则与方法，从而使其成为一个有机融合的整体，共同服务于完善消息报道。

---

① 李蓉：《复兴号奔向"未来之城"》，载《人民铁道》，2021年10月29日，http://www.zgjx.cn/2021-10/29/c_1310277735_2.htm。

强烈的时效性要求消息快速写作，而经由实践所形成的模式化结构是保障消息写作快速完成的重要途径与方法。消息写作中常用的结构方式有倒金字塔结构、时间顺序结构、沙漏式结构、并列式结构等。有关这些结构的详细讲解，请参见本教材第九章有关"新闻结构"的内容。

第三节 消息的类型及写作

消息是新闻报道中使用范围最广、使用频率最高、包含种类最多的一种报道形式。由于分类的角度和标准不同，消息具有不同的类型。总体上说，对消息的分类主要呈现出以下几个取向：根据结构和篇幅的差别，可将消息分为标题新闻、简讯、短消息和长消息；根据报道领域的不同，可将消息分为人物消息、会议消息、政治消息、军事消息、经济消息、科技消息、工业消息、农业消息、文娱消息和体育消息等；根据写作特点的不同，可将消息分为动态消息、综合消息、经验性消息、评述性消息、解释性消息和预测性消息等；根据事实的动态性和完整性的不同，可将消息分为事件性和非事件性两大类，其中动态消息、简讯都属于事件性消息，综合消息、述评性消息、经验性消息、解释性消息等属于非事件性消息。

任何一种分类都不可能达到尽善尽美，各种分类之间也不是完全独立和界限分明的，只是各有侧重罢了。了解这些消息类型有助于记者快速写作。根据报道领域不同而划分出来的新闻门类，本教材将在后面的章节中专门详述。本节主要从结构、篇幅与写作特点的划分出发，侧重于对最常见和最常用的消息类型进行写作要点的讲解。

一、根据结构和篇幅的特征分类，消息可分为标题新闻、简讯、短消息和长消息

（一）标题新闻

标题新闻是指直接以标题的形式来反映新闻事实信息要点的报道样式。这是一种文题结合、以题代文、题含文意、标题和新闻内容完全融为一体的报道形式，因为常常饰以黑边，也被称为黑边新闻。

标题新闻形式上是标题，但本质上还是新闻，这也是其与新闻标题的本质区别。标题新闻与一般的新闻报道样式具有同样的语义功能，都起着传递新闻信息的

作用，只是在语篇构成上，标题新闻不同于一般新闻，而是独立成文，没有导语、主体等构成要素。标题新闻具有简洁有力、传播效率高、易于受众类型化接收这三个明显的特点。

制作标题新闻，一般需注意以下几点：

第一，选材上主要是国内外重大政治、经济类的新闻信息，具体为领导出访、会议活动、政治经济政策等。

第二，语言结构上主要采用表述功能强大的主谓式结构。

第三，重视对事实核心要素的提取和对一般要素的舍弃。标题新闻由于诸多因素的限制，它无需像一般新闻报道样式那样五要素俱全，而是要突出事实核心要素进行报道。

第四，重视新闻简缩法对制作标题新闻的作用。标题新闻是具有高度概括性、紧缩性的实题，因而制作时需要利用新闻简缩技巧，剔除复杂新闻内容中的次要信息，以便于在有限空间里容纳更丰富的新闻语义容量。

第五，标题新闻不同于"一句话新闻"。一句话新闻是指运用一句话，采用标题新闻的语言表达形式，完成一篇新闻稿件的报道任务。一句话新闻可以是单句也可以是复句，是有标点符号的，而标题新闻不具备标点这种句子的基本构成形态，因而也就不是一句话新闻。如：

标题新闻[①]

■国务院：支持外企在境内公开发行股票
■江苏镇江豪华公安局堪比别墅 据传造价数亿
■世博会开幕式不超两小时
■波兰坠机可能因为总统命令强行降落

图10—2　《重庆商报》标题新闻截图

[①] 《重庆商报》，2010年4月14日，第7版，http://cqsbepaper.cqnews.net/html/2010-04/14/content_74149.htm。

（二）简讯

简讯，又称简明新闻、短讯或快讯，是指以简短的文字，对最新发生的事实或事实的最新状态做概要报道的一种消息类型。简讯是篇幅特别短小的动态消息，一般为几十字到一百字不等，最长也不过两三百字。

简讯通常在两种情况下使用：第一种是重大新闻或受众比较关心的新闻，为了突出时效性而先发一条简讯，为详细报道和追踪报道赢得时间；还有一种情况就是非重大新闻，时效性要求也不强，但有新闻价值，能反映新动向和新变化。在结构上，简讯通常只有一个段落，没有导语与主体的区别，只是直截了当地揭示新闻事实的最新动态及结果，不涉及过多的详细细节和背景资料。

随着社会生活节奏的逐步加快，人们对短新闻越来越重视，简讯越来越多地出现在报刊的要闻版、广播电视的口播新闻和网络的新闻快讯中，通过集纳的形式刊播。其快速写作、快速报道的特性让它往往能在第一时间告知受众重要的事实，尤其是在某些突发事件的报道中有"小兵立大功"的作用。

对简讯的写作，需要注意以下几点：

第一，内容必须有重大性或趣味性，也就是新闻价值点需要鲜明突出。

第二，争分夺秒地报道，加强时效性。

第三，结构不必完整，要素无需完备，只需准确把握新闻事件的核心要素，写出关键信息。

第四，简讯分为有标题简讯和无标题简讯两种，但大多有标题。如：

我国成功发射试验十三号卫星　中国航天2022年首次发射开门红[①]

1月17日10时35分，我国在太原卫星发射中心用长征二号丁运载火箭，成功将试验十三号卫星发射升空，卫星顺利进入预定轨道，发射任务获得圆满成功。这次任务是长征系列运载火箭的第406次飞行。

（三）短消息和长消息

短消息和长消息是相对于简讯而言的，是在简讯的基础上进一步补充新闻事实的产物。两者都强调倒金字塔结构的运用，不同的是，长消息较短消息而言，篇幅

[①] 李国利、郝明鑫：《我国成功发射试验十三号卫星 中国航天2022年首次发射开门红》，新华网，2022年1月17日，http://www.news.cn/video/20220118/7d0c57cc9a214567a71ce96b42ac20e2/c.html。

更长,补充性、解释性内容更多。①

二、根据写作特点的不同分类,消息可分为动态消息、综合消息、经验性消息、述评性消息、解释性消息和预测性消息等

(一)动态消息

动态消息指的是对新近发生、发现、发展、变动的新闻事实进行的最迅速、最直接和最简洁的消息报道类型。它强调以最快的速度、最直接简洁的语言来反映客观事物的发展变动情况。因为事物总是处在发展变化中的,所以,动态消息的适用对象和选材范围极其广泛,大到国内外政治时局,小到人与人之间的矛盾纠葛,所有反映事物运动变化状况的内容都可以成为动态消息的题材;又因为其写作起来简便快捷的特点,它成为了报纸、电台和电视台等大众传媒最常用的消息类型。

动态消息写作的侧重点在于,它是对客观事物新近变动的报道,"变"和"动"是其选材的着眼点,时效性和时新性是其基本价值取向,开门见山、一事一报是其写作原则,客观叙述、以事实说话是其基本的写作手法。要写好动态消息,需要把握以下几个环节:

第一,敏锐捕捉新闻事实发展中的动态。具备较强的新闻敏感是动态消息选材的关键,动态消息写作需要记者有一双"新闻眼"。

第二,把握好一事一报、一时一报的报道原则。动态新闻讲求"快"和"新",篇幅简短,所以一般一篇消息只报道一件事,内容比较单一明了。

第三,正确处理"快""新"与"准"的关系。动态消息要求最迅速地报道事实的发生、发展与变动的情况,但需注意的是,"快"与"新"必须建立在"准"的基础上,否则,会因为片面求快、求新而造成新闻失实、报道失真。

第四,多用客观叙事方法,多用动词,少用与慎用形容词和副词。动态新闻主要以报告新闻事实的发展动态为己任,讲求客观报道笔法,强调用事实说话;同时,多用动词,少用形容词、副词,不仅是增强客观性的主要方法,也是消息突出动态和动感的行之有效的技法。

除此之外,要突出消息的现场感。可以通过对新闻事实现场和细节的描写,以及对新闻人物直接引语的运用来实现。这也是动态消息写作常用的技巧和手段。如:

---

① 由于此分类本身对指导写作不具太大实际意义,此处论述从简。

从"暂停"到"重启":武汉解除离汉通道管控[①]

新华社武汉4月8日电(记者唐卫彬、李鹏翔、胡喆) 这是注定将载入史册的重要时刻:4月8日零时起,武汉市解除离汉离鄂通道管控措施,有序恢复对外交通,人员凭健康"绿码"安全流动。

经过76天的举国拼搏、900多万人的顽强坚守,作为全国抗疫决战决胜之地,武汉的新冠肺炎疫情防控取得阶段性重要成效,标志着湖北保卫战、武汉保卫战进入了一个新的阶段。

7日深夜,在武汉西高速收费站,记者看到不少车辆提前在此等候。8日零时许,匡后尧驾车驶出武汉西大门,他说:"我们都对这一天期盼已久。"

武汉正在不断恢复"九省通衢"的活力。零时50分,经停载客的首趟旅客列车K81次缓缓从武昌火车站驶出;7时22分,复航起飞的首班客航MU2527从天河机场飞往三亚。

长江大桥桥头,车潮的涌动与火车的轰鸣、轮船的汽笛一道,奏出"重启"交响曲。东湖春和日丽,光谷复工繁忙,大街小巷中,有的市民"过早"时一边等候那碗最爱的热干面,一边互道"好久不见"……

封一座城,护一国人。回顾1月23日10时起实施离汉通道管控以来的日日夜夜——

人们不会忘记,在以习近平同志为核心的党中央坚强领导下,全国各地八方驰援、众志成城,凝聚起中华民族生生不息的磅礴力量;

人们不会忘记,走过惊恐、焦灼、悲伤……在与疫魔的搏斗中,那些识大体、顾大局的武汉人,那些紧闭门窗进行的特殊抗疫战斗;

人们不会忘记,那些白衣执甲的医务工作者,那些闻令即动的人民子弟兵,那些坚守一线的社区工作者、公安民警、基层干部和挺身而出的志愿者……

在这场新中国成立以来发生的传播速度最快、感染范围最广、防控难度最大的重大突发公共卫生事件中,截至4月7日24时,武汉已累计报告新冠肺炎确诊病例50008例,治愈出院46991例,现有确诊病例降至445例。

武汉胜则湖北胜,湖北胜则全国胜。武汉"封城"有效阻断了疫情蔓延,赢得了时间,也为全国乃至全世界积累了经验。

零新增不等于零风险,"开城门"不等于"开家门"。按照武汉市新冠肺炎疫情防控指挥部要求,要慎终如始,建立常态化疫情防控长效机制,持续做好小区

[①] 唐卫彬、李鹏翔、胡喆:《从"暂停"到"重启":武汉解除离汉通道管控》,新华网,2020年4月8日,http://www.xinhuanet.com/politics/2020-04/08/c_1125829051.htm。

封控管理工作。

"从疫情开始,我们就一直奋战在第一线,在最困难最黑暗的时刻,也没有退缩。胜利的曙光已经来临,我们还将继续战斗。"湖北省中西医结合医院呼吸内科主任张继先说。

(二)综合消息

综合消息,又称"组织性"消息,是指围绕一个中心,把发生在不同地区、不同部门、不同单位或不同时期的具有同类性质的新闻事实,集中综合起来进行报道的消息类型。它强调对不同时间、不同地点的事实进行综合、归纳、概括和提炼,从而形成具有鲜明主题性和强烈指导性的新闻主题。与动态消息的一事一报、一时一报不同,综合消息的报道范围较广、时间跨度较大,强调以众多的事实和信息来反映某种过程或总体面貌,它点面结合、重在反映全局,相较而言,它对时效性的要求不如动态消息那样严格。综合消息运用于较重大的事件发生发展到一定阶段时的报道,带有一定的总结、回溯性质,在我国多用于工作报道与社会活动的总结报道,它在新闻报道中也有其不可替代的重要作用。

综合消息之"综合",主要有纵向综合、横向综合和纵横交错的综合这三种方式。纵向综合指的是对同一单位或同一事件在不同历史时期的情况的综合,反映的是事物发展的历史性,是一种时间上的延展而非空间上的收缩,它着重于从事物内部的因果联系上阐明重大事件的发展、重大成就的获取和重大工作的完成。横向综合指的是对同一时间、不同地点、不同单位或不同部门的同类事件的综合,反映的是某一事物与其他事物之间的相关性,是一种空间上的延展而非历史上的延续,它着重于从事物外部的相关关系上阐明事件的实质和意义。纵横交错的综合则是既有纵向又有横向的综合,既有历史性也有相关性的综合。

综合消息有其自身独立的特点。由于综合消息是由若干发生在不同时间、不同地点和不同单位之间的新闻事实组织起来的报道,它首先呈现出综合性的特点;其次,由于对不同时空范围内的新闻事实的选择和组合,是为了反映全局和反映完整过程而服务的,因此,综合消息又呈现出宏观性的特点;再次,综合消息对新闻事实的报道不会完全遵循5W报道模式,而只需选择其中能反映新闻主题和报道主旨的某一个侧面或某一局部进行报道,因而呈现出非事件性;最后,综合消息的新闻线索主要依靠记者平日的积累和观察获得,在对新闻主题的提炼和报道上,记者需要对事实的选择和组织进行规划,因而具有组织报道层面的创意性和策划性。

写好综合消息,需注意以下几点:

第一,在对新闻事实的选择上,要立足全局。综合消息的出发点是局部的新闻事实,落脚点却是事物发展的全局、全貌,所以,在对新闻事实的选择和取舍方面,一定要立足全局。

第二,在对新闻事实的组织上,要以点带面,点面结合。综合消息既要求高度的概括性,又要求有鲜活的具体事例和材料。概括性有助于勾勒事物发展的全局全貌,具体事例和材料有助于充实印证这种全局印象。

第三,在对新闻事实的挖掘上,要注意对比和纵深手法的使用。

第四,在对新闻事实的表述上,要注重综合事实,叙而不议。综合消息是通过对新闻事实的分析、选择和组织来表达新闻主题和报道主旨的,通常情况下对新闻事实进行评价和议论须慎重。如:

"汉语热"持续升温 孔子学院助力国际中文教育发展[①]

中文学习需求与日俱增

多位孔子学院负责人及外国汉学家看好国际中文教育发展前景。他们认为,随着中国国际影响力的提升,未来将有更多外国人走进课堂学习中文。

菲律宾雅典耀大学孔子学院中方院长梁广寒说,国际中文教育在全球范围内前景广阔。全球经济一体化时代和中国经济实力及影响力的上升,引发全球中文需求井喷。梁广寒表示,菲律宾与中国一衣带水,中文教育在菲律宾是刚需,菲本土各界人士和大量驻菲国际人士的中文学习需求预计在相当长时期内都将持续保持上升态势。

在白俄罗斯,人们学习中文的热情也与日俱增。白俄罗斯国立大学孔子学院院长托济克表示,几年后中白工业园将会有较大发展,届时,园区内会有很多白中合资企业,需要大量懂中文的人才,白国内中小学学习中文的人数也将持续增加。白俄罗斯教育部也计划扩大中文教学,使2022年后本国学习中文的中小学生数量提高到4000人。

乌兹别克斯坦知名汉学家、塔什干国立东方学院教授伊斯马特·别克穆拉托夫说,乌兹别克斯坦年轻人对学习中文和去中国接受教育的兴趣日益浓厚。官方数据显示,在乌兹别克斯坦各大学中,目前有800多名学生主修中文专业,1000多人将中文作为第二选修外语。

[①] 夏鹏、魏忠杰、李佳、蔡国栋、赵焱、陈威华、华义、袁亮、任军:《"汉语热"持续升温 孔子学院助力国际中文教育发展》,新华网,2020年6月13日,http://www.xinhuanet.com/2020-06/13/c_1126110341.htm。

推动中文教学的有效平台

在国际中文教育的发展历程中,孔子学院凭借其高质量教学发挥了关键性推动作用。

巴西汉学家、里约州立大学古东方学教授安德烈·布埃诺介绍说,20年前在巴西学中文非常困难,随着巴西人对东方文化的兴趣增浓,巴西社会上出现一些中文班,但水平不一。孔子学院的到来,让巴西人可以在正式的教育机构、在有专业资质老师的指导下学习中文。

日本汉学家、广岛大学副校长佐藤利行说,45年前,由于缺乏教材,他和同学只能通过广播节目收听中文新闻以及通过查字典阅读文章学习中文。而现在日本学习中文的环境非常好。他表示,学习语言需要从文化、历史、地理等多方面着手,从这个意义上说,孔子学院起到的作用很大。

今年72岁的中谷喜和3年前进入日本北陆大学孔子学院学习汉语和中国文化。他非常喜爱中国的历史文化,先后去过中国6次。他说,孔子学院是日中交流的有效平台,能够帮助更多日本人学习中国的历史文化,加深对中国的了解。

匈牙利罗兰大学副校长、汉学家、罗兰大学孔子学院匈方院长郝清新说,匈中人文交流源远流长,几代知华友华的汉学家和学者开创了匈牙利中文教育和研究的先河,于1923年成立了罗兰大学中文系,但由于中文系在学人数有限,无法发挥更大影响力。罗兰大学孔子学院的成立,推动匈牙利中文教学上了一个新台阶。在罗兰大学孔子学院十几年来的不懈努力下,匈牙利有多所中学将中文作为第二外语,有些成为学分课程。

哈萨克斯坦国立欧亚大学孔子学院中方院长杨雷认为,孔子学院"要为当地创造学习中华文化的沃土",让当地能更好地开展中文学习。

(三)典型消息

典型消息是用于反映某部门、单位或个人在一定时期内产生的工作成效、典型经验或深刻教训的消息类型。典型消息是针对实际工作中出现的某些新问题、新矛盾,对某些部门、单位和个人所创造的先进的、成熟的、具有普遍推广意义和指导意义的典型经验或教训的报道,能够起到"拨亮一盏灯,照亮一大片"的作用,具有较强的针对性和指导性。它是报刊、电台、电视台常用的一种消息类型,因其更常用于对典型经验的报道,所以又叫经验性消息。

虽然都以典型经验为内容,但典型消息不同于其他专门描述经验的文体,如工作总结等,这种区别主要体现在:第一,写作人称不一样,典型消息强调第三人称的客观叙述写法,而工作总结由本单位、本部门的人来写,多使用第一人称写作;

第二，在写作手法上，典型消息强调只叙不议，只报道事实不进行分析，而工作总结则需要夹叙夹议，在讲述事实中完成分析概括和归纳综合，以期达到一定的理性深度；再次，典型消息的目的在于向广大受众反映典型经验，而工作总结的目的则在于向上级汇报、获得同行认可；第四，典型消息是通过大众传媒将这些经验推广到社会的大众传播品，而工作总结面向的是本单位、本机构的内部员工，是一种用于指导工作的内部传播品，两者在传播对象和传播范围上都有所不同，这就影响了它们的写作特点和写作要求。

写作典型消息需要把握以下几点：

第一，无论是典型经验还是典型教训，都要遵循从实践中来，到实践中去的原则。典型经验教训的选择必须是真实的，不能是虚构与杜撰的；同时，典型经验必须是可学的，能指导他人和未来实践的。

第二，要精心选择具有普遍意义的，能通过个别指导一般的典型案例和典型事实。无论是典型经验还是教训，都需具有普遍推广意义，能从个中窥见一般。

第三，遵循消息的客观叙事原则，注重寓理于事，理从事出，坚持用事实说话，无需对事实进行讨论、分析和评价，更要避免空洞说教。

第四，要写出社会实际效果，能让人信服，强调经验教训的可靠性。如：

望城探索宅基地资源跨村配置[①]

湖南日报6月14日讯（记者刘勇　李泰卢　叶剑楠）　农村建房缺乏统一规划，往往出现"只有新房、没有新村"现象。记者今天在长沙市望城区苏蓼垸发现，受益于宅基地使用权制度改革，这个难题正在被破解。

宅基地所有权属村组集体，使用权一直被限制在村组内部"流动"。因各地条件不同，宅基地供需矛盾时有发生，有的地方农民建房不得不侵占耕地，有的地方宅基地资源却白白闲置。茶亭镇苏蓼垸内3个行政村，苏蓼村、大龙村"人多地少"，东城社区则"人少地多"。

覆盖望城区绝大多数国土的长沙现代农业综合配套改革试验区，在苏蓼垸内大胆创新，探索"带地入建"模式，拿承包地经营权流转收益与宅基地使用权互换，让宅基地资源打破壁垒实现跨村配置。

试验区管委会常务副主任杨志军介绍：引导3村村民加入土地合作社，将承包地长期流转；对有新开户建房、迁址建房等需求的村民进行资格审核，保障其

[①] 刘勇、李泰卢、叶剑楠：《望城探索宅基地资源跨村配置》，载《湖南日报》，2018年6月15日，https://hnrb.voc.com.cn/article/201806/201806150750375761.html，该新闻获第二十九届中国新闻奖三等奖。

在本村组的宅基地资格权；审核通过的可申请成为"带地入建"户，按自愿有偿、权益互换原则，通过原所在村土地合作社，将自家承包地经营权流转收益，付给新房拟建所在村，从而在该村获得宅基地使用权。

经反复论证和意愿摸底，试验区管委会将东城社区尤布冲组和新湾组的一片300.3亩荒地，并入东城静旺土地合作社，并将其调规，供3村190户"带地入建"户集中建房，统一规划建新村，由政府部门统一配套供水、供气、污水处理等公共服务设施。

据测算，综合考虑建房、庭院、道路等需求，"带地入建"户平均每户要用地1.32亩。从苏蓼村迁址到东城社区建房的姚新田，每年通过苏蓼博泰土地合作社，从自家2亩多承包地中拿出1.32亩的流转收益，付给静旺土地合作社。支付期限暂定30年，30年之后根据国家土地承包政策再行调整。

出于多种考虑一直想搬迁的姚新田夙愿得偿，原处苏蓼村的旧房将按规定拆除，宅基地将复垦。记者看到，她和另外10多户首批尝试者建在东城社区黄龙河畔的新房，每户独栋小院主体刚刚竣工，规划设计合理，大气美观宜居。

尤布冲组村民肖人龙做梦也想不到，自家10来亩荒地几十年来"一文不值"，如今入社后供别人建房，每年可获得约3000元收入。姚新田等人动工建房之前，静旺土地合作社将现金送到了肖人龙家。

前不久，农业农村部产业政策与法规司相关负责人专门批示，对"带地入建"模式高度赞赏，并考虑将其在全国推介。

（四）评述性消息

评述性消息是指在报道新闻事实的同时对新闻事实的性质、特点和发展前景等进行必要的分析、解释和评论的消息类型，它介于消息和评论之间，是一种边述边评、夹叙夹议的新闻体裁，也称为新闻评述。与一般的消息相比，它既提供新闻事实又做出相应评价；与一般评论相比，它用于叙述事实的篇幅很大；与新闻述评这种极易与之混淆的体裁相比，评述性消息的重心依旧在"述"，"述"引发"评"，"评"是点睛之笔，"述"是蕴含"评"的基础。

评述性消息的内容非常广泛，不仅包含国内外的政治形势、经济形势、社会风气以及思想状况这类务虚的题材，还包括一些具体的事件和实际工作中出现的问题、矛盾及经验教训等务实的题材。从篇幅上看，评述性消息中"述"占绝大比重，"评"在其中只是起一个画龙点睛的作用。

写作述评性消息，需要注意以下几点：

首先，"述"是重点，是基础，"评"是目的，是旨归。成功的评述性消息，其大部分篇幅都用于对新闻事实的叙述，其中不乏详细的历史发展和相关的背景资料，这构成了其分析、解释和评论的基础和依据，这样使"评"更容易为人所接受。

其次，"评"必须与所"述"新闻事实紧密结合。评述性消息不同于新闻评论，新闻评论强调揭示新闻事实的特性和意义的普遍性与认知价值，而评述性消息中的"评"必须直接针对所"述"新闻事实进行就事论事的分析、解释和评论。

再次，"评"必须简明扼要，起到画龙点睛之效。如：

集装箱国标有了"中国声音"[①]

本报讯 （记者 王志彦）中国拥有最大规模的集装箱吞吐量，却从来没有制定过任何一项国际标准，这样的尴尬纪录昨天在上海被打破。在国际标准化组织（ISO）集装箱通信与识别技术委员会第16次会议上，9个国家和地区的代表经过长达5个小时的讨论，最终通过了由中国提出的修订集装箱电子标签国际标准的议案，并任命上港集团副总裁包起帆主持这一工作。

昨天下午两点半，在浦东东怡酒店的三楼会议室内，记者见证了这一历史时刻的诞生。当委员会主席弗兰克先生宣布会议决定时，整个会堂响起热烈掌声。掌声的热烈程度，说明了这一结果的得来不易。当中方提出以中国现有技术为蓝本修改国际标准的动议后，来自欧美的委员就提出了诸多非议。一位美国代表反复表示集装箱运输的安全问题应该由更高决策层讨论，坚决要求在中方提案中剔除相关表述。而一位丹麦代表也对电子标签的商业前景表示担忧。各方意见激烈交锋，会场上一度气氛紧张，甚至有代表还想出了"拖"字诀，试图延期三个月再来表决中方提案。

欧美代表表现自有考虑。俗话说，三流企业卖产品，二流企业卖专利，一流企业卖标准。掌握了标准制定，就等于掌握了行业话语权。许多发达国家、跨国公司和产业联盟就是通过将专利技术转变为标准，以获取最大的经济利益。而在世界航运界，欧美国家就长期把持着"游戏规则"的制定权。目前，国际上95%以上的集装箱国际标准都由欧美国家发起并制定。

在僵持中，包起帆站起来发言："实践往往走在标准之前。"他说，早在2001年，上海港就开展了集装箱电子标签系统的研究。今年3月10日，"中海宁波"号班轮从上海港驶往美国萨瓦纳港，开始了全球第一条集装箱电子标签国际航线

[①] 王志彦：《集装箱国标有了"中国声音"》，载《解放日报》，2008年12月5日，该消息获第十九届中国新闻奖三等奖。

的运营。截至目前，集装箱电子标签中美航线共开航46个航次，完成了6746个标准箱的实船试验，试验表明系统运行正常，可以实时在线监控集装箱运输状态。而这半年中，加拿大、日本等国的物流商，尤其是食品供应商主动找到上港集团，要求开通电子标签航线，以确保货物安全。在中方提供的数据面前，欧美代表不得不承认中国电子标签技术的前瞻性和实用性。弗兰克主席抓住话头，语带风趣地说："这是项有突破意义的创新，中国人的确走在了世界前面。看来，上海港不仅箱子多，点子也多，我们今后要多听听他们的意见了。"

（五）解释性消息和预测性消息

与其说解释性消息、预测性消息和服务性消息是几种消息类型，不如说解释性、预测性和服务性是消息报道所可能具备的几项功能。解释即对新闻事实发出"why"（原因）的追问，它从历史性和相关性两个方面入手，对新闻事实进行多方面的解释；预测即对新闻事实"how"（如何）的追寻，它从新闻事实的客观情况出发，结合过去的发展历史以及相关经验教训，对未来进行科学的预测。之所以有人将之作为消息类型单列出来，也只是因为在实际写作中，面对不同的传播受众和不同的传播内容，记者需从实际需要出发作出不同的选择。我们将新闻报道的功效通过消息传递出来，并且被受众认知，这就实现了消息写作的最终目的，无论是解释还是预测，只是报道呈现方式的不同而已。如下面两则新闻，第一则为解释性消息，第二则为预测性消息。

网曝昆明一入滇池河道变"牛奶河"官方回应[①]

中新网昆明4月14日电（马骞　杜潇潇）　网络上"昆明市区有一条'牛奶河'流入滇池"的帖子近日引起网友热议，写原帖的网友图文并茂展示了"牛奶河"。昆明市滇池管理局14日接受中新网记者采访时回应称，该河流经拦截排进第七污水处理厂进行处理，水质达标后流入安宁市螳螂川。

"环湖东路边一条小河，臭味好浓。在这个污染环境人人喊打的时代，入滇池河道还出现严重污染，怕是不能睁一只眼闭一只眼了。"记者按照网友发帖的标注来到河道旁，现场的3个排水管道并没有污水向外排出，但宽约5米的整条河呈乳白色，散发着腥臭味。记者从河里打了一瓶水，与普通矿泉水相比，河水确实显得浑浊。

---

① 马骞、杜潇潇：《网曝昆明一入滇池河道被污染变"牛奶河"官方回应》，中国新闻网，2016年4月14日，https://www.chinanews.com.cn/sh/2016/04-14/7834871.shtml。

记者了解到，这条河名为正大河，附近的村民称之为"沙河"。"像这样已经有好一段时间了，味道很浓烈。"在附近居住的村民李师傅说，如果这样的水流进滇池，势必会对滇池造成严重污染。

"一年四季这样流着，这么臭这么脏的水，肯定会污染。"市民苏女士不免担心。

和苏女士一样，不少附近居民也表示，河水发白变臭的原因并不太清楚，不过，他们猜测河水肯定是受到了污染。由于河道尽头就是滇池，大家担心这些河水会对滇池造成污染。

记者致电昆明市滇池管理局。执法人员表示，之前在巡查中就发现了这个情况。因正大河所在区域河段污水管网不健全，部分生活污水渗透到了河道内，造成污染。"上游的截污管没有贯通，导致了污水的排放。不过正大河的水并未直接排入滇池，而是在下游经落水口拦截后排进第七污水处理厂进行处理。"

根据执法人员的提示，记者沿着河道往下游走，的确看到了一个落水口，"牛奶"河水从这里流入一条地下暗渠。

记者随后来到昆明市第七、八水质净化厂（两厂合一，即前文"第七污水处理厂"）。厂长王红证实，污水确实进入该厂，经处理达标后流入安宁市螳螂川。"如果市民不放心，可以沿途来看看，最后确实经过污水处理厂处理。"

"现在已经制定了贯通截污管把污水从管道引进污水处理厂的方案，完善以后污水将不再流入河道。"昆明市滇池管理局执法人员表示，解决方案已经制定，目前正在等待施工。待沿线污水管网完善后，敞露在外的河面、正大河的水质将得到改善。（完）

打造智能平台 全面赋能雄安智能化建设[①]

中国雄安官网 4 月 18 日电（崔利杰） 当前，雄安新区已进入大规模建设和承接北京非首都功能疏解同步推进阶段。一批非首都功能疏解项目加快落地，中国星网、中国中化、中国华能等部分央企和高校、医院相继落户和开工建设，承接疏解工作正在有力有序有效开展。眼神科技作为较早落户雄安的人工智能企业，又取得了哪些新成绩？

2017 年 12 月 29 日，眼神科技与雄安新区签订战略合作协议，成为中关村首批与雄安新区签约的 12 家企业中唯一的一家人工智能企业。2018 年 11 月 28 日，眼神科技正式落户雄安，成为首家总部落户雄安的人工智能企业。

[①] 崔利杰：《打造智能平台 全面赋能雄安智能化建设》，中国雄安官网，2022 年 4 月 18 日，http://www.xiongan.gov.cn/2022-04/18/c_1211637895.htm。

"绿色、创新和智能是这座未来之城的鲜明特征,数字城市与物理城市同步规划、城市级智能平台和众多智能化场景的建设,让城市生活更加智能、便捷。"眼神科技市场总监张会告诉记者,入驻新区4年来,眼神科技先后承担了雄安新区首个生物识别示范项目、园区智能安防、校园智慧化、智慧征迁以及智能防疫等重要项目,实现了30余项智能化场景落地。

作为雄安新区智能城市创新联合会的会员单位,眼神科技参与了雄安新区第一批智能城市相关的团队标准的制定工作,完成面部多模态识别终端、智能园区建设和智能楼宇等多项团体标准的立项。

疫情当前,眼神科技一方面做好企业内部防疫,一方面利用AI技术积极践行科技战"疫"。"我们推出'视神'多模态智能识别综合防疫平台,通过面部多模态融合识别与智能测温技术,实现非接触的身份识别、高温预警及定位追踪,为疫情防控贡献力量。"张会说。

未来,眼神科技(将)致力于通过多模态生物识别一体化平台,助力雄安智能城市和智慧民生体系建设,为雄安打造"安全如影随形、智能无处不在"的美好生活,全面赋能新区智能化建设。

第四节 消息写作的走向

一、写作更加注重准确性与时效性

任何一种报道形式都是时代发展和社会需要的产物。随着传播理念和报道内容的变化,受众的接受习惯和接受方式也在改变,当代传媒技术的发展,紧跟新闻报道方式的创新并为之提供技术支撑,综合上述各方面的多重影响,我们看到消息正经历着它自己的创新和变革,呈现出以下几个方面的发展趋势。

随着数字化技术、计算机网络技术和数码技术等的发展,这些技术在信息传播领域得到空前广泛和纵深的应用,使人们的信息接收习惯和话语表达方式发生了极大改变。在新技术的支撑下,媒体如同一个超级市场,能够为受众提供内容新鲜、品种齐全的"信息大餐",比之过去,人们也因此对信息的传输速度和质量有了更高的心理预期和现实期待。

如何借助新媒体技术来提升信息传输的速度,如何在保证准确性的前提下追求更高的效率与效用,这不仅是新闻从业者需要思考和学习的课题,更是消息写作者需要思考和应对的课题。

（一）保证准确性

新媒体技术环境下的新闻传播，无论是对新闻线索的觅取，还是对新闻内容的搜集，都越来越依赖网络。海量的网络信息给新闻记者提供了无数的选题来源，也为记者在新闻信息的搜集方面提供了巨大的便捷。当然，网络对新闻从业者而言是把"双刃剑"，一方面，网络信息的海量性能为我们带来很大便利；另一方面，其庞杂性、无序性与可能的虚假信息需要我们提高甄别能力以确保新闻的质量，而真实准确无疑是信息质量的核心。

消息是讲究快速采访、快速写作和快速发布的新闻体裁，鉴于记者的准备时间非常短暂，加之网络技术对新闻时效性提出了更高要求并为信息采集带来了一定难度，如何保证消息的准确性，是记者在消息写作中的重点和难点。准确性要求记者一定要小心谨慎、具备丰富的知识和长效储备，这样才能在消息的采集、写作与发布过程中，有效甄别并核实消息的内容，从而做到准确报道、有效传播。

（二）提高时效性

消息的时效性是保证受众能在第一时间接收新闻信息并维持受众数量的关键，如果媒体刊载新闻信息过于缓慢，往往会导致受众流失。在发行量、收视率、点击率竞争制胜的媒体环境下，提高时效性已经成为媒体内容经营的重点。

影响新闻时效性的外在因素会造成不同媒体信息传播速度的差异，但是，结构简约、篇幅短小的消息却是能广泛适应媒体时效性要求的最佳新闻体裁。标题新闻、简讯、一句话新闻等消息类型充分发挥了消息的此项优势，同时还兼具所占版面空间小、所传信息含量大的传播优势，因此受到众多媒体的一致重视，诸多报刊在要闻版通过加框的方式，为这类简短消息专辟版面，以保证读者能在第一时间快速了解发生的新闻。

新媒介技术带来的高速度传播促使消息写作能更好地发挥其时效性的优势。新媒介技术环境下的时效竞争，不再是过去以月、周为单位的竞争，也不是以天和小时为单位的竞争，而是以分、秒为单位计数的高速、高效竞争。消息写作的时效性竞争，从现代传播竞争的角度上讲，既是消息写作的生命，也是争分夺秒的战争。

二、体裁特征趋向模糊化与融合化

我们已经进入媒介融合时代。报刊、广电、网络等多种媒介逐渐走向传播内容和形式的融合，这使得先前固有的一些新闻体裁也呈现出模糊化和融合化的特征。过去，消息、通讯、评论等新闻体裁的特征区分度较高，写作程式也比较固定；如今，这些差异化特征和界限变得越来越不分明，不同体裁相互渗透、相互借鉴，其综合交叉运用的趋势，使其中任何一类体裁都兼具两种或多种体裁特征，如消息通讯化、通讯消息化、消息评论化就是其中常见的形式。

在此环境下，消息写作主要呈现出两大走向：一是消息特写化，即消息的写作融入特写风格，表现为消息通过文字符号来描绘图像、视频等视觉元素所传达的内容和气氛；二是消息评述化，即消息写作注重叙议结合，表现为消息在客观报道的基础上通过画龙点睛式的评点，对受众的认知和行为提供一定的价值引导和参照。

（一）融入特写风格

消息写作必须遵循时效性和准确、简洁、平实等规范和要求，它强调对综合事实、动态事实进行概括式的叙述，以快速、简洁、准确地传递重要信息为首要目的。这种信息传播的速递性，往往会导致对事实细节、画面、现场、氛围等方面报道的缺失。在传统报道中，这一写作空间留给了通讯和特写，尤其是特写。特写是指对新闻事件、新闻人物最具典型性的细节、片段，采用"放大"或"慢镜头"再现的方法来作集中刻画的新闻体裁，它不仅能提供新闻事实，更能吸引受众注意，它不以传递重要事实信息为第一目的，而是致力于通过其写作风格与直观、生动的文字，为受众营造一种有效阅读的体验。

随着媒体之间竞争的加剧，为加强与提升文字符号与图像、视频等视觉符号之间的立体传播优势，消息在把握自身迅速报道核心事实的优势的基础上，也在事件描述的纵深化和精细化上努力开拓。它通过把新闻事件最富价值的部分进行放大，或者在叙事中适度放慢节奏，从而得以成功刻画人物和事件的细节以满足受众品味的需求。同时，广播媒体浅近亲切的口语描述，电视媒体的视觉直观效果与报纸文字报道的大幅版面，都为消息的特写化写作与发布提供了可能与创新途径。

消息写作融入特写风格就是消息写作特写化的另一表达，它要求记者在采访时能够更准确、更全面地抓住细节，并能在把握核心事实的基础上，生动描述典型细节和动人瞬间。具体来说，就是指记者在消息写作中能够有意识地使用一些富于形象化、立体感、人情味的语言，通过对事实的现场情景和氛围进行逼真性地描摹，赋予消息强烈的现场感和画面感，给受众留下深刻的印象，并提供"悦读"的快感。

在某些动态性消息的写作中，记者需要更加注重对现场场景、气氛和人物动作、语言、神情等细节的描写，增强报道的感染力。如消息《刘翔夺金 创造世界高栏史传奇》①中，导语写作比较新颖、有画面感，通过"起跑，刘翔落后！50米，刘翔落后！80米，刘翔依然落后！"营造出一种比赛的强现场感、紧张感和激烈感；其次，该消息通过"咬紧牙关、双眼爆出血丝，拼命地追赶"等用语来进一步强化现场惊心动魄的比赛氛围，给读者扣人心弦的直观感受；最精彩的是关于三个"落后"的并列描述，与标题中刘翔夺金的内容形成鲜明的对比，既设置了悬念，又激发起读者顺延导语继续阅读的兴趣。特写的功能在消息的写作中得以发挥，其结果就是消息的可读性大大提升。

（二）注重适度得当的叙议结合

作为新闻报道的两大手段，消息和评论的主要区别在于，消息强调报道客观事实，评论着重提供观点性意见。对新闻的报道，要建立在新闻事实的时效性、真实性和客观性基础之上，但是，如本书在第二章所分析的，任何真实与客观都只是相对的，是有限的，是随着新闻人和新闻机构的政治、经济、社会和文化身份地位的不同而有所差别的，正是这种差别导致了对新闻指导性的必然需求与要求，因此，叙和议在新闻报道中会以事实和观点的方式呈现出来。不同的新闻报道形式，其内在特征和外在功能的差异只是事实和观点所构成的比重不同而已，它们不是绝对的分割和孤立的存在，此所谓不同的新闻体裁有着不同的事实与观点的表达形式和表达比重。通常情况下，消息由于担当着"告知新鲜事"的功能，所以其对事实的侧重与白描手法的选择使"议"退居背后，而更加强调"用事实说话"的表达逻辑。然而，我们也意识到，生活节奏的日益加快使受众对信息消费有了新的要求，受众置身于海量的信息之中，需要有效选择和高效阅读，而且需要在有限的时间内完成对信息的有效解读。解读就需要透过事实的叙述来分析、解释与评价，这就是"议"的需求和"议"的功能所在。因此，叙议结合的评述性消息刚好可以满足帮助受众认知和思考的需要。它一方面能为受众提供基本事实，另一方面也为受众提供立足于基本事实的、有理有据的综合、分析和画龙点睛式的评点，通过指明新闻事实的原因，揭示出其背后的本质和意义，并预测其发展趋势，而这些都是现代受众越来越看重的信息元素。

综合以上分析可见，叙议结合的评述性消息是消息写作的又一个发展趋势。但是需要注意，消息的叙议结合一定是以"叙"为基础的，客观的"叙"才是消息写作的主体和主导，"议"需要适时适度使用，它一定是画龙点睛式的，主观的"议"

---

① 杨明、肖春飞：《刘翔夺金　创造世界高栏史传奇》，新华社，2007年8月31日，该消息获第十八届中国新闻奖三等奖。

只是对消息内容的主旨、意义的归纳和深化。因此，使用权威人士或者专家学者的观点性事实是消息写作中"议"的表达形式。需要强调的是，如果记者在消息中过于主动和失度地站出来"说话"，不仅会削弱其客观性，还会使消息的预期传播效果大打折扣。

三、更加注重视觉传播元素的运用

传统意义上的消息，是一种完全依靠文字符号来传递事实信息的新闻文体；是一种通过对标题、导语、主体、背景和结尾等部分进行有机组装而成的新闻文体；是一种在编排上只能依靠字号、字体的变动，或加框、加线的方式来进行强化或弱化处理的新闻文体。

如果以人类与外界的信息传输中介来认识信息的话，那些以视觉器官为唯一感知渠道的信息类别，是对现实最逼真最直观的信息表达，也是人们最容易接收的信息形式。这类信息也被称为视觉化信息，它是对这个五彩斑斓的世界的直接投影；而这种所谓的视觉化信息，在报刊中常常以图像、图表的形式存在。

过去，图像、图表的生成与应用要受到许多主客观条件的限制。然而，随着数码技术、计算机网络技术的快速发展，不仅新闻图片的生成变得容易，数据图表的制作也变得非常简便。同时，随着社会节奏的日益加快，受众对信息的感知也愈加快餐化和迅捷化，为了方便受众阅读和接收，过去以文字符号为主的消息写作，越来越多地配上了能直观形象地反映新闻现场和新闻事实的图片，以及能简明清晰地体现数据的历史变动和相关联系的图表，它们与文字一起，共同完成消息对新闻事实的报道。

对消息来说，图片、图表的使用不仅是一种新闻信息传递方式的拓展，也是一种版面编辑手段的完善。例如，封面消息图片化就既体现了图片信息的直观传递功能，又体现了图片信息形象的版面编辑功能。所谓"封面消息图片化"，是指将报纸头版头条或封面头条的消息，通过引入醒目的大尺寸图片，将它放置于版面的视觉中心，配合标题新闻，从而吸引受众阅读和购买。这是当前很多报刊都在践行的一种模式，《北京青年报》就是其中较有代表性的媒体（如图10—3）。

第十章 消息

图 10－3 《北京青年报》2022 年 2 月 16 日头版

图 10－3《北京青年报》2022 年 2 月 16 日头版中，除了报头和新闻导读之外，绝大部分版面空间都留给了一则图片消息，这则图片消息异常醒目地占据了报纸版面的视觉中心，率先抢占了读者的注意力资源。

随着传播技术的飞速发展以及人们愈加倾向"读图"式的新闻消费，以文字符号为主的消息报道，也越来越重视对视觉化元素的应用。透过这样的实践表相，我们可以深刻感知到消息写作的创新是记者、编辑通力协作开发新闻价值并且想方设法让读者喜闻乐见的传播理念的更新，可以预见，未来的消息写作将是采写观念的拓新与采、写、编合一的不断探索，受益的将是广大受众和新闻业务的发展。

思考练习题

一、谈谈你对消息这种新闻体裁的理解。

二、说说一篇完整的消息应该包含哪些构成要素，各构成要素的特点是什么？在写作中，记者如何把握这些要素的写作要点？

三、请在新闻网站上寻找一篇或几篇消息，分析其中各要素的写作特征，并说说你的理解。

四、根据本章所列举的主要消息类型的特点，分别找出合适的案例，并对其写作特点进行分析和评价。

五、以事件性和非事件性消息写作为例，在教师指导下，寻找相关选题，练习并讲述这两类消息写作的特点。

第十一章 通　讯

【内容提要】
通讯是我国新闻写作的基本题材之一，指运用多种文学表现手法与修辞手法，生动展现新闻事实或人物全貌及细节的报道。相较于消息，通讯既强调客观性、真实性与时效性，又讲求形式的灵活、多变与内容的形象、细腻，具有主题鲜明、材料丰富、细节生动、语言形象的特征。依照报道内容，通讯可分为人物、事件、风貌和工作通讯；依照报道形式，则可分为记事通讯、专访、新闻故事、集纳、巡礼、速写、侧记、散记、记者来信等。不同类型的通讯在写作中各有侧重，记者可根据具体的报道题材和主题，选取恰切的通讯类型，提高报道的感染力、凸显报道的新闻价值。伴随新闻文体的嬗变，我国通讯写作也不断革新，逐渐摆脱以往"全知全能"的视角和说教模式，转而运用故事化的叙事模式，并形成符合主流价值观以及更贴近受众心理需求的新时代特征。

第一节　通讯的含义与特点

一、通讯的含义

我国是"散文之国""礼乐诗书之邦"，源远流长的史传文学和其他纪实文学的传统，为我国通讯文体的形成和发展提供了丰富的营养和土壤。从先秦时期开始，我国就产生了传记文学和游记文学，在记事状物和描景抒情方面，对后世人物通讯和风貌通讯的风格塑造产生了巨大影响。伴随着近代报纸的产生，通讯作为报刊文体正式出现，它与我国近代社会生活和政治斗争紧密联系在一起。辛亥革命时期，黄远生及其"远生通讯"以亦庄亦谐、须眉尽现的独特风格，成为中国新闻史上通讯体裁确立的标志。随后，我国通讯写作不断发展，涌现出一批又一批卓越的通讯记者和大量的通讯名篇，如周恩来的《旅欧通讯》、戈公振的《从东北到庶联》、范长江的《中国的西北角》、穆青等的《县委书记的榜样——焦裕禄》等，影响深远。

如今，通讯已成为我国媒体和记者形象地再现新闻全貌的常用报道样式之一。

"通讯"一词一般为我国新闻界所用，在西方并无"通讯"这一概念，它是被包含在"特稿"或"专稿"等含义广泛的词汇中，与消息的划分也不那么严格，通常被认为是"形象性消息""立体性消息"、"被充分展开了的消息"。[①]《现代汉语词典》对"通讯"的释义，一作动词使用，指利用电波、光波等信号传送文字、图像等；一作名词使用，指翔实而生动地报道客观事物或典型人物的文章。我国新闻体裁中所指的通讯即为后者，指运用多种文学表现手法与修辞手法，对新闻事实或人物的全貌及细节进行具体、生动、形象的报道的一种基本的新闻体裁。

通讯作为新闻体裁的一种，与消息相比较，都必须重视新闻的基本规则，强调事实的客观性、真实性，突出其新闻价值，把握新闻时效。但是，两者又有很大差异。相对来说，消息更加简明扼要，强调在最短的时间内告知读者新闻事实的重点要素；而通讯则更加灵活多变，不仅在时效上可以"稍缓一步"，内容上也更加形象、细腻。如果说消息是为了满足读者"想早点知道"的心理需求，那么通讯就是为了满足读者"想多知道一点"的心理需求。[②] 也正因如此，通讯往往包含丰富的细节和对新闻事实绘声绘色的描述，有时还会有适当的抒情和议论，具有极强的可读性和感染力，使读者能身临其境、感同身受。此外，通讯还有着消息不可替代的作用，它一方面能弥补消息因抢发而遗漏掉的事实细节，或由于时间延误而未报道的重要事实；另一方面又能充实和深化消息已报道过的新闻，全面深入地拓展新闻内涵和新闻传播面，使受众在详尽生动的报道中能够进一步获知新闻事件的面貌，并且受到教育或启发。总之，通讯是新闻写作中极其重要的组成部分，是每一个记者都必须掌握的新闻写作体裁。

二、通讯的特点

一篇优秀的通讯，除了具有时效性、重要性、接近性、显要性和趣味性等与消息共有的新闻价值外，还应主题鲜明、材料丰富、细节生动、语言形象，并从事实内容到情感外延都能深切地与受众产生共鸣。

（一）主题的鲜明性

主题是通讯的灵魂，是记者通过对新闻事实的报道而表现出来的中心思想或基

[①] 张惠仁：《现代新闻写作学》，四川人民出版社，2001年版，第536页。
[②] 林永年：《新闻报道形式大全》（修订本），浙江大学出版社，2003年版，第12页。

本观点。古人常言,"诗文美者,命意必善",意思就是说,诗文写得美妙的,它的主题构思也一定完善,通讯写作亦是如此。由于时间相对宽泛,资料搜集也更为全面,记者在着手准备通讯写作时,应当更加冷静地思考、筛选材料、措辞达意,以使读者能够更加清楚地明白文章所要表达的中心思想或内在情感。否则,文章就会仅仅成为许多无法彰显价值的事例的堆砌而毫无重点。所以,确立鲜明的主题是通讯写作至为关键的第一步。

主题的筛选和提炼,既涉及记者自身的新闻敏感和看待事物的新闻角度,还涉及新闻事物本身所处的社会环境及其传播后所造成的广泛影响。因此,我们在进行通讯写作时,一定要巧立意、立好意。如1987年《中国青年报》推出反映大兴安岭火灾事件的"三色"报道——《红色的警告》《黑色的咏叹》《绿色的悲哀》,对我国的通讯写作产生了深远影响。它们从三个不同角度反映了此次特大灾害背后的官僚主义体制问题、人性美丑问题、人类生存发展与自然生态环境的共存问题,三大主题与人们的生活息息相关,深深地触动了读者的心灵。其对主题的把握和角度的选择是使这组报道具有全国影响力的关键,也为我们如何构思通讯的主题提供了很好的借鉴。

(二)材料的丰富性

如果说主题是通讯的灵魂的话,那么材料就是通讯的血肉。在前面我们已经提到,作为新闻体裁的一种,通讯的作用主要是对新闻的弥补、充实与深化,而要实现这样的目的,就必须掌握足够丰富的材料与素材。通讯重在展示事物发展的过程和全貌,并且通过再现故事情节、细节,给读者留下深刻的印象。那么,多少材料才足够我们讲好一个故事呢?以新华社记者郭超人写作的通讯《驯水记》为例,全文共4千余字,但他搜集的材料却多达30多万字。[①] 美联社特稿部监督编辑锡德·穆迪认为:"当你认为你掌握的材料足够写一本书的时候,这时便可以写一篇报道。"[②]

材料是决定通讯所含信息量的基础,丰富的材料不仅能为我们详细地描述事物发展的来龙去脉提供素材,还能使我们在对材料的整理分析中,找到能够打动读者的关键细节,提炼出通讯的主题和价值点。但是,对材料的取舍也要精当。具体来说,就是一要以报道主题为中心,使材料为主题服务;二要选择能反映事物本质的

---

① 艾丰:《新闻采访方法论》,人民日报出版社,1982年版,第36页。
② [美]查尔斯·A·格拉米奇:《美国名记者谈采访工作经验》,魏国强译,新华出版社,1981年版,第111页。

新鲜材料、特色材料和典型材料。穆青采写的著名通讯《县委书记的榜样——焦裕禄》中，围绕主题"革命者要在困难面前逞英雄"，选取了"关键在于县委领导核心的思想改变""吃别人嚼过的馍没有味道""榜样的力量是无穷的""当群众最困难的时候，共产党员要出现在群众面前""县委书记要善于当班长""他心里装着全体人民，唯独没有他自己""活着我没有治好沙丘，死了也要看着你们把沙丘治好""他没有死，他还活着"这八大材料，层层深入，用人物语言结合典型事例紧密围绕主题，塑造出焦裕禄作为人民公仆极具感染力和亲和力的鲜活形象。①

（三）细节的生动性

细节是通讯的闪光点，是通讯打动读者心灵、铭刻在读者情感深处，乃至提升通讯独特魅力的点睛之笔。我们常觉得有些消息乏味刻板、千篇一律，就是因为消息的简短精练使其往往偏向三言两语交代重点事实，从而舍弃了一些能够打动人心、使事实饱满鲜活的细节元素，而这正是通讯所尽力追求的。著名记者艾丰曾说过："有特点的细节，常常成为一篇报道最生动、给人印象最深的部分。"② 面对庞杂无序的材料，有的记者能够迅速带领读者进入文章所描绘的场景，而有的记者罗列了很多材料，却无法给人留下深刻的印象。造成这种差异的主要原因，就在于前者能够从繁复的材料中找到生动的特色细节，并使这些细节有效地组织在一起，形成生动的故事情节，从而达到感染读者的目的与效果。

通讯中的情节，是指为展现新闻报道对象的面貌及特征而选用的完整具体、形象生动的事实内容，在实际写作中，往往利用对情节的不断拓展来达到推出主题的作用。但是，有时由于记者对实际生活认知的局限性，我们无法通过言语直接对情节进行更深层次的展开，这时就需要利用细节来表现。细节是包含在情节之中、并能体现情节的若干细化元素，细节延展了情节的具体性，并进而使通讯更加完整生动。比如，人物的一颦一笑、一言一语，场面的一张一弛、一静一动，都能在一定程度上使整篇通讯传神灵动起来。在《县委书记的榜样——焦裕禄》中，有这样一段细节描写：

……眼前只有水，哪里有路？他们靠着各人手里的一根棍，探着，走着。这时，焦裕禄突然感到一阵阵肝痛，时时弯下身子用左手按着肝部。3个青年恳求着说："你回去休息吧。把任务交给我们，我们保证按照你的要求完成任务。"焦裕禄没有同意，继续一路走，一路工作着。……

---

① 胡欣：《新闻写作学》，武汉大学出版社，2006年版，第142页。
② 林永年：《新闻报道形式大全》（修订本），浙江大学出版社，2003年版，第20页。

1966年2月7日，当时的中央人民广播电台"头号播音员"齐越，在朗诵这篇通讯时竟然被文中这些细节描写感动得泣不成声，其真实传神的感染力，由此可见一斑。①

（四）语言的形象性

通讯是一种描绘性的新闻体裁。它与消息最明显的区别，就在于消息对描写的应用是一种在不影响事实清晰表达的前提下的有限度的使用，而通讯写作则不然，它既包含一定的报道性质，又讲究作品的艺术性和可观赏性。从运用语言的角度来看，通讯同小说、诗歌等体裁一样，都属于语言的艺术。我国通讯写作的基本笔法，是将新闻与散文有机地结合在一起，以描写为基本写作手法，兼有叙述、抒情、说明、议论等多种表现形式。因此，通讯语言往往具有形象性特点，它从散文语言中汲取精髓，但又不等同于散文语言。我们知道，在散文创作时，作者可以根据情节的需要合理想象、夸张，充分抒发主观情感，但是通讯作为一种新闻体裁，仍必须在符合事物客观存在的基础上适当运用修辞手法，巧妙地通过对事实的形象描述，带领读者身临其境。

与消息相比较，通讯语言具有更明显的倾向性。具体来说，就是对抒情和议论手法的广泛使用。通讯中的抒情和议论是触景生情、有感而发，是建立在事实基础上的情感体现。作者通过自己情感的表露，与读者的阅读心境相契合，以达到升华主题、增强感染力的效果。这里依然以《县委书记的榜样——焦裕禄》为例，在这段通讯节选中，穆青运用他所提倡的"散文笔法写新闻"，将感情的抒发包含在对事实的排比安排中，使抒情和议论在事实的支撑下兼具说服力与感染力。

……一年前，他还在兰考，同贫下中农一起，日夜奔波在抗灾斗争的前线。人们怎么会忘记，在那大雪封门的日子，他带着党的温暖走进了贫农的柴门；在那洪水暴发的日子，他拄着棍子带病到各个村庄察看水情。是他高举着毛泽东思想的红灯，照亮了兰考人民自力更生的道路；是他带领兰考人民扭转了兰考的局势，激发了人们的革命精神；是他喊出了"锁住风沙，制伏洪水"的号召；是他发现了贫下中农中革命的"硬骨头"精神，使之在全县发扬光大……这一切，多么熟悉，多么亲切呵！谁能够想到，像他这样一个充满着革命活力的人，竟会在兰考人民最需要他的时候，离开了兰考的大地……

除了运用描写、抒情和议论等叙事手法外，通讯写作在语言艺术方面广泛汲取

---

① 李根萍：《三言两语出神韵——谈谈通讯中的细节描写》，载《军事记者》，2004年第4期。

营养：电影蒙太奇式的描述，戏剧化的表达，甚至有对绘画、摄影、音乐等各类艺术的借鉴，这些借鉴在通讯写作中不断出现，使通讯写作的革新随着时代的发展不断向前推进。但是，无论通讯如何创新语言，我们依然要深刻认识到，语言的形象性只是通讯向读者传播客观事实的助力，通讯始终是一篇新闻作品，在实际写作中，务必避免艺术手法越俎代庖，僭越新闻事实的客观真实性。

第二节 通讯的类型与写作要点

一、人物通讯

对通讯的分类，一般有两种方法：一是按照报道内容分，有人物通讯、事件通讯、风貌通讯和工作通讯；二是按报道形式分，有记事通讯、专访、新闻故事、集纳、巡礼、速写、侧记、散记、记者来信等。在本节中，我们将分别就这两种分类方法，对通讯的类型和写作要点进行具体介绍。

（一）人物通讯的定义和写作对象

人物通讯是以人物的事迹或活动为报道中心，展现人物精神面貌的通讯体裁。长期以来，人物通讯以其极强的典型性和感染力在通讯写作中占有极其重要的位置。

人物通讯的写作对象主要包括典型人物和典型人物群体。所谓典型，指既具有鲜明生动的个性特征，又能够反映出一定的社会本质规律的代表性新闻形象。因此，具有动人事迹和崇高精神境界、能够反映时代风貌的先进人物或群体，是人物通讯报道的首选写作对象。雷锋、焦裕禄、王进喜、张海迪、唐山十三农民兄弟等时代英模，以其非凡高尚的品德和感人至深的事迹在我国人物通讯报道史上留下了浓墨重彩的一笔，至今仍影响深远。除了先进人物，近年来，我国人物通讯的报道对象不断拓展，一些平凡人物以其平常生活中不平凡的精神，或在时代背景下凸显的时代精神和风貌，也相继成为人物通讯中的主角，如背患病母亲上学的孝子（《今日早报》2005年11月14日报道《大一男生，背起母亲上大学》）；坚守诚信拾荒还债的老人（《兵团日报》2008年11月13日报道《"我要做一个诚信的人"》）；地震中代表不屈意志的人物群像（《京华时报》2010年4月22日报道《六个人的玉树七日》）等。另外，近年来一些"反面"人物也逐渐出现在少数通讯报道中，引发了一些争议，此类通讯着重表现人物经历中具有警示性和教育性的事例，记者在写作时尤其需要注意对其价值分寸的把握。

（二）人物通讯的特点

人物通讯作为典型报道中的一种主要体裁，有其独有的特点，具体来说，主要有以下几个方面。

1. 以人物为中心

人物是通讯体裁中的重要元素，在以人物为报道对象的人物通讯写作中更是如此。人物通讯中不管是对事例的渲染、情节的刻画，还是对语言的修饰、情感的抒发，都是为表现人物精神和个性特征服务的，也是展现人物个性和精神风貌的手段。如果偏离了以人物为中心的方向，人物通讯也就失去了报道的重心。例如，获得第十六届中国新闻奖一等奖的人物通讯《索玛花儿为什么这么红》[1]，介绍了马班邮路的乡邮员王顺友的典型事迹与感人故事，通讯开头以三段饱含激情的疑问，带领读者进入了了解王顺友心灵的路程，随后从人、马、路、歌、家五个方面，层层递进，描绘并刻画出王顺友质朴的性格。全文材料丰富，感触深切，所选事例紧密围绕王顺友这个人物展开，使王顺友对本职工作再苦再累也无怨无悔的坚韧精神，在送信这段旅途过程中自然而然地体现出来，令读者肃然起敬。

2. 以事实为依托

我们强调通讯写作以人物为中心，但同样要避免出现人物脱离现实的情况。人物作为社会的个体，不是静止和孤立的，其存在价值必然体现于一定的社会背景之下，也必然蕴含在他的言语、行动、生活轨迹中。人是人物通讯中的主角，因此，事件就是展现人物形象的舞台，人物只有在典型事件的烘托中才能鲜活、立体起来。如获得第二十六届中国新闻奖二等奖的人物通讯《女环卫工6年拽回5名轻生者》[2]，该通讯以"拿起扫把扫大桥，丢下扫把急救人"为引题，直击环卫工人涂晓珍的典型事迹，将其定格在质朴、真实而又善良的普通人上。全文洗练精准，以客观实在却富于情感的口吻，讲述了涂晓珍6年间的3件"拽"人故事，展示了一个只知拉一把，救一把，而不求任何回报的草根人物形象。看似简单的事实罗列，却以小见大，将"凡人"与"非凡事"相结合，体现出向往追逐"善"的朴素的精神和价值观。该通讯行文流畅，让读者在丰富的事件材料中，不断累积对人物个性和精神的想象，作品结尾回溯到涂晓珍的遗憾与痛心，将人物之善推至高潮，令人

---

[1] 张严平、田刚：《索玛花儿为什么这么红》，新华社，2005年6月2日。
[2] 卢成汉、殷莉红：《女环卫工6年拽回5名轻生者》，载《楚天都市报》，2015年12月15日。

感动和震撼。

3. 以反映人物精神面貌为落脚点

我们之所以要报道人物，就在于该人物身上有值得关注的闪光点，有能够体现主流价值观、弘扬时代精神的示范价值。人物精神的真实再现需要事件的依托，而人物的精神则在事件的描述中得以体现。人物的精神，说到底就是人物通讯力图表现的主题，是通讯作品期许打动读者，让读者有所启发的关键之处。缺失了人物的精神，人物通讯就失去了本身的新闻价值和社会效应。我们所熟知的通讯作品，如《县委书记的榜样——焦裕禄》《领导干部的楷模——孔繁森》，以及前面提到的王顺友、叶志平等，他们的事迹经报道后之所以令人难以忘怀，就因为在报道中读者能够深切领悟到事实所展现的、能够触动读者心灵的人物的崇高精神。

4. 以真情实感为基础

记者是人物与读者进行沟通的桥梁，唯有记者本人首先被人物所打动，读者才有可能通过阅读人物通讯与人物达到情感的共鸣。新华社前社长穆青在谈到人物通讯的作用时曾说："人物通讯的教育、激励作用，是通过思想上的启示和感情上的共鸣来打动读者的。特别是感动读者这一点更加重要。而要使读者动感情，首先记者自己要动感情。"① 人类是情感的动物，人物通讯的独特价值正是建立在人们对情感的沟通和心灵的洗礼的满足上的。记者对人物的感悟不是刻意为之，而是建立在深入了解人物的基础之上。我们在进行人物通讯写作时，首先要做好充分的采访准备和资料搜集，用心体会人物的事迹、境遇及心路历程，然后发掘自己与人物情感上的共鸣，再以真挚、坦诚的心境对人物加以刻画和描写，唯有如此，才能使记者对人物的真情实感自然流露，进而通过文字与读者达到心灵沟通。

(三) 人物通讯的写作要点

1. 把握住时代感和创新性

所谓时代感，是指人物通讯的报道对象必须契合一定的时代语境，要通过人物描写折射出时代特征，体现出时代的主流价值观。所谓创新性，是指人物通讯的写作要抓住每个具体人物的典型特征，注重在时代背景之中体现其新的精神和新的风貌。探索人物通讯报道的新主题，避免典型人物通讯带给读者刻板的印象，通常需要注意以下两点：第一，记者要具有敏锐的新闻洞察力和思考分析能力；第二，记者必须深入采访，深入采访对象的生活与工作情景之中，与之进行多方面的接触，

---

① 穆青：《新闻教论》，新华出版社，1996年版，第187页。

掌握更多的人物经历，从而更加全面深刻地辩证认识人物性格的多元性，并且在这些多元特征的细微之处发现其不同寻常的个性与闪光点。例如《索玛花儿为什么这么红》这篇人物通讯之所以真实感人，就在于记者亲身体验了王顺友的工作环境，跟随他共同骑马重走马班邮路，这才有了报道中对道路艰险的描绘，对王顺友唱歌时、哭泣时的形象描绘。而且，正是在记者与采访对象的朝夕相处中，记者才切身领略到王顺友的精神风采，才能思索提炼出人物身上所展现的时代精神和典型性。

2. 突出人物个性，再现鲜活形象

读者阅读一篇人物通讯时，首先需要感知被报道人物的真实存在；其次，要能够体会出人物所经历的事件是可靠的、合乎情理的，这就要求记者在写作时学会塑造人物的形象，使人物从自身到事迹都鲜活起来。而对人物的形象塑造，则又依赖于对人物的个性刻画。没有个性的人物，即使做了再多的非凡之事，也仅仅像个麻木的机器，远离人们的现实生活，毫无具体形象可言，因而就更不可能打动读者的心灵。对个性的把握，重在对细节的捕捉：人物说的话，做的事，所处的环境，一个动作，一瞬间的表情，都能反映人物内在心境的变化，都是人物独特个性的体现。一个精彩的细节，远胜于大段的描述，对读者情感的触动，也好过千言万语的空洞议论或抒情。在《索玛花儿为什么这么红》的开头部分有这样一段细节描写：

傍晚，就地宿营，在原始森林的一面山坡上，大家燃起篝火，扯成圈儿跳起了舞。他有些羞涩地被拉进了跳舞的人群，一曲未了，竟如醉如痴。"我太高兴了！我太高兴了！"他嘴里不停地说着。"今晚真像做梦，20年里，我在这条路上从没有见过这么多的人！如果天天有这么多人，我愿走到老死，我愿……"忽然，他用手捂住脸，哭了，泪水从黝黑的手指间淌落下来……

王顺友的话语、他的举动和他的泪水，将他工作时内心的压抑和孤独感表现得淋漓尽致，也将他还原为一个符合凡人常情的形象，由此更彰显出一个平凡岗位上的普通人所做的工作的非凡之处。

3. 注意人物的社会性和真实性

任何人在社会上都不是孤立存在的，他的一举一动总是会和周围的人与事发生联系。人物创造的非凡事迹，必定是其精神和情怀在现实中的投影，而人物的精神气质则来源于其自身学习和工作的经历，并且与其成长生活中所处的社会环境息息相关。比如党与组织的关怀和领导、身边人的帮助、社会给予的机遇和磨炼等，都会对人物性格的塑造等产生重要的影响。因此，记者在具体写作中，不仅要将人物自身的形象写活，还要兼顾他所处的时代背景和社会环境，使人物从个体层面上升到社会层面。

同时，在人物通讯的写作中还要注意客观描述其个性的特征和展现个性的成因，从而着力于真实性的构建。真实是人物通讯写作的感染力所在。有些记者在进行人物报道时，总是期望以其周围群体在话语、行为、精神上的落后来反衬人物的先进性，刻意塑造人物的"高、大、全"形象。这种"抬高一人，贬低一群"的写法既有违新闻道德，又不符合报道的客观全面性，常使受众产生虚假感和距离感，因而在实际写作中应尽量避免。此外，对人物的刻画还要善于观察人物的平凡之美，甚至"残缺"之美。人无完人，再先进的人物也来自普通的人民群众，也有自己的缺点，但正因如此，人物才显得真实全面。因而，对于人物的不完美，我们在采写时绝不能忽视，而是要将其巧妙地运用到一些细节选择和描绘中去，以增加人物的亲和度。当然，缺点和平凡只是使人物形象饱满的手段，并非必然要素，我们在实际写作中既要避免将人物写得太"过"、太"满"，也要注意掌握好人物"走下神坛、回归朴实"的分寸，即还原人物的真我风采，使人物的形象在可信可亲之中保持典型性和非凡性。

二、事件通讯

（一）事件通讯的定义和写作对象

事件通讯是以典型新闻事件作为报道内容的常见通讯体裁。与事件性消息相比，事件通讯在内容上更加详细具体，表述更加形象生动，内涵更具深度和广度。与人物通讯相比，事件通讯重在完整地记叙事件发生发展的原因、经过、结果和影响，人物在事件中作为参与事件的要素出现，而非报道的中心。

事件通讯的写作对象十分广泛，主要为典型的、对社会具有普遍教育意义和影响的新闻事件。这里的新闻事实既包括正在发生的重大事件、活动，如重大会议、文化体育盛事，也包含重大突发事故，如地震、矿难等灾害事件，还包含已经发生过但仍为受众所感兴趣的"过去时"事件，如某些解密报道、纪念性报道（如1979年6月5日《光明日报》为纪念"真理标准讨论"而发表的通讯《一份血写的报告》，披露了在"文化大革命"中惨遭杀害的张志新烈士的冤案真相，在当时引起了巨大反响）。另外，还有一些具有新奇性和现实意义的非重大事件，以体验式报道的形式出现在通讯报道中，如《华西都市报》2000年12月18日的报道《记者与老虎狭路相逢》，讲述的是记者在了解到黑龙江完达山奇源林场重现老虎的线索后，进山追踪并与老虎狭路相逢，最后惊险逃生的故事；再如《中国青年报》1999年1月25日的报道《亲历求职好个难》，则是记者以一个下岗女工的身份亲历求职的酸甜苦辣后得出的直观感悟。①

(二) 事件通讯的特点

1. 事件选择的典型性

典型性是事件通讯的首要特征。一方面，事件通讯所选择报道的事实，必然是现实生活中人们欲知而未知的新闻事实；另一方面，不是所有的新闻事实都能够成为事件通讯的报道对象，只有具有一定典型意义，能够反映时代面貌、揭示社会发展规律，并且经由深入报道后能够指导人们实践、产生深远社会影响的代表性事件才可能成为事件通讯的报道对象。2019年，受猪肉价格持续上升影响，居民消费价格指数一路走高，新华社召开猪肉等民生价格舆论引导工作专题会议后，《经济参考报》记者第一时间制订报道方案，11月29日，该报于头版首发事件通讯《关于猪肉的通讯——"稳猪价"背后的农业供给侧改革》② 及时回应舆论关注，以专业的财经视角精准研读政策、全方位分析市场，透过猪价上涨现象揭示背后的深层次矛盾，并指出未来畜牧业高质量发展的路径和方向。报道刊发第二天，全国畜牧业工作会议召开，将发展畜牧业作为农业结构调整优先方向，与报道方向高度契合，体现了报道的前瞻性、权威性、参考性。

2. 事件表现的完整性

所谓完整性，一是指报道中要尽可能地包含事件发生的时间、地点、原因、结果、参与的人物等重要元素；二是指对事件进行多角度的展示和再现，提供消息所不能提供的信息材料，尽可能地还原事件的全貌，进而揭示事件的深层次意义。因此，事件通讯无论篇幅长短，都要尽量详尽地呈现事件的来龙去脉、情节片段，以及更多的细节，使读者对报道留下清晰、完整的印象。《万众一心，托起生命的希望——献给英勇抗击汶川地震灾害的中国人民》③是新华社在2008年汶川地震发生之后发表的一篇全景式通讯，稿件紧扣抢救生命的主题，按照精准的时间刻度，从党和政府、解放军官兵、医疗队伍、国际救援、普通公众等投身于抗震救灾的各个方面，全景式展现了全国人民万众一心抗震救灾的动人情景和感人事迹，全文气势恢弘，具有很强的冲击力和震撼力。

---

① 黄晓钟：《新闻写作思考与训练》，四川大学出版社，2004年版，第351~353页。
② 张超文、李佳鹏、班娟娟、周勉：《关于猪肉的通讯——"稳猪价"背后的农业供给侧改革》，载《经济参考报》，2019年11月29日。
③ 《万众一心，托起生命的希望——献给英勇抗击汶川地震灾害的中国人民》，新华网，2008年5月25日。

3. 事件中人物的群像性

有事必有人，有非凡之事则必有非凡之人，事件通讯写作尤其要注意见事又见人。在事件中写好人物，能够增加事件的感染力和亲和力，并且展现出事件所蕴含的精神价值。事件通讯写人物，既与人物通讯有同样的要求，但又有所不同，即事件通讯中的人物不是报道的中心，而是伴随事件出场，为更深刻地展现事件的主题服务，换言之，就是"以人说事"。比如反映汶川地震的速写通讯《3分钟 车流停止 人群静默》[①]。该通讯抓住了2008年5月19日全国默哀3分钟前后，发生在新疆乌鲁木齐市一个默哀场景中的人和事，文中刻画了农民工、卖玉米的老人、卖气球的小贩、清洁工、看病的夫妇、出租车司机、吃饺子的老太太，作为默哀仪式中的人物群像，他们出现在这个特定事件中，通过对他们的描写有力提升了事件的感染力，烘托出默哀仪式的社会意义，令人回味。

4. 揭示事件价值的启迪性

一篇好的事件通讯除了具有上述特点外，通常还能使读者在了解事件全貌的基础上，获得一定的感悟，并能启发他们对社会发展和人生的思考，也就是运用我们通常所说的"寓理于事"的写作手法使报道具有启迪性。这种启迪性既体现在事件选择的典型性之中，也有赖于记者对事件多角度地生动再现与叙述，从而使读者能够从不同方面观察事件、了解事件，把握报道所要表达的主题。另外，事件通讯的启迪性特点还包含事件通讯的舆论引导功能。记者在进行事件通讯写作时，尤其要注意把握事件中体现社会主流价值观的事实信息，以加强读者对传统道德伦理和社会先进价值体系的观念认同。2001年除夕，几名"法轮功"痴迷者在北京天安门制造了骇人听闻的自焚事件，在这起事件中，记者发现了参与其中的一位曾经天真无邪、学习优异，如今却重度烧伤导致终身残疾的小姑娘刘思影，并由此发表了《救救我！——一名12岁儿童的悲惨遭遇》[②]这篇震慑人心的通讯报道。通过在医院对刘思影的采访，小姑娘受到的极大伤害和曾经的美好童年形成了鲜明的对比和强烈的冲突，给读者心灵带来极大的冲击，也使读者深切认识"法轮功"的邪教本质。

---

① 陈颖：《3分钟 车流停止 人群静默》，载《新疆经济报》，2008年5月20日。
② 刘思扬、王雷鸣、翟伟、牛爱民：《救救我！——一名12岁儿童的悲惨遭遇》，新华社，2001年1月30日，该新闻获第十二届中国新闻奖二等奖。

(三) 事件通讯的写作要点

1. 目的明确，条理清晰

通讯写作中对事件的报道，绝不单单是为了告知读者一个简单的事实，而是期望通过对事实的叙述达到还原事实、传递情感、深化报道主题等目的。因此写作中对材料的安排和叙事结构的设定等，都要围绕这个中心展开。通讯中的脉络展开与一般写作无异，只要能够将事件有条不紊地记述清楚，避免出现结构松散，叙事杂乱的现象，无论是直叙、倒叙，还是跳跃式、大跨度的叙事方法，都可以运用到通讯写作中来。

2. 善用生动细节，形象化再现

形象是事件本身所固有的特性，再现事件的形象，就是要求记者在写作中能够具体、清楚地叙述事件发生的始末，使读者能够感知事实的发生。而细节则是使事件形象化的必然要素，是使读者铭记事件发展过程的关键。对事件通讯写作的形象化和生动化要求，都是由事件通讯本身所包含的丰富信息量所决定的。只有对事件进行清晰、生动的叙述，才能把庞杂的事件信息理清楚、说明白，从而呈现出清晰的逻辑，再现事件的全貌。

3. 巧选角度，挖掘深度

在现代生活中，人们对事件的欲知，不再满足于了解事件的概貌，而更倾向于追求从不同的侧面深入了解事件的本质。事件通讯正是产生于这样的需求之中，以其翔实的报道和具体的分析，揭示事件的意义。事件通讯在挖掘深度时，一是要将其置于广阔的社会背景之中，进行多方位的比较和分析；二是要尽可能多地掌握事实材料，选取准确和独特的视角，大中取小，小中见大，为主题的深层次展开奠定基础。

下面这则获得第十八届中国新闻奖一等奖的通讯，就很好地体现了以上列出的事件通讯写作的三个要点。该通讯就河南濮阳干部建豪宅机关盖大楼的不正之风进行了详尽的报道。全文开头便点明主旨——"奢侈之风"引群众不满，随后深入调查，对这股"奢侈之风"如何刮、怎么刮层层剖析。在写作时，作者将干部机关屡屡违规建豪宅大楼的事实和当地群众"心都凉了"的情绪相对比，形成强烈反差，并通过大量的数据和现场见闻，以事为据，以理服人，使文章具有较强的说服力和可读性。在文章最后，记者更是借当地某机关负责人之口道出了"奢侈之风"的问责根源，进一步开发出报道的深度。

贫困县刮起奢侈风
——濮阳干部建豪宅机关盖大楼①

新华网郑州2月27日电("新华视点"记者李钧德)河南省濮阳县是省扶贫开发重点县。然而,近几年来,这个县刮起了一股奢侈风:县委县政府及一些县直机关竞相建起豪华办公楼,这些单位的"头头脑脑"们也纷纷搬进高档住宅。

濮阳县刮起的这股奢侈之风,引起了当地群众的不满。知情人士纷纷通过各种渠道向上级反映,有人干脆上网发帖揭露此事。

东挪西借　党政机关比建豪华办公楼

濮阳县位于河南省东北部,全县22个乡镇中,有7个乡镇30余万人地处沿黄滩区,生产生活条件落后。统计数字显示,濮阳县2005年农民人均纯收入为2442元,在河南省108个县市居第75位。全县1035个行政村,仅有251个村能看上有线电视。

就是这样一个人均财政收入仅200余元、尚有数十万人未解决温饱的财政穷县,在办公楼建设方面却屡出大手笔。

2002年9月,在没有按规定程序报批的情况下,濮阳县开工建设县委县政府综合办公暨公务员培训楼。该项目设计建筑面积1.5万平方米,预计总投资975万元。2004年6月工程竣工,不仅面积增加到近2万平方米,工程总造价也达3200多万元。这座办公大楼已竣工两年多,除了变卖老办公院、财政拨款、企业支持、东挪西借支付一部分外,至今仍拖欠工程款134.31万元。

县委县政府带头,县纪委也不甘落后。2004年7月,濮阳县纪委以建纪检干部培训暨党风廉政教育中心为由申请立项,建起了占地面积达23.35亩的县纪委办公大楼。该楼预算投资400.6万元,实际筹集基建资金723.7万元。其中除一部分财政拨款外,濮阳县纪委还要求部分经济条件较好的乡镇和一些县直单位"支持"了106万元。

上行下效。濮阳县财政局、劳动和社会保障局等机关也各寻门路,建起了豪华气派的办公大楼。濮阳县劳动和社会保障局办公大楼于2005年开工,2006年交付使用。该楼共7层,总支出800多万元,其中300万元系挪用该县化肥厂"4045"人员的生活费和养老金。

巧立名目　领导干部纷纷搬进高档住宅

在一座座豪华办公楼拔地而起的同时,濮阳县领导及各局委的头头们还各找

---

① 李均德:《贫困县刮奢侈风——濮阳干部建豪宅机关盖大楼》,新华网,2007年2月27日。

借口，为自己建起了漂亮的别墅式住宅。这些被县国土局负责人称为"独立的低层住宅"有独栋的，有联排的，最大的一户建筑面积达600平方米。

据了解，2004年8月，濮阳县纪委未经建设和国土部门批准，将批准建设纪检干部培训暨党风廉政教育中心的一部分国有划拨土地，擅自改变用途，在所谓的"培训中心"后面建起了职工住宅。其中，建二层别墅10套，每套280平方米，分给县纪委领导班子成员居住。

2005年6月，濮阳县劳动和社会保障局以办公楼南边不能再建高层建筑，否则将影响办公楼通风、采光为借口，在办公楼南边建起9套高档低层住宅，分给局领导班子成员及副科级以上干部。这9套住宅中，建筑面积最小的398平方米，最大的498平方米。

濮阳县房产局则以改善城镇困难职工居住条件为由，向县政府申请划拨经济适用房用地35亩，实际却用于建设本单位干部职工住宅。其中建二层住宅楼8套，面积最大达600平方米，除了房管局领导自住一部分外，还将其中一套送给县人大一位领导。

不仅县直各机关领导纷纷住进高档住宅，濮阳县四大班子领导也开始筹建县级干部集中住宅区。2004年10月，因为"一些县领导从外地调来没有房子住，县里也没有招待所"，经濮阳县四大班子联席会议研究决定，由县机关事务管理局牵头，开发建设一个县级干部集中住宅区。该住宅区占地50多亩，户型为二层连体楼，设计61户，每户280平方米。

为了降低用地成本，濮阳县机关事务管理局竟然在地上附着物补偿不到位的情况下，出动警察和保安，驱赶并殴打租赁该地块的民营金凌花园职工，强拉围墙将大部分花园圈占，致使金凌花园价值200余万元的花木被毁、盗一空。2005年12月，因户型面积过大、地上附着物补偿不到位、动用警力强行占地等问题，该小区被有关部门叫停。

虽然县级干部集中住宅区被有关部门紧急叫停，但这并没有影响到濮阳县领导干部建豪华住宅的积极性。经纪检部门调查，已确定濮阳县县直局委负责人和个别县级干部已建成高档低层住宅100多套，涉及县国土局、计生委、社保局、建工局、纪检委等十余个单位，其中至少有79套不同程度地违反了有关规定。

讲的是排场　失的是民心

2月中旬，按知情群众提供的《濮阳县领导干部豪宅分布图》，记者实地察看了一些被群众称为"腐败楼"的干部豪宅。

在濮阳县国税局办公楼后边不远，有一片气派的高档别墅群。这个别墅群共四排28户，每户都是单家独院，前院大宅门可开进小轿车。记者用脚粗略丈量了一下,每栋楼房的占地面积都在200平方米上下。住宅的外部装修也十分讲究,红宅门、高院墙、豪华瓷砖、欧式风格的阳台,十足的现代豪门。小区看门的师傅告诉记者,这些房子的主人一部分是县国土局的领导,也有一部分卖给了其他局委的干部。

在濮阳县机关事务管理局为离退休县级干部建设的一个高档别墅小区里,记者走进了其中一户人家的院子。小楼只有二层,白墙蓝瓦,楼房前墙面的很大部分是用玻璃镶嵌而成。借和主人搭话的机会,记者留心观察,院子的左半部分由水泥铺就,右半部分是一块不大的菜地,绿油油的蔬菜长势不错。

当地一位知情人士告诉记者,像这样带独立小院的低层住宅,每套造价至少在20万元以上。在濮阳县,正科级干部每个月的工资也就是千元左右,要想住这样的房子,至少得不吃不喝20年。

说起为局领导班子建设豪华住宅的决策经过,濮阳县劳动和社会保障局副局长董随钦这样告诉记者:局办公楼后面有一块空地,建高楼可能会影响到办公楼采光,局里决定建几幢低层住宅。当时并没有说一定给局领导,只是说领导优先购买。"当领导的,谁不想住大点,住得排场点?最后,我们领导班子成员包括副科级以上干部每人都要了一套。"

董随钦说,当时也知道这房子有点大,面积超标,但想着机会难得。濮阳县同样的商品房每平方米都达到1500元了,这房才卖620元一平方米。别看是别墅,实际价格与市内150平方米商品房的价格差不多,这好事上哪找?再说,其他局委和县领导都弄了,自己不弄,说不定以后就没有机会了。

别墅是住上了,但民心却失掉了。村民宋西林告诉记者,当时县里征他们宋村和陈拐村的耕地,每亩地连青苗和附着物总共才补5万多元。群众有意见到县里上访,要求公布征地批文和具体补偿标准。县里领导解释说,征地是因为县纪委要建干部培训和党风廉政教育中心,希望大家支持国家的廉政建设。工程建好后,群众发现所谓的党风廉政教育中心竟然是县纪委的豪华办公楼和县纪委领导的高档别墅时,心都凉了!

濮阳市纪检委副书记、监察局局长王际元介绍,春节前,濮阳县纪委已将部分违规别墅查封,拟于节后公开拍卖。

一位不愿透露姓名的县直机关负责人说,濮阳县刮起的奢侈风,县委县政府应负主要责任。这就像汽车闯了红灯,应该处罚掌握方向盘的司机,而不能仅仅处罚乘车人就草草了事。

三、风貌通讯

(一) 风貌通讯的定义和写作对象

风貌通讯又称概貌通讯、旅游通讯，是我国通讯体裁中最早出现的一种通讯类型，它主要用于展现一个地区或一条战线上的风貌变化，被称为历史的缩影、时代的速写，被比喻为时代的社会风情画卷。风貌通讯在写作技巧上继承了我国游记文学的优良传统，但又比游记文学内涵丰富得多，它所描写的风貌变化，是对整个时代变迁的侧面反映和历史见证，因而有着较强的现实意义。如我国著名记者范长江所写的《中国的西北角》[①]，就是风貌通讯中的经典作品。近年来，反映我国改革开放后的城市、地区发展成就的报道常采用风貌通讯的形式，如《中国妇女报》2005年3月31日发表的展现我国中部地区迅速崛起的通讯《大寨，十年后再次光芒四射》，2004年4月10日《福建日报》发表的介绍海峡西岸经济区建设的通讯《蓄势待发看闽西》等。除了对国内风貌的采写报道外，近年来，随着我国与世界各国的沟通联系愈加密切，一些介绍异域风土人情的风貌通讯也愈加丰富，如2006年9月在中非合作论坛北京峰会召开之际，新华社派出记者奔赴非洲12个国家采写的系列通讯《新华记者非洲行》，以及2005年12月19日《人民日报》海外版刊载的介绍印度丝绸文化的风貌通讯《话说印度纱丽（絮语）》等。

风貌通讯的写作对象极为广泛，涵盖一方一地的社会面貌、习俗风尚、生活变化、建设成就，以及一个部门、一个单位的政策改变、观念更新、精神提升等。风貌通讯笔触舒展，结构灵活，能够帮助人们开阔视野、陶冶情操，也是我们进行爱国主义教育和传播传统文化的重要新闻体裁。

(二) 风貌通讯的写作特点与要求

1. 着力突出变化性和特色性

风貌通讯的采写重在一个"新"字，包括新成就、新面貌、新观念，这些都是风貌通讯应予呈现的。而要突出这个"新"字，就要将报道对象置于一个动态的发展变化过程之中，突出对象在时代背景中所表现出的风貌变化；同时，每个事物、每个地方都有其与众不同的个性特色，在反映新风貌时，尤其需要抓住这些特色，

[①]《中国的西北角》是范长江在1935年7月到1936年6月期间，以《大公报》特约通讯员的名义从成都出发沿西北而行，对红军长征行踪及西北地理风貌进行报道介绍的系列通讯集合。

将变化写得真实客观而有声有色。在具体写作中，常采用对比的手法来表现"变化"。通过对比烘托，突出事物的新颜旧貌，反映出事物的渐进性发展过程，带领受众感受事物变化的过程。例如：

彭阳：悠然见青山①（节选）

············

40年前，瘦羊多山草少，羊为了吃饱肚子满山刨草根吃。山上连最耐旱耐瘠的榆树都没几棵，更别说桃杏树了，每年都是红茹河川道亲戚给祁维杰送几筐山桃、山杏尝个鲜。夏季，每逢暴雨，山洪把田冲得更陡，把沟拉得更深，高崖倒塌的声音至今还让祁维杰心有余悸。冬季，为了热炕，庄里人扫枯草把山扫得黄秃秃的。

那时，彭阳县林木覆盖率3%，水平梯田3万亩，水土流失治理程度11.1%。

从1983年开始，彭阳县坚持生态治理"一张蓝图绘到底"的理念。先后实施了薪炭林营造、小流域治理、退耕还林还草、移民迁出区生态恢复、六盘山降雨量400毫米以上区域造林等工程，从最初的"山顶林草戴帽子、山腰梯田系带子、沟头库坝穿靴子"的立体治理模式，演变为现在的山水田路林统一规划，梁峁沟坡塬一体整治的综合模式。

一任接着一任干，一代接着一代干，生态立县的方针为彭阳县换来了绿水青山。

如今，彭阳县的林木覆盖率、水平梯田、水土流失治理程度达到27.5%、75万亩、76.3%。

金鸡坪南山的苍翠是祁维杰们苦出来的。从鱼鳞坑、带子田再到"88542"水平沟，祁维杰们硬是一锹一锹挖出抗旱集雨地块，山桃、山杏、柠条等几年就长大成林。彭阳县"纯手工"打造的"88542"整地林带可绕地球三圈半，被国际友人赞为"中国的生态长城"。

············

《彭阳：悠然见青山》是一篇反映改革开放40年，宁夏翻天覆地大变化的风貌通讯作品。在上面这段描写彭阳县金鸡坪生态变化的段落中，记者通过景物描写，将40年前"黄秃秃的"山景与如今"苍翠"的南山形成鲜明对比，充分展现改革开放40年间生态扶贫带来的巨大变化。

---

① 王玉平：《彭阳：悠然见青山》，载《宁夏日报》，2018年11月26日。

2. 自然流露真情实感，景情融合

风貌通讯重在记述记者的见闻和感受，所见所闻是指展现于人们眼前的事物的新风貌，而所感是指记者由景及情、触景生情之情感。风貌通讯中对感情的抒发，是记者发自内心的情感表露，通过寓情于景、寓情于事、寓情于物从而使读者与之产生共鸣。记者在写作中要做到真情实感的自然流露，需要深入现场，深入采访，须避免生搬硬套或脱离现实强加感叹。

3. 富有知识性和趣味性

我国幅员辽阔、历史悠久，一方一土之间饱含着不同民族历史悠久的独特文化。尤其是一些异地风景，奇人异事，其神秘性和特异性往往让读者充满好奇。记者在风貌通讯中表现各地风土人情时，要注意搜集丰富的材料，深入了解当地的民族文化，选取既能代表历史文化积淀又趣味横生的信息，方能使报道成为拓宽读者视野、传播知识与文化的有趣报道。

四、工作通讯

（一）工作通讯的含义和写作对象

工作通讯是一种直接反映当前实际工作进展情况和经验教训，具有很强政策性与指导性的通讯体裁。工作通讯可分为两种类型：一种是总结工作中的成功经验，启迪人们更新思想观念的通讯，这是我国新闻报道特有的品种，也被称为经验性报道；另一种是反观过去的工作，从中总结经验教训，并揭示其在社会生活中的普遍意义的工作通讯，是近年来应用较为广泛的一种报道形式。

在我国土地改革时期，工作通讯曾以其生动的政策指导性而受到毛泽东的高度评价。进入社会主义建设时期后，工作通讯进一步发展，从单纯的经验介绍扩展到了对工作中出现的问题、失误等进行反思和总结。如今，围绕党和政府的工作中心和现实需要，工作通讯的写作对象愈加广泛。总结起来，工作通讯涉及的报道领域主要有四个方面：一是介绍推广典型的工作经验或业务经验；二是探讨实际工作中的重大问题；三是评述工作作风和思想问题；四是批评与反思工作中出现的失误。

《九江赶超记》就是一篇颇具代表性的工作通讯，阅读之后，我们可以对工作通讯的体裁特征与写作特点有一个感性认识。

九江赶超记

九江，这个经济实力曾长期雄踞江西 11 个设区市第二的城市，近年来却渐渐地落伍了。主要经济指标一再下滑，在中部崛起的大潮中，在长江沿岸和兄弟城市万舟竞发的态势中，九江黯然失色。

在 2008 年，九江固定资产投资增幅在全省倒数第一，财政总收入增幅跌入全省后三；2009 年 1 月，全市主要经济指标"开门黑"，GDP 增长负 13.8%。人心不振，干群情绪低落。

到任不久的市委书记钟立贵和市长曾庆红坐到了省委书记苏荣的面前。省里做了决定，2008 年起，固定资产投资增幅全省倒数第一的市领导，由省委书记亲自谈话。

那一次谈话让九江市领导刻骨铭心。九江理清思路，奋起赶超。

"强工"驱动赶超

抓住发展不足这个主要矛盾，以项目建设为载体狠抓新型工业化

经济总量偏小，工业化、城市化水平偏低，是九江新一届领导必须面对的现实。2009 年 1 月 10 日九江市委九届七次全委扩大会如期召开，钟利贵代表市委提出了目标：进位赶超，争得九江应有地位。

"'两区互动'（城区、工业园区），强工兴城，科学发展，奋起赶超！"九江人提出了思路。抓项目、抓投入，强工兴市的大幕徐徐拉开。

2009 年 12 月 20 日，共青城集中开工 36 个重大项目，投资额 67.5 亿元；12 月 25 日，城东港区有 30 个重大项目集中开工、签约；12 月 27 日，湖口引进一个投资 50 亿元的硅锰合金项目；

2010 年 4 月 27 日，总投资 1 亿元人民币、生产无丝电极恒温式节能灯的香港普照光明科技项目落户共青城；

……

说起一年多来九江如井喷般落户的项目，市长曾庆红如数家珍。

在引进项目的过程中，九江围绕产业布局注重形成产业集群：九江开发区着力打造汽车、光伏、玻纤、电子四大产业；湖口县依托沿江优势，大力发展冶金、化工两大产业链；永修县以星火有机硅厂为龙头，围绕有机硅深度加工和资源综合利用，发展有机硅循环产业园，产业关联度达 70% 以上；武宁县发挥当地水、电资源优势，独辟蹊径，落户节能灯企业 40 多家，年生产能力达 3 亿只以上，占

---

① 刘建林、任江华、吴齐强：《九江赶超记》，载《人民日报》，2010 年 5 月 18 日。

据全国市场份额近 1/10。

152 公里的长江岸线是九江的重要潜在优势。江西省委、省政府把沿江开发上升到了全省的战略，出台《关于促进九江沿江开发的若干政策意见》，从基础设施、财政金融、土地等方面给沿江开发倾力支持。

紧紧抓住这一机遇，九江市一方面主攻大工业，打造城西、城东、湖口金砂湾等沿江六大工业板块；另一方面按照建设长江中游重要枢纽港的目标，加快九江港的建设，力争 5 年内集装箱吞吐量达到 150 万标箱。

同时，坚持沿江、昌九（南昌—九江）工业带联动发展，加快了昌九沿线的共青、星火、德安、沙河等开发区、园区建设，推进共青城与德安县城相向发展、融为一体，力争 3 至 5 年内使共青城形成 30 万~50 万人口的中等城市，成为中国青年创新创业的平台。

发展工业，九江重视发挥独特的区位优势与产业基础，注意传统工业的改造与提升。2009 年，总投资 80 亿元的中国蓝星星火有机硅一体化项目，中石化九江分公司原油加工 800 万至 1000 万吨项目相继落户。

除了对传统产业优化升级，九江更加注重高新技术产业，新型空调制造业、太阳能光伏产业、手机制造业等呈现集聚之势；引进国际一流的城市建设理念，中芬共青数字生态城建设已在共青城启动。

"九江拥有沿江、庐山、鄱阳湖、共青城这 4 张闪光的名片，这是发展的优势所在、潜力所在。把潜在的优势变为现实的发展，这才是奋起赶超、争得应有地位的唯一选择。"九江的决策层思路清晰。

兴城撬动赶超

扭住城市化这只"牛鼻子"，由"两湖（南湖、甘棠湖）"向八里湖时代迈进，拉开大九江的城市框架

"壮大实力必须强工，改变面貌必须兴城；工业化和城镇化是加快九江发展的'两翼'，必须互动共进，以新型工业化支撑新型城镇化，以适度超前的城镇化带动工业化；通过拉大城市框架，努力把九江建设成为一个山水辉映、环境优美、功能完善、宜居宜业的沿江港口城市。"市委主要领导如是说。

的确，九江急剧膨胀的人口让中心城区不堪重负，功能性、公益性设施捉襟见肘，难以满足现有城区居民日益增长的物质文化需要，同时也与新增城市人口的大量增加不相适应。开辟新城区的需求日益迫切。

八里湖地区面积约 160 平方公里，水域面积 52 平方公里，相当于 10 个杭州西湖的面积，周边有 60 多平方公里的山地丘陵、滩涂、汉港，地势平整，山清水秀，风景如画，是开拓新城区的首选之地。

对八里湖新区的开发，九江市按照"三个三分之一"（即三分之一的水面，三分之一的森林和树木，三分之一的建筑）的规划布局，营造观湖、观江、观山、观城的"四观"生态效果，充分展现水之灵秀、文之厚重、景之靓丽，打造成水乡名城、生态绿岛、文化乐园、人居胜地。

为加快推进八里湖新区的开发，2009年九江市共分3批启动了长虹西大道、八里湖环湖路、十里河综合整治、濂溪大道、九码沿江快速通道、八里湖跨湖大桥、八里湖新区学校、八里湖新区医院、兴城大道及体育中心周边路网建设等10个城建项目。

城市框架迅速拉开，城区面积扩大一倍。中心城区形成50亿元投入规模，政府直接投入比前5年的总和还多1个亿，实现了城市建设投资总额、项目数量和工程总量"三个超历史"。

中心城市正从甘棠湖、南湖时代迈进八里湖时代，几代人的梦想、几届领导班子的规划和设想正在变成生动的实践！

大九江的格局也呼之欲出，以现在的中心城市为依托，通过建设九江至瑞昌一级公路，把瑞昌市与九江中心城市紧密连在一起；建设前进西路，把九江县与九江中心城市连在一起；建设绕城高速，把星子县与九江中心城市连在一起；建设滨江大道延伸到鄱阳湖口，把湖口县与九江中心城市连在一起。

通过以上举措，将瑞昌、湖口、星子、九江四个大的组团和城东港区、城西港区等连在一起，形成面积1000平方公里、人口150万的规模。

心齐推动赶超
广大干部群众以只争朝夕、时不我待的紧迫感投身工作

一年多的时间，九江巨变。

行走九江大地，处处感受到一股逼人的赶超气氛。广大干部群众说得最多的是"5+2""白+黑"，九江人以只争朝夕、时不我待的精神状态投入奋起赶超的伟业之中，流传着一段段佳话……

在大工地一样火热的共青城，九江市委常委、开发区党委书记李小刚告诉记者，为引进台湾出口欧美的环保节能空调项目，需要填一个深坑和洼地，10天之内填50万方土，共青城开放开发区管委会坚持"领导带班，每天深夜12时工地查看进度"；"干部轮班"；"工作人员增加台班"；"日夜加班"，超常规完成平时需要3个月才能完成的工程量。

湖口县跟踪引进投资50亿元的硅锰合金项目多年，一次，县委书记汪泽宇在医院输液，当听说远在外地的客商晚上11时以后有空，他马上拔掉挂针连夜赶往。就是那个晚上的促膝交谈，对这一项目的引进起到了决定性作用。

第十一章 通 讯

　　2009年9月，修水启动了良塘新区开发，决定120天建成良塘新区主路网。良塘新区开发办为确保春节前路网建设完工，倒排工期，战严寒斗雨雪。工程最紧张的时候，开发办主任余昌满6天6夜没回家，把棉被放在车上，困了上车打个盹继续干，就是凭着这种不怕吃苦、连续作战的精神，3个月拉开了良塘新区框架。

　　今年5月1日是值得九江人民铭记的日子。当天，九江市隆重举行九瑞快速通道竣工、十里河综合整治工程竣工仪式。

　　九瑞快速通道是一条连接市区和瑞昌的一级公路。它的建设，对于发挥中心城市的辐射功能和带动作用，促进九江中心城区与周边地区的相向发展，构建大九江格局，具有积极深远的影响。

　　十里河综合整治工程是九江市城市建设史上一次性投入最多、工程最复杂、拆迁量最大、涉及面最广、工程进度最快的城建工程。整治工程于2009年3月26日开工，共投入资金9亿多元。整个工程由河道整治、截污、景观3部分组成。经过整治的十里河一改旧容，十里清流，十里画廊，成为城市防洪、环境治理、生态景观、市民休闲的一道亮丽风景。

　　长虹西大道是九江老城区连接八里湖新城区最直接的主轴，一期工程全长4.7公里，主要建设内容包括道路、桥梁、排水、管线、照明、绿化等，总投资约5.1亿元，其中工程投资1.5亿元。

　　2009年，九江市社会固定资产投资650亿元，增长42.8%，由上一年的全省倒数第一进入前三位；规模以上工业增加值、主营业收入、利税总额等3大指标全部实现进位，总量重归全省第二。今年一季度，全市实现生产总值186.49亿元，同比增长15.6%；完成财政总收入25.33亿元，同比增长42.8%。

　　前不久，省委书记苏荣再次来到九江考察工作，感慨道：天还是那片天，地还是那块地，人还是那些人，但九江面貌却在短期内发生了变化，干部精神状态发生了变化，大家对未来发展的希望发生了变化。

这篇工作通讯分"'强工'驱动赶超""兴城撬动赶超""心齐推动赶超"三个部分，从改革的动机、改革的举措和改革中人的精神三个方面阐述了九江"赶超"的历程，传播了工作经验，使读者受到启发，报道从内容到形式、从结构到语言都具有一定的典型性，反映了当前工作通讯的一些写作特点。

（二）工作通讯的写作要求

1. 突出鲜明的理论指导性

指导性是工作通讯最显著的特点，是由其所担当的特定职能决定的。不管是对工作经验的介绍，还是对问题的探讨，说到底都是为了对实际工作进行政策指导，使人们在实际工作中能够按照先进、科学、合理的原则进行实践。工作通讯一方面发挥着政策指导的功能，将实际工作中表面化、琐碎化的现象、事实总结归纳为经验，以生动形象的表述方式向读者进行介绍和推广；另一方面，工作通讯的思想指导又贯穿于政策指导之中，通过对工作经验的总结，对读者在思想上产生潜移默化的影响，从而起到更新观念、改进工作实践的目的。如《九江赶超记》所反映的问题正是各地区在经济发展转型期普遍面临的实际情况，这样的题材就具有典型的指导改革发展实践的意义。因此，记者在写作工作通讯时尤其需注意突出其鲜明的理论指导性。

当然，作为一种新闻体裁的工作通讯，它不同于工作报告或理论文章，其鲜明的理论指导性不能依靠枯燥乏味的条例规范或经验说教来体现，而是必须通过形象生动地叙述客观具体事实，将抽象的工作理论、政策思想融贯在具有说服力的活生生的事实之中，并在事实中突出其理论指导色彩。比如《九江赶超记》，在介绍其改革的成功举措时就用"扭住城市化这只'牛鼻子'，由'两湖（南湖、甘棠湖）'向八里湖时代迈进，拉开大九江的城市框架"这一主题概述引出了具体的事实，并使用通俗化的语言和人物引语等，生动展现了原本枯燥的经验。再如《海水淡化"破茧成蝶"》[①]这一篇介绍我国海水淡化产业30年工作经验和发展成就的通讯报道，全文通过"科技攻关""政策突围""产业成长"三个部分的事实，条理清晰地展现出30年来我国海水淡化产业走向海洋高新技术产业发展之路的原因、经验，用鲜活的事实将原本枯燥晦涩的海水淡化产业进程展现得生动易读，达到了推广经验，进行理论指导的作用。

2. 突出事实材料的新闻性

工作通讯的报道题材往往具有较强的介绍性和指导性，很容易写成工作报告或工作总结等非新闻文体，而当前的工作通讯写作要顺应新闻事业发展的趋势，必须注重对新闻事实的挖掘，以此突出事实材料的新闻性，在写作中更需要挖掘和把握报道的新闻点。首先，记者要善于从工作总结或经验总结的文件、公文中寻找"热点"，要能选准符合特定时期需求的重点题材，并注重挖掘这一题材所蕴含的现实意义；其次，记者要善于发现和挖掘新情况，若是能越早越及时地将一些领域的新做法、新成就、新体会和新问题予以报道，就越能引起社会舆论的关注，从而推动相关工作的有效开展；此外，记者还要善于使用客观的典型事实材料，以强调突出其内容的客观真实性和可信度，同时避免宣传的生硬空洞，提升可读性。

---

① 王秋蓉：《海水淡化"破茧成蝶"》，载《中国海洋报》，2008年6月6日。

如《"风暴"中挺起民族产业脊梁——德化陶瓷企业积极应对国际金融危机见闻》①这篇通讯报道，介绍了福建德化陶瓷产业在面临国际金融危机时，迎难而上，自主创新，最终战胜困难赢得新发展的经验。文章一方面抓准了"金融危机"这个热点和时效点，另一方面用德化陶瓷这个民营经济产业的缩影，勾画出了民营企业落实科学发展观，增强自身抗市场风险能力的发展历程。全文的数据材料丰富翔实，对处于金融危机和国际化进程中的我国民营企业具有借鉴和启示性，因此新闻价值高，能够吸引受众阅读。又如《弄潮儿向涛头立——习近平主席出席二十国集团领导人杭州峰会系列活动纪实》②这篇通讯，全景式地记录了习近平主席在G20杭州峰会80多小时的日程及活动。在结构上，该报道以大国外交、峰会成果、领导人风采为逻辑线索；内容上，该报道遴选习近平主席峰会期间的精妙引语、细节、场景，穿插过去三年多习近平主席出席的重大外交活动与提出的精辟观点。记者通过巧妙地组织材料，形成了一篇生动易读、信息量丰富的工作通讯。

3. 注重挖掘深度

如前所述，工作通讯的写作，绝不能仅仅停留在表面的工作介绍上，而是要在工作内容、经验总结中挖掘或提炼出关于某一问题或有关政策的深层含义，使人们能够进行由此及彼、由浅入深的经验或理论上的思考，从而更加深入有效地指导实际工作。比如《九江赶超记》最后落脚点在"心齐推动赶超"，就是深挖出了九江改革中具有决定性因素的人心的力量这一极具新闻价值的主题，从而凸现出这篇工作通讯的深度。要做到这一点，需要记者对即将报道的工作内容、经验总结等进行深入钻研，有时候还需要沿着其中提供的线索进行实地调查研究，按照新闻报道的规律去寻找适宜的角度和主题，以提升报道的思想深度和内涵。如获得1993年中国新闻奖二等奖的通讯作品《开封缘何不"开封"？》③，就是记者多研究、深挖掘的典型例子。针对开封市领导干部思想僵化，群众安于现状、思想观念落后、不思进取等状况，记者多次到开封市进行深入调查，采访了包括国家有关部门领导、专家、学者、个体户、小市民、复员军人等在内的各行各界人士，就如何促进开封市经济和社会发展集思广益，对症下药，使报道形成了多角度、全方位的报道态势，在全国引起了强烈反响，挖掘出了报道的深度。

---

① 张红、刘益清、赖文忠、郭仙仙、黄鹏辉：《"风暴"中挺起民族产业脊梁——德化陶瓷企业积极应对国际金融危机见闻》，载《福建日报》，2008年12月31日。
② 《弄潮儿向涛头立——习近平主席出席二十国集团领导人杭州峰会系列活动纪实》，新华网，2016年9月6日，http://www.xinhuanet.com/world/2016-09/06/c_1119521838.htm。
③ 詹国枢、庹震、刘海法：《开封缘何不"开封"？》，载《经济日报》，1993年3月4日。

4. 注重表现形式与写作手法的灵活多样性

工作通讯的题材相对枯燥，如果不运用一些灵活多样的表现形式与写作手法，报道难免空洞乏味，了无生趣。也就是说，在写作工作通讯时，记者一方面要注重灵活利用政论式、访谈式、随谈式、见闻式等多种报道形式；另一方面，记者也可以运用据实陈述、评赞驳议、旁征博引等多种写作手法将工作通讯的内容写出新意和趣味。如在《"风暴"中挺起民族产业脊梁——德化陶瓷企业积极应对国际金融危机见闻》这篇通讯中，记者即是采用了见闻访谈、穿插背景资料的方式，将一个民营企业的经济发展写得有声有色。在通讯的最后，有这样一段描写：

> 明净的五洲公司工作室里，记者遇见背着女儿上班的彩绘工曾明月。她告诉记者，自己在这家企业工作了7年，刚生下孩子3个月，在家里就待不住了。正聊着，小娃娃醒了。看着周围的陌生人，这位新一代的瓷都人笑得十分灿烂。

在这段结尾的细节描绘中，记者没有通过自身的评论或抒情来表现对被报道企业的态度和观点，而是通过小孩的苏醒和笑容描写，让人间接感受到"瓷都人"对工作的认可和热忱，使通讯显得既可信又可亲，毫无生硬做作之感，这样的报道就能提升经验推广的传播效果。

五、以报道形式为划分标准的其他通讯类别

（一）记事通讯

记事，顾名思义，即对事件的记录，是最常见的通讯报道形式。我国早期的通讯即称"记事"，曾有"概要记事""长篇记事""印象记事"之分。"概要记事"重在对新闻事件的整体概貌进行描述，与消息相接近；"长篇记事"则强调对新闻事件的发展脉络进行详细介绍；"印象记事"偏向文学的表现手法，期许以形象生动的叙事与读者进行交流，主要代表为通讯界"印象派大师"黄远生的作品。现在的记事通讯一般为"印象记事"，在写作时，记者往往不直接表露自己的倾向，而是在对事件的细节描述、形象记录中，将自身观点与情感暗含其中，以达到引导读者、凸显主题的目的。以黄远生的《囍日日记》为例，在这篇通讯中，记者以亲身见闻的方式对袁世凯窃得大总统的就职盛典进行现场观察描写，全文只用两千字就将礼堂的布置、与会者的种种情态、就职的过程等重要细节一一呈现，看似冷静客观的描述中处处暗藏记者对就职仪式的嘲笑和讽刺，事件的纪实和作者的态度巧妙

地融合在一起。①

（二）专访

专访又称访问记，是对人们所关注的人、事、物、问题等进行专门访问的一种特有的通讯形式。专访多用于人物通讯，注重通过采访问答的形式将被访者的性格、语言、行为及其所处的环境直接展现在人们面前。专访常用第一人称进行写作，也有对话形式的写法。优秀的专访除了对谈话内容进行详细纪实外，还常常穿插现场描绘，以烘托现场气氛，或提供背景资料于问答之中，加深读者对被访者的了解。本书第十九章专门介绍人物新闻采写，此不赘述。

（三）新闻故事

新闻故事又称小故事，或小通讯，其篇幅短小，内容单一，通常用于小型题材的写作，只反映一人一事，或是现实生活中的某一片段。尽管如此，新闻故事仍包含有完整具体的情节，故事性强，主题上也往往以小见大，富有深意，语言描述上更是形象生动，可谓是"麻雀虽小，五脏俱全"。如著名的《西瓜兄弟》，就是记者当时随刘邓大军途经淮阳时写下的一个新闻故事，通过描写西瓜兄弟从担忧、疑惑到释然的心理变化，三言两语之间就把八路军的崇高品格表现得惟妙惟肖。

（四）集纳

集纳又称主题通讯，即围绕同一主题用若干独立材料集合报道形成的通讯。集纳所选择的素材往往不只一件事或一个人，而是若干具有相似性质的人或事的综合，并将它们巧妙地串接、组合在一起。主题是集纳的主心骨，对于集纳的每一个片段，一方面要求其必须为同一主题服务；另一方面，这些事实片段又必须具有一定的典型性，以起到深化主题的作用。《六个人的玉树七日》② 这篇人物通讯，通过集纳的形式，以玉树地震中的六个人的行动为主，勾勒出他们所代表的玉树群像。所选取的六个人有受灾的群众，有当地的干部，也有参与救援的领导和个人，六人看似不相干的事迹却以地震七日为中心巧妙地交织组合在一起，共同展现出地震灾难中的不屈意志。

（五）巡礼

巡礼又称见闻、纪行，是作者以一种巡游的身份，站在全局的高度对所见所闻

---

① 乔云霞：《明眼冷观滑稽剧——读黄远生通讯〈囍日日记〉》，载《采写编》，2004年第1期。
② 欧钦平：《六个人的玉树七日》，载《京华时报》，2010年4月22日。

加以描绘的通讯形式。巡礼要求记者具有极高的新闻敏感，能够在繁杂的事物景象面前敏锐地抓住典型事件或人物予以报道。同时，巡礼的写作是建立在记者对事件的亲身体验的基础上的，因此，在作品呈现方面往往富有现场感、动态感与亲切感，并且力求通过现象的表述挖掘出其内在的更深层含义。获得第二十九届中国新闻奖一等奖的《"陆战雄师"：钢多气盈骨更硬》[①]，是一篇介绍中部战区陆军某师聚力练兵备战的巡礼报道，习近平主席在该师向全军将士发布训令后不久，记者追随统帅脚步来到该师，深入多个野外驻训场，对现场零下15℃的极寒天气进行总体介绍后，报道将视点集中在不畏严寒的训练官兵上，通过塑造团长张炎东、车长薛飞鹏、"红二连"连长李志伟、二级军士长丁辉等人物形象，生动展现我军不惧伤病、挑战极限的训练热情和高昂士气，以及与开展实战化训练发生的可喜变化。

（六）速写

速写本为绘画术语，应用在通讯写作中，指记者对事物发生发展的经过及事物本身的特点、轮廓进行快速勾勒，使读者能够在短时间内形成事物概貌的大致形象。速写有与消息类似的地方，两者都力求快速、简练，但是速写又不同于消息，消息强调对新闻点的开发而非对事件全貌的描绘，而速写虽不展开事件，但仍强调通过形象精准的简笔勾勒出事物的个性特征，进而反映出报道对象的全貌。我国著名记者柏生[②]就是一名新闻速写大家。她写地质学家李四光，就抓住李四光迈步0.85米这个细节；写气象学家竺可桢，就描绘竺可桢每天都把温度计插在胸前口袋的细节；写华罗庚与毛主席见面，就写主席给华罗庚打招呼的细节……通过这些精彩的瞬间细节，迅速精准地把握住了人物和事件的本质特征，使这些人物个性跃然纸上，让读者回味良久。

（七）侧记

侧记是反映新闻事实某一侧面的通讯报道。侧记的取材由记者看待新闻事实的角度决定，一般来说，多为读者感兴趣或普遍关心的欲知事实。由于侧记不反映事物的全貌和全过程，因此，侧记往往作为补充报道、花絮报道出现，但有时也具有独立性。在写作上，侧记常常夹叙夹议，表现手法十分灵活。《历史性的一声槌

---

① 孙继炼、周猛、钱晓虎、梁蓬飞：《"陆战雄师"：钢多气盈骨更硬》，载《解放日报》，2018年2月2日。
② 柏生，本名陈柏生，笔名肖柏，柏子。1926年生于北京，祖籍安徽安庆。先后在新华社北平分社、华北总分社、人民日报社任编辑、记者，擅长新闻特写、速写、专访写作。

响》①是一篇记录 WTO 部长级会议通过中国入世决定的现场侧记，记者完整地交代了中国入世的每一个关键时刻和会议步骤，使读者能够身临其境地了解到中国成功加入世贸组织时的每一个细节。

（八）散记

散记常被称为新闻中的"散文"，它惯用散文的笔调和组织结构，在挥洒自如、行云流水的笔法中，记录兼具指导性和趣味性的片段，力图塑造一种描述之外的意境。散记在一定程度上改变了新闻较为严肃简明的外在形象，它将较为自由的文学创作手法适当地运用到新闻写作中，使读者能够轻松愉快地阅读。散记的选材相对自由，结构上也无固定的模式或限制，常常以多篇连载的形式出现。如马克思诞辰200 周年之际，新华全媒头条刊播的散记《真理的力量》②，全文以 1975 年在山东省广饶县大王镇发现的《共产党宣言》中文首译本为切入点，回顾与重温 1926 年大王镇共产党员学习珍藏《共产党宣言》的历史故事，将马克思主义的宏大真理与一个农村小镇的变化紧密结合，用当地农民"听'大胡子'的话，就有饭吃、有田种"等朴实话语，揭示出马克思主义真理的实践威力。该报道贴近百姓、贴近生活，读起来朗朗上口。

（九）记者来信

记者来信有两种表现形式，一种是记者将自己放在一个非新闻工作者的位置，仿效普通读者的口吻给被报道对象写信，如新华社记者在采访原北京军区总医院外一科主任华益慰的过程中，被其事迹深深感动而写下的通讯报道《就这样被您感动——记者写给华益慰大夫的一封信》③；另一种方式又称采访札记，是记者以第一人称的方式，记录自己对现实生活中的所见所闻，并提出对被报道事物的看法和见解，如 2020 年珠峰高程测量工作展开，中国自然资源报社记者与测绘登山队员在珠峰大本营同吃、同住、同工作 81 天，以日记形式记录所见所闻所感，写成的

---

① 龚雯、吴绮敏、吕志星：《历史性的一声槌响》，载《人民日报》，2001 年 11 月 11 日，该新闻获第十二届中国新闻奖二等奖。
② 余孝忠、潘林青、萧海川：《真理的力量》，新华网，2018 年 5 月 7 日，http://www.xinhuanet.com/politics/2018-05/07/c_1122793141.htm。
③ 陈辉、白瑞雪、张严平：《就这样被您感动——记者写给华益慰大夫的一封信》，新华网，2006 年 7 月 13 日。

珠峰日记[①]共计57篇12万字。该系列通讯客观呈现了珠峰高程测量全过程，真实反映测量登山队员在极限环境中的工作状态、精神面貌，讲述他们身上不为人知的感人故事。在这两种方式中，记者都是以主观表达情感的口吻进行报道写作，因此内容的主观性往往比较明显。当一些群众关心的问题和事实需要得到解释和澄清，或是人们的情感需要记者代为抒发的时候，常常采用记者来信的方式进行报道。

这里有必要指出，通讯的这几种报道形式具有较显著的外在特征，通常表现在通讯的标题制作上，比如我们常见的"××记""××访""××纪实"以及"××巡礼"等题目，它们既反映了通讯作为一种新闻报道的形式特征，也反映出其报道内容的写作要求。通讯写作中，记者可根据具体的报道题材和主题，灵活选取某一种报道形式，或者采用多种报道形式相结合的方式，然后配以相应的标题，使通讯报道的形式和语言既符合写作的基本规范，同时也更加具有时代气息，在贴近读者提高感染力的同时，使报道内容中的人和事凸显其新闻价值。

第三节 通讯写作的走向

一、通讯写作的变化概况

我国通讯写作伴随着新闻文体的嬗变而不断发展。20世纪70年代，以事实为本的重要报道原则逐渐被确立为具有共识的新闻报道理念，以报道新闻事实为主的消息和通讯逐渐取代居高临下的宣传报道而成为我国媒体新闻报道的主体。20世纪80年代末，我国的通讯采写转向以人物通讯为主，表现出"千人一面"、全知全能的单一叙事模式。伴随着信息化、市场化等观念的引入，新闻开始向多样化的报道模式发展，通讯在报道重大题材、承担宣传任务之外，开始重视树立新闻真实性、时效性和可读性等新闻价值观，避免溢美拔高的典型报道，此时，以展现较大时空跨度和反映重大问题的大特写式的通讯开始盛行。记者不再是以平面化、图谱式的报道担任新闻定性的说教者，而逐渐充当起提供全面丰富的事实信息的传播者角色。通讯的选题除了关注改革的现状外，还立体化、全方位地报道人们的思想观念、社会文化冲突等丰富内容。进入分众化时期，西方新闻报道理念开始真正引入

---

① 2020珠峰高程测量报道启动伊始，珠峰日记即在中国自然资源报社纸媒和i自然全媒体平台、自然资源部官微、中宣部"学习强国"学习平台以专栏的形式连载。《中国自然资源报》连载9篇，新媒体平台连载39篇。珠峰最新高程公布之际，57篇珠峰日记结集为《珠穆朗玛日记》出版。

并影响我国新闻报道形式，通讯不再单纯依靠传统文学与历史等描写手法，而是运用多种西方主流新闻报道方式（如解释性报道、调查性报道、精确新闻等深度报道手法）于采写之中，注重新闻专业主义所倡导的客观与平衡，并愈加重视使用辩证、理性的报道语言，同时兼具中国特色新闻传播理念的报道实践。进入媒介融合时代，媒体根据自身的特点及定位，相互借鉴，不断丰富通讯写作的类型和叙事手法，不仅形成了某些文体形式上的共享，并且创新出某些文体形式的报道结构。

如今，通讯写作在不断革新中已逐渐摆脱了以往"全知全能"的视角和说教模式，转而运用生活化、文学化的语言，以事实的叙述为报道主体，即借鉴故事的叙述方式来写报道。所谓故事，包括一系列按时间顺序发生的事件，它含有时间、空间、人物以及因果关系几大要素，即由一系列事件构成。而通讯是新闻报道的主要体裁之一，它所具有的新闻报道要素是5个W，即时间（When）、地点（Where）、人物（Who）、事件（What）和原因（Why），以及1个H，即怎么样（How），这些要素与故事所应该具备的要素基本相同，也可以构成一个完整的故事。现代新闻通讯写作中，无论是人物通讯、事件通讯还是工作通讯，都需要从典型事件或人物的一个侧面或角度着手，通过新闻语言等一定的文体符号来展现新闻主题，使报道具备新闻性、可读性和深度性。因此，从这个角度上说，通讯写作势必需要借鉴叙事学中的故事化写作手法，为表达特定的主题和思想服务，使通讯真正成为大众喜闻乐见的"读物"。近几年来，随着诸如《华尔街如何讲故事》这样的介绍和借鉴西方报道技巧的作品的出现，我们开始意识到要提升新闻报道的传播效果，就需要"讲故事"。所谓讲故事，就是把这些新闻事实要素按照客观逻辑和新闻叙事的规律有机结合起来，让读者易读、乐读、好读。换言之，就是要注意研究读者的接受心理，用他们喜闻乐见的传播方式来传播新闻。因为通讯包含人和事两大元素，而人与事是紧密相连的，人物通讯需要"以事衬人"，事件通讯则需要"以人显事"，它们像形影不离的双胞胎，只是根据新闻主题的不同而有所侧重，但是都需要讲究在叙事过程中提升其可读性。我们所熟知的著名通讯，如以纪实性著称的《县委书记的榜样——焦裕禄》《亚洲大陆的新崛起》，以文学性见长的《西行漫记》《谁是最可爱的人》等[①]，都是以一连串精心组织的故事为线索，从而揭示报道主题的。在实践中，要顺应通讯写作的故事化走向，我们一方面要重视故事在通讯写作中吸引读者的重要作用；另一方面也必须尊重新闻传播的基本规律，确保故事的真实性；此外，还应重视故事的典型性、代表性等。总体而言，当前通讯写作的发展走向主要聚焦于故事化的叙事模式，并以此为基础形成了符合主流价值观以及更贴近受众

---

① 周玉波：《让鲜活的故事说话》，载《新闻通讯》，2002年第2期。

心理需求的写作特征。这些特征主要包括以下几点。

二、通讯写作的趋向之一：大与小的结合

（一）选题兼具重大主题事件与民生民意新闻

1985年，《中国青年报》刊登了《大学毕业生成才追踪记》一组八篇的系列报道，选题对象是20世纪80年代中期对整个国家命运有着重大影响的青年知识分子，但一改往常选择"典型人物"为青年"正面引路"的思路，以来自现实中的平凡人物为采访对象，透过其平常的生活经历剖析青年知识分子成才道路上的所有问题，挖掘出了深刻的社会意义和新闻价值。这组报道后来被首都新闻界公认为"开了新时期深度报道先河"的"综合性专题系列报道"，也成为我国通讯报道发展的一个"突破口"，它带来的启示首要的便是通讯选题的去"典型"化。随着社会改革的推进和深入，人们的认知能力不断提升，图谱式的典型人物或典型事件的通讯报道已经不能满足社会发展形势的需要，也不能满足受众愈加理性和多元的信息需求。新闻工作者开始反思和明确自己担当的社会责任，他们通过新闻报道来积极观照社会、沟通民意、针砭时弊等。

近年来，大量的通讯报道选题聚焦于改革时期的社会问题，关心普通民众的生活际遇，紧扣时代发展的动向，有效增强了通讯的现实针对性与人文性。这些报道的题材或是具有历史意义的重大事件，或是与民生密切相关的新闻事件。参与中国新闻奖评选的绝大部分通讯作品都以后者为报道题材，并且能够获得一致认同和好评。可见，当代通讯报道选题既要体现重大性，更要兼具民生性，以反映现实为本的通讯写作特征，已经成为当前新闻工作者的普遍共识。

此外，通讯去"典型"化，还意味着摒弃"仰视"典型人物、刻画"高、大、全"形象，转而以平实的视角"平视"对象，比如，报道典型人物或典型个案时，不要竭尽溢美之词，刻意拔高；报道普通民众时，不能低估读者智慧，对其进行简单说教或者主观评判。比如，2004年《人民日报》刊发了题为《人民的好卫士》《百姓心中的丰碑》两篇通讯，介绍河南省登封市公安局局长任长霞的工作业绩与感人事迹；而《中国青年报》则分别以《不服输的女警察》《泪窝浅的女局长》为题，以平实的叙事角度，平和客观地报道了任长霞的先进事迹；《南方周末》采写的《任长霞传奇》，则以"绣花姑娘打老虎""为群众落的泪""曾经鲜活的爱"为小标题，从平民化视角全方位展示了任长霞作为普通人的日常生活及情感世界。相比而言，后两者运用平实的视角刻画出的典型人物形象更易打动人心。

此外，通讯报道在以反映客观现实为原则的基础上，还要遵循新闻时效性，以求更加迅速及时地对消息所报道之事做出反应，以翔实、立体的信息捕获读者的注意力，满足其知情权，从而确保自身的传播效力，并以此提升媒介的竞争力。比如1999年我国台湾地区"9·21"地震发生时，《人民日报》刊发的通讯《强震中的宝岛》为大陆媒体最早见诸报端的发自台湾地震现场的新闻，该通讯迅速及时地反映突发新闻事件，满足了受众之需，取得了有效的传播效果，并因此获得2000年第十届中国新闻奖二等奖。①

（二）篇幅提倡短小精悍

首届中国新闻奖评选标准和要求明确规定："通讯作品在2000字以内"，但是实际情况是，参评的作品大多达不到这一要求，为此，复评委员曾向全国新闻单位的老总们发出呼吁："减少长通讯，狠刹长风，以此作为新闻改革的重要内容。"②短通讯每篇四五百字为宜，长者也不逾千字，要有较强的故事性，有头有尾有波澜；要求完整细致地展开所报道的人和事，并通过具体的活动来揭示报道的主旨，在保证真实性的前提下，尽可能运用如描写、抒情、对话及比喻、拟人等修辞手法，把报道写得生动活泼，平中见奇，出人意料。比如获得首届中国新闻奖一等奖的通讯《"祖国养育我们长大，我们都想扛枪卫国"——京郊四胞胎应征记》，全文680字，却将全家六口人的主要特点描写得生动形象，活灵活现：

"祖国养育我们长大，我们都想扛枪卫国"
京郊四胞胎应征记③

本报记者　乔林生

在北京市50余万名踊跃报名应征的适龄青年中，昌平县的一胞4胎兄弟格外引人注目。19年前他们呱呱坠地时，曾是北京市民议论的热门话题，报上都登了消息。今天，他们长大成人，争着抢着要参军，又成为一条新闻。

11月21日，记者在昌平县武装部见到了这哥几个。老大、老二像母亲，小小巧巧，爱说爱笑；老三、老四像父亲，高高大大，憨厚老实。哥几个站一块（见照片），谁瞅着都高兴。

因为出生在国庆前夕，父母分别给他们起名叫宋建迎、宋建接、宋建国、宋

---

① 郭伟成：《强震中的宝岛》，载《人民日报》，1999年9月22日。
② 宋兆宽：《短胜于长的艺术——兼评首届"中国新闻奖"获奖通讯》，载《新闻知识》，1993年第8期。
③ 乔林生：《"祖国养育我们长大，我们都想扛枪卫国"——京郊四胞胎应征记》，载《解放军报》，1990年11月23日。

建庆。那时,家里穷得响叮当,一下添4丁,爹发愁,娘掉泪。可他们父母没想到,北京市政府发了话:每月发给宋家母子55元生活费,抚育4胞胎健康成长。一家老老小小那个高兴劲就甭提了。国家花钱一直把他们从出生养到了18岁。

孩子们没有忘记祖国的养育之恩。刚听说今年要征兵,便一齐跑到乡武装部长陶连旺家里,坚决要求报名参军,报效祖国。您瞧老二建接是怎么对记者说的:"祖国养育我们长大,我们都想扛枪卫国。"

建接告诉记者,到长陵乡体检站初检那天,他起得最早,先叫醒哥哥建迎,又叫醒弟弟建国、建庆,一人骑一辆自行车出发了。没想到两个弟弟体检合格;他和哥哥别的关口都过了,就是身高差了一厘米。今天(21日),他们又来县体检站复检。

听说哥几个目前有的跑运输、有的管仓库,都有活干,每个月给家里交上千元,记者问:"你们4个人就是走两个,经济损失也不小啊!"

四胞胎的父亲宋玉祥——一位参加过淮海战役、平津战役的老复员军人,对记者说:"钱算个啥?如果国家需要,让他们哥四个都走我才高兴。咱这时候不报答党,什么时候报答党?!"

真是有其父必有其子。

另外,首届中国新闻奖二等奖通讯《小不点——邢芬》(中国新闻社,1990年9月23日)全文880字,一共写出了主人公"小不点""小放牛""小顽皮"和"志气高"4个方面的特点[1]——这些通讯报道给读者留下了深刻印象,其在短篇幅内书写鲜明特点的写法值得借鉴和提倡。

如今媒介信息异常发达,受众习惯于快速"消费"新闻产品,作为新闻"必备品"的通讯也应当顺应潮流,它在注重反映事物总体面貌的特点基础上,正在走向突出其中一个场面、一个矛盾、一个情节或者一个片段的具体化、微观化写法,即通讯报道的小型化走向同样能实现以小见大的传播意图。

三、通讯写作的趋向之二:新闻化与人情味的融合

通讯写作的语言要强调新闻化。一方面要摒弃文学虚构的手法,避免刻意煽情或者通过议论表达强烈而明显的情感色彩,坚持以"事实说话"的原则,通过事实本身传递给读者的意象以及事实内在的逻辑与内涵,使通讯的情与理自然交融;另一方面,当代新闻业务实践中,新闻报道与新闻评论之间存在着鲜明的区分,因

---

[1] 宋兆宽:《短胜于长的艺术——兼评首届"中国新闻奖"获奖通讯》,载《新闻知识》,1993年第8期。

此，通讯写作也要避免记者本人的"言说"，我们提倡记者通过对事实材料的选取和陈述来巧妙表现新闻的主旨或传播意图。在许多具有现实针对性的作品，比如"揭丑"类报道中，记者需学会借助数字、对比事实、图片、可靠的匿名消息来源以及权威机构或专家提供的信息来"说话"。如获得第十七届中国新闻奖的通讯《忻州煤矿安监局好气派》[1]，就是充分运用上述方式，使语言更加新闻化，在一千字的篇幅内就客观地揭露了忻州煤矿安监局多起严重违规违纪行为，并引发了强烈的社会反响的成功作品。

而通讯写作的语言要吸引读者，又要从增强人情味的角度出发，运用生动、形象化的语言和表达方式来描述对象，或者是采用故事化的叙述手法，设计一个精致的开头、精警的结尾，并使用设置悬念、展现矛盾冲突等手段，以增强通讯的可读性。如获得第十四届中国新闻奖通讯二等奖的作品《这是在宣扬一种什么文化？——走进"京西灵水第二届举人金榜文化节"》[2]，文中的大、小标题均采用疑问式表达方式，然而问中有答，借问号加强语气，同时运用白描手法记录新闻事实，将在北京门头沟一个山村举办的"举人金榜文化节"的现场真实地展现在读者面前，使人看到一场与现代社会格格不入的"闹剧"的本来面目。通讯刊出后，立即产生了较大反响，不仅被多方转载，甚至引起党政部门领导的关注。此文的叙事语言精准，极具力量，这种写法也很值得借鉴。

通讯写作的语言逐步走向情与理的结合，追求既具新闻性又富亲和力的表达，而非过去纯粹强调运用多种修辞手段、突出文艺的特色。

四、通讯写作的趋向之三：借鉴与创新的结合

民国初年以通讯闻名的记者黄远生，被称为新闻时代"崛起通讯界之大师"[3]，尽管他所处的年代与我们相隔久远，但是他的通讯写作手法至今仍具有重要的借鉴意义。他曾以"新闻日记"的形式写作通讯，或记"是日独特之新闻"，或介绍新闻背景加以评论，或报道"市井琐屑、街谈巷议"，并且融入文学手法、政论手法，每篇一般千字左右，迅速地反映现实。从中可以看出他对通讯写作的时效性、精要性等新闻特质的把握，这些重要的新闻本位意识同样适用于当前的通讯写作。又比如五四时期著名的记者邵飘萍，她的早期作品"北京特别通信"十分重视事实的新

---

[1] 高山：《忻州煤矿安监局好气派》，载《中国青年报》，2006年12月27日。
[2] 张显峰、张文天：《这是在宣扬一种什么文化？——走进"京西灵水第二届举人金榜文化节"》，载《科技日报》，2003年8月9日。
[3] 杜荣进：《中外新闻采写借鉴集成》，浙江教育出版社，1990年版，第610页。

闻价值，也可以说暗示了通讯写作发展的一大方向。

除了对早期通讯写作的借鉴外，当前"全息摄影"通讯报道模式也很注重结合多重西方新闻报道技法，比如客观报道手法，以及后来逐渐发展为深度报道模式的调查、解释和解读性新闻报道方法。通讯中越来越多地融入这些西方新闻报道方法，极大地拓展了通讯写作的实践，提升了报道的内涵。目前通讯写作中以调查揭露、解释揭示为特征的作品的逐渐增多，也为通讯写作的未来发展赢得了更大的空间。

通讯写作一方面通过借鉴西方报道技法在内容上深加工，另一方面也要从形式上进行创新。在媒介融合语境下，新闻传播越来越追求多样化的表达，以满足受众多方面的诉求。因此，首先要注重报道策划，通过组织系列报道、连续报道或专题报道等，实现对新闻事件的动态掌握以及对同类事件的透视聚焦；其次要采用多种表现手法进行组合报道，如报道大型媒介事件时，既刊发简单的记事通讯，又有访问、花絮、速写、侧记和采访札记等通讯形式，实现全景式的新闻报道。如《四川日报》的 2022 全国两会报道，其版面中的报道表现形式丰富而醒目，具有典型代表性（如图 11-1）。

图 11-1　《四川日报》2020 年 3 月 4 日第 6 版、第 7 版

《四川日报》首先在重要位置刊载新华社通讯《系列创新举措 提升协商议政质量》，聚焦四川代表委员的记事通讯《过去这一年 我们这样书写精彩》；其次有花

絮报道《两会前夕，代表委员忙些啥？》、补充报道《四川网友向代表委员点了这些题》、专访《住川全国政协委员冯远：多传递基层的声音》《全国人大代表徐玖平：构建全民应急素养教育体系》等多种通讯形式。这种全息式的通讯报道模式正越来越多地被主流媒体所采用，尤其是在大型媒介事件的报道中，往往通过丰富通讯写作的表现形式，使报纸版面内容更加充实和贴近读者。

此外，通讯写作逐渐融合多媒体技术，创新出了诸如图示报道、网络链接式报道、评述类的链接等。图示报道能够更加直观地将信息传递给受众，更好地体现报道的服务性；网络链接式报道可以将多样化的新闻信息有机地融合在同一个报道主题之内，丰富通讯的内容；评述类的链接则更多地体现新闻报道与新闻评论的搭配，既有事件的事实信息，又有观点的展现，使得通讯报道的传播目的更为明确。如财新网"专题"栏目就是集合了上述形式的一个综合案例，该栏目分为经济、金融、商业、政经等多个板块，根据事件类型对报道专题进行划分，运用图示、相似新闻链接、综述和评述等形式，全方位对报道进行解读。我们以博鳌亚洲论坛2022年年会的专题报道为例，网页中集纳了多篇记事通讯、会议特稿、人物访谈与图片报道，对会议进行全方位解读。同时，该专题还运用可视化手段呈现会议日程，使受众能够清晰、快速地掌握报道的核心信息。

而由参考消息报社与新华社辽宁分社联合推出的"致敬最可爱的人——纪念抗美援朝70周年·老兵访谈录"专题报道，则可作为人物通讯报道创新的一个重要示范。为纪念中国人民志愿军抗美援朝出国作战70周年，两家媒体重磅推出"致敬最可爱的人——纪念抗美援朝70周年·老兵访谈录"大型融媒专题报道。该专题以"70年70人"创意策划为引领，共推出70位老兵访谈录。系列报道以生动的讲述、深情的笔墨、丰富的细节塑造舍生忘死的抗美援朝英雄群像，以可触可感的方式弘扬伟大抗美援朝精神，是一组立意高、创意新、规模大、影响广、反响好的纪念抗美援朝70周年精品力作。该专题结合传统报道形式与新媒体报道形式，《参考消息》连续两月每天刊发一位或两位老兵的人物通讯，并于版面处配发网端专题二维码，形成报网联动。同时，新媒体端推出专题系列短视频，老兵出镜声情并茂讲述战场往事，慷慨激昂高唱志愿军战歌、《我的祖国》等经典歌曲，中间穿插珍贵历史影像，在历史与现实的时空转换中把受众带到炮火连天的战场，带给受众极强的视觉冲击力和感染力。

可见，媒介融合条件下的多样化表达形式为通讯写作的创新带来了更多发挥的空间，有利于通讯报道更好地实现新闻性与亲和力并重的传播效果。目前通讯作为我国传统的新闻报道体裁之一，在新闻媒体报道中占有重要位置。随着我国新闻业务改革的推进，新闻报道理念越来越注重时代性和以人为本，通讯写作也不断革新与创新，大大推进了作为一种报道样式的发展。从追求总体上的"快、短、活"，内容上摒弃虚张夸饰，思想上追求深度价值，到技巧上不断融合创新，以新闻性为重要的价值取向，并力求实现通讯报道与政治需要和社会发展的有机统一等方面来看，通讯写作正不断地顺应时代及社会发展，并且正逐渐完成自身的传播转型。

思考练习题

一、简述通讯的含义与特征。

二、请举例比较消息与通讯的异同。

三、按照通讯的分类，分别找出一篇你认为较有特点的通讯作品并作适当的分析。

四、试以大型媒介事件的报道为例，对比2~3家媒体（含网络和纸质媒体）在通讯写作和应用中的特点，并分析不同类型的通讯何以具有不同的表达效果。

五、简述风貌通讯的发展并分析其在当代新闻报道中的应用。

六、试通过报库查阅，以《中国青年报》1985年12月的系列报道《大学生毕业成才追踪记》为例，结合"通讯写作的走向"部分内容，分析这组报道的特色，总结其对当代通讯写作的启示。

第十二章 新闻特写

【内容提要】
　　新闻特写是聚焦新闻事实局部与细节的一种新闻报道文体，它以电影的特写镜头理念和文学手法，截取特定时空横断面中的片段和场景进行细致描绘，生动定格新闻现场中具有新闻价值的事实，可以给读者留下深刻印象。与消息、通讯等新闻体裁相比，新闻特写既遵循真实性、时效性、显著性等新闻基本属性，还具有更加显著的形象性、聚焦性、片段性特征。依据报道对象与篇幅长短两种分类方式，本章结合典型案例，讲解不同类别的新闻特写及其写作要领。在持续的演进过程之中，发端于报纸的新闻特写因其"镜头化"表现手法与受众的"视觉化"传播需求有契合之处，在电视、广播、网络等各类媒体中都衍生出不同的应用形态。"特写化"在当下通过融合各类媒体特性、借鉴多种体裁笔法出现了图片特写等新形式，体现出包容与灵活的特色。

第一节　新闻特写的含义与特征

一、新闻特写的含义

　　新闻特写是指摄取新闻事实中最富有特征和表现力的片段或细节，通过细致详尽的描绘和集中刻画，将其形象生动地呈现在受众面前，从而更突出地表现新闻事实和主题的一种新闻体裁。
　　特写这一概念源自电影艺术中的特写镜头，它是指用近镜头突出人物、物体的局部，造成清晰的视觉形象，以达到渲染电影氛围、突出人物或物体特征的效果。新闻特写是特写镜头在新闻写作中的运用。它把新闻事件中最有价值、最生动感人、最精彩的片段或部分置于近镜头下加以放大，使报道中的情景再现在受众眼前，并营造出现场的氛围感，给受众以突出的、鲜明的印象。随着电视等形象化的新闻手段的迅速发展，受众越来越喜欢这类直观化的新闻报道。与其他新闻文体相比，新闻特写具有的"镜头感"和"立体化"更符合受众的阅读诉求，因此，新闻特写也日益得到媒体的青睐。

特写作为一种文学写作手法，古已有之，但新闻特写是由消息和通讯派生而来的一类新文体。它与一般的消息、通讯的不同之处在于：一般的消息用最简练的语言叙述清楚新闻事实即可，即便有一些形象的描写也比较零碎、粗略，不居于主要地位；而特写往往是抓住一个点就进行细致精准的描写，用强烈的画面感深刻地表现新闻主题。因此，特写比一般的消息更形象、生动。一般的通讯往往反映的是较完整的事件或事件的发生、发展过程，所以以叙述为主，力求一定的完整性，而新闻特写则是选取事件的某个瞬间或片段，以描写为主，抓住一两个场景在横断面上进行充分的展示，不求完整全面，但求突出重点或某个最有新闻价值的侧面，因此，新闻特写比一般的通讯更集中、更细致，能给受众留下更深的印象。

二、新闻特写的特征

新闻特写作为一种新闻体裁，必须迅速及时、真实准确地报道新闻事实，同消息、通讯等其他新闻体裁一样具备新闻性。新闻特写所描写的对象，不管是人物还是场景，都必须具有新闻价值，采用特写的目的是更突出地表现新闻主题。因此，新闻特写具有如下显著的特征。

（一）形象性——再现画面

新闻特写是一种描绘性新闻，写作时需要有现场感，即对事件场景、人物特征能进行集中再现。"再现"一词的本意是对客观现实状况作具体刻画或模拟。在新闻写作中，能够让受众在头脑中形成清晰的、与现场情景相似的形象或画面就是"再现"。新闻特写使用描写手法，力求给受众带来视觉上的直观感受，使受众仿佛身临其境。

下面的这篇特写就是通过全方位的描写，形象地再现了法国足球队夺得世界杯冠军后法国球迷欢庆的情形。

法国陷入狂欢之中
巴黎球迷挤满香榭丽舍大街[①]

本报巴黎今晨专电（特派记者李戈） 在法国队以3比0战胜巴西队，首次

---

① 岳海翔：《新闻传媒写作要领与范文》，中国言实出版社，2009年版，第145~146页。

夺得世界杯冠军后，整个法国顿时陷入了一片狂欢气氛之中，四十多万法国球迷将巴黎著名的香榭丽舍大街挤得水泄不通。

　　来自摩洛哥的主裁判吹响终场哨声后，圣丹尼斯法兰西体育场内法国球迷兴奋得吹响了一切能发出声响的东西，随后这股庆贺的浪潮迅速扩展到巴黎市区各个角落。在本报记者下榻的公寓区内，平常白天都静悄悄的楼群内居然响起了欢庆胜利的鞭炮声。一些法国青年大喊大叫，发泄他们内心的欢乐。

　　法国各主要电视台中断正常广播，迅速报道了法国队夺得世界杯冠军的消息，并播放了现场采访记者发回的法国球迷在巴黎市区欢庆胜利的场面。一家电视台新闻主持人甚至也在脸上涂上了三色旗的颜色。在节目结束前，几个工作人员还跑到主持人身后，向电视观众大喊着"阿勒、阿勒"（前进）。

　　在巴黎最著名的凯旋门和香榭丽舍大街上，继法国队闯入半决赛之后，又一次变成法国球迷的海洋，球迷们大多脸上画着红白蓝三种颜色，手中挥舞着法国国旗，不少人还手拉手边走边跳起舞。据法国电视台统计，昨晚到香榭丽舍大街欢庆的球迷将超过半决赛后上街游行的35万人，而在法国各个主要城市都有类似巴黎香榭丽舍大街这样的欢庆队伍。

挤得水泄不通的香榭丽舍大街，兴奋得吹响一切能发出声响的东西的法国球迷，大喊大叫的法国青年，在脸上涂上国旗的电视台主持人和他活泼的同事，边走边跳舞的人群……记者通过这些细节的描绘，清晰地勾勒出了法国队夺冠后无数法国球迷为之庆祝的情形。记者在写作中并没有直接叙述法国球迷有多激动、多高兴，只是形象地描写了他们的行为，再现了当时的真实场景，将庆祝的画面呈现在读者面前，让读者在这样的场景中去感受法国球迷的欣喜。

（二）聚焦性——放大细节

　　"新闻特写是把新闻事件中最有价值、最生动感人的片段和部分加以放大，描形描态，绘声绘色，给读者以鲜明突出的印象。"[1] 放大，实际上就是将镜头聚焦于某一个或几个典型和精彩的片段，对置于镜头下的人物或事件不求全貌，而求细致入微和神采奕奕。上海复旦大学叶春华教授在其编著的《新闻采写编评》一书中说，特写的基本特征就是焦点加文采。[2] 以下是新华社在2022年北京冬残奥会期间发表的一篇特写：

---

[1] 林永年：《新闻报道形式大全（修订本）》，浙江大学出版社，2003年版，第167页。
[2] 转引自戴振雯：《当代新闻写作教程》，合肥工业大学出版社，2004年版，第329页。

特写：最长的一分钟[①]

4日晚，当视障运动员李端登上北京冬残奥会主火炬台，或许连他自己也想不到，他将迎来自己人生中最漫长，或许也是最值得纪念的一分钟。

他右手高擎火炬，左手摸索着雪花，终于找到了火炬的卡槽。但几次尝试想要将火炬嵌入主火炬台，都因为火炬的角度不对而未能完成。

他试着旋转火炬，双手一起往下按，但依旧没有成功。那几秒，感觉时间都在等待他、陪伴他、鼓励他。突然，现场一位观众大声喊出了"加油"。随后，声声加油，全场掌声，毫不吝啬地给了他。

这次，李端双手举着火炬，差一点就嵌入了主火炬台，但还是没成功。

"加油！加油！"在全场观众的助威声中，李端又经过了几次尝试，终于把火炬稳稳嵌入主火炬台内。

成功了！李端奋力挥舞着左拳，但右手依旧不敢离开火炬。当他听到现场雷鸣般的掌声，才将紧握火炬的右手松开，高举双臂欢呼。

短短的一分钟，李端的心情久久不能平复。刚从主火炬台走下来，这位曾经入选国家青年男篮的东北硬汉，声音依旧有些颤抖。

"盲人点火，肯定会有困难，但只要你坚持不懈，把困难挺过去，没有咱中国人，包括咱中国自强不息的残疾人做不成的事！"李端说。

"今天我的右手拿得低了一些，左手去比对时，（卡槽）底下也有点卡。盲人稍微有一点偏差，就不一定能顺利完成。但我还是很自信的，我又拔出来重试一下，费了点时间，但最终成功了！"

整个过程中，李端在点火高台上，原本想调整一下脚的位置，但因离地较高，最终还是决定脚不动，用手来调整。

李端特别感谢在那一分钟里，为他加油鼓劲的人们。

"我们盲人感觉不到光亮，但是能感觉到声音，能感觉到那些帮助过我和一直支持我的人们，就像残奥火种在我的右上方，温暖着我右边的脸和我的心，那种感觉特别好！"

李端曾是篮球运动员，18岁时，他在备战CBA新赛季时意外失明。此后，机缘巧合中，李端再次踏上竞技场。出众的运动天赋，让他在2004年雅典、2008年北京残奥会跳远、三级跳远比赛中夺得冠军。

"我现在的心情和我当年在'鸟巢'打破世界纪录夺冠的心情是一样的！"李

[①] 姬烨、董意行、孔祥鑫：《特写：最长的一分钟》，新华网，2022年3月4日，http://www.news.cn/2022—03/05/c.1128439269.htm.

端说,"感谢'双奥之城',感谢这么好的时代,让我有机会两次来到'鸟巢'。第一次是参赛,9万名观众和我一起唱国歌,第二次是点火炬,虽然我看不见,但我要让全世界看到,我们中国残疾人自强不息的精神!"

虽然看不到光,但李端在冬残奥会开幕式的这个夜晚,为我们点亮了夜空。

在这篇特写中,记者将场景定格在视障运动员李端点燃北京冬残奥会火炬的一分钟内,使读者仿佛身临其境,感受到从电视镜头中无法获得的信息与情感冲击。"他右手高擎火炬,左手摸索着雪花,终于找到了火炬的卡槽。""他试着旋转火炬,双手一起往下按,但依旧没有成功。""突然,现场一位观众大声喊出了'加油'。""成功了!李端奋力挥舞着左拳,但右手依旧不敢离开火炬。"这些情境交融的描写,仿佛蒙太奇式的镜头语言,聚焦于新闻人物一个个动作或表情,使读者觉得眼前是一个个被放大的清晰的细节,充满直逼心灵的表现力。

(三)片段性——窥一斑而见全豹

新闻特写只选取新闻事实的片段,但这个片段是凝聚事实精髓的片段,具有透视全局或本质性内容的功能。因此,新闻特写尤其强调"以小见大"的传播效果,力求以特写的这一片段为一斑而窥见事实的全貌。正如前面的例文《法国陷入狂欢之中 巴黎球迷挤满香榭丽舍大街》,记者描写了体育场、公寓区、香榭丽舍大街的情形和电视台主持人等,通过这些地方和这些人的状态和反应,就可以表现出整个法国为世界杯夺冠狂喜的场景。类似的事件报道中,记者通常可以着眼于事件发展中的一些有代表性的生动活泼的片段,以此反映全貌以及勾勒出全貌的个性特征来,正如上述特写中运用典型的片段将全国狂欢的气氛浓缩进去,读者自然可以透视背后的新闻主题,同时感受到其新闻价值的所在。

第二节 新闻特写的主要类型和写作要点

一、新闻特写的主要类型

新闻特写的表现形式是多种多样的,对其类型的划分并没有固定的标准。按照不同的分类标准,可分为以下几种类型。

（一）根据报道对象的不同，新闻特写可分为人物特写、场景特写和事件特写

1. 人物特写

写人物贵在写出人物的个性，将人物的形象活灵活现地表现在作品中。读过《西游记》的人，一说起唐僧就能联想到他的仁慈，说到孙悟空就能想到机智，说到猪八戒就能想到愚笨贪吃……能给读者留下这样鲜明的印象，说明《西游记》的人物塑造很成功。人物新闻的写作也一样，要求写出人物的精神风貌。

与人物通讯完整塑造人物形象和人物经历不同，人物特写重在抓住人物富有特征的细节或侧面，通过对一个片段、一个镜头、一个瞬间的工笔描绘，集中展现人物的个性特征。曾经有记者说，新闻事实的主要因素是人，高明的记者往往用一个简练的细节就能"以人托事"，把新闻的时代气氛和人物的个性特征展现出来。大凡新闻人物都有能反映其内在本质和个性的典型特征，特写就必须善于在千头万绪中抓住人物的本质特点，提炼富有个性的闪光语言，精选能打动受众的人物动作，树立鲜活的人物形象。同时，所谓"繁文寡情，味之必厌"，写人物一定要深入人物的内心，接触到他的精神世界，只有这样才可能写出他内心世界的丰富，展现其灵魂。

1975年，美国国务卿基辛格访问中国时，有一篇报道是这样写的：

今天，在参观首都自然博物馆的时候，亨利·基辛格把他的三副面孔表演得淋漓尽致，这使周围的人大为开心。

北京市文物局王延洲指着一件古物，说那是一个龙头。前哈佛大学教授基辛格立即摇头："不对，那是猫头鹰。"

"是的，是猫头鹰。"王说。

当王介绍一具古动物的角是犀牛的角时，基辛格又摇头了。

"不对！"他说。

"对！是犀牛角！"王说。

"不对！"基辛格说。"我从来没有见过长一对角的犀牛！"

这时，一位中国专家挤到前面对王说那是一副古代牛角。

外交家基辛格立即满面春风地对左右的人说，他先后八次访问中国，每次都是王充当他的向导，王既忠于职守，又有学问。

外交家基辛格旋即口若悬河讲了起来，感恩节福特总统访华时，务必请王先生到场。

作为丈夫的基辛格转向妻子南希,请她同他一道,在两个武士陶俑前合影——这两个武士俑同真人一样大小,它们是去年秦朝皇帝陵墓中出土的。

他的妻子咧嘴乐了,她说:"啊,亨利!你太像皇帝了,我哪里配同你照相。"

基辛格说:"这我可当不了,不过,你也够瞧的!"

基辛格夫妇仔细观赏从古墓中出土的文物,王说:"墓中的骨头表明,墓主人有不止一个妻子。"

基辛格点头同意。王还说,在中国古代,有的妇女可以有一个以上的丈夫。

"一个妻子有几个丈夫吗?"基辛格瞧着妻子说:"我们可不喜欢那个时候!"

基辛格夫人大笑起来。

一位摄影记者请他在一匹同真马一样大小的陶马前摆好姿势照相,基辛格说:"是不是要我骑上它跑到大门外?"

在场的中国人无不捧腹大笑。

…………①

记者通过对基辛格在自然博物馆观赏时不同的行为侧面,如咬定"龙头"是"猫头鹰"、不承认犀牛是犀牛、故意和陪同人员斗嘴、和妻子逗趣等的捕捉和描写,将基辛格活泼的举止、幽默的谈吐和风趣的语言充分展现出来,表现了基辛格作为历史学者、外交家、丈夫的多重性格。作为一个历史学者,他要坚持他的观点,不管对与错。然而,当他自己在同中国专家的争论中占上风时,他又表现出外交家的风度来,"满面春风"地介绍自己的争论对手,既恭维,又近乎讨好,这同时表现了基辛格又要坚持原则,又要在一些问题上作出让步的"职业习惯"和"职业性格"。在这篇特写中,基辛格处处流露出对夫人南希的亲切感情,又不失时机地开一些无伤大雅的小玩笑。从这些琐事当中,我们也不难看到基辛格在外交方面是一个颇难对付的人物。

2. 场景特写

这类特写着重描写新闻事件中最具新闻价值、最典型的场面,通过再现场面的特色、规模、气氛等,完成对整个事件或社会风貌的把握。比起其他报道形式来,特写更能产生画面般的可视感。还原性的场景特写,能将受众带入所叙述的情景

---

① 潘程:《人物特写要突出人物个性》,载《新闻采编》,2007年第4期。

中，让受众感受到现场的氛围。记者在对场景进行描述时，须细致入微，并且善于提供现场的环境状况，如当时的自然环境、天气情况、景物、人物的具体动作等，有时候越细致就越能体现个性和达成可读性。

如1997年获得中国新闻奖的作品《别了，不列颠尼亚》，它记录了英国王储查尔斯和最后一任港督彭定康乘"不列颠尼亚"号皇家游轮撤离香港的最后时刻。全文按照时间顺序，重点刻画了四个场景：下午4点30分，末任港督告别港督府，降下港督旗帜；下午6点15分，在添马舰军营东面的广场，举行象征英国管治结束的"告别仪式"，降下英国国旗；子夜时分举行中英香港交接仪式，米字旗在香港最后一次降下，中国国旗升起；零点40分查尔斯和彭定康登上"不列颠尼亚"号，离开香港。记者抓住关键场景进行描绘，内容简练，纪实感却很突出；同时，该特写也勾勒出事件进展的整体轮廓。文中穿插了大量的背景描写和细节描写，让这一特定场景更生动、更清晰、更富有回味感。

3. 事件特写

事件特写，固然要求写作事件的具体过程，但既然是特写，所侧重与追求的就不是大而全的事件全貌，而是着眼于事件的局部或片段，通过具体、准确的描写，使事件如电影般高清晰地铺展在受众面前。但同时我们需要注意，不管是哪一类别的事件写作，把来龙去脉说清楚都是最重要、最基本的原则，所以，即便特写主要是写细节，但清楚地交代事件过程也是前提，否则受众会觉得逻辑不清，无法明究其理。

在重大新闻事件的写作中，由于主题重大、影响力强、受到普遍关注，因而新闻点会比较多，记者时常感到无从下手。此时就需要记者有决断力和敏捷的思维，能抓住最吸引人的情节，即事件的高潮，通过对关键性场面的刻画，达到对事件的立体化和形象化的呈现。例如，在嫦娥五号月球采样返回系列报道之一《"五姑娘"的平安夜》中，记者聚焦嫦娥五号着陆时忙碌的航天回收试验队，描写了工作人员整装待发的状态以及地面、天气等周围环境，使读者真切感受到现场激动人心的气氛。

"五姑娘"的平安夜①

经过23天的探月之旅，带着在月球上采集的"宝藏"，被人们亲切唤作"五姑娘"的嫦娥五号，即将在12月17日凌晨飞向祖国的怀抱。

---

① 李淑姮：《"五姑娘"的平安夜》，载《中国航天报》，2020年12月18日。

第十二章 新闻特写

白雪茫茫的草原上，零下20多摄氏度的寒夜里，等候在内蒙古四子王旗着陆区的航天回收试验队早已是厉兵秣马、整装待发。

"返回器开减速伞，主伞开伞正常。各号注意，准备出发！"电台里不断传出指令，集结待命的地面车队如同草原上的一条长龙，浩浩荡荡地向着着陆区域飞驰。与此同时，6架直升机在夜空中起飞。

1时59分，当电台里传出"五姑娘"平安着陆的消息时，轰隆隆的飞机声、汽车双闪的滴答声、电台里的指令声遥相呼应。

"空中搜索回收分队发现目标！"直升机传回北京航天飞行控制中心的红外影像画面上，"五姑娘"静静地等待着家人们的到来。而让所有人没想到的是，一只小动物从返回器身边经过，竟成为第一个与"五姑娘"见面的幸运儿。

"我们找到她啦！"直升机上回收试验队队长阮剑华的声音从电台中传来，地面车队的试验队员们听后兴奋不已，恨不得下一秒就飞到"五姑娘"面前。

搜索直升机上的7名试验队员率先到达，开始现场处置工作。直升机刚停稳，负责回收处置技术状态控制的逯运通迅速跳出舱门。直升机螺旋桨将积雪刮起如同暴风眼，他只能半弓着身子、放低重心，深一脚浅一脚地跑到着陆点，对返回器状态进行检查。

大约10多分钟后，地面搜索人员驱车赶到，一并加入现场处置工作中。为保证现场安全，负责无水肼检测的刘学重点检查了推进剂是否存在泄漏。随后，试验队员们按照处置程序相继对返回器进行状态拍照、收主伞、测量器表温度等工作。一切都在有条不紊地进行着。

作为我国首次地外天体采样返回任务，即使是在冰天雪地的草原，嫦娥五号也吸引了不少人驱车赶来。大家都迫不及待地想一睹"五姑娘"的芳容，见证中国探月工程实施16年来最高光的时刻。

穿越大气层经过2000多摄氏度的高温烧蚀，返回器没有出发时那般白净了，底部和侧面变得黝黑，但存有月球样品的前端部位完好无恙。

在安装完返回器吊具后，试验队员齐上阵，给刚从月球"挖土"回来的"五姑娘"穿上两层保暖星衣，外面再套上迷彩棉服。为了保证剩余推进剂在运输过程中不被冻结，试验队员还为她贴上了具有自发热功能的"暖宝宝"。

天色渐亮，一部分试验队员随返回器到达朱日和机场并进行后续处置工作。下午4时，试验队员乘坐运输机一路护送"五姑娘"平安到达北京，而她携带回来的月球样品也即将揭开神秘的面纱。

(二)按篇幅长短来划分，可分为特写性消息和特写性通讯

1. 特写性消息

特写性消息是新闻特写中篇幅较短的一类，常用于场景描写，其篇幅短小精悍，结构紧凑，写作时一气呵成，又留有余温让读者回味。一般的消息是以简明的文字迅速及时地报道新闻事实，而特写性消息在报道事实的基础上，选择最具代表性的场景或片段进行描写，使报道更有现场感和震慑力，不仅突出了新闻价值的核心要点，而且能给读者留下深刻印象。

灾难在清晨中无声抵达　26日海啸发生过程目击记[①]

中新网12月27日电 据《纽约时报》报道，当灾难来到斯里兰卡达赫瓦拉村时，它"蹑手蹑脚"，悄无声息。

"当时我们刚干完清晨的活，正在休息。"一位村民说。

突然，从海中涌起的潮水逼近了他们的房子，随后又退了下去，村民们站在那，看着眼前发生的一切。

"巨浪卷起的石头就像大象一样。"村里30岁的电工费尔南多说。

巨浪过后，带走了一切。截至目前，斯里兰卡全国已有4500人死亡，50万人无家可归。死亡人数肯定还会继续增加，因为现在很多人还处于"失踪"状态。

没有人在席卷达赫瓦拉村的巨浪中丧生。不过，几百人就此无家可归。现在，有600人把村里的寺庙当成了自己的避难场所。

费尔南多说巨浪过后，很多渔民跑去保护自己的渔船，不过只是徒劳。"突然，几分钟后，成排的巨浪又一次涌了过来，我们马上跑了，我们所有的房屋都变成了垃圾。"费尔南多说。

片刻刮起了狂风，不停地摇着费尔南多房屋边上的四株棕榈树。"我们就是抱着孩子跑，"费尔南多回忆道，"那是我们设法保留的一切。"

在费尔南多回忆时，月光下的海洋仍在不停地翻滚，像呕吐病人一样吐着"白沫"，不过它还算平静。

而就在之前，海浪已经把这座村子所有的渔船和财产带走，留下的，只是疲惫、无家可归而又万分恐惧的村民。

这篇特写性消息将"镜头"聚焦在斯里兰卡的一个小村庄，详细描写了在海啸

[①]《灾难在清晨中无声抵达　26日海啸发生过程目击记》，中国新闻网，2004年12月27日，http://www.chinanews.com.cn/news/2004/2004-12-27/26/521392.shtml。

来临时村庄里的状况和人的境遇。记者看似平静的笔触下是巨大的灾难，就像海啸来临前的无声无息。记者在写作中使用村民的直接引语使得报道更具亲近性，真实感更强，而记者少而精的描绘则增添了报道的生动性。

2. 特写性通讯

特写性通讯是抓住特定新闻人物的精神风貌或新闻事件的典型特征，通过细腻生动的笔法，迅速集中地塑造出传神感人的人物形象的一种特写文体。它的篇幅相对长些，通常运用于事件特写和人物特写中。特写性通讯侧重抓取人物具有代表性的个性特征或事件中最精彩的部分进行描绘，注重局部特点的放大；而一般通讯则更注重交代人物的人生经历或展现事件的全貌，注重整体的过程描述。相比较而言，特写性通讯的事实更集中、更细致，报道效果也因聚焦于一点而更加强烈、立体与生动。

如新华网 2004 年发表的一篇人物特写性通讯《警察任长霞》[①]，记者通过采访积累了大量素材，在写作中准确把握了任长霞的个性特点，用"如火""如雷""如水""如霞"四个方面准确地概括了任长霞在不同身份下的人物特征：一个令犯罪分子胆寒的警察，一个能以铁腕治警、以柔情待民的公安局长，一个多情、爱美、爱家庭、爱丈夫和孩子的女人。作者运用简练、流畅且含蓄的文笔，在 6000 多字的长篇幅中，将任长霞的人物形象生动地刻画出来。该特写性通讯虽然没有华丽的词藻，却凸现出人物的真性情，感人至深。

二、新闻特写的写作要点

随着受众对新闻的阅读诉求日渐提升，在视觉媒体高度发达的当今社会，平面媒体必须在报道写作上有所创新、有所突破。因此，让报道具有浓厚的现场感和感染力是平面媒体与视觉媒体抗争的重要手段。只有新闻报道"可读"并且"易读"，才会有效吸引读者阅读。新闻特写作为新闻与文学相结合的产物，在实现新闻"可视化"方面具有独到之处。如何最大限度发挥其特色，已成为当今记者面临的一大课题。

采写新闻特写并不容易。作为一类特殊的新闻文体，特写所表现出来的"新"主要有两层含义：一是讲求新闻的时效性；二是写作方法、技巧、结构、语言上要有特色、有新意。为了体现特写的"特"色，记者需要在第二层含义上多下功夫。特写截取的是生活的横断面，要求集中突出，对新闻进行"放大""再现"。要使新

---

① 朱玉、程红根：《警察任长霞》，新华网，2004 年 6 月 2 日。

闻报道体现出强烈的现场感，记者在采访时不仅要做到细致观察，而且还需边观察边进行形象思维。这样才能在写作时既注意报道本身的新闻性，同时又能有效运用文学写作手法，使报道生动形象。总的来说，写好新闻特写要注意以下几点。

（一）善于挖掘题材

特写的写作包括许多因素，首先是要善于挖掘身边的题材，巧妙地捕捉镜头。这就涉及记者选材的标准和基点、眼光和方法、专业素养等问题。结合中外学者的观点，新闻特写题材的选取要注意以下几类：

1. 众所周知的人物、场所和事件

从平常的人物、事件中也能找出好的题材。丹尼尔·威廉斯在《特写写作的技巧》一书中说："只要你稍微具有一点想象力，你就会发现，寻找特写题材是易如反掌的事。睁大眼睛，观察你周围的生活，你会发现有许许多多的题目可写。"这就提醒我们，在生活的周围其实存在许多可以挖掘的题材。尤其是对于这个快速发展的社会来说，日常生活的变化就能成为特写的题材。

特写的选材要注意抓住生活中的细节，与生活现实相结合的题材容易引起读者的共鸣，产生独特的趣味。如《经济日报》记者夏先清采写的报道《潺潺渠水到秧田》，报道了四川什邡洛水镇五堰村秧田灌溉的情况。报道取材贴近百姓生活，文章语言质朴、描写细腻。记者通过在田间地头的实地采访，将五堰村党支部书记和村民们焦急等待灌溉水的心情真实、贴切地表现出来，读者反响较好。

潺潺渠水到秧田[①]（节选）

5月27日，天蒙蒙亮，四川什邡市洛水镇五堰村党支部书记钟基富就带着几位村民早早地来到村头的渠道进水口。和前一天一样，渠道里水还淹不过脚面。

眼看着邻村的秧田里水灌得满满当当的，秧苗也长到有小腿高了，但五堰村的田里却只有零星的几个小水洼。没泡田，就不能插秧，钟基富和村民们心里都有一团小火在炙烤着。

5月26日晚上，钟基富接到了什邡市水利局局长吕贤江的电话：按照事先制定的用水调度计划，今天上午将从距五堰村10公里外的前进渠跨区域调水，借道红岩渠，灌溉五堰村2400亩秧田。

接到这个消息，钟基富几乎一宿没睡，和村民们一起连夜对渠道进行检查，

[①] 夏先清：《潺潺渠水到秧田》，载《经济日报》，2009年5月29日。

每个进水口都安排了专人值守。

············

站在水渠边,钟基富焦急地来回走动,平时不抽烟的他,此时脚下有了一地烟头。

上午 10 点整,潺潺水声从远处传来,钟基富抬眼望去,急湍的流水已迅速灌满了渠道——"快!放水!灌田!"钟基富喊道,附近的村民们立即行动起来,把水引进了农田。

下午 3 时许,全村 2400 亩秧田已有一大半得到了灌溉。一些村民迫不及待地开始了插秧。"大家不用着急,水利局刚才来电话了,考虑到我们村属尾水灌区,再延长 10 个小时放水时间!"站在田埂上,钟基富笑呵呵地告诉村民们。

············

2. 有普遍影响力的重大事件,包括重大突发事件

一些具有历史意义的重大事件和活动场面,像香港和澳门回归祖国、2008 年北京奥运会、神舟飞船发射升空以及海啸、地震、矿难、传染病等影响面非常广的灾难性事件,是新闻报道的重点报道对象。这些事件中必定存在可用于特写的典型场面或感染力强的素材,例如汶川大地震救援过程中的"敬礼娃娃""可乐男孩"等。运用特写的方式进行报道不仅能避免雷同、推陈出新,还更引起受众的情感共鸣,收到良好的传播效果。

3. 趣味性、故事性较强的事件

这类特写可称为趣闻特写,往往使用幽默诙谐或美妙动人的文笔来报道一件趣事,或讲述奇闻轶事,以满足读者的阅读兴趣,拓展读者的视野。趣闻特写不一定像人物特写、事件特写那样,需要具有较高的关注度和社会意义,但这类报道同样能通过记者的发现与报道,让读者在身心愉悦中获得知识或增长见闻、缓解压力、得到放松,所以这类特写也占有突出位置。

北极小鸟飞行万里到达澳大利亚[①]

法新社澳大利亚伯斯 1981 年 8 月 10 日电　此间捕获了一只小鸟,它体重不过三十克,却从它在北极圈的巢地飞了一万二千五百公里。

这只红脖子的滨鹬从苏联经日本、东南亚飞到澳大利亚,属于涉水鸟类,在澳大利亚历史上,这是首次捕获这种小鸟。

---

① 黎信:《外国新闻通讯选评》(上册),长江出版社,1996 年版,第 335 页。

这只小鸟腿上套了一只小环，是苏联科学家在 1979 年 6 月套上的，地点是西伯利亚东部。

澳大利亚渔业与野生动植物部出版的一期杂志报道了这种小鸟再次被捕的消息。文章说这种小鸟是饥鹬类的一种。

西澳大利亚涉水禽鸟研究组织的人员去年十月在天鹅河地区发现过这只鸟，并通知了苏联科学家。

根据澳大利亚与苏联达成的协议，苏、澳两国有义务保护这种鸟。

上面这篇特写短小生动，趣味盎然，记者在报道中避开了科学领域的专有术语，用浅显易懂的语言，介绍了这只具有特殊经历的小鸟的种属、科学家们对它的研究，以及它自己以 30 克体重，飞越了 12500 公里的非凡举动。这篇特写引人入胜，增加了读者的知识。[①]

通过以上例子，我们不难发现，新闻特写的题材无处不在，关键是要有发现的能力，这就要求记者要有高度的新闻敏感。

（二）选取最具新闻价值的细节

高尔基曾说："说到特写这种文学形式时，我们就应该追溯一下'画'和'描'这两个动词，只要考虑一下这个简短定义的实质，在你面前就会展现出特写有别于其他文艺体裁的突出特点。"那么，新闻特写在忠实于事实的基础上，如何通过形象化的手法来"描"和"画"，使作品更形象地反映客观事实，使受众如临其境，如闻其声呢？关键就在于选择和写好细节。要选取最具价值的细节，关键在于对事件整体的把握。通常来说，一个新闻事件既包括开头、过程和结尾，也包含多个场景和细节，特写决不能从头到尾均详细描写，而需要把墨泼在最有价值的部分。以获第二十九届中国新闻奖二等奖的作品《矿工组长的 551 条短信》为例，记者聚焦"短信"的发送与查看，围绕生产安全意识与工作流程，生动刻画出矿工组长的责任心与亲情所系的家庭观，在"大家"与"小家"的辩证关系中突出安全的重要性。记者对"短信"的静态内容与动态发送的细节捕捉，升华了主题，充满人情味，体现出别致的角度，给人留下深刻印象，"特写"作用跃然纸上。

---

① 王蕾：《外国优秀新闻作品评析》，中国广播电视出版社，2000 年版，第 156 页。

矿工组长的 551 条短信[①]

2月28日上午10时50分,阳煤集团一矿更衣室,刚刚散了班前会的综掘三队职工鱼贯而入。队里检修班电工组长梁林勇来到自己的衣柜前,脱下上衣,身旁的工友打趣着梁林勇:"过年吃得不错呀,又贴了新膘。"

大伙七手八脚地换起了衣服,脱下平日穿的衣裳,梁林勇用力紧了紧贴身的护腰:"井下风大,落下这么个毛病。"

内衫、马甲已黑得看不出原先的纹理图案。棉裤塞满胶鞋鞋筒才能不进砂石,厚重的棉裤有些潮湿僵硬,梁林勇用跪着的姿势,使尽全力把胶鞋拽到裤筒上。

梁林勇趁着下井前的一小段时间,赶紧给妻子发了条短信,因为从入井到升井差不多要14个小时,再发信息就要到明天了。系统显示这是他从去年1月以来,发给妻子的第550条短信。翻看内容,大致相同。

"我马上下井了,你早点睡别等我。""刚上井,洗了澡就回去。"

"干活小心点,早回家。""路上慢走,锅里留了饭。"

"下井,早睡。"

"上井平安。"

....

信息虽短,情意绵长。

开水房里,大伙排队灌满随身的保温壶。记者掏出相机按下快门,面前的师傅被闪光灯一惊,开水马上溢出水壶,师傅把手在身上擦擦,笑着朝井口走去。

地下300米深处的工作面上,机械的轰鸣填满了身边的每一寸空间,降尘喷雾把机头罩在一片朦胧中。

一双双明亮的眼睛在防尘面罩和安全帽间眨动着,记者无法辨认他们谁是谁,只知道远处那顶红色的安全帽是属于梁林勇的,那是党员先锋的象征,那里的活儿一定是最脏最重的。

每项操作前大伙都仔细确认着设备和身边的状况,显得有些呆笨、有些迟缓,但大伙知道,安全面前,再多的工作都不嫌多;安全面前,再繁琐的流程也得认真做。

晚上8点半,班中餐送到工作面上。大米过油肉,大伙吃得特别香。难得的休息时间,大伙嘴里说的、聊的,依然没有离开安全。此时的安全,不只是挂在墙上的制度,更是家人的惦念。

午夜1点半,梁林勇坐倒在衣柜前,第一件事情就是掏出手机,输入熟悉的

[①] 苏晓晨:《矿工组长的551条短信》,载《山西日报》,2018年3月1日。

字眼——上井平安。

按下发送，梁林勇给妻子的第551条短信，飞跃在城市的夜空之巅。

（三）多使用白描手法

要让特写绘声绘色又不失真，白描手法是较好的选择。"白描"原指中国绘画的一种传统技法，借用到新闻写作中，指用简洁朴实的语言勾勒出人物的鲜明形象或事物的特征。鲁迅在《作文秘诀》中曾说："白描却没有秘诀。如果要说有，也不过是和障眼法反一调：有真意，去粉饰，少做作，勿卖弄而已。"这是他在小说创作中成功运用白描手法的经验之谈。写作中使用白描手法刻画人物、事物时，要做到笔触简练，对所描写之物的特征、状貌作真实的勾画，以达到突出而传神的效果。

以获得普利策新闻奖的作品"我看见历史在爆炸……"为例，其题材是发生在1963年11月22日的肯尼迪总统被刺事件。合众国际社记者目击了总统遇刺的一幕，他敏锐地记录了当时的情况，从报道中读者可以获知大量的现场信息。这篇报道之所以优秀，还在于记者使用了大量白描手法，对肯尼迪总统被刺的场景、周围人物进行了简洁清晰的描绘，在再现记者目之所及的具体场面中，使报道具有极强的现场感，令人读后惊心动魄。

"我看见历史在爆炸……"[①]（节选）

我们的专车可能只停了几分钟，但却像过了半个世纪一样。我亲眼看见历史在爆炸，就连那些饱经风霜的观察家，也很难领悟出其中的全部道理。

我朝总统专车上望去，既没有看见总统，也没有看见陪同他的德克萨斯州州长约翰·康诺利。我发现一件粉红色的什么东西晃了一下，那一定是总统夫人杰奎琳。

我们车上所有的人都朝司机吼了起来，要他将车向总统专车开近一些。但就在这时，我看见高大的防弹玻璃车在一辆摩托车的保护下，号叫着飞速驶开。

我们对司机大喊："快！快！"我们斜插过副总统和他的保镖车，奔上了公路，死死地盯住总统专车和后面特工人员的保镖车。

前面的车在拐弯处消失了。当我们绕过弯后，就可以看到要去的地方了——帕克兰医院，这座医院就在主要公路左侧，是一座灰色的高大建筑物。我们向左边来了一个急转弯，一下子就冲进了医院。

---

① 解力夫：《世界优秀通讯选》，新华出版社，1988年版，第296~304页。

我跳下汽车，飞快跑到防弹玻璃车前。

总统在后座上，脸朝下，肯尼迪夫人贴着总统的身子，用双手紧紧将他的头抱住，就像在对他窃窃私语。

康诺利州长仰面朝天躺在车里，头和肩都靠在夫人身上。康诺利夫人不停地晃着头抽泣，眼泪都哭干了。血从州长的上胸流了出来。我未能看见总统的伤口，但是我看见后座上一摊摊血斑，以及总统深灰色上衣右边流下来的暗红色血迹。

……………

（四）灵活运用背景材料

写作新闻特写时，灵活运用背景材料、融合历史情况与现实环境有着重要的作用。首先，特写主要描写的是一些片段，记者适当补充背景材料才能保证事件的完整性，帮助受众理解；其次，灵活运用背景材料可以烘托现场氛围，突出事物的特点，增加文章的可读性。以《别了，不列颠尼亚》这篇特写为例，文中巧妙穿插了大量的背景材料，用历史性背景与现实环境对比，形成了强烈的新旧反差："末任港督官告别了这个曾居住过25任港督的庭院""代表英国女王统治了香港5年的彭定康登上了带有皇家标致的黑色'劳斯莱斯'，最后一次离开港督府""将于1997年年底退役的'不列颠尼亚'号""在英国军舰'漆咸'号及悬挂中国国旗和香港特别行政区区旗的香港水警汽艇护卫下"等处交代了细节，丰富了特写的内涵。"掩映在绿树丛中的港督府""古典风格的白色建筑""广场上灯光渐暗""'不列颠尼亚'号很快消失在南海的夜幕中"等对环境的描述，勾勒出了生动、可感的场景，这些现场情景的描写也具有隐喻含义，象征着英国在香港的统治已经彻底结束。"蒙蒙细雨中""雨越下越大"是对天气状况的实写，但这两处用笔对仪式的气氛起到了重要的烘托作用；在人物刻画方面，"面色凝重"是对港督彭定康表情的描写，对描述"告别"仪式的氛围起到了点睛的作用，同时，也让读者从人物的角度解读到了这篇特写的重要价值和历史深意。

别了，不列颠尼亚[①]

在香港飘扬了150多年的英国米字旗最后一次在这里降落后，接载查尔斯王子和离任港督彭定康回国的英国皇家游轮"不列颠尼亚"号驶离维多利亚港湾——这是英国撤离香港的最后时刻。

英国的告别仪式是30日下午在港岛半山上的港督府拉开序幕的。在蒙蒙细雨

---

① 周树春、胥晓婷、杨国强、徐兴堂：《别了，不列颠尼亚》，新华网，1997年7月1日。

中，末任港督告别了这个曾居住过25任港督的庭院。

4点30分，面色凝重的彭定康注视着港督旗帜在"日落余音"的号角声中降下旗杆。根据传统，每一位港督离任时，都举行降旗仪式。但这一次不同：永远都不会有另一面港督旗帜从这里升起。4时40分，代表英国女王统治了香港5年的彭定康登上带有皇家标记的黑色"劳斯莱斯"，最后一次离开了港督府。

掩映在绿树丛中的港督府于1885年建成，在以后的近一个半世纪中，包括彭定康在内的许多港督曾对其进行大规模改建、扩建和装修。随着末代港督的离去，这座古典风格的白色建筑成为历史陈迹。

晚六时十五分，象征英国管制结束的告别仪式在距离驻港英军总部不远的添马舰东面举行。停泊在港湾里的皇家游轮"不列颠尼亚"号和临近大厦上悬挂的巨幅紫荆花图案，恰好构成这个"日落仪式"的背景。

此时，雨越下越大。查尔斯王子在雨中宣读英国女王赠言说，"英国国旗就要降下，中国国旗将飘扬在香港上空。150多年的英国管制即将结束。"

七时四十五分，广场上灯光渐暗，开始了当天港岛上的第二次降旗仪式。156年前，是一个叫爱德华·贝尔彻的英国舰长带领士兵占领了港岛，在这里升起了英国国旗；今天，另一名英国海军士兵在"威尔士亲王"军营旁的这个地方降下了米字旗。

当然，最为世人瞩目的是子夜时分，中英香港交接仪式上的易帜。在1997年6月30日的最后一分钟，米字旗在香港最后一次降下，英国对香港长达一个半世纪的殖民统治宣告终结。

在新的一天来临的第一分钟，五星红旗伴着《义勇军进行曲》冉冉升起，中国从此恢复对香港行使主权。与此同时，五星红旗在英军添马舰营区升起。两分钟前，"威尔士亲王"军营移交给中国人民解放军，解放军开始接管香港防务。

零点四十分，刚刚参加了交接仪式的查尔斯王子和第28任港督彭定康登上"不列颠尼亚"号的甲板。在英国军舰"漆咸"号及悬挂中国国旗和香港特别行政区区旗的香港水警汽艇护卫下，将于1997年年底退役的"不列颠尼亚"号很快消失在南海的夜幕中。

从1841年1月26日英国远征军第一次将米字旗插上港岛，至1997年7月1日五星红旗在香港升起，一共过去了156年5个月零4天，大英帝国从海上来，又从海上去。

（五）综合运用多种写作技巧

新闻特写是一种技巧性较强的体裁，记者可以根据具体的写作要求和采访情况大胆创新，而不必墨守成规。在写作中除了运用叙述、描写、白描、气氛渲染等手法外，一些必要的写作技巧也能达成生动、形象、感人的传播效果。一般说来，记者需要掌握以下几种写作技巧。

1. 开头需引人入胜

消息一般采用倒金字塔结构，在导语部分简洁介绍最具价值的新闻要点，而后进入新闻的主体部分。新闻特写的导语主要不是为了概括事实，而是为吸引读者的注意。西方记者擅长夸张的写作，所以特写的开头往往能激发读者阅读的兴趣，引人阅读，这是国内记者应该注重学习借鉴之处。特写开头该如何抓住读者的注意力？这是特写写作的要点之一。在一篇关于纵火事件的特写里，导语这样写道："纵火的黑人驾驶着车辆横冲直撞地穿过行人稀少的洛杉矶市大街，挨门挨户地朝商店里扔燃烧瓶，狂呼乱喊着从电台播放的迪斯科乐曲中学来的嬉皮士口号：'烧吧，宝贝，烧吧！'"① 这一开头选取了新闻事件中最精彩刺激的片段进行重现，乍一看，仿佛是一部悬疑小说的故事情节，不禁让读者产生继续阅读的兴趣。只要让读者产生兴趣，记者的写作就是成功的。

2. 以情动人，写出人情味

特写的"特"字还包含情趣的含义。无论是幽默诙谐还是真挚深沉的情感，只要适当地加入写作中，都能让特写充满人情味，从而打动读者。比如1997年邓小平同志逝世时，新华社发表了《长街洒泪 万众同悲》的新闻特写，其中的语句带有浓厚真挚的情感，这无疑是记者在现场目击时内心产生的强烈感受，它被记者记录下来，体现在新闻特写中，便成为打动读者最关键的元素。

长街洒泪　万众同悲②（节选）

1997年2月24日。北京西郊。

从五棵松到八宝山2500米的路程，洒满动天撼地的悲痛之情。

大路两旁，站满了哭泣的人群。从白发老人，到稚气儿童，十多万各族群众在凄冷的寒风中伫立，深情送别亲人邓小平。

一直晴朗的天空，忽然变得阴沉。向来喧闹的长街，寂静得仿佛能听到人们心中涌动的悲伤。

凌晨4时，环卫女工张彦芳和她的小组开始一遍遍地清扫这段马路。她们边

---

① ［美］罗伯特·理查森：《"烧吧，宝贝，烧吧！"》，载《洛杉矶时报》，1965年8月15日，该新闻曾获普利策新闻奖。

② 《长街洒泪 万众同悲》，载《人民日报》，1997年2月25日。

哭边扫,边扫边哭,仔细得如同擦拭玻璃,生怕遗落一点尘埃。

　　工人,农民,解放军指战员,知识分子……人们从北京的四面八方,从祖国的天南海北,默默汇集到这里。胸前的一朵朵白花,在料峭的晨风中不停地颤动。心中的一缕缕哀思,在天地间绵绵不绝。许多人不知道小平同志起灵的日子,怕赶不上送行,几天来多次到这里等候。一位82岁的老八路,昨天已在这里守候过半天,今晨7时他又站在了五棵松路口。"我今天一定要送送小平同志。"他一边抹泪一边说:"毛主席让我们站起来,邓小平使我们富起来,都功比天高。"

　　9时34分,披着黑纱的灵车,在警车护卫下缓缓驶出中国人民解放军总医院西门,等候多时的送行人群中,响起一阵阵悲泣之声……

　　…………

3. 使用具有动感的词语

　　消息重在讲求"是什么",通讯则要讲清"怎么样",静态多于动态,而新闻特写则力求写出动感,避免平面化。有活力的文章源自有活力的词语。动词是火花塞,靠它"点燃火花",报道才富有生气。除了动词的把握,形容词、副词的选用也要综合考虑其色彩、情态等因素。举个例子,描写警察的眼睛如何机警和敏锐的语句,可能这样写:"一双灰色冰冷的眼睛眯成一条缝,斜着目光打量着对方的面孔,好像要刺到他的内心深处,从那里挖出一句实话来似的。"如果仅仅使用一两个概括性的词语,就不会产生上述这段语句的动感和力度。此外,避免使用被动句也是写出动感的技巧之一。通常,在阅读时,主动句因为简短而更易于读者理解。1975年美国总统福特遇刺时,合众国际社曾发过一篇新闻特写《福特总统遇刺幸而无恙》,里面有这样一句话:"此刻,她从人群后面挤到前面来,边挤边用双臂拨开周围的人,在离总统只有两英尺的地方时,突然拔枪瞄准总统。"这段是全文的高潮,记者用非常形象的词语,如"挤""拨开""拔枪"等动词,准确地再现了女刺客刺杀总统的场景,精炼而富有动感。

　　总体说来,新闻特写要体现出它的"特"性,就必须把握多方面的写作要求。不仅要注意保持其结构的紧凑、短小、精致,不拖泥带水,也要尽量利用事件本身的发展经过以突出其故事性、曲折性和感染力。除了结构和语言外,特写的标题也需做得精美,要在准确的前提下,尽可能生动、形象、有意境、有韵味、有哲理、有渲染效果,为特写的整体传播效果提供基础和条件。

第三节 新闻特写的发展走向

一、新闻特写在不同媒体中的应用

特写，作为一种写作技法，在我国古代文学中早已有之，如《聊斋志异》中的《口技》《妾仗击贼》等，都是特写中的精品，这些特写的共性是寥寥数笔，就能把一个事件、一个场景，栩栩如生地表现出来。作为新闻体裁，特写最早出现于我国五四运动时期的报纸，20世纪30年代开始兴盛，其中，影响较大的作品有宋之明的《1936年的太原之春》、穆青的《月夜赛箫——记长春城外中秋夜》等。20世纪50年代是特写在我国的一个蓬勃发展期，由于当时的苏联新闻界崇尚特写，我国深受影响，出现了以特写代替通讯、报告文学的发展趋势。1958年，《新闻战线》第1期刊登了刘白羽的《论特写》一文，并由此展开讨论，对特写的内涵和外延作了规范。1963年，《人民日报》编辑部和中国作家协会召开了报告文学座谈会，明确指出了报告文学和特写的区分。同时期，我国新闻界也将特写和通讯进行了区分。进入20世纪80年代，由于电视的普及，特写的"镜头化"手法有利于纸质媒体与电视抗衡，所以，报纸上的特写显得格外繁荣。[①] 进入21世纪，各种媒体高度发达，新闻报道的表现手法日益丰富，经过实践中的不断创新，特写也发展得更加成熟、更加多样化。广播、电视在借鉴报纸特写传统的基础上，更加注意从自身的传播特性和符号特点出发，先后创造出广播特写、电视特写的报道形式，这样，特写的内涵不仅得到拓展与完善，而且特写技巧也得到更新和发展。本节立足于不同媒介的新闻实践，从特写的现实发展出发，前瞻其未来趋向。

新闻特写始于报纸，是纸质媒介用以抗衡电视等视觉化媒介的竞争利器之一，但如今，受众对视觉化传播的质量要求越来越高，电视、广播，包括网络等新旧媒体都在新闻报道的形象化上不断挖掘自身潜力，新闻特写因其独具的形象化特性而被广泛应用于各类媒体。

（一）电视新闻特写迅速兴起

新闻报道是纪实性传播，电视新闻的最大特点就是采用声图并茂的纪实方式，

[①] 王中义：《新闻写作技法》，合肥工业大学出版社，2006年版，第171页。

它充分利用技术上的优势，对新闻现场进行直观呈现，使受众对所报道的新闻事件有亲闻其声、亲见其状的现场参与感和真实感。比起纸质媒体，电视新闻在时效性和现场感等方面具有绝对优势。然而，电视的视觉性同时也带来局限性，它长于报道外在的看得见的动态新闻，但报道内容粗略、表面化，难以有更深层次的内容，尤其不擅长表现思想等非形象的事实，所以难给受众留下深刻的印象。为了弥补自身的缺陷，电视新闻开始重视并逐步引进纸质媒体的新闻特写。特写的"放大"功能和纵深性被嫁接到电视新闻中，就产生了一种新的新闻体裁：电视新闻特写。

总的来说，电视新闻特写就是电视这种电子媒体借鉴报纸的新闻特写特点并结合自身的传播优势而发展起来的一种新兴的报道形式，它是一种交叉渗透、重新组合的新闻文体。可以说，电视新闻特写是电视在自身视觉化传播特点上的深层挖掘。虽然电视新闻特写起步较晚，但近年来在各种新闻报道中频繁使用。以中央电视台的节目为例，《新闻联播》《经济半小时》《体育新闻》等电视栏目中常见新闻特写的踪影，尤其从1997年香港回归、党的十五大报道开始，电视新闻特写更是在电视屏幕上频频出现，以其独特的魅力，为电视新闻节目增添了新的色彩，受到观众的欢迎。电视新闻特写受到欢迎的原因，一是以小见大，能够给观众留下深刻的印象。二是能化繁为简，突出重点，达成有效的传播，它借助电视图像的直观性和形象性，充分展示出新闻的价值要点，易于观众把握与理解。如2020年是我国脱贫攻坚决战决胜之年，对于这一重要历史节点，许多电视台都制作了特写节目，从细节出发描绘鲜活的个人故事，以小见大，展现了基层党员干部的优良作风。三是描述细腻，富有人情味。比如新冠肺炎疫情防控期间，有关医护人员勇于牺牲自我、全力救助病患的新闻特写打动了不少观众。可见，电视新闻特写虽然短小，却能小中见大，独树一帜，它使传统的新闻节目增加了不少贴近性的情感色彩，形成了自己鲜明的特点，从而提升了传播的效果。电视新闻特写的关键，在于抓住具有代表性的细节和画面，捕捉鲜明的人物形象。如山西广播电视台的《新闻特写：谁在守护我的家》[①]，它通过几个特写镜头记录了山西省沁源县突发森林火灾后，基层党员干部夜以继日守护群众家园的画面，展现了他们不忘初心、牢记使命、为民解难、担当作为的风采，用小切口反映大主题，传递了社会正能量。

电视新闻特写由于充分发挥了声画兼备的符号优势，使新闻特写的直观性、冲击力和可亲性大大增强，因而发展迅速，应用广泛；但与消息、通讯等新闻报道形式比较，新闻特写还需要在实践中不断完善，在理论上逐渐完备。随着中国电视改

---

① 吕胜春、孙梦醒、樊栋华、李珊珊：《新闻特写：谁在守护我的家》，山西广播电视台《山西新闻联播》，2019年4月5日，http://www.sxrtv.com/content/v/i/2019-4-5/1554475851698.shtml。

革的不断深入和世界电视新闻竞争的冲击，相信经过电视工作者的不断探索，这种新兴而重要的新闻报道形式一定会在摸索规律中实现多样化的灵活发展。

（二）广播媒体对新闻特写的运用

数字化媒体时代的到来使广播媒体的革新加快，如何保持广播新闻的比较优势——时效性，并在此基础上改善报道效果，是广播新闻面临的严峻课题。为了使报道更加生动、丰满，广播新闻和电视新闻一样，也开始移植和参考纸质媒体特写的手法。不难理解，广播新闻特写也是对新闻事件的精彩片段或新闻人物的典型特征进行再现，与文字新闻特写相比，它的特点在于可以用丰富的语言和声响去感染听众，尤其是现场音响的运用，能使广播新闻特写更具可亲性和感染力。

广播新闻特写不乏优秀的作品。2020年，安徽广播电视台荣获第三十一届中国新闻奖二等奖的作品《延期的高考，不延期的梦想》就是一篇新闻特写佳作。记者密切跟踪暴雨洪灾导致安徽歙县高考延迟这一事件，抓住生动鲜活的细节，通过场景化、推进式的描写，赋予报道极强的现场感和感染力。报道中，记者截取了社会各界"护考战斗"的片段进行放大和再现："'迷彩服'们撸起袖子、卷起裤腿，彻夜赶工，蓝色的浮桥在他们的手中慢慢延展""武警官兵湿透到膝盖的裤腿""众多党员干部、武警官兵、公安民警、志愿者等仍冒着风雨，坚守在各自的岗位上。"[①] 记者通过对人物动作、状态的描绘，真实生动地刻画了全社会对高考考生的关爱与支持。同时，师生、家长、官兵的现场录音，也帮助听众建立起如临其境、如见其人的联想空间。在新旧媒体激烈竞争的现代社会，广播媒体结合自身的报道特色，灵活运用特写等多种报道形式，使其新闻节目增色不少。

（三）网络传播中的新闻特写

网络新闻传播是新闻传播的现代走向和后起之秀。有了网络先进技术的支持，新闻业的发展也进入了全面提速与创新的时代。网络新闻传播包含文字、图像、声音等多种传播形式，传统的新闻体裁也在这样的背景下步入了全新的融合发展阶段。图文结合、音视频文字结合等多媒体新闻报道层出不穷。网络独有的信息集纳、搜索和可视化功能，让新闻特写也在网络平台上得到了深度拓展。除了转载平面媒体的特写报道外，网络媒体还增加了特写专题（包括文字、图片和视频），这是对特写的创新。以中国军网纪念中国人民志愿军抗美援朝出国作战70周年的新

---

① 赵华光、马静、汪娜：《新闻特写：延期的高考，不延期的梦想》，安徽广播电视台《新闻早高峰》栏目，2020年7月10日，http://www.zgjx.cn/2021-10/29/c_1310275452_2.htm。

闻专题"为了和平,为了胜利"为例,该专题就大量运用了各种特写。既有转载纸质媒体的文字特写报道,如《解放军报》的《志愿军入朝第一仗:这一仗打出来一个纪念日》,再现了志愿军浴血奋战的英勇场景;也有聚焦英雄故事的系列短片;还有大量影像资料供网民了解。① 由此可见,在这类专题中,特写是一个非常重要的传播元素。因为特写的还原性和细致性可以让新闻专题详尽而丰富,立体而生动。不容置疑的是,网络媒体的无限存储量和超链接技术,为容纳与创新特写创造了条件。

由于网络的广泛传播、交互以及高度可视化、形象化等特点,特写因为"触网"而更为多样与生动。在媒体竞争越来越激烈的现代社会,新闻媒体革新不断,新闻特写作为一种独特的融合性文体,必将不断探索和创新,朝着满足受众快速化、深度化的阅读诉求的目标发展。

二、"特写化"日渐融入各类常规报道形式

"特写化"是一种来自新闻特写的报道方式,因其传播的形象性与生动化而形成报道手段和报道思维。新闻特写经常和消息、通讯等组合搭配出现在报纸版面上,因为是在消息、通讯的基础上进行加工的,特写可以把消息、通讯中生动的细节加以提炼和放大。在现代报道中,将常规报道进行形式上的优化搭配有助于实现更有效的传播。如今,媒体在坚持这一组合搭配报道的指导思想下,更注重具体的运作方法。如对同一新闻事件,我们可以写出比以往更多的特写。以每年的两会报道为例,各大媒体既有代表委员的人物特写,如《代表委员履职记|李洪亮:从大学生村官到全国人大代表》②,描写了李洪亮在担任村支部书记时开展乡村振兴调研的历程;也有会议现场的场景特写,如《共话筑牢公共卫生安全防线——全国政协界别协商会现场速写》③,描绘了委员们提建议、摆数据,相关部门负责人认真聆听、积极回应的会议场景;还有充满情趣的花絮特写,如《两会聚焦:两会幕后的坚守》④,报道了西藏自治区政协委员身边的幕后工作人员为两会的顺利召开默默奉献与坚守的画面。这些报道视角丰富、形式多样,是对受众对于新闻内容深度

---

① 于雅倩、马嘉隆、杜汶纹等:《为了和平,为了胜利》,中国军网,2020 年 10 月 16 日,http://www.81.cn/20202t/111119.htm。

② 余刚:《代表委员履职记|李洪亮:从大学生村官到全国人大代表》,新华社,2022 年 2 月 27 日,http://jx.news.cn/2022-02/27/c_1128419841.htm。

③ 于佳欣:《共话筑牢公共卫生安全防线——全国政协界别协商会现场速写》,新华社,2022 年 3 月 10 日,http://m.news.cn/2022-03/10/c_1128455714.htm。

④ 袁海霞:《两会聚焦:两会幕后的坚守》,中国西藏新闻网,2022 年 1 月 4 日,http://www.chinatibetnews.com/xw/xzyw/202201/t20220104_4016344.html。

要求不断提高的一种回应。

另外，特写的手法也逐渐在更多的新闻体裁中得到运用。为了吸引受众，报纸不断进行着新的尝试和改革。报纸已经不满足于一般的所见所闻式报道，而是更注重从新闻的多个方面纵深调查和剖析，以使新闻报道传递出更丰富的信息。因此，越来越复杂的题材和多元视角对新闻写作的表现手法提出了更高的要求。新闻写作体裁的演进与创新，同时也折射出媒体愈加娴熟的报道技巧。消息在快速报道新闻的基础上对生动性提出了更高要求，而通讯写作更是走向了全息化。作为对受众偏爱视觉化新闻传播的回应，消息、通讯的写作也融入了更多的特写化描写，也就是说，特写这种笔法已经融入常规的新闻报道形式中。新闻特写不仅以一种新闻体裁大量见诸媒体，而且渗透到了各种报道形式之中，它大大促进了新闻写作的多样化，满足了受众多元化的信息需求。

三、非格式化创新

新闻特写是一种融合性新闻体裁，与消息、通讯有许多共同的特性，在表达方式上又采用了文学的描写手法，还直接借鉴了电影特写镜头的理念。因此，新闻特写就表现出对各种媒体特性融合、将各种体裁笔法融通的特色。这种兼容化的特色带来了写作上的非格式化，它使新闻特写的写作形式呈现出比较自由的形态。这种相对自由的形态如今越来越明显。随着新闻媒体在报道中的视角越加广泛，报道的题材越加多元，过去相对稳定和固定的文体写作规范正在被打破。新闻特写这种本身就具有交叉特色的体裁，其灵活可变性加强了，写作的"变体"不断出现，换言之，新闻特写越来越趋向非模式化的创新。

（一）对文学写作手法的移用

新闻特写的采写，要求记者用艺术性的视角打量描写对象，用带有文学色彩的笔锋进行表达。在媒体报道技巧愈加娴熟的今天，发挥其文学写作的特长，从文学写作中汲取有用的写作技巧以增加报道的生动性，依然是新闻特写永葆活力的不二法宝。在当下的新闻特写中，我们应该扬文学写作的形神兼备、画龙点睛等之长，同时善于使用叙述、描写、比喻、对比、工笔等多种手法。所谓扬文学写作之长，不是说记者在写作新闻特写时可以不着边际地联想，可以为追求文章的艺术效果而肆意夸张渲染，而是指在遵循新闻客观公正、真实可信的原则下，力求更高的文字水准，为受众奉献更高品质的新闻作品。

（二）对西方特写写作技法的借鉴

前面我们介绍了一些优秀的西方特写作品，从这些作品当中，我们不难发现西方媒体写作的特色。西方媒体的特写写作注重趣味性、人情味与可读性，写作形式不拘一格，灵活多样，记者时常把自己的思想、情感融入写作中。因而特写也表现出浓厚的个性色彩。他们会避免使用陈腐的套语和漫无目的的词组，而以夸张、幽默等技法增加特写的趣味性，或用设置悬念、讲故事的手法吸引读者继续阅读。这些都体现出他们在一定程度上对受众信息需求的重视，这是一种受众意识，值得我们借鉴。随着我国新闻业务的不断革新与创新，相信国内记者在特写中会大有作为。

（三）图片特写的兴起

图片特写是指用特写照片配以简练的文字说明，深刻表现人物或场景的一种新闻体裁。照片不仅有直观、清晰的视觉效果，而且其瞬间凝固的特性使它具有比电视更强的冲击力和艺术表现力。好的图片特写不仅能清晰地呈现新闻事实的现场，还能震慑受众心灵，给受众留下深刻的印象。如今在大型活动、重要事件的报道中，都少不了图片特写的身影。

图片特写与图片新闻的区别在于：首先是侧重点不同，图片新闻往往注重对新闻事件的清楚表达，所以，图片涵盖的信息较多，多使用全景、近景；而图片特写则注重某一个新闻要素，如某个人物、某个场景，所以侧重于对重点进行突出，其他要素在图片上则相对模糊化。其次，图片特写往往由一组图片组成，比如不同场景下的人物、不同时空的某个事物等，以突出人物或事物的特征；而图片新闻的数量较少，以单幅为主，追求的是快捷和清晰。以获得第三十一届中国新闻奖二等奖的图片特写《空地联运 军队又一批1200名医护人员抵达武汉》为例，这组照片多角度呈现了医护人员乘坐空军运输机抵达武汉天河机场的场景，抓住了解放军医护人员整装以待的瞬间，营造了万众一心、众志成城抗击新冠肺炎疫情的舆论氛围。

图12-1、图12-2、图12-3、图12-4是《南方周末》2008年5月22日出版的汶川地震特刊中名为"悲剧之容"的图片特写专题，四个版面的图片配以精炼的文字，多角度地展现了地震后的悲怆之感以及人们在灾难中流露出的真情。

第十二章 新闻特写

图 12-1 "悲剧之容"：你可听见我的呼唤

图 12-2 "悲剧之容"：你要相信我的坚持

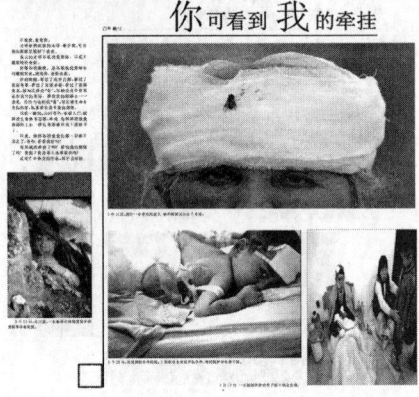

图12—3 "悲剧之容":你可看到我的牵挂

图12—4 "悲剧之容":你将铭刻我的人生

图片特写的题材十分广泛，但凡文字报道所能涵盖的报道对象，几乎都能使用图片直接传播。随着读图时代的到来，图片特写因其及时、直观、生动、形象地记录新闻现场的瞬间而越来越受到受众的喜爱，在网络传播提供技术保障的基础上，图片特写有了更大的发展空间。近年来，中外重要新闻网站越来越重视图片新闻和图片频道的建设。在我国，包括人民网、新华网等主流新闻网站在内的各大门户网站也都开办了图片频道。如果说新闻特写是对电影影像技术进行文字写作的嫁接，那么实践表明，图片特写无疑是读图时代新闻报道对影像的回归、移用与创新。

思考练习题

一、请说说新闻特写的含义和基本特征。

二、新闻特写最基本的写作手法是什么？请结合一篇新闻特写分析它的传播侧重点。

三、通过本章的学习，结合前两章的内容，请归纳总结出通讯、消息、特写三类新闻体裁的区别与联系。

四、试分析图片新闻特写的特点。

五、阅读下面这篇特写后，请思考回答问题。

习近平的人民情怀（节选）[①]

2021年10月21日，山东东营，黄河入海口。

正在这里考察的习近平总书记走进一块示范田，俯身摘下一个豆荚、一撮一捻、仔细察看成色，顺手将一颗大豆放进嘴里，细细咀嚼："豆子长得很好。"

这一幕，让一旁的农技负责人罗守玉既惊讶又感到亲切："这是老农民才有的动作呀。"

劳动的底色，铸就了为民的本色：2012年，阜平踏雪，盘腿上炕；2018年，汶川考察，转磨磨豆；2019年，首都植树，扛锹铲土……

不经意间的自然流露，映照的正是岁月不改的人民情怀。

这份情怀，积淀着红色基因。

…………

2015年2月13日，"黄土地的儿子"回家了。

当年的老朋友拉着习近平总书记的手，还是那么亲切。总书记还能一一叫出

[①] 张晓松、朱基钗、王思北、黄玥、张研、董博婷：《习近平的人民情怀》，载《光明日报》，2022年4月11日。

他们的小名，"那时我和梁家河村结下了缘分，注定了今天会与你们相见。"

40年前离开梁家河的那天早上，院子里早早挤满了送行的乡亲，大家一声不响等他起床。推开门的那一刻，习近平流下热泪。

当年在梁家河的每一个细节，都触动着青年习近平的心。

下地吃饭，知青的玉米团子黄澄澄的，老乡说："这是真粮食。"看老乡的糠团子差很多，习近平主动换着吃。

糠团子热量少，习近平饿得顶不住了，打开老乡的饭包，玉米团子还放着："你们咋都不吃玉米团子？"

"窑里男人与孩子受苦更重，要给他们留着吃。"

深知老百姓的苦，因而挑起沉甸甸的担。

"那个时候，我就说，今后如果有条件、有机会，我要做一些为老百姓办好事的工作。"

当年的梁家河，一个大队要接纳30多个饭量正大的知青，乡亲们穷得叮当响，也愿照顾城里来的娃娃。

习近平说："我饿了，乡亲们给我做饭吃；我的衣服脏了，乡亲们给我洗；裤子破了，乡亲们给我缝。""他们曾经无私地帮助过我，保护过我，特别是以他们淳厚朴实的品质影响着我，熏陶着我的心灵。"

深知老百姓的好，因而发自内心牵挂他们。

从梁家河到正定，从福建到浙江，从上海到北京，炕头板凳坐得住、粗茶淡饭吃得进、家长里短聊得来，习近平感知着百姓冷暖，回应着群众期盼，对人民一往情深。

这份情怀，得益于家庭润泽。

1. 这则特写对哪些细节进行了细致描绘？
2. 这些细节的描绘表达了怎样的新闻主题？

六、请根据新闻特写的分类，搜集你认为比较优秀的报道范文，各种类型各搜集一篇，并比较分析每篇特写的特点。

七、实践操作训练：以3至6人为一小组，结合学校、社团或班级活动，完成一篇事件特写或场景特写。假设你为某高校校报记者，选题不限，字数在1500字以内。

第十三章 深度报道

【内容提要】

深度报道是指通过运用解释分析和预测等方法，对重大新闻事件或社会热点问题进行深入挖掘，阐明事件因果关系以揭示其实质意义、本质价值或影响，并追踪和预测其发展趋势的一种报道方式。新媒体的快速发展与媒介融合的深度推进，使大众的阅读习惯悄然发生转变。在"短""快""浅"的碎片化信息消费与快餐式文化的包围下，深度报道凸显"内容为王"所要求的核心价值，以其清晰、完整、深入的事实逻辑呈现，满足受众对新闻的深层次认知需求。本章对深度报道进行界定并概括其主要特征；在梳理与比较中西深度报道发展脉络的基础上，示例各式分类标准下深度报道的主要类型及媒体应用；具体阐明深度报道"用事实解释事实"的采写要领与动因。

第一节 深度报道释义

一、深度报道的由来与含义

（一）深度报道的由来

深度报道，英美两国称之为"大标题后的报道"，法国称之为"大报道"。深度报道的雏形——解释性新闻，起源于20世纪30年代的美国，它是继政党新闻、客观报道之后，西方新闻界掀起的第三股浪潮。第一次世界大战后，美国新闻界发现传统的占统治地位的客观报道缺乏对重大事件的挖掘、分析和解释，而饱受战争之苦的受众却迫切需要对当时的政治经济形势和社会形势作出深刻剖析，这就对新闻报道的内容与形式提出了新的要求。在此时代背景下，深度报道应运而生，到了20世纪五六十年代，深度报道已经在西方新闻界占据重要地位。

"深度报道"（in-depth report）这个概念，最早出现在美国哈钦斯委员会的著名报告《自由而负责的新闻界》中。哈钦斯委员会在报告中指出,"所谓深度报道,就是围绕社会发展的现实问题,把新闻事件呈现在一种可以表现真正意义的脉络中",并对记者提出了明确的要求,"对每日的事件给予真实的、全面的和理智的报道,并将它们置入能显示其意义的特定前后联系之中"。该委员会要求记者分析事件所产生的原因、后果和社会影响。从这个概念界定中,我们不难看出,深度报道其实是一种追求报道的深度的职业理念,它不是刻意地为了深度而深度,而是从思维和理念上,要求记者做好发掘"深度"的准备,即需要记者在报道中既能结合相关背景,反映事件的来龙去脉;同时又能呈现出该问题的现实意义,并预测事件的发展走向。哈钦斯委员会的表述抓住了深度报道作为一种特定新闻报道形式的本质,即意识到了深度报道并不仅仅是一种新闻体裁,而且其本身还是一种具有解释意义的结构模式。

(二)深度报道的含义

关于深度报道的定义,西方学者注重从报道的理念和操作角度来进行综合解读。美国哥伦比亚新闻学院曾提出三个层面的报道理念:第一层是事实性的、直截了当的报道;第二层是发掘表象背后实质的调查性报道;第三层则是在事实性和调查性的基础上所作的解释性和分析性报道,也就是新闻的深度报道。从第一层概念和第二、三层概念的比较中,我们可以看出,与传统的客观报道相比,深度报道更侧重于揭示新闻事实的全面真实、实质及意义,提供其发生发展的历史背景、与之相关的事物现象间的互动关系的解释和分析,以及对前景趋势的预测等。

20世纪八九十年代,中国本土化的深度报道以"全息摄影"式报道崛起。作为新兴的新闻报道形式,深度报道逐步被广播、电视、报纸等媒介采用。与西方新闻界相比,国内媒体和学者则多从报道形式、报道方式的角度出发界定深度报道。《中国大百科全书》对深度报道的定义是:"对新闻事件作深入分析并预示其发展趋向的报道方法。"《宣传舆论学大词典》中认为,深度报道是"通过系统的科学材料和客观的解释、分析,全面深入地展开新闻内涵的报道形式"。著名新闻学者徐占焜认为,深度报道是运用唯物辩证法进行宏观思维和全面剖析,提供广阔丰富的新闻背景,采取多样化的表现形式,深入事物本质的一种报道形式。也有学者认为,深度报道是新闻执着于深刻性的一种写作旨趣。如《深度报道原理》的作者杜俊飞和胡翼青认为,深度报道是"以深刻和全面为传播旨趣的新闻报道",强调报道的"深度"和"广度",他们指出了深度报道以受众认知效用为主导的运作方向。

无论是西方注重报道理念,还是国内注重报道形式,作为新闻传播满足受众需求的发展的产物,对于深度报道的本质,中西方新闻业界形成了相对统一的认识,即：深度报道不仅要反映新闻的相对静止的"结果"状态，更要展示其发展变化的"进程"状态；既要分析解释新闻的内在关系，还要探究其内在和外在的多重关联。深度报道是由具体的"点"到横切面、纵深面，以及由表及里、由内到外，在时间和空间上对新闻事实主体进行扩展的一种报道，它通过对新闻事实主体产生的背景、影响力和发展态势等进行全面的解释、披露与分析，深刻地揭示客观事物更多的内涵和意义。

本书综合有代表性的各家观点，将深度报道界定为：深度报道是指通过运用解释分析和预测等方法，对重大新闻事件或社会热点问题进行深入挖掘，阐明事件因果关系以揭示其实质意义、本质价值或影响，并追踪和预测其发展趋势的一种报道方式。除了传统的新闻五要素"When"（何时）、"Where"（何地）、"Who"（何人）、"What"（何事）、"Why"（何因）以外，深度报道更加关注"How"（怎么样）和"Meaning"（意义）的挖掘。与一般的新闻报道方式相比，它更侧重于"用事实解释事实"，以此来呈现新闻的价值和多重意义。

目前，我国正处于改革开放的攻坚阶段，各种社会矛盾层出不穷，一些复杂的社会现实问题和由此带来的困惑亟待解答，这使得国内受众的信息需求朝着纵深方向拓展：受众已不再满足于表层信息的告知，而是迫切希望知道这些复杂现象背后的深层原因，而这正是需要作出及时、理性的解释和进行正确引导的报道内容。深度报道最基本的特征就是释疑性和解惑性，因此，在社会转型时期，深度报道能够承担起释疑解惑、引导舆论的重任，它能够帮助受众在复杂多样的信息中正确有效地评判、选择、分析和认识信息，从而满足受众对信息的深度需求。国内媒体需要充分发挥深度报道的认知功用，及时、正确、全面地对人民的生存环境及人民的切身利益等重大新闻选题进行深度报道，在明理性、思想性、前瞻性、群众性、社会性和可读性中，寓以正确的价值引领和舆论导向，这样既有助于受众形成理性认知，同时也能激发其改造社会的能动性，从而助推社会文明和社会建设的发展。

二、深度报道的主要特征

深度报道作为现代新闻写作的后起之秀，不但丰富了新闻报道文体的种类，还成为一种充满活力的报道方式。即使在信息大爆炸的"快餐时代"，深度报道也深受记者、读者的欢迎，而这正是深度报道的不可替代特性的表现。

（一）深度报道的整合性——用事实解释事实与信息延伸

重温美国哈钦斯委员会在其著名的报告《自由而负责的新闻界》中对深度报道

的定义,"所谓深度报道,就是围绕社会发展的现实问题,把新闻事件呈现在一种可以表现真正意义的脉络中"。换言之,深度报道的"深度"就体现在以分析和解释客观事实为核心,把孤立的新闻事实有序地编织起来,为它们在社会历史的脉络中找到自身应有的定位。有人将"有深度的报道"视作"深度报道",这种认识是不全面的,如一些报道篇幅长、题材宏大,但由于其报道的基础和目的与深度报道的定义不同,所以也只能称作长消息。

首先,从报道的基础看,客观报道的报道对象是一个个具体的新闻事件,以报道客观事实为本,因此,被社会普遍关注的新闻事实是客观报道的基础;而深度报道则要求记者站在一定的社会历史发展的高度,用客观的事实解析社会普遍关注的现实问题,因此,提炼客观报道所反映的现实问题是深度报道的基础。尽管单篇报道不易成为优秀的客观报道,但只要能解析出受众普遍关注的现实问题的本质,事实的组合也能成就一篇广受欢迎的深度报道。可见,客观报道的基本要求是立足"事实",深度报道的目的是"解释事实":它必须以大量、丰富的客观事实为主体,揭开内核去挖掘更多的事实,找到能打动受众的细节,并能有序梳理客观事实,巧妙地传递媒体的价值取向,它既构成背景的说明,也构成解释的依据,并将析理、预测的逻辑蕴含在事实的表述中,用事实的逻辑排列来帮助人们达到理性认知的深度。

其次,从报道重心上看,客观报道是相对孤立式的报道,通常它只关注某一个新闻事件本身,是一人、一地、一事、一报的平面式报道;而深度报道则关注某个新闻事件的延伸与联系,是一种展示新闻事实的宏观背景与结构的报道。因此,深度报道的特点往往表现在对新闻信息的延伸上:从表层向深层延伸、从事件本身向认知延伸、从事件本身向事件之间的社会联系延伸,它突破了一人、一地、一事、一报的简单报道模式。实际上,从深度报道对"5W"新闻报道模式不同要素的延伸来看,我们能够看出深度报道不同于一般客观报道的特征。比如,在"5W"新闻报道模式中,对于"When"(何时),客观报道关注的是"现在",而深度报道则关注整个现实问题的来龙去脉,是过去、现在、未来的完整时段与过程;对于"Where"(何地),客观报道的报道范围更多停留在现场,而深度报道则不仅关注现场,而且还关注由现场波及的社会范围;对于"Who"(何人),客观报道一般只采访当事人,而深度报道则不仅要采访当事人,还要采访有关人员或受影响的其他受众;对于"What"(何事),客观报道只是尽可能地掌握事实本身的细节,而深度报道则同时强调与其他事实的相关联系;最为重要的是,客观报道往往由于时效的限制,无法兼顾新闻事件的"Why"(原因)和"How"(怎么样),而深度报道则必须抓住"Why"(原因)和"How"(怎么样)两大要素,着重进行分析和解释，并且把笔触伸展到事物的核心进行解剖，反映新近发生事实的状况、因果关系和发展趋向，从而使受众受到启迪。这种信息的延伸往往能帮助受众在类比、演绎和归纳中获取新闻价值。

深度报道要求新闻工作者能站在一定的社会历史高度，用客观的事实解析社会普遍关注的现实问题。一般说来，深度报道包含有关事实的原因、结果、背景材料、发展脉络等诸多要素，记者要充分利用事实材料，把新闻事件放在特定的社会背景和时代背景下分析、解释；或者把单一的、孤立的新闻事件与其他事件进行比较和联系，揭示其蕴含的意义。在此基础上，一篇深度报道就具有跨时空、跨行业的特点，它关联到许多人和事，使内容具有综合性和复杂性。正如中央电视台著名制片人孙玉胜所言，深度报道的实质是挖掘新闻事件与社会、人的关系，是各种社会关系交织而成的"复合体"。可见，深度报道实质上是对某个新闻事件的联系与延伸，是一种展示新闻事实的宏观背景与结构的报道。这种信息的延伸是"用事实解释事实"的方式完成的信息整合。与使用编辑手段完成主观价值判断不同，深度报道对解释新闻价值和阐释其内在的意义将起到比告知新闻动态更为丰富和立体的作用。可以说，它对信息的延伸是建立在整合事实信息本身内在逻辑基础上的价值挖掘与表达。因此，深度报道是一种综合使用事实的逻辑写作。

（二）深度报道的双重性——报道思维与报道样式合一

深度报道既是一种报道思维，又是一种报道样式，它具有双重性，并且是双重性的有机统一。

第一，深度报道以求"深度"为特点，但对深度的开掘，需结合理性思维，即需要用统摄性思维来把握各类相关事实，这种报道思维主要表现在：深度报道要求记者在事实的基础上达到主观和客观的统一，并能挖掘出事实所包含的价值和意义。没有理性思维透析事实，报道将变成事实的简单复述，这会使报道表面化、不具有说服力，这就考验着记者对新闻事实的价值发现和准确判断。如1995年1月6日，《中国青年报》"冰点"栏目刊出一篇引人深思的深度报道——《北京最后的粪桶》[①]，它通过描写背粪工人樊宝发等一代知青在现代生活中的不同境遇，反映了知青心中强烈的集体依赖感。该报道体现了独到的思考和思想，记者没有停留在对知青境遇的简单描述上，而是挖掘出了普通人的价值归属和精神状态，使读者感受到了"知青"这代人独特的心路历程与他们的社会价值观，报道刊发后社会反响强烈。

---

① 王伟群：《北京最后的粪桶》，载《中国青年报》，1995年1月6日。

第二，深度报道是对关系复杂的多重客观事实的有序概括与综合，是记者对事实全貌进行深入了解和冷峻思考后，系统地、清晰地、充分地展现新闻事实本身应有的完整性、多维性和内在性的报道。没有理性思维做指导，记者就不能将全局和部分结合起来深入思考新闻事实；也不能分析出事实背后的本质，当然也就无法呈现新闻报道的深度与意义。

第三，深度报道离不开对事物本质的把握。深度报道贵在"深"，贵在能揭示事物运动发展的客观规律，并力争点透事实的本质。在写作中，理论思维的穿透力能帮助记者去伪存真、由表及里地解释本质、剖析事理，从而直击问题要害，切中时弊，使报道起到启人思考、令人回味的作用。比如中央电视台深度报道栏目《新闻调查》曾播放了一期名为《真假罗彩霞》[①]的深度报道，对湖南邵东县一起高考招生中发生的顶包案进行了深度剖析，探究了从报名登记、招生录取到户口迁移等各个关键环节的造假原因。该报道围绕"顶包"现象，层层追问，透过各种复杂的新闻事实分析，记者挖掘出社会中复杂的人情关系网络是造成罗彩霞被顶包的深层原因。正是记者敏锐地抓住了事件的本质，才成就了该报道的深度，引人深思。

第四，深度报道离不开理论思维慎思明辨的指导作用，它能指引记者理清、分析、解释社会生活中的矛盾和冲突，抓住人民群众关心的社会矛盾作出深刻的辨析，从而使深度报道发挥释疑解惑、明辨是非的作用，使人民群众能客观、辩证地看待问题。由此可见，深度报道与其他报道不同，它无时不在闪耀着理性思维的光辉，并与理性思维相结合，从整体上提升了报道的质量，从而真正起到了提高思想、引导价值的作用。

第五，深度报道作为一种深入、全面地反映新闻事实的报道方式，既要有深度，又要有广度，它是对新闻事实由里及外、由浅入深的跨时空的综合反映。深度报道涉及政治、经济、文化、法律、科技、社会等各个领域的多样事实，这是单篇、孤立报道形式所不能胜任的。因此，在实践中，能够体现出深度报道本质要求的报道形式，更多表现为连续报道、系列报道、组合报道等方式，即深度报道的多种类型或表现形式。1986年，全国好新闻评选设立深度报道奖项，它相继将系列报道、组合报道、连续报道归并到深度报道中。深度报道，尤其是组合文体的深度报道出现后，各种新闻体裁都被综合运用到了深度报道的领域，它们的组合使新闻报道的整体面貌发生了质的改变：除了早期传统的解释性报道、调查性报道、预测性报道等多种单一体裁外，还有以中国特色的通讯为主，辅之以特写、专访、消息、评论、图片等体裁的深度报道。随着时代的发展，并为了不断满足受众与时俱

---

① 《真假罗彩霞》，中央电视台《新闻调查》节目，2009年6月13日。

进的需求，媒体和记者在遵循新闻写作通则的基础上，越来越注重选用和创新更加有效的方式来更清晰、完整、深刻地传播新闻，即更加注重结构化的方法来表达与演绎事实。2009年4月29日，《经济日报》推出"荒漠化与湿地"的组合报道，分别以四大主题对沙尘暴相关问题做了全景式的描述和分析。[①] 该报将头版的两个整版打通，以图文并茂的方式，配合相关采访，指出沙尘暴形成的直接原因是人为破坏。接着，该报刊出第二个大通版，以通讯、综述等方式，挖掘荒漠化的深层次原因。第三主题以特写、专访等方式，向读者介绍了解决荒漠化问题的方法和经验。第四主题以评论为主，警示读者应高度重视荒漠化问题，全社会应投身沙土化治理，在此基础上结束了全组报道。这一做法将多种报道形式综合成一个整体，不同的体裁在"深度报道"这面大旗下释放出无穷的活力并激发出传播的巨大潜力。目前，随着网络的发展，媒体开始进行跨媒介组合的深度报道，这类深度报道的形式能充分发挥报纸、广播、电视、网络各自的优势，并利用不同媒介丰富的表现方式，整合新闻信息以形成"媒介联动"的全媒体系列报道。

综上所述，深度报道有其自身的特定性和传播功能，它不同于消息、通讯、特写等新闻体裁，它既要求从诸如报道内容、报道目的、报道形式等宏观的角度用统摄性思维来把握事实，又需要对报道题材、报道角度、报道样式和表现手法等进行特定化选择和灵活应用，即以结构化的方法来演绎事实；它是一种挖掘和表达新闻价值的逻辑思维和逻辑写作。因此，我们认为，深度报道既是一种具有创新性的报道思维，又是一种具有事实的说服力的报道样式，它是二者的统一。

三、深度报道的主要辅助手段

20世纪60年代末的美国，社会矛盾激化，致使受众对新闻媒体消极地等待政府部门、组织机构单方面提供消息和就事论事的报道局面感到强烈不满。社会、政治、经济、生活的复杂化以及受众更深广的信息需求，督促新闻界大力发展调查性报道。但是，以采访本、笔、录音机、卡片等为主要工具的传统报道方法已无法满足深度报道的现代要求，从而使深度报道发展遇阻，其中不乏记者胡乱拼凑新闻事实、杜撰新闻事实的不当做法。随着计算机技术的发展和应用，电子书、数据库等相继出现，人类存储、处理信息的能力发生了质的飞跃，网络技术的互动性与多媒体性使全球信息资源实现共享。计算机技术在新闻报道中逐渐显示出巨大的威力，极大地扩展了新闻工作者搜索和采访新闻信息的范围，提高了他们调查研究的效

---

① 参见"荒漠化与湿地"系列报道，载《经济日报》，2009年4月29日。

率，而且延伸着记者的感官，使记者能够听得更清、看得更远、想得更深、写得更快。因此，新闻工作者开始将社会科学与行为科学的研究方法引入新闻报道，学习并利用计算机技术，将之作为深度报道的主要辅助手段，这不仅促进了新闻报道方式和思维的革新，还能够从技术层面提供事实分析的客观依据，保证事实的客观性和精确度，而这正是与深度报道的本质要求内在一致的。

在深度报道中，记者可以利用计算机进行复杂计算，使用统计软件对大量数据进行有效分析，而使用数据库软件对原始信息加以整合后，记者可以将计算机计算、分析的结果应用于新闻报道，构成新闻线索和报道素材，有时对于核实的信息加以量化统计，可以准确预测事实的发展趋势；除此之外，记者可以利用计算机数据库、电子书、在线信息等信息资源获得二手、三手等间接的相关资料；还可以利用各种引擎检索新闻报道所涉及的事实、定义、概念等确切的含义；也可以利用网络的互动功能直接与受众交流，寻求相关信息，把握社会舆论等。总之，使用计算机辅助报道在某种程度上改变了传统新闻报道的流程和状态，它使记者不仅能通过现场采访获取事实材料，而且能借助计算机的各种精确计算与统计功能，发掘隐藏在事实中的新闻线索，并且能通过系统的分析，挖掘新闻的深度与广度并预测新闻的走向，提升新闻工作效率和报道的质量，因此，被国内外媒体重视并广泛应用。

第二节　深度报道的发展与主要类型

一、深度报道的发展

（一）以美国为代表的西方深度报道的发展简况

如前文所述，深度报道就其报道特征和传播作用而言具有解释性、分析性、调查性、预测性的特点，所以，其发展的进程也是伴随着解释性报道、调查性报道而逐步演进和完善的。

1929年，经济危机催生了美国新闻界的解释性新闻。经济危机使美国社会一片混乱，美国受众不仅急切地想了解发生了什么事，更迫切地想认识与了解事件的原因、影响和未来的发展趋势。美国新闻界深刻意识到，"为什么"变得与"是什么"同样重要，传统的客观报道手法已经无法解释与揭示事件的本质，无法满足受众的深层信息需要。1933年，第一个报纸深度报道专栏出现后，美国报纸编辑协会通过决议，将深度报道的地位确立下来，要求新闻工作者将大量的注意力与版面用于解释性报道，以便受众能够充分了解事件的进程和意义。

深度报道的发展并非一帆风顺。由于各种原因，笃信客观主义纯新闻报道的传统影响至深，深度报道的发展一度受到冷落。20世纪50年代，麦卡锡诽谤、中伤共产党，新闻界对其行为一一进行纯新闻报道，直至麦卡锡身败名裂，新闻界也由此失去了应有的公信力。但也正因为如此，美国新闻界看到了客观新闻的致命弱点，这又为解释性报道的发展提供了一次新的契机。

20世纪50年代中后期到60年代，深度报道遭遇新新闻主义[①]和精确新闻[②]的冲击。因为它们比深度报道显得更激进、更新潮，以至于更容易被当时的美国受众接受。沉寂十多年后，20世纪70年代，美国新闻界重拾"扒粪人"[③]角色，掀起了第二次"揭丑报道"高潮，其中最著名的当数《华盛顿邮报》对"水门事件"的报道，它直接导致尼克松总统下台，开启了调查性报道的时代。深度报道终于迎来它的春天，受到各大媒体的重视与青睐。在70年代，不仅越来越多的新闻机构投入人力、财力从事调查性报道，而且社会上也先后成立了许多以调查性报道为基础的团体。在调查性报道征服广大西方受众的同时，深度报道也逐渐步入发展的正轨。1960年，美国达拉斯大学出版了《深度报道研究》一书，该书从学理上确立了深度报道的地位，并将深度报道推向精英阶层。1978年，深度报道被《美国大百科》列为20世纪美国新闻发展的一大趋势，标志着深度报道成为新闻界的主流理念。1985年，美国普利策奖推出最新奖项：解释性报道奖和调查性报道奖。这意味着深度报道正式走向大繁荣。20世纪80年代以来，《纽约时报》《华盛顿邮报》等报纸中，仅解释性报道的篇幅就占70%以上的版面，而在英国、法国、日本等国家，其深度报道也占大报50%左右的版面。由此可见，深度报道的崛起标志着西方学者所谓的新闻写作之"第三次革命"的开端。

---

① 新新闻主义（New Journalism）的起源可以追溯至殖民地时代托马斯·潘恩写作《常识》之时，它是一种新闻报道形式，最显著的特点是将文学写作的手法应用于新闻报道，重视对话、场景和心理描写，并不遗余力地刻画细节。新新闻主义被认为是20世纪实务新闻学最激进的一种报道理论，其发展的高峰出现在20世纪60年代，代表人物包括汤姆·沃尔夫、杜鲁门·卡珀帝和亨特·汤姆逊。

② 精确新闻起源于20世纪60年代的美国，是指记者在采访新闻时，运用调查、实验和内容分析等社会科学研究方法来收集资料、查证事实、报道新闻，其特点是用精确的数据、概念来分析新闻事件，尽可能避免主观的、人为的错误，从而使新闻报道更加客观、公正、令人信服。

③ 20世纪初，以斯蒂芬斯等为首的记者和作家痛感美国社会政治道德的沦落，聚集在《麦克卢尔》《角斗场》等杂志的麾下，向政界、商界及社会各个层面的腐败与弊端，展开了无情的揭露和猛烈的抨击，发起了"黑幕揭发运动"。由于记者和作家在文章中揭丑直接且用语尖锐，美国总统罗斯福在一次演讲中，将"黑幕揭发者"比作英国作家约翰·班扬小说《天路历程》中的扒粪人，即对美好的事物视而不见，专门盯着卑鄙堕落的东西不放。此后，"扒粪人"即有正义感的新闻记者，凭借高度的职业责任感将丑恶的事实真相曝光于公众视野，他们是社会正义的代言人，是新闻正义的践行者。

（二）我国深度报道的发展简况

对我国新闻界来说，深度报道是20世纪80年代开始确立并实践的报道理念与报道方式，迄今走过了30年的历程。根据我国新闻界的实践，我国深度报道的发展可以作如下阶段的分期：

1. 生长期

追溯历史，深度报道在中国的兴起并不主要依赖中国新闻界主体报道意识的确立。1985年，《中国青年报》发表了8篇系列报道《大学生成才追踪记》，成为我国深度报道的突破口。1986年，深度报道开始在我国新闻界兴起，代表作有《光明日报》的《一个工程师出走的反思》，《经济日报》推出的"关广梅现象"讨论等一系列深度报道等。1987年，《中国青年报》关于大兴安岭特大火灾的报道《红色的警告》《黑色的咏叹》《绿色的悲哀》（即"三色"报道）反响强烈，这是我国深度报道的精品。改革开放以来，西方的科学理论和方法论传入我国，我国新闻界深刻意识到国民素质必须与改革开放的时代步伐协调一致，因此，这一时期的深度报道旨在顺应时代需要，通过新闻报道传播一些新的思想观念，从而为全面提升国民素质起到积极的思想启蒙作用。与此同时，由于中国新闻界在长期的报道实践中已经就分析、解释新闻事实积累了一定的经验，并接触到大量西方深度报道的写作理念，这使中国新闻工作者开始有意识地探索本土深度报道的道路。作为一种开启民智、服务中国大众深层新闻需求的立体化报道方式，深度报道的实践一开始就注意传播的本土语境和受众的特定需求，社会效益第一仍然是深度报道的首要原则。第七届全国好新闻评委会曾专门进行过讨论，最终将"深度报道"这一名称统一确定下来，作为下一届新增设的报道项目。至此，深度报道无论是作为一种报道形式还是作为一种报道思维，都在我国的新闻采写中正式确立了它独有的重要地位。

2. 成长期

1992年，邓小平同志发表南方谈话，我国的改革开放进入全新的历史阶段，中国新闻改革大大推进，深度报道随之进入新的发展阶段。

随着广播、电视的普及以及互联网的迅速发展，受众的精神文化需求与日俱增，报纸为应对电子媒体的挑战，不得不扬长避短，以深度报道为突破口提升自己的核心竞争力。这一时期，我国报纸出现改版热、周末版热，报纸的信息量和可读性大大增强，这些举措都为中国深度报道的成长提供了契机。与此同时，深度报道的报道内容在原有基础上与时俱进，趋向日常化、专业化，经济、科技、文化、生活服务等专业性深度报道相继出现。20世纪90年代末,《南方周末》在多年磨砺与探索的基础上,沿着其"深入成就深度"的宗旨,成为国内读者普遍认同的以深度报道为主的高品质报纸。21世纪初,《21世纪经济报道》《经济观察报》等报纸问世,拉开了我国经济深度报道的序幕。同时跨地区运营的专业性报纸也相继出现,这些专业性报纸以深度报道为主的新格局在新闻界初步形成。

与西方国家类同,继我国报纸在深度报道上取得成功后,我国广播电视等媒体开始大规模、有侧重地探索和应用深度报道的节目形式。伴随着广电技术的发展,广播电视深度报道借助特有的符号系统,在用事实解释事实的深度报道手法上日益成熟,报道数量大幅度增多,报道质量也大大提升。其中,1994年4月1日,中央电视台《焦点访谈》栏目开播,成为我国电视深度报道的典范。它以"时事追踪报道,新闻背景分析,社会热点透视,大众话题评说"为节目宗旨,形成了我国广电深度报道节目形态的基本定位。1996年5月17日,中央电视台《新闻调查》栏目开播,其追求"容量更大,更有深度,更为客观、系统、权威"的理念不仅丰富和拓展了之前深度报道的理念,还为电子媒体灵活运作深度报道提供了示例,为我国各地方台的电视深度报道提供了借鉴模式。

进入21世纪,基于观念整合和技术革新的媒介融合语境,现代新闻传播不仅要求记者在新闻传播的手段和方式方面以不同于传统的、条块分割的方式进行新闻信息的采集与传播,同时,整合的观点亦同时深入到新闻采访与写作的整个流程之中。深度报道所蕴含的丰富的信息量、灵活多样的传播形式和新闻体裁的开放性等正暗合了当前媒介融合的发展趋势。具体来说,媒介融合的趋势将导致深度报道相应的整合式发展。一方面,传统的同质媒介之间必然会整合各自的优势资源,突破媒介定势,以期实现信息资源优化与共享,并降低新闻生产中多余资源的损耗,从而与新兴媒介在竞争中互动、协作,最终立于竞争的潮头,实现可持续发展;同时,这种融合也将促进深度报道整合式的演变。另一方面,新兴媒介产生的现代传播力量将会兼容传统媒介的特点,融合新老异质媒介的传播功能,发挥整体优势,形成新的传播方式,这样的变化也会引导深度报道走向整合式发展。

总体来说,我国的深度报道在本土发展中不断前进与创新,有效满足了受众的深层新闻信息需求,但也存在一些问题,面临一些困境。主要表现在以下几个方面:首先,我国深度报道的时效性普遍较弱。其次,某些深度报道单纯追求篇幅的"大"或"长",甚至不惜"注水",忽视了深度报道内在的逻辑性和价值挖掘的深入性。最后,我国某些深度报道写作中存在精英意识和过度关注宏观问题的"宏大叙事",对普通人的生存际遇关注偏少,对普通人的民生状况与时代的转型思考还停留在政策引导的传统视野中,缺乏有厚重感的、时代性的、民生性的深度报道。

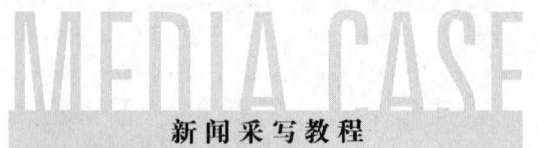

此外,传播技术使媒介融合的功能发挥越加深广,它时刻影响着人们的接受行为和接受习惯,这在一定程度上增加了深度报道传播效果的不确定性,新闻媒介组织对深度报道的信息管理和控制难度加大,对深度报道的内容加工与有效整合需要科学的前瞻和准确的对策。因此,我国深度报道的发展还是应该坚持本土化、服务化的原则,在不断研究受众信息需求和分析未来媒体竞争的过程中积累经验,勇于实践。

(三)中美深度报道发展的异同

通过上述粗略的回顾和分析,深度报道归根结底都根植于社会的土壤中,社会性质、新闻体制、受众需求等决定并影响着深度报道的发展与走向。中美深度报道的发展历程也呈现出一定的共性与差异。

1. 发展原因的异同

第一次世界大战前,美国各新闻机构都偏向于对已发事件作纯粹客观的报道。对于第一次世界大战的爆发,人们感到震惊、错愕,毫无思想准备。因此,第一次世界大战后,新闻界吸取教训,开始重视对重大事件进行系统的探究、解释、分析等报道。这与深度报道在中国产生的背景有异曲同工之妙。改革开放使我国政治、经济、文化、社会、人民生活等方面都发生了翻天覆地的变化,大众传媒只提供平面的、单独的事件报道,已经远远不能满足时代的需要、受众的需要,新闻界必须大力开拓报道的深度,充分发挥事实说话的力量以应对这样的变化和满足这样的需要。因此,揭示事物内部的因果关系,深入反映、阐释改革开放的必然性和发展趋势的深度报道应运而生。但是,作为继政党报道、客观报道之后重要的新闻潮流,深度报道在美国的诞生还有一定的新闻应用的操作色彩,即为了弥补客观报道的种种不足而开辟新的新闻报道样式,这与美国新闻事业发展偏重实务的传统有关;同时,当时美国报业受到新兴的广播、电视的冲击,深度报道给平面媒介提供了突出重围、重现优势的生机。相比之下,对于深度报道在中国的创生,这两种动因并不显著、强烈。

2. 发展模式的异同

从上面的历史回顾中我们不难发现,在中美深度报道的发展中,都强调将新闻事实放置于背景和相互关联中来揭示新闻背后的新闻,揭示新闻的本质、意义和趋势。不同之处在于美国的调查性报道、解释性报道等深度报道形式,其发展有明显的社会背景、时代分野和达到巅峰时期的标志性报道。美国新闻界习惯上将调查性报道、解释性报道归于深度报道。但在实践中,深度报道与调查性报道、解释性报道相比，题材上往往比较广泛，形式上也比较自由。因此，美国的深度报道发展模式是类型化的发展模式。而中国新闻界则将深度报道逐渐划分成独立报道形式和组合报道形式两大类，并应用于不同的媒体。如在电视报道领域，深度报道逐步被划分为连续报道、跟踪报道、全景式报道等。比之美国，中国的深度报道发展模式比较宽泛和多样。

3. 发展功用的异同

就美国和中国深度报道的发展功用来看，相同点在于，他们都认为，新闻是社会整体文化系统的前沿部分，社会整体的变革必然会对不适应时代和形势的报道及思维方式进行调整；都强调将新闻置于背景和相关联的事实中揭示新闻背后的新闻，揭示新闻的本质、意义和趋势。不同点在于，美国的深度报道带有鲜明的"扒粪"和"揭丑"色彩，它将报道主旨尖锐地指向政府弊端；中国的深度报道则侧重舆论引导和舆论监督的作用，没有鲜明的"扒粪"传统和"揭丑"色彩。

二、深度报道的主要类型

深度报道突破了传统新闻报道的写作思维方式，从动态、全面、系统的角度来报道客观事物，这也促使记者必须对事物的复杂层面进行深入采访和调查，力求系统、完整、客观地反映事物的多侧面与多层次。由于深度报道具有题材"大"和涉及面"广"等特点，在应用中其主要报道形式也是多种多样的。根据实践经验和应用实际，我们通常将深度报道分为两种形式：一是按报道组合形式将其划分为单篇式深度报道与集合式报道（其中包括系列报道、连续报道、组合报道）；二是按报道内容将其划分为调查性报道、解读性新闻、预测性报道、述评报道和年终报道。本节我们将分别就这两种划分方法对深度报道的类型作具体介绍。

（一）按报道组合形式划分

1. 单篇式深度报道

相对于复合式报道，单篇式深度报道也称单一式、独立式专项报道。顾名思义，"单篇式"深度报道即指独立成篇，由一篇文章构成的新闻报道。单篇式深度报道是比较常见的深度报道类型，它往往针对单一的事件或对象进行集中深入的报道，其报道重心往往放在某一方面，突出中心，极具深刻性和说服力。单篇式深度报道根据突出重点的不同，可以分为以下几个类型：

（1）提出问题型。

提出问题型深度报道总是关注人们尚未发觉或已经发觉但未足够重视的问题或现象。这类报道的重点不是解决问题，而是展现问题或现象本身所具有的普遍社会意义和价值，并提出疑问，引起人们的重视。比如 2001 年新华网刊播的报道《额济纳绿洲会不会消失？》[①]，该报道披露了内蒙古西北部的额济纳绿洲正在逐年萎缩，面临着生态环境恶化的严峻形势，呼吁额济纳绿洲必须得到有效保护。这篇报道不仅让人们意识到生存环境正在恶化，同时也提醒和呼吁政府、群众，要足够重视环境问题，携手共同保护生态环境。

（2）分析解释型。

分析解释型单篇式深度报道是最为常见的深度报道类型，它以解释新闻事实的原因、发生、发展等问题为主，其重点在于解释"为什么"。因此，记者必须准确把握事物的因果联系，让读者知道并了解新闻事实的实质意义和未来趋势。比如《中国青年报》一篇名为《西部农民工为何不再"东南飞"》的报道，就为读者解释了西部民工不再涌向东南部的原因：一是农民工向小城镇回流；二是蔬菜产业化的发展；三是农民工务工选择的多元化。这类报道需要记者在深入调查事实原因的基础上，综合运用大量的背景材料和相关事实，将整个新闻事件的要素有机组合起来，串成一条清晰的思路，然后进行有序表达，让读者理解事件的表象和实质，从而理解原因，增强理性认知。

（3）综合概括型。

综合概括型单篇式深度报道是一种对新闻事实进行归纳、整理，让读者能够清楚了解新闻事件各个方面的深度报道类型。这实际上是归纳法在新闻报道中的运用，因此，对记者的整合归纳能力要求较高。相对于前面两种类型，综合概括型深度报道比较全面，但在深刻性和解剖力度上略显薄弱。

2. 集合式深度报道

集合式深度报道是由多篇文章、多种报道体裁集合而成的一组群发性报道，相对于单篇式报道而言，这一类别的报道对象比较复杂、重大，不是一篇或一次报道能够解释清楚或解决得了的，它需要记者连续不断的多次报道。集合式报道分为连续报道、系列报道、组合报道三种。

（1）连续报道。

连续报道是指在一定时期内，就某一不断发展变化的新闻事件，做持续不断的报道的一种深度报道形式。连续报道以事件发展历程为轨迹，按时间顺序为线索，

---

① 红艳、阿斯钢：《额济纳绿洲会不会消失？》，新华网，2001 年 9 月 12 日。

适用于正在发展过程中的重要事物或正在进行的重要事件。比如体育赛事、重大活动和重大突发事件等。在一段时间内集中、突出地对同一主题进行连续式报道，能够形成强大的声势和吸引力。因此，连续报道有连续性和阶段性两大特征，它涉及面广、吸引力大、时效性强，相比其他类型的报道，连续报道更能满足读者进一步了解新闻事实的欲求。

19世纪70年代，《申报》对杨乃武与小白菜案件追踪报道了三年又四个月，发表新闻、评论近80篇，堪称我国早期连续报道的奠基之作。我国改革开放以来，社会生活日新月异，连续报道也逐渐受到各大媒体的青睐，许多重大事件、突发事件都采用了连续报道的形式。在2008年"5·12"汶川特大地震这一重大灾难的新闻报道中，各大媒体都进行了连续报道，或现场直播或开辟专版，及时把灾区的灾情及抗震救灾的情况连续传播给国内外受众，使之能够第一时间了解汶川的灾情和援救情况。

写作连续报道有几个要点：第一，后续的报道应该提供新闻事件的最新动态或者新近发生的事实；第二，后续的报道要挖掘前面报道未有的新价值、新意义；第三，后续的报道要适当回顾新闻事件的主要内容和发展历程，让前后报道串成一条线，方便读者阅读；第四，注意报道的整体配合，不能虎头蛇尾。需要注意的是，连续报道要体现深度，需记者多下苦功、深入采访、持续跟踪，全方位挖掘报道对象的新闻价值。实践证明，优秀的连续报道不仅能够讲清事实，还能打动读者，引发良好的社会反响。比如《中国青年报》分别于2009年12月31日、2010年1月1日、2010年1月18日刊发了连续报道，报道了王昱人、王昱权姐弟俩靠捡废品筹资2万元捐助6名辍学者重返校园的感人故事。《贫寒小姐弟 爱心满江城》[①]《贫寒小姐弟眼中的幸福生活》[②]《这对贫寒小姐弟为何如此善良》[③]这三篇报道选取不同的角度，分别从姐弟俩的感人事迹、贫困的生活状态以及为什么他们具有善良的品格等方面解读了一对爱心姐弟的动人事迹和高尚品格。这组连续报道刊发后，社会反响强烈，多家媒体予以转载和后续报道，引发了读者的热烈回应，在社会上掀起一股文明新风，读者把这对姐弟俩誉为当代"兼相爱"的生动典型。《中国青年报》的记者并没有把这条新闻当做一条简单的爱心助学事件来报道，而是在连续报道中层层递进、挖掘事件的本质，立足于如何塑造优良品德的高度，让读者感动的同时，也能深层次地思考。

---

① 彭冰、陈宇燕：《贫寒小姐弟 爱心满江城》，载《中国青年报》，2010年12月31日。
② 彭冰、陈宇燕：《贫寒小姐弟眼中的幸福生活》，载《中国青年报》，2010年1月1日。
③ 彭冰：《这对贫寒小姐弟为何如此善良》，载《中国青年报》，2010年1月18日。

(2) 系列报道。

系列报道是指针对典型的新闻事件、新闻现象和问题、新闻人物等，围绕一个共同的主题，进行多角度、多侧面、多层次报道的报道形式。它往往由若干独立报道组成，如消息、通讯、评论、图片等，在传播中形成整体强势，通过报道的逐步展开，主题的逐步深化，给受众呈现新闻事实的全景和动态。与连续报道强调新闻事实的时间发展顺序不同，系列报道更强调事物内在的主次。在新闻报道中，系列报道就是对事件新闻价值的横向挖掘，对重要的新闻事实和次要的相关事实都给予全面的关注和报道，从而形成事实的全面性、完整性，使新闻价值能够得到多侧面的开掘与表现。由于系列报道侧重于对新闻事件各个片段的有机连缀，故而能够使读者对动态性的、延续性的新闻事件达成全面完整的认识，也能够使报道的社会价值得到充分体现。如《中国青年报》1987年所作的"三色"报道即为国内系列报道的精品。《红色的警告》《黑色的咏叹》《绿色的悲哀》围绕大兴安岭火灾，从不同角度探讨了人与社会、人与人、人与自然之间的复杂关系，透过火灾现象，披露了官僚主义的危害，触及了体制弊端，在全国范围内激起强烈反响并引人思考。这组系列报道挖掘了事件背后的关键事实，报道所揭露的问题令人警醒，具有重大社会意义。

近年来，系列报道多采用专题形式，就短期内受众关心的新闻事实，媒体和记者通过一系列关联度高的报道来升华主题，反映社会动态和人们的思想状态。通常情况下，系列报道选题较新颖，新闻事实注重时代性和鲜活度。它将重心放在问题的重要性、复杂性、多面性上，从发现问题、分析问题到解决问题，逐步过渡到报道的意义传播，使报道形成一种传播强势，在报道的整合效应中凸现报道的整体力度与深度。如2002年10月《经济日报》推出了"走进小康——跨世纪的新变迁"系列报道，从"吃""穿""住""行""用"五个方面反映人民生活的巨大变化，并先后刊出《吃的变迁》《穿的变迁》《住的变迁》《行的变迁》《用的变迁》五个专题报道，得到了读者的广泛好评（见图13—1，13—2）。①

---

① 图文参见"走进小康——跨世纪的变迁"系列报道，载《经济日报》，2002年10月14日。

图 13-1　《经济日报》2002 年 10 月版（一）　　图 13-2　《经济日报》2002 年 10 月版（二）

目前，在网络媒体上，系列报道也得到了广泛应用，大大提升了网络新闻传播的影响力。如南方报业网专门设有系列报道页面，汇集了时政、财经、社会、国际、文体、娱乐六大主题，每个主题下又设多个系列报道。如社会新闻专题就设有"汶川地震周年系列报道""住房公积金改革""瘦肉精猪袭击广州追踪报道"等社会较为关注的选题。这不仅能让受众自由选择感兴趣的报道，也能从报道中了解更全面的信息。[①]

（3）组合报道。

组合报道又称整合式报道，是指围绕同一主题，将某类新闻事实或一个新闻事实的各个侧面编排在一起，运用不同的报道体裁，对新闻事实进行多方位报道的一种深度报道形式。组合报道善于在版面上做深度文章，它就像一块集成电路板，从若干新闻事实的联系、对比或隐喻中，整合新闻事实并以集合的整体优势达到超越单一新闻事实报道的传播效果。组合报道利用版面或时段的优势，大大增强了对受众感官的冲击，有效吸引了受众的注意力，是新闻报道价值的综合呈现。同时，这种报道方式也便于记者驾驭复杂的新闻素材。通常，零散或单一的报道往往难以涵盖事件的发展关系、多重矛盾等，记者在选择和取舍时难度较大，不同的事实材料

---

① 参见南方网—系列报道，http：//news.southcn.com/node_9735281e7d。

具有不同的价值,有时在一篇报道中难以集中,但是放弃又显遗憾,所以从新闻资源的有效利用出发,我们可以采取组合报道的方式用好这些事实材料,使报道立体化,从而实现报道的深度。因此,组合报道在一定程度上能充分发挥新闻材料的不同作用,无论是消息还是通讯、评论,它们集纳在同一空间、同一主题下,不仅有利于展现事实的全貌,还有利于读者理解事实背后的意义与价值,这就是报道的深度所在。组合报道的样式灵活多样,可以由多篇相对独立的不同体裁的报道组成,也可以由一篇独立的深度报道加上若干通讯、特写、图片共同组成。因此,记者可以在组合报道的舞台上充分发挥自己所长,整合优势,提高深度报道的质量。

组合报道选材广泛,常使用于节庆、民生等新闻报道中,方式灵活。如果组合报道应用得当,能够使原有新闻信息增值,起到单篇报道所无法达到的立体效果。比如 2009 年 10 月 1 日,《人民日报》推出 60 版组合报道"国庆特刊",除了 4 个版的国庆要闻外,这组特刊在报道策划中建立了三组坐标:时间和空间、国内和国际、历史和未来。这三组坐标将"国庆特刊"分成三个"报叠",立体报道中华人民共和国成立 60 周年的盛典。第一报叠为"光辉岁月",共 12 版,以现代化的历史进程为参照系,全面展示中华人民共和国的辉煌成就;第二报叠为"神州新貌",共 36 版,历数 31 个省区市和新疆生产建设兵团的"旧貌换新颜";第三报叠为"祝福中国",共 8 版,面向未来,反映海内外中华儿女对祖国未来发展的祝愿,并展望了中国复兴之路的灿烂前景。这组大型的组合报道集合了消息、特写、评论、图表、图片等各种报道形式,内容丰富,尽显中华人民共和国成立 60 年来的沧桑变化,立体形象地再现了中国的昨天、今天,使读者对中国的未来充满希望,正如读者的称赞:"翻开这张报纸,就好像翻开了国家 60 年的历史。"这样的组合报道就是全方面挖掘和表现同一新闻主题的成功示例。

(二)按报道内容划分

调查性报道、解读性报道和预测性报道这三种报道类型是深度报道中的常用报道形式。按照不同的标准,深度报道还可以划分为其他的种类,如精确新闻报道、典型报道、独家报道、服务性报道等。除此之外,有些教科书将分析性报道和解释性报道作了区分,甚至加入了问题性新闻、述评性新闻等类别。本书主要介绍调查性报道、解读性报道和预测性报道三种报道形式以及近年来应用广泛的述评类报道和年终报道。

1. 调查性报道

(1) 调查性报道的含义与特征。

调查性报道(Investigative Reporting)也称调查性新闻,是一种以调查、揭丑、批判为主要特征的深度新闻报道形式。调查性报道的雏形产生于20世纪初的"扒粪运动",到了六七十年代,其发展逐渐步入成熟。80年代,调查性报道随深度报道传入中国,并相继出现在电视新闻和报纸版面中。1980年,中央电视台评论部《观察与思考》栏目开播,这是中华人民共和国电视新闻中较早开办的深度报道栏目。之后《焦点访谈》《新闻调查》等电视述评类栏目相继问世并受到观众的肯定与好评,逐渐带动了调查性报道在中国各类媒体的广泛使用。如1980年《工人日报》对"渤海二号"钻井船在拖航中翻船一事进行报道,披露了一些政府官员的渎职行为和官僚主义作风,成为当时比较典型的调查性报道。

关于调查性报道的定义,有多种理解和阐述。美国新闻学者埃默里父子在《美国新闻史》一书中将调查性报道定义为"利用长时间内积累起来的足够的消息来源和文件,向公众提供对某一事件的强有力的解释"。新闻学教授克拉克·莫伦霍夫说:"调查性报道有三个基本要素,一是记者做出了报道;二是报道内容包含着比较重要的内容,是记者和读者想知道的;三是报道内容包含着有试图向公众隐瞒某些问题的真相的内容。"这些定义强调了调查性报道的独特作用,即揭示被掩盖的事实的真相。我国《新闻百科全书》对调查性报道的定义是:"调查性新闻是指以新闻传播媒介为主体,记者为主要调查人员,通过较一般采访更加有针对性、专门性、专题性、系统性的调查研究活动而产生的新闻。"《调查性报道采访与写作》一书的作者周海燕认为:"调查性报道是一种较为系统、深入地揭露政府、公共机构以及社会中存在的其他问题,并以寻求解决方法为主旨的新闻报道形式。"这是从以调查为基础的角度来认识调查性报道的定义。本书认为,调查性报道是指以告知事实真相为目的,通过记者独立、系统、科学的调查,对被掩盖或被忽视的社会问题及行为进行揭露,以报道真相、反映社会客观面貌并引起社会广泛关注的一种深度报道形式。

由上述定义可见,调查性报道的选题对象是被一些个人和组织有意掩盖的、关乎公众利益的、影响广泛的事实。因此,调查性报道具有题材重大、内涵深刻的特点。如近年来备受关注的食品安全、网络安全、楼市、住房、教育以及医疗制度改革等民生问题,都成为媒体深度报道的选题。因为调查性报道在我国发挥着"揭黑"、曝光等重要的舆论监督功能,所以逐渐成为受众青睐的报道形式。如2007年新华社针对兴安煤矿火灾事故所发的深度报道《兴安矿难:一次特大瞒报责任事故背后》,就是一篇比较典型的调查性报道。记者通过大量调查,层层挖掘,揭开了这起河南兴安蓄意策划的瞒报事故的黑幕,既让亡者家属讨回了公道,也让大众了解了事实真相,对类似的事件起到了舆论监督的作用。调查性报道需要记者经过系统、科学、认真地调查研究才能够挖掘出背后的真相。因此,调查性报道作为记者艰苦调查采访的结晶,其原创性是其他报道所无法取代的,也只有亲身经历了这样的过程,记者才能接近事实真相,获得更加客观、公正的材料。

(2) 调查性报道的写作要点。

一般来说,采写一条新闻要经过寻找新闻线索、新闻采访策划、新闻采访实施、新闻素材核实、新闻写作等一系列过程,记者的报道如果只依赖其他人或者组织提供的材料写成,那么这条报道并非严格意义上的调查性报道。采写调查性报道首先要以深入、细致的调查采访为基础。

记者必须注意报道的准确性,把握好报道的"度",这是调查性报道写作的重要准则。首先,调查性报道的题材多为重大的社会问题或公共事件,涉及多方利益,可能直接影响到政府有关方面的决策或某个群体、组织的利益,甚至个人的生死利害,因此,一定要谨慎对待,下笔有根有据。具体来讲,就是在调查时要对多方进行实证,采集事实要充分全面,尽量获取两个或两个以上的消息来源,这样可以避免偏听偏信,从而保持报道的准确性,同时,要获取文字、图片、音像等多方面的事实材料,将这些调查线索有机地组合在一起,给调查中假设的"结论"提供丰富的证明材料,让受众能够依据事实得出一个相对客观、正确的判断。其次,调查性报道获取的材料往往多而杂,记者要善于从这些富足的材料中删繁就简,抓住最关键的事实材料,把这些起到关键性作用的材料有机组合排列起来,形成一篇简练、清晰、具有逻辑的报道。因此,在写作时,记者要善于抓住问题的实质,将复杂的事情简明化,防止堆砌大量事实使读者不明就里。2003年《南方都市报》刊发了《被收容者孙志刚之死》,报道一出,就引发了社会各界的广泛热议。

被收容者孙志刚之死[①](节选)

3月19日,孙志刚的朋友打电话询问收容站,这才知道孙志刚已经被送到医院(广州收容人员救治站)去了。在护理记录上,医院接收的时间是18日晚11点30分。

成先生说,当时他们想去医院见孙志刚,又被医生告知不能见,而且必须是孙志刚亲属才能前来保人。

20日中午,当孙的朋友再次打电话询问时,得到的回答让他们至今难以相信:孙志刚死了,死因是心脏病。

护理记录表明,入院时,孙志刚"失眠、心慌、尿频、恶心呕吐,意识清醒,表现安静",之后住院的时间,孙志刚几乎一直"睡眠":直到3月20日早上10

---

① 陈峰、王雷:《被收容者孙志刚之死》,载《南方都市报》,2003年4月25日。

点，护士查房时发现孙志刚"病情迅速变化，面色苍白、不语不动，呼吸微弱，血压已经测不到"。医生在10点15分采取注射肾上腺素等治疗手段，10分钟后，宣布停止一切治疗。孙志刚走完了他27年的人生路。

医院让孙志刚的朋友去殡仪馆等着。孙的朋友赶到殡仪馆后又过了两个小时，尸体运到。

护理记录上，孙的死亡时间是2003年3月20日10点25分。

……

从整篇报道看，记者的叙事手法冷静，报道客观、中立。在报道中，记者充分利用事实证据，将《城市收容"三无"人员询问登记表》中的登记内容与护理记录和死亡鉴定书进行对比，充分展现了事件中的各个疑点和漏洞，事实真相自然昭然若揭。

要让调查性报道生动、可信，记者还需着重记录与刻画关键人物的言行。有了人物的动作和语言，报道不仅能够向读者展示一个具体生动的人物形象，增强报道的真实感和立体感，同时，还能通过人物形象的刻画与描述来揭示问题实质、推动调查走向深入。在下例中，记者对所报道的事件过程进行了还原性描述，引用了多位当事人的话，在第一部分使用标题"挥着拳头的男人"，这一动作形象地概括了王廷江当时"打人"的愤怒状态；其次，文中描述的各种人物的动作和状态，能够让读者充分感知事件的发生过程，真实感和现场感跃然纸上。

<h3 style="text-align:center">"王代表"机场发飙记①（节选）</h3>

挥舞拳头的中年男子

11月27日晚上9时55分，从广州飞来的SC4672航班徐徐降落在临沂机场。山东航空公司的这架中型飞机上，共载有大约110名旅客，他们当中约有40人在此中途下机，然后飞机载着剩下的旅客，继续飞抵青岛。

在此之前的飞机广播中说：请在临沂下机的乘客提前准备好机票，以备检票。据机组人员介绍，为了避免青岛乘客误下飞机，一直以来他们都有这样一个例行的手续。

将身旁的临沂旅客让出后，坐在后排的青岛富豪汽车销售公司总经理康军打了个盹。按照正常情况，去广州参加公司年会的他再有半小时便可回到青岛，身心疲惫的他盼着回去美美地睡上一觉。

然而，康军很快被前面一阵嘈杂声惊醒。他先是听到一个中年男子的骂声，

---

① 柴会群、朱红军：《"王代表"机场发飙记》，载《南方周末》，2004年12月2日。

接下来便传来一个女人的尖叫，与此同时，身旁等候排队下机的乘客队伍也开始骚动起来。康军起身，看到了那名骂人的中年男子——他对这个人印象深刻。"登机时他就在我前面，我（从他身上）闻到了酒味。"

尖叫的是飞机乘务长黄晓萍。她在与这位不愿出示机票的乘客交涉时，遭到对方辱骂。她随即要求对方"说话文明点"，结果，她被对方猛地推搡了一下胸部。

空警张强目击了黄晓萍被打的这一幕。张强当时坐在1排D座，而中年男子坐2排C座，张说他看得很清楚。

眼见事态恶化，张强立即过去制止，称对方违反了保卫条例。据康军介绍，当时张强身穿制服，胸前挂着工作牌，他的身份应该很容易被辨认出。

张强说，他还没来得及出示证件，便当胸挨了中年男子一拳。随即，两人开始扭打在一起。最后，在一名准备下机的临沂当地民警的协助下，张强将中年男子制服，并用机上备用的手铐将其与自己铐在一起。

"我注意到，他（张强）是先铐住自己，然后才把那男的铐住的。"康军回忆说。

············

这篇报道充分展现了记者全面的调查路线：目击者—当事人—当事人所在单位领导同事—当地媒体记者—当地群众。文章中的大量引语，包括"临沂市旅游局一局长认为""《齐鲁晚报》一位记者说""临沂市有官员说""该局长说""知情人士透露""山航集团总裁解释道"等，形成了多方观点的交锋，这样不仅把事件的来龙去脉交代得很清楚，也使事件发生的真正原因变得容易理解。

2. 解读性报道

（1）解读性报道的含义与特点。

解读性报道起源于20世纪二三十年代美国经济大萧条时期，是基于读者迫切想了解经济危机的背景、原因、结果等信息的需求而产生的一种对新闻信息的深度解读方式。对我国而言，解读性报道产生于20世纪80年代，此时的人们面对社会加速变化带来的各种新情况、新事物，时常感到难以理解甚至茫然困惑，当他们面对这些新闻信息无所适从又需要引导、分析、解释时，媒体和记者的报道空间由此诞生。解读性报道，顾名思义，即记者首先有所理解再通过报道把这种理解告知给广大受众，使更多的人能够理解，此所谓"解读"之含义。记者把这种解释与理解的报道变为一种新闻报道形式就是解读性报道。需要注意的是，解读性报道是对客观事实、现象的分析和理解，带有记者主体的主观色彩，但是它更多的是以大量的政策、法规以及事实来提供判断的依据，对新闻背景的灵活使用是解读性报道的特点所在。近年来，解读性报道成为很多媒体重视的报道品种，它通常对方针政策、经济、政治局势或具体事件、人物以及科学技术等各方面作出解读。当一项新政出台或某个热点现象出现时，解读性新闻就会及时跟进，记者会及时邀请专家学者或者某些部门的权威人士发表见解，帮助受众形成正确和科学的理解。解读性报道不但能体现出媒体的信息服务意识，也能检阅出一个记者的政策修养、业务能力以及前瞻洞察力。如对医改制度、交通安全法等的解读报道，都体现出媒体与记者服务大众、引导大众的能力与责任。

解读性报道也称解读性新闻，是指在遵循新闻规律的前提下，辨别新闻、分析新闻，并对新闻事实进行重新组合，是提升新闻有效信息含量的思维过程，它比捕捉新闻本身更具有现实意义，是许多媒体针对共知的新闻事件"做出"独家新闻的过程。[1]

由上可知，解读性报道具有以下特点：首先，解读性报道侧重于新闻事实的延伸报道。在传播学家拉斯韦尔的"5W"线型传播模式中，解读性报道更加强调在"是什么"的基础上，增进"为什么"，也就是对"How"这一要素的分析。其次，解读性报道重在阐释。它通常对报道对象的内涵、意义或者具体行为作出分析解释，以满足人们对具体信息的意义解释的阅读需求。由于信息容量的限制，具有阐释功能的新闻报道能更好地引导人们的行为，并提供有价值的参考信息。所以说，解读性新闻本身就包含着一种导向，它要引导人们对时局、社会、民生的一些重要问题进行认知，以形成正确科学的理解。新闻媒体恰当、合理地使用新闻解读报道，能够增加报道的深度，有助于受众更为深刻地理解新闻的本质，同时提升媒体的竞争力。

（2）解读性报道的写作要点。

解读性报道要抓住受众的兴趣点，就要选取与他们切身利益相关的题材，首选题目就是政府新出台的政策法规、重要会议的文件、报告等。受众往往希望了解这些政策是怎样影响他们的生活的。所以，记者要从社会经济发展的大背景出发，对这一选题进行阐释，从而帮助受众从更高层次上把握未来的发展趋势。如每年两会议题和政府工作报告总是各大媒体竞相解读的热点，因为其包含了与我国社会以及民生紧密相关的新闻价值点，这些价值点就是解读的报道点，也是受众最渴望得到解释和分析的信息源。如2005年12月5日，《新华每日电讯》一版发表了《中央经济工作会议回应百姓十大关注与期盼》[2]，这是一篇解读中央经济工作会议精神

---

[1] 王宗磊、傅超：《解读新闻的有效途径浅探》，载《新闻传播》，2003年第8期。
[2] 陈二厚、林红梅、谢登科：《中央经济工作会议回应百姓十大关注与期盼》，新华社，2005年12月5日。

的特稿，记者着力从"新闻事件""百姓期盼""现状""中央决策"四个方面进行述评结合的巧妙解读，深入分析并探讨了百姓关注的医改、房价、就业等十大问题。

媒体在解读的同时，必须考虑到解释分析内容的可信度和权威度。因此，专家学者或经验丰富的从业者的解读总是更受受众青睐，这样的采写方式可以避免受众单方面解读报道引发的曲解、断章取义等情况，同时，也可令受众在权威的解读中"放心"与"安心"，这对社会稳定、民心稳定大有裨益。我们注意到，许多解读性报道的标题常常冠以"专家解读"的字样，无论标题的外在形式如何，解读性报道的关键在于必须经过多方求证和反复核实，切忌随手拈来、不负责任地主观臆断。解读性报道往往涉及经济、政治、科技、医学等专业性较强的领域或一些突发状况（如"非典"、禽流感、甲流等），这些领域和状况需要媒体与记者邀请专家和权威人士及时、准确地解读。如下面这篇解读性报道：

4%是如何设定的（看教育如何追4）[①]

编者按：5月，《国家中长期教育改革和发展规划纲要》正式公布，明确提出：要逐步提高国家财政性教育经费支出占国内生产总值比例，到2012年达到4%。

其实，教育"追4"行动早在20世纪90年代就已拉开。1993年，4%就被写进了当时的《中国教育改革和发展纲要》，并希望在20世纪末完成。然而，十几年过去，教育投入一直不曾达标，成为政府与社会之痛。

今天起，本版将推出特别报道《看教育如何追4》，希望在国际视野与历史时空中，帮助大家了解"追4"行动的背景、难度、路径，振奋精神，共同去"追4"，振兴中国教育。

主要发达国家与金砖四国教育投入情况

国家	人均公共教育支出（美元）	公共教育支出占DGP的百分比（%）
美国	2684.00	6.20
法国	2161.00	6.11
英国	2100.00	5.61
德国	1422.00	4.00

---

① 倪光辉、郝悦：《4%是如何设定的（看教育如何追4）》，载《人民日报》，2010年5月24日。

续表

国家	人均公共教育支出（美元）	公共教育支出占DGP的百分比（%）
日本	1396.00	3.91
韩国	726.00	4.41
俄罗斯	267.00	3.90
巴西	216.00	4.51
印度	24.00	2.90
中国大陆	42.00	2.41

数据来源：中央教科所《中国教育竞争力报告》，数据以2006年为主。

核心提示

4%是基于国际标准和我国国情提出的，具有科学性和前瞻性。

4%的目标，相当于发展中国家在20世纪80年代的平均水平。

"教育经费4%"，已经成了中国教育界和公众的一个情结。多方人士认为，这一指标重点借鉴了20世纪80年代一个名为"教育经费占国民生产总值合理比例研究"的国家课题项目的结果。

王善迈，现任北京师范大学首都教育经济研究院执行院长。正是该课题组的成员之一，也是《国家中长期教育改革和发展规划纲要》的参与者之一。面对本报记者，王教授独家解密这个数字的来历。

1983年成立国家级课题组，主要参照了39个市场经济国家

背景：1983年初，全国两会召开之前，教育经费短缺问题成为代表委员、新闻媒体和社会各界高度关注的热点。中央领导要求研究政府教育经费应在国民生产总值中占多大比例的问题。这一课题后被列入国家社会科学基金规划研究项目。由北京大学厉以宁和陈良焜教授、北京师范大学王善迈教授、中央教科所孟明义研究员等多位教育经济学专家组成课题组，在1983年便开始着手研究这一国家课题。

"回答政府教育支出占国民或国内生产总值的合理比例，首先需要解决的是方法论问题。"王善迈回忆道。

课题组经过研讨认为，经济是教育发展的基础。一个国家在一定时期能为教育提供多少财政资金，取决于该国的经济发展水平。度量一国经济发展水平一般用人均国内生产总值表示，但是不同国家经济发展水平差别很大，不能在国家间进行简单比较。

"课题组研究的目标,是找出同等经济发展水平条件下政府教育支出的合理比例。这就需要进行国际比较。"王善迈说,国际比较也有两种方法,其一是算数平均法,其二是计量经济法。

算数平均法比较通行。联合国教科文组织一年一度的《全民教育全球监测报告》,在统计政府教育支出所占比例的平均数时,将200个国家的政府教育支出作为分子,将世界各国的GDP总量作为分母。同时对发达国家和发展中国家进行分组统计;对北美、欧洲、中东等按地区分组比较。

"但课题组认为这样的数字没有意义。"王教授解释,因为一个平均数涵盖200个国家或者几十个国家,而这些国家的经济发展水平并不一样。比如现在中国的人均GDP是3000多美元,和人均GDP几万美元的国家不可相提并论。

课题组最终选用了经济计量学方法。

王教授介绍,当时的计量工作设想分三组:第一组选择39个人口在1000万以上的市场经济国家,时间跨度为20年的政府教育支出和人均GDP;第二组选择15个当时的社会主义国家,历时15年的政府教育支出和人均GDP的数据;第三组分析中国从1953年到1983年的政府教育支出和人均GDP。

"第二组和第三组的数据有很多不确定因素,相关数据并不准确。我国那30年并没有这方面的国家统计机制,数据全是由研究人员自己调研出来的。第一组数据才最具有研究价值。"王善迈说。

随后的工作漫长而艰苦,仅采集数据和进行数据加工,就花了近1年时间。历时两年,课题组拿出了最终成果,给出计算同等经济发展水平下政府教育支出比例下限的计算公式:按照邓小平提出的2000年中国人均GDP达到800到1000美元标准,以及当时的实际汇率计算,到2000年中国政府教育支出占GDP的比例,应该是3.87%左右。

而这一比例,相当于20世纪80年代发展中国家平均水平。

指标出现调整,目标从3.87%升至4%,
为20世纪80年代发展中国家平均水平

背景:1993年,中共中央、国务院颁布的《中国教育改革和发展纲要》提出财政性教育经费占国民生产总值的比例,在20世纪末达到4%。但分子指标已从研究报告中的"政府教育支出"变为"财政性教育经费"。而2010年版的4%中,继续沿用了后一指标。

当初3.87%的占比,课题组采用的分子指标是"政府教育支出"。1993年版教育纲要中,4%占比的分子指标,改为"财政性教育经费",分母并未改变。后者的概念大于前者,政府教育支出在财政性教育经费中占很大比重。正是分子数扩大了，让占比也随之增大了。

"这个口径的计算，更多考虑到了中国的国情，与国际标准更具可比性。"东北财经大学副校长吕炜，曾主持"教育政策研究课题"，对这方面情况也做过专门研究。

他说，厉以宁、王善迈他们课题组把"分子"确定为政府教育支出，这是联合国教科文组织惯常采用的"公共教育支出"概念，强调各级政府的经常性公共教育支出和资本公共教育支出，而不包括家庭教育支出。

然而，在西方市场经济国家，政府收支和财政收支是同一概念，必须通过政府预算来反映。而我国的国家财政收支存在着预算内和预算外之分。因此，关于政府财政的统计分析比较，不能仅仅考虑财政预算内基数。

据吕炜了解，根据国务院相关部门意见，财政部门又进一步将我国公共教育支出的计算口径扩大为国家财政性教育经费支出。与国际口径相比，新增了三项：城乡教育费附加、企业办学支出和校办产业减免税部分用于教育的支出。并将此指标正式列入1993年的《中国教育改革和发展纲要》，之后又在《教育法》中作出相应规定。

1994年教育部、国家统计局、财政部三部门发布的《全国教育经费执行情况统计公告》中也证实了这种口径。

现在回头看，王善迈也认为，"当时的研究只考虑了教育经费的增量，没有考虑相应的教育设施等存量"。他告诉记者，发达国家的教育基础条件较好，发展中国家的教育发展考虑更多的是增量。可是存量不够，最直接的影响因素是财政收入水平。

虽然与国际常用的名称出现了变化，但在王善迈、吕炜看来，现在用"财政性教育经费"做指标，与国际口径中的"公共教育支出"更具可比性。

上面这篇解读性报道有编前按语，有课题报告的研究数据，还有权威人士的解释与政策说明，结合访谈与新闻背景资料，全面深入地解读了我国制定教育经费占国民经济生产总值的"4%"这一指标的含义，使读者对新闻所涉及的内容有了清晰明了的认识，同时也增强了报道的权威性与可信度，解读的效用在立体的信息报道中呈现出来。

解读性报道面对的是普通大众，其解读的视角须体现普通大众的需求，解释的内容既要通俗易懂，也要合情合理，只有这样的民生视角才能吸引百姓的关注，起到解疑释惑的作用。近年来，我国各大媒体在报道中践行"三贴近"原则，不少媒体的解读性报道也逐步创新，体现民生、民情、民意，其报道选题和报道手法得到受众的认可与好评。如：

漫画：院士发论文 为何也造假[1]

63岁的祝国光博士至今还记得，当初在海外顶级医学期刊上看到有关中药和西药对治疗心肌梗塞疾病具有同等疗效的学术论文时，那种难以言状的兴奋之情。时隔数月，他却惊讶地发现，那些看起来水平非同寻常的学术论文大都是编造的，而且论文的作者包括中国工程院院士、浙江大学药学院院长、著名中药药理学家李连达、浙大药学院药理实验室主任吴理茂和课题组主要成员。

这则解读性报道利用漫画的形式，形象生动地向受众描述解释了学术论文的制假过程，补充了在文字报道中没有提到的内容，不仅使受众一目了然，更传递了"言外之意"，引人思考。

3. 预测性报道

（1）预测性报道的含义与特点。

预测性报道最早出现于20世纪30年代的美国，是继主观性报道、纯客观报道、现代客观报道、解释性报道之后的又一新闻报道形式。西方新闻界十分重视预测性报道，其特点是新闻中预测性内容占相当大的比重，涉及政治、经济、军事等多个领域。20世纪90年代后期，中国预测性报道兴起，主要以一些预测性新闻报道的专栏、专版的出现为标志。如《人民日报》的"农村经济观察""农经瞭望"，《经济观察报》的"观察家""趋势"等。[2] 改革开放以来，随着信息化、现代化步伐的加快，我国人民高度关注国家与个人的未来发展趋势，预测性报道也因此日益

---

[1] 《漫画：院士发论文 为何也造假》，载《新京报》，2009年2月4日。
[2] 李晓静：《中国预测性报道：现状、问题及前瞻》，载《现代传播》，2004年第2期。

兴盛起来。

学界普遍认为，"所谓预测性报道，就是对某些能够引起读者关心的新闻事件的发展结果或新闻现象的发展趋势进行预测的报道"。从本质上分析，预测性报道是以现有材料、事实为基础，着重对新闻事实的发展变化趋势或事件前景进行科学预测，其价值取向表现为准确性、科学性和权威性，它能让社会及早做好应变准备，从而对未来起到"趋利避害"的作用。本书认为，预测性报道是依据现在和过去的事实，对事物或事态前景、未来发展趋势进行预测而作的报道。这类报道由于内容新颖、题材重大、观点独特、引人注目，颇受广大受众的欢迎。预测性报道具有前瞻性和深刻性，它对新闻事物的历史与现状作出深入分析，以科学方法为指导，所以也属于深度报道的范畴。几十年来，我国预测性报道的应用范围从气象报道延伸到了经济、文化、政治、军事等领域，无论是形式还是深度、广度都有了极大的拓展。

下例是2009年关于我国房价的预测性报道，此报道从四个行业指标走势出发，预测了2009年的房价走势。

> 前期中央和地方各项"救市"政策的刺激效果正在减弱，春节前后，全国房地产市场又渐渐回归冷清，全国70个大中城市房屋销售价格已连续两个月同比下跌。业内人士认为，2009年，全国房价可能酝酿新一轮下跌……
>
> 企业库存高压难解……
>
> 政策效应逐渐淡化……
>
> 降价趋势或将形成……
>
> 交银国际：年内全国房价或继续向下寻底……
>
> 总结以上行业中各项主要指标的走势，不难发现市场期待的见底回暖拐点尚未出现，这也正解释了国房景气指数目前跌至历史低点，且继续往下寻底的趋势。不论是实质的成交数据还是反映对前景看法的景气指数，我们并未看见救市措施所带来的刺激作用。尽管行业刚性需求仍然存在，但目前问题的根源在于买方对宏观经济增长、自身收入前景及房价的展望仍然不明朗。因而，当市场对以上各方面的看法转趋乐观时，必然会反映在成交量上，从而刺激房价及整体市场气氛，届时才是行业走向健康复苏之时。我们仍然维持房价于年内仍往下走，且成交量同比可先行于今年内回稳的预测；同时预计买方市场的行业状态将持续，议价能力仍然较倾向于买方。[①]

---

① 节选自林喆：《2009年全国房价可能酝酿新一轮下跌》，载《中国证券报》，2009年2月16日。

超前性是预测性报道最显著的特征，即在报道的事实发生之前作出预测。既然是"预测"，就是在某一新闻事实还没有发生之前，或者某种现象发展前景还没有明朗时作出分析和判断，"预言"其后果或前景，当然具有超前性。事物的发展是复杂和多变的，这就使得预测性报道在一定程度上存在变数，因此具有很大的不确定性，记者应该尽量推测在正常情况下新闻事件可能的发展轨迹。此外，无论是对某件新闻事实发生的结果还是对某种现象的发展趋势作出预测，都应建立在一定的科学基础之上，在报道中留有余地，提高其科学性和可信性。

（2）预测性报道的写作要点。

第一，写作预测性报道，开头多使用开门见山的手法，直接说明预测结果，即在导语中提纲挈领地概述最重要的预测结果。比如：

> 社科院22日在"2010年中国经济形势分析与预测春季座谈会"上发布的报告调高了对今年全年GDP和CPI增速的预测。其中，GDP增速由去年末预测的9.1%调至9.9%，CPI增速则由2.1%调至3.5%。基于经济高增速和较温和的物价形势，报告总的判断是，今年中国经济平稳发展的可能性最大。[①]

或是直接通过标题直观描述预测结果，如《美国大选"民主党化"》《经济学家预测美国经济衰退可能延续到2010年》《专家预测明年GDP双位数增长》等。读者通过阅读标题，一眼就能看出所要预测的对象和结果。在当今网络传播趋强的时代，受众快速消费信息的方式比较普遍，因此，在标题制作中直观呈现预测结果可以提升传播的效果。

第二，预测结论来源要注意权威性和可靠性。要使预测性报道令人信服，需注明预测性论断的来源。对于从权威机构、重要领导人和专家口里获得的消息，受众普遍比较认可；一些权威媒体及著名记者采写的预测性报道也容易获得受众的信任。如，"（据新华社电中国国家气候中心首席科学家）任福民预测说，中国西南地区在4月中旬之前可能还见不到有效的降水。"[②] 这条预测性新闻既来自权威媒体，又出自专家之口，双重信源是可靠性和可信度的有力保障。

第三，预测性报道还需注意预测与分析、解释的有机结合。预测性报道的主要题材包括一些宏观的、重大的、时间跨度长的重要事件，如政治、经济、军事类题材，以及一些重要体育赛事等，这些报道题材不仅要求记者报道基本结论，还需要记者的充分分析与解释，要突出说明"为什么"。如2022年俄乌冲突爆发后，新华

---

① 秦菲菲、张牡霞：《社科院预测全年GDP增9.9% 通胀温和可控》，载《上海证券报》，2010年4月23日。

② 《西南地区4月中旬前可能无有效降水》，载《潇湘晨报数字报》，2010年3月25日。

社对日本经济情况是这样报道的:

俄乌冲突令日本经济复苏进一步承压[①]

新华社东京4月6日电（新华社记者刘春燕） 经历新冠疫情冲击后，日本经济复苏乏力。日本媒体和专家普遍认为，由于严重依赖进口，俄乌冲突令日本经济前景面临更大不确定性，经济复苏进一步承压。

根据日本政府3月公布的修正数据，去年日本实际国内生产总值比上年增长1.6%。与其他主要经济体相比，日本经济恢复缓慢，复苏动力明显不足。

俄乌冲突爆发以来，国际大宗商品价格持续上涨、全球供应链更趋紧张。日本首相岸田文雄称，乌克兰局势的发展有可能使日本陷入战后最大的危机。

日本商工会议所对约2000家中小企业进行的调查显示，九成以上中小企业担忧乌克兰局势的影响。其中，21.6%的公司表示业务已经受到俄乌冲突影响，71%的企业对未来经营形势表示担忧。

调查显示，俄乌冲突对企业的具体影响已不仅局限于能源涨价。79.1%的企业表示，能源资源价格暴涨引起电力等成本上升；56.2%的企业表示，能源资源以外的采购成本在上升；42.7%的企业表示，尽管成本大幅上升，却没能通过涨价转嫁成本。

专家表示，新冠疫情已使日本企业经营形势严峻，俄乌冲突的爆发进一步加剧了成本上升压力，对企业来说可谓雪上加霜。

日本经济研究中心预测，受俄乌冲突影响，本财年能源、矿产、粮食等大宗商品价格将大幅上涨，进一步推升物价，挤压企业利润空间，并可能抑制企业投资欲望，设备投资或进一步减速。此外，由于供应链受阻，设备投资需求的实现也将受到阻碍，这也成为经济复苏的利空因素。

日子难过的不仅是企业，日本消费者也不得不承受更大的涨价压力。日本所消费小麦约九成依赖进口，受俄乌冲突影响，小麦进口价格上涨超过17%，日本国内面包、拉面、点心等与小麦相关的食品价格纷纷上涨。

日生基础研究所研究员伊藤小百合指出，除了能源危机，粮食和化肥供应减少同样应引起重视，粮食问题可能会更加严峻。

日本水产市场也受到巨大冲击。俄罗斯是日本重要的水产品进口来源国，目前，鲑鱼、海胆、螃蟹等俄罗斯海产品进口叫停，来自挪威等其他国家的产品价格则大幅上涨。

[①] 刘春燕:《俄乌冲突令日本经济复苏进一步承压》，新华社，2022年4月7日，http://www.news.cn/world/2022-04106/c_1128536593.htm。

日本正出现普遍的涨价潮：汽油、电费、高速公路费、洗衣费、面包、荞麦面、咖啡、海鲜、食用油、手纸、纸尿裤、保鲜膜……涨价的消息不绝于耳。

有专家指出，目前日本面临的成本推动型通胀令很多企业陷入经营困境，消费者可支配收入下降，消费意愿被进一步压制，令复苏乏力的日本经济进一步承压。

日本经济研究中心最近对36名经济学家进行调查的结果显示，一季度个人消费或出现环比下降，可能拖累当季日本经济下滑。

日本经济研究中心的中期预测显示，如果俄乌冲突进一步升级，2024到2027年日本经济或陷入负增长。

这篇报道涵盖的内容丰富：对已经发生的事实进行解释，对将要发生的事实进行预告，并对这些事实将要产生的影响进行预测。记者在报道中先交代了日本的经济背景和事实性依据，从全球突发事件——新冠疫情，到日本的经济结构——严重依赖进口，以说明"俄乌冲突令日本经济复苏进一步承压"的原因。该报道还引用了日本政府、日本商工会议所和日本经济研究中心提供的多种报告数据来加强解释，以此增强报道的权威性和可信性。此外，记者善于从多个方面对报道主题进行尽可能完整的解析，包括从企业和消费者两个主体出发来介绍成本压力和价格压力；从能源、粮食、化肥、水产、日用品等产品出现的涨价潮来阐明日本经济形势的严峻程度。这样的采写不仅清晰简明，同时也令预测结果合乎情理，给人启示。

需要注意的是，记者在写作时不仅应注意交代预测的前提，也要注意留有余地，不能过于绝对。事实表明，不少事件的发展走向和最终结果，与我们的判断大相径庭；尤其在体育赛事中，预测性报道就更要注意留有余地。2007年《三秦都市报》刊登了一篇预测全国围棋甲联赛的报道，标题为《客战广州西财行知 全取3分没商量》[①]，该报道分析了之前的赛况，并对其对手广州白云国际队进行了实力评估，认为该队是"一支不折不扣的弱旅"，而陕西西财行知学院队"只要能放下包袱，全心全意地投入比赛，他们全取3分也不会令人感到惊讶"。报道经过简单分析预测了比赛结果，但报道的标题却使用了"全取3分没商量"这样绝对的论断。而比赛结果恰恰是陕西西财行知学院队负于广州白云国际队。该报道出现这样的失误，究其原因在于记者的预测分析过于主观。媒体和记者需牢记，新闻报道的一切事物均在变化中，我们除了持续关注发展变化外，还要为未知因素保留弹性空间，切忌在预测时主观绝对化。

---

① 刘志强、吴浩东：《客战广州西财行知 全取3分没商量》，载《三秦都市报》，2007年10月20日。

4. 述评类报道

(1) 述评类报道的含义与特点。

伴随现代社会的快速发展,单纯地报道客观事实(即纯新闻)已经不能满足读者需要,一种对某种形势、事态、问题发表意见,进行分析和解释的报道形式应运而生,这就是述评类报道。述评类报道又称述评新闻,是一种夹叙夹议、以事实为基础,兼有评论的新闻报道形式。述评类报道作为一种特殊的新闻报道形式,兼具纯新闻报道与新闻评论的特点,较之纯新闻报道,它增加了评论性内容;较之新闻评论,它无需通过对大量事实概括之后进行周密论证,只需在叙述新闻事实的基础上,适当评点,精要分析。因此,述评类报道以叙议结合的方式,有理有据,节奏紧凑地透视新闻事实,用发人深省的方式,向受众揭示事实的深刻意义,使新闻报道有别于传统的客观报道。从述评类报道的含义来看,它具有深度报道的功效和特点,是近年来深度报道的报道形式之一。

述评类报道作为深度报道的一种,最鲜明的特点就是有述有评,述评结合。述是第一性,它以述的方式,全面展现新闻事实的发展过程;评为第二性,以记者的视角,对新闻事实进行评论,深入挖掘和阐明事件的因果关系以揭示其实质和意义,追踪和探索其发展趋向,往往起着画龙点睛、升华报道主题的作用。如在《带妹求学大学生 时代偶像的榜样力量》[①]这则报道的末尾,记者这样写道:

> 洪战辉,衣着朴素,外形并不俊朗。但是他确实让国人感受到了一种有别于时尚的、前卫的形象之外的偶像力量。在这个每个人都急需要重塑信仰和精神的社会中,希望他的"道德"精神能和雷锋的"奉献"精神一样,在21世纪成为全体国人的民族精神。

该结尾充分表达了记者的主观感受,进一步开掘出"洪战辉精神"的深刻意义,即他的事例并不是一个个案,而是中华民族的美德的体现,是值得青年人崇尚的时代精神。

(2) 述评类报道的写作要点。

述评类报道的题材主要有这样几类:对党和国家出台的政策、规章的解读,对重大事件的解剖,对工作经验的总结,对新闻背景的解释以及对社会问题的解析。其具体内容涉及社会生活的各个方面。作为深度报道的一种,记者写作述评类报道要保持开阔的视野,要从宏观、全面的角度分析事物,并且善于将微观和宏观角度密切联系起来。特别是当新现象、新事物出现时,述评类报道要高屋建瓴地剖析事

---

① 张志颖、游晓鹏:《带妹求学大学生 时代偶像的榜样力量》,载《郑州晚报》,2005年12月5日。

物，启迪受众，促使其冷静思考。如获得中国新闻奖的报道《国庆放长假 消费掀热潮》[①]就是一篇述评类新闻，记者针对1999年第一个国庆长假异常火爆的现象，采访了旅游、交通、商贸等部门，了解有关国庆消费的情况，敏锐地捕捉到假日消费带来无限商机的主题，这是国内最早从"假日经济"的角度解读假日消费的报道。记者在该报道中敏锐地捕捉到了事物发展的动态，并迅速反馈给了读者，不仅对人们的生活具有指导意义，同时也为政府决策提供了重要参考，起到了前瞻和指导的作用。

其次，述评类报道的议论要立意清楚、态度鲜明。如果记者没有掌握充足的材料，缺乏敏锐的观察力，就无法写出评价力度得当、褒贬得体的报道，也就无法揭示出新闻事实的实质和深刻意义。比如《南方日报》刊载的述评类报道《想上大学要敢"行万里路"》[②]，记者针对广东39万高考学生填报省内志愿居多的现象，提出问题："其实，人们忽略的是，教育的发展有自身规律，不少省外高校有非常优质的教育资源。读万卷书，行万里路。读大学，难道还不敢走出家门口？"意在启发家长和学生理性选择，辩证看待过分扎堆本省院校反而会造成分数线抬高等后果。记者在报道中既描述了事实，又在事实的基础作出了深刻思考和理性判断，直接表明了"想上大学要敢'行万里路'"的观点，立场鲜明，具有前瞻性，凸显了报道的深度。

最后，述评类报道在结构上要以评驭述。在具体写作中，要在叙述中穿插议论，在议论中穿插叙述，依靠事实材料和相关背景，自然表达观点。从评与述的比重来看，叙述大于评论，从质上看，叙述为评论服务。所以，在述评类报道中，要围绕中心观点安排材料，巧妙地发表议论。比如前面提到的《国庆放长假 消费掀热潮》一文，记者在导语部分先进行精当的描述："今年国庆放假7天，不仅乐了百姓，也乐了商家。'假日消费'掀起热浪，消费市场红红火火。"之后记者用数据、观点事实等多方面的材料来描述全国各地国庆消费市场的火爆场景，"10月1日到7日，全国铁路日均发送旅客347.8万人次，比春运多42.4万人次，客运收入超过6.7亿元。北京铁路局仅增开的54列临时客车就增加收入上千万元"等。该报道叙述了大量事实，向受众展现了国庆长假国民消费的宏观态势。结尾表明了记者明确的观点："只要各方面多动脑筋，早做准备，携手开发适应节假日市场需求的产品和服务，'假日消费'必将带来更大的商机。"这就使得该报道不再停留于对国庆长假消费热潮的简单叙述，而是深入挖掘出了新闻价值和社会意义，使读者

[①] 索研、贺劲松：《国庆放长假 消费掀热潮》，载《人民日报》，1999年10月12日。
[②] 胡键、麦尚文：《想上大学要敢"行万里路"》，载《南方日报》，2004年5月19日。

得到了启示。

5. 年终报道

（1）年终报道的含义和特点。

进入 21 世纪，受众对信息的高度依赖和享有程度，印证了麦克卢汉关于"地球村"的预言。日益激烈的媒介竞争，催生了各式各样的新闻报道。新闻媒体开始抓住岁末年初这个特殊的传播时段，对一年来的重大新闻事件进行整理、总结，试图挖掘出新的新闻素材，而年终报道作为年度新闻压轴大戏开始出现于媒体报道之中。

年终报道是指大众媒体在岁末年初集中回顾和整合某一年的新闻事实，从而传递媒体的价值观，让受众在多元化的创新表达中得到愉悦和启迪的报道形式，它属于深度报道的一种。年终报道具有深度报道的特征：一方面，年终报道常常采取专题报道、系列报道、特刊等形式，选题多为国内外重大事件和热点话题，报道时间相对集中，以形成一定的报道力度，是一种特殊的报道样式。年终报道不同于传统新闻体裁，如消息、通讯、特写等，它没有一整套相对稳定的外在基本格式和内在基本规范，不具有形成新闻体裁的独特辨认标志。另一方面，就年终报道的定位和功能来看，它遵循盘点事实，挖掘新闻事实深度和广度的报道思维，将众多事实有机连接在一起，突破了一人一地一事的报道模式，它是在年末岁初推出的一系列报道，能够启迪民智，全面呈现事实的价值和成就报道的深度。

2002 年 12 月 26 日，中央电视台《新闻联播》播出《中国 2002》8 集年终特别报道。这组报道聚焦经济领域，以 2002 年发生的重大新闻事件为切入点，对中国 2002 年经济领域的主要成就和亮点进行了全方位重现和评述，满足了观众对一年来主要新闻的再回顾、再梳理和再认识的需求。2005 年年底，《南方周末》精心策划了"岁末特稿"，其报道形式以重温过去一年的主要新闻为主，向受众恭贺新年。2009 年岁末，人民网国际频道推出"回望 2009，2009 年终盘点"，内容包括 2009 世界大国关系、2009 中日关系、2009 中美关系、2009 中国和东南亚国家关系等，以专家访问为主，辅以图片新闻、消息、通讯等多种报道形式，着力记录 2009 年中国的外交状况，向受众解析和预测国际局势以及中国的国际地位。

从上述中国年终报道的简要介绍中，我们可以看出，年终报道仍以"事实"和"报道"为核心，即回顾性地报道某一年内的新闻事实。但年终报道不同于其他类型的报道，有着自身的特性。

第一，新闻讲究"时效"性，"时"是指时间，时间要快，内容要及时更新；"效"是指效果，效果要好，意义要不断创新。传统的客观报道关注的是某个新闻事件"点"本身，因此，媒体要尽可能快地对"点"做出相应的反应，对"时"要求较高；而深度报道则侧重于"效"，是某个新闻事件的"点"的延伸与联系。年终报道将其报道内容扩展至过去一年，在分析中揭示貌似"过期"的事物的内部联系，总结其本质和内在规律，并以历史的眼光洞察和捕捉新动向、新思想、新观念。

第二，与传统客观新闻不同，年终报道呈现的社会风貌和世态变化需要靠各种信息的集纳绘制完成。因此，年终报道遵循系统论的规律，当各部分有机联系后，形成的整体拥有部分所不具备的功能。与深度报道相同，年终报道能"广"纳新闻事实，体现报道的"深"度意义，从而形成报道的广度和深度的二元整合。年终报道对信息的整合并不是毫无规律的堆砌，而是实质上暗含着一定的分类标准和报道内容的取舍。整合的标准因媒体的定位和传播目的不同而不同。如对IT行业的读者来说，他们往往在岁末急切地需要了解媒体对整个IT行业一年来情况的梳理及其对未来的预测，因此，媒体IT行业的年终报道，必须紧紧抓住受众关心的话题，如IT采购、IT应用、相关企业计划、IT发展等，能够全面地为受众进行服务性的信息汇总和前瞻预测。

第三，年终深度报道讲究深入浅出，它不仅仅是对事物表面的盘点、总结，更为重要的是对事件集合中的深层意义的思考，从中发现并挖掘出新的意义。所以，年终报道最终以述评结合的方式呈现在大众媒介的报道中。年终报道作为深度报道的一种，注重对新闻资源的再度"开发"，这些新闻事实往往是广大受众已经知晓的事实，有些事实甚至早已被众多媒体广泛报道，如果再次详细叙述事件的来龙去脉，无疑是一种无效的重复。所以，年终报道是用"述"新闻事实，为"评"提供有力的事实根据，以先述后评或边述边评的方式，依托"评"来传递新闻媒体独有的新闻价值观。

第四，年终报道具有策划性，它不一定就新近发生的事实或突发事件进行跟踪式报道，其主要目的在于总结相似现象或年度重大事件，归纳出同一主题，为年度画上一个总结性的句号。因此，年终报道是精心策划的产物，它既包括宏观策划，如媒介风格策划、报纸版面定位策划等，也包括就某一具体报道、栏目的微观策划，如报道的选题、报道的方式等。《人民日报》国际部副主任刘水明这样描述年终报道的策划过程："每年进入11月，国际部就要将组织年终报道提上议事日程，精心策划。年终报道一般由两位部领导统筹协调，由部务会召开各地区业务组、记者管理组及夜班编辑组负责人参加的专题会议，大家集思广益，共同研究制订出

'年终报道方案',包括'基本框架''时间安排''操作流程''具体要求'等内容。"① 年终报道的策划具体表现在对选题和组织形式的策划上。

选题是整个深度报道新闻策划的灵魂,是统率新闻活动的思想纽带和核心。在媒介竞争日益激烈的信息时代,谁拥有高质量的新闻选题,谁就能优先获得受众的注意力资源,从而在竞争中占据优势。因此,各种各样的选题争奇斗艳,有涉及重大事件的,有涉及典型人物的,有涉及网络热点的,也有涉及经济发展,以及涉及明星娱乐的等。这些年终报道将社会、经济、文化、政治等选题融合在一起,通过图文并茂或者多种传播符号综合传播的方式,使报道活泼有趣,同时在信息整合中揭示其社会价值与时代意义。

恰到好处的组织形式能够更好地传播报道内容,凸现报道的深意,达成预期的传播效果。如摄影年终报道《咔嚓咔嚓年华老去》,其标题就创意十足,运用版面文字和图片的语言效果,生动表现了老百姓一年来的生活状态,通过报道为他们留下美好回忆,让受众感到媒体的温情与人文关怀。

（2）年终报道的写作特点。

首先,年终报道要开掘新闻事实的"新",就要从受众普遍关注的新闻事实中挖掘出最能引起受众共鸣的新价值,即将"关注点"和"兴奋点"相结合。如2009年新华网以述评为主推出了《年终报道:拷问人类的生存之"危"》,该报道以2009年发生的灾害事故为线索,抓住了受众的"关注点",唤起了人们保护地球、关爱生命的"兴奋点"。

其次,年终报道是经过策划的报道,它要遵循特定的策划规律并具有特定的策划流程。年终报道一般有三个策划阶段:第一阶段是利用年终报道的公益性和娱乐性舆论造势,吸引受众眼球,为后续阶段的展开打下坚实的读者基础。第二个阶段为实践新闻大盘点,待造势阶段达到高潮,就转向用专版、专刊、专题等方式对全年新闻进行总结。当第二阶段接近尾声时,转为承上启下的展望阶段,从而使年终报道的结尾显得更加流畅。

另外,年终报道的呈现形式多种多样。年终报道少不了大手笔,大制作,但是并不是所有的报道都要以专题的形式出现,有些年终报道可以通过消息、通讯、特写等方式呈现,同时也可以采用独立新闻体裁与专题相互配合的方式或独立新闻体裁配合图片、数据、表格的方式进行报道。如人民网在2007年策划推出的《盘点2007,展望2008》特别报道（见图13—3）,包含了"图片""事件""人物""2007

---

① 刘水明:《唱好"压轴大戏"打造知名品牌——漫议〈人民日报〉的国际新闻年终报道》,载《新闻战线》,2005年第12期。

精彩回顾""系列评选""2007中国表情"六个板块,每个板块中的每个分题又是一篇相对独立的报道。① 通过对事实的整合和点评,2007年最值得回忆的事件和人物较为完整地展示在该报道中。这种形式不仅带领受众条理清晰地重新回顾2007年,让受众有醍醐灌顶之感,同时也有利于受众回味和记忆。

图13-3 《盘点2007,展望2008》特别报道

第三节 深度报道的媒介应用

一、报纸深度报道

20世纪20年代以后,广播和电视相继问世,广播、电视的时效性、便捷性及直观性是报纸无法比拟的传播优势。尤其是电视,它具有极强的现场感,能声像并茂地展现新闻事实,达到良好的传播效果,并易于受众接受。逐渐兴起的网络,更有着互动性、多媒体性等得天独厚的优势。"报纸消亡论"的阴云一度笼罩在报业的上空。报纸想要构建自己的核心竞争力,必须最大化地发挥自己的优势,即在报道内容的"深度"上下功夫,以"内容为王",对新闻进行详尽、透彻的分析和解释。因此,以全面展示新闻事实、挖掘事物本质为特质的报纸深度报道应运而生。

报纸深度报道即指最大化地发挥报纸的特点和优势,采用多样化的文本类型,系统地反映重大新闻事件和社会问题,深入挖掘和阐明事件的因果关系,揭示其实质、意义,追踪和探索其发展趋向的报道方式。

---

① 图文参见http://politics.people.com.cn/GB/8198/112504。

(一) 报纸深度报道采写与传播的比较优势

报纸深度报道的最大优势在于报纸的传播特点符合深度报道自身的特点与要求，两者相辅相成，深度报道以报纸为传播载体，报纸以深度报道为内容竞争的利器。

1. 时效的价值延伸特征

相对来说，报纸深度报道不局限于新闻报道的时效性。与广播、电视、网络相比，报纸的时效性较差，其深度报道对新闻时效性的要求更着眼于对事实深层次的价值揭示，即"效"，换言之，就是侧重于对新闻价值的延伸挖掘，因为报纸诉诸文字传播，这恰好有利于新闻价值的深度揭示与表达，是报纸深度报道的比较优势。

2. 版面的集纳性特征

报纸版面的多样性特点使其适合刊登具有深度和广度的报道。报纸的整版组合式排版具有一目了然的传播优势，在文化快餐时代可使读者在同一空间内对新闻事实作全貌性了解。报纸这种信息的整体呈现方式符合深度报道的实质，即全面地、系统地、连续地展现事实的本质。2003年4月25日，《南方周末》刊载了深度报道《被收容者孙志刚之死》，该报道共分六大部分，利用报纸版面的集纳优势，在一个版面上详尽展现了这一事件的来龙去脉、原因及意义，深入披露了事件的真相，使读者能完整地了解这一事件的全貌。

3. 文本的稳定性特征

报纸深度报道更利于读者接受。广播、电视的画面和声音是随时间流推进的、不可逆的传播符号，转瞬即逝，不利于受众理解和记忆复杂、深刻的信息。而报纸文本具有极强的时空稳定性，受众可对新闻报道进行多次阅读，也可以反复理解和思考。深度报道对新闻事实作出周密、深刻的分析，恰恰需要充足的时空余地以便于受众思考、认识与接受相应的信息。

4. 成熟的采编能力

网络媒体因为没有获得普遍的新闻采访权，所以网络新闻基本上以转载报纸、电视等传统新闻媒体的信息为主，缺乏进一步的加工和提升。与网络相比，报纸有相对宽裕的编辑时间和专业水平较高的新闻从业人员，而深度报道恰恰需要利用报纸成熟的采编能力，获得较充裕的时间和人力深入事件内部进行调查、采访，并作出分析和解释。获得第十八届中国新闻奖的系列报道《走进卢氏县委土坯房》，即由《河南日报》总编辑亲自带队，组成精干的采访队伍，在卢氏县进行多天的深入采访而成。从县委大院到深山农户，从干部到农民，从街道到乡村，记者掌握了大量鲜活生动的素材，只有这种深入的采访才能使有深度的报道诞生。

（二）报纸深度报道的写作要领

报纸深度报道依托报纸进行传播，要实现传播目的就要遵循报纸的采写通则，这些要点其他章节已经阐明，不再赘述。报纸深度报道是报纸与深度报道的结晶，在写作中须遵循以下主要规律与相关要求：

第一，报纸深度报道的选题要符合读者的接受习惯，其选题对象往往不是最"新"、最"热"的单一现象，而是现实生活中最集中、最典型的新闻事实。对这些新闻事实进行整合，将同类问题聚集起来进行系统透视，通过一定时间内的连续集中报道，营造强大的舆论氛围，使报道产生强大的辐射力和冲击波。如曾经获得中国新闻奖的优秀系列报道《荣辱观的生活解读》《先进教育的民间期待》《政府软件采购问题追踪》等，均选择了具有深刻影响力和广泛社会效益的事件话题，这对广大读者长期关注的新闻事实进行了高度提炼，挖掘出了这些社会现象的共性，最后上升到一定的理论高度，使报道的多重价值得以呈现。需要注意的是，报纸深度报道的选题可以是媒体竞相追逐的热点，但要做到"人有我优"，还要考验记者的洞察力和判断力。下面这组深度报道就是一套出彩的"自选动作"：2000年1月《经济日报》推出了一组名为"东人西行记"[①]的深度报道，记者跟随三位具有代表性的东部人士一同前往西部，见图13-4，图13-5，用东部人的视角来重新感知和认识西部。这组报道的中心是西部大开发这一重大选题，但记者却"大题小作"，选择了一个新颖独特的切入点，从小处入手，以记者随行记的形式，记录了东部人士西行中的所见、所闻、所感，从而展现了西部大开发战略为西部带来的巨大变化。这组报道刊出后深获好评，《经济日报》又于同年5月推出了其姐妹篇"西人东行记"，这两组深度报道在全国都引起了热烈反响，并获得了当年的中国新闻奖二等奖。可见，选题与角度注重"新"的开掘，将有助于报道深度的呈现。

---

① 参见"东人西行记"系列报道，载《经济日报》，2000年1月13日。

图13-4 "东人西行记"之二：温州人眼中的大西北

图13-5 "东人西行记"之四：西安的活儿咋让温州人干了

第二，报纸深度报道不同于其他媒介的深度报道，其报道形式较丰富。从报道形式上看，有调查性报道、预测性报道、解释性报道等多种单一文体的深度报道，也有以通讯为主，辅之特写、专访、消息、评论等文体的深度报道。从报道的版面形式看，有单篇报道，也有连续报道、系列报道、组合式报道，还有专门的策划报道以及延伸的互动活动，创造出了媒体与社会讨论式的深度报道。如1987年6月

13日，《经济日报》刊出了长篇通讯《关广梅现象》和《本溪市委、市政府的一封吁请信》，开启了持续40余天的系列报道"关广梅现象大讨论"，在全国掀起了一场商业企业实行个人承包、租赁和租赁群体的经营方式是社会主义还是资本主义，即所谓姓"社"、姓"资"问题的大讨论。这些不同的报道方式发挥着不同的报道作用，使深度报道一方面能够促进社会各方探讨事件的来龙去脉、揭示事件的时代意义及社会影响，同时预测其发展趋势；另一方面，报纸深度报道也能帮助受众在纷繁芜杂的信息中选择、获取、分析和评判自己所需要的新闻信息。

第三，与其他媒介的深度报道相比，报纸深度报道缺少声音、画面的现场感和冲击力，因此，报纸深度报道需要克服晦涩、生硬、死板的说教式文风，探索鲜明可亲、个性突出、通俗易懂的结构与叙述方式，使之具有亲和力、吸引力，从而在贴近读者、服务读者的过程中使其实现"深度满足"。比如，以经济类深度报道见长的《21世纪经济报道》就很注意形象转化专业术语和数据的表述方式，其对"讲故事"报道方式的探索为其他报纸的经济类深度报道提供了借鉴，大大改进了财经类深度报道的文风。

（三）对报纸深度报道发展的预期

实践证明，深度报道是伴随着报业受到的挑战与自身的创新而发展起来的，它已成为报纸与其他媒介竞争的利器之一。因此，在媒介竞争日益激烈的未来，报纸应大力发展与创新深度报道。我们展望未来报纸发展深度报道的方向，总结出以下三点：第一，由于报纸在各国各地区的发展不平衡，因此它还将在一定时期内存在与发展，在我国，报纸将立足自身的定位与特色打造深度报道品牌栏目，在内容竞争中突出经济性、社会性与人文性，并将在三者的有机结合中发掘时代选题，贴近读者。第二，报纸必将与网络增强深度上的互动，不仅能够在新闻资源共享中开掘深度报道，在传播形式上凸现时空感，形成更强的视觉冲击力，而且能够使版面具有动感与镜头感，能够借用、移用网络传播的交互性来提升报纸深度报道的传播效果。使用多媒体传播手段正逐渐成为报网互动式深度报道的未来走向。第三，在报纸"触网""联网"（联合网络）促进深度报道内容与形式创新的趋势中，深度报道的传统采写模式将被打破，更多适合读者需要和易于阅读的深度报道形式将不断出现，未来深度报道的样式将空前丰富，这对报纸本身的采写创新将是巨大的推进。

二、广播深度报道

可以说，20世纪20年代，广播一诞生，其时效性和通俗化便立刻对报纸构成挑战。如前所述，影响新闻传播活动的重要因素即时代变迁和社会的变革，使受众的需求发生变化，为了适应这种变化，媒体需要调整自身结构以顺应发展，在第二次世界大战中发展起来的广播也不例外。我国改革开放以后，新兴媒体以及媒体丰富的传播内容使受众分流，从媒介接触的大众化走向媒介选择的分众化。从一定程度上讲，广播的影响力因此削弱，此时，借鉴报纸应对电子媒体挑战的思路与策略，广播深度报道作为广播媒体突出重围的突破口逐步发展起来。1985年，珠江经济广播电台推出杂志式的广播板块节目，1987年1月，中央人民广播电台开办《午间半小时》新闻节目，广播深度报道进入初创阶段。1994年，中央人民广播电台《新闻纵横》节目开播，创立了采、编、播三合一的"记者主持"模式的广播深度报道，确立了广播深度报道的基本类型和报道形式。

(一) 广播与深度报道相关的传播特点

1. 广播传播的稍纵即逝性

广播按时间顺序播出，是线性传播，受众不能自由选择节目，而且声音符号比电视音像脆弱，诉诸听觉，稍纵即逝。但是，广播的线性传播可以使用同期声、记者访谈等组合方式，向听众展示新闻事件的发展过程和记者的调查经过，使听众在不知不觉、自然而然的状态下了解事情的动态，明了事物的真相，从而理解事件背后的意义。同时，广播的声音符号在线性传播过程中能够突出故事性、情节性，使新闻事件的事实情节、人物线索、情感共鸣等交融在一起，将矛盾、冲突、悬念、高潮、细节等最吸引听众的元素交织叠加，从而让听众产生身临其境之感，并有启发受众随之思考的效果。

2. 广播传播符号的单一性

广播用声音进行传播，虽然有语言、音响、音乐三种元素，但这些元素都只诉诸听觉。广播深度报道需要将广播传播的相对劣势转化为报道的特色。广播深度报道能用声音创造语境，用语言再现情节，使听众感同身受，被报道内容深深吸引。同时，相对单一的传播符号能集中力量引导听众根据语言和音响展开联想，并创造出远比文本内容丰富的附加值。这种联想体现在两个方面：一方面是情感的联想，声音往往比文字更有感染力，听众在收听广播时可根据播音员的语音、语调进行情感联想，以此感受现场感，在某些情况下能达到比阅读报纸更好的效果；另一方面是认知上的联想，听众在能动地接收广播内容时，能结合自己的知识背景、生活体验去认知广播报道的内容，这将帮助听众理解其内容的意义。除此之外，口语化、通俗化的广播语言，往往能深入浅出地将广播内容传达给听众，引发听众的相关联想，从而提升传播效果。

3. 广播传播的交互性

广播不仅能让听众产生联想去填补报道文本上的空间，还能使记者、采访对象、听众一起形成一定程度的交流，即"类交流"，换言之，就是能够通过广播营造的谈话与交流环境构成记者、采访对象及听众的交流语境，这是广播独有的传播优势，也是电视与报纸不具备的传播特性。一方面，在广播节目中，主持人可以围绕主题邀请听众参与，听众只要拨打电话就能直抒己见，此时，听众的观点就会变成节目内容传播出去。如今，听众在收听节目的同时，能利用手机、网络等即时向电台反馈信息，这些多样化的交互方式大大拓宽了广播的递延性，而这一递延性恰恰符合深度报道的内在要求。另一方面，在广播节目中，主持人可以现场连线采访一些权威人士，把他们的意见作为报道内容整合在报道中，丰富报道内容，提升报道的真实性。由此可见，广播的现场交互性与特定形式对深度报道的现场性开掘与价值延展有一定的促进作用。

（二）广播深度报道的特点

1. "包裹式"技巧挖掘语言深度

广播是一种将声音以及音响效果发挥到极致的媒介，突出表现为广播深度报道的"包裹式"技巧。该技巧是指将现场同期声和人物同期声甚至音乐，作为深度报道的有机组成部分融合在一起，从而提升广播报道的内涵与传播效果。如获得第十八届中国新闻奖的广播深度报道《"嫦娥一号"特别报道》就多处使用声响，其中包含激昂的音乐、人声、火箭发射声以及时钟倒计时声等，这些音响的综合使用不仅还原了新闻现场，把举国欢腾的历史性时刻记录下来，让听众激动的心情得以抒发，还为听众理解事实背后的意义创造了条件，使听众产生共鸣，而这正是广播报道深度生成的独有过程。

2. 对话形式引导报道深入

如果说报纸是在"写"深度报道，广播就是在"说"深度报道。前者是文字语体，后者是谈话语体。因此，广播深度报道的语言以口语为主，它用简洁、自然、亲切的方式进行表达，将深度报道做得像日常谈话一样形象具体，避免语言的晦涩、枯燥，注重将深层次的信息简化传播，为易于听众接收和理解服务。

3. 跳跃时间顺序穿插语境，突出报道深度

通常情况下，广播深度报道顺应听众的听觉习惯和理解方式，是沿着时间顺序叙述与播出的，但是在此基础上，有时为了突出报道深度，也会穿插其他音效，形

成断裂式的播出结构，使常规的叙述出现跳跃，从而为挖掘报道的深度服务。请看中央人民广播电台《"嫦娥一号"特别报道》的片段①：

　　……………

　　【背景音乐出、渐隐】

　　配音：一九七〇年四月二十四号，中国第一颗人造卫星"东方红"发射成功，一曲东方红在太空飞扬，举国上下一片欢腾。

　　【历史人物音响插播：坚决完成任务，不辱使命。点火！】

　　【发射音响效果：轰隆……】

　　……

　　【背景音乐出、渐隐】

　　配音：中央人民广播电台发出多路记者全程报道发射盛况。

　　【人物音响出：音响1：这里是西昌卫星发射中心，望月探测卫星发射场，搭载着嫦娥一号（未完）；音响2出：我现在是在西昌卫星发射中心新的指挥大厅里，嫦娥一号绕月探测卫星的发射准备工作（未完）；音响3出：远望2号航天测量船正航行在浩瀚的南太平洋上，我将随船为您报道嫦娥一号绕月探测卫星（未完）。】

　　配音：官员、专家、权威解读。为你撩开嫦娥一号神秘的面纱。

　　【专家音响出：音响1：实现嫦娥奔月，圆千年奔月梦想；音响2：满怀信心，要力争首发成功。】

　　主持人：中央人民广播电台……

　　该广播深度报道充分发挥了广播的叙述特点，在时间顺序的叙述中，跳跃式地转换不同的语境，形成了一对多的语境，使听众感受到了强烈的现场氛围，唤起了听众的参与意识。在随后的节目中，听众通过短信等方式向专家、主持人、记者踊跃提问。这样的叙述方式使这则广播深度报道达到了情景融合、心随事牵、心为事感的深度传播效果。

（三）广播深度报道的写作要领

　　首先，广播深度报道的开头和主体部分需要使用口语化的称呼"各位听众"。因为听众常常处于伴随状态收听广播节目，即一边做其他事情一边收听广播，所以，这种呼语的作用是为了不断引起听众的注意，提高收听效果，同时也使听众产

---

① 《"嫦娥一号"特别报道》，中央人民广播电台，2008年5月20日16：30：00。

生一种亲近感。其次，广播深度报道采用口语播音，短小简明的句子更加适合播音员的播报，这样便于听众接收与理解较复杂的新闻信息。另外，广播深度报道在文本写作中需注意合理适度地重复强调报道主题和主体，尽量少用代词，避免声音一过不留痕迹，以此来加深听众的印象。广播深度报道的文本写作一般不使用倒装句和被动句，这既符合广播的传播规律，又能够条理清晰地展示事件的原因、发展、结果和意义，易于听众接受和理解。在写作中，记者也要注意少用文言词、单音词、行业术语，避免使用同音异义词，这些用词都会影响听众对广播深度报道的接受和理解。总之，广播深度报道最大的写作特征就是将深度报道口语化，用生动的叙事方式来达到新闻价值深度呈现的传播效果。

三、电视深度报道

与其他媒介不同，严格地说，电视深度报道是一种以述评节目为核心与基础发展起来的节目形态，是深度报道的报道思维与电视传输特点有机结合的一种报道方式。其构成要素有二：电视的传播特点和深度报道的写作要求。

20世纪80年代，中央电视台创办了第一档具有深度报道特点的新闻评述性电视栏目《观察与思考》，它不是一般的动态性报道，而是将触角延伸到社会发展和人民生活的深处，针对其中事关大众利益的焦点问题或新闻事件进行深度分析和报道。囿于电视对抽象思想表达的先天缺陷，探寻属于电视自身的深度报道节目成为我国电视深度报道发展的重要命题。1993年5月1日和1994年4月1日，中央电视台先后推出《东方时空》和《焦点访谈》两档深度报道栏目，将电视深度报道推向了一个新的发展阶段。各地方电视台先后推出"访谈""透视""追踪"等深度报道栏目，显示出电视深度报道的发展潜力。

在发展过程中，电视深度报道一直伴随着对节目形态的质疑和争议。一些专家学者赞同清华大学新闻传播学院李希光先生的看法——"长而短的电视、短而深的报纸"，他们认为，深度报道并非电视媒介的长项，只要报纸能够对新闻事件进行足够详细的、深入的报道，电视深度报道就没有立足之地。对此，基于电视媒体对深度报道思维的应用和节目制播的特性，本书有必要对其进行现状分析与说明。

（一）电视的传播特点

1. 电视画面的形象性

电视能够借助声音与画面，直观地再现与反映客观事实的真情实景。与广播、报纸相比，电视最大的特征就在于它有画面（图像），可以有效吸引观众的注意力。

因此，一些人认为，电视是供人看的媒介，它只适合呈现事物的表面现象，而不适合做分析解释事实本质的深度报道。然而，我们不能因为电视画面的形象化的特征而忽略电视传播的特质，即：电视传播是多种符号的同步传播，主要包括画面、声音、文字。这三种符号互相配合，共同成为电视传播的内容，那种只强调画面优势而忽视声音和文字符号的看法是片面的。实际上，电视画面的形象化在某种程度上可以成为深度报道应用的特有渠道和表达方式。通过镜头的合理运用，对精彩细节、典型画面的捕获，蒙太奇等专业手法的剪辑，电视更能表现深层次的信息，尤其是涉及复杂、多层的逻辑理解时，可以通过富有情感的画面来让观众意会"言外之意"，这样的叙事方式更能引发观众内心的共鸣，从而对报道深度的开掘发挥积极作用。

2. 电视画面的转瞬即逝性

由于电视画面转瞬即逝，观众难有充足的时间接受和理解复杂的信息。但是，电视画面转瞬即逝的缺陷可以从以下几个方面得到一定程度的弥补：记者首先对新闻事件的过程、意义、发展态势进行反复思考，直至把握事件的本质，然后选择和处理电视图像、声音、文字等要素，使之构成报道的逻辑，最后向观众作有效传播。深度报道的"深度"依然可以通过画面的形象性和语言的感染力得以体现。电视传播信息的直观性和强刺激性，不仅可以弥补其转瞬即逝的弱点，甚至可能产生比报纸更强的冲击力与影响力。除此之外，目前日益先进的节目制播技术和成熟的重播技术也使电视新闻报道可以保留和反复播出，这也在一定程度上可以使电视观众慢慢品味节目，领悟其中的深意。

（二）电视深度报道的特点

1. 丰富的新闻信息

电视深度报道与其他两大传统媒介——报纸、广播的深度报道相比，其传播的信息更加丰富。美国心理学家吉尔福特在其"智力三维机构模型"中指出，电视承载此模型中全部的信息交流内容，即视觉、听觉、符号、语义和行为。而在第四媒介网络出现之前，其他媒介都不能这么完整地覆盖信息的全部内容与种类。因此，电视深度报道的丰富性优势可谓得天独厚。

2. 多样的传播符号

与其他媒介形式的深度报道相比，电视深度报道的传播符号更为多样。前文提到，电视传播是一种多符号系统的传播，主要包括画面、声音、文字。电视深度报道的画面具有现场感，它通过跨地域的镜头转换，比报纸的文字、广播的声音更能直观地反映事实的原状与发展过程，更利于传达某些"只可意会、不可言传"的微妙内容；电视深度报道的声音具有深度解说的优势，声音的表情性、心理性、物理性等特点大大扩展了传播内容的范围。除此之外，画外音、同期声、主持人、背景音乐等起到了渲染烘托环境、刻画人物心理的作用，加强了深度报道的亲近感；电视深度报道的文字是可视化的文本，它以解说词的形式与画面统一推进，能起到画龙点睛的作用，能增强视听效果，有利于观众对深度报道的理解。总之，电视深度报道的这三种符号相互整合，形成一种合力，可以制播某些"可视"题材的深度报道。

3. 先进传播技术的支撑

电视深度报道的发展在一定程度上依赖于电视技术的发展和进步，特别是随着电子新闻采集系统 ENG 的普及，其优势也得到了相应发挥。与报纸、广播相比，电视技术的创新和发展更快、更多，前景更广，它们深刻改变着现代新闻采写的面貌和状态。早期的电视新闻依赖笨重的电影设备将新闻内容保留在胶片上，其主要报道形式为口播新闻、会议新闻等，而现在的 ENG、卫星直播、视频切换等技术，更利于电视报道全方位深入发展。因此，电视深度报道的发展同样有赖于先进的电视技术的保障和支持。

4. 日趋成熟的传播实践

随着电视深度报道实践的发展，各种报道手段日益成熟，各种电视报道业务逐渐丰富，这不仅仅促使多种报道样式的电视深度报道节目不断涌现，如主持人新闻节目、电视调查性报道、电视专题报道等，也拓宽了电视报道的领域，开掘了报道的深度。此外，电视新闻报道的日渐成熟和电视新闻改革的进一步推进，还催生出一大批成熟、稳定的中国电视深度报道节目，如《新闻调查》《焦点访谈》等，形成了电视深度报道较稳定的栏目格局。

（三）电视深度报道的写作要领

1. 利用画面展现深度

爱森斯坦曾说过：画面把我们引向感情，从感情引向思想。视觉信息是最直观、直接体现内涵的信息，受众在解码视觉信息的过程中，能同时得到情感的共鸣和认知的联想。在电视深度报道中，许多画面意味深长。

长镜头的使用使画面本身就体现出报道的深度。2010 年 4 月 10 日，中央电视台《新闻调查》栏目关于营救王家岭煤矿矿工的深度报道一开头就采用大量的长镜头和摇镜头，以此反映救援人员、医护人员、指挥人员与时间赛跑，夜以继日地抢救井下矿工生命的情景，以强烈的现场感震撼了广大观众。

象征性镜头的运用也能促进观众了解深度报道的深意。同样是中央电视台《新闻调查》栏目关于王家岭矿工营救的深度报道，该报道多次运用象征性镜头，如：焦急等待儿子消息的老父亲的香烟、厨房未动的饭菜等都寓意着矿工家属焦灼的心态，挂在墙上滴答滴答走动的时钟象征着争分夺秒的救援过程。

利用画面展现深度，还包括对"再现"手法的利用，以此来渲染、烘托报道的氛围。如法治类新闻调查节目往往不能拍摄到犯罪嫌疑人逃亡的过程，只能采取"再现"的手法，如墙上的阴影表现出逃亡者夜夜噩梦的内心恐惧，雨中驶过的火车表明逃亡者使用的交通工具，简陋的旅店再现逃亡者东躲西藏的生活……这些"再现"镜头，都能给予观众一种亲身经历的感受，有利于观众理解报道的深度。

2. 利用解说词表达深度

在电视深度报道中，解说词并非用语言复述画面中的信息，而是通过语言来补充背景性材料、分析性材料，弥补画面在传播信息时广度和深度上的不足，这也是解说词的最大功效。因此，电视深度报道的解说词往往与画面统一，但这种统一不是机械地重复，而是要与画面的节奏和感情色彩统一，并且做到生动、鲜活、富有现场感。有学者将电视深度报道的解说词称为"可视化文本"，就是指在解说词写作过程中要善于突出其视觉化的特征，使用贴切的、带有感情色彩的形容词和精当的动词，运用准确的修辞手法等形成易于接受的作品。善于写作"可视化文本"将有效提高电视深度报道的传播效果。

3. 利用画面组合和声画组合延伸深度

电视的媒介传输特点决定了电视深度报道文本的写作特点。电视深度报道与广播深度报道文本写作相似，也是一种跳跃式的谈话性语体，但是它首先需要考虑的还是画面。因此，高质量的电视深度报道必须建立在声音和画面的完美结合上。对于承担叙事任务的新闻文本而言，好的组合方式也会使其产生报道的深度。一方面，记者、编辑可以把事实深度转换为画面间的组合与切换，伴以解说词、画外音、背景音乐等引导观众体会报道的深度；另一方面，运用画面组合和声效组合可以将各种背景材料、深度访谈、观众采访交织在一起，使报道更加全面、深刻，从整体上延伸报道的深度。

（四）对广播电视深度报道发展的预期

广播、电视具有一些共同的特性，两者的发展联系紧密。由于广播、电视自身的传播特性，比如传播信号易逝，较之文字符号不易于揭示事实价值和意义以及受到新媒介冲击等，所以，广播、电视要发展和创新深度报道，仍须注重其传播符号多样化的优势利用，同时努力发展广电技术，更新传播手段，并在此基础上，精选深度报道题材，增加与观众的互动性，加强与网络的协作，为制播特色化的深度报道节目不断努力。

四、网络深度报道

20世纪60年代，因特网的雏形阿帕网在美国国防部诞生。20世纪90年代，全世界掀起了建设信息高速公路的热潮，中国也是积极参与者之一。根据2010年1月15日中国互联网络信息中心（CNNIC）发布的《第25次中国互联网络发展状况统计报告》，截至2009年12月，我国网民规模已达3.84亿，互联网普及率进一步提升，达到28.9%。网络深度报道的出现是伴随网络媒体和网络传播发展的产物，它首先具有网络传播的特性。

（一）网络传播的特性

1. 传播内容的海量性

网络被形象地比喻为"信息高速公路"，它可将大量的信息整合起来进行即时、瞬时的传播，也就是说在同一时间内网络负载的信息量远比报纸、广播、电视大得多。与其他媒介相比，网络具有超时空、跨地域的传播特性，它可快速内聚并发布各类信息，既能存储旧的信息，又能集纳新的信息，其信息量不可估量。

2. 传播形式的多媒体兼容性

与传统媒体相比，网络具有多媒体特性，它可以兼容一切既存媒体的传播方式。网络传播是集文字、图片、声音、动画等各种手段为一体的复合式传播。它的传播形式与手段是一切既存媒介传播形式的整合，可以说，它就是当今融合媒体的代表。

3. 信息传播的交互性

网络的交互性是其他媒介望尘莫及的。一方面，信息的传播与接受几乎同步进行，网络在高速运转中凭借超文本传播等优势使传播者在发出信息的同时就能得到信息反馈；另一方面，受众不再被动地接收信息，除了浏览信息外，受众还可以随时改写、发布信息，成为传播者。除此之外，在论坛或博客等网络传播与发布平台上，受众还可以同时与其他受众或信息发起者进行实时讨论、交流，具有很强的互动性。

4. 信息空间的开放性

互联网采用 TCP/IP 协议，任何一台计算机都可以通过此协议与互联网中的其他任何一台主机连接，成为互联网的一部分。在开放的网络结构中，任何一种类型的网络、技术手段、活动对象都可以通过互联网向受众提供单独的接口，到达不同的人群。开放的网络创造出了一片群星璀璨、争奇斗艳、内容极其丰富的传播空间。

5. 信息整合的超链接性

超链接技术是指从一个网页指向一个目标的连接关系，这个目标可以是另一个网页，也可以是相同网页上的不同位置，还可以是一个图片，一个电子邮件地址，一个文件，甚至是一个应用程序。这种技术有利于扩增我们浏览信息的主题的相关信息内容，实现纵向深入的多层次阅读和横向相关的多侧面阅读。这种独特的信息延展技术为报道深度信息提供了实体支撑与技术保障，这是传统媒体不具有的传播优势，也是网络深度报道的深度得以生成的独到之处。

(二) 网络深度报道的传播特性

1. 兼容性

网络集文字、图片、音响、动画等多种传播符号于一体，网络深度报道也因此兼容了传统媒介的多种优势，常常以专题复合式报道的形式出现。如 2010 年人民网适时推出的"我与世博共成长"的专题报道，在专题的首页上除有新闻、杂谈、趣闻逸事等文字报道外，还有图片、史话、年鉴等超文本链接，更有视频、直播访谈等最能体现网络深度报道兼容性的栏目。该专题报道代表了涵盖文字、图片、音频、视频等，全方位、立体化的网络深度报道的传播特点。

2. 交互性

交互性是网络深度报道得天独厚的特性。受众从深度报道的接受者变成深度报道的参与者甚至写作者，这是传统媒体无法实现的。以人民网"我与世博共成长"的专题报道中的"我的世博 MY EXPO"栏目为例，该栏目由八个链接组成，分别是：世博论坛、掌中世博会、博客、微博、上传照片、上传视频、留言、投稿。这八个链接充分展现了网络深度报道交互性的魅力，受众不再是被动的信息接受者，而是可以通过多种方式畅"发"己"见"，积极地参与到对世博会的深度报道中的一分子。作为传播互动的重要参与者，他们的言行构成了深度报道的有机组成部分。

3. 实时性

实时性或瞬时性是网络报道的优势之一。网络深度报道能在短短几秒内通过网络传遍全球，其快捷性和广泛性是其他媒介无法匹敌的。当天的消息对于报纸来说，第二天才能登出；广播报道通常需要采访、录音等制作过程，相对来说需要的时间较长；而电视报道必须具备声音、图像等元素，采制成本高，费时耗力。相比之下，网络深度报道能实现最迅速的传播，最快速的更新。同样以人民网"我与世博共成长"的专题报道为例，其"世博动态"的更新速度之快，能将世博的最新消息实时刷新，分秒必争地满足受众的信息需求。

（三）网络深度报道的建构要领

严格地说，网络由于是新兴媒体，其报道模式更多依赖和嫁接于传统媒体的报道模式，所以，网络深度报道主要是借鉴传统媒体的深度报道形式，在结合自身传播特点的基础上形成的一种信息整合方式。这种整合方式更多体现为采编一体，它建构起网络深度报道的形式与传播结构，因此，本书用"建构"来代替"写作"，意在描述、强调网络深度报道的生成特点与传播要领。

1. 写作方式全时化，注重采编一体化

随着计算机和网络辅助采写在新闻界的普及，新闻采、写、编等趋于一体化与联动化，网络深度报道的总体流程高度融合。网络辅助采写给深度报道的写作观念和实践带来了巨大冲击，引发了对传播学理论及方法论的新讨论。网络新闻写作的观念革新，其首要表现就是全时化（timelessness）的观念革命。受此观念影响，网络深度报道在写作中也有全时化的表现：首先，网络时代的受众对传媒的期望是要求媒体全天候随时随地都能生产出新闻作品。伴随新闻的每一步发展，记者们需要有步骤、协作式地完成全天候追踪报道。此时，在时间维度上对新闻信息量进行扩张，是网络深度报道的常规手段之一。其次，网络深度报道具有完整的历史感，即满足受众对事件发展过程无限跨越的渴望。通常情况下，受众往往不会满足于对新闻事件偶然性的知晓，他们需要对新闻事件的背景、性质有一定认知，并了解事件发展的趋势。因此，网络深度报道写作是全时化的写作。最后，网络信息的海量性、传播的实时性也有一定的局限，如信息量太大，有时不利于受众短时间内有效选择和消化。因此，网络深度报道是由记者与编辑共同完成的，它既需要记者全力追踪重点新闻事件，做出好的报道，也需要编辑发挥组织、协调能力，在编辑过程中精心整合，使报道重点突出，以此形成报道的深度空间和深度容量，从而易于阅读和理解。

2. 写作形式多媒体化

网络深度报道的写作形式多媒体化是指网络深度报道综合使用文字、图片、声音、视频等媒介手段，将多种传播手段融合为新的传播样式，以此来完成深度报道。

1999年澳门回归祖国，人民网派出记者进行报道。他们除了携带传统的采写设备外，还装备了采集、制作、播发音视频的设备；他们除了发回文字、图片报道外，还发回了兼文字、音效、动画等为一体的多媒体报道，是深度报道应用于网络、深度报道多媒体化的有益尝试，获得了受众好评。

值得注意的是，网络深度报道多媒体化并不是将传统媒介手段机械叠加，而是将它们置于全新的、立体的空间中进行有机融合，从而达到整体功能大于部分功能总和的报道效果。

3. 写作过程互动化

网络深度报道的成品不是一篇单独的报道，而是由相互关联的多条超链接信息、受众反馈和记者意见等构成，是一种进行时态的新闻写作。因此，网络深度报道可以说是由记者和受众共同推进采写出来的作品。这种方式不仅能让媒体及时得到信息反馈，了解受众的关注点、新要求，从而发现新的线索、弥补缺失的信息，进而完善报道；更重要的是，网络深度报道通过"交互写作"可以使文本在交流中得以延续，在构建的延续报道空间中搭建意义理解的平台，使报道的深度再次被挖掘。可以说，网络深度报道的交互性正是参与深度挖掘的独特方式，也是其生命力的体现。

4. 制作过程栏目化

网络深度报道一般采用集纳式，即运用多种报道形式和手段，汇集和组织各种类型的信息，以一定的报道数量、强度和厚度进行立体化传播。网络深度报道是一个系统，包括最新动态、背景资料、视听材料、互动交流平台等组成部分，它往往使用网页的栏目分类方式来构建网络深度报道。网络深度报道的栏目设置一般较为具体，指向清晰，便于受众寻找相关讯息。另外，它设有多种互动栏目，可以利用手机短信、论坛、微博、网站调查等多种方式，最大限度地发挥其交互性特点。与此同时，背景资料必不可少，但背景资料的链接应适量得当，太多、太宽泛的信息拓展也会干扰受众对主要信息的接受。此外，对栏目名称的处理、整版的组合设计、视觉效果的设定等问题都是网络深度报道编辑需要考虑的问题。

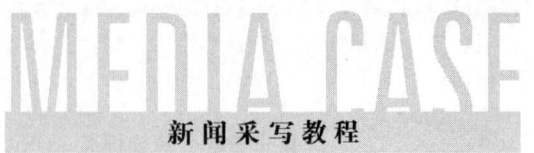

（四）对网络深度报道发展的预期

任何一种媒介在拥有其特定优势的同时，必定也会因其缺陷而受影响，网络深度报道也不例外。网络深度报道只有扬长避短，才能在未来的媒介竞争中得到长足发展。在未来的发展中，网络深度报道应该注意以下问题：

第一，网络深度报道移植、借鉴于传统媒体，需提升自身"造血"能力。从某种角度上来看，网络深度报道是各种传统媒体报道方式的综合运用，原创性内容很少。互联网的特殊性决定了网络深度报道往往被视为信息的数据库或信息平台。网络深度报道缺乏深度，在某种程度上表现为信息的罗列与堆砌，缺乏有序性与中心主线，广度有余，深度不够。这正是深度报道的致命伤。因此，如何让受众有效把握深度报道的核心，值得网络深度报道深入研究和探索创新。

第二，应辩证分析与对待网络媒体的主要受众群体与深度报道的主要受众群体的需求差异。根据中国互联网络信息中心（CNNIC）《第25次中国互联网络发展状况统计报告》：截至2009年12月，中国青少年网民为1.95亿，互联网普及率已经达到54.5%，远高于整体网民28.9%的平均水平，2009年中国新增青少年网民2800万。可见，网络受众仍以年轻受众为主体。网络深度报道在未来的发展中需要思考如何抓住年轻人的注意力，同时也要兼顾主流人群、精英阶层等主要受众群的需要，尽量满足这些差异化群体的多样化需求。

第三，网络深度报道需建设与提升其公信力。由于网络深度报道具有交互性等特点，受众在互动参与过程中会带入一些主观元素，这将影响深度报道的真实性、客观性。因此，网络深度报道在未来的发展中还需要去粗取精、去伪存真，保障报道的真实性，在此基础上开掘报道深度，从而构建起网络深度报道的公信力。

思考练习题

一、深度报道在新闻报道中的特殊性是什么，它是如何表现报道"深度"的？

二、选择任一媒体的深度报道栏目或节目，并分析其报道属于哪种类型的深度报道，是怎样挖掘深度的。

参考媒体：

　　报纸：《南方都市报》《中国青年报》；

　　电视节目：中央电视台《新闻调查》《焦点访谈》；

　　杂志：《三联生活周刊》《新闻周刊》。

三、以小组为单位，就某一选题采用任意方式，做一期深度报道，并请老师、同学点评。

四、把下列消息改写成一篇800字左右的述评类报道。

上海奶奶捐房为灾区造学校

5月27日下午，61岁的沈翠英与拍卖企业签订委托协议，捐出徐家汇一套价值约450万元的住房，在灾区援建一座高质量学校。知情人士透露，她捐出的这套房屋比自家住的还要好。

"四川汶川发生地震后，我天天看电视，天天掉眼泪"，沈翠英表示，她总想为灾区做些什么。经过一个星期的慎重考虑之后，她决定捐出一套住房，到灾区造所好学校。

沈翠英原先是本市一所聋哑学校的语文老师，从教20多年，1991年下海经商。她用经商所得买下了两套住房，一套自住，一套出租。出租的这套三房两厅两卫，位于南丹东路亚都国际名园小区中心位置，建筑面积147.88平方米，每月租金8000元。相对沈翠英每月1380元的退休工资而言，是一笔不小的收入。但为了尽快变现，她选择将这套更容易出手的房屋委托拍卖。

"我很高兴能把自己赚来的钱用于教育。"沈翠英说，起初她还担心儿子媳妇不同意。没想到，孩子们得知她这一心愿后十分支持。媳妇说："您把房子留给孙子孙女，您是他们的奶奶；您把房子捐给灾区，您就是千万个孩子的奶奶！"儿子媳妇还表示，如果卖房的钱不够造一所学校，他们想办法再补。

正巧上海百家拍卖企业将举办赈灾慈善义拍，沈翠英一家便欣然签署了委托拍卖协议。义拍将于6月12日14时28分在上海大剧院举槌，所有收入和佣金将捐赠给上海市慈善基金会，定向救助地震灾区。

(原载于《新民晚报》2008年5月28日)

五、在不同的媒体上选择同一选题的深度报道进行比较，分析不同媒体对同一事件进行深度报道的具体手法。

第四部分

主要门类的新闻采写

まえがき

第十四章　时政新闻的采写

【内容提要】
　　时政新闻是时效性较强的时事政治类新闻的概称,它包括新近发生的有关党和政府的政务活动、各级会议、国家重大方针政策、外事活动、国际时事动态等一系列涉及政治生活的各类社会政治时事报道,具有政治性、重要性、导向性和规范性的特点。它与国际国内重大时事、党和国家大政方针以及老百姓的生活关系密切,受到普遍关注,在媒体中占据重要位置。时政新闻的采写要求记者立足全局,熟悉国情,能够把握好报道时机、有敏锐的政治嗅觉,不仅报道国内外形势动态,还能够以大众视角及时解读,巧用春秋笔法。本章通过典型案例,讲解其主要类型:会议新闻、外事新闻、法制新闻和军事新闻的特征和采写要点。

第一节　时政新闻的含义和主要特征

一、时政新闻的含义

　　2004年新华社新闻研究所组织的两会报道受众需求调查表明,读者对时政新闻保持着旺盛的需求:选择"非常关心国内外大小事"选项的被调查者占到了总样本量的50%,选择"关心与生活关系密切的时政新闻"选项的占31%,仅有3%的被调查者很少关注时政。[①] 时政新闻跟国际国内重大时事、党和国家大政方针以及老百姓的生活关系密切,从而受到普遍关注,因此在媒体中占据重要位置,报纸的头版、广播和电视的头条大多是时政新闻。
　　"时政新闻"这一提法,是随着社会的发展逐步出现的,在早先的《新闻学大辞典》和《中国新闻实用大辞典》中只有"政治新闻"而没有"时政新闻"的词

---

① 何志武:《时政新闻的"结构性紧缺"现象》,载《当代传播》,2004年第5期。

条。随着时代的发展、国际交流活动的频繁以及政治新闻报道范围的扩大,"时政新闻"的提法才应运而生。对于时政新闻,不同的学者给予了不同的定义。诸如:

"时事政治新闻,就是新近发生的国内外重大政治新闻的报道。"[①]

"时政新闻是从内容方面对一类新闻所作的界定,这类新闻侧重于从政治角度,对新近发生(或正在发生)的、受众欲知未知而应知的事实进行报道,或是对同样具有上述素质和价值的、与政治密切相关的事实作出报道。"[②]

"时政新闻是有关国家、政党的最新方针、政策,国内民主政治生活以及涉及国际政治、国际关系的报道。它包括国务活动报道、政党活动报道、外事报道、工青妇报道、宗教报道、统战报道、法制报道、军事报道。"[③]

综上所述,本书把时政新闻界定为:时政新闻是新近发生的有关党和政府的政务活动、各级会议、国家重大方针政策、外事活动、国际时事动态等一系列涉及政治生活的各类社会政治时事报道。

二、时政新闻的主要特征

(一) 选题的政治性

政治性是时政新闻最鲜明的特点。这一特点的表现可分为显在政治性和隐含政治性。显在政治性时政新闻是指关于各级领导的政务活动、党和国家的政策制定、会议召开、外事政务交流活动等直接涉政的新闻报道。隐含政治性时政新闻指政治性渗透到经济生活、社会生活当中,并对生产生活产生影响,政治信息以点带面地指导生产生活。如面对房价居高不下的问题,一般情况下涉及房价报道的题材属于经济新闻,但其中有关政府对房价的宏观调控政策、措施等内容又体现了较强的政治性。这就属于政治性比较隐蔽的时政新闻。

(二) 内容的重要性

时政信息是经济、社会变化的集中反映,它以点带面地指导社会的生产生活,其内容极为重要。报道中涉及的无论是党和政府的大政方针,还是某部门的某项决策;无论是国际上的大小冲突,还是周围的突发事件,都可能直接或间接地触及一

---

① 李静、蔡昕:《创新:时政新闻的竞争法宝——蓉城各报关于"朱镕基答记者问"相关报道比较分析》,载《新闻大学》,2001年第1期。
② 丁铂铨、李卫红:《论时政新闻的改革创新(一)》,载《采写编》,2006年第4期。
③ 张昌君:《应用电视新闻学》,中国广播电视出版社,1997年版,第94~95页。转引自陈露耘:《时政新闻创新思考》,载《新闻界》,2007年第2期。

个国家的兴衰存亡，或多或少地影响社会、经济发展和普通民众的日常生活。如每年中央和地方的两会，都会有一些关乎民生的政策、措施以及法规出台，这些政策措施直接或间接地影响人民群众的生产、生活，因此，在新闻实务中，时政新闻常占据媒体的重要位置。

（三）信息的导向性

新闻事业最重要的一个功能是引导舆论。时政新闻是党和政府的重要舆论阵地，因此其导向性尤为明显。时政新闻在传递某项政策措施时，往往与某种政治观点、政治倾向紧密联系在一起。此外，媒体为帮助受众理解相关政策规定、政府举措、国际形势等信息，常附有相关评论，起到剖析解读功能。而剖析解读本身又是一种思想认识的引领、渗透，带有明显的导向性。例如，汶川大地震突如其来时，几个重灾区与外界失去联系。地震发生当天，传闻四起。在这种情况下，《四川日报》作为灾区主流媒体，及时报道了相关灾情信息和抗震救灾的决策部署，并以评论员文章形式发表了《万众一心 众志成城 战胜特大地震灾害》的评论。该评论与党中央、国务院和省委、省政府的抗震救灾精神高度一致，对于稳定人心、凝聚力量起到了重要的舆论引导作用，并获得第十九届中国新闻奖一等奖。

（四）报道的规范性

时政报道具有一定的规范性，相关报道须慎之又慎。总体上要求各家媒体的报道内容有一定的统一性，报道口径要一致。具体报道的程序和用语等要遵循一定的程序和规范。特别是关于领导人要务活动的报道，在称谓的使用、报道规格的安排上，都应遵守一定的规范。下面这则典型的党和国家领导人出席活动的报道《烈士纪念日向人民英雄敬献花篮仪式在京隆重举行 习近平李克强栗战书汪洋王沪宁赵乐际韩正王岐山出席》，在领导人名字的先后顺序以及报道安排上都遵循了一定规范，能给我们提供很好的借鉴和参考。报道摘录如下：

> 烈士纪念日向人民英雄敬献花篮仪式30日上午在北京天安门广场隆重举行。党和国家领导人习近平、李克强、栗战书、汪洋、王沪宁、赵乐际、韩正、王岐山等，同各界代表一起出席仪式。
>
> 庄严的天安门广场上，鲜艳的五星红旗高高飘扬。广场中央，"祝福祖国"巨型花篮表达着对国家繁荣昌盛的美好祝愿，花篮上"欢度国庆"的字样分外醒目。人民英雄纪念碑巍然耸立，北侧两组花坛上镶嵌着白菊、康乃馨等鲜花组成的18个花环，寄托着全体中华儿女对英烈的深情追思。
>
> 临近10时，习近平、李克强、栗战书、汪洋、王沪宁、赵乐际、韩正、

王岐山等党和国家领导人来到天安门广场，出席向人民英雄敬献花篮仪式。

……

习近平等党和国家领导人登上纪念碑基座，在花篮前驻足凝视。盛放的百合、挺拔的红掌、轻盈的文心兰，寄托着对人民英雄的无尽思念和崇高敬意。

习近平迈步向前，仔细整理花篮缎带。接着，习近平等党和国家领导人缓步绕行，瞻仰人民英雄纪念碑。

党的十八大以来，在以习近平同志为核心的党中央坚强领导下，全党全国各族人民砥砺奋进，实现了第一个百年奋斗目标，在中华大地上全面建成了小康社会，历史性地解决了绝对贫困问题。今天，我们正意气风发向着全面建成社会主义现代化强国的第二个百年奋斗目标奋勇前进。

少年儿童和各界群众代表也依次走到纪念碑前，献上手中鲜花并瞻仰纪念碑。

敬献花篮仪式由中共中央政治局委员、北京市委书记蔡奇主持。

在京中共中央政治局委员、中央书记处书记，部分全国人大常委会副委员长，国务委员，最高人民法院院长，最高人民检察院检察长，部分全国政协副主席和中央军委委员出席仪式。

中央党政军群有关部门和北京市主要负责同志，各民主党派中央、全国工商联负责人和无党派人士代表，在京老战士、老同志和烈士亲属代表，在京功勋荣誉获得者代表、全国"两优一先"获得者代表、全国抗击新冠肺炎疫情先进集体和先进个人代表、全国脱贫攻坚先进集体和先进个人代表，首都各界群众代表等参加了仪式①。

第二节 时政新闻采写的一般要求

一、把握好报道时机

把握好报道时机，着眼于两方面：一是"抢"新闻。"抢"即抢先、抢占。时政新闻属于动态新闻，具有极强的时效性。时政中的领导活动有严格的时间、程序

---

① 《烈士纪念日向人民英雄敬献花篮仪式在京隆重举行 习近平李克强栗战书汪洋王沪宁赵乐际韩正王岐山出席》，载《人民日报》，2021年10月1日。

安排，活动一般较为紧凑，国内外时事动态往往稍纵即逝。因此，时政新闻工作者要抓住报道时机，做好相关的组织准备工作，随时处于待命状态，抢先把最新最全的信息第一时间送到受众面前，抢占媒体在新闻竞争中的制高点。比如报道历年的两会，就要紧跟会议活动流程，及时迅速地对每天的会议内容、会议精神、会场面貌等相关内容加以报道。二是"压"新闻。"压"即压住、积压。时政新闻涉及许多敏感话题，记者在相关规定的前提下，对某些不应报道或不宜及时报道的新闻，需暂时压住，同时将收集的新闻资料整理好，等时机成熟再作相关报道，从而为维护社会稳定、和谐发展提供良好的舆论环境。

二、敏锐的政治嗅觉

新闻报道需要新闻嗅觉，时政新闻报道不仅需要新闻嗅觉，而且需要政治嗅觉。时政记者对政治问题要有高度敏感，能分辨出时下的政治敏感内容、禁忌内容；能够透过现象看本质，善于从看似一般的新闻线索中发现有政治价值和社会意义的新闻事实。例如，1960年《北京晚报》刊出一条短讯，表扬北京特种药品门市部的职工在春节期间为抢救山西省平陆县六十多名食物中毒民工，为农民送药的事。这条短讯根据现有材料，只做了表面性的报道，属一则就事论事的浅层次报道。而《中国青年报》根据这则表扬稿，深入采写，随后撰写了《为了六十一个阶级兄弟》一文，详细报道了整个抢救过程，并站在政治理论的高度，提炼出"一方有难，八方支援"的精神风格，深刻地体现了社会主义人与人之间和谐互助的面貌。敏锐的政治嗅觉需要记者认真学习和领悟党和国家的方针政策、理论知识，不断提高自身的政治理论水平和思想素养。同时，它也要求记者紧跟时代步伐，时刻关注形势发展，根据形势的需要和宣传需要采写出有重大政治意义的新闻。

三、从民众视角解读时政

时政新闻中党和国家的政策、政府措施、时事动态等信息直接或间接地影响着人们的生活。这就要求时政记者从会议材料中挖掘新闻事实的黄金点，从民生视角仔细解读政策措施，努力让时政新闻立体、丰满、实用。譬如，旅游线路的调整、景点门票的收费、就业政策的细则、公交补贴范围、存贷利率的变动、烤烟收购信息等等，都可以从百姓的切身利益出发进行解读，以增强时政报道的贴近性及报道的厚度和感染力。比如，2008年金融危机爆发后，西安市政府为应对金融危机，及时出台了相应措施。《西安日报》记者在报道这些措施时，没有直接照本宣科地把政策文件内容长篇累牍地誊抄到报端,而是从市民角度出发进行政策解读。如对支持旅游业发展的措施的报道,记者提炼出几个小标题:"节假日市属公路收费站免费""景点门票半价 政府财政补贴""是否发消费券正研究"等。通过提炼选取,从节假日市属公路收费、景点门票优惠、发消费券等具体措施入手,体现政府支持旅游业发展的政策条例,易被读者接受。在稳定就业措施的报道中,一篇《我市将新增2万公益岗位——凡已登记失业人员和失地农民均可申请岗位》直接报道民众实用的信息,其服务功能可见一斑。

四、硬题软做

所谓"硬题软做"就是指使用具有贴近性和人情味的软手法来报道硬新闻。"硬新闻"是源于西方新闻学的一个名词,指题材较为严肃,着重于思想性、指导性和知识性的新闻。时政新闻因其题材严肃,内容具有极强的思想性和指导性而被纳入"硬新闻"的范畴。时政新闻在传达政策文件、领导人讲话、政务活动时,一般讲求行文庄重、四平八稳,这使得时政新闻经常处于严肃有余、活泼不足的境地,导致受众不愿收看阅读。其实,时政新闻完全可以从社会化角度出发,利用各种手段进行软化,使紧板的新闻面孔舒展开来。

首先,从提炼主题出发,找准"党的要求"与"群众需求"的结合点,不"穿鞋戴帽",不空洞浮夸,尽量选取鲜为人知的素材作为报道点。如2001年在湖南省汨罗市11个专业综合市场里,凡挂了"共产党员门店"牌匾的摊点,生意都比较兴旺。针对此事件,当地报纸新闻报道的初稿为《汨罗党员实践"三个代表"见成效》,此稿缺乏主题提炼,有空洞浮夸之嫌。标题是句政治口号,令人找不到"新闻眼"。编辑经过精心提炼主题,软化报道方式,最终定稿为《11个市场同一道风景 汨罗市"党员门店"生意最旺》。该稿在《湖南日报》A2版头条位置刊登后,得到广大读者的好评。

其次,从语言表达入手,采用新颖生动、明快幽默的表达使报道更具可读性。如戏剧性语言的运用。2008年,海协会会长陈云林的台湾之行事件受到广泛关注,由于台湾社会蓝、绿营政治路线不同,绿营蓄意破坏,使得陈云林的访台受到阻碍。11月10日《南方都市报》对此事件刊发新闻,标题是《今晚101大楼"风云际会"》,此题活用成语"风云际会",一眼望去,颇有风云扑面而来之感。在极简洁的新闻摘要里,则透露了绿营将采取的手段:"'独派'1200颗鸡蛋准备蛋洗陈云林,台湾警方将派40名霹雳干员贴身保护。"其中的"蛋洗""霹雳干员贴身保护"等表达戏剧感十足,仿佛一部大片的预告,耐人寻味。

五、巧用春秋笔法

孔子撰写《春秋》，在记述历史时暗含褒贬，行文中虽然不直接阐述对人物和事件的看法，但却通过细节描写、修辞手法和材料筛选，委婉而巧妙地表达作者的主观倾向。后人就称这种手法为"春秋笔法"。这种写法不直接表露作者的态度观点，一般通过精心挑选的真实生动的细节显露其倾向，起到"微言大义"的功效。如今，新闻报道要客观表述事实，同时还需适当地表达一定的立场观点。在客观表述与主观立场的博弈中就可巧用春秋笔法，把立场、观点巧妙地隐藏于新闻事实之中，能够让受众在观阅作品的同时，自发地领悟其中的深层内涵。时政报道尤其应重视"春秋笔法"的运用，通过细节描写、修辞手法和材料筛选，含蓄地传达或褒或贬的政治立场和态度，有声有色地刻画政坛风云人物和时政事件。如《参考消息》曾刊登的《他们站在历史新时代的门槛上》，就是巧用春秋笔法的佳作。

他们站在历史新时代的门槛上[①]

各国政要在巴以协议签字仪式上的动情表演

（路透社1993年9月15日电）今天，当巴以和平协议签字这件令人想都不敢想的事件成为现实时，人们流下了热泪，高兴得欢笑，互相祝贺。

亨利·基辛格擦去热泪，吉米·卡特的眼睛也湿润了，塞勒斯·万斯喜气洋洋，仿佛新娘的父亲一样，乔治·布什似乎神情严肃。

3000名来宾穿梭走动，握手致意。其中包括很多曾经为中东和平奔走努力，但最后以失败告终的人。这个事件也许算得上是华盛顿今年的头等大事了。

阿拉法特发言时，拉宾有点坐立不安，把文稿从一个口袋放到另一个口袋，不冷不热地为他的敌人鼓掌，并且是能不鼓掌就不鼓掌。鼓掌时，他的手放得很低，在皮带以下。

他看起来更像是一个被强行拉去看晚间歌剧的体育迷，而不像是个和平缔造者。

他仿佛不愿被人们看见他在鼓掌，因为以色列与巴解组织纷争几十年的痛苦太深了。

阿拉法特比较轻松。但是，拉宾发言时，他也只是消极地站在旁边，只是偶尔鼓几下掌。当阿拉法特伸出手时，克林顿总统用胳膊把拉宾向前推了一下。

[①] 《他们站在历史新时代的门槛上》，载《参考消息》，1993年9月15日。

当拉宾握住阿拉法特的手时，来宾们发出了一声清晰可闻的叹息，终于松了一口气。南草坪上好长时间都回响着这一叹息。

该报道描述了各国政要参加巴以和平协议签字仪式的场面。全文对人物的动作、神态、心理活动作了大量描述和勾勒：基辛格擦眼泪，卡特眼睛湿润，万斯喜气洋洋，布什神情严肃，阿拉法特发言时，拉宾"把文稿从一个口袋放到另一个口袋"，"鼓掌时，他的手放得很低，在皮带以下"，拉宾发言时，阿拉法特"只是偶尔鼓几下掌"，当阿拉法特伸出手时，"克林顿总统用胳膊把拉宾向前推了一下"等等细节生动地再现了在如此重要的历史时刻，政要们各自的心思和表现，巧妙地传达了签字仪式非同一般的政治意义。

第三节 时政新闻的分类及其采写要求

一、会议新闻

时政新闻分类繁多，各类时政新闻在采写中的具体要求有所不同，这里仅以时政新闻中常见的会议新闻、外事新闻、法制新闻、军事新闻为主进行探讨。

会议新闻是对会议活动、会议内容以及会议上发生的具有新闻价值的事实的报道。各级会议不同程度地具有地位上的重要性、内容上的权威性、信息上的广泛性等特性，使得会议新闻具有较高的新闻价值，从而受到媒体的高度重视。但是，在实际报道中，不少会议新闻存在数量过多、篇幅太长、写法呆板、内容空泛、形式陈旧、官腔十足等问题，这使得会议新闻几乎成了最不受欢迎的报道品种。鉴于此，掌握一些会议新闻的采写技巧就显得很有必要。

（一）端正采访作风，全面获取素材

有些报道会议新闻的记者对会议新闻的采写抱有一种敷衍了事的态度。收到采访邀请却不到场采访，直接根据拿回来的材料对会议内容和会议现场氛围进行编撰。一些到场的记者也不认真听取会议，主动捕捉会议上出现的鲜活信息。这些不良的采写作风是做会议新闻的大忌，应坚决摒弃。

端正采访作风是写好会议新闻的基本前提。这就要求记者在采访前做好相应的准备工作。会议活动发生时，大多会提前邀请、通知记者，记者在接到邀请、通知后，需同会议召集单位联系，询问有关会议日程安排、参加人员的信息和其他相关信息,并自己搜集相关的资料进行研读,做到心中有数,同时拟定采访活动计划。采访时,记者需深入现场全面了解与会情况,并采用会场采访和会外采访相结合的方式全方位地搜集会场信息。所谓会场采访是指记者在会场内进行的采访。所谓会外采访是指记者在会场以外进行的采访。记者采用这种采访方式通过在会外专访一些会议参加者对会议有关问题的看法、意见和心得体会,围绕会议主题采访会外公众的反应,以及会议参加者的日程安排等问题,可以获得意想不到的新鲜信息。

(二)强化新闻价值,突出会议中的新闻

会议新闻大多是为写会议而写会议,一些无关紧要的会议内容也常见于媒体,毫无新闻价值可言。究其原因在于一些记者在采写会议新闻时缺乏辨别力,难以在繁琐的会议程序和冗长的会议讲话中提炼出最有新闻价值的信息,从而平铺直叙会议流程和文件内容,导致报道出的会议新闻只有"会议腔"而无"新闻味"。2008年6月20日,胡锦涛同志在视察人民日报时明确要求"按照新闻传播规律办事",给新时代的新闻采编人员指出了努力方向。因此,记者需在会议报道中按新闻规律办事,强化对会议新闻的新闻属性的认识,即运用新闻价值标准去衡量会议的新闻价值和报道点,突出会议中的新闻。

要突出会议中的新闻,记者可在"特"字上下功夫。"特"即特点、特殊,它要求记者既不墨守成规,也不眉毛胡子一把抓,而应像沙里淘金那样从众多的会议材料中筛选和提炼出最具特点的事实来写。想从沙里淘到金,记者需把握以下三点:

1. 眼观六路、耳听八方

赶赴会议现场,认真听取各方意见,捕捉会议现场的鲜活事实,获取全面的第一手资料,这是提取有价值的新闻事实的前提。20世纪80年代初,新华社记者郭玲春在会议报道中取得可喜成就,她写的追悼会、纪念会、座谈会、表彰会等一批会议消息在全国新闻界引起了较大反响。郭玲春认为会议报道"唯有深入其中,方知个中滋味"。她在报道会议时,首先深入会议现场,仔细观察会场四周,认真搜罗会场细节。并且边听边记,边体味会议精神。在掌握大量素材的基础上进行选材取段,如此铸就了大量会议新闻精品。

2. 开动脑筋、强记深思

在采写会议新闻时,对获取的材料开动脑筋、积极思考,不停留于表面信息。如第十二届中国新闻奖一等奖作品《洞庭湖长大五分之一》是《湖南日报》记者从全省水利工作会议上获悉的有关洞庭湖的信息,记者在得知"蓄水面积扩大554平方公里"的信息后，对这个简单数字进行深入思考，意识到背后含有重大的新闻价值。经过精心采访，发现洞庭湖面积的扩大，是明朝嘉靖年间以来的第一次，对湖南和长江的防洪而言极其重要，表明国家对该湖的治理很重视，这也是此篇报道的最大亮点。

3. 贴近受众、凸显内容

从受众关注的角度挖掘新闻，是会议新闻摆脱"会议腔"、提升"新闻味"极其有效的途径。对于受众，他们所关注的不是某领导于某日在某处开了某会，而是与他们切身利益密切相关的政策措施及其落实情况。例如一个安全生产工作会议，如果单从会议的日程和内容来写，报道就会落入程式化的窠臼，埋没了有价值的新闻信息；如果从受众角度出发，注重报道安全生产存在的突出问题、采取的措施、当地百姓的安全工作情况等，就能更好地贴近实际、贴近群众，真正凸显会议精神。

（三）捕捉鲜活事实，生动呈现会场

会议召开的形式往往单一，缺乏活力。而会议新闻报道的素材不可凭空捏造，最终还是要回归到看似缺乏活力的会议现场，从会议现场寻求新鲜的事实作为报道素材。这就要求记者别具慧眼，善于捕捉会议现场出现的生动而有趣的鲜活事实，真实生动地呈现与会场面。比如，第三届中国新闻奖消息三等奖作品《向劳模鞠一躬》就是记者通过在现场抓取的鲜活事实，把会议新闻写活的典型案例。这篇消息报道的是齐齐哈尔铁路分局局长在安全生产祝捷大会上，介绍完火车司机的先进事迹后，向到会的劳模鞠躬的事。记者从分局长作报告的事实切入，着重描述了分局长的"眼泪"和"鞠躬"。文中写道：

……讲到这里，王冉同志再也抑制不住内心的激动，泪水夺眶而出，他泣不成声了。坐在主席台上的铁道部部长韩杼滨和黑龙江省省长邵奇惠也跟着落起泪来。顿时，会场里一片抽泣声。

许久，人们才渐渐恢复了情绪。王冉用手绢擦了擦脸上的泪珠，嗓门提高了些，"在我们分局，正是有了像董振东这样的职工，才有安全生产的今天。我作为分局长，向你们深深地鞠一躬，谢谢你们啦！"

王冉离开讲台，站好立正的姿势，向劳模们恭恭敬敬地弯下了腰……①

上述描写使人读后如临其境、如闻其声，感人至深。据介绍，当时参加会议的

---

① 刘英贵、周子平：《向劳模鞠一躬》，载《人民铁道报》，1992年11月17日。

记者有 20 多名，其他记者都仅作了一般性的会议报道。唯有这篇消息的作者摒弃常用手法，抓住会议中出现的鲜活新闻事实，铸就了这篇极具感染力的消息。

（四）丰富表达方式，不拘一格写会

会议新闻的写作首先要做到简洁。多次采访两会的新华社记者刘海民曾经就"喜欢看什么样的会议新闻"采访过五位人大代表，结果被采访者都表示看得最多的是短新闻。① 因此，在长篇累牍的会议报道铺天盖地地占据媒体的重要位置时，会议新闻记者吃透会议精神，采用简洁的表达方式明确传达会议宗旨和会议思想，才能赢得更多受众的青睐。

"文若看山不喜平"，新闻的语言也要富有文采和跳跃感，只有这样，受众才爱看、爱听。采用各种修辞手法和散文化笔法进行写作，可使报道产生意想不到的效果。在会议新闻的写作中，标题的制作要开门见山，简洁、直观地传达会议的核心内容，把最重要的新闻点放在标题上，凸显会议新闻的"含金量"，并且在语感、语音上朗朗上口，同时采用各种修辞手法，使语言表达多元化，从而改变会议新闻僵硬的标题格式。如《人民大会堂内外的"新闻功夫片"》是关于会议期间记者工作生活的报道。此标题采用比喻修辞手法，把记者在会议期间的工作生活说成是一部"新闻功夫片"，一改会议新闻的生硬空泛，充满情趣。会议新闻导语部分要突出主题，尽量淡化领导活动、会议程序、政策文件等内容，采用倒金字塔结构等写法突出最具新闻价值的事实。灵活运用描写式、评论式、引语式、提问式等多种方式进行报道。例如，2004 年 11 月 7 日湖南省人民政府为袁隆平院士获世界粮食奖召开庆功会，对这次会议的报道，《三湘都市报》头版头条刊登的《袁院士，请您坐中间》打破一贯的程式化报道，采用描写式表达方式直接从"让我们请袁隆平院士坐中间"的细节入手，把最具特色的事实摆在最前面，而会场的讲话、致辞以及捐献活动在正文才逐一呈现。这种写法别具新意，让人眼前一亮。

袁院士，请您坐中间②

省府庆祝袁隆平获世界粮食奖　周伯华省长亲自为功臣换座

"让我们请袁隆平院士坐中间。"今天下午，省政府隆重召开袁隆平院士获世界粮食奖庆功大会，周伯华省长走上主席台时发现袁院士的座位未在中间，马上亲自动手把写有"袁隆平"三字的座位牌放到主席台正中，并恭请袁院士入座。

---

① 方延明：《新闻写作教程》，高等教育出版社，2005 年版，第 238 页。
② 李贵洪、王静：《袁院士，请您坐中间》，载《三湘都市报》，2004 年 11 月 8 日。

看到这一幕开场插曲,会场上响起热烈掌声。

周伯华省长在庆功会上发表了热情洋溢的讲话,他祝贺袁隆平院士获得世界粮食奖、祝贺由其主持的超级杂交稻课题组提前一年实现了超级稻中稻研究第二期目标(即育成大面积亩产800公斤的水稻品种)。

周伯华强调说,为了选拔培养一批像袁隆平一样的世界一流专家院士,湖南的科技工作在资金使用上将突出重点项目、突出重点人才。

会上,省政府对袁隆平院士奖励50万元。袁隆平院士在致辞中说,自己仍有老骥伏枥的雄心壮志,争取在2010年完成超级杂交稻大面积亩产900公斤的第三期攻关目标。

今天,袁隆平还正式将世界粮食奖的12.5万美元奖金悉数捐献给了袁隆平农业科技奖励基金会。

此外,拓展会议新闻报道形式,根据会议的特性创造性地做出"特色会议新闻""解读会议新闻""背景会议新闻""会议花絮报道""会议图片报道"等更具针对性、感染力和吸引力的会议报道,有利于拉近会议新闻与受众的距离,增强可受性。

二、外事新闻

外事新闻是对中外关系、中外交往中各方面情况的新闻报道。报道内容包括对外政策、领导人出访、外宾来访、中外民间交往情况等等。外事新闻报道面对外国领导人和国际友人等特殊群体,牵涉我国在国际社会中的地位和形象,因此,外事新闻采写尤其要注意分寸,丝毫马虎不得。在具体采写中,必须注意以下事项。

(一)采访前要做好准备工作

外事活动一般日程安排紧凑,来访互致问候可能是瞬间之事。为了保证在有限的采访时间里提出切中要害的问题,获得有价值的信息,采访前记者需做好相应的准备工作,对来访者的目的和行程安排、来访者本人的相关情况(如年龄、工作经历、生活习惯、对国际关系的立场等)、来访者国家与我国的外交关系、接待方针、规格、活动安排程序、有关采访纪律、各国政策态度、外事礼节等问题都要做到心中有数。在熟悉相关信息的基础上,拟定详细周密的采访提纲,将要采访的问题一一列出,便于现场提问。

(二)采访时要遵守礼仪、随机应变

不同国家、地区有不同的礼仪习俗,记者在面对外宾时,要遵守礼仪,做到有礼有节，同时，不卑不亢，充满自信，既热情好客，又冷静理智，保持一种平和的心态，不因他们是外宾而自惭形秽，因为此时你不仅代表着你自己，还代表着中国人民的形象。在交谈时，直接鲜明地向采访对象说明采访意图，并把采访问题明确地提出来，以争取时间。提问时要随机应变，不该问的问题不问，不该说的话不说。采访提纲上没有罗列，但通过现场观察，发现的新的有价值的事实，应及时纳入采访提纲之内，争取获得新鲜的素材。采访时，认真倾听采访对象的谈话，不要随便打断对方。交谈完毕，握手或微笑致意。

外事采访往往时间短促，有时记者赶到现场时活动都已结束。例如在机场接待外宾就是片刻之事。这就要求记者依照事先的安排提前到场，并找到最佳采访拍摄位置。如果找不到合适的位置，如外宾来访，尤其是重要领导人物来访时，参与接见的人和采访者众多，且往往保卫措施严密，记者不能近距离观察采访对象。此时，记者切不可在现场横冲直撞、前后乱窜，扰乱活动现场秩序，可以通过现场工作人员、陪同人员及翻译等知情人士了解现场情况，间接而有效地获得相关信息。

（三）写作中要凸显主题、交代背景、用语谨慎

外事新闻报道首先要凸显主题，从国家对外政策的高度出发，找准外事新闻报道的大方向。我国领导接见外宾和领导出访他国时所作的有针对性的讲话，就代表着党和国家的原则立场或相关方针政策，记者在写作时应该把这些重要谈话凸显出来，明确表达政治观点。同时，在国际政治博弈中，新闻媒体要发挥舆论监督作用，积极捍卫我国在国际中的利益和地位。例如，两国元首会晤一直是两国关系和国际关系中的大事。2021年11月16日，我国国家主席习近平同美国总统拜登举行了首次视频会晤，《人民日报》、中央广播电视总台等中央主流媒体对此进行了报道，《人民日报》"钟声"专栏发表了名为《元首视频会晤为中美关系把舵引航》的评论文章。上述报道和评论强调了习近平主席就发展中美关系提出的"四个方面的优先事项"、"三点原则"、两国领导人达成的"两个原则共识"和有关于台湾问题的"一个重要问题"。我国媒体专门就台湾问题报道了拜登总统的回答：美国政府致力于奉行长期一贯的一个中国政策，不支持"台独"，希望台海地区保持和平稳定。这也是我国媒体捍卫我国正当利益的表现，向外界表明中美双方关于台湾问题的明确立场，也敦促美方将承诺落实到行动中，坚决捍卫一个中国原则。

其次，必要处需交代背景，作出相关说明。诸如事件的前因后果、人物的身份背景、交流中的新鲜名词等都应加以说明，帮助受众理解新闻。例如，2021年12月6日国务院总理李克强在北京与世界银行行长马尔帕斯、国际货币基金组织总裁格奥尔基耶娃、世界贸易组织总干事伊维拉、国际劳工组织总干事赖德、经济合作

与发展组织秘书长科尔曼和金融稳定理事会主席诺特以视频方式举行第六次"1＋6"圆桌对话会。"1＋6"是什么意思,"1"和"6"分别代表什么,受众摸不着头脑。在报道中就应明确交代说明:"1"是指中国政府,"6"代表六大主要国际经济金融机构。自2016年起,李克强每年都会同六大主要国际经济金融机构负责人进行会晤,对国际经济发展所需要解决的问题进行充分、深入的沟通和交流。

最后,外事新闻报道在表达上要特别注意措辞,用语需谨慎。比如要清楚"非正式会谈""非正式谈判"等用语的不同含义和用法。外宾来访或我国领导出访的受欢迎程度、我国政府对国际关系的态度等都要依据外交部门的提法进行规范报道。

三、法制新闻

法制新闻是对以法制事件、法制活动、法制动态为依托的新近发生的法制事实的报道。法制新闻报道的主要内容有:介绍国家和政府的立法情况;阐释党和领导关于民主与法制建设的方针、政策;报道广大公民的守法情况;传达和解释各种法律法规;普及有关法律知识;揭露、谴责各种违法犯罪活动;报道各级司法机关的审判活动、各级检察机关的检察活动、各级行政机关的执法活动等等。法制新闻因其报道题材的专业性、报道内容的准确性以及报道程序的严肃性等特性,对记者提出了较高要求。

(一)掌握法律知识,准确使用"法语"

法制新闻姓"法",报道中涉及众多与法律相关的法律知识和法律常识。这就首先要求法制新闻从业者具备深厚的法律知识,掌握相关知识的含义和用法,准确使用"法语",如法律条文中规定的法律专业术语:原告、被告、犯罪嫌疑人、被害人、当事人、证人、起诉书、上诉状、公诉词、询问、讯问、起诉、上诉、申诉、抗诉、一审、再审、终审等等;法律日常用语:案情、查获、协议、交付、辩护、流窜、罪责、脱逃、铁证如山,等等。面对这些词语时,法制新闻工作者应在充分理解的基础上准确使用,不可错用乱用。如"不起诉"和"免予起诉"是两个完全不同的法律概念,虽然都是"没有起诉"的意思,但"不起诉"只适用于依法不追究刑事责任的行为人,而"免予起诉"则适用于已经构成犯罪,但因有某些从轻情节而免于刑事处分的行为人,二者有本质的不同。准确使用"法语"还应注意不要随意改变法律术语的文字结构或自造法律术语,如"破坏计划生育罪""坑骗罪""变造印章罪""轮奸罪"等用语都是不符合法律规范的用语。

(二)坚持客观原则,强化理性色彩

法制新闻报道常涉及违法、犯罪以及一些灾难性和悲剧性事件,一些报道人员往往出于"正义感"而借机肆意抒发个人情感,一些媒体为吸引受众,大肆渲染凶杀、色情、抢劫等骇人听闻的案件细节。这些报道立场和态度缺乏理性色彩,有失新闻客观性原则。纵观媒体对马加爵事件的报道,其中充斥着浓重的娱乐气息。许多媒体把马加爵妖魔化,用"凶狠""粗暴""怪癖""恶魔"等贬义词来形容马加爵,更有甚者用大字标题将马加爵冠以"校园杀手""混世魔王""云大屠夫"等"称号",放大他作案的每一个细节。诸如此类的报道都有损媒体的形象,同时给社会造成了不良的影响。对此,记者可从下述方面努力,提升法制新闻的理性色彩。

第一,在报道法制新闻事件时,记者应尽可能以局外人、第三者的身份思考问题,站在客观的立场进行报道。第二,避免感性用词,尽量使用中性词表达,诸如"败类""歹徒""凶恶""变态狂""劳改释放犯""露出一副街头无赖之相""不能自圆其说地诡辩"等感情色彩强烈的用语都应尽量避免。第三,巧妙使用引语,让当事人自己站出来说话,避免作者对事件本身直接作出评判,多使用当事人某某说的直接引语。第四,坚持意见均等表达原则。让当事各方的意见都有平等表达的机会,不能偏袒任何一方。让当事各方都表达意见,才能规避偏听偏信、误导受众。第五,严格把握法制报道与新闻侵权的界限。了解媒体报道权与名誉权、隐私权等权利之间的关系,避免引起侵权行为。对未成年人犯罪的报道,要考虑到未成年人的身心发展,对他们所犯错误应持宽容态度,从积极方面疏导。帮助过失青年重新面对生活,这不仅是社会的责任,也是新闻从业者的使命。

(三)规范法律报道,尊重司法独立

新闻媒体对相关职能部门开展的法制工作积极作出报道,很好地体现了媒体的舆论监督功能。但是,许多媒体由于没有理性、规范地从事报道,反而妨碍了相关法制部门的工作。法制新闻工作者需要界定法制新闻媒介的基本权利与义务,弄清舆论监督与司法独立的关系。媒介有权报道庭审活动,但媒介监督不能干扰司法独立,不能违背"无罪推定"[①]的原则。令人遗憾的是,违背"无罪推定"的报道却在新闻实践中不断上演。比如,2001年的蒋艳萍涉嫌特大经济犯罪一案,蒋的律

---

① 无罪推定:《中华人民共和国刑事诉讼法》第12条明确规定:"未经人民法院依法判决,对任何人都不得确定有罪"。即任何人在未经证实和判决有罪之前,应视其无罪。无罪推定强调的是对被告人所指控的罪行,必须有充分、确凿、有效的证据,如果审判中不能证明其有罪,就应推定其无罪。

师认为，蒋艳萍的行为是否构成犯罪，有待法庭的判决。一些媒体却在报道中称蒋艳萍为"犯罪人员""三湘头号巨贪"，有的甚至"指控"蒋艳萍用肉弹轰炸40多个厅级以上领导干部，还有的以"枪毙还少了"为标题。媒体声势强大的非规范报道，导致还没有被审结的案子已在百姓心中有了结论，有违我国刑事诉讼法的无罪推定原则。

超越正常的司法程序而妄自对报道对象作出先在性的预设审判，这就是如今被讨论得十分激烈的"媒介审判"（trial by media），后果严重的将会为媒体自身惹来司法纠纷。这是从事法律报道的新闻从业人员所必须时刻谨记的问题。尊重司法独立，规范法律报道的程序和用词，是每一个从事法制新闻报道的新闻从业人员需要遵守的原则。

另外，法制新闻应在相关部门的规定下统一报道，否则会造成始料未及的后果。比如，一些媒体在执法行动还没开始前就先行报道执法行动计划。表面上看这震慑了犯罪分子，但这一举动有时又会让执法部门处于被动的地位。犯罪分子一旦提前得知执行活动，就可以先行逃离，让执法部门落入"竹篮打水一场空"的困境。

（四）解读法律法规，普法深入人心

一些普法新闻内容流于空泛，没有可读性，不能真正达到普法入人心的效果。这就要求把法律知识的普及注入百姓日常生活中，以生动、形象、具体、多角度的方式传播严肃的法律知识。使广大受众在潜移默化中受到教育和启示，加深对法律的理解。比如，2007年《物权法》颁布后，各大媒体就此法问世邀请资深法律工作者对该法进行诠释，以通俗的语言、多角度的方式详细传达该法的法规，从而帮助受众理解该法的内容和宗旨。青岛新闻网站在民众的角度，采用提问的方式，从不同角度聚焦《物权法》，全面深入地解读法律内容，使该法的报道真正深入人心。"解读中华人民共和国物权法"版块具体聚焦于："物权是个什么权""国资流失谁来担责""一房两卖如何防范""采光受阻可否索赔""70年后家宅归谁""小区车库归谁所有""农民能否自由买房""房屋拆迁何以安民""基金股权可否质押""拾金不昧可否索酬"。其中《物权法焦点一：物权是个什么权？》一文如此报道：

物权法焦点一：物权是个什么权？[①]

权利人依法对特定的物享有的权利，包括所有权、用益物权和担保物权

"物权法是规范财产关系的基本法律，在中国特色社会主义法律体系中起支架作用。我们在修改物权法草案过程中，始终强调物权法的政治方向，强调物权法的中国特色，强调一切从实际出发。"——全国人大常委会委员长吴邦国

近年，物业纠纷不断，谈到这个"顽疾"时，有人认为矛盾的根源皆因没有物权法。但物权法出台后，或许很多人对"什么是物权"这一最基本的概念都说不清；还有人认为物权法是一个专业性很强的法律问题，距离普通民众的现实生活太远。"其实，物权法离我们很近。"全国人大宪法和法律委员会委员、中国人民大学法学院院长王利明认为，物权法是规范财产关系的民事基本法律，"既涉及国家的基本经济制度，也关系千家万户的具体利益"。

一针一线都属"物"的范畴

谈到物权法时，首先要弄明白什么是物权？王利明说，《物权法》第二条给"物权"下了个定义，即权利人依法对特定的物享有直接支配和排他的权利，包括所有权、用益物权和担保物权。通俗地理解，物权就是我们对看得见、摸得着的物品享有的权利。

王利明解释，这些物既可以是动产也可以是不动产，大到一座房子、一辆汽车，小到一针一线，都属于"物"的范畴。王利明介绍，物权法主要回答三个问题：这个东西是谁的？对这些东西享有什么权利？怎样保护自己的东西，损害别人的东西要承担什么责任？比如你买了一套房子，房子就是你的物。你可以居住、出租、转卖，但别人不能非法入侵你的房子，不能破坏你的房子，如果有人砸坏了你的房子，他就要赔偿。

物权法关乎"国计民生"

以前的法律法规中也有关于物权的规定，但规定的不完备、不系统，更没有明确物权的概念。而且，很多规定是从管理角度作出的，不是从权利角度规定的，"物权"概念模糊。例如，土地使用权到期后如何处理，我国之前的法律并未对此作出规定，这种不确定性就引起百姓的担心，土地使用权到期后房子就没了？物权法则明确规定，住宅用地使用权期满后，可自动续期。

物权法是一部基础性法律，对百姓而言息息相关，关乎"国计民生"。既包括

[①] 《物权法焦点一：物权是个什么权？》，青岛新闻网，http://www.qingdaonews.com/。

国家的基本经济制度、国家集体所有权,也涵盖普通百姓切身利益的房产权利、土地征收征用、相邻关系等等。

物权法的首要功能就是确认财产归属、平息冲突和纷争。王利明说,一整套对财产予以确认和保护的规则将随着物权法的出台而形成,这必将为维护公民的切身利益,提供更加坚实的法律保障,使人们对财产权利的实现和利益的享有产生稳定感,鼓励人民创造财富,促进社会进步,"只有恒产,才有恒心"。

售卖月球土地被判投机倒把

2005年,李某在A市注册"科技航天开发有限责任公司",任"月球大使馆"馆长,主要经营范围是售卖月球土地,每英亩286元。李某这一举动虽引来社会各界的不少争议,但仍有不少人购买月球土地,在购买者支付了相应款项后,李某也将月球土地所有权证书等交付给购买者。但是,在开盘三天后,该市工商局以"月球大使馆"涉嫌投机倒把为由,暂扣了其营业执照等财物。随后,李某两次将该市工商局告上法庭,要求返还财物,并确认工商的处罚决定无效。

★案件回放

依据行政处罚条例处罚

A市工商局认为,李某"销售月球土地的经营行为,违反了《投机倒把行政处罚暂行条例》第三条第十一款其他扰乱社会主义经济秩序的投机倒把行为",属于投机倒把行为。涉嫌投机倒把行为的事实清楚,同时,该公司公然出售月球土地的行为,违背了我国加入的《外层空间条约》,构成违法经营。随后,工商局立案调查,并对李某作出责令退款、吊销营业执照和罚款5万元的处罚决定。

对此,李某不服行政处罚,曾向A市政府提出行政复议。2006年2月,A市政府维持了该次行政处罚决定。A市H区法院审理后认为,李某的行为已经构成投机倒把,A市工商管理局的行政决定并无不当之处。因此,2006年,A市H区法院驳回了李某的诉讼请求,李某一审败诉。

★虚拟法庭

物权法明确物权的客体

根据《物权法》第二条规定,物包括不动产和动产,法律规定权利作为物权客体的,依照其规定。李某出卖的月球土地并非物。李某无权出卖月球土地,因此李某与购买者所签合同因为标的不存在而无效。

点评:本案讨论姑且先不考虑国际法上的内容,仅仅限定在物权法的范围内。在物权法中,"物"指在事实上和法律上能供人占有、使用、收益和处分的物质实体和自然力。用通俗的话说,物权法意义上的物应该一方面对我们有用,另一方面我们还要可控制。目前为止,月球土地是我们所无法控制和占有的,当然也就谈不上有用。所以，月球土地就不是我们法律上所保护的物。既然如此，甲也就对月球土地没有所有权，更谈不上处分该物，也就是出卖该土地。

★物权法100分

开栏语

你了解物权法吗？对于这部"与老百姓最贴近"的法律，你掌握到了哪个"段位"？来参与"物权法100分"的答卷吧，检验一下你对物权法究竟知多少。

每题2分，共100分。

分四个段位：

菜鸟级（0至30分）：你对物权法的了解程度接近于法盲，需要恶补。

普通级（30至60分）：你对物权法已有粗浅的了解，还需再努力学习。

大虾级（60至80分）：你对物权法的了解已经相当深刻了。

准专家级（80至100分）：你对物权法相当熟悉，接近专家水准。

■问答

1. 电力和大气层中的空气哪一个是物？

A. 电力　　　　　　B. 空气

（提示：物必须满足两个条件，一是对我们有用，二是能够被我们控制。）

2. 国家、集体、私人的财产保护是优先保护国家和集体的财产吗？

A. 是　　　　　　　B. 不是

（提示：《物权法》第三条规定，保障一切市场主体的平等法律地位和发展权利。）

3. 某人将其发现的矿产资源出让给某公司继续开掘，该做法是否正确？

A. 是　　　　　　　B. 否

（提示：《物权法》第四十条规定，法律规定专属于国家所有的不动产和动产，任何单位和个人不能取得所有权。）

4. 一间房屋可否既归甲所有又归乙所有？

A. 不能　　　　　　B. 能

（提示：《物权法》第二条规定，本法所称物权，指权利人依法对特定的物享有直接支配和排他的权利，包括所有权、用益物权和担保物权。）

★焦点热议

公私财产平等保护

物权法到底应该以保护私有财产为主，还是以保护公有财产为主？这成了物权法草案审议、修改过程中的一个焦点。有人认为，国家和其他民事主体不是平等主体，对他们的财产不能平等保护；也有人认为，物权法是私法，首先应保护私人财产，按照先私人、再集体、后国家的顺序加以保护。
……
★名词解释

物

"物"在民法上包括不动产和动产。"不动产"是不可移动的物，比如土地以及房屋、林木等土地附着物。"动产"是不动产以外的可移动的物，比如汽车、电视机等。

本版"物权法 100 分"答案：

1. A 2. B 3. B 4. A
……

该文先点明物权法的特定内容，再具体解释物权法的范畴。物权法的作用和地位，列举典型案例，"案例回放"分析，"虚拟法庭"，"物权法 100 分"，"焦点热议"，"名词解释"等小分段全方位多角度地通过案例说法、问答学法等方式解读物权法到底是个什么法，公民能在此法的规定下享受哪些具体权利以及如何享受等问题。相信受众读完此报道后会有清晰的认识。

在此需要指出的是，"法制新闻"经历调整后，目前在我国统一称为"法治新闻"。

2020 年 8 月 1 日，《法制日报》创刊 40 周年之际，在头版发布报道《经中央政法委员会同意〈法制日报〉今起更名为〈法治日报〉》。报道称，党的十八大以来，以习近平同志为核心的党中央统筹推进"五位一体"总体布局和协调推进"四个全面"战略布局，明确提出全面依法治国是中国特色社会主义的本质要求和重要保障，把全面依法治国确立为治国理政的基本方式。党的十八届四中全会专题研究全面依法治国重大问题并作出决定，党的十九大描绘了 2035 年基本建成法治国家、法治政府、法治社会的宏伟蓝图。2018 年 3 月 11 日，十三届全国人大一次会议表决通过宪法修正案，将宪法序言第七自然段中"健全社会主义法制"修改为"健全社会主义法治"。作为中央主要新闻单位中唯一的法治类媒体，为使报名更加准确体现中央精神，鲜明体现宣传社会主义法治的特色和优势，《法制日报》更名为《法治日报》。①

随后，全国各省市法治报纸也纷纷更名。2021 年 1 月 18 日，海南日报社旗下媒体《法制时报》更名为《法治时报》；2021 年 3 月 21 日，《江苏法制报》更名为《江苏法治报》……从"法制"到"法治"，一字之变成热点。正如《法治日报》头版文章《追随法治前行 书写法治未来——写在〈法治日报〉更名之际》所称，从

---

① 《经中央政法委员会同意〈法制日报〉今起更名为〈法治日报〉》，载《法治日报》，2020 年 8 月 1 日。

静态的"制"到动态的"治",一字之别,更准确体现了全面依法治国的内涵,让良法善治的图景更加清晰、途径更加明确。①

《法制日报》2020年8月1日第1版

---

① 《追随法治前行　书写法治未来——写在〈法治日报〉更名之际》,载《法治日报》,2020年8月1日。

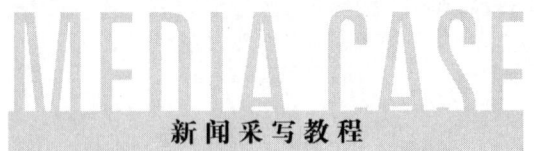

四、军事新闻

军事新闻是指新近发生的有关军事活动的事实的报道。军事新闻在战争年代发挥着举足轻重的作用。在和平时代,军事新闻仍起着不可替代的作用,其报道内容和特性也有所拓展和更新。军事新闻报道的主要内容为:战事动态、军事训练、军事战略方针、军事后勤、军事科技、军工生产、军政关系、军民关系、民兵建设、国防建设、国防教育等。军事新闻在思想上和内容上具有高度的政治性、信息相对保密、受众相对集中等特性。鉴于这些特性,记者报道军事新闻时需注意下述事项。

(一)明确报道原则,坚持正确的舆论导向

军事新闻属于时政新闻的一种,具有很强的政治性。因此,新闻媒介在报道军事新闻时,首先要立足党和国家的政治利益,坚持正确的舆论导向,坚定不移地宣传党的军事路线、方针、政策和决议,在政治上始终同党中央保持高度一致。全面反映新时期下我国政治、经济、文化特别是军队建设取得的巨大成就,把广大官兵的思想统一到党中央、中央军委的决策部署上来,引导广大官兵增强政治上的坚定性。同时,积极宣传官兵全心全意为人民服务的事迹,倡导为人民利益甘于牺牲、乐于奉献的精神信念,宣扬官兵一致、官兵平等的优良传统。

随着经济和文化全球化进程步伐的加快,国际环境为我国军事快速发展提供了机遇,同时也带来了挑战。在和平年代,虽然国际大战已无,但局部战争仍然不断。军事新闻要担当起澄清官兵模糊认识的重任,通过信息传播引导官兵用辩证的眼光看待当前形势,教育广大官兵认识到"天下虽安,忘战必危",增强和平年代的危机感和使命感。面对国际军事舆论领域内日益严峻的挑战和考验,军事新闻应提供强有力的舆论支持和思想保证。例如,面对制造和散布"中国军力增长太快""中国威胁论"以及以我国"军费开支不透明"为由恶意炒作的言论和行为,我国军事新闻事业必须旗帜鲜明地加以正确引导,增信释疑,消除误解,为我国经济发展大局下的国防军事力量适度增长营造良好的舆论环境。

(二)严守军事机密,谨慎从事军事报道

军事新闻报道中涉及许多军事机密信息,在处理这些信息时,我们要站在国家和民族的立场增强全局观念,注意分寸,不可随意报道,否则将给国家稳定、军队建设带来不可估量的影响。军事新闻在涉及部队作战计划、番号、编制、实力、装备、阵地、调动、部署，海边防涉外军事斗争实践，国防尖端科学技术，国防工程、要塞、机场、基地、实验场地的建设，预备役人员的储备和战时动员计划等有关军事机密的信息时，都必须慎重处理。

军事记者在严守军事机密的前提下，做好相关军事报道还需掌握如下技能：其一，报道角度多从场景、气氛、军队的精神风貌等着眼，回避对武器性能、操作要求、具体指挥等方面的披露，对某些涉及机密的具体事物，记者应注意忽略不报。其二，巧用换算法。军事新闻中常用数字反映成果、说明问题，但是如果运用不慎，就容易间接泄密。比如，某军区为绿化环境，共植树××万棵，平均每人植×棵，这就间接暴露了军区的总人数。遇到这些统计数字时，可用百分比表示，但不得将百分比与同其有关的绝对数混合使用。其三，把握时机，力求及时报道军事动态。军事新闻的保密，往往具有一定的时间性。昨天的保密信息，今天可能就可以公开了。因此，记者要有高度的政治敏感，在维护国家利益和军事建设的前提下，及时报道已公开的信息，增强新闻的时效性。

（三）"军味"上添"民味"，寻找与民生报道相结合的交叉新闻

军事新闻的受众相对集中，即主要局限于部队官兵、党政机关的主要领导人以及一些军事爱好者，与大众传播相比，受众群体要小得多。然而军事新闻往往容易写成"行业新闻"，带有浓厚的"军味"，这样的军事新闻会把更多的受众拒之门外，大大削减军事新闻的被关注度，削弱其传播效果。对此，军事记者需要从营区走向社会，既迎合部队读者的兴趣，又照顾社会读者的口味，二者兼顾，才能吸引更多的受众，扩大军事新闻的影响力。如1998年6月25日至7月3日，当时的美国总统克林顿对我国进行了为期9天的国事访问。访问期间，武警陕西总队、北京总队、上海总队和广西总队参与了对克林顿的警卫工作。针对这一新闻事件，孙光远采写的报道《警卫克林顿》颇受欢迎，被许多媒体转载，其中"'公主'遇阻波特曼"一节这样写道：

> 位于南京西路1367号、拥有600间客房的波特曼酒店是克林顿在上海下榻的地方。
>
> ………
>
> 6月30日，克林顿一家在上海度过了愉快的一天。他上大学的女儿切尔西好像游兴未尽，在得到父母的允许后，由4个保镖和一些女伴陪同，钻进了"PARK97"迪斯科舞厅。直到深夜，她才返回波特曼酒店。
>
> 切尔西先到父母那里，然后从安全通道回44楼。44楼的6号哨哨兵朱立军见这位又蹦又跳的女孩径直往里闯，伸手拦住，用英语说："请你出示证件。"

切尔西伸出舌头，使劲摇了摇头，说："我没有证件。"

"没有证件，那么，你从哪里来请你还回哪里去。"

"我是切尔西，总统的女儿。"

切尔西？朱立军仔细一看，像。"公主"驾临，岂敢不放？但是，你怎么就能证明你是切尔西呢？朱立军说，委屈你等一等，我再联系。

说话间，切尔西的两名保镖急匆匆走了过来。他们老远就说，这是总统的女儿切尔西。

果然是"公主"。

"对不起。"朱立军表示歉意。

"你做得很对！"切尔西的保镖称赞道。

友好与和谐，是何等的美妙。

然而，也有不和谐的音符。

一名美国海军陆战队队员要从彭亚峰的哨位经过。彭亚峰说，请出示证件。那人毫不理会，傲慢地拉开门，想闯过去。彭亚峰有力地伸出胳膊，挡住了他。他见硬闯不行，这才极不耐烦地从内衣上拽出通行徽章。

"先生，你可以进去了。"彭亚峰友好地说。

"西它！"那人一甩门，态度生硬地进去了。

尽管值勤官兵事先都学过几十句常用英语，但却没有学过"西它"这个单词。下哨后，彭亚峰向许多战友求教，答案却使他对这名美国军人的教养摇头不止——有个爱看美国枪战片的战友告诉他："西它"原来是美国的国骂（Shit，狗屎）！①

这段文字采用小说的写作方式，形象生动地再现了"公主"遇阻的全过程。写作风格独特，受到许多军人的喜爱，同时老百姓也喜欢看，不愧为一篇军民共赏的佳作。

"军味"上添"民味"还应注重从选题上把握，寻找军事报道跟民生报道的交叉点。如每年的军校招生、大学生特招入伍、征兵退伍等。这不仅能发挥军事新闻的信息服务功能，而且能使报道生动鲜活起来，让军事报道走进普通百姓的视野。如2008年的抗震救灾工作这一新闻事件，官兵参与了救灾工作，并且在其中起到主力军的作用，这属于军事新闻报道范畴；同时官兵的救灾工作跟人民群众的生产生活密切相关，具有较强的民生性。记者在采写此类新闻时要注重把军事跟社会生活结合起来，力求做到"军民一体"。

---

① 孙广远：《警卫克林顿》，载《中国武警》，1998年第4期。

第十四章 时政新闻的采写

思考练习题

一、名词解释

1. 时政新闻
2. 硬新闻
3. 春秋笔法

二、掌握和理解时政新闻以及各类时政新闻的采写要求。

1. 时政新闻采写的一般要求有哪些？
2. 会议新闻报道如何创新？
3. 外事新闻采写应注意哪些事项？
4. 谈谈你对维护司法独立和媒介舆论监督之间关系的看法。
5. 结合案例，分析军事新闻如何坚持正确的舆论导向。

三、根据本章内容，归纳总结时政新闻中的会议新闻、外事新闻、法制新闻、军事新闻采写的共性和区别。

四、集中阅读一些时政新闻的优秀作品，分析其成功之处。

五、采写练习

1. 亲自参加学校的某次会议，捕捉最有新闻价值的事实，会后撰写一篇会议新闻。
2. 假定你是名外事记者，在采访来访的外国领导人前，你应做好哪些准备工作？
3. 关注新出台的某项法律法规，围绕该法采写一篇相关新闻，并力求通过该报道使该法深入人心。
4. 从军事新闻和民生报道的结合点出发，采写一篇具有信息服务功能的军事新闻。

第十五章 经济新闻的采写

【内容提要】
经济新闻是对当前经济领域中出现的具有一定社会价值或具有一定影响的经济现象的报道，是反映、服务和引导社会经济活动和人民群众经济生活的新闻。它聚焦经济领域的经济政策、市场变动、前瞻趋势进行第一时间的追踪报道，覆盖全球经济、宏观政策、金融证券、公司要闻、焦点人物等各项议题。经济新闻的采写要求，除具备一般新闻的真实、时效、重要的共性外，还要求体现政策性、实用性、前瞻性、专业性，是专业性极强的新闻品种。从事经济新闻报道的财经记者不仅需要拥有及时捕捉热点的职业敏感，还应通过长期积累培养行业"门内人"思维，锻炼参加研会、阅读财报、拜访领域专家、接触产业一线的高效学习能力，丰富自身的财经知识结构与人脉资源。本章结合具体案例，从经济新闻的定义与特征、主要报道内容、现存问题、采写要领等方面展开介绍，梳理探讨经济新闻采写的专业规范与时下演变。

第一节 经济新闻的含义和主要特征

一、经济新闻的含义

经济新闻是对当前经济领域中出现的具有一定社会价值或具有一定影响的经济现象的报道，是反映、服务和引导社会经济活动和人民群众经济生活的新闻。它报道的范围广泛，既包括工业、农业、财贸等经济运作行业的经济活动，也包括科技、文教、体育等非经济运作行业的经济活动。据统计，我国的经济新闻报道占报道总量的40%以上，在我国的新闻从业人员中，从事财经类报道的人也是最多的。[①]

---

① 刘笑盈：《经济学与经济新闻报道》，中国传媒大学出版社，2006年版，第18页。

二、经济新闻的主要特征

经济新闻作为新闻的一个重要类别,除具备新闻的真实性、时效性、重要性等共性特征外,自身还具备鲜明的个性特征。

(一) 政策性

对党和国家的经济政策进行宣传、阐释和解读,以指导人们更好地进行生产活动,是经济新闻肩负的一个重要使命。对党和国家的经济政策的直接宣传和解读,其内容本身带有极强的政策性,而一些报道经济工作动态、经济新闻人物、经济新闻事件的经济新闻,虽然不直接阐明政策条文,但也渗透着政策精神。从事经济报道的记者、编辑需把经济政策吃准、吃透,并力求在报道中正确体现,决不能与党和国家的现行经济政策唱反调、相抵触。如1994年中国开征消费税,2006年进行过一次调整,将游艇、高尔夫球及球具、高档手表等在内的一些奢侈品列入了消费税的征税范围。对此税收制度的报道,《奢侈品征税 重在合理引导消费》一文明确指出:"国家应该对奢侈品消费征收高比例的税收,这是一种针对人对社会索取的有效调节,一来可以有效地增加社会财富;二来可以有效地扼制资源浪费;三来可以重新调节分配,不至于让财富过分的局部累积。"该报道对奢侈品的税收政策进行正面解读,便于政策的实施和开展。

(二) 实用性

实用性是经济新闻传递信息的重要特征。市场经济条件下的生产经营活动是在对各种经济信息的获得与利用的基础上形成的,市场经济实际上是一种信息经济,谁先掌握了信息,谁就掌握了市场主动权。经济新闻是现代经济生活不可或缺的重要信息来源,它在推广新项目、介绍新经验、传播新技术等方面发挥着巨大作用。如2004年8月3日,武汉《楚天都市报》刊出武汉市武湖农场熟地村千亩丰水梨熟透却无人问津,果农心碎不已的消息。得知此消息后,中商平价广场伸出援助之手,大量订购。随后,众多客商也纷纷订购,使得丰水梨畅销一空。这则报道表明经济新闻是现代经济生活重要的信息来源,为产、供、销提供信息服务,促使各个生产环节更好地运作,极具实用价值。

(三) 专业性

经济新闻在报道经济工作经验、经济发展动态、经济活动效益等经济问题时,时常不可避免地涉及一些专业术语、专业理论知识，使报道带上"浓郁的经济味"。这就要求经济新闻工作者必须掌握系统的经济专业知识和理论，只有这样才能做到报道精准、分析到位。有些对经济专业知识的阐释报道，既考验记者的经济知识功底，同时也是经济新闻凸显其新闻价值的报道亮点。例如，由艾丰、张杰、魏劲松、牛文文采写并刊发在《经济日报》上的资本运营系列报道是对"资本运营"这一专业术语内涵及三大特性进行具体阐释的报道，因其厚重的专业知识获得第八届中国新闻奖系列报道类一等奖。但是，经济新闻毕竟不同于经济学术研究，经济新闻的专业性必须服从于新闻性，即要遵循新闻传播的大众化、通俗化特性，否则，经济新闻将面临"内行不愿看，外行看不懂"的两难境地。

（四）前瞻性

经济新闻不仅需要告诉受众当下的经济现象，而且还要站在时代的前沿，对经济现象进行科学的前瞻性预测，让受众了解未来的经济走势，从而更好地指导经济生活。对受众来说，经济新闻中的前瞻性内容是最有指导性、最具借鉴性的信息。比如，2010年1月13日中国新闻网上的一篇报道《中国央行19月来首提准备金率加息或提前到来》，根据中国人民银行2010年1月12日晚间宣布的1月18日起上调存款类金融机构人民币存款准备金率0.5个百分点的消息，通过专业人士分析，得出近期银行等金融机构信贷急剧放量及通胀预期加大是央行采取这一举措的重要原因，准备金率的上调也可能预示着加息的提前到来。根据这篇报道透露的前瞻性信息，受众可以调整投资理财策略，减少投资风险。

第二节 经济新闻报道的主要内容

一、经济新闻报道的主要内容

经济发展渗透到各行各业，经济新闻报道涉及的领域极为广泛，在此本书就其报道的主要内容作简要概括。

（一）党和政府颁布的各项经济政策

党和政府颁布的各项经济政策大到国计民生，小到普通民众的柴米油盐，涉及经济生活的方方面面，内容丰富多元，是我国各级各类新闻媒体取材的重要来源。

记者应重视各种经济政策的报道和解读，发挥经济新闻的指导作用。新华社历来就注重宣传党和政府的经济政策，陆续发表了一大批极具政策性、指导性、前瞻性的新闻作品，为社会经济发展提供翔实的经济政策信息。如每年中央经济工作会议召开之际，新华社都着眼于宏观经济发展的规划和来年经济部署工作的报道。其中2009年中央经济工作召开会议时，新华社就推出《中央经济工作会议释放五大信号》《2010关键词——转·变》《改革中激发新动力——透视2010年深化经济体制改革新动向》等一系列报道。

（二）国际国内的经济走势

经济走势报道即媒体对国际国内经济发展趋势的分析报道。包括预告近期内将要发生的重大经济事件，今后一个时期的经济形势、市场供求状况等。经济走势分析是对现阶段经济现象的动态报道，报道内容作为前瞻信息可以为受众提供经济生活参考。如对经济事件的报道，受众不仅希望了解其动态和过程，更希望了解其内在的规律和趋势，这时媒体就可邀请相关资深经济专家对未来的经济走势进行分析和预测，深入浅出地揭示大量新闻事实背后的经济规律，让受众了解市场形势下的经济趋势，减少经济运作的盲目性。媒体在分析经济走势时要把相关的产业、利益主体联系起来，这样才能让受众获得更有针对性的经济信息。

（三）普通百姓的日常经济生活

经济新闻由于紧贴人们的日常生活，从而受到普遍关注。这正如我国杰出新闻工作者萨空了所指出的："世界上新闻报道最为人类所注意的，第一是经济新闻，注意的人也最多。……人类最初注意新闻，绝非出于人类的好奇心，实在是由于生存的需要。就是到今日也仍然是他们生存关系最密切的新闻，最为人类所首先注意，而且被注意得最普遍。对桃色新闻不感兴趣的人在社会上很多，但是粮价的跌涨的消息却没有人不在意，不但传播得普遍而且非常迅速。"新闻工作者应充分认识这类新闻的优势，迅速地、深入地、全方位地报道普通百姓的日常经济生活状况，并以此为切入口，由浅入深地使经济新闻"飞"入寻常百姓家。例如，2009年，资源价格的频繁调整明显影响着百姓的生活，《山西晚报》对此作了深入翔实的报道。报道从油、电、水、气等资源性公共产品价格的调整始终没有间断这一现象出发，指出资源价格的上涨必然会对终端市场产生压力，以及在油价、气价、电价上涨的情况下，普通百姓的生活成本明显增加，并进一步深入挖掘资源性公共产品价格上涨的原因，以及政府为防止涨价作出的努力，由此而体现经济报道视角下移关注民生的贴近性。

（四）经济活动中涌现的典型经济人物

典型经济人物包括经济发展中涌现出的风云人物、新锐人物、优秀人物。这些典型人物是先进生产力的代表，他们对经济发展有明显的拉升或带动作用。他们的创新精神、挑战精神以及取得的显著成效和成绩都具有鲜明的时代特征和模范效益，值得我们大力提倡和弘扬。如《财经》刊登的《左晖离世，他完成的和未完成的》，就是通过对人物生平的介绍与经验见解的剖析，以点见面，概括折射出技术模式颠覆传统行业的路径。

左晖离世，他完成的和未完成的①

贝壳集团于5月20日下午发布消息，公司创始人兼董事长左晖因"疾病意外恶化"逝世，公司会在两周内就公司治理等事宜适时发布公告。

左晖是贝壳集团的灵魂人物，也是公司上市主体贝壳找房（NYSE：BEKE）的第一大股东，截至今年2月底，左晖持股38.8%。

左晖生于1971年1月，离世时年仅50岁。其生前创立了链家地产、贝壳找房、自如等多家业内领先公司。2020年8月，贝壳找房登陆纽交所，截至发稿，公司市值595亿美元，是世界上最大的上市房产交易平台。

做好产品的信念、长期主义的定力、对技术的信仰、资本加持，是链家/贝壳成功的四要素，这与左晖的性格息息相关。

左晖生前还担任北京市房地产中介行业协会副会长、中国房地产估价师与房地产经纪人学会副会长等职务。

贝壳发布左晖去世消息后，《财经》记者第一时间联系了多名贝壳员工。

"天塌了，信仰没了。"一位贝壳一线经纪人如此描述她的第一反应。至于对公司的影响，她说，"公司太庞大了，涉及的东西不是我能体会的"。

一位贝壳中层员工对噩耗感到震惊，说此前并不了解他的病情。他认为左晖离去对整个贝壳集团最大的损失是"精神领袖没了"，但对业务不会产生大的冲击，因为左晖已经淡出一线很久，几个核心业务都有人挂帅，运转良好。贝壳是彭永东、链家是王拥群、自如是熊林。

一位贝壳高层员工说，公司一切运转正常，"大家都在深切地追思老左，回味他的力量和精神"。

"很多LP（有限合伙人）打电话问我们情况，老大以为是假新闻，和我们确

---

① 王博、张光裕：《左晖离世，他完成的和未完成的》，载《财经》，2021年第10期。

认了好几遍。"一家贝壳的主要投资机构的工作人员透露，确认之后，该投资人感到震惊。

"现在来看，彭永东这几年深度参与公司业务，成长迅速，也可能是老左在培养接班人。"这位工作人员对《财经》记者说。

彭永东是贝壳集团执行董事、CEO，2010年自IBM加入贝壳集团的前身链家。

另据多位知情人士透露，贝壳的主要投资人一直了解左晖的病情，并将其视为贝壳最大的投资风险。但此后几年，左晖病情稳定，投资人以为能够治愈。没想到，贝壳找房上市不满十个月，左晖就突然离世。

有消息说，左晖九年前罹患肺癌。但该消息未得到贝壳官方证实。

贝壳在招股书的风险提示章节中写道："公司的业务依赖于董事、高管团队的付出。如果有人因辞职、意外事故、健康状况或家庭等原因无法继续工作，公司业务和前景可能受到重大影响。"不过此条提示并未具体提及左晖。

受左晖去世消息影响，贝壳股价盘前一度跌超10%，截至发稿，跌幅收窄至9.09%。

左晖生前曾多次接受《财经》记者专访，他最大的心愿，是把房地产经纪行业从一个"不骗人就没法做"的行业，改造成一个"有尊严的行业"，从收入、社会形象，到职业成就感。

"他已经为此做了很多，也改变了很多，但房产经纪人群体还未彻底赢得社会尊重。"上述贝壳中层员工说。

重写行业规则

贝壳上市后，股价最高点达79.4美元/股，市值940亿美元，约为6000亿元人民币，几乎相当于中国头部房地产公司碧桂园、万科、恒大市值之和。

万科董事长郁亮曾经私下评价贝壳找房，"给了行业很大启发，一个卖房子的公司，做到如此市值，是技术＋平台的力量"。

左晖是计算机专业出身，毕业后做过软件公司销售，成立过保险代理公司。1998年，中国房地产行业开始走向市场化。2001年底，左晖创办链家，主要从事二手房交易中介服务。

过去20年间，房地产交易行业逐步走向专业化和规范化，在这一过程中，链家曾多次扮演第一个吃螃蟹的人。

贝壳找房源于此前左晖创办的线下垂直房产交易平台链家，是18年链家和2年贝壳的结合体。

与传统找房中介平台不同，贝壳通过基于链家体系内部的ACN（Agent

Cooperation Network，经纪人合作网络）、楼盘字典和线上化交易流程，基本解决了房产交易环节虚假房源、经纪人利益分配不均等行业顽疾。

几十年来，中国房地产中介行业一片混乱，地产经纪人普遍没有尊严，因为不得不骗人。

新手和老手的差别就是老手底线更低，骗人时面不改色，但心里知道，因此眼神躲闪，不敢直视客户。

消费者（买房卖房人）则让中介的无底线折磨得怨声载道，对所有经纪公司都失去信心。恶性循环之下，经纪行业离职率极高，平均从业时间6个月，且劣币驱逐良币。

为了赚钱不用靠骗人，链家在2008年开始人工逐盘记录，建立楼盘字典，即房源数据库的建设，精准定义每一套房子的门牌号、户型图、配套设施等信息。

2011年，针对市场信息不透明、不对称，虚假房源多的市场痛点，链家在业内成功首推"真房源"行动。

楼盘字典为链家的数字化、线上化之路打下基础。2018年，链家升级为开放平台贝壳找房，上百家品牌陆续接入。以前链家内部的ACN协作机制是服务内部经纪人，贝壳平台建立后，这种标准和合作机制向所有加入贝壳联盟的品牌商开放。

ACN的核心逻辑是拆流程、分利益。以前中介服务行业，房源就是利益，每个拿到房源的经纪人都自己捂着，偷偷找买家，就算公司互联网化要求经纪人挂网，为了防止别人撬单，大部分经纪人也会想尽办法私下成交。

这极大影响了体系内的资源共享、营销效率和客户体验。每个经纪人只能卖自己圈内的房源，一旦客户要看别的房子，就得更换经纪人，甚至更换平台。

为了优化资源配置，链家制定了ACN规则，把房源交易的各个环节拆分，每个环节对应房源录入人、钥匙的持有人、房子的带看人、客源成交人等，每个角色都会根据不同的贡献在ACN的制度下得到相应的利益分成。

在贝壳找房时代，ACN制度经过了几轮迭代，但初衷都是基于高效的服务用户和经纪人体系。

截至2020年12月31日，贝壳找房全年总交易规模（GTV，新房＋二手房＋租赁）3.5万亿元，同比上涨64.5%，创下历史新高。

贝壳平台连接的经纪人超过49万，同比增长37.9%；连接的经纪门店数超过4.69万家，同比增长25.1%。线上、线下两张网的持续扩展，叠加ACN的网络效应和人店模式的平台效应，驱动各业务板块快速跃升。

身后的挑战者

贝壳的迅速成长侵蚀了行业内大部分玩家的市场份额。三年来，伴随贝壳崛起，行业矛盾和竞争不断激化。为了防止贝壳一家独大，安居客、我爱我家等中介线上、线下平台，曾组织过多次"反贝壳联盟"，而行业规模也在合纵连横中迅速成长。

灼识投资咨询（CIC）预测，到2024年，中国住房市场GTV将达30.7万亿元，经纪服务渗透率将由47.1%提高到62.2%，这意味着一二手房交易中介服务的市场规模将扩大至19.1万亿元。与此同时，房屋装修、房产金融等房产相关服务将从2019年的7.9万亿元增长至约15万亿元。两者合计，市场规模将超过30万亿元。

市场红利之下，贝壳面临更大的竞争压力。

4月28日，易居（中国）企业控股有限公司（02048.HK）发布公告，宣布收购阿里巴巴集团（NYSE：BABA/09988.HK）所持有的天猫好房公司85%股份，交易完成后，阿里成为易居第二大股东。

易居2020年财报显示，其房地产代理服务及房地产经纪网络服务GTV为5134亿元，约是贝壳的14%。从易居的主页来看，其商业模式与贝壳完全一致，并有阿里的技术支持。

易居曾表示，收购后，将主导天猫好房的发展，阿里则以技术支持易居做房地产数字化营销和交易平台。

4月8日，58同城子公司安居客在港交所递交招股书，此后，58同城创始人姚劲波在朋友圈中指责贝壳在房产交易中存在垄断行为，让用户二选一，并声称，"58安居客今年作为挑战者全面进入新房交易领域"。

贝壳找房2020年报显示，公司主营业务主要为二手房交易和新房交易，占比分别为43.37%、53.83%，新房业务已经代替二手房成为主要业绩增长点。

虽然安居客的体量和交易额还有差距，但安居客的第二大股东也是腾讯。安居客招股书显示，姚劲波合计持股约58.8%，腾讯持股14.1%。腾讯在贝壳的持股为11.6%。

除了易居、安居客，字节跳动全资控股的房产信息综合平台幸福里也把目标对准了贝壳。从原来的九九房、掌上租房、懂房帝、优优好房，到现在的幸福里，字节跳动利用流量优势分羹房地产市场的企图昭然。

幸福里此前对标安居客，但今年以来幸福里流量大涨，已经把目标调整为对标贝壳。

贝壳研究院的一位分析师曾表示，贝壳也密切关注业内头部几家的玩法与布局。阿里有技术、今日头条有流量，都是进入房产中介交易平台的优势。但贝壳的护城河宽阔，对手借资本、技术、流量的合力，短期内也无法跨越。

左晖的信念

华兴资本创始人包凡曾说过,对住房互联网化改造是每一个投资人都梦寐以求的赛道,也是一条又缓又长的雪道,更多需要的是长期主义信念。

一位参与了贝壳创立整个过程的高管认为,从链家到贝壳,左晖做对了两件事:100%的战略坚守、精细到0.01颗粒度的细节把握。

贝壳的模式可以模仿,但其创始团队近20年积累下来的,如何制定规则,保证ACN公平、高效运转,以及不断试错,服务用户和中介平台的基因和方法论却不易快速复制。

左晖在招股书中致投资人的信中说,"中国很多行业都有三件事情同时发生:行业非常复杂且基础很差,效率极低;从业者和消费者体验都很不好;行业有着巨大的市场规模和增长速度。

三件同时发生的事情会使得所有从业者都面对短期大机会的大诱惑,因为不对效率和体验做任何改善也能获得可观的增长。

但这种增长会在整体经济由短缺变为过剩、由数量关切变为质量关切后结束,此时那些坚守长期主义的幸存者就会成为市场主导者。

我们这个组织的独特性在于坚定地选择长期利益,选择做'正确'的事情而不是快速成功的事情,我们对走捷径有天然的反感,做难而正确的事,是我们理解并相信的成功之道。我们经历过一次次艰难的'无产出期',之后迎来长期增长和消费者的正反馈,从而更坚定了这种信念。"

(五)投资理财方面的财经报道

财经新闻主要报道银行、保险、证券等财经界大事,包括投资银行、金融公司、上市公司以及基金、信托、期货、债券、黄金等。财经新闻内容专业性强,读者大多是企业经营者、政府官员、经济专业人士和写字楼高级白领阶层等精英人士。报道需从力度和深度上挖掘信息。目前,在国内已有数家专门的财经类报纸,譬如主要报道中国证券市场状况、上市公司并兼顾报道一些经济金融信息的《中国证券报》;侧重于对经济政策法规的阐释和经营战略战术分析的《中国经营报》;重视经济人物的报道的《经济观察报》;关注经济新闻事件报道,对产业信息的报道比较翔实的《21世纪经济报道》等。这些报纸各具特色,但他们的目的却殊途同归:旨在提供独家、全面、深度、实用的经济信息,为受众提供参考依据,指导受众在相关领域作出正确的经济决策。

(六)各行各业新近出现的经济行情信息

各行各业新近出现的经济信息包括市场信息、生产信息、计划与控制信息、财务与经营信息、劳动人事信息、法规信息、技术开发信息等多种形态。经济信息对商品生产、流通和消费具有很强的指导作用，因此，此类信息受到经营者和消费者高度关注，新闻媒体极度重视此类信息的报道。我国目前已有《首都经济信息报》这样的专门性经济信息类报纸。经济信息时效性强、短小精悍。如《参考消息》刊登的《伦敦市场铜价下跌》：

  法新社12月11日报道，伦敦金属交易所3个月期货铜价每吨下跌15美元，跌至每吨2135美元，下跌原因是库存增加5400吨，达到105275吨。[1]

该报道寥寥几十字，就将伦敦金属交易所期货铜价下降及其降价原因交代得一清二楚，极好地发挥了媒体的信息告知功能。

（七）生动活泼的经济趣闻、珍闻

经济生活中出现的名人趣闻轶事、经济现象珍闻、经济事件奇遇等因其话题轻松，能为枯燥的经济报道注入一股活力，颇受人们喜爱。如《大河报》刊登的经济趣闻《像动物那样理财》，让人类学习动物的"理财"方式，极具趣味性。

像动物那样理财[2]

  各种动物之所以能生存下来，与它们的"理财"能力有着密切关系，很多动物称得上是理财高手，值得我们人类学习。

狮子的理财分工

  狮子在家庭理财上有着严格的分工，公狮负责圈地，看到一块没有被其他狮子发现的土地，先撒几泡尿表明土地所有权，然后由母狮在领地内狩猎，捕到猎物，公狮母狮一起享受。男人应该像公狮一样，积极去发掘新的领地，努力创造财富，女人则应当学习母狮，把男人创造的财富打理好，别让家庭资产流失，这样，夫妻共同努力，才能分享创造财富和科学理财带给他们的美好生活。

兔子的分散风险法

  兔子是弱者，为了生存，通常要在觅食区域内挖多个洞穴，这样万一遇到敌人，可以就近藏到一个洞穴里，从而确保自身安全，这就是人们常说的"狡兔三窟"。理财生活中，可以学学兔子，多选择几个投资渠道，比如追求稳健可以选择储蓄、国债和人民币理财，追求收益可以投资房产、信托和开放式基金，并且要

---

[1] 《伦敦市场铜价下跌》，载《参考消息》，1996年12月14日。
[2] 《像动物那样理财》，载《大河报》，2010年3月19日。

根据形势及时调整和选择更好的"洞穴",这样可以最大限度地化解风险,提高理财收益。

豹子会计算成本

豹子不仅胆大,而且心细,对一些事情还会"分析"和"思考"。豹子捕猎时,会考虑自己的付出是否值得,它对兔子之类的小动物往往不屑,因为它知道追一只兔子和追一只鹿所消耗的热量成本是相当的,所以在付出同样成本的情况下,它会选择物超所值的猎物。人类理财也应这样,如果投资期限、风险等要素大体相当,应尽量选择收益高的投资方式。比如,国债和储蓄的风险性相当,但收益却有一定差距,这时应经过计算分析后,选择回报高的投资方式。

田鼠最会储蓄

田鼠的智商非常高,秋天它知道趁机储备粮食安全过冬。通常情况下,一只田鼠需要储备七八斤甚至十多斤粮食,而运送和储存这么多的粮食,要花费很多时间和精力,但它们却非常专注,乐此不疲。随着人们收入的提高和消费观念的转变,"月光族"越来越多,花钱如流水肯定很潇洒,但到了用钱时捉襟见肘也非常尴尬,所以只花钱不攒钱的年轻人应学学田鼠提前计划、积谷防饥的理财思路。

狼最注重稳健

狼算是动物中最冷静和沉稳的,每次进攻前它都要仔细了解对手,先用对峙来消磨对手的耐力,然后伺机而动。面对比自己更强大的对手,狼会借助集体力量群起而攻之,所以狼在一生的进攻中很少失手。

面对各种保本、保息以及高利率、高回报等诱惑,要正确分析这些产品是不是真正适合自己,避免盲目行为,这样你的投资理财就会永不失手。

(八)与其他新闻品种交叉的边缘经济新闻

边缘经济新闻是一种交叉经济新闻,它与其他新闻品种(如社会新闻、法制新闻、科技新闻、教育新闻等)交叉结合报道,其内容既含有经济新闻的成分,又蕴含其他新闻的成分,从而构成经济社会新闻、经济文化新闻、经济科技新闻等。例如一篇涉及经济人力储备的经济新闻,也涉及大学生经济专业的教育问题,这则新闻就是名副其实的边缘经济新闻。

经济新闻报道的题材遍布经济工作和经济活动的各个领域和环节,是取之不尽、用之不竭的新闻信息源泉,记者在报道中要注意平衡各领域各题材的报道,力争使经济新闻报道更丰富多彩。

二、经济报道中存在的问题

经济报道涉及生活各个领域,经济新闻易被人们关注。但经济报道也存在许多问题,导致许多潜在受众对其不屑一顾或敬而远之。

(一)角度单一

经济报道中,从业者往往只注重某一方面报道,而忽略了另一方面的报道。如注重报道领导的经济工作,而忽略了群众的反应和行动;注重报道经济方面的成绩,而忽略了经济生活中的问题;注重报道生产过程,而忽略了报道消费、交换、分配、流通过程等等。

(二)文笔枯燥

经济新闻涉及一些理论知识、专业术语,这些专业性知识对普通受众来说都比较深奥难懂。再加之报道时没有具体的情节、充足的事实、通俗易懂的表达,全篇充满高度浓缩的概括性结论语句,就会让人产生枯燥乏味感。

(三)数据失真

在经济报道中,因某些记者缺乏深入调查和严谨的报道态度,常常采用一些含糊其词的语言。诸如滥用"空前繁荣""最佳效益""举世瞩目的成绩"等,这些模棱两可的用语并没有准确反映出事实的真相,使新闻的参考性大大降低。有些具体的经济数据,在报道中由于各种原因也会出现错报、不实的现象。这些失真与偏差,削弱了经济新闻的精准性和可信性。

(四)思路呆板

有些记者在经济新闻报道中不求创新,而是采用固定的模式和框架。在这种固定思维的束缚下,呈现在受众面前的新闻作品基本上就是同一种模式,从而导致大量生动的经济活动得不到呈现,活生生的人物得不到反映。例如,报道某企业生产取得重大成绩,往往是先介绍该企业原来如何如何落后,然后交代厂领导采取哪些具体措施解决实际问题,提高职工的积极性,最后呈现出该厂取得良好经济效益的模式。这种思路陈旧呆板,让人反感。

（五）内容琐碎

由于经济报道记者的视野不够开阔，掌握的材料不够丰富，对经济理论、政策没吃透，不能从经济战略的高度去思考问题，把握报道主题，只会对一些未经处理的数据、资料进行简单堆砌，表面呈现，致使报道内容落入琐碎、肤浅的窠臼。

第三节 经济新闻的采写要领

一、掌握经济领域知识

经济新闻是专业性极强的新闻品种，毫无疑问，要做好经济新闻报道，记者需具备扎实的经济学功底，即熟悉党和政府制定的经济政策，了解国际经济发展走势，掌握经济领域的专业知识。

只有熟悉党和政府制定的经济政策，记者才能找准经济报道的选题，保证经济报道的科学性，从而提高经济报道水平。否则，经济报道就会失去报道依据，甚至跟国家的大政方针相去甚远。因此，在市场经济迅猛发展的今天，记者应站在时代的高度，及时、系统、全面深入地学习党和政府制定的经济政策和相关理论。随着国际商品、资本和服务市场全球化的提高，密切关注国际经济动向，了解国际经济发展走势，把国内经济发展和国际经济发展结合起来进行报道，也是经济新闻工作者的首要任务。

同时，只有掌握经济领域的基本专业知识，才能使记者在报道前准确判断、预见经济问题；才能使记者在采访时提出有针对性的问题，与专业人士进行深入交谈；才能使记者在写作时做到明晰解释、准确报道经济现象。然而，经济专业知识的学习是门苦差事，对非经济学专业人士来说更是难上加难。在此，本书提供三点建议：首先，要主动培养对经济学的兴趣。兴趣无疑是最好的老师，正是这种兴趣驱使你主动接触相关的经济学理论和关注相关的经济动态。培养经济学兴趣可以从接触国际国内经济学大师的传记故事、热点经济现象、浅显易懂的入门书籍着手，如茅于轼的《生活中的经济学》、林行止的《经济门楣》、张五常的《卖桔者言》等都是中国的经济学家撰写的、较为优秀的经济学普及读物。其次，系统学习经济学基本原理知识，阅读大量的经济学经典文献，掌握系统的知识体系，如保罗·萨缪尔森（Paul A Samuelson）的《经济学》、格里高利·曼昆（N. Gregory Mankiw）

的《经济学原理》、约瑟夫·斯蒂格利茨（Joseph Eugene "Joe" Stiglitz）的《经济学》等都是深入浅出的经济学译著，既是经济学经典教材，又是经济学相关问题的写作典范，对经济新闻写作有极大的借鉴价值。同时，紧密关注经济领域的最新研究成果和经济运行中的最新发展动态。最后，结合自己所负责的报道领域，进一步深入学习相关知识，并抽时间多练笔。

二、精确选取报道角度

报道角度是指记者在采访和写作新闻中认识和表现新闻事实的着眼点和侧重点。报道的角度取决于观察事物的角度，对同一事物观察角度的不同，会使记者形成不同的认知，产生不同的报道点。经济新闻的报道角度可以从以下方面入手。

（一）紧跟热点，直击当下人们最关心的话题

经济领域的热点问题直接指导当前的经济生活，最为人们关注。毋庸置疑，紧跟经济热点，直击当下人们最关心的话题是经济新闻报道的首选。要抓住时下的经济热点，记者必须研究所处的时代，把握时代脉搏。认真、及时学习党的经济路线、方针、政策，紧跟党和政府开展工作的步伐，时刻关注经济领域的新动态、新风向，才能敏锐捕捉住经济领域的"活鱼"。

（二）微言大义，通过细小事物揭示宏大主题

经济新闻报道中的宏观理论阐释以及发展趋势报道，因其题材过大，不易驾驭，使得许多报道流于枯燥空洞，缺少实在的信息。为避免这些问题，可以从细微处出发揭示事物的内在本质，彰显微言大义之功效。比如，宏观经济的变动可以通过各个领域的具体变化表现出来。2008年1月20日《人民日报》刊登的《巧用生物链致富的"果树状元"》就是从小题材中写出重大意义的典型新闻。农村通过种植业、养殖业致富的新闻不胜枚举，但这个"果树状元"一边种果树，一边在果园里发展杂交鸡作为他的第二产业。这样，果园养鸡可以治虫，同时，鸡粪又是很好的有机肥，有助于果树生长。记者通过这种现象捕捉到农村市场经济机制确立过程中出现的新生事物——生物链致富，从这件具体的新闻事件中揭示出农村经济发展的新途径。

（三）另辟蹊径，避免落入报道套路

为防止雷同，就要求新求异，报道别人未报道的事，说别人未说过的话，创新

报道方式。对同一题材、同一问题的报道尤其如此。比如，经验性报道比较容易落入套路，而2009年全球金融危机愈演愈烈之时，《鄞州日报》刊登的《"广博信心"造就"洛杉矶微笑"》却另辟蹊径，其独特的报道角度使文章内容增色不少。起初采访时，记者也陷于这类稿件的老套路，以企业提供的资料确定采访方向——即企业如何通过与美国文具商联手拓展国外市场，习惯性地以企业2009年产销开门红的数据开篇。这样的报道毫无新意。为此，记者仔细揣摩现有素材，决定再次深入企业挖掘鲜活事例。由于材料中点到了企业联手美国文具商拓展市场，记者便灵机一动，通过国际长途，在翻译的帮助下采访了美国广博公司总经理斯蒂文，记录下他身处危机时却能够笑对危机的生动事迹，并直接将他引以为荣的新绰号"LosAngeles smile（洛杉矶微笑）"引入文章主标题，以点带面，血肉丰满地展示了其逆水行舟的精神面貌。

（四）抓住盲点，做报道中的有心人

经济工作和经济生活中的盲点，就是那些平常看不到，容易被世人所忽略的细微变化。唯有那些有心人，才能在实践中察觉这些细微变化。记者在经济采访中要做有心人，注意观察那些容易被忽略的盲点，并抓住盲点进行深入思考和探索，洞悉这些细微变化与经济大趋势的联系，这样容易写出独家新闻。荣获第四届中国新闻奖三等奖的作品《国家统计局首次用"增加值"向外发布消息》一稿的作者在参加国家统计局的新闻发布会上，注意到新闻发言人在发布消息时，首次取消了总产值的指标，而增列了"增加值"的指标时，就以此向新闻发言人提问，发言人对此作了说明。采访结束后，记者抓住这一变化写出这篇300字的消息，与其他大多八九百字甚至上千字的报道相比，唯独该记者抓到了此次新闻发布会最有价值的新闻——国家统计局首次用"增加值"向外发布消息，不愧为一篇优秀的独家新闻。

国家统计局首次用"增加值"向外发布信息[①]

本报讯 记者齐玄江报道 2月18日，国家统计局举行的"1992年国民经济和社会发展的统计公报"新闻发布会，首次取消了工、农业总产值指标，增列一、二、三产业的增加值指标。

发言人解释说，这样做的原因，是为了引导各地从追求总产值转到提高经济效益上来；同时也是为了与国内生产总值相衔接，向新国民经济核算体系靠拢，也便于国际对比。

---

① 齐玄江：《国家统计局首次用"增加值"向外发布信息》，载《中国财经报》，1993年2月20日。

增加值，表示一年生产的可用于社会最终消费的物质产品和服务价值总和，不包括中间消耗转移的价值，因而能更真实地反映全社会的活动成果。国家统计局公布的1992年我国工业增加值为10116亿元，农业增加值为5808亿元，第三产业增加值为6623亿元。

三、写活经济新闻语言

经济新闻的语言常常因其专业术语众多让人产生枯燥晦涩之感，同时，表述中夹杂大量的抽象数字，难以做到具体形象。要使枯燥抽象的语言变得精彩美妙，需要记者用心锤炼文字、巧妙表达、写活经济新闻语言。

（一）短小、精炼、精准

美国合众国际社做过研究：8个词以下的句子，最易读；11个词以下的句子，易读；14个以下的句子，较为易读；17个词，标准句子；20个词，较难读；25个词，难读；29个词，很难读。[1] 在快餐文化时代，人们的生活节奏加快，越来越少的人愿意面对冗长艰涩的信息，简短的句子更易受到读者的青睐。同为中国人民银行行长戴相龙答记者问的报道，因为中外不同媒体报道用语不同，效果也迥然不同，对比如下[2]：

国内某媒体的导语为：

中国人民银行行长戴相龙今天在九届全国人大一次会议例行的记者招待会上说，今年我国确定的经济增长目标是必要的，也是可实现的。为实现这一目标，中央银行将坚持适度从紧的货币政策，适当增加货币供应量，保持国际收支平衡和人民币汇率稳定，有效地防范和化解金融风险，以促使国民经济在结构调整中保持适度快速增长。

美联社报道此消息的导语为：

中国人民银行行长戴相龙今天说，为了战胜亚洲金融危机，中国将增加投资，放宽对银行的限制并整顿金融秩序。

美联社的导语"增加投资，放宽对银行的限制并整顿金融秩序"，寥寥数字，表达清晰，便于受众阅读和理解央行的新举措。而国内媒体报道中"适度从紧的货

---

[1] 张柏兴、汪宗保、龙长征：《专业新闻报道》，浙江大学出版社，2005年版，第38页。
[2] 转引自邓涛：《将经济新闻写得更易读》，载《新闻与写作》，2008年第4期。

币政策，适当增加货币供应量，保持国际收支平衡和人民币汇率稳定""有效地防范和化解金融风险，以促使国民经济在结构调整中保持适度快速增长"则过于冗长，读来费劲，有学习文件之感，令人生厌。

经济新闻除了追求简短外，语言还应做到精炼精准。模糊的语言是经济新闻的大敌，表示时间的最近、不久，表示数量的大概、大约，表示程度的基本、显著等模糊的词语，以及上面例子中提到的"适度快速增长"这些陈词滥调或者套语、笼统说法在报道中应尽量少用。

（二）通俗、形象、易懂

普通读者对经济新闻中涉及的专业术语不了解，往往看不懂。对此，记者对专业术语一定要做好"翻译"工作，巧用解释或俗称使报道通俗易懂。

比较以下两则报道①：

中新社报道：

> 沈阳某县气象站，不仅能准确地做出短期、中期、长期的气象预报，而且能做出超长期的气象预报。

法新社报道：

> 世界上大多数气象站能做出一天、两天乃至一星期的气象预报，中国的一个县气象站却能做出更长时间的气象预报。

法新社用一天、两天、一星期这类人们生活中常用的时间用语通俗地表达了短、中、长期的气象专业术语。这种通俗的表达方式具体、形象、贴切，有助于受众更好地理解内容。

除做好专业术语的"翻译"工作外，运用多种修辞方式、散文化笔法等表达，不仅能起到易读、易懂效果，而且还能增加报道的色彩和魅力。比如《国际先驱论坛报》在报道芬兰森林的重要性时采用拟人手法："每当芬兰的林业'打喷嚏'，芬兰的工业部门就要患'感冒'。""打喷嚏""患感冒"都是人类才有的行为，而在此巧用到林业、工业部门上，报道顿时生动形象起来。散文化笔调的运用使文章充满美感，读来赏心悦目。

《人物》特稿《李开复：最大化的幸存者》，在介绍李开复极度追求精准和掌控的性格特质之时，使用了一个极具代表性的生活细节，以细致入微的采访观察，捕捉到了人物刻画的核心冲突点——"最大化战争"，写作上极具表现张力，文章摘

---

① 转引自：《地市报怎样刊发经济新闻》，载《新闻天地（论文版）》，2009年第1期。

录如下:

> 李开复的西装裤口袋是一个精确测试后确定的尺寸,它和最新款 iPhone 的尺寸贴合,既不会浅到放不进去,又不会深到不容易取出来。在重要场合,他会戴宽度 7 厘米的细领带,比市面上大部分领带细 1 厘米,因为他经过实验发现,这样的搭配显瘦。就连他的笑容,都像是一个受过专业训练的职业偶像营业时的 "idol smile",这是他大部分照片里的固定微笑的弧度。
>
> 坐在这样的李开复对面是一场持续的心理危机。他的人生经历被量化,像一个可查询的数据库,他的回答基本上全部出自他出版过的 8 本书,以及迄今为止发表过的公开演讲、访谈和文字记录。如果你读过这些内容,就可以准确预测他每一次的答案。因为不管问题是什么,他都会绕回到这些公开信息的范畴之内,逻辑落点始终是——"世界因你而不同",每个人都要"做最好的自己",而现在,我们应当关注"AI 未来"。这些是他的自传标题,也是他研究后发现最适宜大众传播的话题。
>
> 他的生活是一场最大化的战争,在有限条件里,最大化时间,最大化效率,最大化确定性,不允许冗余。偶尔助理给他在两个时间段中安排了休息,会遭到他委婉的批评:时间没有得到充分利用。①

要做到通俗,还需经济报道民生化、社会化,从百姓视角看问题,发掘经济新闻中与百姓生活密切相关的部分,以通俗化的方式展现给受众。比如,在国家提出"双碳"目标的宏观背景下,碳中和作为新概念,与民生相关的切身利益究竟是什么,这直接关系到普通人关注、理解政策的兴趣与焦点。《中国新闻周刊》从"碳交易与电价"这一角度切入,刊登了《全国碳交易市场开市,居民电价会涨吗?》。全篇报道采用倒金字塔式结构,开篇即回答了民众最为关切的问题——"碳市场的开启目前不会,但最终可能会影响电价"。记者进而通过详实细密的文献资料分析,加上资深产业人士的一手采访,为财经报道增添信息增量的同时,梳理得出了如何回应"民生之问"的完整逻辑线②,有助于读者全面深入地了解与民生相关的碳交易市场及其社会意义。

(三)巧用枯燥的数字

经济新闻往往不可避免地运用数字来说明解释问题,如何把抽象的数字写活,易于理解,有以下"小窍门":

---

① 李斐然:《李开复:最大化战争的幸存者》,载《人物》,2019 年 11 月 13 日。
② 徐天:《全国碳交易市场开市,居民电价会涨吗?》,载《中国新闻周刊》,2021 年 7 月 22 日。

1. 优选数字

《〈华尔街日报〉是如何讲故事的》的作者威廉·E·布隆代尔强调："我们很清楚，太多的数据无异于毒药，所以记者在处理数据时，要做的第一件事就是去掉那些无关紧要的数据。"因此，报道时要尽量优选数字，尽可能用少而精的数字说明新闻主题。

2. 用准数字

用准数字必须做到：一要真实，不能失实；二要准确，计算精准，避免概数，更不能把数字（如有无小数点）或单位写错；三要科学，正确使用比例单位，如运用数字时不能用"降低了××倍"或"减少了××倍"，而宜用"降低了百分之××"或"减少了几成"，同时，严格区别"增倍"和"翻番"等易混淆的用语。

3. 抽象数字具体化

把抽象的数字转化为人们熟知的具体事物，能让受众更好地理解数字的含义。如 18 万亩地相当于 1 万个足球场的大小，用 1 万个足球场的实体面积形象地体现了 18 万亩地的具体大小。

4. 纵横比较数字

纵横比较能使数字包含的意义更为明确。纵向比较可采用事物的现在与过去比较，以显示其变化。如同期相比增长多少。横向比较即把同类事物进行对比，以显示其差别。运用比较法时要注意可比性。

5. 扩大、缩算数字

一种是把大数字化小，使之与受众的实际生活更为接近，以便引人注目。如介绍某地区人口增长过快，一年新增 1895 万人，在这片土地上相当于每分钟增加 31 人。另一种是把小数字变大，以便引人重视。如每人节约 1 分钱，全国就是 1300 万元。

6. 阐释数字

不直接写出数字，而是给人以概念。如报道今年的 GDP 增长率不会下降。

7. 省略尾数

如果数据的具体信息不是很重要，可以把它四舍五入。比如 370 万元比 3700808 元要简单清楚得多。

四、突出经济新闻人物

人作为实践主体，是经济生活中最活跃的因素。可是，经济新闻报道中却经常见物不见人，人物被抽象为"专家""大部分群众""工人们"等，让报道失去人情味。经济新闻要"以人为本"，重视人物报道，增强新闻的可感性。

（一）重视经济新闻中的人物报道

把经济活动与经济政策的贯彻执行还原到相关人物来写，规避经济新闻中常犯的见事不见人、见数字不见人之不足。经济新闻中的人物大致可以分为两类：显要人物和普通大众。显要人物又可以分为制定经济政策的各级领导干部和经济领域的专业人士，这两者都具有显著的新闻价值，理应加以关注；普通大众是指报道普通百姓的经济活动和经济生活时出现的人物。通过描述显要经济人物的活动和思想，可使抽象的政策条文、经济工作、经济理论变成有动感的、有人情味的动态新闻；通过描述普通大众的经济活动和经济生活，可以生动地说明某一经济成就的取得过程或某一经济理论的运用情况，避免在报道经济成就或理论时说空话、大话。诸如《巴菲特、盖茨谈财富人生》《"股市奇才"王亚伟：一直被模仿 从未被超越》《刘文霞：一个下岗职工的创业历程》等报道就是通过有血有肉的经济人物生动呈现社会经济生活的典型例子。

（二）让新闻中的人物自己站出来讲话

抓住新闻中人物典型的语言、神情、动作、精神面貌等，把新闻人物的喜怒哀乐淋漓尽致地表现出来，这样不仅可以消除经济新闻写作的沉闷感，还能增强经济新闻的思想性和人情味。如《武汉晚报》记者报道一则最低保障发放金场面时写道："满头银发的刘金秀婆婆接过钱，眼角溢出了泪水。孤寡老人吴腊珍用手杖敲着地面，激动地说：'我都83岁了，生活还有保障。在旧社会，谁管？'"作者把老人的容貌、动作、神情、语言细致地进行了刻画，党和政府对群众的关心也从字里行间得到了充分的展现。这比单纯地从领导的角度报道党和政府如何关心群众更有感染力。

五、报道贴近百姓生活

新闻报道的目的无非是传播某种信息给尽可能多的受众，要使报道赢得更多受众的青睐，写出贴近普通百姓生活的报道无疑成了媒体的重任。

从群众日常经济生活中寻找新闻线索，选取与读者生活密切相关的题材，抓住经济工作和经济生活中大众普遍关心的经济问题，从民生角度加以报道，使深奥的经济新闻走向社会化，就要"请"经济新闻"回归现场"，写出现场感。这个"现场"是企业的生产现场、职工的生活现场、企业家的调研现场、经济活动交流现场。曾经两次获得美国普利策新闻奖的美联社特派记者雷尔迈·莫林在谈起自己的采写经验时说道："一篇理想的新闻报道应该把读者带到现场，使他能看到、感觉到，甚至闻到当时所发生的一切。"写出现场感可抓住一些寓意深刻的动态背景、感人场面或精彩对话，使新闻所表述的主题思想具体化。让受众通过具体化的现场描述感知、领悟经济政策、经济现象，这比空泛地讲经济理论知识、经济政策、经济变化的感染力要强得多。

经济新闻报道还需增强经济信息的社会服务功能。受众对经济新闻感不感兴趣，主要取决于新闻事实是不是发生在受众身边，新闻事实和受众有无关联。在消费经济时代，强调经济报道的"消费指导性"是可取之道。从关系人们切身消费行为和观念的角度写新闻，重视商品价格的变化、品种的换代、市场的预测等信息报道，是受众乐于接受的。如2008年金融危机爆发后，很多地市报纸刊登了不少文章，连篇累牍地分析金融危机对世界经济产生的各种影响。其实，作为普通百姓，他们更关注的是金融危机对我国经济有何影响，再具体一点，他们最关心的是与自己的生活息息相关的就业、物价等问题。这些地市报纸就应加大这方面的信息报道，而非本末倒置地报道一些对普通受众来说空泛宏大的内容。

思考练习题

一、以一篇经济新闻报道为例，分析其新闻价值与特点。

二、通过实例说明经济新闻报道的主要内容包括哪些？

三、根据本章所述，分析经济新闻报道的采写技巧。

四、结合自身学习，谈谈你将如何学习和掌握经济领域的专业知识以及了解经济政策和国际经济发展走势。

五、采写训练

1. 关注当地民众的经济生活，采写一篇贴近百姓生活的经济新闻。

2. 掌握经济领域专业知识，结合当下经济热点，写一篇专业性较强的经济人物专访。

第十六章　社会新闻的采写

【内容提要】
　　社会新闻是以观照社会生活，反映社会问题为主要内容的新闻题材，其以人与人的关系、人与社会的关系为中心，重在反映社会生活、社会现象、社会事件、社会问题、社会道德以及人们关心的自然现象等内容。社会新闻题材广泛、人情味浓、受众面广，与时代共振，时常伴有突发性。同时，社会新闻又因题材多样而可细分为生活服务类、社会问题类、社会风尚类、犯罪涉案类、奇闻轶事类以及天灾人祸类等。社会新闻要求采写者广交朋友、关注民生、勤学多思，以及时、巧妙获取新闻线索，同时也需合理坚守真实把握时效，体现正确的价值导向，以彰显媒体的人文关怀。

第一节　社会新闻的含义和主要特征

一、社会新闻的含义

　　社会新闻，缘字寻义，有悠久的历史，早在我国古代的童谣、民间传说乃至稗官野史之中就孕育着社会新闻。春秋战国时的民间采风，就带有搜集社会新闻的性质。只是当时是口头传播，而非媒介传播，是广义上的社会新闻，非近现代意义上特指的社会新闻。有人认为，近现代社会新闻产生于19世纪30年代美国"大众化报纸"时期，当时以色情、凶杀新闻等材料居多，后来其取材逐步有所改变。社会新闻历来受到人们青睐，发展至今，是最具吸引力的新闻品种之一。
　　社会新闻有广义和狭义之分。从广义来说，一切人和事都可归为社会新闻。因为一切新闻事件都离不开社会这个大范畴，人和事都存在于社会之中，因而，社会新闻的外延就变得无限广阔，几乎所有的新闻都可算作社会新闻。从狭义来讲，由于不同学者对社会新闻的报道范围和价值取向持有不同的看法，因此，社会新闻的

概念历来众说纷纭,迄今为止仍没有统一的认识。例如:

"社会新闻是什么呢?就是社会主义时期人与人之间的关系。"①

"社会新闻不受行业的局限,是侧重于报道社会上或自然界中与人们的生活密切相关,能够激起读者某种情感或富有情趣的新闻。"②

"社会新闻就是从人们的日常生活角度出发,报道类似社会学所研究的范围(人口、就业、道德、秩序、婚姻、家庭等)以及人与自然界中奇异现象的新闻。"③

"社会新闻是侧重于报道社会生活中有关社会问题、伦理道德、时代风尚、生活情趣的新闻,它是一定时期社会生活和时代特征的集中反映。"④

纵观上述定义,我们可以总结出:社会新闻是相对时政、经济、科技、文艺新闻而言,以人与人的关系、人与社会的关系为中心,反映当前社会生活、社会现象、社会事件、社会问题、社会道德以及人们关心的自然现象等方面的报道。

二、社会新闻的主要特征

(一)题材广泛

社会新闻报道的领域极其广泛。它像一面镜子折射着社会的各个角落,不管是政府机关、法院、部队、监狱,还是企业、学校、家庭、村落等都可以找到社会新闻的影子。人们在日常生活中的大小事情,如衣食住行、生老病死等都是社会新闻的重要内容。社会上发生的各种突发事件,如空难、矿难、火灾、地震、海啸等也是社会新闻关注的重要对象。社会上存在的各种时弊,如赌博、吸毒、绑架、凶杀、欺诈等也是社会新闻经常揭露的对象。各种富有人情味的社会新风貌、新道德、新时尚等也是社会新闻报道的主题。社会各个阶层的生活状况,如恋爱、婚姻、家庭等更是社会新闻的重要内容。自然界的各种奇异现象或风土人情,如连体婴儿、变性人、风俗习惯、铁树开花等也常被纳入社会新闻报道的范畴。

(二)趣味性浓

与其他专业新闻相比,社会新闻具有更多的趣味性。社会新闻所报道的新闻事

---

① 成鸿昌、赵娟萍:《漫谈社会新闻》,新华出版社,1994年版,第2~3页。
② 刘海贵、尹德刚:《新闻采访写作新编》,复旦大学出版社,1997年版,第270页。
③ 康文久:《实用新闻写作》,新华出版社,1996年版,第189页。
④ 徐国源:《当代新闻采访写作》,苏州大学出版社,2006年版,第250页。

实大都曲折生动，有的甚至是离奇、反常的奇异怪事，带有新奇、趣味、新颖的特点，具有很强的吸引力。有些趣闻性极强的社会新闻，从标题开始就会激发受众浓厚的观阅兴趣。譬如《市长选举虱子主持》《只因野鸡进门，就要逼死妻子》《背起丈夫去离婚》《赔我亲吻权》等。

社会新闻的趣味性还蕴含着一定的知识性。社会新闻常常抓住受众求新、求异、求趣的心理，融知识性于趣味性之中，从而达到良好的传播效果。如2022年4月11日《中国青年报》刊登的《古生物学家发现史前鳄鱼新物种 为何借用大文豪韩愈的名字》，就将知识性融入趣味性之中，报道以史前鳄鱼新物种的命名为由头，介绍了合肥工业大学资源与环境工程学院的古生物学家饭岛正也博士和刘俊教授的新发现。据考证，本次发现的鳄鱼物种同唐代大文豪韩愈被贬潮州时所作《鳄鱼文》中描述的"四处侵扰为害"的主角属于同一物种。这些对自然界、人类社会的一些奇异现象或者神秘发现的报道，将知识性寓于趣味性之中，能帮助受众开阔眼界、增长知识。需要注意的是，具有"趣味性"的社会新闻不同于黄色新闻，不应标榜恶搞、猎奇、博眼球等"低级趣味"，而应注重新闻的意趣、智趣与社会影响，媒体报道应倡导和引导积极向上的主流价值观。

（三）受众面广

社会新闻因其报道题材广泛，涉及各行各业，渗透到方方面面，因此，社会新闻的读者也分布在社会的各个领域。社会新闻反映普通百姓的生存状态和生存环境，并且注重传达他们的意见和要求，帮助他们解决生活中遇到的实际困难和问题。每个人都会或多或少地关注社会新闻以了解自己所生存的生活环境。社会新闻具有浓厚的人情味，能够反映社会的人情冷暖，极大地唤起受众的同情心，引起受众的关注。此外，社会新闻鲜有专业知识和专业术语，其雅俗共赏的文风，使不同年龄阶段、不同文化水平的受众都较容易接受。

（四）突发性强

社会新闻常伴有一定的突发性，从某种意义来说，社会新闻是一种原生态的动态新闻，具有独特的新闻价值。诸如恐怖袭击、飞行空难、交通车祸、地震海啸、洪涝灾害、台风袭击等都是没有常规、难以预料的，具有一定的风险性。现代风险社会对媒体有更强的依赖，特别是在灾难发生的时候，媒体往往成为唯一的权威信息源。如果媒体不能完成自己传播信息的重任，社会立刻会谣言四起，使大众处于一片恐慌之中，可能会加大灾难的破坏力。在突发性灾难中，谣言或不恰当的报道所造成的损失常常超过灾难本身。因此，面对突如其来的灾难时，记者应迅速抵达灾害发生现场，准确描述灾害的真实情态，及时跟踪灾害的变化过程，全力沟通政府与公众之间的联系，鼓舞人民抵御灾害的信心和勇气，提供抗灾抢险的实用方法，努力降低灾害引起的社会动荡和不安。

第二节 社会新闻的主要类别

一、社会新闻的分类表现

社会新闻不受行业的局限，涉及面宽广，对其类别的划分有一定难度。国内现有的对社会新闻的分类基本上有两种划分方法：一是侧重于社会新闻作品形态所反映的内容进行划分。如沈原的分法：新人、新道德类；新事、新气象、新风尚类；恋爱、婚姻、家庭类；人口、生育类；求学、教育类；劳动就业类；衣食住行娱乐类；居民邻里类；市政建设、社会服务类；医疗、卫生、保健类；社会秩序、交通安全类；民事、刑事案件类；改邪归正、浪子回头类；揭露坏人坏事、抨击坏人坏事、抨击恶风陋俗类；天灾人祸类；名人轶事、伟人今昔类；风土人情、风俗习惯类；奇闻趣闻类。二是侧重于社会新闻的题材特征进行划分：事件性社会新闻、风貌性社会新闻、动向性社会新闻、问题性社会新闻、批评性社会新闻、珍奇性社会新闻、交叉性社会新闻。[①] 在现有的分类基础上，本书对社会新闻的主要类别作进一步的科学梳理。

二、生活服务类新闻

社会新闻中的衣食住行、求学就业、医疗卫生、社会秩序、邻里相处、生活方式、消费理念等等都可归为生活服务类信息。生活服务类新闻跟人们的生活息息相关，具有极强的贴近性。该类新闻根据报道题材类型的不同，有两种不同的报道风格：简洁明了和深度挖掘。简洁明了即朴实简约、细致贴心，简洁明白地告知受众相关信息，充分发挥媒体的信息告知功能。先看下面这则报道：

---

① 沈原：《社会新闻采访与写作》，上海社会科学院出版社，1995年版，第34~46页。转引自靖鸣：《试析社会新闻的类型》，载《广西师范大学学报》，2004年第2期。

6月起 川内4A级景区有望"一码"入园[1]

本报讯（四川日报全媒体记者郭静雯）省文旅厅、省大数据中心日前联合发布《关于开展4A级旅游景区"三码合一"工作的通知》，计划今年6月启动"三码合一"工作。4月11日，记者从省文旅厅获悉，届时将打通"四川天府健康通"二维码（健康码）、场所码、身份信息等"三码"数据，实现扫票（电子或纸质门票）或扫证（身份证）任意一种方式快捷入园。

目前，我省有325家4A级景区。以往，游客进入这些景区游览至少需3个步骤：第一步，线上预约，成功后到达景区；第二步，出示健康码、扫场所码，绿码方可通过；第三步，在景区验票闸机入口，游客需刷身份证或门票预约二维码才能进入景区。

今年6月起，这些4A级景区将通过票务系统或预约系统与"四川天府健康通"二维码（健康码）、场所码、身份信息管理端对接。届时，游客在预约购票、入园时即可实现自动查验健康状态，绿码方可预约、通行。游客进入景区时，仅需扫票（电子或纸质门票）或扫证（身份证），无需再出示健康码、扫场所码，一个步骤快捷入园。

这则报道以简洁的叙事，介绍了四川省旅游景区的便民管理办法。此类报道不拖泥带水，简明实用，颇为受众喜爱。在移动媒体与互联网技术使用较为普遍的当下，此类新闻常被媒体设计为滚动播报的资讯卡片，以更快更直观地向受众播发讯息。而另一篇有关电信网络诈骗整改进展的报道，则深入详解了电信诈骗的发生过程和应对手段，有助于受众科学防范电信诈骗。原文如下：

打击电信网络诈骗再出招，钱盾反诈机器人上线
反诈专号来电 请耐心接听[2]

手机接到来电显示为"公安反诈专号"的电话，请一定要耐心接听。12月16日，公安部刑侦局联合阿里巴巴推出的"钱盾反诈机器人"正式宣布上线。"钱盾反诈机器人"可通过来电显示"公安反诈专号"，向潜在的电信网络诈骗受害人拨打电话，发送短信、闪信提醒信息，提升反诈劝阻成功率，减少电信网络诈骗案件的发生，保护群众的财产安全。

国务院打击治理电信网络新型违法犯罪工作部际联席会议办公室主任、公安

---

[1] 郭静雯：《6月起 川内4A级景区有望"一码"入园》，载《四川日报》，2022年4月12日。
[2] 倪弋：《反诈专号来电 请耐心接听》，载《人民日报》，2019年12月17日。

部刑事侦查局局长刘忠义表示，公安部会同有关部门，连续多年组织开展专项行动，不断掀起打击治理电信网络诈骗犯罪高潮，取得了显著成效。仅今年以来，全国公安机关就破获电信网络诈骗案件16.2万起，抓获犯罪嫌疑人13.9万名，同比分别上升42.7%、93.1%。多年打击治理实践让公安机关认识到，多破案不如少发案，加强犯罪预警和防范，是减少群众被骗的有效渠道。然而，由于潜在受害人被骗子深度洗脑，反诈民警劝阻预警的成功率还有待提升。

今年7月，江苏南通市在职女教师朱女士遇到冒充公检法诈骗，南通市反诈中心民警多次致电提醒劝阻，她不相信，坚称自己未被骗。直到她协助犯罪嫌疑人诈骗他人被识破，才醒悟过来，而这时，她已经被骗140多万元。据深圳市反诈中心的数据显示，每天拨打出去的上千个劝阻电话，近四成被拒接，劝阻成功一个人，至少要打5通电话。

反诈"劝阻难"既与潜在受害人被"洗脑"有关，还与反诈劝阻电话号码不统一、知名度、辨识度不高有一定关系，电话拨打出去，往往被当成推销、诈骗电话。公安部会同工信部等部门和互联网企业联合推出"钱盾反诈机器人"，旨在破解"劝阻难"的问题，提升反诈劝阻成功率。

刘忠义介绍，"钱盾反诈机器人"是运用高科技手段开展预警劝阻、提升反诈工作成效的一次有益实践，可以同时通过电话、短信、闪信三种渠道，快速向被骗群众发布预警，为公安机关上门劝阻争取了时间，有效提升人工劝阻的成功率。当接到电信网络诈骗电话，公安部刑侦局钱盾反诈预警系统预警到这一信息后，钱盾反诈机器人即自动拨打潜在受害人的电话予以提醒，来电信息显示为"公安反诈专号"。同时还有闪信强制弹窗提醒，若不读闪信信息，手机就不能做其他操作。

若潜在受害人在5分钟内既不接电话，又不处理闪信，钱盾反诈机器人会再次拨打电话、发送闪信，如此反复，直至潜在受害人处理提醒信息。为确保这个来电显示字段不会被盗用、篡改，"公安反诈专号"还加入了技术保护措施。

公安部刑侦局提醒，当接到或收到"公安反诈专号"来电、闪信和短信时，意味着很可能已遭遇了电信网络诈骗，请接听提醒电话，并拨打110报警。据悉，"公安反诈专号"除拥有辨识度较高的专属来电显示外，民警还可以根据不同类型电信网络诈骗的话术，通过AI语音交互技术配置相应的劝阻提醒内容，引导潜在受害人走出诈骗圈套。

数据显示，"公安反诈专号"自今年11月15日在部分地区试运行以来，平均每天劝阻3000多人，劝阻成功率超96%。北京师范大学中国刑法研究所副所长彭新林表示，设立统一的"公安反诈专号"能增强权威性，提升潜在受害人对民警的信任度，对打击电信网络诈骗有一定功效。治理电信网络诈骗要标本兼治，不仅要加大源头治理,还要增强群众的防范意识。

阿里巴巴集团首席风险官郑俊芳表示,希望持续利用技术和社会各界的力量,协助公安遏制电信网络诈骗,真的做到"钱有盾、诈无门",让技术和公益充分结合起来,解决老百姓最头疼、最难的问题。

三、社会问题类新闻

社会问题类新闻大多反映社会不良现象,包括异常群体面临的自杀、精神病以及弱势群体面临的失业、贫困、残疾、年老、孤儿等社会问题,这些不良现象可能诱发社会动荡不安,影响人们正常生活。为拥有一个良好的社会环境,媒体应对社会问题高度关注,并积极引导。如《人民日报》刊登的《婴幼儿照护费用纳入个税专项扣除》,针对国务院印发的《关于设立3岁以下婴幼儿照护个人所得税专项附加扣除的通知》进行政策详解,聚焦民众最为关切的社会问题,提供国家为优化生育政策的配套支持措施的解读服务。

婴幼儿照护费用纳入个税专项扣除①

3月28日,国务院印发《关于设立3岁以下婴幼儿照护个人所得税专项附加扣除的通知》。有3岁以下婴幼儿的纳税人,可以从今年1月1日起享受新的专项附加扣除。根据通知,纳税人照护3岁以下婴幼儿子女的相关支出,按照每个婴幼儿每月1000元的标准定额扣除。

北京国家会计学院教授李旭红认为,这是一项惠及千家万户的实实在在的福利,作为优化生育政策的配套支持措施之一,增加婴幼儿照护费用的税前扣除,有利于减轻纳税人抚养子女负担,体现了国家对人民群众生育养育的鼓励和照顾,有利于促进人口长期均衡发展。

"3岁以下婴幼儿照护专项附加扣除政策实施,与此前的个人所得税改革形成了良好衔接。至此,从婴幼儿照护、子女教育、继续教育,到住房租金、住房贷款利息、大病医疗、赡养老人,这七项专项附加扣除政策基本上考虑了纳税人不同阶段的负担情况,实现了纳税人各阶段支出全覆盖。"北京大学经济学院教授刘怡说。

根据政策规定,在具体扣除方式上,父母可选择由一方按扣除标准的100%扣除,也可选择由双方分别按扣除标准的50%扣除。监护人不是父母的,也可按

---

① 王观:《婴幼儿照护费用纳入个税专项扣除》,载《人民日报》,2022年3月29日。

上述政策规定扣除。

"既允许父母双方均摊扣除，也允许父母中一人扣除，同时还允许指定的监护人扣除，体现了在个税制度设计中充分考虑家庭因素的理念。"李旭红认为，此项政策沿用了我国个税改革中的成功做法，采用定额扣除的方式，既能达到减税目的，又使纳税人更为便利地获得了减税红利，在具体扣除金额上也与子女教育专项附加扣除标准保持一致，基本合理。

财政部税政司、国家税务总局所得税司有关负责人表示，按照个人所得税法相关规定，专项附加扣除可以在申报当月扣除，也可以在以后月份发工资时补充扣除；平时发工资没有扣除的，或者没有任职受雇单位的，也可以在次年办理汇算清缴时补充扣除。

例如，纳税人的子女在2021年10月出生，自2022年1月1日起纳税人即符合专项附加扣除享受条件。纳税人4月份将婴幼儿信息提供给任职受雇单位，单位在发放4月份工资时即可为纳税人申报1至4月份累计4000元的专项附加扣除。

需要注意的是，当前正在进行的综合所得汇算清缴，汇总的是纳税人2021年的收入和扣除信息，3岁以下婴幼儿照护专项附加扣除政策自2022年起实施，因此不能将婴幼儿照护专项附加扣除填报到当前进行的2021年度个税综合所得汇算清缴中。

据了解，3岁以下婴幼儿照护专项附加扣除与其他六项专项附加扣除一样，实行"申报即可享受、资料留存备查"的服务管理模式。纳税人在申报享受时，可通过手机个人所得税APP填报，或向单位提供婴幼儿子女的姓名、证件类型及号码以及本人与配偶之间扣除分配比例等信息，无需向税务机关报送证明资料。纳税人需要将子女的出生医学证明等资料留存备查。

如果纳税人暂未取得婴幼儿的出生医学证明和居民身份证号，可选择"其他个人证件"，并在备注中如实填写相关情况，不影响纳税人享受扣除。后续纳税人取得婴幼儿的出生医学证明或者居民身份证号的，及时补充更新即可。如果婴幼儿名下是中国护照、外国护照、港澳居民来往内地通行证、台湾居民来往大陆通行证等身份证件信息，也可以作为填报证件。

四、社会风尚类新闻

社会风尚类新闻包括积极和消极两大类。积极美好的社会风尚应加以宣扬和歌颂，让人们从中感受到健康正确的价值观、人生观，感知世间的真、善、美，在潜移默化中发挥社会风尚类新闻的舆论引导作用。这类报道的佳作不胜枚举，诸如对社会美好道德的歌颂：《上海动物园众人虎口救妇女》《送迷途儿童回家》《乘客丢包无处寻"的哥"电话寻失主》《冬衣暖人心》等等。在宣扬社会生活中健康正确的恋爱、婚姻、家庭、生活价值观的同时，媒体针对社会中出现的愚昧、落后、陈腐、伤风败俗的不良行为和观念进行批评与矫正，能够促进社会文化和社会道德的健康发展。例如，下面这则报道，聚焦于温州一带倡议推动的"绿色殡葬"新风尚，带给读者对于"身后"之事的全新思考。

绿色"回归"：温州老人的"百年"计划[①]

距周志华被确诊为胃癌并切除四分之三个胃已近 10 年。在近乎奇迹般的康复后，他却一直忙着为自己的身后事奔走，尽管他今年也才 65 岁。

来自浙江省温州市的周志华，是一名商人，而他的另一个身份，则是温州市鹿城区生态回归促进会副会长。16 日，他一早赶到当地的翠微山上，见证其和同仁推动的纪念园——义园的揭碑、动工仪式。

义园是浙江首个由民间倡议推动的专门的节地生态安葬纪念园，预计于 2018 年底竣工。届时，像周志华一样希望在身后选择海葬等不保留骨灰安葬的市民，均可在该园石碑上刻下名字，供后人缅怀。

"中国人讲，死者为大，入土为安，身后不保留骨灰，并不是一件容易的事，也不是一个人的事。"周志华说。

周志华所在的温州市，历史上就有"厚葬"的习俗，在山上建"椅子坟"的现象十分突出，一度是中国青山白化最严重的地方之一。另一方面，温州墓地价格居高不下，一处普通的公墓，就要几万元甚至十几万元。

被确诊为癌症后，周志华被告知只能活两到三年，亲友建议他早点准备"老房子"。他后来才反应过来，中国文化忌讳谈死，"老房子"其实是温州方言中对墓地的隐晦表达。

于是，周志华像大部分温州人一样，在生前为死后寻找一个"窝"。"看了几处后，我感到墓地太冷冰冰。"周志华想到了海葬，"我喜欢旅游，百年之后，可以随着大海到世界各地去"。

这是一个"大胆的想法"。周志华曾与一些同龄人交流，当准备提这件事时，对方却摆摆手，不愿再继续聊。但令他感到意外的是，身边竟有十几个友人支持海葬。他们商量着，墓地免了，省下的钱不如在海边建一个亭子，可供路人躲雨

[①] 陈晓波，吴帅帅：《绿色"回归"：温州老人的"百年"计划》，新华社每日电讯，2018 年 1 月 22 日。

纳凉，也可供后人纪念。

2014年，周志华通过《温州商报》寻找海葬志愿者，想成立社会组织，进而向政府申请批地以建亭，由此认识了与他有相仿理念、现为温州市鹿城区生态回归促进会会长的蔡文麓。

蔡文麓幼时丧父，亲历了家人攒钱建坟、因建水库迁坟等种种，深感死之不易，决定自己百年之后不再建坟，仅将骨灰撒在父母的墓上，以念生养之恩。

更让蔡文麓忧心的是，老一辈革命家倡导火化，冲破了几千年的土葬习俗，如今温州火化率已达100%，但解决了火化问题，并不等于解决了青山白化问题。"公墓越建越多，能安放下我们所有人包括子孙后代吗？"

周志华与蔡文麓一拍即合，他们身边很快汇集了五六十名有意于节地生态安葬的市民。2015年3月31日，温州市鹿城区生态回归促进会在当年的清明前成立。生态回归之名，取义百年之后以绿色方式回到孕育生命的自然。

促进会还讨论决定，以更为庄严肃穆的纪念园取代亭子。截至目前，已有超过250位温州市民向促进会表达了身后选择节地生态安葬的意愿。

中国政府也注意到节地生态安葬的重要性和紧迫性。2016年，民政部等九部门联合印发《关于推行节地生态安葬的指导意见》，这是中国首个推行绿色殡葬的专门文件。

民政部相关负责人表示，推行节地生态安葬，不是对民众作出硬性要求，而是通过采取鼓励和引导的方式，让民众逐步接受节地生态、绿色环保要求的安葬理念，进而理解、支持和选择节地生态安葬方式。

浙江已于2017年底实现节地生态安葬奖补政策在89个县市区全覆盖。"实行节地生态安葬的，少则奖补两三千元，最高的可达两万元。"浙江省民政厅副厅长梁星心说。

对于促进会的诉求，温州市及鹿城区民政部门十分支持。事实上，近年来，温州实行节地生态安葬的人数逐年上升，但由于不保留骨灰，后人无可供缅怀之处，节地生态安葬推进工作遭遇较大阻力，每年参与节地生态安葬人数不到全部死亡人数的0.5%。

"可供后人缅怀并富有教化意义的纪念园，有望解决背后的两难问题。"温州市民政局党组副书记、副局长王绍寅说。

但由于择地、用地涉及多个政府部门，纪念园建设方案进展缓慢，经反复协调，最终义园方案通过并于16日揭碑动工。

梁星心将周志华、蔡文麓等先行者比作"义士"，这也是义园之名的由来。"义薄云天的境界，义无反顾的勇气，义不容辞的担当。"梁星心说。

义园位于翠微山高处，长约50米，宽约20米，占地面积1000㎡，与烈士陵园毗邻。

义园尽管不大,但在蔡文麓看来意义非凡。16年前,他撰文倡议为节地生态安葬的市民建纪念园,其中写道:纪念园"不仅是逝者回归大自然的场所,由于现代文明赋予古老传统新的文化内涵,而将成为一种精神的化身和生命的象征,将被后人永远崇尚和敬仰"。

这是今年71岁的蔡文麓,对浸润其间的文化的思考,也是他愿意舍弃安稳的晚年生活而不停奔走的原因。

五、犯罪涉案类新闻

社会新闻中的犯罪案件类新闻与法制新闻有明显的交叉性,往往难以区分,这里不妨将未进入法律程序的涉案新闻作为社会新闻的一个类别。此类新闻的特点是已经超出道德和伦理范畴,有许多已触犯法律,需要法律介入才能解决。犯罪涉案类新闻包括伤人、盗窃、赌博、吸毒、拐卖人口、卖淫嫖娼等触犯法律的涉案事件。在涉案类社会新闻的报道中,媒体要认识到"取"与"舍"的关系,明确"什么该报,什么不该报",避免给社会治安带来负面影响。例如,公安机关侦破一起重大盗窃案,是报道公安民警机智神勇抓疑犯,还是报道犯罪分子不择手段搞盗窃?一旦处理不好报道中的取舍关系,就势必会造成暴露公安机关侦破手段、诱发不法分子实施犯罪、间接增强犯罪分子反侦查能力等负面影响。2000年2月,河南省焦作市发生一起盗窃骨灰盒、敲诈殡仪馆的刑事案件,犯罪分子精心策划、巧妙设计,警方费尽周折,才将两名犯罪嫌疑人捉拿归案。在审讯中,令人们震惊的是,两名犯罪嫌疑人的犯罪动机竟来自一篇案件报道。此案告诫我们:涉案报道必须把握好分寸,处理好"取"与"舍"的关系,否则后果不堪设想。

此外,记者不能肆意放纵自己的情感,应尽量摒弃个人的爱憎,妥善处理好"情"与"法"的关系。2006年8月15日,海林市二道镇向日村一妇女为给女儿交学费,竟然将邻家8岁男孩绑架并杀死,随后勒索6万元赎金。记者采访时,一些村民出于痛恨,有意将该妇女的犯罪情节夸大渲染,想令其获得更为严厉的制裁。当时,在"情"与"法"的博弈中,记者坚守新闻职业的操守,客观、公正地报道该案,没有让舆论的力量影响到法律的公正审判。

六、奇闻轶事类新闻

奇闻轶事类新闻的范围比较广泛,包括名人轶事和具有知识性、趣味性的动物新闻、植物新闻、自然界珍闻及生活中的新奇现象。诸如，《风沙骤降北京城》《大群蝴蝶南飞并非不祥之兆》《南宁动物园长颈鹿五死一伤》《本溪一只猫长了四只耳朵》《北京一胎四子参军应征》《五胞胎今天出世》《义犬救人》《数九寒天访水娃》等等。报道此类新闻要有正确的态度、科学的解释，挖掘其中的思想内涵和社会意义，否则就可能将社会新闻写成神秘莫测的迷信、肤浅低俗的八卦新闻。如《蓝田发现迄今为止中国最早的人类活动痕迹》一文，就从科学发现的社会影响角度报道了一项考古成就，值得借鉴。

蓝田发现迄今为止中国最早的人类活动痕迹[①]

  本报讯（记者郭青）　来自中国科学院等机构的研究团队，在陕西省西安市蓝田县境内发现了迄今为止中国最早的人类活动痕迹。7月12日，《自然》在线发表的这一突破性发现将中国的人类史向前推进了约40万年。

  这项研究由来自国内外11家单位的11名学者共同参与。文章报告位于黄土高原南部、秦岭北麓的陕西省西安市蓝田县上陈村一带新发现了一个早更新世的古人类旧石器遗址，其所处时代距今126万年到212万年。上陈旧石器遗址拥有连续性较好的人工制品文化层序列。研究人员在遗址黄土—古土壤序列的17个原生层位（S15-L28）中发现了96件石器。

  自2004年起，中国科学院广州地球化学研究所朱照宇团队开始在上陈村周边进行考古发掘。朱照宇团队详细描述了上陈旧石器遗址早更新世黄土—古土壤序列S15至L28层位中82个被打击过的石头和14个未经打击的石块。这些被打击的石头包括石核、石片、刮削器、尖状器、钻孔器和石锤等，是古人类早期使用工具的证据。上陈旧石器遗址17个文化层的时间跨度约为85万年，出土的96件石器大部分位于11个古土壤层中，少量位于6个黄土层中。

  学术界普遍认为古人类可能起源于非洲。目前已知的人类最古老的化石，是来自埃塞俄比亚的一块约280万年前的骸骨。到目前为止，非洲以外发现的最古老的古人类是位于格鲁吉亚的德马尼西人。在德马尼西遗址发现了大量约185万年前至178万年前的多种古人类遗骸与人工制品。中国云南元谋曾发现两颗可能属于直立人的门牙，其历史在170万年以上。此前在蓝田公王岭发现的直立人头盖骨，最近确认其历史大约距今163万年。而这次发现上陈村有古人类存在过的证据，主要是分布在发育完整和连续沉积的风成黄土—古土壤地层中人工打制的石器。该发现将古人类离开非洲的时间前推到约212万年前，比格鲁吉亚的德马

[①] 郭青：《蓝田发现迄今为止中国最早的人类活动痕迹》，载《陕西日报》，2018年7月13日。

尼西遗址显示的时间还要早约 27 万年。

七、天灾人祸类新闻

天灾人祸新闻是社会新闻的重要题材内容，包括自然灾害类报道和人为事故类报道。前者如地震、洪灾、台风、干旱、火山爆发等；后者如交通事故、失火、矿难、生产性事故等。社会学家于光远曾经说过："灾害是永远不会退出历史舞台的自然—社会现象，人类的文明史实际上也就是征服自然、兴利除害的斗争史。"据此，天灾人祸应该是新闻报道的永恒题材，是一个不能忽略的领域。

天灾人祸新闻具有很高的新闻价值，因为这些灾难大多是突发性的，伴有一定的破坏力，危及人民群众的生命财产安全，甚为受众关注。面对突如其来的灾难事故，媒体应以最快的速度第一时间发布消息，并采用滚动发稿的方式，连续跟踪报道事态。以汶川地震报道为例，震后短短几分钟，湖南在线就发布了汶川地震的不确定消息，紧接着迅速对其真实性进行确认；十多分钟后，新华社发出第一条快讯；27分钟后，央视发布首条视频；32分钟后央视新闻频道首发新闻，52分钟后推出直播节目"关注汶川地震"。随后，各大媒体记者第一时间抵达灾区，实时传递前线消息。媒体通过提供及时真实的信息，正确引导舆论，帮助政府、群众对抗震救灾作出合理有效的应对。

在天灾人祸新闻中，记者报道的"落脚点"是：灾害预防报道、灾害损伤报道、灾害成因报道、抗灾救助报道、灾后生活报道以及对策、体制、法规、行政活动等报道。报道救灾取得的成绩的同时，也真实披露灾难事件带来的死难、财产损失等严重后果。重视广大受害者的真实心声、生存状态，同时加大灾后重建、灾区人民群众的心理状态、生存状态等情况的报道力度。并透视事故中各种危机形成的深层原因，帮助人们预防类似灾害的发生，形成对社会各方面长期有效的监督，恪守媒体的责任。

第三节 社会新闻的采写要求

一、巧妙获取新闻线索

记者能否及时掌握新闻线索以及所获新闻线索的优劣，是其能力水平的标志。

社会新闻涉及的报道领域广阔，题材分散，时常伴有突发性，使记者在获取新闻线索方面有相当的难度。因此，社会新闻记者就要善于广开渠道，巧妙获取新闻线索，具体途径有三。

（一）广交朋友，通过"热线"获得新闻

新闻工作的性质决定了记者要广交朋友，善于交朋友，社会新闻工作者尤其如此。社会新闻报道渗透到社会每个角落，各行各业、三教九流无所不包。因此，记者应该主动与不同行业、部门、地区、阶层的社会各界人士交朋友，把自己的联系方式和负责报道的范围告诉他们，并经常保持联系，通过这些朋友快速而有效地掌握社会动向和新闻线索。

（二）留意生活，深入底层寻找新闻

走到普通老百姓生活中去，关注他们的生活状况，留意他们生活中的新鲜事。如《老夫少妻相伴夕阳路》的报道就是记者与居委会主任上街道，闲聊人世间的悲欢离合的爱情故事。走过一家人的门口时，居委会主任随口说出里面住着一对老夫少妻，恩爱和睦。记者马上进入那家深入采访，最后写出一篇为人称道的好稿子。此外，北京《法制晚报》首开国内社区新闻版，并有专门的社区记者。《法制晚报》给社区记者下的定义是："社区记者，这是在新闻工作中一个全新的记者岗位，他的职能是加强底端新闻采集、弥补跑口记者对下层新闻覆盖力的不足。他的报道应该是这个城市最贴近、最鲜活的。他的名字可以进入这个社区家庭的电话簿。"这些社区记者每天的工作并不是读者所想象的那样在报社上班，他们都有自己的区域，随身携带相机、笔记本电脑等设备，一有新闻便赶赴现场，然后迅速将稿件发往报社，本人则继续留在现场做后续报道。此种做法，值得每个社会新闻从业者效仿。

（三）勤学多思，带着问题挖掘新闻

记者的新闻敏感有助于记者更好更快地发现新闻线索。新闻敏感的培养，归根结底在于更多地学习。学习并不是一朝一夕的事，记者平日需要坚持"五多"，即多学、多问、多听、多看、多思，养成读书看报的好习惯，并勤于思考，把书本报刊中的理论知识、社会信息跟实际生活结合起来，带着问题去社会中寻找新闻、挖掘新闻。

二、避免新闻报道失实

真实是新闻的生命。然而，近年来，假新闻越来越多，屡禁不绝，其中大多数都出自社会新闻。社会新闻的失实报道主要出于三方面的原因：

其一，为谋取某种利益，故意编造假新闻。这种子虚乌有的新闻我们应坚决摒弃。

其二，采访不深入，误把假相当真相。有少数新闻记者采访不深入，腿不勤、口不勤、眼不勤，道听途说，根据零星材料写稿，最终导致新闻失实。如有一家报纸报道了这样一则新闻，题目是《奇！柑子树上结南瓜》，引起众多读者和专家的关注。但经过细致调查和采访，最后发现这是有人把柑子树枝削尖后插上小南瓜所致，并不是柑子树上结南瓜。该报在得知真相后，刊登了新的报道予以更正并向读者道歉。这起事件由于记者没有进行深入采访，最后闹出了笑话，虽然在后期刊登了更正报道并道歉，但这次失误无疑有损新闻的真实性和媒体的声誉。

其三，感情用事，报道呈现主观性和片面性。在报道一些社会问题时，有的记者缺少客观公正的职业素养，容易感情用事，将所谓的"道德""情感"夸大提升，以自我价值标准判断是非，而不是以相关法律、规范为依据，对事件作出客观公正的判断和评论，从而使得新闻并没有真实呈现事实原貌。比如在报道纠纷时，有的记者就容易过多地夹杂个人情绪和感情色彩。有些记者明显地偏袒相关事件中的"弱势群体"，同时以教训、批评、讽刺的口吻报道其对立方。这种稿子因打着"伸张正义"的幌子，容易引起受众的共鸣。但是，在感情用事的驱动下，记者在报道新闻时，并没能客观理智地呈现事实原貌，反而歪曲了事实。

要做到实事报道，记者需要加强职业修养和道德修养。首先养成脚踏实地的采访作风，深入现场，弄清事实，确保内容准确无误。并持有质疑精神，对掌握的每一条新闻线索、新闻信息认真加以分析确认，切忌偏听偏信、以讹传讹，不可根据道听途说的零星材料添油加醋地写稿。其次，对有争议的问题，要站在客观的立场，以法律法规为依据，用理性思维看待问题，在报道中不可过多地加入个人的爱憎情感，以免报道失其偏颇。

三、坚持正面报道为主

媒介具有"议程设置"功能，即人们感受到的世界往往不是现实世界本身，而是媒介通过对信息的选择、加工、过滤后的"媒介环境"，即李普曼所说的媒介提供的"拟态环境"。公众对社会实况的认知和评价,很大程度上取决于媒介所呈现的信息。在新闻报道中,社会新闻将成为人们形成道德伦理观念和对社会进行价值判断的主要参考,社会新闻报道的信息,将直接影响受众对社会环境的认知。目前,许多记者在采写社会新闻时,动辄就去挖掘社会生活中的反面素材,忽略生活中的积极面,使得许多阴暗、消极、没落、腐朽的负面报道充斥版面、荧屏。诸如《出租车司机将女乘客灌醉后抢走财物》《同居"老婆"跟别人跑 打工男长途奔袭杀情敌》《劫匪持刀进厂劫车 因不会操作弃车逃走》等负面报道。这些过多的负面新闻会给人一种错觉,即:这个社会阴暗面太多,没有一点阳光。导致人们产生沮丧、消沉的情绪,丧失对美好生活的信心,给社会心理造成极大的危害。

过多的负面报道会扭曲社会现实,其实,社会生活的阳光面、正常状态才是社会的主流,社会新闻正面报道自然也应占主体。社会新闻中属于正面报道的题材很多,诸如社会生活中的新思想、新道德、新风尚;有示范倡导意义的恋爱、婚姻、家庭及其他日常生活;社会知名人物的活动和相应文化动态;具有文化价值的风土人情和地域民俗;能增长见识的珍闻、趣闻等等。对这些题材的报道能起到良好的传播效果,应得到大力提倡和重视。如 2020 年 10 月 26 日《北京日报》刊登的报道《丢失纪念章 31 小时后,老人获赠新奖章》,讲述了 2020 年 10 月 24 日下午,92 岁的退伍老人刘延珠在逛颐和园时丢失了自己的抗美援朝奖章,非常着急。25 日,记者从微信朋友圈得知消息后,第一时间与公园和发帖人核实情况,在新媒体端连续发布消息,呼吁市民帮忙寻找。当天是重阳节、抗美援朝纪念日,又是星期天,北京市退役军人事务局工作人员看到了北京日报客户端的信息后联系记者表示能为老人提供新奖章。当晚 9 点多,记者带着退役军人事务局的同志来到老人家,见证了新奖章的补发过程,随即完成了这次报道①。由此可见,要做好社会新闻,并非只能从"揭短"出发,依靠耸人听闻的"猛料"取胜。

在社会新闻中我们呼吁正面报道,并不是完全屏蔽负面新闻,因为凶杀等负面事件也在社会生活中客观存在。所以,我们要以正面新闻为主,兼顾负面新闻,真实折射社会原貌。众所周知,事物由正、反两方面构成,只说一面,不能深刻反映事物的真相,还会因片面而降低可信度,甚至让人反感。适当揭露反面题材,会使正面报道更加有力。

在报道负面新闻时,我们应注意三点:

首先,媒体应克制色情、暴力、凶杀等刺激性新闻,此类新闻不宜过多、过滥、露骨。

---

① 赵中鹏,艾方容:《丢失纪念章 31 小时后,老人获赠新奖章》,载《北京日报》,2021 年 10 月 29 日。

其次，多选择社会问题性题材。选择问题性题材不是以"猎奇""轰动效应"为目的，而应以促进问题解决为出发点进行报道。如2020年8月4日《经济参考报》刊登的《青海"隐形首富"：祁连山非法采煤获利百亿至今未停》，报道了青海省兴青工贸工程集团有限公司董事长、号称青海"隐形首富"的马少伟打着"生态修复"的旗号，持续十四年掠夺盗采煤炭资源，造成青海湖和黄河上游水源涵养地局部生态遭到严重破坏。稿件以文字版、电子版和视频等全媒体方式，在《经济参考报》的报纸、网站、微信公众号、视频号和新华社客户端等渠道传播，同时也被中央各重点新闻网站、各大主流新闻网站及客户端、各门户网站大量转载，全网阅读量高达6亿次；截至2020年12月31日，该舆情在网络上的相关信息超过190万条，"青海隐形首富""祁连山非法开采""青海木里非法煤矿探访"等均进入微博热搜榜单，成为全社会关注的焦点。《人民日报》、中央电视台、《光明日报》等权威媒体针对该事件刊发评论文章。习近平总书记等中央领导对此作出重要批示，开展了力度空前的青海祁连山木里矿区生态环境综合整治行动，涉事人员此后相继落马，"隐形首富"马少伟被依法逮捕。这篇报道发挥了舆论监督的威力，为祁连山南麓腹地的青海省木里煤田矿区生态破坏乱象的彻底治理，做出直接和有益的舆论推动[①]报道也获得了第三十一届中国新闻奖文字通讯与深度报道类别中的一等奖。

再次，巧用亲切善意的批评口吻。比如，对一些不文明现象的揭露，用商量、告诫的方式，更易让人接受。《快报》记者傅拥军做过一个图片报道：一天暴雨，杭州市区复兴路积水，一个人开着白色小轿车，将一位骑车的大姐溅得全身透湿，自己扬长而去。该报以傅拥军个人名义刊发了一封公开信，题目为《我觉得你应该道歉》。此信采用亲切、善意的口吻娓娓道来，可受性强，传播效果好。报道刊出后，新华、雅虎等几十家网站转载报道，在全国范围内引起了关于文明驾车的大讨论，这样的报道方法使负面新闻产生了正面社会效应，值得借鉴和提倡。

四、力求报道具有深度

社会新闻中涉及的"琐事""里弄事"等内容，往往容易使报道落入繁琐、肤浅的窠臼。这就要求记者按照新闻价值中的显著性和重要性两大要素进行选材，注意选择具有代表性和典型性的人和事进行报道，摒弃有闻必录。

记者除了选取有代表性和典型性的人和事作为报道对象外，也可以以平凡小事

---

① 王文志：《青海"隐形首富"：祁连山非法采煤获利百亿至今未停》，载《经济参考报》，2020年8月4日。

和普通人物为切入点，但要做到以小见大，挖掘事件所蕴含的内涵和普遍社会意义，而不是只做表面文章，力求报道具有深度。如果放弃对其内涵的挖掘，社会新闻的"里弄琐事"将成为社会新闻的鸡肋；反之，经过锤炼打磨的"里弄琐事"将产生良好的报道效果。比如，一在校大学生打车时，被出租车司机骗了五元钱，回家后心情沉重、表情紧张，他母亲以为发生了什么大事。这本是一件小事，一个平凡人生活中的一件平凡事，新闻价值小，被报道的可能性不大。但是，《金华日报》记者站在社会道德的高度，挖掘出了事件背后的社会意义。原来这是这位在校大学生人生历程里第一次被骗，他深感社会并不是自己往常所想的那样光明。因此，记者从这个角度深入挖掘，采写出一篇《的哥，你那五元钱可能改变了一个纯真男生对社会的看法》，详细叙述了事件的全过程，以及这位在校生回家后紧张沉重的心情和母亲的担忧。结尾处引出一个具有社会意义的问题："正如彭女士所说，社会总是复杂的。一次被骗经历，对纯真男生而言，或许不是件坏事。当青少年的童真世界与现实社会发生冲突时，家长、学校及社会各界应进行怎样的教育，以防止他们心灵的扭曲？"并提供新闻热线，欢迎社会各界人士拨打电话发表对该事件及此问题的看法。之后，很多读者积极来电交流看法。这种以小见大、由浅入深的内涵挖掘方法，是社会新闻摆脱繁琐、远离肤浅的好办法。值得一提的是，在提炼深化主题时，不可随意拔高，不能把毫无社会意义的小事夸张成社会意义极强的大事。

五、彰显人文关怀精神

西方新闻学有这样的理念：1000 人的死亡只是一个统计数据，而每一个人的死就是悲剧。[①] 这句话体现了新闻报道应有的人文关怀精神。面对突如其来的地震、洪水、海啸、台风、车祸、空难等天灾人祸时，报道不宜过分渲染灾难惨状而应多关注事故中助人为乐的行为、灾区重建工作、灾民生存状况等信息，让受难者及其家属体会到被关注、被尊重和被爱护的人文关怀，让人们感受到无私、坚强、互助的社会精神。如 1999 年对"大舜"号轮船在山东烟台附近海域沉没的报道中，一篇讲述在轮船即将倾覆的时刻，几位男士是怎样把生的希望留给一名女士的悲情故事的报道，让读者深刻体会到危难中人与人之间互助互爱的美好情怀，产生了积极的社会效果，体现了媒体和记者的人文关怀精神。此外，对遇难当事人和家属的心理状态要有所把握，顾及他们的情感，体会他们的痛苦，关爱他们的生活，不可肆意报道，否则，将给受害者及家属带来更多的心理伤痛。如 2002 年对大连

---

① 张秀华：《中西社会新闻的异同》，载《新闻爱好者》，2006 年第 6 期。

"5·7"空难的报道中,一张《黑匣子出水》的照片引起很大的争议。画面正中是一个潜水员面带微笑,手捧着刚打捞上来的黑匣子,两边是欢呼的人们。当时空难才过去一周,100多名遇难者尸骨未寒,家属们还沉浸在巨大的悲痛中,媒体却以一种漠然的心态表现打捞黑匣子的喜悦,缺乏人情味。

彰显人文关怀还体现在对社会弱势群体的关注上,关注他们的生存状况和心理状态,并唤起社会对他们的关爱和帮助,从而使报道更具人性化、人情味和服务性。在新闻实践中,报道弱势群体的困境难事,从而引起社会各界对弱势群体生存状况的关注,及时为他们排忧解难的佳作不胜枚举。比如,一篇名为《父母双亡兄妹俩没户口》的报道,讲述的是长安19岁小伙和妹妹因没户口无法办理身份证,外出打工没人要,生活陷入困境的事。报道见报后,当地派出所对此事高度重视,在最短时间内解决了兄妹俩的户口问题。另一则报道《进城乡里娃快乐暑假在哪里?》讲述的是城里孩子可享受兴趣班、夏令营、旅游等丰富的暑假生活,而外来务工人员因无力支付这些昂贵消费,他们的孩子只能待在家里或到马路、工地、河边等处打发暑假时光。由于家长工作繁忙根本无暇照看孩子,外来务工人员子女的暑期安全也是一大问题。这些对比报道反映了外来务工人员子女在暑假中的困惑、无奈,呼吁社会的关怀。对弱势群体的关怀还应尊重他们的社会地位,在报道时注意用冷静的笔触和妥帖的语言反映他们的生活现状,不可歧视他们。而《"群防群治"扫光街头"走鬼"》却是对弱势群体缺乏关怀的例子。标题中的"走鬼",指的是在马路边摆摊的一些小商小贩,这是一个由普通百姓构成的群体,处于社会的底层。媒体用"扫光'走鬼'"这样的语言,带有极强的歧视性,显得刻薄无情,更无人文关怀可言。

六、巧用趣闻点亮新闻

趣闻性是社会新闻的一大特色,类似新闻比比皆是。诸如《母鸽产下"鸭蛋"里面还藏一鸽蛋》《村民捕获"怪鱼" 酷似泥鳅重达5公斤》《"胶囊公寓"现身北京 面积不到两平米》《八旬老人发明多文字象棋:我的象棋会讲英语》《男子高速公路上向女友求婚 停车狂做俯卧撑》等等。这些奇闻轶事能开拓人们的视野,为受众津津乐道,成为百姓茶余饭后的主要谈资。因此,记者要独具慧眼,善于从生活中发现轻松奇异的自然现象和生活奇闻,为受众提供一道道新鲜独特的趣闻大餐。

"给我讲一个故事,看在老天爷的分上,让它有趣一点",这是《〈华尔街日报〉是如何讲故事的》一书的关键句。社会新闻注重从趣闻性角度取材,同时,还应注意把所选素材通过有趣的方式表达出来,最大化地发挥趣闻性的特殊功效,增强其可读性。如《得了相思病 千年银树差点死去 不,它是想念鸡蛋和牛奶了》一文,巧妙地运用各种有趣的表达方式,让看似普通的新闻事素材得到生动呈现。文中的标题,别具匠心地采用了设问方式,同时在设问的问答中巧用拟人手法,生动形象,引人阅读。问答中提及的银杏树"得相思病"和"想念鸡蛋牛奶"是怎么回事,仍让人不得其解,从而激起读者的阅读兴趣。正文"思念妻子 古树得了'相思病'?"一段以讲故事的方式,富有情趣地展示了被誉为"神树"的银杏树的传奇生活。"鸡蛋加牛奶 林业部门全力抢救"一段,从承接上段千年古树的传奇色彩中回归到科学现实,揭开了千年银树差点死去的神秘面纱——并非得"相思病",而是树已空心和树皮被扒,如要恢复生机,需要补充鸡蛋和牛奶等物质的营养,即标题中提到的"它是想念鸡蛋和牛奶了"。报道从标题到正文,环环相扣,引人入胜。

得了相思病　千年银树差点死去?
不,它是想念鸡蛋和牛奶了①

宜宾市长宁县开佛乡佛来山山顶上,有一间建于唐元和年间(公元 806 年)的古庙"西明禅寺",庙外,有棵粗壮的银杏树傲立,20 多米高的树干远远超过寺庙的屋顶。当地村民说,相传这棵树是建庙时,僧人们目睹佛光而栽,现在已经有 1200 多岁了。昨日,宜宾市长宁县林业局表示,该树已经被重点保护,前段时间出现过死亡迹象,但通过抢救,这棵千年银杏已恢复了生机。

思念妻子　古树得了"相思病"?

还在盘山公路上,远远就能望见这棵粗壮的银杏,它有一种沧桑的美。大树高约 20 米,树干苍劲曲奇,粗壮雄伟,要 4 个成年人才能合抱,黑褐色的树皮诉说着岁月风霜。

"这棵树被我们称为神树,它懂感情。"70 多岁的村民余大爷说,庙门处以前有两棵银杏树,村民们称之为夫妻树,两树尽管相距 20 多米,但树冠紧紧相连,搭成一个巨大的"拱门",村民们夏天都在这里乘凉。几年前,右边的母树被雷劈死了,随后,这棵公树也就慢慢枯萎。余大爷说,村民们认为,大树在山里生活了 1000 多年,常年有人参拜,所以已经"得道成仙",因"妻子"死去,它也很伤心,害上相思病,所以慢慢地死去。村民陈大姐说,"古树下的树干有地些方已经空心,就像洞子一样,可以容纳 3 个成年人。"

---

① 何东:《得了相思病 千年银树差点死去? 不,它是想念鸡蛋和牛奶了》,载《成都商报》,2010 年 3 月 12 日。

鸡蛋加牛奶　林业部门全力抢救

对于这棵在当地有着传奇色彩的千年古树，长宁县林业局的周孝彬很有感触，这棵树曾由他负责护理。周孝彬说，大树在前两年确实出现了死亡的迹象，其原因是空心和树皮被扒。大树被村民们称为神树，认为吃了树皮可以治病，很多村民便扒树皮，时间一长，大树根部的树皮几乎被扒光了。

为了保住这棵千年银杏，林业部门想尽了一切办法。"我们先是要保住它的水分，不让根部裸露在外面，于是在其根部筑了一个高5米的土包，将树根包住，并用条石砌了起来。"周孝彬说，这些土是通过培育的，非常利于银杏树生长，同时，为了补充水分，每天都给银杏树吊盐水。

周孝彬说，因为大树已经空心，蚂蚁在空心的地方筑起了巢，为了给空心的地方补充营养，并且不让蚂蚁蛀树，他们还想出了一个土办法，用鸡蛋、牛奶和牛粪掺和着填充到空心的地方去，然后将空心的地方用水泥密封起来。"我们前后花了不下一万元来对古树进行救治。"周孝彬说。

经过精心保护，千年银杏正在渐渐恢复生机。在树的中部，几根比成年男子手臂还粗的枝条上面，吐露出嫩绿色的新芽，用其顽强的生命力告诉大家春天来了。当地林业部门希望村民们共同爱护古树，不要再去扒树皮，避免树干流失水分。

社会新闻还可巧用趣闻性，充分发挥其信息服务和告知功能。如报道《"一网统管"兜住"速冻模式"下城市的有序和温度》中，将即将到来的寒潮称作"速冻模式"，通过介绍城市为应对天气变化做出的技术准备与社区治理中的相应规划，全面回应了民众的生活关切。记者敏感地抓住即将到来的天气变化这一新近由头，提前做了全面采访，特别是生动地讲述了一家养老院利用5G网络开启视频聊天、缓解老人们面对极端天气的焦虑情绪的故事，不仅生动，还解疑释惑，提升了报道的科普性。

"一网统管"兜住"速冻模式"下城市的有序和温度[①]

即将到来的极寒，加上大风，对超大城市而言是一场大考。而不断进阶的"两张网"，也随之调整到"应战"状态。记者昨天从市城运中心，以及部分区、街道、相关职能部门获悉：以城市运行"一网统管"为赋能，各方已做好思想准备、队伍力量准备、技术准备，迎接寒潮，守护城市的有序和温度。

---

① 顾一琼：《"一网统管"兜住"速冻模式"下城市的有序和温度》，载《文汇报》，2020年12月30日。

实时传感数据，守护"速冻"广告牌安全

傍晚6点，黄浦区城运中心"一网统管"大屏幕上，有关于南京路步行街的店招店牌信息正实时刷新，安全监测。

通过十余种智能物联传感设备，包括倾角、振动、位移、温度、湿度、气压等传感器，实现了对这些店招店牌三维角度全方位的监测，譬如振动幅度和频率、微小位移量、局部温湿度、高度等多种数据，实时采集实时传输。

南京东路目前招牌数量103个，设备数量200台，每天产生的数据记录约5.6万条。据介绍，这些传感器传回的数据经过分析，一旦发现数据超出区间值范畴，立刻会响起预警。事实上，不只是广告牌，依托"一网统管"，黄浦区城运中心对于高空易坠物、外挂物等均做好预测预警，并在实战中实现监测系统和感知设备的不断调整和完善。特别是，这一预警系统，还一一落实企业的主体责任，商家自身能通过手机端、电脑端随时查看数据，发现隐患，第一时间参与整改。

当然，这张网要兜住的，是"速冻模式"下城区方方面面的井然有序。黄浦区城运中心主任倪莺表示，系统还对历年来寒流情况下，群众的投诉进行了数据分析。排摸出了那些水管容易爆裂、路面容易结冰的街道社区，精准投放力量。

此外，对于区内三个公房公司多年来的相关维修、保修、抢修情况也进行了数据分析，并基于此精准配备抢险队伍和资源，实现精准服务。譬如，那些易积水易结冰社区，沙包已有针对性地直接投放到居委会。

与"一网统管"相对应的，区域内设立了多个综合管理网格，不仅数据入格，同样人员入格、物资入格。一个综合网格长，可以调动包括重点作业单位、第三方社会专业力量等11支队伍。从百姓的实际需求出发，从实战出发，统筹协调、高效处置一件事。

"跨前一步，老百姓的感受度就会很不一样。"

5G助力，"兜"住老人身心健康

在浦东新区塘桥养护院，面对即将到来的极寒，提前做好暖心预案，通过智能化设备助力精细化管理，让入住的79名长者身心健康，平安抵御寒潮。

院方开通了5G无线网络，让长者和家属可以随时开启无卡顿的网络视频聊天，缓解长者面对极端天气的焦虑。院内社工也对长者进行心理疏导，让他们暖暖和和，快乐过冬。

此外，借助于"一网统管"的场景应用，养护院实现了暖心的后勤保障：确保空调、锅炉、空气净化器等保暖设备正常使用，通过遍布院内公共区域、与市区智慧养老数据平台联网的摄像探头和烟感设备，对养护院内的安全风险进行实时监控，确保给长者提供一个安全、温暖的居住环境。比如，长时间启用御寒设

备时，借助于"一网统管"的大数据，有效排查消防隐患。

这张网还兜住了"速冻模式"下老人的健康护理。对于那些患有心脑血管等慢性疾病的长者，通过接驳智能床垫和手环等感知设备，实时监测长者的生命体征数据，做到第一时间发现病情、第一时间送医治疗。

让预警跑在居民报修前

实时感知水压升高、水流减速等疑似水管结冰隐患风险，让预警跑在居民报修之前，更快速发现、精准处置。依托于"一网统管"的场景赋能，上海城投水务集团建设了"智慧供水平台"，通过533台流量仪、277个在线压力点、98个在线水质点进行管网运行监控。当下的"速冻模式"，正是对该系统的一次考验，将利用算法判别异常数据，对水量、压力的数据突变进行报警，以此提前并及时发现水管爆裂的可能。

据介绍，气温骤降突降会破坏供水管网，引起漏水大幅增加，而依托这一平台，监控人员可以实时查看各个区域的供水管网运行状况，提高异常情况的发现和处置效率。

与这张网相对应的，城投水务已建成了涵盖10个管理所、36个管理站、4000多个路格、8800多个DMA（供水独立计量）小区的四级网格化管理体系，可及时发现寒潮后某个区域的漏水情况，减少极端气候对居民用水所造成的影响。

思考练习题

一、结合本章第一节内容，请谈谈社会新闻的内涵。

二、社会新闻的主要类别有哪些？在采写这些新闻时，应分别注意哪些问题？

三、请结合传统媒体与新媒体的实例，比较说明社会新闻的采写要求。

四、请结合灾难新闻报道的实例，谈谈如何彰显媒体的人文关怀。

五、采写练习

1. 通过观察自己周边的生活，练习采写一篇具有新闻价值的社会新闻。

2. 从趣闻性角度出发，采写一篇奇闻轶事类新闻。

3. 以一篇已刊登的简要但可深度挖掘的社会新闻为例，深入采访，把它改写成具有一定深度的深度报道。

4. 以社会问题新闻为题材，从正面角度切入，采写一篇具有积极引导作用的社会问题新闻。

第十七章　科教新闻的采写

【内容提要】

科教新闻，聚焦科技与教育领域的动态、成果、现象及问题，是按照内容题材进行划分的类型报道。科技新闻反映人类的技术进步及带来的社会变迁，以知识普及、民生关切为报道重点。教育新闻则反映人类知识传播与文化养习的过程、影响，事关文明发展与社会启智。本章系统介绍科技新闻与教育新闻的内涵、报道内容与特征，通过典型案例归纳采写要领并提供报道创新的路径。

第一节　科技新闻的采写

一、科技新闻的定义与分类

从古至今，科学技术推进人类社会发展的脚步从未停下，今天，它比以往更加深刻地影响着社会发展、人类生存等重大问题，同时也影响着每一个人的生活方式。随着人们科技信息需求的迅猛增长，科技新闻正成为新闻类别中极具发展潜力的一类。由美国公众评选出的 20 世纪世界 100 条重大新闻中，科技新闻所占比例最高，达 37%。[1] 与科技新闻的影响力相对应，其采写难度长期以来也受到业界的公认和重视。

（一）科技新闻的定义

对于什么样的新闻是科技新闻，国内存在各种理解，其中有从陆定一的新闻定义衍生出来的"科技新闻是科学技术领域新近发生的事实的报道"，也有其他对科

---

[1] 刘海贵：《中国新闻采访写作教程》，复旦大学出版社，2008 年版，第 270 页。

技新闻的种差进行更详细规定的定义，如：

科技新闻就是用新闻形式传播科技信息、反映科技活动的新闻。①

科技新闻是对科学技术和自然现象及其与人类相互关系中新鲜事实的报道。②

本书采用程道才提出的定义，即"科技新闻是对新近发生或发现的科技事实、科技现象所进行的科学性、知识性的报道"③。这个定义首先规定了科技新闻的报道对象是新近发生或发现的科技事实、科技现象；其次，强调了科技新闻的科学性、知识性的特点。

（二）科技新闻的分类

目前，对于科技新闻的分类还存在争议，按照不同的分类原则，其类型划分也呈现出不同样态。其中，有学者根据科学技术本身的学科领域，将科技新闻划分为医学科技新闻、经济科技新闻、环境科技新闻、社会科技新闻、基础科技新闻，但这种分类方法有违背穷尽原则的嫌疑。本书采用一种更为广泛使用的分类原则，即根据科技新闻的性质，将其划分为科技成果新闻、科技社会活动新闻、科技人物新闻和科技珍闻四种。其中，科技成果新闻主要报道科学技术领域的新发现、新成果，这一部分的内容在整个科技新闻报道中所占比例最大；科技社会活动新闻主要报道党和政府有关科技领域的方针政策，以及科技领域的管理、调研、交流、组织等活动；科技人物新闻则以科学技术研究工作者为主要报道对象；科技珍闻主要报道一些受众感兴趣的科技领域的奇闻轶事，报道对象往往尚无定论，如不明飞行物、奇特自然现象等。

二、科技新闻的主要特征

科技新闻首先是新闻，因此，它包含常见的新闻价值要素如时效性、真实性、接近性、显著性、趣味性等。此外，科技新闻还有自身的个性特点。

（一）科学性

科学性犹如科技新闻的生命，这是其区别于其他类别新闻的本质特征。对于科技新闻的科学性，可以从两方面进行理解：一是报道内容必须与科学技术密切相

---

① 王桂林：《怎样写科技新闻》，载《新闻与写作》，1988年第10期。
② 辜晓进：《现代科技新闻概论》，中国科学技术出版社，1994年版，第13页。
③ 程道才：《专业新闻写作概论》，中国广播电视出版社，2002年版，第137页。

关；二是要以科学的态度进行报道，使科技新闻的内容符合科技事实的客观规律，真实、准确、客观、全面地反映科技领域的事实现象。正如著名科学家钱学森在全国科技新闻研修班上的报告所言："科技新闻除事实本身以外，还必须有科学性，千万不要想当然，为了使报道能吸引人就随意加点什么东西进去，这是绝对不允许的。"

必须指出，对科技新闻的报道对象来说，有时现象真实并不等于本质真实，换言之"眼见"未必为"实"。在中国新闻报道的实践历程中，现象真实与伪科学相结合的例子并不少。比如喧嚣一时的"水变油"事件。1983年，哈尔滨汽车司机王洪成宣布发明了"水变油"技术，他声称其原理是在水中加入极少量的"可燃炔"制剂，充分溶解，成为"水基燃料"，之后水就可以作为燃料，成本极其低廉。此技术及相关文章一度刊载在各种媒体上，引起广泛影响，随后，"水变油"技术被揭露是骗局和伪科学。如今，"水变油"已成为初中生化学课常见的考题，意在考查学生对能量守恒定律的理解。对当时目击了王洪成把戏的记者来说，他们不可谓不认真，但是要坚持科技新闻的科学性并不容易，除了"眼见"外，还需要记者具有一定的科学素养，且对科技领域的新发现、新发明怀有强烈的质疑精神，并能够借助各种方法进行检验。

（二）知识性

尽管科技报道的对象和内容存在差别，但有一点是共同的，即科技知识在科技新闻中必然存在。事实上，进行科技新闻传播的重要目标就是向受众传播现代科学技术、知识，从而对他们的生活、生产进行指导和施加有益影响，而受众之所以喜爱科技新闻，与这点也是分不开的。

科技新闻的知识性主要体现在两方面：一是所报道的科技新闻事实本身；二是有助于受众理解科技事实的背景材料。尽管后者主要是作为前者的补充说明，但其作用与意义却不可小觑。背景材料于科技新闻最主要的功能在于解释，对非专业人士的受众来说，要准确理解专业的科技事实，相关的背景材料就显得不可或缺。记者在对科技事实进行解释说明的同时，新闻价值也能得到凸显，新闻传播的效果也会得到一定程度的保证。

（三）通俗性

科技新闻并非科技专著、学术论文、专业期刊，而是面向广大受众的通俗传播品，它追求更为广泛的传播效果。因此，科技新闻切忌堆积术语、晦涩难懂，记者只有密切结合受众的生活，深入浅出地写作，才能写出通俗易懂的科技新闻。

通俗性对科技新闻而言并非可有可无。缺乏通俗性的科技新闻,其受众必然受限,影响也必然减弱,即直接影响到它的传播效果。因此,科技报道可以视作一个将科技事实、现象、成果等"翻译"为通俗化、大众化新闻的过程。这个过程是对科技新闻记者功力的检验:首先,记者需要在选题上尽量贴近实际生活;其次,要选择合适的形式和角度切入;最后,在语言上要精心锤炼,以通俗易懂为要,对专业名词和术语应当作必要的解释。

以《农民日报》对"麻育秧膜"的报道《麻育秧膜:让水稻机插育秧更高效》为例,作为现代农业科技成果的"麻育秧膜"概念,本身便不易像传统农业技术那样解释清楚,因而报道围绕回答三个问题展开——"为什么立项研究?取得什么突出成果?将会发挥哪些重要作用?"最终将"麻育秧苗"的研究背景或来龙去脉、最重要的具体研究成果以及该成果的重大意义与应用价值作了较为通俗的说明。

麻育秧膜:让水稻机插育秧更高效①

时值春耕,在南方地区的水田里,农民们正在忙着水稻机械化插秧。今年,对于湖南省75个县的水稻种植户们来说,一种新型实用技术成果的推广和应用,让他们的水稻机插育秧变得更加容易,更加便捷高效。

"这可不是一种简单的地膜,它叫麻育秧膜。只要把它垫在我们水稻育秧盘里,不但能保护秧苗,还能保证机插不散秧,特别方便。"4月14日,在湖南省沅江市举行的"麻育秧膜在水稻机插育秧中的应用技术"观摩现场,来自沅江市四季红镇农机专业合作社水稻种植大户夏根固一边示范机插秧一边兴奋地说。

麻育秧膜是什么?它有什么好处?它的推广和应用又能给我们农民带来什么效益?带着这些疑问,记者日前采访了麻育秧膜科研技术的负责人、中国农业科学院麻类研究所研究员王朝云。

育秧盘垫上"麻地膜",保护秧苗促进生长

什么是麻育秧膜?"麻育秧膜是我们利用麻等植物纤维研制出环保型麻地膜,同时进一步改变配方和工艺,研制出的适宜育秧育草的麻纤维育苗基布。"王朝云向记者解释道。

随着现代农业的发展,如今在南方的许多地区,水稻种植都开始采用机插秧的形式,机插水稻要成功,育秧是重要环节。而在传统的育秧环节中,一直存在着秧苗根系不牢、容易散秧、取秧运秧不便、漏插率高等问题。有时,农民们已经准备好了插秧机,可由于育秧盘不给力,散秧多,只能临时又改用人工插秧。

---

① 吴佩:《麻育秧膜:让水稻机插育秧更高效》,载《农民日报》,2013年4月24日。

这也成为制约水稻机插技术应用的瓶颈问题。

事实上，为了解决这一问题，农民们自创了一些土办法。一是在育秧盘里加大播种密度，增强盘根，但效果不佳，还影响了秧苗的个体发育；二是让秧苗在育秧盘里多生长发育一段时间，但由于秧苗生长期过长，错过机插的最佳时期。

怎样才能从根本上解决这一问题呢？王朝云和团队成员研究发现，只需要在育秧盘的底下放置一张麻地膜，问题就能迎刃而解。2007年，王朝云和同事们开始研究将麻地膜的技术应用在水稻育秧上，将麻地膜设计改造后进行示范推广。

"麻育秧膜使用方便，只需要将它铺放在育秧的塑料软盘或硬盘里，然后按常用的秧盘育秧方法进行育秧就行。"据王朝云介绍，麻育秧膜的使用，不但能有效固定秧苗，利于机插秧早插早发高产；同时，育成的秧苗根系发达、白根多、整齐健壮；也能提早3～5天插秧，即使是下雨天也可机插，易取秧、运输和装秧，省工节本。更为重要的是，麻育秧膜的使用，保证了插秧机在插秧时易分秧，对秧苗的伤害更轻，漏插的秧苗更少，插秧后返青快，能显著提高水稻机插效率和质量。

多年的对比试验证明，使用麻育秧膜，单位时间内可提高机插功效20%以上，漏蔸率减少30%左右，在均不补蔸的条件下，比无膜育秧机插水稻增产5%～30%，以早稻增产最为显著。

每亩增加成本不到7元，增产增效又环保

薄薄的一张麻育秧膜，却能有效解决水稻机插秧过程中的瓶颈问题。麻育秧膜的作用那么大，它的价格贵不贵？

"如果按照一亩地秧苗的需求量来算，使用麻育秧膜，每亩增加的成本不足7元钱。而节本增效后，早稻增加的收入至少在150元。"王朝云告诉记者，麻育秧膜不仅成本低，而且帮助农民在机插秧的环节中省工省力，效益多多。

在采访中，记者了解到，以前种一亩水稻需要30个育秧盘，而现在用了麻育秧膜，由于秧苗盘根性好，整齐均匀，机插秧成功率高，一亩水田仅需要25个育秧盘，大大减少了育秧成本；麻育秧膜也让秧苗的运输更加方便，原来一个农民一天只能取插20亩的秧，现在可以取插60亩，大大提高了劳动效率，节省了人工费用；同时，麻育秧膜的应用，可减少播种量和秧盘用土量各20%左右，机插的漏插率大大降低，这又省下了人工补秧的工钱；此外，麻育秧膜用在水稻机插秧盘育秧上，具有透气、保温、保湿和水分传导性的特点，能促进秧苗生长，提高了秧苗的质量，增加了水稻的有效穗数，每亩地增产至少在5%左右。如此算下来，使用麻育秧膜的农民，一亩地至少可以节本增效130～150元。

然而，麻育秧膜的好处还不仅限于此。"与其他地膜相比，麻育秧膜非常环

保。"王朝云说，早在试验阶段，团队成员就想过使用纸膜，但纸膜一到水田就会全部降解，无法固定秧苗；而化纤材料的地膜，虽然能固秧，但并不适合插秧机进行分秧，同时化纤膜撕不烂，不易于降解，污染环境。"麻育秧膜则完全不同，它由麻类等植物纤维制成，是一种有机质，可以在水田里自然降解，不但不会对土壤造成污染，还能增加土壤中的有机质，起到肥田的作用。"王朝云补充道。

麻育秧膜技术国内外首创，专家建议大面积推广

4月14日，在湖南省沅江市四季红镇阳雀洪村的万亩水田示范片里，10台载满用麻育秧膜培育出来的壮秧的插秧机在水田里欢快地奔跑，秧苗随之齐整整地插下来，间隔匀细，几乎没有漏插。

在现场的国内农业专家们对于中国农科院麻类研究所的这项最新研究成果——麻育秧膜忍不住点头赞叹。他们认为，麻育秧膜技术攻克了困扰机插水稻多年的育秧难题，此项技术属于国内外首创。作为一种创新型技术，麻育秧膜水稻机插育秧实现农机农艺的结合，具有较大的推广应用前景，值得大面积推广，让更多的农民受益。

据介绍，从2010年至今，麻育秧膜已先后在湖北的武汉和咸宁、湖南的沅江、浙江的萧山等地进行了水稻机插秧育秧试验与示范。它在水稻机插育秧中的突出效果得到了应用示范所在地农户、育秧专业户和农业部门的肯定。今年，湖南省农业厅更是将此项技术作为重点在全省75个县市进行示范推广。

"我们的麻育秧膜已经获得了国家发明专利，并已授权企业实现量化生产。今年，不仅是湖南的75个县市，包括江苏、浙江、湖北等地，也都在原有的示范推广的基础上，增加示范点，推广应用我们的麻育秧膜这项新技术。国内专家的肯定，对我们是一种鼓励。"王朝云说，下一步，他和科研团队成员还将继续针对水稻机插秧的育秧特点，进一步改进工艺，尽可能降低麻育秧膜的生产成本，努力提升麻育秧膜的功效，让农民用得起，用得好，推进水稻的现代化生产。

三、科技新闻的采写要领

（一）尊重科学事实，努力呈现原貌

科技新闻的本质特征是科学性，以科学的态度报道科学事实，是科技新闻采写的题中之义。在具体的写作中，就需要在描述科技事实时突出其客观性，所有细节都要有科学依据，记者不能想当然地去推断或下结论。如果需要使用判断性或预测性内容，也最好引用权威出处并尽可能使用直接引语。此外，记者的科学态度也反映在全面地报道事实上，比如对一些科技成果应用的利弊，不应该只报道有利因素，回避不利影响。

要坚持科学态度、尊重科学事实，记者还需要具备职业敏感与质疑精神，这样才能在面对伪科学的陷阱时保持清醒，在报道一些科技领域中存在争议的问题时坚守正确立场，不人云亦云。比如《非典型肺炎病原是衣原体？》[①]这篇消息反映的是关于衣原体的争论。"非典"疫情发生后，病原究竟是什么成为社会关注的焦点。2003年2月18日下午，新华社发出通稿，报道国家疾病预防控制中心宣布"非典"的病原是衣原体。得知大多数广东专家对此结论持不同意见后，《南方日报》记者马上进行采访，连夜赶稿。在各媒体都刊播"衣原体结论"的当天，唯独《南方日报》独树一帜，推出这篇报道。后来的事实证明，广东专家的意见是对的，《南方日报》记者的质疑精神和科学态度更是值得学习。这篇消息获得了第十四届中国新闻奖消息一等奖。

（二）使用背景材料，合理解释说明

美国哥伦比亚大学新闻学教授麦尔文·曼切尔认为："不使用背景材料，几乎没有什么报道是全面的。忽视这个忠告的记者，他们决不能给读者和听众提供充分的情况。"[②] 这一点在科技新闻报道中体现得尤为明显。由于科技新闻报道往往涉及一般受众比较陌生的领域，使用适当的甚至大量的背景材料来进行解释说明就显得十分必要。如《我成功研制首台千万亿次超级计算机"天河一号"》[③]这篇消息，总结起来，其核心事实就是标题所概括出来的那句话，但读到这个标题的人心里可能会产生一些疑问：什么是超级计算机？千万亿次又是什么概念？"天河一号"的研制成功意味着什么？而继续读下去，就会发现消息用了4个自然段来分别说明"天河一号"的计算量、"千万亿次"的意义、超级计算机在科技领域的战略价值、"天河一号"的系统特性及其应用领域，读者的疑问自然得到了回答。

合理地使用背景材料，使得科技新闻的发展趋势呈现出新的特点。有学者认为，大众对科技新闻的知识内容和发展缘由有了新的要求，记者在撰写新闻时仅仅以一个消息为体裁来发布，难以使读者获得一次全面的认知，因此，"新闻由头＋技术介绍＋大众普及"的形式应用越来越广泛，从而催生了科研类报道向科普知识的转化。正因为如此，今天许多研发类新闻在处理手法上更趋多样，不仅加进了与

---

① 段功伟：《非典型肺炎病原是衣原体？》，载《南方日报》，2003年2月19日。
② ［美］麦尔文·曼切尔：《新闻报道与写作》，张争译，中国广播电视出版社，1981年版，第147页。
③ 王握文、唐先武、周尚瑜：《我成功研制首台千万亿次超级计算机"天河一号"》，载《科技日报》，2009年10月30日。

此相关的背景知识，还有大众可以加以应用的内容，这样的新闻改变了以往仅仅具有告知功能的特点，具有了极强的服务性。[①]

（三）善用多种手法，掌握"翻译"技巧

新闻报道与文学创作固然不能混为一谈，但这并不意味着要拒绝一切文学形式的叙述技巧、修辞手法。从受众接受的角度考量，把科技事实平铺直叙地"抄录"给受众和运用各种手法生动地表现给受众，所取得的效果必然不同。

在央广网发布的题为《中国"天眼"将要开眼 视野穿越百亿光年》的报道中，如是呈现了世界最大球面射电望远镜（英文简称FAST）的相关特性："FSAT口径有500米，组成的球形反射面相当于30个足球场大小；FAST的索网结构可以随着天体的移动自动变化，带动索网上活动的4450个反射面板产生变化，足以观测到更大天区的天体，如同人类转动自己的眼珠，调整视线的指向，遥远的太空对它来说将不存在方向上的死角；中国'天眼'建成后，与号称'地面最大的机器'德国埃菲尔斯伯格100米口径望远镜相比，其灵敏度能提高约10倍，与被评为人类20世纪十大工程之首的美国阿雷西博300米口径射电望远镜相比，'天眼'的灵敏度是其2.25倍。"[②] 由此可见，同样是使用数字，如果记者直接给出与FSAT相关的各项性能参数，读者很难对其来由知其所以然，因此，报道的"翻译"之现实意义正在于此。

除了生动的描述外，列举、比喻、拟人、模糊、图示等方法都可以在科技新闻写作中合理运用，使用这些方法的目的都是使枯燥难懂的科技事实"软化"，成为通俗耐读的科技新闻。例如，《北京晚报》在报道2021年神舟十二号载人飞船从发射到返航期间经历的重要时刻与完成任务时，就使用了大量人工制图配合时间线的文字表述来对相关专业知识进行说明，这样有助于读者直观清晰地了解中国空间站建造阶段首次载人飞行任务的全貌，如图17-1。

---

① 吴红月：《健康科技新闻的表现形式和特征》，载《科技传播》，2009年第4期。
② 黄光辉：《中国"天眼"将要开眼 视野穿越百亿光年》，央广网，2015年11月22日，http://pic.people.com.cn/BIG5/n/2015/1122/c1016_27841968.html。

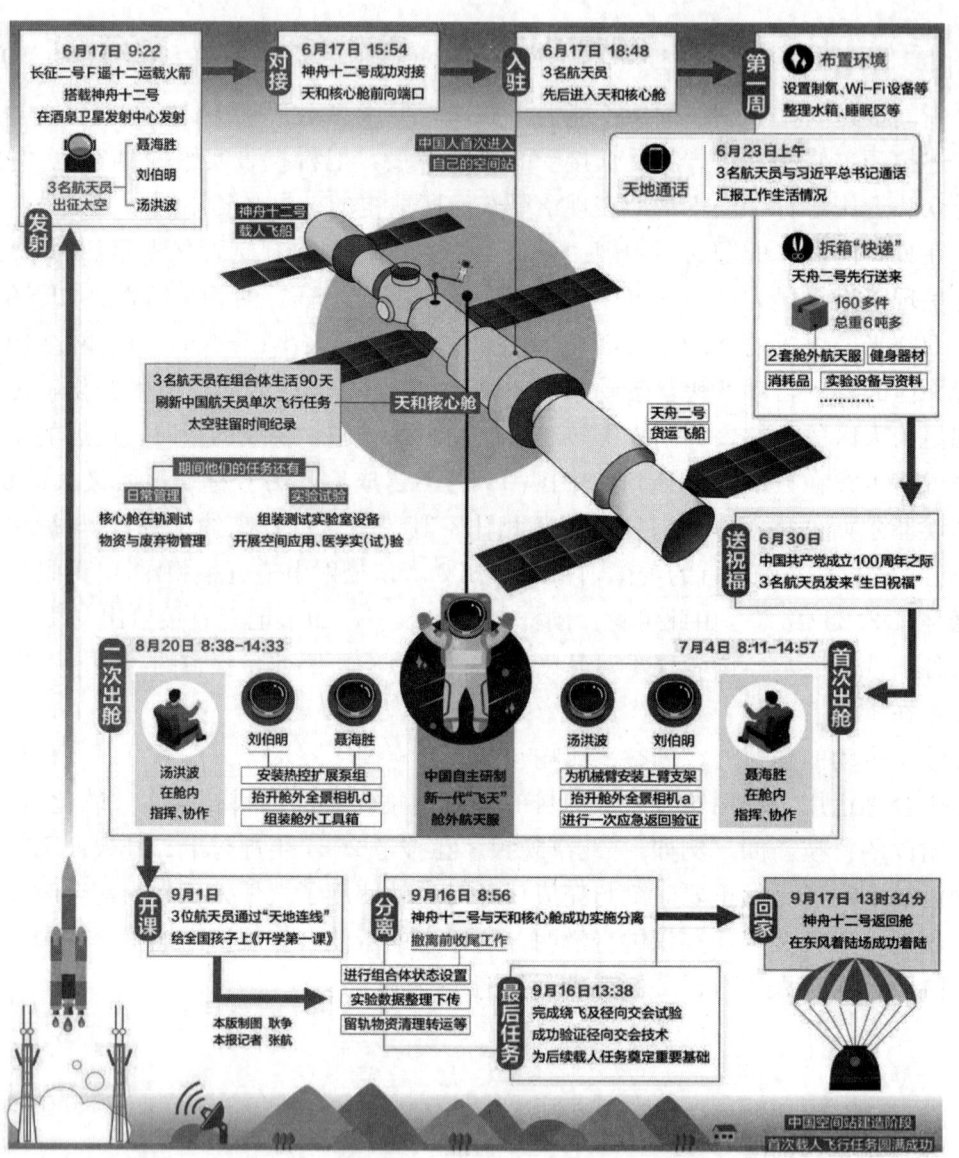

图 17-1 2021 年 9 月 17 日《北京晚报》第 3 版

第二节　教育新闻的采写

一、教育新闻的定义与报道内容

随着知识经济时代的来临，教育被推至一个前所未有的重要位置，它关系个人的发展、社会的进步、国家民族的兴衰成败。教育新闻也因此愈发受到社会的关注和新闻媒体自身的重视，这主要体现在教育新闻在所有新闻类别中所占比重和分量的不断提升。但总体来说，在大多数综合性媒体中，教育新闻还未能扮演与其重要性和影响力相匹配的角色。相较于经济新闻、时政新闻报道的蓬勃发展，教育新闻报道的创新亟待重视并加以实践。

教育新闻是对教育界或人类教育活动中新近发生或发现的有价值的新闻事实的报道。[1] 教育新闻与人类的新闻活动关系密切，从近代报纸产生之后，它便成为重要的报道内容。

教育新闻的主要报道内容有以下几点：

（1）党和政府关于教育工作的决策、方针和政策。这显然是教育新闻报道的主体，因为它直接影响广大人民的切身利益乃至国家民族的前途命运。

（2）教育活动的变革和引人注目的现象。在教育事业的前进和发展中，必然会出现很多意义非凡的节点，或者说，正是这些有价值的探索实践，一步步地推动教育事业向前发展。这个过程中的动态、经验、教训等，都是教育新闻应该如实反映的内容。

（3）教育活动中的人物。如果把教育活动中的人物仅仅理解为老师、学生，未免有些偏颇。事实上，凡是参与教育活动、关心教育事业的人，都可以视为教育新闻的报道对象。

（4）教育界值得注意的问题与倾向。教育新闻理应体现出新闻媒体作为"社会公器"的价值，及时发现、披露教育界和教育实践中存在的问题与不良倾向，从而促进问题的解决。

（5）教育界的其他信息。主要包括学术信息、毕业就业信息、录取工作、公益活动等动态信息。

---

[1]　程道才：《专业新闻写作概论》，中国广播电视出版社，2002年版，第223页。

二、教育新闻的特征与报道难点

（一）专业性

教育新闻主要报道教育界和教育活动中新近发生或发现的有价值的事实，这就使教育新闻区别于其他类别的新闻。教育是一门研究教育现象、揭示教育客观规律的科学，教育新闻报道的内容因为常常涉及教育科学的各个领域，所以具有特有的专业性。具体来说，教育新闻的专业性主要表现在报道的选题和写作上：报道多从教育科学、教育工作等方面选择报道题材，设置专业话题；在具体的写作中，则体现出科学性和知识性的特点，如使用一些专业术语。简言之，教育作为一门科学，有其自身的规律和特点，报道教育新闻要求记者掌握这些特点、做出符合这些规律的报道，而专业性始终贯穿在这一过程中。

需要注意的是，我们不能将教育简单理解为学校教育，因此，对教育新闻的专业性也不应当做狭隘理解，比如将专业性等同于政策性，认为教育新闻就是报道各种教育政策、教育工作、教育会议，甚至认为教育新闻就等于会议记录、政策摘抄等，都是不全面的理解。教育是整个社会的重要构成部分，并与社会各方面联系紧密，教育新闻应该在报道中反映教育的社会化和生活化，在报道空间上有所开拓，在报道角度上有所创新。

（二）周期性

作为以教育为对象的专业报道，教育新闻不可避免地要受到教育内在的固有规律的限制，受到教育活动的周期性、稳定性、相似性等特点的影响。长期以来，教育新闻往往以开学、考试、放假、毕业等教育的周期性活动为报道对象，使人们形成了教育新闻就是"四季歌"的既定印象："开学时谈课程改革、谈校园安全、谈助学贷款，放假了说社会实践、说'三下乡'、说补习班，高考一年一度始终备受关注，毕业生就业问题上升为近年的社会热点……"[①]

教育新闻的周期性特点有时不免使报道内容和报道模式有"程式化"之嫌。年复一年，一些重复化、季节性的新闻难免让受众有似曾相识之感，刚看到新闻标题就已经知道大致内容了。这也反映出采写教育新闻时在题材开发、资源利用上还存在不够深入的问题。

---

① 温红彦：《"四季歌"里觅强音——从教育新闻的特征谈如何做好教育报道》，载《新闻战线》，2005年第8期。

（三）静态性、非事件性

教育是一项长远的事业，它需要长期不断的投入，同样，它在回报上，也是循序渐进地对个人、国家、社会产生深远的影响。在教育领域，很少会出现十万火急的突发性事件，而教育领域也很难像科技领域那样"日新月异"，因此，教育新闻随之呈现出静态性、非事件性的特点。换言之，教育新闻更多地以日常性新闻的形式出现，在报纸版面、广播与电视时段中难得一登头条。

尽管在时新性上教育新闻似乎有些"先天不足"，但只要打开思路，在报道角度的开掘、深度的钻研上多下功夫，还是能够写出教育新闻的精品来。好的教育新闻可能不会给人带来一时的感官刺激或"即时回报效应"，但是它拥有深广的开拓空间，如教育在社会化和现代化进程中会产生许多交叉新闻——教育经济新闻、教育社会新闻、教育生活新闻、教育服务新闻等，又如每年对高考的专题报道变得越来越多元和丰富，这些都充分展示了记者对教育新闻价值的认识和表现能力的增强。

三、教育新闻的采写要领

（一）树立大教育观念，找准专业性与社会性的结合处与平衡点

正如将教育狭隘地理解为学校教育一样，有些人对教育新闻的印象仅仅停留在教育部门和学校活动的有关报道上，而如今的部分教育新闻也确实始终围着这种"小教育"的观念打转，这样难免会形成教育新闻题材受限、资源不足、报道刻板单调的窘境。现代教育学理论认为，"学校教育仅仅是教育的一个阶段、一个部分，社会、经济、文化生活才构成教育的全部内涵和外延，即大教育。教育报道，唯有放在这样的宏观视角下，放在纷繁复杂的社会生活背景中，才会变成一座新闻的富矿"[①]。因此，要做好教育新闻的采写创新，首先必须更新观念、拓宽思路，立足于大教育观念，找准教育新闻的专业性与社会性的结合处与平衡点。每年两会的网上调查都显示出我国人民群众非常关心教育问题这一事实，教育问题位列三大民生问题之一（其他两大民生问题为医疗问题、住房问题）。在两会收到的提案与议案中，有大量涉及农村教育、义务制教育、大学生就业等问题的议案，占据显要议题位置，可见这是关系国家、民族发展和社会稳定的焦点问题，已经大大超越了狭义

---

① 宋晓农：《读者需要什么样的教育新闻》，载《中国记者》，2003年第4期。

的教育范围。媒体和记者在报道教育新闻时，要善于从这些既敏感又重要的议题入手，注意其社会性、专业性和民生性的结合。

2009年9月8日《中国青年报》刊发的一篇报道《乡村教育方向一错再错？——教育如何帮农村孩子找回尊严》，就较好地体现了教育新闻专业性与社会性的结合。该报道从2003年贵州省毕节市威宁县的一组高考数据出发，以贵州省人大常委会副主任顾久的担忧为线索，把乡村教育问题置于整个社会环境中展开层层分析，指出地区教育欠公平、乡村教育与农村社会存在一定脱节等问题，并提出了可能的解决思路。

教育如何帮农村孩子找回尊严[①]

如何让农村孩子的眼睛亮一点，腰板直一点，脑子活一点

一组数据让贵州省人大常委会副主任顾久牵挂至今。

2003年，时任贵州省毕节行署副专员的顾久到下辖的威宁彝族回族苗族自治县调研了解到，当年该县总人口超过100万，处于高三毕业生年龄段的人口有2万，但当年该县高考的报名人数只有600多人，考上线的仅仅有53个人。

在少数能够升入大学的学生背后，是一个让人唏嘘叹惋的现实——绝大多数学生成为悄无声息的落榜者，一些人甚至在初中阶段因为厌学而自动辍学。

一句民谚生动描绘了这群西部农村地区不能考上大学的年轻人的生存现状："种田不如爹，算账不如嫂，打工不如哥。"

这样的现实落差让顾久一直在"拷问"自己：我们的教育为更多孩子的生存和发展都做了些什么？！

让顾久忧心的是，即使近年来当地升学情况已有重大改观，"但农村绝大多数孩子不能持续升学是肯定的。"

毕节只是当前西部农村地区教育现实的一个缩影。在日前闭幕的陶行知教育思想与西部农村教育论坛上，顾久的"拷问"引发了数十位长期关注西部农村教育的国内外与会专家共鸣。

南京晓庄学院陶行知研究所所长徐志辉教授介绍，多次的下乡调研都有着这样的感受：20世纪80年代上大学的时候，班上大多数学生都是来自农村，而现在农村孩子入学比例越来越低，而且越是重点院校比例越小。同时，在贫困地区，家长把希望寄托于孩子升学一途的心情却更加迫切，"以考分为标准，以升学为取向"，"这样培养出来的都是精英，不是精英的没人关注"。

---

① 雷宇：《教育如何帮农村孩子找回尊严》，载《中国青年报》，2009年9月8日。

这样的教育至少有两点缺陷：首先，对受教者未来的生存发展能力欠缺思考，对中国经济社会大背景关切不足；其次，受教者以知识为垫脚石争取向上流动，容易养成自私冷漠、缺乏合作精神的人格。

"占人数80%的农村孩子却在学习着20%的城市孩子的课本。"民盟贵州省委披露的一项调研显示，国家实行义务教育阶段"两免一补"政策后，以前农村孩子因无钱交学杂费而导致的上学难已不再是问题，然而，学生在初二大量流失的现象依然存在，"关键在于，各地发展情况不同，而全国的教学内容高度统一，对于西部贫困农村地区的孩子来说，课堂的内容离他们自己的生活是那么遥远，一些孩子的学习兴趣逐渐消失"。

无数次深入贫困地区，顾久在教室内看到的场景更是让他感慨，"孩子索然无味地听着似乎是另一个世界的课程，那呆滞、麻木无光的眼睛让人的恻隐与悲悯之心油然而生！"

在顾久看来，一方面社会主义新农村建设需要大量人才，另一方面农村里又有一大批上了初中上不了高中、上了高中上不了大学的年轻人，"如何让他们的眼睛亮一点，腰板直一点，脑子活一点"，怎么把他们培养成新农村建设的实用型人才，是一个沉重的课题，值得教育部门反思、探索。

北京理工大学教授、知名教育学者杨东平就此次论坛撰文表达了同样的观点。在他看来，"中国教育之难，主要在农村；而农村教育之难，尤在西部边远、贫困的地区，那里的教育理应得到关注和特殊的对待，并不都是用城市化的方法可以应对解决的。"

"难道县一中就是农村孩子的发展道路吗？"

论坛上，"尊严"二字也成为众多专家口中的热门词汇。

顾久说，当前的教育模式只有一种评价标准，认为只有考试分数高才是人才，大批学校成绩排后的学生在自卑中不断否定自我；而事实上，有人天生有语言天赋，有人天生动手能力强，同样能够在人生舞台上大有作为，关键是要让他们找回自信，"让他们在农村找回自己的位置，找回尊严。"

在毕节地区纳雍县一所农村初中学校调研时，顾久欣喜地发现，学校的校长已经开始了这样的探索：学生进入初一时第一次的年级会上，所有的学生都被问到了同一个问题，"你未来想干什么？""有人回答想当老师，有人想开拖拉机，还有人回答想修电脑……"而随后，这位校长的实验随即展开，在镇里请来农技人员、修理人员走上讲堂"当先生"。

论坛上，国家督学、中国教育学会副会长朱小蔓教授表示，农村教育改革的确存在两难，一方面有人会说要教育公平，农村孩子为什么不能按同样的标准呢；

但同时，课程内容要跟孩子的生活相联系，孩子才能学得进去，才能觉得这个知识有趣，这就需要找到一个衔接，不能用同样的模式教育农村孩子，即便是同样的标准和内容，生活资源的衔接方式也要不同，因此农村教育的内容、模式值得探讨。

在农村地区调研时，朱小蔓教授发现一个奇怪的现象，各地都在花重金建县一中，"甚至投入两三亿元，建标志性工程，"这让此前曾担任中央教育科学研究所所长的她心情沉重，"难道县一中就是农村孩子的发展道路吗？大量农村孩子该怎么办？"

在她看来，必须面对的现实是大量的孩子不能升大学，很多孩子没有兴趣，不愿去学，"学完没有用，不知道回去干什么，他们无法面对现实的生活。"

朱小蔓说，农村教育的目标，既不是通过学校把农村孩子移出来，也不是通过学校把他们永远拴在土地上。要探讨的是这种教育给孩子什么样的基础，这个基础不仅是知识的基础，更是情感、态度、价值观的基础，要让他有对生活的信念，有尊严，有靠自己诚实的劳动就能生活下去的条件、找到一份工作的条件，哪怕是打工，也可以获得自己的尊严，进而可以找到越走越宽的道路。

能否找到一种新的教育模式，使能升学的"远走高飞"，不能升学的"落地开花"，有生存和发展技能？在顾久心里一直有这样一个梦想。

在此次论坛上，顾久和盘托出自己的设计，在毕节建立试验区，从小学三年级开始，把家政课等实用技术逐渐引入学校课堂，初中毕业生能掌握8种6项有效技术，高中毕业生能掌握8种6项技术和两门职业技术，初步实现基础教育职业化，职业教育基础化。在美国、日本的普通教育中，家政、缝纫、手艺一类的课程早已蓬勃开展。

他为此呼吁更多的鼓励和宽容，"这必将是一场需要上下多个部门配合，需要不断在尝试中摸索前进的艰苦试验。"

"今天我们思考农村教育需要有新的思维。"论坛主题报告会上，朱小蔓教授提出，教育应该面对生活，未来中国的发展绝不能忽略农村，绝不能低估教育对农村社会转型的作用，"农村教育也该有职业教育的内容！"

尽管教育新闻报道偏重专业领域的内容，但毫无疑问，教育新闻同样具有广泛的社会基础。教育对每个人来说都具有先天的接近性和后天的必经性，一切受众出于自身社会化的必然都会或多或少地关注教育新闻。要满足受众对大教育新闻的需求，必须解决教育新闻专业性和社会性的平衡问题，使它不至于陷入"专业"的圈圈而故步自封，失掉原本的广大受众。只有走出单一的学校教育领域，从大教育着眼，全方位、多角度地从教育与社会、经济、文化千丝万缕、不可分割的关系中寻找题材与切入口，跳出"小教育"的框框，教育新闻的视野才会与全球化、现代化对接，教育新闻的拓新才有基础和可能。

（二）挖掘静态性题材的深度，变静为动，发挥记者的主体能动性

教育新闻所报道的题材多具有静态性、非事件性的特点，这就需要记者改变事件发生后进行被动采访报道的做法，发挥其主体能动性，善用前瞻思维，主动去发掘现有题材中尚未构成事件的教育问题和现象。一些看起来稀松平常的素材或者线索，经过选题的纵深开掘以及合理、深入的采写后，往往能够引起广泛的影响和共鸣，使得静态的新闻变成"活鱼"，其新闻价值的社会功能之一——教化受众也会得到实现。在挖掘静态性题材深度的具体操作上，主要可以参考以下几种做法：

1. 做好政策解读

毫无疑问，教育工作的各项方针政策和规定是教育新闻的主要报道内容之一，这些内容难免给人机关味浓、教条化的印象，但它们又确实与人民群众关系密切。因此，如何使在这样的内容基础上写出的报道更具亲和力，记者自身的采访和分析解读能力就显得十分重要。例如，第八届中国新闻奖消息三等奖作品《浙江：今年高考无"状元"》，就是从"今年不对高考成绩排队"这样一个政策规定衍生出来的解读报道。这篇报道视角精准，篇幅短小而有分量，标题拟得醒目又切中事实本质。更难得的是，在短短400余字的新闻中，记者的采访报道还解读出了政策的引导性，即：不公布高考状元，是为了应试教育向素质教育转变、体现教育公平原则和维护学生身心的健康成长。

浙江：今年高考无"状元"[①]

省教委、招办规定：不对高考成绩排队，不公布前三名名单

本报讯（记者潘剑凯）谁是高考"状元"？这个一年一度的热门话题，今年却在浙江省消失了。浙江省教委、省招办日前明文规定：今年将不对各学校的高考成绩进行排队，也不公布全省高考文理科成绩前三名的名单。

浙江省招办主任王晓文在接受记者采访时说，对高考成绩进行排队，公布所谓的高考"状元"，有宣扬"应试教育"的倾向。如今不这么搞，正是根据学校教育要从应试教育向素质教育转变的要求提出来的，同时也是为了更好地体现公平公正的原则。

---

① 潘剑凯：《浙江：今年高考无"状元"》，载《光明日报》，1997年7月25日。

他说，文理科前三名不一定是全省高考成绩中最好的，更不能说他们就是学得最好的学生。今年浙江省有600多位学生被保送直接进入各大学，他们没有参加高考，或是参加高考后成绩被注销，公布高考成绩，认定谁是"状元"，对这些品学兼优的保送生是不公平的。

近年来，一到高考成绩公布，一些企业就开始"炒"高考"状元"，或给予巨奖，或送补品，或让"状元"们为产品做广告。王晓文认为，高考只不过是学生能进入大学继续学习的一种途径，那些带有强烈商业气息的"炒作"容易让人产生骄傲自满的情绪，对青年学生的身心健康成长是不利的。

2. 常规题材另觅角度

在媒介技术发达的当代，伴随着教育新闻自身静态性、非事件性的特点，记者希望通过打时间差获得独家新闻的想法几乎成为一种奢求。但从另一个角度来看，教育新闻的静态性、非事件性也使得记者有更充裕的时间、空间对一些常规题材进行深入发掘，实现报道角度的独特性，从而获得"非时间差的独家新闻"。

《文汇报》2002年2月5日发表的《城里娃没了虎气》就是这样的独家新闻的典型代表。在上海市青少年校外活动营地采访时，众多媒体记者都从统一的报道口径出发，进行了常规报道。而采写该篇新闻的记者经过亲眼观察，发现了一个带有普遍性的问题——学校和家庭中缺少"勇敢"教育，于是记者在报道中对问题进行了具体呈现和分析。这个着眼点以小见大，以事实服人，使得该报道跳出了一般报道的局限，显得别出心裁，既有社会贴近度又具有一定的前瞻性。

3. 参与舆论引导与监督

教育的发展离不开新闻媒介的参与，在很多时候教育新闻都担负着媒体舆论监督的重责，它关注教育领域存在的各种现象与敏感问题，在"记录历史"、传播事实的同时，也积极参与舆论的引导和监督。

如《中国青年报》2021年1月18日刊载的报道《"鸡娃"背后的"暗"力量》[①]中，记者分析了"鸡娃"这一新教育方式背后的思考逻辑与影响因素，并从教育部门明面出台政策角度提出解决方案，对社会理性认识"鸡娃"现象起到了及时引导作用。这样的教育新闻，不仅聚焦现实热点；更重要的是，能够针对社会普遍的教育焦虑心态解疑释惑指引正确导向，体现出了媒体的社会责任与担当。

（三）加强动态性信息的采写，强化信息服务功能

目前，动态性信息在教育新闻中仍然占据相当篇幅，只是往往以会议、政策文

---

① 樊未晨：《"鸡娃"背后的"暗"力量》，载《中国青年报》，2021年1月18日。

件、学校工作等为主要内容，显得生硬、枯燥、不易读，而且其新闻价值没有得到良好呈现。随着教育问题关注度的提高和信息需求的激增，向服务性信息发展已是当今各种媒体教育新闻报道的大势所趋。基于教育新闻广泛的社会基础，做好这些资源的开发利用，将之与受众的功能性需求相结合，无疑是教育新闻大有可为的方向。具体来说，教育和每个人息息相关，这是教育新闻开发服务功能的潜在优势。从升学到就业，从考试到择校，从助学贷款到自主创业……在这些人生重大问题的抉择上，人们对媒体的答疑解惑、给予帮助指导功能有着较高的预期。因此，从受众的需要出发，加强相关动态性信息的采写与整合，强化服务功能，是教育新闻采写创新的可行之路。

这种趋势在以往的报道中是有迹可循的。以《中国青年报》2006年的高考报道为例，它的读者以学生为主，因此将高考报道定位成为学生服务：于5月初开辟"高考倒计时"专栏，介绍各种高考、招生信息；6月5日推出"关注高考"专栏；6月6日，刊发《考试院提醒考生别犯"低级错误"》，向考生温馨提示高考时不要忘记带准考证等；6月7日，刊发《社会得了"高考强迫症"》，对社会过度关注高考提出批评。[①]

又如，《中国青年报》2020年4月27日的报道《疫情下 留学or不留学》[②]，选择了"疫情"这一特殊时代大背景下人们聚焦关注的留学话题，报道从分析目前留学形势出发，结合专家学者对留学长期价值、中短期利弊因素的阐释等内容回应标题提出的疑问，提醒留学生及其家长当下可采取的措施和有关的注意事项。这样的报道从公众利益角度切入，选择与受众关联度高的新闻事实，以贴近性拉近与受众的距离，从而强化了媒体的服务功能和指导性。

思考练习题

一、科学性是科技新闻的生命，但对于科技新闻报道来说，有时候"眼见"未必为"实"，在报道实践中不乏这样的例子。请查找一则科技新闻报道失范案例，分析其中的问题，并提出防范失实的对策。

二、根据本章节内容，总结科技新闻通俗化的具体途径。

三、请利用互联网搜集日全食相关资料，尝试写一则拟发表于都市报媒体，主题为提醒普通市民观测日全食须知的服务性科技新闻。

四、请选择《中国青年报》上的一篇教育新闻，结合本章内容对其特点进行分析。

---

① 刘万永：《摒弃炒作 满足需求——2006年高考报道探讨》，载《中国记者》，2006年第9期。
② 张茜：《疫情下 留学or不留学》，载《中国青年报》，2020年4月27日。

五、围绕引发热议的高校管理"去行政化"议题，采访身边的高校领导或师生，写一篇相关新闻。

六、对于教育新闻强化信息服务功能的趋势，谈谈你的看法。

第十八章 文体新闻的采写

【内容提要】

文体新闻是文艺新闻与体育新闻的统称。文艺新闻是对文化艺术领域新近发生或发现的有价值的事实的报道，兼具新闻性、文学性、知识性与趣味性，细节生动、寓意深刻，能够给人以文化启示与艺术享受。区别于"文化新闻"或"文娱新闻"，"文艺"既符合该领域报道的传统，又体现其内容的主流与主导。体育新闻亦是以报道对象来划分的重要新闻类别，它是针对专业及业余的体育比赛、体育活动、运动参与等话题的报道，具有时效性、专业性与群众性。在新媒体快速发展的浪潮中，受众喜闻乐见的文体新闻扮演着主要角色，其报道内容趋于多元、边界不断拓宽。本章以具体案例介绍文体新闻的采写要领，并对新的动向和价值导向予以提示和分析。

第一节 文艺新闻的采写

一、文艺新闻的定位与报道内容

（一）文艺新闻的定位

随着我国社会进入转型时期，人们的物质生活水平日益提高，伴之而来的是较大的工作压力和心理压力，人们需要在工作之余放松减压，因此，对能够缓解压力、健康身心、陶冶情操的文艺类信息的需求也日益增长，以文艺新闻为代表的"软新闻"越来越受到受众的青睐。

文艺新闻一方面承载着厚重的历史文化传统，一方面衔接着浮躁的现代大众文化；一方面要传承精英文化的精髓，一方面要适应世俗文化的审美取向。如何在文艺新闻功能的两端取得平衡，尤其是在娱乐化浪潮的冲击下，使文艺新闻不失文化品位又能为普通大众喜闻乐见，既不曲高和寡，又能雅俗共赏，是当今文艺新闻亟待解决的问题，也是影响记者采写的社会因素和外在动因。换句话说，这应该成为记者做好文艺新闻报道的认识前提，也是记者面对的现实的媒介生态，对采写技能的变化、应对有着重要的导向作用。

在探讨文艺新闻之前，有必要对"文化新闻""文艺新闻""文娱新闻"这几个概念稍作分析，因为当今媒体对这些概念的使用还比较混乱。

需要说明的是，本书采用文艺新闻作为类属定位，而没有选择有些教材和相关专业书籍采用的"文化新闻"定位，是因为"文化"的含义实在太过宽泛。从它的广义定义出发，只要从精神的角度报道人类的物质生产能力和物质财富，都可以属于文化新闻。从这个意义上讲，新闻所报道的所有内容，都可以视为文化新闻。而狭义的文化新闻则包括科学、文学、艺术、教育、卫生、体育等内容。但在现在的新闻实践中，文化新闻与科技新闻、教育新闻、体育新闻等并非包含的关系而更接近于并列关系；也就是说，人们日常口语中的"文化新闻"并不是符合"文化"本身定义的"大文化新闻"。前者在实际的操作中其实是以文艺新闻为主的，即主要报道文学、艺术界新近发生、发现的事实。而"文娱新闻"的使用，意在强调文艺新闻中突出娱乐性、通俗性、消遣性的那部分内容，即今天"遍地开花"的"娱乐新闻"。娱乐新闻把报道范围划定在娱乐圈、演艺圈内，并把影、视、歌等演艺明星作为报道主角。从新闻学的发端与新闻业务的实践出发，传统媒体是从文艺新闻报道开始逐渐扩展至今天所谓的文化新闻的，尤其是当今世界上许多主流媒体大多以文化和艺术新闻作为文化新闻报道的侧重点，所以，我们仍然坚持从历史发展和实践传统出发，将现在的大文化报道以文艺新闻来定位和归类。从报道实际所涵盖的范围来看，"文艺新闻"与"文化新闻"是可以等同的，而"文娱新闻"则被包含其中。鉴于此，本书认为"文艺新闻"的概念更为恰当与合理，指向更加明确，本书沿用这个概念，将其定义为：所谓文艺新闻，就是对文化艺术领域新近发生或发现的有价值的事实的报道。

(二) 文艺新闻的报道内容

文艺新闻的报道内容，可以归纳为以下几方面：

文艺方针、政策和文艺改革的信息；各种形式的文艺作品的发布及相关评论、研究；群众性的文化艺术活动；文艺界人士的创作、工作、生活信息；文艺界发生的事件和存在的现象、问题等。总而言之，"文艺新闻既包括了对阳春白雪的精英文化的报道，也包括了对一般流行文化和大众文化的报道"[①]。

---

① 方延明：《新闻写作教程》，高等教育出版社，2005年版，第272页。

二、文艺新闻的主要特征

（一）思想性和娱乐性兼具

文艺本身属于社会的意识形态，是精神产品。作为精神思辨的产物，可以说文艺先天具有思想性。文艺新闻受其报道对象特点的制约，自然也带有明显的思想性。借助文艺新闻来传播某种文化观点、思想、理论，使受众获得新知或启发，是文艺新闻，特别是严肃文艺新闻的应有之义。换言之，文艺新闻理应担当"文以载道"的传统文化责任。

同时，文艺新闻又兼具娱乐性。文艺本身具有娱乐功能，但是近年来，对娱乐性的过度关注和不当导向已成为当前文化发展中应注意的误区。对文艺新闻中富有娱乐性、通俗性、消遣性的那部分内容加以强调，使娱乐与文化并重，甚至将娱乐单列出来报道，已成为如今很多媒体文艺新闻的报道选择。这主要是因为受众的娱乐需求激增，随着国民经济的发展和人民生活水平的提高，生活工作带来的巨大压力使人们在闲暇时间更愿意接触一些消遣娱乐性的媒介内容来放松减压、愉悦身心。但对娱乐性的片面强调和追逐，导致了目前文化新闻庸俗化、低俗化甚至恶俗化问题的出现。明星、文化名人的生活起居、各种绯闻丑闻占用了大量媒介资源，究其原因，是媒介对受众的娱乐需求盲目迎合，缺乏必要而理性的引导，对文娱新闻本身的价值开掘认识肤浅甚至错误。

有学者提出，应该历史地、动态地看待文化和受众兴趣。由于现实所限，人们的潜在兴趣无法充分发展，当媒介选取某一具体时期公众兴趣的某一方面大加宣传时，其结果就是使这种兴趣固定化。这既可以用来解释当今文艺新闻的娱乐化泛滥现象，也可以作为文艺新闻必须加强思想性的策略参考。

（二）专业性和通俗性结合

文艺新闻的专业性主要表现为其内含的知识性。文化艺术本身就是知识的结晶，它经过人类文明的历代积累，已经形成了内容丰富、门类齐全并仍在不断完善的系统，这就意味着报道文艺领域的文艺新闻必然涉及大量的专业知识性信息。这些专业知识性信息既是文艺新闻报道区别于其他专业新闻的依据，也被视为文艺新闻吸引人的独特要素。

从根本上说，文化艺术根植于人民群众。每一种文化艺术形式和活动都发端于群众，或因为群众的参与而得以保存和创新。同样，文艺新闻的产生是为了满足受众的需要，它自始至终要面对的也是广大的受众。因此，在形式和内容上体现出一定的通俗性，既是文艺新闻受众本位的必要体现，也是其实现受众最大化的必然选择。

毫无疑问，好的文艺新闻应该是雅俗共赏的，即能够将专业性和通俗性有机结合，既不至于曲高和寡、孤芳自赏，也不至于为博眼球而流于低俗。为了实现雅俗共赏，凸显文化娱乐的主流意识形态功能，一方面，文化新闻和娱乐报道需要以轻松愉悦的方式调动受众的无意识与欲望，实现其娱乐、宣泄、转移功能，满足大众的娱乐需求；另一方面，也要引导大众的情感和文化趣味，在不经意的娱乐中完成主流意识的教化要求，"高雅艺术大众化、通俗艺术精品化"[①]的目标不仅是民众的需求，也是政治权威建构的主流意识形态倡导的结果。文艺新闻的价值诉求不仅是传播有价值的文艺新闻，而且要通过专业性与通俗性的有机结合实现文化建设与价值导向的特定使命。

三、文艺新闻的采写要领

（一）做好采访前的专业准备工作

就采访的基本原则和方法来说，文艺新闻与其他类别的新闻采访大致相同。但从文艺新闻的采访报道对象及其社会意识形态属性、常见的采访场合，乃至文艺界人士的一些特点来说，文艺新闻的采访又有其特殊性。因此，要做好文艺新闻的采访，首先要从以下几个方面着手，做好专业的准备工作：

一是保持客观、公正、理性的态度。鉴于文化艺术鲜明的思想性特点，文艺新闻自然也带有思想的烙印。但文艺新闻自身的思想性，应该尽可能以客观、公正、理性的态度去体现。文艺领域内的各种观点、思想、理论和派别十分复杂，并且存有一些尚未经过时间、空间考验的新观点、新思想，记者在接触、了解、鉴赏时保持理性和一定的超脱是非常重要的，刻板印象、个人偏见都不应夹杂其中。记者应尽可能去呈现这些精神产品，需要作出价值判断时，一定要掌握分寸，褒贬得当。

二是对文艺领域有关路线、方针、政策的准确掌握。这是进行文艺采访的前提。

三是专业知识的积累储备和不断更新。文艺是一个专业领域，其中门类众多、内容复杂，记者须有相当的专业储备才能进行采访。如果记者完全不懂行，自然无

---

① 周平：《当前都市报文娱版的问题及对策分析》，载《新闻界》，2008年第4期。

法提出有价值的问题，只能被动等待别人的知识普及，不仅无法采访，也显得对采访对象不尊重。美国名记者威廉·曼彻斯特说过："你提出的问题要让他觉得是新颖别致的，要表现出你很熟悉他的生平。这样他就会尊重你，有兴趣与你交往和谈心。"① 随着文艺领域信息的不断增加，记者也要随时更新自己的"数据库"。

四是有针对性地进行准备。长期积累和短期准备都必不可少。长期的专业储备能使记者从高起点出发，但针对每一次不同的具体采访对象，记者还是需要进行有针对性的研究。举例来说，文艺界人士往往个性鲜明，有时会给人难以接近的印象。在采访不同的文艺界人士时，如果能够通过收集资料对他（她）的个人原则、行事风格、性格特点有所了解，进而决定采访的具体方式，采访将会事半功倍。

（二）深入现场，掌握第一手材料

文艺记者的采访场合，除了一些相关会议和机关、团体以外，主要包括剧场、电影放映场所、音乐厅、美术馆、影视拍摄现场等场所，如今一些文艺名人与其受众进行互动的场合也加入其中，如演唱会、歌友会、影迷会等。鲜活的文艺新闻大多发生于此。只有深入到这些现场，记者才能实实在在地了解现场情况、活动效果和受众反应，这些第一手材料仅凭活动通稿是无法获得的。

（三）负责任地采写，重点在于求证

真实是新闻的生命。文艺新闻同样应坚持真实性原则，将向广大受众传播真实可靠的文艺信息视为己任。近年来，部分不负责任的媒体受"眼球利益"和市场经济的驱使，为了追求轰动效应，向受众传播一些未经证实的消息，甚至自己炮制虚假新闻。这种急功近利的做法，对媒体的公信力产生了极大伤害，而一名合格的文艺记者，应坚守职业道德，在文艺领域进行负责任的采访与写作。

负责任地采写，重点在于求证：首先通过各种信源获得信息，以便全面、准确地把握整体情况；其次厘清信息来源，是来自权威信源如权威机构、第一手材料等，还是来自非权威信源如匿名博客、电子邮件、网络聊天工具等，确定其可信度；再次需比照各个信源所获得的信息是否一致，对事件的描述能否自圆其说；最后还需直接联系相关人士，澄清疑点。总而言之，就是通过权威的信源对信息进行核实后才能报道。

---

① ［美］约翰·布雷迪：《采访技巧》，寿跃进、姜雨楠译，中国新闻出版社，1985年版，第49页。

（四）穿插必要的背景知识

文艺新闻具有专业性，其专业性主要表现为涉及文艺领域的大量知识性内容。为了便于受众接受，记者应在报道中提供必要的相关背景知识，使报道变得通俗易懂、亲切生动。具体来说，文艺新闻的知识性主要表现在以下几个方面：与文艺作品的内容与风格相关联的知识、与被报道对象的成就或背景相关联的知识、与文艺作品的创作手法与拍摄技巧相关联的知识，等等。[1]

（五）以更开阔的视野进行报道

文艺新闻的报道立足文化艺术领域。记者若真正立足于文化大背景下，着眼于对相互关联的事实、信息的纵深开采，就会发现可供文艺新闻报道的题材众多、角度多样，其丰富程度远不止如今大多数媒体所呈现的图景。从这个角度来说，文艺新闻报道应当具有更开阔的视野。令人欣慰的是，在一些文艺报道中，这种趋势已现端倪。

《钱江晚报》的文艺报道从2004年起尝试把视线从浮华热闹的娱乐圈拉回到身边的生活，拉回到为生存奔波的社会各阶层人群，用文化解读的心态，关怀他们的文化需求，关注转型期文化的本质。该报先后做出了《我们为什么关注贫穷阶层的精神生活》《16人的乡愁报告》《是什么决定了未来农民的未来》《与外乡人一起跳舞》等"关注中国社会各阶层精神文化生活系列报道"，这样的文艺报道视野开阔，饱含深切的人文关怀，受到了读者的好评。

《〈无极〉走了 香格里拉痛了》则是将文艺事件与环境保护议题联系起来纵深开掘的一篇精品。这篇报道提出了"影视垃圾"这一令人瞩目的公众话题，引发了全国范围内媒体对"破坏性拍摄"现象的一系列关注与反思，使全社会的环保意识提高到了一个新层次。可以说，它也提出了以不同视角报道文艺事件与问题的新思路，并且在促进问题的解决上取得了良好的社会效果。

文化搭台只剩台 经济唱戏不经济

《无极》走了 香格里拉痛了[2]

文化商机空剩垃圾 至今未得清理

当《无极》剧组宣布到香格里拉拍外景时，当地政府视之为"提升香格里拉

---

[1] 程道才：《专业新闻写作概论》，中国广播电视出版社，2002年版，第208～209页。
[2] 朱玲：《〈无极〉走了 香格里拉痛了》，载《北京青年报》，2006年4月6日。

品牌，做大做强旅游业的一次千载难逢的大好机遇"，但是，没想到这个"机遇"反让美丽的香格里拉生态遭到破坏——《无极》剧组留下垃圾满地，至今未能得以清理。

《无极》开拍　香格里拉视为商机

昨天，本报记者联系到云南当地的权先生，他因工作关系见证了2003年底《无极》剧组宣布选景香格里拉、2004年6月剧组进驻及提前一个月撤离的全过程。

据权先生介绍，2003年底，当《无极》剧组宣布在云南省迪庆州香格里拉县拍摄外景时，受到当地政府大力欢迎。2003年11月28日，云南迪庆州委在一份会议纪要中指出，这件事"是迪庆州进一步提升香格里拉品牌，做大做强旅游业的一次千载难逢的大好机遇"，要求相关政府部门"在依法办理有关手续的前提下，做到减少中间环节，快速高效地做好各项工作"，并特为《无极》剧组成立了由一位州委宣传部副部长挂帅的"《无极》迪庆协拍领导小组"。

"《无极》剧组之所以选择香格里拉碧沽天池，是因为那里遍布陈凯歌苦寻已久的杜鹃花海"。据介绍，碧沽天池位居深山，海拔4000米，原始自然景观尚未开发，堪称一个鲜为人知的世外桃源。

据云南当地一媒体记者郭先生对本报透露，《无极》剧组在香格里拉的外景拍摄进展顺利。为了方便剧组的大型车辆通行，由香格里拉县交通局负责，政府投资15万元加宽、加固了通往碧沽天池的22公里林区山路；为了搭建外景建筑"海棠精舍"和横跨天池的木桥，县政府还协调了木材提供给剧组。

因道具安全隐患　剧组提前撤离

当地政府正翘首企盼"《无极》热映将把香格里拉的美丽展现给全世界"时，2004年6月14日，《无极》剧组全体成员比原计划提前一个月撤离香格里拉，原因是《无极》耗巨资在香格里拉搭建的景"海棠精舍"存在重大安全隐患。原计划6月20日与云南迪庆州政府共同举办的4万人的"开机庆典"也付诸东流。

据权先生介绍，"海棠精舍"耗资近200万元人民币，高13米，横跨梁46米，全钢架结构。本来，"海棠精舍"可能因它在《无极》中的奇丽壮美以及张东健、张柏芝、真田广之诸多明星在里面演绎真情故事而闻名遐迩，但它却"最可能"成为"中国影视业中第一个因安全问题而被放弃的豪华工程"。有说法称，《无极》剧组其后另起炉灶，在内蒙古某石林中建起了新版"海棠精舍"，并专门请了专家在四面墙上描绘出漫山遍野的海棠盛景。

碧沽美景不再　留下满地垃圾

记者从云南当地媒体于今年3月27日赴香格里拉拍摄的照片中看到，那里大雪封山，盖住了曾被媒体报道过的"饭盒、酒瓶和塑料包装袋等生活垃圾"以及"大量的雨衣和丛林迷彩服，更有许多用来搭建帐篷的塑料薄膜"，但盖不住碧沽天池边上一个钢筋混凝土与木料搭建而成的"大怪物"——这就是曾被媒体炒得沸沸扬扬的《无极》故事发生地——"海棠精舍"。除此之外，还有一座破烂不堪的木桥，一些木板已经脱落，一直通到池的对岸，将静谧的天池生生地劈成两半。据照片的拍摄者郭先生介绍，"天池的场景看上去分外凄凉"；他还听说，当地村民不止一家的牛因吃剧组留下的塑料薄膜导致消化不良而死掉，"没有任何人替村民承担责任"。

郭先生说，《无极》剧组这一走就没有再回来，只在昔日静美的碧沽天池边留下了破败的"海棠精舍"和满地垃圾。

据郭先生介绍，《无极》剧组留下的生活垃圾逐渐被周围居民清理，但高大的"海棠精舍"却没有办法清理。去年7月，有媒体报道此事。随后，迪庆州委宣传部多次与《无极》剧组联系，2005年8月，剧组发出关于委托处理电影《无极》剩余物品的拍卖函，将影片置景遗留事宜全权委托给迪庆州委宣传部处理，还将场地清理、拆除恢复工作也一并委托。3月底，郭先生联系迪庆州委宣传部副部长，被告知由于一直积雪压山，恢复工作无法进行，有望5月展开。

第二节　体育新闻的采写

一、体育新闻的定义与报道对象

20世纪80年代改革开放以来，我国的体育新闻发展势头强劲。综合类报纸的体育新闻版面不断扩大，专业体育报纸迅速增加；专业体育频道、体育电视栏目遍及全国各省市电视台，体育节目的收视率始终居高不下，成为各电视台最具效益的支柱节目。与体育在人类社会发展中扮演的重要角色一样，体育新闻对各类媒体的重要性不容忽视。体育新闻已经作为与时政新闻、经济新闻、文艺新闻相并列的一大新闻类别，成为各类媒体报道的宠儿。

（一）体育新闻的定义

体育新闻的定义，简单说来，就是对专业及业余的体育比赛、体育建设、体育活动、运动员状况等方面新近发生的有价值的事实的报道。① 也有人认为，体育新闻是对人类的体育运动、健身活动及相关信息进行的一种报道。②

总而言之，体育新闻是以与体育相关的活动、工作及人物新近发生的事实为报道对象的报道。根据体育活动的形态，可以将体育新闻的报道对象分为动态体育活动和静态体育活动两大类。

（二）动态体育活动

动态体育活动主要包括竞技体育、学校体育、群众体育、军事体育以及运动员的训练活动、体育新闻人物的公务活动等。其中，竞技体育是整个体育新闻最重要的报道内容，也是受众最关心的报道内容。它最能体现体育活动的竞争性、对抗性、刺激性和观赏性，且其最大的魅力和最显著的特征就是竞赛结果的不确定性。在每一场赛事结束之前，获胜的悬念都会一直吸引受众。正因为如此，竞技体育自然成为体育新闻报道的重中之重。如同两位美国著名体育新闻记者在他们所著的《体育新闻报道》中所说，"赛事报道并不是体育新闻报道的唯一内容，但它却一直是大部分体育版的基础"③。

（三）静态体育活动

静态体育活动是指除体育活动本身之外的有关活动，它是为动态体育服务的，而不是体育运动本身。静态体育活动主要指相关体育工作，它具体包括：体育运动有关政策方针的研究与制定、体育比赛规则的增删与修订、体育机构的管理组织工作、体育科研情况、体育经营活动、体育场馆和服务设施的建设等。

二、体育新闻的主要特征

（一）时效性

对体育新闻尤其是竞技体育报道来说，时效至上绝对是不二法则。这主要是由竞技体育比赛结果的悬念性造成的。而悬念的揭开可以说是一次性的，在此之后对比赛结果报道的稿件，其新闻价值远远不及第一篇。因此，在最短的时间内把比赛结果报道出去，是每个体育新闻工作者孜孜以求的目标。正因为时效性对体育新闻

---

① 程道才：《专业新闻写作概论》，中国广播电视出版社，2002年版，第243页。
② 张柏兴、汪宗保、龙长征：《专业新闻报道》，浙江大学出版社，2005年版，第284页。
③ ［美］布鲁斯·加里森、马克·塞伯加克：《体育新闻报道》，郝勤译，华夏出版社，2002年版。

有着极其重要的意义，各新闻媒体和体育记者在争夺种种"第一"时的竞争，也就格外激烈。

重大赛事第一块金牌的归属，历来都被视作重大新闻，是新闻竞争的焦点。1984年洛杉矶奥运会的第一块金牌，是由我国射击选手许海峰夺得的。新华社虽然第一次参加奥运会报道，却是世界上最先报道这则消息的通讯社，在竞争时效的媒体战场上也夺得了一块"金牌"。

许海峰获得奥运会第一块金牌[①]

新华社洛杉矶1984年7月29日电（快讯） 中国神枪手许海峰今天上午在这里获得男子自选手枪比赛的金牌。

这是中国选手获得的第一块奥运会金牌，也是本届奥运会的第一块金牌。

他的成绩是569环。

这条简讯文字简练，按重要性递减顺序交代了最核心的事实，其目的就是为了能够第一时间报道新闻事实，通过新闻的时效性来体现新闻价值。

毫无疑问，在体育新闻的时效性竞争上，纸质媒体已无法与电子媒体抗衡。如今电子媒体的时效性之强，几乎达到了与比赛结束同步报道比赛结果的程度。这其中，电视媒体又以画面的直观性、强烈的现场感、直播的全面性占据优势，可以说竞技体育报道和电视媒体具有某种天然的亲和力。如今，社交媒体进一步放大了电子媒体在时效性方面的优势，搭载于社交媒体平台的媒体账号，不仅可以快速发布比赛精彩瞬间视频片段，还可以对比赛全程进行实时文字直播，全方位满足受众的多元信息诉求。

（二）专业性

体育活动门类众多，且每个体育项目都有自身特定的技术要求和比赛规则，具有很强的专业性。如果不掌握相应的专业知识，就无法理解体育比赛，更不要谈写出体育新闻来。在体育新闻报道中，尤其是涉及对比赛过程的描述时，常常会使用该体育项目的大量专业术语。与科技新闻、教育新闻等在报道中加强对专业知识的"翻译"，从而尽量使报道通俗易懂的方式不同，体育新闻甚至是在"有意"地追求这种专业性。如我们在体育新闻标题中常常见到的"德比"一词，一说来源于19世纪英国的赛马比赛，意为"来自德比郡的马之间的比赛"，后来成为"同城大战"

[①] 《许海峰获得奥运会第一块金牌》，新华社洛杉矶1984年7月29日电。

的代名词被广泛应用于足球比赛中。如今很多体育项目都在沿用该词，使用的范围也不仅仅限于同城，如美国男子职业篮球联赛（NBA）中姚明所在的火箭队与易建联效力的网队相遇，就会被称为"中国德比"。

体育新闻的专业性还表现为其受众的特定性和稳定性。体育新闻的受众以体育爱好者、体育迷为主，他们往往对自己喜爱的体育项目非常熟悉甚至精通。在现今网络发达的背景下，他们能够凭借网络收集到大量相关资料进行分析研究，并在网络中形成一定的群体如球迷论坛、"球友"交流 App 等来相互讨论，其讨论内容甚至成为专业媒体报道的来源之一。可以说体育新闻的受众里卧虎藏龙，有些人对特定项目的研究水平和分析能力已不亚于专业人士。这就从另一个方面对体育新闻本身的专业性提出了更高要求，体育记者首先必须要精通自己的报道领域，才能赢得受众的尊重。

三、体育新闻的采写要点

必须承认，纸质媒体在与电子媒体的竞争中显现出的弱势，在体育新闻报道中极为明显。这不仅仅是关于时效性的竞争，尽管单论这一点纸质媒体已毫无优势。当今国际国内的重大赛事，电视台几乎都会实况转播，摄影机的镜头捕捉着现场的各个角落，不同的场景、特写、慢镜头，辅以同期声的解说，使观众如同置身现场。"可以说，在任何报道领域中，文字报道也没有在体育报道中受到来自电视更直接、更严峻的挑战。"[①] 受众在接收体育资讯时对媒介种类的选择顺序可以说明这一点，一般来说首先是电视，其次是广播，再次才是报刊。这样的挑战对纸质媒体体育新闻的采写产生了极大影响——放弃追求严格的时效性，强调写出现场感，以便于读者"回味"；更加注重报道深度的挖掘，向受众提供预测与分析的观点性信息；以不同的角度写好各类型的体育人物，满足受众的多元需要。归纳起来就是，提供电视画面无法提供的东西。

（一）写出现场感

对体育迷来说，在早已得知了自己所关心的比赛结果或观看了比赛全程之后，再去阅读相关的报刊体育新闻，主要目的可能是希望"回味"比赛或寻找观点。因此，当今的体育新闻报道非常重视写出现场感，特别是紧张激烈的竞技场面和赛场气氛的呈现，以及对一些比赛重要节点、人物状态的细节描写。如《中国青年报》

---

① 蓝鸿文：《专业采访报道学》，中国人民大学出版社，1991年版，第437页。

这样报道 2008 年北京奥运会上我国女子射箭选手张娟娟力克韩国"梦之队"选手赢得冠军的场面:

> 北京奥运会射箭女子个人赛场地中央,中国女箭手张娟娟开弓、放箭,弓弦颤动的声音连观众席都听得清清楚楚。她的最后一箭穿透风雨射向靶心,9环!张娟娟终于夺得了中国射箭历史上首枚奥运会金牌。中国射箭队老领队孟繁爱禁不住失声痛哭:"我从 1984 年就等着这一刻,今天终于等到了!"①

又如 2008 年 8 月 13 日《羊城晚报》刊载的体育新闻《扬眉剑出鞘 仲满震江湖》②,对北京奥运会男子佩剑个人赛决赛选手的精彩较量展开了生动的武侠式描写:

> 决斗一触即发。
>
> 一位是高挑玉面君郎,一个是满脸煞气;一个来自剑林强国,一个来自 24 年无缘霸主地位的东道主;一个成名已久,而一个只是在 8 月 3 日才闯进剑林十强。谁是最新霸主?只有靠两人手中的剑来说话。
>
> 洛佩哪把小生仲满放在眼里,虚晃一剑,然后流星赶月,占得先机。好身手!
>
> 殊不知,正中仲满布下的陷阱。他不想过早激怒猛虎,而是想以静制动。对方又一个猛虎捕食,仲满瞅准机会,侧身反击,两剑同时中的,但是仲满反攻得利,虽然洛佩一脸不服,裁判却是火眼金睛。
>
> 一时无措,猛虎再度主动出击,劈剑间,仲满闪躲及时,又是反击成功。那观众用掌声也不足以表达内心激动,全场跺脚声让人感到地动山摇……

这些充满现场感的叙述和描写,能够满足受众以文字结合联想的形式"回味"比赛的需求,使新闻更具可读性。即使对那些随意浏览的一般受众来说,这样的报道也颇具吸引力。

(二) 写出深度

对体育新闻报道深度的挖掘可以从两个方向来考虑:一是对尚未发生的事情的合理预测;一是对已发生事实的解读与评价。二者的共同点是都必须占有大量的背景性资料,同时具备很强的分析能力。

---

① 郭剑:《中国箭客一人击溃梦之队》,载《中国青年报》,2008 年 8 月 15 日。
② 谷正中、林本剑、苏荇:《扬眉剑出鞘 仲满震江湖》,载《羊城晚报》,2008 年 8 月 13 日。

第十八章 文体新闻的采写

1. 做好预测性报道

预测性报道在体育新闻报道中应用较广泛，这主要是由竞技体育比赛结果的悬念性造成的。悬念尚未揭开，而受众又极为关切，在这种时机做好预测性报道无疑符合受众的心理期待。

体育预测性报道十分考验记者的专业水平，它要求记者根据充分占有的资料，结合各项影响因素，对比赛结果进行大胆合理的预估，具有高难度和高风险性。也正因为如此，预测性报道为受众所钟爱和青睐，在一定程度上也是产生独家新闻的重要途径。对写作预测性报道来说，记者日常的专业积累最为重要，科学理性的思维方法和深刻的洞察力也必不可少。

如《羊城晚报》预测 2009 年男篮亚锦赛决赛队伍的报道《两场硬仗还在前面》，记者根据各支队伍的技术特点、重点选手和比赛状态，预测了决赛队伍的人选，有理有据，很有说服力。事实证明这则报道的预测是科学的、准确的。

"热度"直线下降的中国队能否重夺亚洲桂冠？

两场硬仗还在前面[①]

　　本报天津专电（记者周方平）　男篮亚锦赛 1/4 决赛今天开打，八强将通过三场淘汰赛决出冠军。赛前被认为夺冠大热门的中国队，经过复赛跌跌撞撞的表现，"热度"已直线下降。在重夺亚洲桂冠的征途上，有两场硬仗等着中国队。

　　中国队首个对手是被称作为本届亚锦赛黑马的中华台北队。该队小组赛仅以 4 分之差惜负伊朗队，进入复赛后又连续在关键时候出现失误，分别以 7 分、2 分之差憾负菲律宾队及韩国队，仅列 E 组第四，不得不提前与中国队相遇。面对实力高出一筹的对手，他们不会有太多机会。中国队应可轻松闯进四强。

　　中国队四强的对手是黎巴嫩队与韩国队之间的胜者。赛前多数人都倾向韩国队胜出，但从黎巴嫩队越来越出色的发挥看，韩国人要轻松过关不容易。不管哪队胜出，对中国队而言都是硬仗。黎巴嫩队复赛仅以 3 分之差负于中国队，而中国队对佛罗曼与佛雷杰组成的内线"双佛"一直无解，如果易建联及王治郅深陷犯规麻烦，中国队止步半决赛亦并非天方夜谭。韩国队虽然近年水平有所下降，但保持着快速、准确、凶狠的整体打法，半场扩大紧逼盯人的压迫性防守以及蛮不讲理的三分投射，一直就是中国队最头疼的。不过，就本届比赛的发挥看，中国队应有更大胜算。

　　如果闯进决赛，对手应该是约旦队与伊朗队之间的胜者，因为他们 1/4 的对

[①] 周方平：《两场硬仗还在前面》，载《羊城晚报》，2009 年 8 月 14 日。

手菲律宾队和卡塔尔队都不强。如果让中国队选，肯定希望再战约旦队。约旦队虽有超级后场怀特，但内线较弱，攻击点较少，以往的得分手阿巴斯已经廉颇老矣，只要控制住怀特一个点，胜算就达到八成。

以笔者猜度，伊朗队进入决赛似乎更有道理。他们在小组赛上打得跌跌撞撞，尽管三场全胜，却赢得很难看。但进入复赛后状态开始提升，先赢日本30分，再赢菲律宾10分，最后干净利索地大胜韩国队16分。尤其是对韩国队一役，伊朗队打出开赛以来的最高水准，全队快速、强悍的机动化打法甚至比韩国人更韩国，曾经效力于开拓者队的河升镇被现效力于灰熊队的哈达迪打得灰头土脸，如果不是最后阶段伊朗队有所保留，分差会更大。一支会保存实力、懂得将状态逐渐提升的队伍，其战斗力将异常强大。如无意外，中伊将上演本届亚锦赛最终的强强对话。

2. 解读事实，提供观点

正如前文所说，寻找相同或相反的观点，是体育迷阅读报刊体育新闻的主要动机之一。在无法与电子媒体竞争时效性的前提下，趋利避害方是生存之道。因此，综合性报刊的体育版或专业体育报纸都尽可能地提供观点，策划专栏，彰显其深度特色。对一些颇具意义的事件、现象和问题，仅仅提供最基本的事实显然无法满足受众需求，他们需要了解原因、过程以及可能产生的影响，此时记者或相关人士的解读分析就显得十分重要与必要。

如2021年的东京奥运会开幕式现场，一支特殊的队伍伴着音乐入场——奥林匹克难民代表团。虽然他们自2016年里约奥运会起便开始以运动员的身份集体参赛，几年中也有不少媒体对此进行了报道，但是《文汇报》不仅关注事件本身，也聚焦难民个体，并由此借助群像式的采写方式，"以小见大"地透视了国际难民问题带给一个个微观生命的巨大影响，报道深刻而具有启发性。

他们被迫逃离家园，支离破碎的人生因奥林匹克重新闪耀[①]

即便人生支离破碎，也不辜负每一个渺小的希望。在奥林匹克大家庭里，曾经深陷悲惨境遇的难民运动员们，找到了实现梦想的舞台。

在东京奥运会开幕式上，奥林匹克难民代表团紧随希腊代表团第二位出场。带着"共同强大"的参赛格言，他们穷山距海，跨越艰难险阻，在奥林匹克舞台相聚。他们希望，将这份信念和力量，传递给全球8240万因战争、暴力和迫害流

[①] 谷苗：《他们被迫逃离家园，支离破碎的人生因奥林匹克重新闪耀》，载《文汇报》，2021年7月24日。

离失所的人们。代表团的 29 名运动员分别来自 11 个国家和地区，将出战 12 个项目，没有国歌、国旗，奥运五环是他们共同的标志。

作为建立难民代表团的发起人，国际奥委会主席巴赫在开幕致辞中表示："昨天，你们逃离家园，变成难民。今天，我们张开双臂，欢迎你们来到奥林匹克大家庭。在这个大家庭里，我们都是平等的。"这位国际奥委会的"掌门人"希望，通过这支队伍提醒全世界，难民危机依然严重，也向全世界的难民传递信息，"他们也可以像任何人一样，用他们的才能与毅力实现自己的价值"。

笑着分享苦难，"难民"不是肮脏的标签

"太不可思议了。我生命中的一切，都无法换取那一刻。"虽然时间已过去五年，回想起作为奥运史上首支难民代表团成员亮相里约的经历，此番担任难民代表团旗手的尤斯拉·马尔蒂尼依然觉得有几分不真实，"游泳拯救了我的生命，也改变了我的人生"。

彼时，年仅18岁的马尔蒂尼，逃离家乡叙利亚的战火不过一年。九死一生逃亡的旅程，辗转黎巴嫩、土耳其、希腊，在乘坐的小船因超载破损后，她与姐姐跳入汹涌的海水，抓着绳索踩水超过三个小时，才终于将船安全推到了彼岸。"我几乎失去了生命。虽然从小热爱游泳，以菲尔普斯为榜样，但在那样的时刻，从没想过能参加奥运会，这很疯狂。"当马尔蒂尼忽闪着一双清澈的大眼睛，在里约的泳池边讲出自己的故事，她曾经的梦想和灰暗的人生都被点亮。

如今，马尔蒂尼已与家人一同定居德国，并跟随当地顶尖游泳选手一起训练。同时，她还拥有畅销书作家、联合国难民署亲善大使等多重身份，用自己的故事激励着更多仍在经历困境的人们。"运动让我们拥有继续活下去的希望。尽管经历战争和苦难，也要相信自己，永不放弃。"即使过往痛苦历历在目，马尔蒂尼也总是选择笑着分享，"这的确很难。但我希望告诉更多人，任何困难都不是路的尽头。就算失去一切，我们仍能从零开始，在生命中的任何时刻重新构建我们的生活"。

东京奥运会，马尔蒂尼将再度参与女子100米蝶泳的较量。"正因为有过上届奥运会的美妙经历，我希望可以再一次为梦想而努力。"对于自己的成绩，她只期待能比上届有所提升，"来到这里，更重要的是提醒大家依然有很多难民需要帮助。也向更多人证明，'难民'不是肮脏的标签，我们也是正常人，也有梦想，可以做很多美好的事"。

被战争和疫情伤害，在奥运寻得"和平的时刻"

作为难民代表团的新成员，来自阿富汗的跆拳道运动员阿卜杜拉·赛迪奇第一次拥抱奥林匹克的荣光。"每晚睡觉前，我都会花10至15分钟设想东京奥运赛

场的景象，想关于奥运会的一切。"登上梦寐以求的舞台，他曾认为"太过奢侈"的愿望成为现实。

四年前，因饱受战火纷扰和当地黑帮的死亡威胁，赛迪奇决定从自己的祖国逃往欧洲，"这是一段艰苦的历程，有几天我甚至连续走了12个小时"。8岁就开始练习跆拳道的他，在比利时威尔里克落脚，如今已成为一位成绩不错的跆拳道选手。2019年世锦赛，他作为难民运动员代表跻身68公斤级项目64强，2020年在荷兰公开赛上获得一枚铜牌。

一切似乎都在变得好起来。然而，就当赛迪奇全神贯注于他的奥运梦想时，突如其来的新冠疫情给了他沉重一击。"我母亲因为感染新冠而去世。我来到比利时后就没见过她，突然就被告知她已病重，并很快离开了我们。"母亲离世的消息，让这个身在异乡的24岁年轻人几近崩溃。跆拳道成为悲伤情绪唯一的出口，他说："这对我来说很艰难，但我必须继续往前走。跆拳道一直是困难时刻的一盏明灯。"

现实世界的残酷，没有动摇赛迪奇追逐奥运梦想的决心。"奥林匹克运动可以在动荡时代创造'和平的时刻'。不论你是谁，是什么肤色、性别和国籍，都在运动的号召下走到一起。在奥运会，人们如同来自同一个地方。"对于东京奥运会，赛迪奇最大的期待是与韩国名将李大勋过招，"我想打败他。要是我能赢，那将是我职业生涯的顶峰，他可是世界上顶级的选手"。不过，从赛程安排来看，赛迪奇这个心愿或许难以达成，因为在7月25日进行的68公斤16强赛中，他将首先面对中国奥运冠军赵帅。

得益于难民基金的资助，更多人开创崭新未来

除了梦想和坚强意志，支撑难民运动员前行的，还有来自国际奥委会的资助。自2017年成立国际奥委会难民运动员奖学金项目以来，已有50余名难民运动员成为该项目的受益者。此次参加东京奥运会的29名难民运动员，正是由国际奥委会执委会从奖学金获得者中评选而出。

过去一年间，为应对新冠疫情及奥运会推迟的影响，国际奥委会向难民运动员寄送口罩等物资，还贴心地将本周期的奖学金资助延期至了2021年。这笔资助不仅让难民运动员能安心为争取奥运资格而努力，还能让他们为未来做些打算。奥运会期间，难民运动员将和来自其他国家和地区的代表队一起入住奥运村，全部的参赛支出均由国际奥委会奥林匹克团结基金承担。奥运会结束后，他们仍会继续得到国际奥委会的支持。

与此同时，国际奥委会难民基金还在更广泛的范围向世界各地的难民提供援助，通过运动项目帮助他们在恶劣环境里保护和促进儿童发展。"加入难民代表团

的经历改写了我的人生,看到它能留下这样一个具体的'遗产',我很自豪。"作为里约奥运会难民代表团成员,耶奇·普尔·比尔如今是难民基金的成员,他表示,"通过成立奥林匹克难民基金,我们的目标不是培养冠军,而是通过日复一日的努力、通过体育运动,改善年幼难民的生活,给他们创造一个安全的环境,让他们开创自己崭新的未来。"

(三) 写好人物

无论涉及何种体育项目,无论以何种体裁表现,体育新闻报道的最终落点总是"人",因为体育活动是以人为主体的。写好人物,既是对受众普遍需要的满足,也是报刊体育新闻发掘其特质性内容的手段之一,更是体育新闻报道体现人文关怀的立足点。

以往的体育人物报道大多集中于报道体育健儿在赛事中的表现,特别是金牌选手为国争光这种典型的人物基调报道最为常见。这部分内容确实容易引起受众的共鸣,但人物报道无论在人物的选取上,还是在报道角度的切入上,都尚有广阔的空间可供拓宽。

比如对体育选手的报道,除了报道那些具备冲金实力的"热点"选手以外,记者也应该关注一些相对的"冰点"选手。摘金夺银并不是我们对体育选手的唯一期待,更不是我们关注体育活动的主要动机,体育运动中展现出来的人类勇于挑战自身的体育精神才是我们最为看重的。2021年7月27日《北京青年报》的报道《丘索维金娜:我的体操生涯已足够精彩》,就选择了时年46岁的乌兹别克斯坦体操运动员丘索维金娜为报道对象。丘索维金娜为中国体育迷所知,最初是因为北京奥运会时,年龄已明显大于其他体操运动员的她为了患白血病的儿子四处参加比赛,并尽可能地延长自己的运动寿命。13年后的东京奥运会仍有丘索维金娜的身影,因为她不仅是一位为儿子付出的母亲,也是一名对体操热爱到极致的运动员。谈及克服年龄障碍、坚持参加奥运会的原因,她说:"最重要的原因就是我想参加奥运会。"该报道以个人经历折射出了奥运参与的广泛性,也表达了由体育而生的永不言弃的精神,令人动容,鼓舞人心。

除了体育选手在赛场上的精彩表现外,他们在赛场之外的生活也有很多可供挖掘之处。这其中还蕴藏着一些体制因素带来的社会问题,作为媒体有责任对这些已被边缘化的体育人物给予关注。2006年3月24日,《新京报》发表了《曾夺全国举重冠军女子当搓澡工生活拮据》一文,报道了前全国举重冠军邹春兰因生活拮据,在长春一家浴池当搓澡工的境况。这篇报道通过对邹春兰戏剧性人生的真实呈现,指向现行体制中的缺陷,提出了转型期体制内外社会资源分配不公的问题,凸显了深厚的人文关怀。这样的报道既有正确的导向，同时也开掘出多样新闻价值的表现角度，丰富了采写的思维和技能，满足了受众深层的信息需求。

体育人物可供报道的面还很宽广。受众对具有新闻价值的各类体育界人士，如体育官员、体育团体、体育志愿者、体育产业经营者等，都怀有好奇心和新闻欲。这些人物代表着体育的现代化和社会化发展方向，与大众生活相关，值得关注，是体育记者采写的"富矿"，也是未来体育新闻报道的增长点。

思考练习题

一、选择近期本地媒体上的一篇文艺新闻，结合本章内容对其特色进行分析。

二、结合当今部分文艺新闻低俗化现象，谈谈在当今文艺新闻报道实践中，应该如何担当文艺新闻"文以载道"的文化责任。

三、围绕一场校园文艺活动采写一篇文艺新闻，要求主题明确、校园特色突出。

四、结合自身感兴趣的体育项目的报道，谈谈该项目体育新闻的专业性是如何表现的。

五、当今纸质媒体体育新闻的采写强调突出现场感，特别是对紧张激烈的竞技场面和赛场气氛进行呈现，或是对比赛重要节点、人物状态展开细节描写。试例举这类现场感突出的文字报道加以分析。

六、阅读《体坛周报》2008年8月12日的报道《最后亮剑：祖国好！》，试分析该报道在选取人物和表现人物方面的特色。

最后亮剑：祖国好！

人们会记住这一天，这一刻。2008年8月11日中午11时，北京奥运会女子花剑1/32决赛，国家击剑馆，蓝色剑道。司仪的一句"加拿大，栾菊杰"话音未落，全场已是掌声雷动。所有的中国记者，和许多已知道栾菊杰传奇故事的外国媒体，都献上最深的敬意。

剑尖轻点，触动人们心底最柔软的部分。

栾菊杰第一轮的对手，是来自突尼斯的伊娜·布贝克里。她虽只有20岁，但也是非洲锦标赛的冠军，世界排名36位，比50岁的栾菊杰足足高出了71位。这个在法国训练的突尼斯小将，一上来就很猛，连续两次击中栾菊杰，以2比0领先。刚开始还或用中文喊着"栾菊杰加油"，或用英文喊着"Let's go, Canada!"的现场，变得鸦雀无声，气氛有些压抑。

时钟滴滴答答朝前走。突然间，如平地一声惊雷响，全场雷动，栾菊杰终于拿到了北京奥运会赛场上的第一分!为了这一分,她曾两次食物中毒,却不敢服药。第一次,是在今年5月的世界杯上海站前,因此而引发低烧的她,在上海的剑道上因虚脱而倒下……第二次几乎没有人知道,就是8月6日抵达北京前的一周,再次因食物中毒而上吐下泻的她,甚至还没开始吐就已经昏倒在地。但她就是这么硬挺着,靠自身来完成恢复,不敢吃药,因为怕误服失去来北京奥运的资格。

就在去年决定复出后不久,参加完北美杯赛后,栾菊杰愣是两周爬不了楼梯。有时她都笑言,"已经是三个孩子的妈了,确实不能跟以前比了"。可她抗拒不了自己。7年前,栾菊杰在北京的一个酒吧里和朋友们一起为北京申奥成功而沸腾,随后给远在加拿大的丈夫顾大进打电话。丈夫鼓励她说,"42岁去悉尼已经创造了奇迹,50岁去中国,更是奥运击剑史上的一个奇迹。你试试"。当时,栾菊杰的回答是,"体力没问题"。

7月早早回国后,她去了老家江苏的省击剑队。每天,只要江苏击剑队训练,她就跟着练,有时甚至练得更多。江苏省队的主教练还拿她的技术给年轻队员们做示范,并对她说,"你要是早半年来,可以拿奖牌"。如今,她终于真正站到了北京的赛场上,不求奖牌,只求参与和感谢。

时间慢慢前行。布贝克里有些着急了。第一个三分钟只剩29秒了,她和栾菊杰打成2比2。而其他三个剑道上的对手们,有的已经战成了9比4。不断的周旋中,栾菊杰数度退防得快到剑道底端了,但记分牌上,她的分数却在一分一分地往前跑,反超,领先,定格。13比9,她赢了,打进了32强!脱下面罩,栾菊杰的头发被汗水贴在了脸上,她喘得有些厉害。

第一轮成功闯关后,栾菊杰并没有马上离开,而是弯下腰翻开包,拿出一道红色的横幅,展开。上面只有三个字,"祖国好"!栾菊杰用它挡住脸,长时间面对着观众。霎时,全场欢声雷动,许多摄影和摄像记者都冲过来,镁光灯闪个不停。观众们情不自禁地鼓掌,连电视解说员都为之哽咽。

栾菊杰知道,她不可能再走得太远,她不想在失利后再拿出这个横幅来,所以一定要在庆祝这场胜利的时候,让家乡人民知道她的心情。下午1点1/16决赛就要开始,栾菊杰的对手是匈牙利选手穆罕默德·艾达,这是雅典奥运会的第四名。人们都知道,时间每过去一秒,就意味着栾菊杰离开北京奥运赛场的时间不远了。所以当她每一次出剑,无论击中对手与否,都会迎来巨大的欢呼声。人们想尽可能地让离去的时刻来得更慢,再慢一点。然而,这一刻始终要到来。栾菊杰很快以0比6落后,之后追了几剑,可惜已来不及了。

虽然没能再进一步,但栾菊杰如凯旋的英雄,赢得了最多的掌声。赛后她也单独有一个新闻发布会,这也是奥运击剑比赛中,唯一单独召开新闻会的选手。

第十九章　人物新闻的采写

【内容提要】

人物新闻，通常是以人物的活动、事迹、经历和思想情感等为对象的报道，重在呈现人物的个性及精神风貌。人物新闻的价值在于其活动事迹或社会实践体现了一种"镜像"反照，其实表达了人们对自身的对象化关切。人物新闻在媒体应用中根据具体情况、具体需要可表现为消息、通讯、专访等不同文体。本章以广义上的人物新闻为切入，对人物消息、人物通讯和人物专访进行例解对比，旨在提供人物新闻采写的技能示范与思维启发。

第一节　人物新闻的体裁特征

一、人物新闻的内涵

人物新闻，通常指的是以新闻人物的活动、事迹、经历和思想情感等为报道对象的新闻。很多教材都把人物新闻定义为人物消息，如复旦大学周胜林教授等认为："人物新闻就是通常说的人物消息。它是以消息的形式专门报道新闻人物的活动与事迹的新闻体裁。"[①] 程道才也对人物新闻作过如下论述："人物新闻既然是新闻（消息），就必然具有新闻（消息）的特征。与其他以报道人物为内容的新闻体裁（如人物通讯、人物专访）相比，人物新闻具有以下四个特点……"[②]

从根本上说，人物新闻区别于其他新闻（如社会新闻、法制新闻、科技新闻等）的根本点在于报道对象不同，而对同一报道对象——新闻人物的主要活动事迹，可以采用消息、通讯、专访、特稿等体裁。因而，对人物新闻我们可以作如下理解：

---

① 周胜林、尹德刚等：《当代新闻写作》，复旦大学出版社，2004年版，第136～137页。
② 程道才：《专业新闻写作概论》，中国广播电视出版社，2002年版，第320页。

狭义的人物新闻，专指以消息形式报道，以新闻人物活动、事迹等为报道对象的新闻报道体裁。广义上的人物新闻则泛称所有以新闻人物的活动、事迹、成长经历及思想情感等为报道内容，以消息、通讯、专访等为体裁的新闻报道。

对人物新闻的报道采用何种体裁，则需根据具体情况具体需要而定。

人物新闻通常与消息、通讯、专访等体裁联系在一起，构成人物消息、人物通讯、人物专访等报道样式。

二、人物新闻各类体裁的定义

（一）人物消息

人物消息是人物新闻表现形式中的"轻武器"，以便捷、迅速、有效地报道人物为特点，它只要求突出人物事迹的主要方面或言行举止的某个侧面，直截了当，篇幅短小，时效性强。选好报道对象，抓住报道实际，掌握具有新闻价值的事实，这是写好人物消息的基础。

（二）人物通讯

人物通讯是人物新闻报道最重要的表现形式。其特点为真实地再现生动具体的、能激发人们思想感情的、寓有形象的事实。一位优秀的人物通讯记者不但要擅长使用以事写人、以言见人、以景写人等手法，让笔下人物的行动具体形象，语言有声有色，更要在体现当今时代特征、提炼和主人公特点相一致的主题上下功夫。

（三）人物专访

人物专访是针对某个特定人物、某个特定事件或某个特定问题进行的专门访问，具有内容集中、单一的特点。写作上以人物、现场和记者为主要要素，能够直截了当、简明精炼而又相对自由灵活地表达访问的内容。

三、人物新闻各类体裁的比较

由于消息、通讯和专访三类体裁本身的差异，人物消息、人物通讯和人物专访三者主要呈现出如下区别。

（一）时效性上，人物消息最强

时效性是消息最主要的特征之一，它要求对新闻人物、新闻事件快速采写、快速编辑和快速发布。在传播技术日趋进步、传播速度日渐增快的今天，一切都处在高速的发展变化中，同一个新闻人物，他的思想、行为、感情也处在不断的发展变化之中。人物消息的作用就在于跟上新闻人物发展变化的步伐，及时把他们的变动告知受众。

人物通讯和人物专访对时效性的要求不如人物消息那么高。人物通讯常用于对一定社会背景下的社会精英和先进人物的先进思想和事迹的描写，对他们整个生活历程中的具有典型性和感染力的瞬间的展现。首先，这些事迹需要新闻人物在一段时间内完成；其次，这些细节和瞬间也需要记者花时间来了解和搜集，较长篇幅的文稿也需要较长时间来写作，因此，对人物通讯来说，时效性的要求不是首要因素。人物专访也类同，因为人物专访通常是针对某个人物或某个问题而进行的专门性、专题性采访，它更侧重于提供对新闻事件或社会问题的权威性解读和阐释。

（二）篇幅上，人物消息最为简短

消息的篇幅一般在几百字内，它强调简洁明了地报道事情的即时变动情况。人物消息侧重于简洁明了地报道新闻人物的活动、事迹和变化。它往往选择新闻人物最具新闻性的某个事件和最具新闻价值的某个侧面进行报道，通常的程序是：谁，在什么时间，什么地点，做了什么事情，产生什么样的结果。它不要求面面俱到，只需要写出新闻人物最具特色的一面即可。

与人物消息相比，人物通讯和人物专访的篇幅都较长，一般是以千字计数。人物通讯更倾向于从多侧面、多角度、多阶段对新闻人物的活动、事迹、思想和情感历程进行挖掘和展现，同时注重对人物的肖像、神态、环境和内心活动等的描写，内容较为全面，情感较为丰富，篇幅较长。人物专访亦然，不仅包含对特定访问情境的描述，还有对访问对象的介绍和访问问题的实录，更重要的是，访问者通常不仅要提供新闻事实的新变动，还要提供某些新闻事实或人物的背景并加以解释，以及对某类社会问题的原因进行剖析并提出解决建议等。

（三）表现手法上，人物消息多用记叙，人物通讯多用描写和抒情，人物专访则多用说明和议论

人物消息的写作通常依托于某一新闻事件的发生而进行，人物消息中两者的关系是"以人率事""以事显人"，通过对新闻事件中新闻人物的行为、语言和特征的

叙写来表现人物的性格特征和思想情感。人物通讯的写作则更多地依托于对新闻人物日常生活中的一些典型的、细小的、具有感染力的事例和瞬间的描写，以及对新闻人物的一些经典的、有震撼力的语言的引用，从而完成对新闻人物精神和意志的抒发。人物专访则多为受访人针对新闻事件或社会问题的背景说明、因果解释、观点阐明以及感情抒发等。

（四）对人物报道的侧重点上，人物消息侧重于人物的行为，人物通讯侧重于揭示人物的性格和感情，人物专访则侧重于人物对特定人物、事件或问题的看法

人物消息通过对动态新闻事件中新闻人物的行为来反映人物，比如：谁在什么时候发明了什么、创造了什么。人物通讯则是通过对日常生活和工作中的新闻人物的细小的、典型的、具有感染力的瞬间进行挖掘，以凸显人物性格或揭示人物心理。人物专访则要求在特定场合，针对特定事件或问题，向特定对象征集观点和意见，它更侧重于专访人物对某人、某事或某问题的意见和看法。

以媒体对马识途的报道为例：

《再捐105万，105岁马识途助学川大忆情缘》[①]和《107岁马识途"食言"了新著〈那样的时代，那样的人〉出版》[②]就属于人物消息报道。马识途先生的散文集《那样的时代，那样的人》于2022年1月出版，《107岁马识途"食言"了新著〈那样的时代，那样的人〉出版》则由《北京青年报》于2019年12月24日刊发，为该书出版进行预告，首先充分体现了消息的时效性；其次，该报道全篇共七百余字，篇幅简短，也符合消息的报道风格；再次，全篇的报道都围绕着马识途写作、出版新作这一事件进行，充分体现了消息报道的事件性，最后，全篇报道都在"叙"。

《107岁马识途，"子弹"还在飞》[③]和《马识途：107岁的"斜杠青年"》[④]则属于人物通讯类的报道。其中，《107岁马识途，"子弹"还在飞》围绕《马识途西南联大甲骨文笔记》的出版准备这一事件，首先切入"笳吹弦诵在山城"，介绍了马识途在革命工作中闯入文字学大门这一经历，再到"九死一生""开夜车写作"，对马识途的革命工作和文学创作历程进行回顾，以"'子弹'还在飞"点出马识途

[①] 《再捐105万，105岁马识途助学川大忆情缘》，参见四川大学文学与新闻学院微信公众号，https://mp.weixin.qq.com/s/Tj_YwWca03SmT0hOd3E_jQ。
[②] 张知依：《107岁马识途"食言"了新著〈那样的时代，那样的人〉出版》，载《北京青年报》，2021年12月24日。
[③] 《107岁马识途，"子弹"还在飞》，载《今晚报》，2022年1月7日。
[④] 张超群：《马识途：107岁的"斜杠青年"》，新华社，https://www.thecover.cn/news/7392322。

文缘未了，文学创作还在继续。这篇报道全篇共2300字，对马识途其人其事作了详细报道。就时效性而言，《马识途西南联大甲骨文笔记》于2021年10月出版，而这篇报道刊发于2022年1月，其时效性远远不如前面提及的人物消息；从篇幅来看，也远远大于前一篇；同时，它通过对马识途革命工作中所遇苦难和坚持写作的诸多细节的报道，展现了一个"抱着搞地下革命不畏死的态度，奋力写作"的革命家、文学家形象。

《马识途：中国革命文学没有传世之作》[①]《独家｜马识途与文新学子谈文学（视频）》[②]《107岁马识途：就算依靠放大镜，也要每天坚持创作三小时》[③] 等报道都是对马识途的专访报道。这类报道具有一些共同特点，记者除了使用相当大的篇幅描写受访人的表情、语言、观点等内容之外，还要记录对采访人的提问，包括访问环境以及访问过程等。然而，这类报道在时效性上没有明确的要求。如：

"雅文学没有真正去占领青少年阅读时间，它需要自我提升，有意识地鼓励一批有志之士下决心转入网络文学创作队伍，逐渐提升青少年的思想水平。"[④]

《马识途：中国革命文学没有传世之作》由马识途在受领巴蜀文艺终身成就奖时说自己在文学创作里充满终身遗憾切入，针对"革命文学创作"和"网络文学"提出问题，呈现了马识途结合自身经历对抗战文学创作的体悟和对其未来发展的观点。同时，这篇报道以"一问一答"的形式直接呈现马识途的个人观点，也更能帮助读者快速获取本次专访的要点与主题。

进入5月后，天气渐热，107岁的马识途每日蜗居在书房，伏案写作，长篇小说《最有办法的人》的创作已经进入收尾阶段，今年就要出版，这是他的一大心愿。

当马识途将这个好消息激动地与我们分享的时候，笑容在脸上洋溢着，连每一道皱纹都闪着光芒，身后的窗前红梅绽放，窗户上一幅亲自挥毫的福字，

---

① 《马识途：中国革命文学没有传世之作》，腾讯大成网"望江谈"第20期，https://cd.qq.com/news/wjt/mst.htm。
② 《独家｜马识途与文新学子谈文学（视频）》，四川大学文学与新闻学院官网新闻，2019年4月1日，https://lj.scu.edu.cn/info/1039/4608.htm。
③ 《107岁马识途：就算依靠放大镜，也要每天坚持创作三小时》，成都商报电子版，2021年5月16日，http://sc.people.com.cn/n2/2021/0516/c345167-34727474.html。
④ 《马识途：中国革命文学没有传世之作》，腾讯大成网"望江谈"第20期，https://cd.qq.com/news/wjt/mst.htm。

喜气洋洋，还有什么比这更令人振奋人心的呢。①

《107岁马识途：就算依靠放大镜，也要每天坚持创作三小时》则呈现了马识途每日争分夺秒地学习和创作的生活状态。在采访中，记者专门记录了马识途使用放大镜也要读书学习的习惯，并以之作为标题，同时也关注到采访过程中马识途的表情，生动呈现了一位年逾百岁的创作者因为其成果出版的喜悦之情。

第二节 人物新闻的主要分类

一、按照人物新闻的内容划分的类型

（一）事迹型

事迹型人物新闻是指以报道新闻人物的某一次事迹为主要内容的人物新闻，该事迹可能是英勇的、光辉的正面事迹，也可能是不光彩的甚至恶劣的反面事迹。如《10余名大学生结成人梯救落水少年 3人溺亡》②、《3大学生救人溺亡续：事发地渔船涉嫌见死不救》③等。

（二）成果型

成果型人物新闻指的是以报道新闻人物在某方面取得的成果或成就为主要内容的人物新闻，一般以"谁创造了/发明了/获得了……"为报道程式。如《屠呦呦获联合国教科文组织国际生命科学研究奖》④《东京奥运会首金得主杨倩——因为热爱 所以坚持》⑤ 等。

---

① 《107岁马识途：就算依靠放大镜，也要每天坚持创作三小时》，成都商报电子版，2021年5月16日，http://sc.people.com.cn/n2/2021/0516/c345167-34727474.html。

② 《10余名大学生结成人梯救落水少年 3人溺亡》，荆楚网消息，http://news.czinfo.net/open-718941-.html。

③ 《3大学生救人溺亡续：事发地渔船涉嫌见死不救》，新京报，http://bbs.jzteyao.com.cn/thread-107697-1-1.html。

④ 《屠呦呦获联合国教科文组织国际生命科学研究奖》，人民网，2019年10月24日，http://world.people.com.cn/n1/2019/1024/c1002-31417070.html。

⑤ 李芳、王亮：《东京奥运会首金得主杨倩——因为热爱 所以坚持》，载《人民日报》，2021年8月24日。

(三) 观点型

观点型人物新闻多指以某人的重要讲话或谈话为报道内容的人物新闻，这类谈话中的观点具有较强的重要性，能吸引人的关注。如《王兆星：银行应防范房地产行业系统性风险》[①]《张立群解读 2009 年全年经济数据》[②]等。

(四) 轶事型

轶事型人物新闻指报道新闻人物在生活中的某些趣闻轶事，是具有趣味性的人物新闻。如《美国男子连续 2000 天风雨无阻游迪士尼乐园 创下记录》[③]，《法国画家在山丘上绘巨幅画作 占地一万平米》[④]等。

(五) 生平型

生平型人物新闻指对新闻人物一生的生活和工作事迹的报道，一般的讣闻报道（西方又称为"白色新闻"）均属此类。如《中国导弹之父钱学森传奇一生》[⑤]《袁隆平：一位人民英雄的一生》[⑥]等。

二、按照新闻人物的个体性与群体性之别划分的类型

(一) 个体人物新闻

这是指以某一人物个体的活动、事迹、思想情感等为主要报道内容的人物新闻，以上诸种类别的人物新闻都属于此类。

(二) 群体人物新闻

这是指以某一社会群体的生活、情感和思想等为主要报道内容的人物新闻，如

---

① 《王兆星：银行应防范房地产行业系统性风险》，中金在线银行人物，2009 年 11 月 25 日，http：//bank.cnfol.com/091125/136，1403，6856501，00.shtml。

② 《张立群解读 2009 年全年经济数据》，新华网，2010 年 1 月 21 日，http：//news.xinhuanet.com/video/2010-01/21/content_12851853.htm。

③ 《美国男子连续 2000 天风雨无阻游迪士尼乐园 创下记录》，人民网，2017 年 6 月 23 日，http：//world.people.com.cn/n1/2017/0623/c1002-29359095.html。

④ 《法国画家在山丘上绘巨幅画作 占地一万平米》，国际在线，2016 年 8 月 25 日，http：//news.cri.cn/20160825/66d6c9b6-edc6-e2b6-bd2a-a221d4495a48.html。

⑤ 《中国导弹之父钱学森传奇一生》，腾讯新闻中心，2009 年 10 月 31 日，http：//news.qq.com/a/20091031/001506_1.htm。

⑥ 《袁隆平：一位人民英雄的一生》，载《湖南日报》，2022 年 3 月 30 日。

对农民工的报道，对"80后""90后"的报道均属此类。

三、按照人物新闻报道的社会功能划分的类型

（一）典型人物报道

典型人物报道指那些突出人物对他人和社会作出贡献的、突出人物感人肺腑的精神世界和人格力量的、对社会起着树立榜样作用的人物新闻报道。如《王瑛：47岁的人生路活出一个女人的美丽》[①]、《感动中国》年度人物报道等。

（二）负面人物报道

负面人物报道是指那些突出人物行为的反常性以及对他人和社会造成危害的，对人们起着警示、告诫的反面教材作用的人物新闻报道，如对吴谢宇、孙力军、胡红梅等的报道。

第三节 人物新闻的采写

一、对象选取

在对人物新闻进行采写之前，首先得确定哪些可以成为人物新闻的报道对象，这需要注意几点：

首先是风云人物。所谓风云人物，指的是那些有很高知名度，能吸引媒体聚光灯，能吸引社会大众的人物，如重大新闻事件中的主角，如勇立变革潮头的弄潮儿，如矛盾漩涡中的问题人物，还有与众不同的能人、奇人和怪人，另外，平凡生活中的草根代表，在必要时也能成为人物新闻报道的主要对象。

其次是标杆人物。所谓标杆人物，就是指那些在价值取向上能获得文化认同和情感认同的人物，这种文化认同和情感认同来源于传统伦理道德（如《感动中国》的人物、情义汉子韩惠民对爱情的坚守与执著），国家/民族文化（如被誉为"民族脊梁"的中华知识分子典范钱学森、捍卫奥运精神与民族尊严的金晶等）以及政治

---

① 《王瑛：47岁的人生路活出一个女人的美丽》，人民网，2009年12月28日，http://news.people.com.cn/GB/174359/174713/10663428.html。

文化（如《感动中国》人物郑培民、经大忠、任长霞等）三方面。

再次是传奇人物。所谓传奇人物，主要是指人物新闻报道中具有独特个性的人物。如同"世界上没有两片相同的叶子"，在人物新闻报道中，要从雷同中求不同，由不同而显奇异。纵然是关注平凡人物，也要写出其不同凡响之处，正所谓"平凡中见奇绝"。当然，这里的传奇不是泛指和导向那些身世离奇、满足人的猎奇心的传奇，而是侧重不同寻常、有报道价值的人物特性。

二、采写技巧

（一）用具体事迹表现人

无论是写社会精英，还是写草根平民；无论是写先进代表，还是写问题人物，对人物形象的展现、对人物心理的透视，即必须依托具体的事例，只有在事例中方能见识人物的行为表现、思想情感变化，从而凸显人物性格。如人物通讯《永远的巴山红叶——记四川省南江县原纪委书记王瑛》中，记者通过王瑛对有背景有后台的案件彻查这件事的记述，表现出王瑛作为党的纪检干部"为官为民"的职业操守：

> 2003年3月24日，南江发生一件震动全县的大事，一名在扫黄中被拘留询查的年轻女子在县公安局某派出所留置室上吊自杀。案子经有关部门迅速了结。一个月后，一封举报信转到县纪委，举报派出所某民警在办案中玩忽职守致人死亡却逍遥法外。
>
> 任县纪委书记刚满一年的王瑛，被推上风口浪尖。
>
> "马上调查。"她毫不犹豫。
>
> 事情很快现出端倪，这竟是一起涉及多个部门、背景复杂、且连带县公安局个别领导有制造伪证、隐瞒真相嫌疑的重大案件。
>
> 纪委内部有人建议，应付一下算了。
>
> 王瑛出语否定："有后台有背景的更要查！既然老百姓有反映，我们就要查个水落石出。"
>
> "敢查这个案子，你几爷子不想活了！"一时间，县纪委八面临风，指责、谩骂乃至威胁接踵而来。
>
> 王瑛毫无畏惧："邪不压正。我们是正义的，不怕！"
>
> 那些日子，王瑛和她的战友们一道，如同百米冲刺，日夜奋战，曾连续5天5夜没有睡觉，吃住在办公室，与主要涉案人员反复谈话，掌握了大量第一

手材料。

她的压力是人们难以想象的。在一次向县委常委汇报案情的会议上,一位领导黑着脸当面指责她不该查这件案子。她无法沉默,挥手朝桌子重重击去……

回到办公室,她哭了,哭得很伤心,像受了委屈的孩子。哭完,抹干眼泪冲出一句话:"人生就是要荡气回肠一回!"[①]

而人物通讯《谭蔚泓:分子抗癌路上的"金刚狼"》中,记者以谭蔚泓在学生朋友圈发觉学生的情绪变化这一事例的描写,展现了他心细如发的个人特质:

谭蔚泓健朗挺拔,外形如"金刚狼"一样刚强,但内心却细致如发,为学生操碎了心。

"谭老师对学生很关心,不仅仅是科研工作的本身,还包括学生的思想情况、学生就业,他都非常在意,不止一次提醒我们要注意学生的思想动态。"湖南大学分子科学与生物医学实验室管理人员易娅莎透露,课题组还专门请过心理教师来给学生做群体心理辅导。"有一次,一个学生在朋友圈里写最近的心情不好,状态不佳,他马上截图发给我们管理人员,提醒我们要多多注意这个学生,非常细心。"[②]

(二)用典型细节刻画人

穆青曾说:"有时一个细节比千言万语活泼得多,深刻得多,有力得多。"鲁迅也认为,细节描写可以起到"窥一斑略知全貌,以一目尽传精神"的作用。人物新闻报道需要展开人物生活的画面,用情节和细节感染人、教育人。人物新闻中对细节的刻画,有助于突出新闻人物的独特个性,有助于挖掘新闻人物丰富的人性。如:

钱学森教学起点高、要求严。米博恩同学说:"有次上课,钱老说如果你5道题做对了4道,按常理,该得80分,但如果你错了一个小数点,我就扣你20分。他常告诉我们,科学上不能有一点失误,小数点错一个,打出去的导弹就可能飞回来打到自己。"钱学森曾在黑板上给学生写下"严谨、严肃、严格、严密"几个大字,这是他对学生的要求,也是他学术精神的体现。

[①] 张严平、杨迪:《永远的巴山红叶——记四川省南江县原纪委书记王瑛》,载《人民日报》,2009年2月9日。

[②] 段涵敏:《谭蔚泓:分子抗癌路上的"金刚狼"》,载《湖南日报》,2017年5月4日。

钱学森出的考题很绝,有一次竟是"从地球上发射一枚火箭,绕过太阳,再返回地球上来,请列出方程求解"。这次考试让钱学森感到这一届学生数理基础还不够扎实,于是特别为他们延长了半年的学习。①

以上报道中对"错一个小数点扣20分"和"从地球上发射一枚火箭,绕过太阳,再返回地球上来,请列出方程求解"的考题两个细节的挖掘,凸显了老一代科学家钱学森"严谨、严肃、严格、严密"的治学作风和态度。

在谭蔚泓实验室的墙上,印有一段英文:work hard, work smart, work together, be happy,意思是:勤奋工作,聪明工作,团队合作,做快乐人。

快乐科研,这是谭蔚泓科研团队的口号,也是他个人的教学和生活理念,甚至成为实验室里年轻人践行的科研信条。②

在报道中国科学院院士谭蔚泓与学生的相处时,对其实验上墙上标语的细节挖掘,生动呈现了他"快乐科研"的教学和生活理念,也为这位院士增加了许多人情味,拉近了与受众的距离,让人觉得可亲可敬。

(三)用个性语言装点人

个性化的语言对人物性格的塑造非常直接而有效。通过人物个性化语言的使用,便于受众对人物形成直观而又准确的理解。如:

"我们经常说,要让每一个孩子拥有公平的起跑线,可这些女孩却连站上起跑线的机会都没有。"张桂梅说。

目睹一幕幕悲剧,张桂梅心中渐渐萌生出一个大胆的想法——办一所免费的女子高中。不管中考分数高低,只要愿意读书,女孩们都可以来这里免费读书,考上大学、走出大山,通过知识改变命运。

有人听说了张桂梅的想法,说她想出名想疯了,那么多孩子,哪里救得过来?张桂梅却坚定地回答:"能救一个算一个!"

"一个女孩可以影响三代人。"张桂梅说,如果能培养有文化、有责任的母亲,大山里的孩子就不会辍学,更不会成为孤儿,"我的目标是阻断贫困的代际传递。"③

---

① 《钱学森治学严谨 错个小数点扣学生20分》,四川新闻网-成都商报,2009年11月1日,http://news.qq.com/a/20091101/000097.htm。
② 段涵敏:《谭蔚泓:分子抗癌路上的"金刚狼"》,载《湖南日报》,2017年5月4日。
③ 《"燃灯校长"送1600多名女孩出深山》,新华每日电讯,2020年7月10日,http://www.xinhuanet.com/local/2020-07/10/c_1126218960.htm。

以上这则报道中对"燃灯校长"张桂梅的语言描写,让我们看到了她对"用知识改变贫困山区女孩命运"的坚持,报道塑造了一个甘当人梯、育人不辍、坚韧纯粹的"最美教师"形象。

"我没别的爱好,就是喜欢研究房子。去外地参观,别人看风景,我只爱看房子构造。"老李自称"没啥文化",一口豫南土话里却不时冒出些"历史价值""乡村肌理"之类的时髦词儿。说到豫南民居的代表和特色,诸如新县丁李湾的马头墙、光山王大湾的火焰墙……他更是如数家珍、眼中泛光。"美丽乡村没有模板,适宜群众居住的,适宜本地风貌的,就是最好的。"他说。①

如上例报道中对64岁的"乡村规划师"李开良的语言描写,将其"没啥文化"的个人身份定位和"历史价值"等时髦词相对比,塑造了一位文化程度不高,甚至有些"土气",但又热爱乡村的设计师形象,突出他与其他设计师们的鲜明差异,也说明了他为村民们所信服的原因。

（四）用人文情感关怀人

所谓用人文情感关怀人,主要针对那些在媒体视野和受众视野中已经成为负面的人物而言的,如果能尽可能还原人物所处的社会环境,关注这类人物的内心,挖掘出他们思想活动和情感经历变化的原因,无疑能更客观和辩证地看待人物的某些过激甚至反常行为,如此,不仅能更好地警戒受众,同时也能减少对负面人物及其家属不必要的伤害。如《南方周末》2004年3月25日的报道《还原马加爵》,就是在同类报道中从更为人性化的角度,关注马加爵的内心世界,关注他的情感历程:

云南大学鼎新公寓3栋317寝室发生大四学生马加爵残杀同室同学4人的"2·23"重大杀人案,公安部发布A级通缉令后被很快捕获,引起全国震动。通缉令照片上显示,马加爵的面目狰狞,肌肉发达,这让很多人以为他头脑简单、性情暴戾,其实外界对他有很多误读的地方。

曾住隔壁316寝室的两位同学表示,媒体报道他报复心理强,说他经常受人差遣去食堂打饭,心里有怨气却不敢言语,就暗地将口水吐在同学饭盒里,纯属子虚乌有,因为同学们没有这个习惯,他这样独立的人也不可能受人差遣。有报纸说他崇尚暴力,理由是他爱看恐怖片、爱摆弄刀具,同学认为这些对一个男生来说,再平常不过。事实上,他虽然性格内向,对同学平时还是友

---

① 刘雅鸣、胡巨成、归欣:《谁是"老李"》,载《河南日报》,2020年4月28日。

善的。一位同学说他和马加爵相交并不深，但经常找他借电脑的 U 盘他从来没有拒绝过。大二时他借钱买了一台二手电脑，也乐意借给同学用。有报道称"他同寝室室友间的积怨越来越深，严重时甚至动手打人"，同学说从未听说他动手打人。平时，他是一个低调而且冷静的人，沉迷在自己的世界里，不喜欢与人深交。一位曾与他同室一年的姓戴的同学说，他"很有韧性"，有一次与马产生了一点小纠纷，倒是自己脾气大一些，把杯子往地上一摔，说"你想干什么!?"对此举动，一般年轻人都要针锋相对了，但是马瞅了他一眼，低头想了一会，然后抬起头平静地说，"你以为我怕你呀？"①

三、注意事项

（一）切忌选材标准的符号化，力求多元化

在人物新闻报道中，不仅有政治标准，还有新闻标准和人性标准，选材不能单一、简单地局限于人物是否具有强烈的时代特征，是否具有鲜明的党性原则，是否具有坚定的人民性的立场选择上，而应综合兼顾，分清主次，权衡取舍，不仅要多关注先进人物、社会精英，也要将视野"下移"，关注一些问题人物、草根人物、奇人怪人等，在社会导向上坚持正面为主，兼顾多元。

（二）切忌人物形象塑造的绝对化，力求做到客观性和倾向性统一

受时代政治、文化发展的局限，过去人们对事物的评判往往存在"是非论""黑白论"和"两极化"取向，这种思维定式至今还影响着大多数的人物新闻报道。"高、大、全"式的人物形象，不仅让人觉得难以亲近，更觉得"神化"虚假，对于马加爵式的人物的报道，也不能"一刀切"，抽取原因，只看结果。现存人物新闻报道中先入为主、过度渲染、"神圣化"和"妖魔化"等问题，严重损害了人物形象的客观性和公正性。记者和媒体对此应该客观剖析，入情入理地审视，不妄加主观论断，须知，真实的人物形象是还原于生活中的形象，是可以感知的活生生的人的形象，这是我们的报道要打动人、感染人的出发点和归宿点。

（三）切忌人物性格的千人一面，力求做到个性化

恩格斯在《致敏·考茨基》一文中说："每个人都是典型，但又是一定的单个

---

① 黄广明：《还原马加爵》，载《南方周末》，2004 年 3 月 25 日。

人，正如黑格尔所说的，是一个'这个'。"人物新闻报道，尤其是典型人物报道，切忌在报道中只体现"那一群"的共性，而忽视"这一个"的个性。依靠关注报道对象的个性化语言和典型性瞬间，深入挖掘报道对象的内心情感世界，无疑对报道新闻人物的个性化有极大帮助。唯有如此，我们的典型人物才不是高不可攀的，才会真正深入人心，起到预期的示范作用。

（四）切忌人物表现的合理想象，力求做到真实性和文学性的统一

新闻性就其报道而言，是指新闻语言的准确、平实，文学性则指语言的形象、生动、富有情感。20世纪60年代，新新闻主义那种提倡"将文学写作的手法应用于新闻报道，重视对话、场景和心理描写，不遗余力地刻画细节"的报道形式发展到高峰，对新闻报道的客观主义理论产生了极大冲击，对人物新闻报道的影响尤为巨大。以特稿写作著名的前《南方周末》记者南香红曾说，她所追求的一是对事实最大限度的准确传达，二是对事实最大限度的精彩传达，这无疑是所有记者的目标。但在人物新闻报道中，文学性手法的应用必须以新闻的真实为前提，绝不允许哪怕丝毫的虚构和合理想象，因为真实是新闻的生命，没有了真实，新闻不成其为新闻，新闻人物若与小说角色无异，新闻报道的根基也就不再存在。对人物新闻报道来说，受众若不见真实的人、生活化的人，我们也就无法达成"见人见精神"的报道目标。

需要补充的是，不同媒体的人物新闻报道，因为媒体传输符号的差异，在采访和写作中对新闻人物的表现也是有差异的，印刷媒体如报纸、杂志、期刊，重视图文并茂，提炼能够反映人物个性特征的标题，强调人物观点的传播；而电子媒体如广播、电视，在刻画人物形象上，可以增加同期声、现场画面等可视、可听、可感的元素，让受众能够在具体时空中感受人物的个性，拉近人物与普通受众的距离；而网络媒体综合印刷、电子媒体的符号优势，加大超文本背景和相关报道的链接，提供给受众全面的报道，这对于受众感知人物的历程、个性能起着大大推进的作用，所以，上述技巧和注意事项对于当今不同媒体人物新闻报道具有普遍指导性，但是我们也要结合媒介的特质来做个性化的报道，这样才会丰富报道内容，延伸报道空间，挖掘多元新闻价值。

四、人物专访"范长江之次子范东升教授"采写实例解析

（一）报道简介

2019年10月16日，为深入接续传承范长江精神，联动多方对话，推动中国

新闻传播学建设和发展，中国新闻史学会、四川大学文学与新闻学院共同主办了"纪念范长江诞辰110周年暨首届长江新闻论坛"。范长江先生次子、汕头大学长江新闻与传播学院原院长范东升教授受邀参会。会议期间，范东升教授接受四川大学文学与新闻学院新闻中心专访，回忆分享自己记忆中的父亲，畅谈自己眼中的新闻工作。2019年10月22日，四川大学文学与新闻学院官方网站发布了本次专访作品——《专访｜范长江次子范东升："真"，是父亲教给我们最重要的东西》，该访问发表当天便被新华社客户端四川频道全文转载，转载浏览量达64.4万。

（二）报道原文

专访 ｜ 范长江次子范东升："真"，是父亲教给我们最重要的东西[①]

2019年10月16日，中国新闻史学会与四川大学文学与新闻学院在四川大学主办"纪念范长江诞辰110周年暨首届长江新闻论坛"。汕头大学长江新闻与传播学院原院长范东升教授受邀参会。

作为范长江的次子，与众多学者共同探讨、研究范长江，范东升直言自己非常宽慰，"大家对我父亲的新闻工作生涯予以这么多关注和肯定，作为后辈，我们非常感动"。

谈及父亲时，范东升经常提起的一个词便是"真诚"。如果说，"诚"是范长江先生奉行一生的准则，那"真"便是范东升教授铭记一生的教诲。

"讲真话，不撒谎，我父亲就是这么教我们的。"

"执着"：范长江研究，一定要实事求是

研究《大公报》和《中国的西北角》，这是范东升近年最常做的事。

16日下午的分论坛上，他的参会论文便围绕着"《中国的西北角》与《大公报》版面政治性用语差异辨析"展开，关注二者最为细微的用语区别。

[①] 参见四川大学文学与新闻学院官方网站，https://lj.scu.edu.cn/info/1074/4666.htm，图片略有删减。

第十九章 人物新闻的采写

分论坛上进行研究汇报的范东升教授

这并不是范东升第一次"揪"着《大公报》和《中国的西北角》做"细活儿"。在2016年的一次研究中,他还对比了《动荡之西北大局》的多个版本,只为考辨出父亲最原始的写作表述。许多被读者忽略的差异细节,却被他视作父亲鲜明的心声,"比如对'红军'的称谓,我父亲写的文章和《大公报》以往用词就是不一样,这是因为他的立场和后者是有本质不同的"。

范东升教授(右二)作为家属代表之一向学院赠书

版本还原同样是范东升付诸心血的工作。他努力收集着材料,重新整理和勘注《中国的西北角》《塞上行》,试图让其回归"最初的模样"——"我想恢复和补充最原始的版本,让大家看到我父亲当年最真实的报道。"为了勘注合理,除了整理父亲的手稿,范东升还十分留意在国内外图书馆收集资料,一直以来各种版本的《中国的西北角》《塞上行》以及三十年代的《大公报》都被他查阅核对过。

溯及初心，范东升直言："我想还原一个真实的范长江。实事求是，这是我父亲一生的主张。"父亲留下的这个"真"，范东升记了一辈子，母亲沈谱逝世时，他写下了这样的挽联——"风雨百年心连广宇大爱怀天下，坎坷一世情系中华真诚贯始终。"

"我觉得所有的范长江研究都应该如此，根据材料，实事求是。"范东升说，这是对一代人的尊重："以我父亲为代表的那批进步的新闻工作者，一辈子所为，都是为了解救濒危沦亡的国家和民族。面对他们，我们应该有最基本的敬畏之心，要明白他们做了什么，为什么要那样奋斗。"

重走"西北角"：读懂当时中国

"西北角"，在范东升心里有着独特的地位。在"文革"中的内蒙古，他度过了八年的插队时光。后返校任教，他曾六次带领学生重走"西北角"，用跨越多省、绵延数千公里的行程寻访父亲的足迹。"当时的条件下走遍西北是很艰难的，那一辈新闻人舍生忘死地做新闻工作，我希望同学们多读他们的作品，重走他们走过的路，去体验和理解他们为民族为人民做了什么。"

跋涉途中，走进当地的博物馆和档案馆以及在"地方志"一类的文档中，范东升常常发现父亲的名字——"上面有记载，某年某日大公报记者范长江来访，是怎么说"，对范东升而言，这句简单的表述非常珍贵，"我父亲当年的很多新闻报道，沉淀下来，就成了历史，如果我父亲当时没有去西北，没有沿途的记录，当地这一部分早期的历史在今天可能就是空白。"

这也成为范东升鼓励学生们"重走西北角"的理由——在缅怀先辈外，以身体力行读懂时代，解码中国。他时常告诫学生们，要真正理解《中国的西北角》，只有追寻父亲当年的足迹，用自己的眼睛去体悟和发现，"新闻是历史的初稿，要真正读懂范长江，不能只是看书上的一两句话，要去了解他笔下的那个时代，读懂那时候的中国"。

第十九章　人物新闻的采写

范东升教授带领学生参与"祁连山南"青海行

这种执着被延续到了范东升的教学理念里,"做新闻更是如此,道听途说出不了好新闻,记者必须去现场,拿到第一手材料"。

范东升说,这也是父亲一生秉持的准则,"一个好记者的作品,不仅是给当代人,更要留给后代,要经得起考证,不去现场采访,就不会有范长江"。

坚守:新闻是社会的导航图

在编纂勘注本时,范东升曾摘录父亲在"忆西蒙"中的一段话——"新闻记者的任务,是在供给一般读者以正确详实的消息,重要消息所在的地方,就是我们应该深入的地方。"

从一名新闻学子,再到新闻单位做记者,最后回归讲台,父亲口中"正确详实"的消息,成了指引范东升从业和从教过程中最恒久的坚守。他举例说,父亲抗战早期闯入额济纳旗,曾为清剿那里的日寇间谍机构提供了可靠的报告,"如果他的报告有任何错漏,后果都是不堪设想的"。

时过境迁,屈辱存亡的日子已成为过去,但在范东升看来,架在新闻上这把名为"真实性"的尺子,万万动摇不得。正因如此,他的微博和朋友圈中不乏对假新闻的分析和讨论,有时甚至会为此写上两三万字的文章。

被问及好记者的标准,范东升给出的回答是"有良心、求真相、讲真话、守底线"。这被他视为新闻业安身立命的根本,"新闻是社会的导航图,我们写出来的东西一定要是真实的,这些真实的情况是可以帮助读者正确了解社会环境、推动社会发展的。"

面对当下的信息泛滥,范东升直言,要做到这一点并非易事,但身为师者,他仍将这些奉为教学中的信条。"每一次采访、写作、评论,一定要反复地拷问自己，是否坚持了新闻的准则，虽然做得好有难度，但这是我们应该坚守的底线。"

(三) 采访札记

为真而访，以诚启问

直到现在，回忆起采访范东升老师的那个下午，我的心头还会涌上股股暖意——曾在那个午后，以如此特别的方式倾听这段故事。

前期准备时，我收集到不少有关范东升老师的资料，学习了一些业界前辈对范东升老师的专访，思维却渐渐陷入困顿——范东升老师身份特别，新闻从业经历如此丰富，面对这样一位专业素养高的采访对象，作为一位记录者，我应该挖掘哪些素材？如何准确又深入地展现他的精神风貌？由此又应该如何讲述范长江先生的故事？梳理头脑中繁杂的思绪后，我逐渐发现，拦在自己面前的重重阻碍都指向了两个"问题"——我到底为何而访？访之何为？

揣着两个问题和忐忑的心情，我终于见到了范东升老师。范老师戴着眼镜，外套里穿着一件干净的蓝色衬衫，精神矍铄，见到我，他温柔地一笑，邀请我去安静的房间里采访。采访大约历经一个小时，难以想象，面前这位老者刚经历喉部手术，而他谈起自己的父亲仍是那般神采飞扬，那般思绪翩跹。

实话说，前期收集资料时，我便为范老师丰富厚重的人生履历所惊叹，然而，当那些故事一个接一个钻进我耳朵时，我才真切地感受到，眼前这位德高望重的老师，褪去身份光环后，只是一个儿子，一位花费了半生时光去重访父亲所走之路，重理父亲所书之迹，延续父亲所逐之真，承继父亲所思所想的儿子。手稿、笔记、照片……他珍藏着父亲留下的每一样物件，他坚信，这些静默之物正是父亲留下的痕迹，也是他为人的最好证明，它们将指引自己发现和再识父亲，最终坚定地告诉所有人，父亲是一位怎样的人，始终在坚守着什么。

我已经记不清访谈过程中范东升老师提及了多少次"真"字。他说，这是父亲教会自己最宝贵的东西，这个最简洁不过的字，范东升老师奉守了大半辈子。他向我娓娓道来，从支边到一线再到三尺讲台，从稚嫩孩童到年逾花甲。我努力地捕捉着这些精彩瞬间，尽可能地记录在本子上，当故事汇聚成的线索渐渐在纸上成型，我蓦地发现，这些深情与记忆早已交织，串联起的，既是子辈对父亲的敬重与思念，亦是学人对真实的向往与秉持，更是记者前辈对新闻理想的奉守与珍视。我亦逐渐明了，范长江的后代、老一辈新闻工作者、德高望重的师者，这些身份似乎浑然一体，都是一位孩子对父亲最本真的尊崇和思念，都是长江精神的表征与延续。

重新阅读完细碎的笔迹，奔涌的敬意与感动早已占据我的脑海。这时，原本桎梏我的思维枷锁也逐渐化解，我忍不住拿笔在"真"字上画了一个圈，原来前辈和榜样早已为我指明了方向——挣脱固有思维的束缚，撇开浮华的词藻和乏力的歌颂，学会做一个转述者，还原自己所听所见所感所悟的真实。于是，我尝试舍弃了原本预想的宏大描写和溢美之词，执笔如实记录范东升老师的所作所为，所行所言。经过再次的思考与梳理，我终于在丰富的故事中，寻到了范东升老师历经的三种身份——孩子、记者、师者，于是我开始转述我听到的故事，以此还原这三种身份下的人与事，如实传递我所体悟到的力量和感动。然而，笔触稚嫩，经验寥寥，我无法像预期那样把这些故事讲述得多么动人，但尽力用自己粗浅的文字勾勒出一段征途，从父到子，从往昔到当下，这段征途中有着时光与人事，有着思亲心切，念亲情挚，也有着逐真而行，半生坚守。这段旅程向着真相，向着光明，向着信仰，它的背后是融化于血肉深处对"真"的笃信，是经历时光洗涤却愈发蓬勃的初心。这不就是开启采访的原点以及人物的新闻价值所在，也是这些故事最终所抵达的光明吗？

于是我一点点组织、排列、选择材料，尝试编织起那条悄然串联在我脑海中的线。线的那端，是民族危难中、烈烈战火下新闻先驱揭露真相、追逐真理的勇敢、无畏、真诚、坚守；线的这端，是子孙的思念与奉守，是万万千千后辈的缅怀、敬爱与脚踏实地的践行与传续。这样跨越时光而不断，穿越百年仍焕新的思想火种，或许正是长江精神中真实而动人的那一隅。停笔之时，我忽地了然，这或许便是范东升老师的期许，亦是予以身为新闻学子的我们，最温暖有力的指引。

稿件修改过程中，范东升教授和我的导师操慧教授逐字逐句地指点和润色，再一次用实际行动教导我，"专业"两个字如灵若魂，贯穿挺立于采访的分秒与始末。我由衷感谢范老师的包容和慈爱，采访接近尾声时，他曾拿着提纲提点我，前期准备并不充分，还有更多有价值的问题可以挖掘，温柔的指点却掷地有声。

稿件刊发后，我把这段宝贵的经历永远存入了心海。再思曾经的懵懂与困惑，我也找到了自己的答案。采访为何？采访何为？最终导向的，可能正是那个"真"字。记者不是油画师，更不是演说家，或许只能化身一台录像机，选择最好的角度，去还原某个特定时光中的人与事。于采而言，记者需有诚于心，用尊重置换分享，用诚挚迎接人心；于写而论，记者需将真落于笔尖，词藻终是无力，多言未必游泳，真实的细节和事件自会搭起通往人物内心的桥梁，而记者就是那位导游，导引人们去了解、感受和体悟。真实也绝非凭空而生，相反，它有赖记录者的身心投入与巧思深挖，源于采访全程的真挚尊重与谨慎谦逊，得益于长时间、多细节的准备与预案，更落足于对每一个问题的反复衡量与打磨。为真而访，以诚启问，我离此尚在途中边学边行。

同样我也会记得，提到"什么是好记者的标准"时，范东升老师那灼热的目光，他说了十二个字——有良心、求真相、讲真话、守底线。写下它们时，思绪猛地被牵引回那些曾经，范长江先生不顾生命危险也要揭露西安事变真相，范东升老师六次重走西北角、行走四方收集资料、重新整理和勘注《中国的西北角》《塞上行》……原来，坚守虽难，仍有人心智不渝。代代薪火传继，点燃的，又何止我们心头的光明？（作者：张诗萌，四川大学文学与新闻学院2021级新闻学博士生）

思考练习题

一、请结合阅读体验，谈谈你对广义上的人物新闻的理解，并说说人物消息、人物通讯和人物专访各有什么样的体裁特征。

二、结合自身的思考和实践，说说你对人物新闻中人物对象选取方面的体会。

三、以报纸或者网络上的人物新闻为例，分析它的采写特点。

四、在教师的指导和组织下，分小组寻找新闻人物，并练习人物采访的技巧，根据采访获得的事实材料，写一则1000字以内的人物新闻。

五、结合人物采访心得，试分析不同媒体在人物专访中的注意事项。

第五部分

新闻采写的走向

第二十章 融合新闻：媒介融合中的新闻报道

【内容提要】

媒介技术的不断发展日益重塑媒介生态格局，原本泾渭分明的不同媒介之间的界限被打破，人类传播进入媒介融合时代。作为当前新闻传播的信息生态，媒介融合全面而深入地影响着新闻业务的思维与实践，对新闻报道创新与新闻人才培养提出了新要求。本章勾勒这一新闻传播的格局和变局，系统介绍应运而生的融合新闻的特征及采写实务，对记者的全媒体素养进行了展望和提出了因应建议。

第一节 媒介融合：新闻报道的媒介环境

一、媒介融合的概念

20世纪90年代以来，随着卫星技术、数字化技术和网络技术的不断进步，以及这些技术在广电、通信领域的全方位渗透与应用，传播媒介经历着巨大的变革，传统媒介正在冲破自身局限，原本泾渭分明的几种媒介之间的界限开始打破，传播界悄然兴起一场新的融合，人类传播已进入媒介融合时代。

媒介融合作为当下新闻传播的时代语境，它在方方面面指导着新闻传播实践，无论是经营意识方面，还是组织结构方面；无论是编辑加工方面，还是新闻采写方面。清楚认识当下新闻传播的大环境、大格局，对新闻从业人员进行新闻采编，提高自身的职业素养，无疑是非常必要和重要的。

"媒介融合"（Media Convergence）这一概念最早来自美国麻省理工学院的伊契尔·索勒·普尔（Ithiel De Sola Pool）和他于1983年在其《自由的技术》中提出的"传播形态融合"（the Convergence of Modes）。他认为，数码电子科技的发展是导致历来泾渭分明的传播形态聚合的原因，媒介融合就是各种媒介呈现出一体化多功能的发展趋势,从根本上讲,媒介融合是不同技术的结合,是两种或更多技术融合后形成的某种传播技术,由融合产生的新传播技术和新媒介的功能大于原先各部分的总和。

丁柏铨认为:"媒介融合是由新媒体及其他相关因素所促成的媒介间在诸多方面的相交融的状态。"媒介融合主要体现在以下三个层次:"物质即工具层面的融合、操作即业务(包括新闻业务和经营业务)层面的融合、理念即意识层面的融合。"① 就新闻业务操作层面而言,媒介融合强调的是"不同类型媒体之间的边界渗透与合作对话,相对应的是'跨媒体问题'",也关注"新闻内容层面不同媒介表达元素之间的融合,相对应的是'多媒体问题'",② 既指向的是不同类型的媒体之间"你中有我,我中有你"的融合新业态,也包括多元媒介元素的融合新样态;从动态的新闻生产实践来看,媒介融合指的是:"国际传媒大整合之下的新作业模式,简单地说,就是把报纸、电视台、电台和互联网站的采编作业有效结合起来,资源共享,集中处理,衍生出不同形式的信息产品,然后通过不同的平台传播给受众。"③

由以上表述,我们可以这样理解:从产生背景来看,媒介融合是国际化、全球化浪潮下传媒求生存的新模式;从本质上来看,媒介融合是几种不同传播技术融合后产生的新传播技术和新媒介功能大于原先各部分之和的一体化、多功能的传媒发展趋势;从实践应用来看,媒介融合是把报纸、电视、广播、互联网和移动手机等的采编作业有效结合以实现资源共享、集中处理,进而达成生产的成本节约和传播的规模效应等目标。

二、媒介融合的分类

结合实践,从广义的角度来看,媒介的融合呈现为多方面的融合,这一点美国西北大学教授 Rich Gordon 于 2003 年针对美国当时的媒介融合状况就已经对其几种类型作了归纳④:

一是所有权融合(Ownership Convergence),大型的传媒集团拥有不同类型的媒介,因此,能够实施这些媒介之间的内容相互推销和资源共享,如美国佛罗尼达

---

① 丁柏铨:《媒介融合:概念、动因及利弊》,载《南京社会科学》,2011年第11期。
② 刘涛等:《融合新闻学》,高等教育出版社,2021年版,第3页。
③ 张成良:《"多媒体融合":泛媒体时代的生存法则》,载《传媒》,2006年第7期。
④ 蔡雯:《从"超级记者"到"超级团队"——西方媒体"融合新闻"的实践和理论》,载《中国记者》,2007年第1期。

坦帕市的媒介综合集团（the Media General Company），美国俄亥俄州的新闻电讯集团（Dispatch Media Group），都是将各自在同一地区所拥有的报纸、广播电台、电视台和网站进行了融合。

二是策略性融合（Tactical Convergence），指所有权不同的媒介之间在内容上共享，如分属不同媒介集团的报社与电视台之间进行合作，相互推介内容与共享一些新闻资源。

三是结构性融合（Structural Convergence），这种融合与新闻采集和分配方式有关，如美国《奥兰多哨兵报》决定雇用一个团队做多媒体的新闻产品，将报纸新闻加工打包后出售给电视台；由电视台进行深入报道与解释。

四是信息采集融合（Information-gathering Convergence），主要指新闻报道层面上一部分新闻从业者需要以多媒体融合的新闻技能来完成新闻信息采集。

五是新闻表达融合（Storytelling or Presentation Convergence），主要指记者和编辑需要综合运用多媒体的、与公众互动的工具与技能完成对新闻事实的表达。

尽管上述几种融合形式确实是媒介融合的现状，但正如中国人民大学蔡雯教授所评价的，以上划分标准并不一致，前三种是"媒介组织行为"的划分，后两种则是基于新闻采编技巧进行的划分，也是媒介融合对新闻报道的直接影响之体现。

三、媒介融合的发展

媒介在其"融合"过程中，经历了几个重要的发展阶段。

最初的媒介融合是组织的融合，需依靠外部力量如行政力量使媒体结合为一个共同体，但这种结合几乎是外在形式上的结合，内部还是处于"各自为政"的状态，没有形成分工合作的有机结合。

第二阶段是资本融合阶段。这一阶段是在市场的作用下使有实力的媒介集团在资本市场上完成对其他媒介或集团进行收购或者两个媒介组织之间通过资本市场进行合并。这种兼并不局限于一种媒介，它是一种横向的收购，参与资本融合的双方也不一定都是媒介组织，只要有一方是媒介或与媒介相关的组织即可称为媒介融合，这种融合是为了加强其市场竞争力。

第三阶段是传播手段的融合，所谓"传播手段的融合"，从小范围来说，指利用新技术改造传统媒体；从大范围来说，指大型的传媒集团的不同媒介的传播手段在一个大平台上进行整合，实施这些媒介之间的内容相互推销和资源共享，即报纸、广播电视、网络全部用一套机构与人员，由"多媒体编辑"统筹策划，将采回的新闻素材用于集团旗下的各个媒体。

媒介融合的最高阶段是实现媒介形态的融合，即在数字技术与网络传播的推动下，各类型媒介通过新介质实现真正的汇聚和融合，产生一种与今天的媒介形态完全不同的新媒介——融合媒介，这种媒介能够融合几种甚至全部媒体的优点。据英国《自然》杂志报道，一种可折叠的电子纸已经研制成功。美国新闻学会媒介研究中心主任 Andrew Nachison 将"融合媒介"定义为："印刷的、音频的、视频的、互动性数字媒体组织之间的战略的、操作的、文化的联盟。"① 这种"融合媒介"不仅仅是"媒介之间的联盟"，而且可能演变成一种独立运作、流程完整、操作规范的新闻生产模式。

之后，学术界提出应将"媒介融合"的讨论的重点放在"媒介"而非"融合"，它指的是"以数字技术为元技术平台，将不同维度上的媒介重新整合为一体，形成一个全球化的、涌动的'网络社会'，而媒介组织就是这个网络中的一个节点"②。在这一阶段，媒介融合勾勒的是"你就是我，我就是你"的融合场景，更为强调传统媒体与新兴媒体"合二为一"的状态，媒介组织作为网络中的"节点"此长彼长，相融相生。③ 它深刻地昭示着媒介融合与变革在发展状态上的进行时态，而非完成时态。

四、媒介融合的必然

人类任何一次较大的新技术变革，都会带来媒介外部环境的改变与内部要素之间的重新定位与整合。以多媒体技术为代表的互联网媒体的出现，使得世界范围内原有的媒介生态发生了革命性的变化：电视媒体的市场增长额受到了限制，报业市场出现了严冬，杂志业前景受到威胁，广播已现式微。为了争取更多的市场份额，克服技术上的缺陷，各类传统媒体纷纷进入到新的整合期——媒介融合时代。④

（一）媒介融合是技术进步的产物

无论是数字摄像机、数字机顶盒、数字调制解调器，还是数字视频存储器、数字视频音频接收器，都广泛应用于媒介内容的制作、分配、播出、传输以及接受等

---

① 蔡雯：《从"超级记者"到"超级团队"——西方媒体"融合新闻"的实践和理论》，载《中国记者》，2007年第1期。
② 黄旦、李暄：《从业态转向社会形态：媒介融合再理解》，载《现代传播》，2016年第1期。
③ 支庭荣：《"互联网+"时代的媒体融合：概念界定、评价标尺与操作路径》，载《教育传媒研究》，2019年第3期。
④ 王积龙：《蔡雯〈媒介融合发展与新闻资源开发〉主持人语》，载《西南民族大学学报》（人文社科版），2006年第7期。

各个核心环节。数字技术使得传播由模拟转向数字,由单向转为交互,由平面转为立体,由区域覆盖转向全国乃至全球覆盖。传统媒体单一属性的接收终端已逐渐向多媒体终端进化,以往只有单一服务的网络已开始不同程度地承担其他网络的职责,一直局限于特定业务的媒介组织也开始在政策的允许范围内尝试着拓展自己的业务范围。[1]

(二)媒介融合是市场运作的结果

关于现有的几种传统媒体的前期投入成本,美国学者布雷德利测算得出:同一个新闻选题,报纸、广播、电视记者的前期采访成本比例大约是1∶1.8∶3.5,电视成本最大。如果同一个集团不同媒体之间实现互动和整合,发挥协同效应,使媒体资源用途最大化,同样的信息通过不同的形式,包装成适合不同媒体的产品,"一次采集、多次生成、多元发布",这样既扩大了市场,也节约了成本,以较小的成本获得较大的收益,同时也有利于在具体区域内强化交互媒体的品牌效应,而媒体融合恰恰提供了这样一种操作手段。

对于同一个采访选题,如果同一组记者采访影像新闻时,经过后期编辑整理,报纸也可以形成印刷文字,图片则可以通过截屏或另行拍照获得。这样组合报道的效果是:前期采访投入省去了费用,同时提升了一个品牌栏目的跨媒体竞争力。而平面媒体的广告也是一笔不小的收入,如果把前期运作节省的开支和后期刊载产生的广告效益加在一起计算,衍生媒体可以创造几倍的经营效益。对于高投入、高产出的电视媒体来说,这种开源节流的办法不能不说是增加产出绝对值的好办法。对于报纸、广播媒体而言,跨媒体组合经营同样具有巨大的市场潜力,媒体的内部整合是区域媒体做强做大的必由之路。[2]

媒体融合在一定意义上是媒体为了提高资源利用的质量和效率、获取新的竞争优势而在不同媒介间共享与重新配置资源的过程。传媒集群资源共享、优势互补和协同联动的特点决定了其将成为媒体融合过程中重要的组织形式。

(三)媒介融合与日益增长的消费者需求是同步的

随着国民经济的快速增长,我国居民生活水平得到提高,消费者可用于食物之外的消费相应增加,同时,我国贫富差距扩大,引发社会阶层的碎片化,原有的社

---

[1] 黄河:《媒介融合:无所不能与无处不在》,http://www.ahtv.cn/public/2006-11/02/cms57594article.shtml。

[2] 张成良:《"多媒体融合",泛媒体时代的生存法则》,载《传媒》,2006年第7期。

会阶层经由社会观念达到集体行动的逻辑发生了某种断裂，社会观念的利益化和个性化倾向明显。具体到传媒领域，一方面体现为经济收入、文化程度的不同使得消费者价值观念和生活方式表现出极大的差异，传媒的大众时代正过渡为分众时代。另一方面，消费者的角色由受众变为用户，在受众时代，媒介传播基本是单向的点对面方式，媒介内容消费基本免费，媒介传播内容有限，媒介经营重视收视率、收听率或发行量；到了用户时代，媒介消费者按需缴费，通过媒介平台与运营商、内容商以及其他组织、消费者充分互动，实现点对点传播，这需要海量内容作为支撑，而媒介融合正是透过新闻叙事形成融合，将讯息浓缩精简，并加入借由影像与文字结合创造出的更多元的感官刺激，从而更有效地吸引受众目光，更好地满足消费者需求。

（四）媒介融合需要相关政策法规的支撑

媒介融合涉及传统纸质媒体、广播电视电影产业、信息通信产业、出版业等多个产业，各产业组织的规模、组织的市场结构和市场行为都在不同层面、不同程度促进或者制约着媒介融合的范围和程度。为适应新的信息传播环境，近年来，我国高度重视媒介融合，不断推动传统媒体与新兴媒体在内容、渠道、平台、经营、管理等方面的深度融合。2014年被誉为我国媒体融合发展"元年"，《关于推动传统媒体和新兴媒体融合发展的指导意见》的审议通过，标志着媒体融合成为国家层面的战略部署，并且由此推进了媒体融合在我国的快速发展与创新升级。

第二节 融合新闻：媒介融合下的新闻报道

一、融合新闻的定义

随着技术的发展，媒体与媒体之间的界限正在淡化，传媒业与信息业等的界限也越来越模糊，媒介融合促进了新闻传播业务的变革，"融合新闻"就是这场变革的关键词。

一、融合新闻的定义

"融合新闻"（Convergence Journalism），又称"多样化新闻"（Multiple Journalism），

意指采用多媒体手段进行的新闻传播活动。① 不同媒体，如报纸、电视、广播、互联网及手机等，集中在一个信息操作平台上，统一策划，相互协调，根据各类媒体和受众的不同特点对信息进行分类加工，有针对性地传播给特定受众。美国南加州大学安利伯格传播学院教授 Larry Pryor 就认为，"融合新闻发生在新闻编辑部中，新闻从业人员一起工作，为多种媒体的平台生产多样化的新闻产品，并以互动性的内容服务大众，通常是以1周7日、每日24小时的周期运行"。

二、融合新闻的模式

2003 年，Lori Demo 等几位美国学者向美国新闻与大众传播学教育学会提交了一篇题为《融合连续统一体：媒介新闻编辑部合作研究的一种模式》的论文，根据他们自己所掌握的美国及其他国家的媒介当时的实际情况界定了"融合新闻"的几种模式以及每一种模式的具体含义（见图 20—1）②。

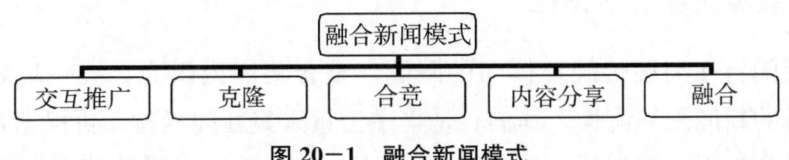

图 20—1 融合新闻模式

（1）交互推广（Cross-promotion），指作为合作伙伴的媒介相互利用对方推广自己的内容，如电视介绍报纸的内容。

（2）克隆（Cloning），指作为合作伙伴的媒介不加改动地刊播对方的内容。

（3）合竞（Co-opetition），指作为合作伙伴的媒介之间既有合作也有竞争，如一家报社的记者对新闻进行解释和评论，某一媒介为自己的合作伙伴提供部分新闻内容等。作者认为，各个媒介之间依然存在相互戒备，在电视上露面的报纸记者不会愿意透露那些构成报纸独家新闻报道的关键信息。

（4）内容分享（Content Sharing），指作为合作伙伴的媒介定期相互交换线索和新闻信息，并在一些报道领域中进行合作，如选举报道、调查性报道等，彼此分享信息资源，甚至共同设计报道方案，但各媒介的新闻产品仍然是由各自的采编人员独立制作的。

（5）融合（Convergence），指作为合作伙伴的媒介在新闻采集与新闻播发两个

---

① 蔡雯：《试论"融合新闻"的特点与运作》，载《新闻战线》，2007年第1期。
② 转引自蔡雯：《从"超级记者"到"超级团队"——西方媒体"融合新闻"的实践和理论》，载《中国记者》，2007年第1期。

方面进行全方位的合作，他们的共同目标是利用不同媒介的优势最有效地报道新闻。多个媒介的记者、编辑组成一个共同的报道小组，策划新闻报道，完成采编制作，并且决定哪一部分内容最适合在哪个媒介上播发。

这五种模式都是以媒介之间的合作方式为分类标准的，五种模式的新闻融合程度依次由弱到强，由简单到复杂。由此可见，融合新闻的产生是以媒介间的合作与互动为基础的。

三、融合新闻的特点

融合新闻是媒介融合时代新闻报道的主要形式，它不是作为一种静态的文本而存在，相反，它更多指代一种新闻传播活动或过程。相对于传统新闻传播活动，融合新闻主要表现为以下几方面的特点：

（一）采编业务的整合化

融合新闻旨在突破传统媒体间的限制，整合集团内媒介，统一规划、资源共享，建立新的新闻采编流程。其核心是集中力量采集新闻素材，再根据各自受众的接受特点进行加工，制作成不同的新闻产品，最后通过不同的传播渠道传播给受众，即实现新闻采编业务的"一体策划、一次采集、多种生成、多元传播、全天滚动、全球覆盖"[1]。如2015年在我国媒体融合中兴起的"中央厨房"式的采编运营一体化中心的建设，即是将新闻素材纳入到全媒体数据库，集团内媒体根据各传播媒介特点对其进行二次加工，生产出多样化的新闻产品。再针对各传播渠道的传播需要，在多元化的媒介渠道对其进行逐级发布和传播。此种采编运营的一体化建设，通过对新闻信息的集约化制作，高效整合起以往分散的采编资源，有效盘活了"新闻生产体系一体化、渠道整合一体化、技术支撑一体化和精准运营一体化"[2]。

（二）传播载体的数字化

数字技术和通讯技术的飞速发展，促使媒体边界日渐模糊，电信服务商和互联网服务商对传播终端领域纷纷介入，推出各种数字移动终端作为新闻内容接收载体，使传播载体呈现数字化特点。如电脑、手机、PDA、Ipod、电子报、电子杂志

---

[1] 何炜、张旸：《"中央厨房"烹制新闻美味——人民日报全媒体平台创新融合发展途径的实践》，载《中国报业》，2016年第7期。

[2] 刘涛等：《融合新闻学》，高等教育出版社，2021年，第30~36页。

等数字载体能让人们随时随地以不同方式接收到所需要的信息。随着手机媒介的日益普及,"竖屏"成为新闻信息接收的主导性界面,也是融合新闻传播的重要载体格式。也因此,融合新闻的"竖屏"叙事亦将重塑新的新闻传播形态,这强化了传播的数字化逻辑。

(三)新闻资源的集中化

融合新闻的出现,是以媒介之间的合作以及媒介组织结构与工作流程的改变为前提的。大众媒介从各自独立经营转向多种媒介联合运作,尤其是在新闻信息采集发布上联合行动,能最大限度地减少人力、资金和设备的投入,降低新闻生产成本。如烟台日报报业集团成立的全媒体新闻中心,就统管了纸质媒体(《烟台日报》《烟台晚报》《今晨6点》)、手机媒体(手机报)和互联网(水母网)三类媒体,使三类媒体在新闻采编上实现联动(见图20—2)。

> 2008年7月1日,烟台日报报业集团正式成立全媒体新闻中心,全面启用全媒体数字复合出版系统,实现对记者资源和新闻资源的有效整合。原隶属于烟台日报、烟台晚报、今晨6点和水母网站的记者统一划归新成立的全媒体新闻中心,全媒体新闻中心根据工作需要,成立综合部,采访部和数字信息部。集团所有的记者资源整合到全媒体新闻中心后,全媒体新闻中心相当于集团的内部通讯社,为集团的系列媒体提供多媒体稿件。①

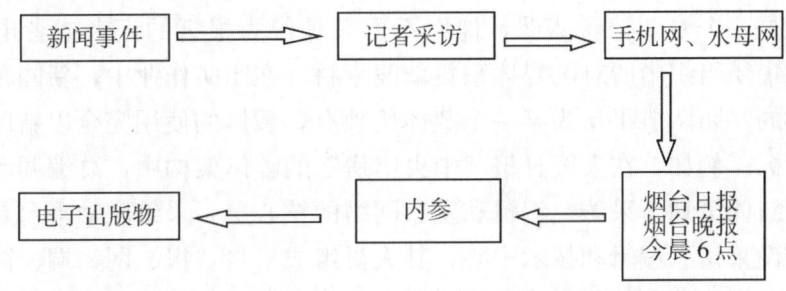

图20—2 烟台日报报业集团实际操作中的新闻层级运作流程图

21世纪以来,媒介融合深度推进,中央级主流媒体在技术创新的驱动下加速构建智能化的平台,提升了新闻资源聚合的效用。如新华社"中央厨房"全媒体报道平台,利用一种素材资源,同步加工生成通稿、微博、微信、客户端、集成报道等多种形态产品,进行多渠道分发推送,适配到多种新媒体终端,实现全媒体采编

---

① 滕岳、纪会卿:《四个整合 打造传媒工场——烟台日报传媒集团全媒体新闻中心经验总结之整合篇》,载《中国传媒科技》,2009年第2期。

发流程再造、一体化运行,具体表现如下所述:

> 2017年扩容升级后,新华社全媒报道平台初步建成了资源整合、融合加工、舆情监测、业务管理、影响力评估、远程指挥等六大功能。在日常运转机制中,由早策划会重点解决近期重点融媒体产品的策划、加工与生产。扩容升级后的新华社全媒报道平台由指挥中心、策划中心与协调中心分别负责重点融媒体产品的资源配置、创意策划与组织协调各部门的作用,形成多工种在线作业,打破部门边界,形成协同生产,充分发挥联动综合效益。①

（四）新闻产品的多样化

融合新闻的框架下,需要针对更加小众化、更精准的媒介定位,制作适合不同对象的多样化新闻产品。专业记者团队针对同一新闻选题,采集新闻素材,并在此基础上制作成适合不同属性和不同风格的传播载体。他们的新闻作品是多媒体形式的,文字报道、新闻图片、现场录音、新闻录像等一应俱全。同时,借助多媒体技术,通过静态图表和动态Flash等形式,使新闻事件的视觉传达方式更加多元化。

（五）新闻作业的团队化

对新闻信息的采集,如文字的、图像的、音频的、视频的等原始材料的多元搜集,使得融合新闻时代的新闻作业呈现团队化趋势。尤其是报道突发新闻时,派往现场的通常是一个专业记者团队,他们不再只是作为报纸的记者或者电视台的记者,而是为集团组织中所有的媒体采集新闻素材。在团队作业中,新闻采集与传播载体是分离的,团队成果不为某一个载体所独有,载体的使用完全以新闻传播的整体效果为目标。例如,在人民日报"中央厨房"的整体架构中,总编调动中心是指挥中枢,是新闻策划、采访、编辑和发布网络的核心层。采编联动平台是其常设运行机构,下设采访、编辑和技术中心,其人员组成来自"报、网、端、微"各个部门,这些人员组成统一的新闻作业团队,在总编调动中心的调度下进行全媒体新闻作品的生产。②

（六）专业人才的全能化

融合新闻趋势下,还有一个重要的特点就是新闻采编人员的全能化。传统媒体

---

① 《我国媒体融合步入深水期各媒体"中央厨房"建设一览》,人民网,2017年8月11日,http://media.people.com.cn/BIG5/n1/2017/0811/c14677-29464293-2.html。

② 叶蓁蓁:《人民日报"中央厨房"有什么不一样》,载《新闻战线》,2017年第3期。

的记者有文字记者、摄影记者、录像记者等明确分工，报社的记者擅长写稿子和拍照片，电视台的记者擅长摄像和剪接。融合新闻时代下的采编业务的整合化，要求记者必须具备突破传统媒体界限的思维与能力，并成为适应融合媒体岗位的流通与互动的新闻传媒人才，他们是集采、写、摄、录、编、网络技能运用及现代设备操作等多种能力于一身的复合型新闻人才。

四、融合新闻的理念

融合新闻是建立在跨媒体基础上的媒介融合的产物，在操作过程中，需要树立的新闻操作理念如下。

（一）多媒体理念

传统媒体往往是单一属性的，如报纸主要以文字为传播符号，广播以声音为传播符号，电视则是视听结合的传播媒体，新闻的类型和传播的形态相对单一和有限。网络媒体的出现促进了媒体的整合与融合，最初体现在报刊自办的电子版上，随后电台和电视台也跟进加入到媒体融合的行列。融合新闻区别于传统新闻的重要特征即在于它的多媒体形态。换言之，就是通过整合采编资源，融合多种介质元素，以适应受众媒介接触习惯的方式制作出多媒体的新闻形态，创新新闻表达，增强新闻信息接收的体验感、互动性。

（二）互动理念

融合新闻的互动性主要体现在网络兴起后。网络的点对点互动传播方式极大促进了新闻的互动性，如互联网技术应用中的论坛、留言、微信、微博、博客、一键分享等，为新闻与受众的互动提供了便利条件。借助 VR、AR、360°全景视频、全景照片等技术，融合新闻能够为受众搭建可沉浸的新闻场景，构建可交互的互动体验，让受众与新闻互动，让新闻与评论结合，体现出新闻报道平台对受众的开放性和受众对重大新闻主题的参与性。新闻采编人员在融合新闻的制作过程中，需要确立互动性理念，充分开掘新闻的开放性和评论的参与性，如《人民日报》在中国人民解放军建军九十周年时推出的交互式 H5 作品《快看呐！这是我的军装照》，就是借助人脸识别、融合成像等技术，生成个人专属虚拟"军装照"。该作品通过游戏互动的形式，有效调动用户的交互式参与，截至 2017 年 8 月 7 日，该作品的总浏览量超过 10 亿，并获得第 28 届中国新闻奖一等奖。

(三) 聚合性理念

所谓聚合性，就是指全媒体新闻中心通过策划、聚合，将信息搜集整合到一起，再进行组织、加工，力求让新闻事件得到更广阔的展示和更深入的挖掘。媒介融合在技术上刚好能为这种文字、图片、音频、视频传播符号的大联合提供条件，因此，新闻采编人员在针对某一新闻选题时，有必要对其进行精心策划，如在报纸的头版刊登导读、纵深版刊登深度解读、时评版刊登评论，在电视上播放视频新闻片，在网络上组合相关背景介绍、组织论坛意见讨论等等，使之形成媒体联动的规模效应和共振效应。

五、融合新闻的要求

融合新闻作为一种内容产品，对它的制作需要具备以下几方面的必要要求。

(一) 短小精悍

新媒体传播即使拍摄连续视频，也要注意将报道有机切分，这样既能做到内容丰富，又便于使不同主题鲜明突出，也方便受众收看、阅读、互动，从而易于受众接受和与之互动。"短小精悍"作为"微传播时代"的重要文化传播特征，适应了融媒体语境下的碎片化、即时性传播特点。融合新闻的轻量化制作，更加有助于裂变式传播。

(二) 注重用户体验

面对各种载体的不同终端，融合新闻的制作要"洞察用户需求、满足用户需求、丰富用户体验、增强用户粘性"[1]，回应受众对新闻信息过程传播的迫切需要；与此同时，也要善于借助多媒体融合传播的优势，注重对用户交互式体验的满足。如荣获第31届中国新闻奖一等奖融合创新奖的作品《听·见小康》，它有效联动了线上线下互动元素，在线下采集百姓"小康心愿"5644条，拍摄百姓"小康笑脸"6350余张，收集百姓签名超过10500个。同时，采用技术手段，在线上融合100余个视频、音频，将"小康幸福车""小康签名长卷""小康留声机"等内容嵌入H5，赋予受众可感的多样化体验。

(三) 具备互动思维

构建可感知、可参与的新闻互动场景，是实现媒体与用户沟通交流的重要手

---

[1] 刘涛等：《融合新闻学》，高等教育出版社，2022年版，第39页。

段。融媒体时代，新闻信息的接收除了包括传统媒体时代的阅读浏览，还包括通过各种各样的沉浸式技术，为用户创造可体验、可参与的新闻场景，以增强传播的沉浸感和交互性。如新华社与百度联合于改革开放40周年之际推出的H5作品《给旧时光上色》，就是利用AI技术对黑白老照片进行一键上色，上色之后用户可以将彩色照片保存，还可分享给好友。这一作品便通过AI游戏，有效调动用户参与，并让用户在参与中重拾记忆时光，唤醒用户的记忆体验。

第三节 全能记者：媒介融合下的新闻人才

一、一个形象的案例描绘

4月18日早9：00，烟台旅游大世界试营业。本刊记者随同烟台日报传媒集团三名记者杨诗星、邵壮、权立通，体验全媒体采访。

旅游大世界试营业是一个不可预知的事件性报道。此类采访一般由两到三人组成一个小型团队进行。而对不可预知的突发事件，常见情况则是一名记者拿上摄像机直奔现场。

…………

三名记者抵达现场的第一件事便是在初步了解情况的基础上，向集团网站水母网和手机报上传递现场快讯和照片。当天上午8：58分，邵壮向水母网发出首条快讯和若干图片，报道旅游大世界正式开放的消息。然而，并非所有新闻都会第一时间在网上发布，可以保证的独家新闻，则直接在第二天的报纸上与读者见面。

在采访现场，三名记者有明确分工——权立通摄像兼摄影，杨诗星做文字记录同时摄影。前期采访看来与普通电视台记者采访没有区别，在一个多小时的时间里，三名记者共同采访旅游大世界董事长，前来购物的普通百姓。整个采访由权立通提问，邵壮摄像，杨诗星做文字记录。随后，三名记者来到旅游大世界门前，权立通进行简单的现场播报，邵壮则同时补拍现场镜头。

上午10：22分，邵壮向水母网发出第二条快讯：既介绍了记者观察到的现场情况（如哪些展区受到市民青睐），又如实报道了市场负责人对客流量的估计，同时交代了市委市政府开办这一市场的目的和意义等新闻背景。

至此，视频采访基本完成。然而，三名记者并未打道回府。相反，三人开始分头采访（接到任务后，三人已经进行了简单分工，他们将分别为《烟台日报》《烟台晚报》和《今晨 6 点》写稿）。分头采访完成后，各人将独立完成自己的稿件。

....

回到报社，记者将视频素材交给全媒体新闻中心的信息部处理。信息部将这些素材转换成数字格式后拷贝给三位记者。记者通过这些视频素材，整理采访内容，写成文字稿件。同时，信息部对此进行编辑，提交水母网发布。①

媒介融合时代，融合新闻趋势对新闻从业人员的技能也提出了更高的要求。传统报纸记者不仅要报道文字与拍摄图片，还要采集和制作视频新闻，使新闻报道走上复合型与立体化的信息发布平台，实现新闻信息的多次开发和市场增值，把新闻报道技巧推向更广阔的空间。但从以上过程可以看出，融合新闻制作过程中的媒体专业人员，不仅需要具备采访、写稿、录音、摄像等能力，还需要具备利用手机和互联网编辑与发布新闻的能力。简言之，融合新闻趋势下需要专业采编人员成为全能型记者和编辑。

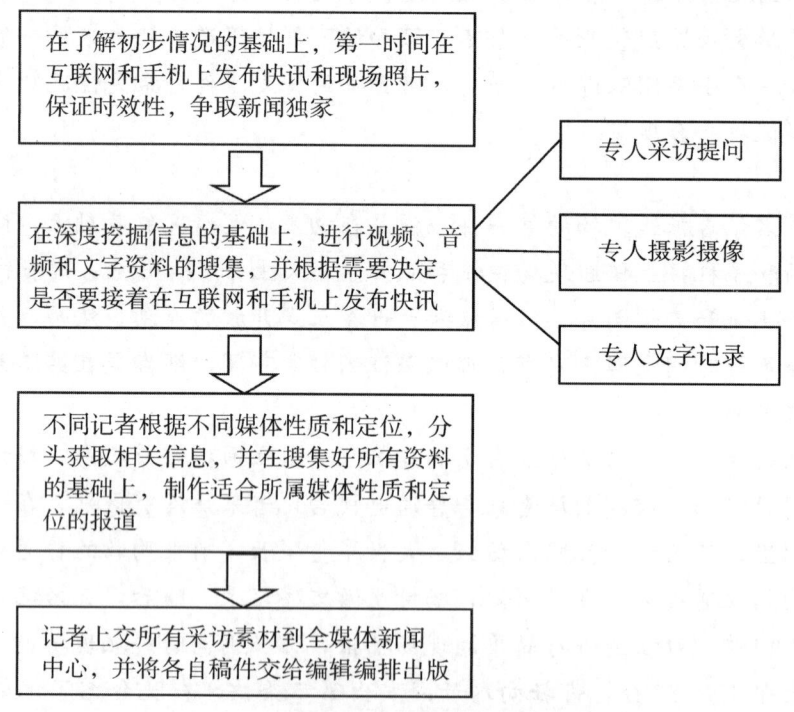

图 20—3　媒介融合下的新闻团队作业流程图

---

① 张垒：《一个新闻事件的全媒体采访体验——全媒体运作过程分析》，载《中国记者》，2009 年第 5 期。

媒介融合时代的全能记者被称为"全媒体记者""背包记者""背囊记者"等，他们拎起包就能独立作战，左手是视频音频设备，右手是电脑包，可随时传输文件，胸前还有照相机，手里还有录音笔……媒介融合时代背包记者并非唯一的记者模式，融合新闻的采写还可有效发挥不同领域记者的专业所长，将其组合起来团队协作，统一部署，组成融合新闻采写的"超级团队"。[①]

因为全媒体新闻具有非线性采编播的特点，所以制作全媒体新闻的"全媒体记者"必须具备以下素质。

一要懂得用脑。全媒体新闻需同时适合传统媒体、互联网、手机以及其他载体各自的特点，如何进行适合的传播载体选择和载体组合，进而获取相应的传播效果，是全媒体记者需要具备的技术素养。例如，新华社记者孔令杭努力探索流行元素与时政新闻的创意结合，充分融合音乐、舞蹈、航拍、弹幕、喊麦等流行元素，针对社交媒体的传播特点，制作出一批备受关注的融合新闻产品，如《垃圾分类人人动手》《国社有嘻哈｜这里有块金砖 你来搬一搬》等，有效增强了报道的亲和力和感染力。[②]

二要知道用眼。全媒体记者不仅要像传统记者一样具备超强的新闻敏感和新闻价值判断能力，还得学会充分利用网络、手机等互动传播媒体的"新闻眼"，尤其是在如今媒体日益发达的情势下，在受众媒介素养日渐提高的情况下，受众逐渐演变为"民间记者"，手机、博客等私人媒体逐渐公共化和大众化，成为重要的信息来源，给专业记者带来广阔的新闻挖掘空间，这是值得重视和加强的一项协作技能。

三要学会用手。融合新闻要求记者不仅要像报纸的文字记者那样会写，也要像摄影记者那样会拍，还要像电视台记者那样会摄和会编，同时还要懂得更多的电脑发布、手机制作等技能。多媒体手段为传播提供了方便，但是也为传播者提高了难度。

小资料：全媒体

一、基本概念

"全媒体"是"媒介融合"的必然产物，这一概念随着信息技术和通讯技术的

---

① 刘冰：《融合新闻》，清华大学出版社，2021年版。
② 孔令杭：《作词作曲＋又唱又导又出镜的全能记者如何炼成？——新锐全媒体记者的成长之路》，载《中国记者》，2017年第10期。

发展、应用和普及，从以前的"跨媒体""多媒体"逐步衍生而成，是传统媒体工作者出于对传统媒介形式衰落走势的主动应对，通过采编、传播流程再造，实现不同媒介间的交融和媒体发布通道的多样性，使得受众获得更及时、更多角度、更多听觉视觉满足的媒体体验的结果。

"全媒体"是对我国媒体融合发展特点的提炼与概括，学界从媒介形态、媒介运营、媒介整合等多角度来理解全媒体[①]，分别强调媒体融合的跨媒体特点，业务运营对多媒介手段与多媒介平台的调动，信息生产过程中对立体化传播手段、多元化传播技术和传播功能的整合等。总的来说，全媒体可概括为整合式、协作式和一体化的媒介发展趋势和格局。根据"全"的两个含义，对全媒体可作以下两层理解：①完备、全面，指尽可能多的单一形式媒介载体的综合体，是包括众多媒体形式的"个体"概念；②整个，是集体概念，是随着信息技术和通讯技术的发展、应用和普及从以前的"跨媒体""多媒体"逐步衍生而成，体现了不同形式和功能的媒体相互融合、互动的趋势。

2019年1月25日，习近平总书记在主持中共中央政治局第十二次集体学习时发表重要讲话，系统地阐释了"全媒体"的发展理念以及"全程媒体、全息媒体、全员媒体、全效媒体"的"四全媒体"概念，这不仅是对全媒体生态的精准概括，也为媒体深度融合指明了发展方向。

二、价值特点

"全媒体"是新的传播生态与媒体格局下的产物，是在传播技术日益重构信息生产与传播机制下，对媒体融合发展特点和趋势的概括与期许。它的价值特点可以在"四全媒体"框架下予以阐释。

（1）全程媒体着重从流程和过程维度理解新闻的生产传播。它意味着对新闻事件报道的全程关注与媒体工作流程的全程协同。从新闻事件的报道来看，全程媒体应全过程关注新闻事件发展进程，在与受众的及时沟通与互动中实现全流程的立体式报道。从媒体工作流程来看，全程媒体要求新闻策划、采编、分发和反馈等业务流程要协同参与到新闻报道之中，这些业务环节之间彼此连接，相互协调，共同介入并参与到新闻的全程生产和传播之中。[②]

---

① 陈维龙、张静、曾静平：《5G时代全媒体传播体系建构、实施路径和生态管理策略》，载《中国广播电视学刊》，2022年第1期。

② 沈正赋：《"四全媒体"框架下新闻生产与传播机制的重构》，载《现代传播》，2019年第3期。

（2）全息媒体主要从传播表达与受众感知的维度来理解信息传播。它是"通过丰富媒介技术手段，提升媒体可定位、可协调、可关联、可兼容的可供性，尽可能地为受众还原物理社会真实形态的一种探索"①。全息媒体试图在全息技术的赋能下，以增强用户的沉浸体验为目标，通过整合多种媒介元素，搭建高仿真的融合新闻场景，力求实现新闻表达的立体化、可感知和可沉浸，以增强用户的多感官体验与情感共鸣。

（3）全员媒体主要从传播主体、范围的角度来理解新闻传播的可互动与可参与。它试图打破传统媒体时代大众媒体对信息传播的垄断，在信息技术的加持下，以最大限度地调动全员参与和多元互动为目标，实现传播主体的多元化、社会化。换言之，它意味着新闻生产流程向公众的开放，用户内容生产（UGC）也被有机整合到新闻采编与传播过程中，与专业内容生产（PGC）协同互补。通过调动公众在新闻采编中的积极性与参与感，也能有效提高用户黏度，提升公众的媒介素养。

（4）全效媒体着重从传播效果的维度理解新闻传播活动。它意味着在新闻生产过程的机制效能的最优化与新闻产品传播效果的最大化。传播效能的实现将充分发挥全媒体矩阵的传播合力，通过拓展媒体服务来实现功能叠加，以最大限度满足受众日常生活需求。同时，也应积极利用大数据、云计算、人工智能等辅助技术，挖掘受众信息需求，以实现更加精准化和个性化的新闻分发，适应分众化特点，提升传播效能。

"全媒体"不是大而全，而应根据需求和其经济性来综合运用各种表现形式和传播渠道。"全媒体"超越"跨媒体"的也就是在于其用更经济的眼光来看待媒体间的综合运用，以求投入最小、传播最优、效果最大。

三、当前主要发展模式②

（1）全媒体新闻中心模式。该模式以烟台日报传媒集团为代表。该集团将旗下三张主要报纸的采访部门合并在一起，组建了全媒体新闻中心，相当于集团内部的"通讯社"。

（2）"报网合一"模式。该模式以杭州日报报业集团为代表。《杭州日报》与杭州日报网共用同一个编辑部，同一批采编人员，同时运行两种媒体形态，创造了"报即是网、网即是报"模式。编辑部增加了网络采编流程，报纸、网络两套流程

---

① 喻国明、赵睿：《媒体可供性视角下"四全媒体"产业格局与增长空间》，载《学术界》，2019年第7期。
② 刘光牛、南隽、刘滢：《全媒体发展趋势与对策分析》，载《中国记者》，2009年第12期。

并行，每个选题的策划都同时考虑网络、报纸分别如何报道。

（3）"台网互动"模式。台网互动已经成为目前广电部门发展新媒体的普遍做法。2008北京奥运会期间，中国广播网实现了中央电台所有奥运报道广播信号同步网上直播，创新了图文并茂、音视频同步多点互动直播报道新模式，尝试了广播频率、门户网站、有线数字广播电视、手机广播电视、平面媒体五大终端的融合。电视台与互联网的结合更是如虎添翼。以央视网为例，经过10年的运营完成了从"中央电视台的网络版"向"国内主流视频新闻网站"的转型。

（4）移动多媒体广播电视模式。国家广电总局成立了中广卫星移动广播有限公司，负责建设全国移动多媒体广播传输覆盖网络，统一开展业务运营，并在各省和地级市分别设立子公司、分公司。按照计划，中国移动多媒体广播（CMMB）将会在全国形成一个规范的运营机制，全国CMMB的价格、资费、节目体系将会统一起来。

（5）"中央厨房"模式。"中央厨房"基本遵循"一体策划、一次采集、多种生成、多元传播、全天滚动、全球覆盖"的特点，即实现新闻采编发流程的再造，又通过扩容升级打造跨界融合的聚合型融媒体平台。以人民日报的"中央厨房"全媒体采编运营一体化中心为例，它通过生产体系、渠道整合、技术支撑和精准运营的一体化，构筑集约化的制作流程，联动旗下所属"报网端微"，实现多级化的信息开发、生态化的管理运营。[①]

四、全媒体发展的未来趋势[②]

综合分析我国传媒业的全媒体发展经验，参考国外媒体的先进做法，我们认为，全媒体发展未来将呈现以下趋势：

（1）技术是全媒体体系构建的重要驱动力。要打造理想的全程媒体、全息媒体、全员媒体、全效媒体，都将在未来进一步从数字技术的更新与升级中释放更大的能量。没有数字技术的产生与发展，也就无法实现新闻采编发流程的一体化运营再造。从发展趋势来看，媒体发展的深度融合对新科技、新技术是一个永远开放的过程，它将有助于新闻报道在时空跨越、沉浸体验、互动参与和效能提升等方面拥有更多的可能和可为。

（2）媒体向智能化、社交化、视频化、移动化方向演进是大势所趋。随着

[①] 刘涛等：《融合新闻学》，高等教育出版社，2021年。
[②] 刘光牛、南隽、刘滢：《全媒体发展趋势与对策分析》，载《中国记者》，2009年第12期。

"5G+人工智能+区块链"成为社会信息系统的新基础设施，传媒业将立足于新的传播语境不断拓新与改革。在新兴技术格局下，媒介的智能化发展有赖于对新技术的研发与应用，而技术的赋能将进一步提高媒体的智能化水平。此外，媒体革新的重要方向即为"社交化+视频化"，这一过程伴随着移动互联网的不断发展与社交媒体的日益普及，同时也与包括网络视频、数字电视、手机电视、户外显示屏、移动短视频平台等在内的各种视频媒体的兴盛密切相关。未来，视频新媒体的发展将催生更多的内容提供方式和信息服务形式变革，带动整个传媒业的全媒体发展进程。

（3）媒介融合由浅入深，从"物理变化"趋向"化学变化"。注重多种传播手段并列应用的全媒体新闻将发展为多种媒体有机结合的融合新闻；各种媒体机构的简单叠加、组合将发展为真正的有利于融合媒介运作的新型机构组织；全媒体记者将与细分专业记者分工合作；媒介机构也将在新的市场格局中寻找自身新的定位和业务模式，构建适应全媒体需要的产品体系和传播平台。

（4）随着全媒体进程的不断发展，在融合的同时，各种媒介形态、终端及其生产也更加专业、细分。

一方面表现在媒介形态的分化。单一的印刷报纸已经分化成了印刷报纸、手机报纸、数字报纸等多种产品形态，广播电视分化成网络电视、手机电视等更丰富的产品形态。此外，媒体终端的多样化也带来了传播网络的分化，如手机媒体、电子阅读器、网络电视、数字电视等分别依赖不同的传输网络。

另一方面是媒介生产流程的专业化细分。当媒体融合走向"深水区"，媒体在强调融合的同时也在转向"差异化的竞争策略"。未来，差异化竞争、专业化生产与分众化传播是媒体实现资源集约、差异发展、协同高效的重要路径。由"大而全"转向"专而精"是推进媒介深度融合的发展使然，它使得信息生产更加针对个性化的信息需求、分众化的受众市场和专业化的需要，从而促进信息产品在垂直领域的内容深耕。[1]

思考练习题

一、结合本章第一节的内容，谈谈你对媒介融合的理解。

二、结合本章第二节的内容，谈谈媒介融合环境下新闻报道的形态发生了怎样的变化？

---

[1] 曾祥敏、杨丽萍：《论媒体融合纵深发展"合"的本质与"分"的策略——差异化竞争、专业化生产、分众化传播》，载《现代出版》，2020年第4期。

三、请查阅一个融合新闻报道的实例,在任课老师指导下试分析不同媒介之间是如何实现资源共享的?又是如何实现差异化制作的?

四、选择一则获得中国新闻奖的融合新闻作品,分析其叙事特点与融合策略。

五、以2至3个同学组成一个小组,假拟为隶属于某一个全媒体新闻中心的不同媒体的记者,尝试采访一件突发性事件,体会采写过程中的分工与合作。

附　　录

附录1　新闻采写作品示例

编者按：这是一组由四川大学新闻系 2008 级新闻本科班同学完成的新闻采写作品。同学们在任课教师的指导下，围绕具有新闻价值的多个选题进行了较深入的实地调查及新闻采写的实践训练，在调研的基础上写出了各具特色的新闻报道，并配发了有说服力的短评。他们在新闻采、写、摄、评的综合训练中应用与思考着新闻采写的要领和步骤。经过课堂评讲和互动讨论，师生之间对新闻采写中应该注意的问题有了更深入的交流，对如何创新新闻采写也有了一些规律性体认。在这个综合技能的训练中，我们从教学角度出发，更加坚定了注重采写思维训练的教学立场和出发点。我们认为，有计划、有目标、有侧重地指导学生团队协作与个人独立完成新闻采写，不仅有利于课堂教学的有效延伸，更有助于学生深入生活的第一现场，通过感性体验去演练和总结新闻采写的技能与方法。这种实战性的学习过程与成果，对新闻采写的初学者和新闻爱好者来说，是生动的教案与可借鉴的示例。

案例

关于成都交通拥堵问题的调查报告

调查成都市缓解道路拥堵措施的效果

采写小组成员：陈晓婷、徐溦、程颜颜、王晓冉、庞博、王康力

一、调查报告

（一）调查背景

在北京、广州、上海等地，人们一方面会感叹这些城市的发达，另一方面最突出的感受就是车多、交通拥堵。如今随着经济的飞速发展，成都市城市道路交通堵

塞问题也逐渐凸显。对此，有人认为成都的交通堵塞是因为车辆多、道路资源跟不上；也有人认为这是由于人们素质不高、不遵守交通规则造成的。在解决方案上，有人甚至提出，成都要像北京那样采取单双号限行的举措来缓解交通拥堵。

从2009年开始，成都市针对道路交通拥堵问题出台了一系列措施，包括开设公交车专用道、新建立交桥和人行过街天桥、取消部分红绿灯、进行限行听证会等。鉴于此，我们尝试对目前这些政策达成的效果进行调查评估。

（二）调查提纲

1. 关于公交车的相关措施：新增6条公交专用道，用于交通高峰期公交车的专用通道

（1）问私家车主

① 公交车新增专用道后，您是否会选择乘坐公交车？

　　A. 会　　　　　　B. 不一定　　　　　C. 不会

② 如果小区内有4个人（都有私家车）都在同一时间去往同一个方向，您会选择与他们一起共用一辆私家车吗？

　　A. 会　　　　　　B. 不一定　　　　　C. 不会

（2）问路人（无车族）

① 公交车新增了6条专用道以缓解道路交通拥堵，就目前已取得的效果，您怎么看待？

　　A. 效果显著　　　B. 稍有改善　　　　C. 没有改善

② 鉴于目前拥堵问题严重的交通状况，在有能力购买的情况下，您还会选择买车吗？

　　A. 会　　　　　　B. 不会

③ 对现在的公交状况，您有什么建议？

2. 关于出租车的相关措施：新增1000辆出租车投入使用、增加出租车停靠点

（1）问出租车司机

① 对于新增的出租车停靠点，您是否觉得方便？有哪些建议？

　　A. 方便　　　　　B. 不方便

建议：_____

② 您认为，新增1000辆出租车，能否缓解打车难的问题？

　　A. 效果显著　　　B. 有所改善

　　C. 效果不大　　　D. 完全没用

③ 您认为，新增1000辆出租车，更多的是缓解了打车难的问题，还是加重了道路的拥堵？

  A. 缓解打车难问题　　　　B. 没有影响

  C. 加重道路拥堵

（2）问乘客

① 您是否愿意在出租车停靠点打车，您觉得它是否适用？

  A. 适用，打车更方便了　　B. 视具体地点而定

  C. 不适用，只是形式

② 关于新增1000辆出租车，您认为是否缓解了打车难的问题？

  A. 有　　　　　　B. 没感觉　　　　　　C. 没有

3. 关于天桥的措施：新增52座过街天桥、3座升降天桥、取消部分红绿灯

（1）问司机（私家车、出租车）

① 这个措施是否使您开车更加顺畅？在高峰期，拥堵状况是否有所缓解？

  A. 效果显著　　　　B. 有一定的效果

  C. 作用不大　　　　D. 没作用

（2）问路人

① 新增天桥，取消红绿灯，给您的生活带来便利了吗？

  A. 是　　　　　　B. 没感觉　　　　　　C. 否

② 新增人行过街天桥是否给您带来了不便？如果有，有哪些不便？

  A. 没有　　　　　B. 有＿＿＿＿＿＿＿＿＿＿＿＿＿＿＿＿＿＿＿＿＿＿

4. 关于限行听证会的措施：摇号限行（针对新增车辆）、限制外地车辆进入

（1）问私家车主

① 您认为，成都现在进行车辆限行有必要吗？

  A. 有　　　　　　B. 无所谓　　　　　　C. 没有

② 如果实行限行，您会选择使用公共交通吗？比如公共汽车或者地铁。

  A. 会　　　　　　B. 不一定，看情况　　C. 不会

③ 如果实行单双号限行，在有购买能力的情况下，您会选择再买一辆车吗？

  A. 会　　　　　　B. 不一定，看情况　　C. 不会

（2）问交通协管员

① 您认为实行限行措施是否有必要？

  A. 有　　　　　　B. 无所谓　　　　　　C. 没有

② 成都的交通拥堵原因，除了汽车数量过多以外，您认为还有什么原因？

(三）调查实施

调查一

【调查时间】2010 年 5 月 7 日 14：00—15：10

【调查地点】武侯大道（新增公交专用道，二环路公交情况）

【调查内容】通过比较武侯大道增加公交专用道前后的道路情况，评估该措施的效果。

【调查过程】

① 从磨子桥站乘坐第 72 路公交车，抵达双丰路站，共 15 站，用时 27 分钟，共 14 个红绿灯，1 座天桥。

② 其中从双楠路南开始，途经双楠路、双楠路东、周家桥、菊乐路之间的路段（包括小街道）没有公交专用道，而这五站的距离占单程行驶路程的 1/3，行驶时间 10 分 4 秒，占单程运行总时长的 40%。

③ 在车内采访两名司机（一名为该车驾驶司机，一名为乘坐公交的司机），向他们提出关于公交专用道是否提供了便捷和对成都交通情况的看法等问题。

④ 从武侯大道站开始，公交车开始进入新增的武侯大道公交专用道，抵达双丰路站，共两站，途中有 3 个红绿灯，即便新增的公交专用道为公交行驶提供了一些便利，但由于红绿灯过多，因而行驶时间缩减的效果并不明显。

⑤ 在双丰路站，等待以下停靠武侯大道站的公交车，记录等车时间：

等 334 路（旧式双层公交车）用时 22 分钟；

等 72 路（新单层公交车）平均用时 3 分钟；

等 406 路（旧单层公交车）平均用时 6 分钟。

⑥ 在双丰路站等车过程中，观察到两分钟内有 4 辆车（其中两辆摩托车）违规进入公交专用道。

⑦ 双丰路站台位于二环路，站台上没有"数字成都"数字显示仪。

⑧ 采访附近停车场的私家车主，询问他们对于拼车的看法。

【调查结果】

① 15 站，14 个红绿灯，由于红绿灯过多，人行过街天桥过少，实际上减慢了公交车行驶速度，增加了公交车行驶时间。

② 在没有公交专用道的路段，车辆行驶缓慢，交通秩序混乱，导致 5 站用时较长，可见在某些路段增加公交专用道的必要性。

③ 对于公交专用道是否提供便捷，接受采访的 2 位司机表示，肯定比没有专用道更通畅些，但对公交车的 40 迈（甚至 30 迈）限速是公交车跑不起来的根本原

因，他们还表示，有时候1个多小时的公交单程却要花两个多小时，成都的交通拥堵情况确实不容乐观。

④ 新增公交专用道使得路段通畅，但两站间设置3个红绿灯，间接增加了公交车的行驶时间，使得公交专用道的作用并不显著。并且此次增加的公交专用道均在二环路及其以外，车流量相对较小，因而效果并不明显。

⑤ 通过比较三条线路的公交车等车时间可以看出，公交车的性能也是影响公交车行驶速度的原因之一。

⑥ 其他车辆的违规行驶，也是影响公交车通畅行驶的因素之一。

⑦ "数字成都"数字显示仪的作用：乘坐某一公交线路的市民，可以通过站台上的数字显示仪得知某路公交车还有多久到站；同时一旦大雾等天气影响了公交车的正常发班，市民在站台上也可以读到告示信息。

然而很多二环路上的公交站台上并没有安装这样的数字显示仪，因而人们无法了解经过这些站台的公交车的到站情况。

⑧ 对于拼车，私家车主们表示，这只是偶然，不能作为长期的计划，毕竟车买来也是为了开的，在增设了公交专用道后，如果公交车的车速不能提高，他们也不会选择乘坐公交车。

调查二

【调查时间】2010年5月7日 15：30—16：30

【调查地点】高升桥公交站

【调查内容】一环路公交情况

【调查过程】

① 在一环路乘坐5站抵达高升桥站，用时25分钟，途经10个红绿灯、2个天桥，每站上下车停靠时间平均30秒左右。

② 在高升桥站随机采访一位乘车市民，她表示自己经常乘坐公交车，公交车比较便捷，而且等车时间并不太长，比出租车好多了，她认为成都出租车太少，且道路过于拥堵，打车不容易。

另一名乘客表示，在非高峰期，他会选择打车，这样比公交便捷，但如果在高峰期，他会选择乘坐公交车，因为堵车对公交车的影响比对出租车的影响小。

③ 在高升桥站，等待27路公交车平均用时为3分40秒，等待10路公交车（旧单层公交车）平均用时10分钟，等待72路公交车平均用时为4分35秒。

【调查结果】

① 红绿灯过多是导致公交车行驶不畅的重要原因。另外，乘客上下公交车不规范延长了上下车时间。

② 在对两位乘客的随机采访中我们了解到，乘坐公交车是很多市民的习惯，但是对于堵车这一情况，有的市民表示，如果影响了自己的出行，就会灵活选择乘车方式。

③ 对于不同线路的公交车等车时间出现很大的差异的情况，我们认为有部分原因是交通拥堵，也有部分原因是车辆本身的性能和乘坐率的高低，如果某些线路等车时间过长的话，就需要及时做出调整，尽量减少乘客等车时间。

调查三

【调查时间】2010年5月7日13：45—17：30

【调查地点】章灵寺公交站、章灵寺人行过街天桥、望江校区东门外新增的出租车停靠点

【调查内容】章灵寺站附近红绿灯取消后的道路拥堵情况；公交车进站效率；增加天桥后对行人过街的影响；新增出租车停靠点的建立对出租车和乘客的影响。

【调查过程】

① 13：45来到章灵寺车站，首先观察该站公交车的通行情况，并根据观察结果选取最繁忙的两条线路（55路和62路），以及较空闲的两条线路（76路和6路），统计10辆55路公交车（桂溪公交站—火车北站方向）通过的时间和大致的上车乘客数量，以及其间的62路、76路和6路的通行情况（见下表）。

公交车线路	上车乘客人数	车牌号	进站时间
55	15	A9229	13：56
62	8	84986	13：59
55	7	67788	13：59
76	11	A8087	14：04
55	18	67765	14：06
62	8	84277	14：06
6	1	A8089	14：07
55	21	84800	14：09
62	13	85051	14：09
55	14	67753	14：12
6	5	88810	14：13
76	5	A9756	14：15
55	9	84795	14：16

续表

公交车线路	上车乘客人数	车牌号	进站时间
76	6	A9763	14：18
62	18	84980	14：19
6	0	88897	14：19
55	17	67762	14：22
55	0	84753	14：22
6	7	88729	14：23
76	4	A9607	14：28
62	11	84961	14：28
55	22	84799	14：29
6	2	88838	14：29
55	24	67891	14：33

② 对等车乘客进行采访，有人认为：第一，取消红绿灯后，交通拥堵状况稍有缓解但作用不太大，成都市的交通拥堵状况依然严重；第二，公交车和出租车都很堵，摩的也不便宜；第三，增开地铁后拥堵状况可能有所改善，但地铁还不发达。

③ 记录 14：02—14：12 这十分钟内通过的公交车数量，共计 16 辆。

④ 测算不同年龄的人（20 岁左右的年轻人、40 岁左右的中年人、60 岁以上老人）通过该天桥的时间（数据如下）。

青年人过天桥所用时间： 约 1 分 30 秒
中年人过天桥所用时间：约 1 分 50 秒
老人过天桥所用时间： 约 2 分 40 秒

⑤ 询问天桥下面的自行车看守人，她表示：增设天桥方便了行人过街，节省了时间而且相对安全，但是给老年人和推车（自行车、摩托车、儿童车）的人带来了不便。

⑥ 到达四川大学望江校区东门附近的出租车停靠点，查看等候出租车的乘客数量并对出租车司机和乘客进行采访。

在望江校区东门外出租车停靠点等候半小时，未发现一名乘客。

接受采访的出租车司机表示：第一，司机不会专门来停靠点等乘客，只是看到有乘客就捎带，停靠点实际上没有很大的意义；对于乘客来说，打车本来就是为了方便，出门就能够坐车，如果专门到停靠点来等车跟坐公交没什么区别。第二，增加1000辆出租车，不能满足成都市目前的需求，只增加出租车数量不扩展道路，无法解决交通拥堵问题。第三，现在实行限行已经晚了，应该早点学习北京市的做法。第四，成都地铁只有两条线，不像北京、上海那样发达，作用很小。

【调查结果】

① 章灵寺站取消红绿灯后，公交车进站更加顺畅，节约了乘客的时间，在一定程度上避免了公交车和私家车抢道的情况。

红绿灯取消前，红绿灯和章灵寺站距离很近，绿灯亮起后刚刚启动的公交车又马上进站等候乘客上下车，使后面的私家车不得不减速等待，造成拥堵。红绿灯取消后，车辆通行更加顺畅。

② 该路段红绿灯取消后，公交车辆进站效率比先前提高。

③ 人行过街天桥建立后，省去了行人过马路时等待红绿灯的时间，更加安全，但是给行动不便的老人、穿高跟鞋的妇女、推车的人造成不便，部分驾驶小型机动车的人为节省力气，冒险驾车上下天桥，存在安全隐患。

④ 新增1000辆出租车对于缓解成都打车难的状况只是"杯水车薪"，并没有从根本上解决问题。

⑤ 设立出租车停靠点的作用不大，也没有真正缓解打车难问题，在一定程度上可以说是形象工程。

调查四

【调查时间】2010年5月7日 17：00

【调查地点】磨子桥公交站附近的红绿灯

【调查内容】通过采访交通协管员，了解他们对成都交通的看法及意见

【调查过程】

① 询问交通协管员对成都交通拥堵情况的看法。

② 询问交通协管员对成都限行措施的看法。

【调查结果】

① 交通协管员表示，造成成都交通拥堵状况严重的原因有：车辆过多（私家车多，非机动车也多）、司机不遵守交通规则（如右转车辆不看红绿灯、不听协管员的指挥）等。

② 对于限行，交通协管员表示非常有必要，应当采取限制每天售车数量，即限制发放车牌号的方式，另外，对于机动车与非机动车都应该同时管制，不能抓了一边又放了另一边。

二、报道呈现

（一）消息稿

缓堵新措施，真的能"行"吗

本报讯 5月8日（记者 陈晓婷 徐溦）今年（2010年）4月25日，成都新增的6条"早七晚八"公交专用道正式启用。4月28日，成都市交委举行听证会，提出包括限行在内的3项缓解道路拥堵状况的措施。而自去年以来，成都市陆续实施增加人行过街天桥、立交桥和出租车停靠点等措施用于改善道路交通状况。

天桥：乘车人叫好，推车人叫屈

记者于5月7日下午在章灵寺附近的天桥上看到，天桥上人来人往，井然有序，天桥下的车辆相比天桥建成之前通行更为顺畅。常在附近乘车的人们纷纷表示，建了天桥、取消红绿灯以后，车辆的行驶速度有了很大提高，许多乘车出行的人们得到了很大的实惠。

然而，也有人因此而倍感不便，尤其是对于骑自行车、电动车和推儿童车的人来说，他们不得不推车上下天桥。还有一部分人为节省力气，直接骑着自行车上下。在天桥下看车的周大娘说："每天看着那么多人骑着车子上天桥，真为他们捏把汗。"

公交车专行道，公不公交都敢行

在武侯大道增加的公交车专用道上，记者目睹了这样一幕：部分私家车司机为了节省时间，违反交通规则，占用公交车专行道，扰乱了道路交通秩序，妨碍了公交车的正常行驶。

公交专行道开通后，公交车行驶明显顺畅许多，然而72路公交车司机王师傅告诉记者，由于公交车限速行驶，使得公交专用道带来的便利大打折扣。想要真正发挥公交的作用，还需要其他的政策进行配合才行。此外，由于成都交通拥挤主要集中在一环路以内，而此次新增的公交专用道都在二环路及其以外，因此对于缓解成都交通拥挤状况所起的作用并不明显。

出租车供不应求，停靠点形同虚设

根据成都市交通研究院去年年底完成的《成都市出租汽车发展规划（初稿）》对出租汽车运力配备提出的参考指标，今年成都中心城区出租汽车拥有量应达到

10945辆,而就目前的规模来看,还存在1430辆的缺口。许多市民都抱怨打车难的问题。出租车司机可以在路上就载到乘客,生意好,竞争小,并不会积极去停靠点接客人,新增的出租车停靠点可谓形同虚设。

由此可见,尽管成都市针对道路交通拥堵状况提出了很多的对策,但是目前成都交通状况依旧不容乐观。

(二)评论稿

缓堵措施怎么样?咱得"走"着瞧

从去年(2009年)开始,成都市陆续出台了多项措施用于缓解道路拥堵。市民们看到,仿佛眨眼之间公路上就建起了许多座天桥,公交车也有自己的专用道了,出租车也增加了1000辆,又多了几个停靠点。

看到这些措施的实施,人们似乎能舒一口气了。可是"变化"往往与"计划"不符:人行天桥的上下坡对于老人们来说变成了挑战,雨后穿高跟鞋的女士们不得不拉着扶手慢慢地"蹭"过去;公交车在自己专用的路上却还要限速,想跑起来都不容易;新增的那1000辆出租车更是杯水车薪,全都堵在路上了,人们照样打不到车。

这些缓堵措施的初衷是好的,理论上也说得通,可是许多方面欠考虑就难免会沦为"形象工程"。措施出台前,最需要考虑的不只是预算有多少、能拉到多少投资,重中之重应该是考虑施行这些措施的可行性。否则建起几个里程碑式的交通改善"标志",却无法改变人们生活中的堵,岂不是白白地浪费了人力、物力和财力。

把成都建设成世界一流的园林城市、宜居城市,就是要使市民获得舒适的居住体验,就是要突出"以人为本"的宗旨,真正使市民从中受益,而不仅仅是有个美丽的市容市貌,在世界范围内争得几个数据指标上的第一。园林是为改善市民生活环境而建的,宜居是要让市民感到舒服。然而几番折腾后,市民的确感到了些许舒适,但效果似乎并不尽如人意。若想要达到预期的程度,有关部门还需要从实践中总结经验。坐在办公室里听取各种数据统计报告后,还要亲自在成都的路上"走"着瞧才好。

当然,缓堵措施的实施必然会以损害少数人的部分利益为代价,才能换取整个城市更顺畅的运转。而怎样把这个损失降到最低,怎样真正做到"以人为本",应是相关部门需要进一步思考的问题。(评论员 庞博)

三、教师点评

本组同学的调查首先在选题上值得肯定，城市道路交通与市民的日常生活息息相关，是现阶段城市建设和发展的热点问题之一，此题目作为新闻报道的选题来说具有较高的新闻价值。

其次，他们针对选题所设计的调查框架和提纲较为全面和贴切，说明其采访前的准备工作十分充分。

再次，调查报告基本遵循了采访前的思路，获得了预设问题的相关答案，采访效果较好。

最后，在报道呈现部分，作者有效选择与组织了调查所获得的材料，在消息写作中，抓住了调查中最主要的事实信息，并以小标题的形式安排结构，突出了报道重点，对主题的把握也较为合理。而在新闻评论写作中，采用双关语义的句子作为论点，很有新意，使评论更具贴近性。除此之外，评论写作立论鲜明，论证言简意赅，读来令人印象深刻。

本组同学通过寻找选题、设计访问提纲以及亲身实地调查采访，圆满完成了新闻写作，成功实践了包括新闻采访与写作在内的新闻报道的主要制作流程。我们从中看到了同学们模拟记者身份进行现场调查访问的新闻敏感以及协作与应变的专业素质。

附录2　中国新闻工作者职业道德准则[①]

（中华全国新闻工作者协会第九届全国理事会第五次常务理事会2019年11月7日修订）

中国新闻事业是中国共产党领导的中国特色社会主义事业的重要组成部分。新闻工作者要坚持以马克思列宁主义、毛泽东思想、邓小平理论、"三个代表"重要思想、科学发展观、习近平新时代中国特色社会主义思想为指导，增强"四个意识"，坚定"四个自信"，做到"两个维护"，牢记党的新闻舆论工作职责使命，继承和发扬党的新闻舆论工作优良传统，坚持正确政治方向、舆论导向、新闻志向、工作取向，不断增强脚力、眼力、脑力、笔力，积极传播社会主义核心价值观，自觉遵守国家法律法规，恪守新闻职业道德，自觉承担社会责任，做政治坚定、引领时代、业务精湛、作风优良、党和人民信赖的新闻工作者。

第一条　全心全意为人民服务。要忠于党、忠于祖国、忠于人民，把体现党的主张与反映人民心声统一起来，把坚持正确导向与通达社情民意统一起来，把坚持正面宣传为主与加强和改进舆论监督统一起来，发挥党和政府联系人民群众的桥梁纽带作用。

1. 坚持用习近平新时代中国特色社会主义思想武装头脑，深入学习宣传贯彻党的路线方针政策，积极宣传中央重大决策部署，及时传播国内外各领域的信息，满足人民群众日益增长的新闻信息需求，保证人民群众的知情权、参与权、表达权、监督权；

2. 坚持以人民为中心的工作导向，把人民群众作为报道主体、服务对象，多宣传基层群众的先进典型，多挖掘群众身边的具体事例，多反映平凡人物的工作生活，多运用群众的生动语言，丰富人民精神世界，增强人民精神力量，满足人民精神需求，使新闻报道为人民群众喜闻乐见；

3. 保持人民情怀，积极反映人民群众的正确意见和呼声，及时回应人民群众的关切和期待，批评侵害人民利益的现象和行为，畅通人民群众表达意见的渠道，依法维护人民群众的正当权益。

第二条　坚持正确舆论导向。要坚持团结稳定鼓劲、正面宣传为主，弘扬主旋律、传播正能量，不断巩固和壮大积极健康向上的主流思想舆论。

1. 以经济建设为中心，服从服务于党和国家工作大局，贯彻新发展理念，为

[①]　转引自中国记协网，http://www.zgjx.cn/2019-12/15/c_138632458.htm。

促进经济社会持续健康发展注入强大正能量；

2. 宣传科学理论、传播先进文化、滋养美好心灵、弘扬社会正气，增强社会责任感，严守道德伦理底线，坚决抵制低俗、庸俗、媚俗的内容；

3. 加强和改进舆论监督，着眼于解决问题、推动工作，激浊扬清、针砭时弊，发表批评性报道要事实准确、分析客观，坚持准确监督、科学监督、依法监督、建设性监督；

4. 采访报道突发事件要坚持导向正确、及时准确、公开透明，全面客观报道事件动态及处置进程，推动事件的妥善处理，维护社会稳定和人心安定。

第三条 坚持新闻真实性原则。要把真实作为新闻的生命，努力到一线、到现场采访核实，坚持深入调查研究，报道做到真实、准确、全面、客观。

1. 要通过合法途径和方式获取新闻素材，认真核实新闻信息来源，确保新闻要素及情节准确；

2. 根据事实来描述事实，不夸大、不缩小、不歪曲事实，不摆布采访报道对象，禁止虚构或制造新闻。刊播新闻报道要署记者的真名；

3. 摘转其他媒体的报道要把好事实关导向关，不刊播违反科学精神、伦理道德、生活常识的内容；

4. 刊播了失实报道要勇于承担责任，及时更正致歉，消除不良影响；

5. 坚持网上网下"一个标准、一把尺子、一条底线"，统一导向要求、管理要求。

第四条 发扬优良作风。要树立正确的世界观、人生观、价值观，加强品德修养，提高综合素质，抵制不良风气，保持一身正气，接受社会监督。

1. 强化学习意识，养成学习习惯，不断提高政治和业务素质，提高业务水平，掌握融合技能，努力成为全媒型、专家型新闻工作者；

2. 坚持走基层、转作风、改文风，练就过硬脚力、眼力、脑力、笔力，拜人民为师，向人民学习，在深入中了解社情民意，增进与群众的感情；

3. 坚决反对和抵制各种有偿新闻和有偿不闻行为，不利用职业之便谋取不正当利益，不利用新闻报道发泄私愤，不以任何名义索取、接受采访报道对象或利害关系人的财物或其他利益，不向采访报道对象提出工作以外的要求；

4. 严格执行新闻报道与经营活动"两分开"的规定，不以新闻报道形式做任何广告性质的宣传，编辑记者不得从事创收等经营性活动。

第五条 坚持改进创新。要遵循新闻传播规律和新兴媒体发展规律，创新理念、内容、体裁、形式、方法、手段、业态等，做到体现时代性、把握规律性、富于创造性。

1. 适应分众化、差异化传播趋势，深入研究不同传播对象的接受习惯和信息需求，主动设置议题，善于因势利导，不断提高传播力、引导力、影响力、公信力；

2. 强化互联网思维，顺应全媒体发展要求，积极探索网络信息生产和传播的特点规律，深刻把握传统媒体和新兴媒体融合发展的趋势，善于运用网络新技术新应用，不断提高网上正面宣传和网络舆论引导水平；

3. 保持思维的敏锐性和开放度，认识新事物、把握新规律，敢于打破思维定势和路径依赖，认真研究传播艺术，采用受众听得懂、易接受的方式，增强新闻报道的亲和力、吸引力、感染力，采写更多有思想、有温度、有品质的精品佳作。

第六条 遵守法律纪律。要增强法治观念，遵守宪法和法律法规，遵守党的新闻工作纪律，维护国家利益和安全，保守国家秘密。

1. 严格遵守和正确宣传国家各项政治制度和政策，切实维护国家政治安全、文化安全和社会稳定；

2. 维护采访报道对象的合法权益，尊重采访报道对象的正当要求，不揭个人隐私，不诽谤他人；

3. 保障妇女、儿童、老年人和残疾人的合法权益，注意保护其身心健康；

4. 维护司法尊严，依法做好案件报道，不干预依法进行的司法审判活动，在法庭判决前不做定性、定罪的报道和评论，不渲染凶杀、暴力、色情等；

5. 涉外报道要遵守我国涉外法律、对外政策和我国加入的国际条约。

6. 尊重和保护新闻媒体作品版权，反对抄袭、剽窃，抵制严重歪曲文章原意、断章取义等不当摘转行为；

7. 严格遵守新闻采访规范，除确有必要的特殊拍摄采访外，新闻采访要出示合法有效的新闻记者证。

第七条 对外展示良好形象。要努力培养世界眼光和国际视野，讲好中国故事，传播好中国声音，积极搭建中国与世界交流沟通的桥梁，展现真实、立体、全面的中国。

1. 在国际交往中维护祖国尊严和国家利益，维护中国新闻工作者的形象；

2. 生动诠释中国道路、中国理论、中国制度、中国文化，着重讲好中国的故事、中国共产党的故事、中国特色社会主义的故事、中国人民的故事，让世界更好地读懂中国；

3. 积极传播中华民族的优秀文化，增进世界各国人民对中华文化的了解；

4. 尊重各国主权、民族传统、宗教信仰和文化多样性，报道各国经济社会发展变化和优秀民族文化；

5. 加强与各国媒体和国际（区域）新闻组织的交流合作，增进了解、加深友谊，为推动人类命运共同体建设多做工作。

对本《准则》，中国记协会员要结合实际制定相应实施细则，认真组织落实；全国新闻工作者包括新媒体新闻信息传播从业人员要自觉执行；各级地方记协、各类专业记协要积极宣传和推动；欢迎社会各界监督。

附录3　中华全国新闻工作者协会章程[①]

（2021年12月中华全国新闻工作者协会第十届理事会第一次会议修订）

第一章　总则

第一条　中华全国新闻工作者协会（简称"中国记协"）是中国共产党领导的中国新闻界的全国性人民团体，是党和政府密切联系新闻界的桥梁和纽带，是繁荣发展党的新闻事业的重要力量。

第二条　中华全国新闻工作者协会的宗旨是：团结引领全国新闻工作者，紧密团结在以习近平同志为核心的党中央周围，高举中国特色社会主义伟大旗帜，坚持以马克思列宁主义、毛泽东思想、邓小平理论、"三个代表"重要思想、科学发展观、习近平新时代中国特色社会主义思想为指导，增强"四个意识"，坚定"四个自信"，做到"两个维护"，自觉承担举旗帜、聚民心、育新人、兴文化、展形象的使命任务，坚持正确的政治方向、舆论导向、新闻志向、工作取向，做政治坚定、引领时代、业务精湛、作风优良、党和人民信赖的新闻工作者，为繁荣发展中国特色社会主义新闻事业努力奋斗，为实现全面建成社会主义现代化强国的第二个百年奋斗目标，实现中华民族伟大复兴的中国梦提供舆论支持。

第三条　中华全国新闻工作者协会坚持和加强党的全面领导，坚定不移走中国特色社会主义群团发展道路，保持和增强政治性、先进性、群众性，更好把广大新闻工作者凝聚起来，真正建设成为新时代"记者之家"。

第四条　中华全国新闻工作者协会遵守中华人民共和国宪法和法律，依照本章程独立自主开展教育培训、媒体服务、权益保障、评选表彰、调查研究、交流合作等工作，强化政治引领，强化行业自律，强化服务功能，强化对外联络，发挥团结引领、提供服务、反映诉求、规范行为、参与管理等作用。

第二章　职责

第五条　在新闻界深入开展习近平新时代中国特色社会主义思想、马克思主义新闻观、新闻职业精神职业道德学习教育，开展增强脚力、眼力、脑力、笔力教育实践，开展理论研究、业务交流等活动，推动提高新闻工作者政治理论素养和新闻舆论工作水平。

[①] 转引自中国记协网，http://www.zgjx.cn/2021-12/29/c_1310399376.htm。

第六条 树立以人民为中心的工作导向，鼓励新闻工作者走基层、转作风、改文风，保持人民情怀、记录伟大时代，推动新闻舆论工作贴近实际、贴近生活、贴近群众。

第七条 贯彻落实全面依法治国方略，坚持依法依规治会，配合新闻管理部门依法依规做好新闻行业管理服务工作，服务国家治理体系和治理能力现代化。

第八条 围绕党和国家工作大局，在重大活动、重大事件中承担媒体服务协调管理工作。

第九条 推进新闻行业自律，督促新闻工作者遵纪守法，践行社会主义核心价值观，弘扬新闻职业精神，遵守《中国新闻工作者职业道德准则》。发挥中国记协新闻道德委员会作用，组织开展媒体社会责任报告工作，推动形成新闻职业道德建设长效机制。

第十条 维护新闻单位、新闻工作者合法权益。开展新闻工作者援助工作。关心关爱新闻工作者身心健康。

第十一条 开展中国新闻奖、长江韬奋奖、全国优秀新闻工作者等评选表彰活动，搭建展示新闻工作者良好社会形象的平台，促进新闻界多出精品、多出人才。

第十二条 面向基层，服务基层，加强同基层新闻单位和新闻工作者的联系与交流，推动基层新闻事业的发展。

第十三条 发挥中国记协新媒体专业委员会作用，加强对新媒体及其从业人员的联系、服务和引导，推动媒体深度融合发展。

第十四条 开展调查研究，掌握新闻行业信息，关注国内外新闻事业发展新情况新问题，为有关部门决策提供参考，为新闻界和社会各界提供新闻行业信息服务。

第十五条 组织和代表新闻界参与国家和社会事务的政治协商、科学决策、民主监督，反映新闻单位和新闻工作者的意愿和诉求，推动我国新闻事业繁荣发展。

第十六条 贯彻"一国两制"方针，开展同香港特别行政区、澳门特别行政区、台湾地区新闻团体、新闻机构和新闻工作者的交流与合作；承担港澳台记者采访的接待、服务和管理工作。开展同海外华侨华人新闻团体、新闻机构和新闻工作者之间的交流与合作。

第十七条 开展国际新闻交流与合作，发展同国际性、区域性新闻团体和各国新闻界之间的友好关系，联系和服务外国媒体驻华记者，积极参与"一带一路"建设，为推动构建人类命运共同体作出贡献。服务国际传播能力建设，讲好中国故事，传播好中国声音，展示真实、立体、全面的中国。

第十八条 承接政府转移职能，兴办新闻出版和新媒体等事业，建设新闻教育基地，开展有关培训、咨询、服务和经营活动。

第三章　会员

第十九条　本会实行团体会员制。全国性新闻单位，省、自治区、直辖市和新疆生产建设兵团新闻工作者协会，全国性新闻团体，主要新闻教育、研究机构，代表各自团体内的成员单位及其从业人员，承认本章程并交纳会费的，可成为本会会员。

第二十条　凡申请加入本会者，须向本会提交书面申请，经本会书记处审核并报主席会议批准。会员退会时，须经其主管单位同意并书面报告本会。会员已停办或注销登记的，由本会按照程序注销其会员资格。会员严重违法违规或严重违反本章程的，经本会书记处审核并报主席会议批准，取消其会员资格。

第二十一条　本会会员享有下列权利：

（一）推举本会理事；

（二）参加本会组织的活动；

（三）获得本会的业务指导和帮助；

（四）获得本会的维权法律法规、政策咨询和援助；

（五）对本会工作提出建议、批评，实行监督。

第二十二条　本会会员应履行下列义务：

（一）遵守本会章程；

（二）执行本会决议；

（三）接受本会委托的任务；

（四）接受中国记协新闻道德委员会评议，遵循新闻行业自律要求；

（五）按时足额交纳会费。

第四章　组织

第二十三条　本会最高领导机构为理事会。理事会的职权是：

（一）决定本会工作方针和任务；

（二）制定或修改本会章程；

（三）选举常务理事会；

（四）听取并审议常务理事会的工作报告。

理事会由理事和特邀理事组成，理事由会员推举产生，特邀理事由本会书记处邀请。理事和特邀理事有选举权和被选举权，有权对本会工作提出建议、批评，实行监督，按照相关规定履职。理事会每届任期五年。根据需要可在届内召开全体会议，由常务理事会召集。

第二十四条 常务理事会在理事会闭会期间，负责执行理事会决议。常务理事会由理事会选举产生，每届任期五年。常务理事会选举主席一人、副主席若干人，任命书记若干人组成书记处。常务理事会会议由主席或其委托的副主席主持，每年召开一次全体会议，必要时可增开会议，听取审议书记处的工作报告，通过其他需要常务理事会决定的事项。

第二十五条 主席会议由主席、副主席组成。主席会议由主席或其委托的副主席召集和主持，书记处书记列席。主席会议审议拟提交理事会、常务理事会讨论的议题和事项。

第二十六条 书记处是常务理事会的办事机构，负责本会日常工作，重大问题提交主席会议或常务理事会决定。书记须是本会常务理事，按照书记处分工安排履行职责。

第二十七条 主席、副主席缺额时，由常务理事会选举增补。常务理事因故需要更换、增补或增加时，由原推举单位或需要增补的单位举荐，经主席会议同意，由常务理事会确认。

第二十八条 本会专门委员会是本会的专门工作机构。本会根据工作需要，可设立若干专门委员会。专门委员会秘书处设在本会，委员由本会聘任。

第五章 地方记协和专业记协

第二十九条 本会对各省、自治区、直辖市和新疆生产建设兵团新闻工作者协会的工作进行联系、指导和服务，支持其依照章程开展工作。

第三十条 本会对作为本会会员的全国性专业记协的工作进行联系、指导和服务，支持其依照章程开展工作。

第三十一条 本会对主管的全国性新闻社团，依据国务院《社会团体登记管理条例》和《中国记协主管社团管理办法》，进行管理、监督和指导。

第三十二条 地方新闻工作者协会设立的专门委员会，接受本会相应专门委员会的业务指导。

第六章 经费

第三十三条 本会经费来源如下：
（一）会费收入；
（二）国家资助；
（三）本会兴办的事业收入；

（四）海内外捐赠；

（五）其他收入。

第三十四条 本会收入用于会员服务和记协工作。

第七章　附则

第三十五条 中华全国新闻工作者协会的英文全称是："ALL－CHINA JOURNALISTS ASSOCIATION"，缩写为"ACJA"。

第三十六条 本会前身"中国青年新闻记者协会"成立于1937年11月8日。国务院批准每年11月8日为中国记者节。

第三十七条 本会会徽（样式附后）为圆形，外环白底红字书写本会中英文名称，红色内环中间是本会英文名称缩写ACJA组成的金色心形图案，两个向上的三角形象征正确导向，图案中心的眼睛象征新闻工作者是时代的观察者，整个图案表现本会在新闻事业中的团结和凝聚作用。会徽的制作标准和使用办法，由本会规定。

第三十八条 本会名称、会徽、会员证书、荣誉证书等受法律保护，依照法律法规和本章程进行使用，禁止任何单位和个人以任何形式冒用、滥用和篡改。

第三十九条 本会会址设在北京。

第四十条 本章程解释权属于本会常务理事会。

第四十一条 本章程自本会理事会通过之日起实施。

附录4 中国记者节的设立[①]

据史料记载，1933年1月，江苏《江声日报》经理兼主笔刘煜生因揭露国民党官员公卖鸦片黑幕及吸毒丑闻，被江苏省政府主席顾祝同下令以"宣传共产"的罪名杀害，随后上海《申报》披露了其被害的消息，在当时的新闻界引起震动，新闻工作者强烈要求国民党当局"开放舆论，保障人权"。在强大的声势下，南京国民政府于1933年9月1日被迫颁布了《保护新闻从业人员及保护舆论机关的通令》。这个通令成为当时新闻工作者争取新闻自由的工具。1934年8月，杭州记者公会向全国新闻界发出通电，倡议定9月1日为记者节，得到不少地方的响应。这年9月1日，杭州、北平、南京、长沙、青岛、太原、厦门、绥远等各地的新闻界分别举行各类庆祝活动。从1935年开始，"九一记者节"得到了全国新闻界的承认，每逢这一天，各地都会举办各类活动，出版特刊。1944年3月25日，国民党政府行政院正式核定9月1日为记者节。当时，不仅在国统区过记者节，延安及各抗日根据地也在9月1日举行活动。1946年9月1日，为了打破国民党统治者对新闻舆论的封锁，解放区的新闻工作者在记者节的纪念仪式上号召新闻界"更好地反映人民辉煌业绩，更有效地粉碎反动派的一切歪曲宣传"。中华人民共和国成立后，1949年12月23日，中华人民共和国政务院颁布的《全国年节及纪念日放假办法》中明确规定了记者节，该办法对年节和纪念日放假规定这样表述："其他各种纪念节日如：二七纪念、五卅纪念、七七抗战纪念、八一五抗战胜利纪念、九一八纪念、护士节、教师节、记者节等，均不必放假。"但是，对记者节本身则没有明确是否仍然设置在9月1日，中华人民共和国的新闻工作者也逐渐对记者节淡忘了。

1999年9月21日，国务院颁布朱镕基总理第270号令，发布《全国年节及纪念日放假办法》，第五条规定：二七纪念日、五卅纪念日、七七抗战纪念日、九三抗战胜利纪念日、九一八纪念日、教师节、护士节、记者节、植树节等其他节日、纪念日，均不放假。当国务院270号令发出后，一个相关的问题也随之而来，中华人民共和国的记者节是继续安排在每年的9月1日，还是另行选择日期？如要另选，又该放在哪一天为宜？中国记协党组、书记处经过慎重研究，首先向全国各省、自治区、直辖市和计划单列市委宣传部、记协、各专业记协、中央主要新闻单

[①] 根据中国记协网对中国记者节的相关介绍资料编辑整理而成，http://news.xinhuanet.com/zgjx/2007-01/06/content_5572754.htm。

位、部分省级新闻单位广泛发函征求意见。有的提议将1999年5月7日美国轰炸我驻南联盟大使馆，邵云环、许杏虎、朱颖等三名优秀新闻工作者被炸牺牲日定为记者节纪念日；有的则建议以新华社的前身"红中社"的建立日为记者节纪念日，但多数意见还是同意中国记协的建议，以中华全国新闻工作者协会成立日为记者节的纪念日。在广泛征求各方面意见的基础上，中国记协党组、书记处再次进行了认真研究，并报经主席办公会议讨论同意，认为记者节的具体日期定在11月8日比较适宜，因为11月8日是中华全国新闻工作者协会的前身中国青年新闻记者协会的成立日。

1937年抗日战争爆发，中华儿女迅猛觉醒。"8·13"以后，上海许多年轻的新闻工作者以笔作武器，毅然投身于抗日斗争的烽火中，为民族解放而战。当时周恩来同志在上海代表党中央领导南方党的工作。他十分重视抗日民族统一战线的新闻宣传工作。他向在上海负责党的文化和宣传工作的胡愈之、夏衍等同志传达了党中央的指示：广泛团结爱国新闻工作者，组织统一战线，为民族解放贡献更大的力量，在周恩来同志的倡导和支持下，经胡愈之、夏衍、羊枣等同志的酝酿，确定在新闻工作者比较集中的上海，成立新闻工作者统一战线组织，并推举优秀新闻工作者范长江、羊枣、恽逸群等同志负责这一组织的筹备工作。1937年11月4日，范长江、羊枣、恽逸群、袁殊、邵宗汉、朱明等考虑到当时的国内形势，把即将成立的组织定名为"中国青年新闻记者学会"。1937年11月8日，中国青年新闻记者学会（中国记协的前身）在上海宣告成立。1949年，中华全国新闻工作者协会筹备委员会同全国总工会、全国妇联、共青团中央等15个全国性人民团体及民主党派一起发起了全国人民政治协商会议。凭这一点就足以表明，中国记协是在中国共产党领导下的全国新闻工作者的唯一有代表性的人民团体。几十年来，特别是中华人民共和国成立以来，它积极开展了大量的工作和活动，为团结我国广大新闻工作者，推动我国新闻事业的发展，以及在开展国际新闻界友好往来等方面做出了显著成绩，在国内外都有较大的影响。

将中国记协成立日定为记者节的另一个理由是：中华全国新闻工作者协会是由中央级新闻单位，全国各省、区、市新闻工作者协会，各专业记协及其他新闻机构、新闻从业人员联合组成的全国性人民团体，代表着全国70万新闻工作者，以其成立日作为"记者节"的日期，有着广泛的代表性。

1999年11月8日，中国记协将这一建议向中央宣传部进行了报告，中宣部对记协这一请示非常重视，再次向中央主要新闻单位征求意见后回复中国记协，同意将11月8日确定为记者节，希望记协直接向国务院报批。按照中宣部的意见，中国记协于2000年1月25日正式向国务院请示，国务院法制办公室的专家经过科学论证，报经总理、各位副总理圈阅并征得其他中央领导同志意见后，于2000年8月1日正式批复中国记协，同意11月8日确定为中国记者节。从此，中华人民共和国的新闻工作者有了自己的节日。

记者节像护士节、教师节一样，是我国仅有的三个行业性节日之一。中华人民共和国确立记者节的意义，表明党和国家对新闻界和广大新闻工作者的关怀和重视，既有助于确认新闻从业者的社会地位，更有助于鼓舞和激励新闻工作者继承优良传统，为正义事业呼吁，做好党和人民的耳目喉舌。

附录5　中国新闻奖简介[①]

简　介

中国新闻奖是经中央批准常设的全国优秀新闻作品最高奖，由中华全国新闻工作者协会主办，每年评选一次。

中国新闻奖的创办始于1989年开展的"现场短新闻"评选。1990年中国记协在逐步积累经验的基础上，广泛征求新闻界各方面意见，确定了中国新闻奖的评选方案，明确了中国新闻奖的定位——全国综合性年度优秀新闻作品的最高奖。1991年6月30日，中国记协发出了《关于开展1990年度"中国新闻奖"评选工作的通知》和《"中国新闻奖"评选办法》，启动了首届中国新闻奖评选工作。首届中国新闻奖设报纸消息等13个评选项目，从各新闻单位推荐的449件参评作品中评选出了153件获奖作品。截至2021年11月，中国新闻奖共举办31届，共评选出优秀新闻作品7700余件。

多年来，在党中央的亲切关怀下，在中宣部的正确领导和新闻界的广泛支持下，将由中宣部主办的"新闻名专栏奖"、中国新闻摄影学会举办的"全国新闻摄影年赛"等，合并、纳入到中国新闻奖评选，使中国新闻奖成为综合多个全国性奖项的评比活动，也成为经中央批准的唯一一项综合性的优秀新闻作品奖。评选项目、设奖数额等也随新闻事业发展而逐步递增，2018年中国新闻奖中首次设立媒体融合奖，2019年调整为目前的29个评选项目、350个奖项。评选范围广泛覆盖全国各级各类新闻媒体，基本囊括了新闻媒体主要作品形态，是全国新闻界编辑记者参与度比较高的评比活动。

经过多年的评选实践，中华全国新闻工作者协会在不断征求意见、总结经验的基础上，已经形成了行业内比较权威、规范的中国新闻奖评选办法，得到新闻界的广泛认同。中国新闻奖有关评选项目的界定以及评选标准等，既是新闻界在实践过程中不断总结、提炼出的业务规范，也是新闻界选拔优秀新闻作品的评价标准。在多年的评选实践中，中国新闻奖评选不断完善评价标准，保持比较稳定的评价体系，确保评选工作坚持正确的政治方向、业务导向和较高的权威性、示范性。

[①] 根据中国记协网关于中国新闻奖的相关资料整理，http://www.zgjx.cn/2022-01/05/c_1310409606.htm，http://www.zgjx.cn/2021-04/02/c_139854653.htm。历届中国新闻奖获奖作品目录及部分作品查询：http://www.xinhuanet.com/zgjx/zgxwj/ljzp.htm。

附 录

评奖办法

中国新闻奖是经中央批准常设的全国优秀新闻作品最高奖,由中华全国新闻工作者协会主办,每年评选一次。

一、评奖宗旨

开展中国新闻奖评选活动,旨在检阅我国新闻工作年度业绩,展示新闻战线"三项学习教育"活动和"走转改"活动成果,发挥优秀新闻作品的示范引导作用,推动新闻媒体坚持马克思主义新闻观,积极宣传党的主张,深入反映群众呼声,唱响主旋律,传播正能量,加快推进媒体深度融合发展,积极构建全媒体传播体系,努力提高新闻舆论传播力、引导力、影响力、公信力,巩固壮大主流思想舆论,为党和国家工作大局凝聚强大舆论力量、营造良好舆论氛围;引导广大新闻工作者增强"四个意识",坚定"四个自信",做到"两个维护",牢记职责使命,践行"四向四做",增强"脚力、眼力、脑力、笔力",保持人民情怀,记录伟大时代,讲好中国故事,传播中国声音,守正创新,做好新时代新闻舆论工作,为夺取全面建设社会主义现代化国家新胜利不断作出更大贡献。

二、参评范围

1. 参评媒体

参评范围为经国家正式批准的报社(报业集团)、通讯社、广播电台、电视台,新闻宣传主管部门和新闻单位主办的具有登载新闻业务资质的新闻网站、新媒体中心(传媒中心)等新闻单位。

2. 参评作品

参评作品为以上新闻单位原创,由新闻工作者采写制作,并在上一年度内刊播;包括国内统一连续出版物号的报刊在上一年度刊发的新闻论文;曾获新闻名专栏以及新媒体品牌栏目奖项的,应间隔5年以上且有重大创新方可参评。

有违新闻真实性原则,存在导向错误、事实性差错的作品不得参评。

3. 参评人员

参评人员原则上应为在新闻单位从事新闻采编工作的人员,或与新闻单位具有相对稳定的聘用或合作关系的新闻采编工作人员。

在新闻单位从事党务、行政、经营、后勤等非采编岗位工作人员或新闻教研机构教师、研究人员可参评新闻论文项目。

上一年度社会责任评价等级不合格的新闻媒体主要负责人、直接当事人,以及近3年内有不良职业道德记录的新闻工作者,单独采写制作的作品不得参评;参与采编制作的作品,取消其个人参评和获奖资格。

三、评选标准

参评作品必须以习近平新时代中国特色社会主义思想为指导，坚持以人民为中心，坚持马克思主义新闻观，落实"四向四做"，践行增强"四力"要求，体现"走转改"精神，具有较大的传播力、引导力、影响力、公信力。具体要求和原则包括：

1. 导向正确，主题鲜明，内容真实，新闻性强，时效性强，感染力强，社会效果好。

2. 对同一事件的同体裁报道，同等条件下，首发时间在前的作品优先。

3. 同等条件下，短、实、新作品优先。

4. 鼓励在加快媒体深度融合，构建全媒体传播体系中取得突出成效的作品。鼓励在自有平台发布的作品。

5. 对存在差错的作品，实行获奖等级限制。

（1）表述有误，存在成语使用不规范、词语使用或搭配不当、缩略词语不当、生造词语、指代不统一、数量单位缺失、前后表述不一致等情况，以及广播作品现场音响和电视作品画面质量存在明显缺陷的，不得获一等奖。

（2）存在词序错乱、成分缺失、指代不明、语句杂糅、归类有误等错误的，不得获一、二等奖。

（3）作品中出现3次（个）以上不同类型差错的，不得获奖。

四、评选项目

共设29个评选项目。第1至26项为专门项目，各类媒体按刊播作品类别和体裁参加相应项目评选，其中，报纸、通讯社作品参评第1至7项；广播作品参评第8至13项；电视作品参评第14至19项；网络媒体（不含移动端）作品参评第1至2项、第6至7项和第20至21项；移动端作品参评第1至2项、第6至7项和第21至26项。第27至29项为综合项目，各类媒体原创作品均可参评。

1. 文字消息：迅速简明报道新闻事实的文字新闻作品。要求语言文字简明扼要，表述准确，逻辑清晰，新闻要素完整。字数不超过1000字，以正文内容按Word"字数统计"栏"字数"项为准，含标点符号，不含标题、署名等内容（下同）。

2. 文字评论：对新闻事件、热点话题、社会现象等评析和说理的文字新闻作品，不包括杂文。要求观点鲜明，论点正确、有新意，论据准确，论述精辟，论证有力。网络媒体作品要求体现传播环境和媒体特征。字数不超过2000字。

3. 通讯与深度报道：用详实表现手法对新闻人物、事件等深入报道的新闻作品，含系列、连续、组合报道。要求主题鲜明，结构合理，选材典型，语言生动，感染力强。字数不超过 5000 字。

刊播时间跨年度的系列报道和连续报道,按作品结束时的刊播年度申报。字数以所申报的代表作体裁适用相应项目规定,有 1 件代表作超长,即视为超长。

4. 新闻版面:要闻版等新闻版面,不包括摄影、漫画等专副刊版面以及成组版面。要求体现政治性、新闻性、思想性与艺术性统一,标题准确生动,照片、文字与图示兼顾,编排整体协调,版式设计讲究、新颖、有特色,便于阅读。

5. 副刊作品:包括杂文、文艺评论、特写和报告文学。要求时代感强,体现思想性、新闻性、艺术性统一,格调高雅,特色鲜明,文笔生动。文艺评论、杂文字数不超过 2000 字,报告文学字数不超过 8000 字,特写字数不超过 3000 字。

6. 新闻摄影:报道新闻的摄影作品。要求新闻性强,现场抓拍,表现力强,标题准确,文字说明简洁、要素完整。

7. 新闻漫画:评论新闻的漫画作品。要求反映国内外新闻时事,观点鲜明,构思新颖,新闻性强,思想性强,针对性强,想象力丰富,富有幽默感和艺术表现力。

8. 广播消息:迅速简明报道新闻事实的新闻作品。要求语言文字简明扼要,表述准确,逻辑清晰,新闻要素完整。时长不超过 4 分钟。

9. 广播评论:对新闻事件等评析和说理的作品,包括以评论为主的述评性节目。要求观点鲜明,论点正确、有新意,论据准确,论述精辟,论证有力。时长不超过 15 分钟,不含片花、广告等(下同)。

10. 广播新闻专题:用详实表现手法对新闻人物、事件等深入报道的新闻作品,含系列、连续、组合报道。要求主题鲜明,结构合理,选材典型,语言生动,感染力强。时长不超过 30 分钟。

11. 广播新闻访谈节目:主持人与嘉宾就新闻人物、新闻事件和热点话题讨论的谈话作品,或新闻人物访谈作品。要求选题恰当,时效性强;访谈嘉宾有代表性、权威性;谈话主题集中,脉络清晰,结构完整,内容符合定位,同播出时段等相适应;主持人表现优秀,现场把握适度;主持人与嘉宾现场交流谈话占整个作品时长不少于 2/3,背景资料运用得当。时长不超过 1 小时。

12. 广播新闻现场直播:与重大新闻事件或突发事件的发生和发展同步采集现场信号并播出,集现场报道、背景介绍与事态分析等于一体的新闻作品。要求主题重大,策划周密,全面迅速准确地采集与传播新闻现场的重要信息,导播调度合理,主持应变机敏,音质清晰(报道重大突发事件可适当放宽)。以新闻现场信号为直播主体,采用资料时长不超过整个作品时长的 1/3。同等条件下,现场信号为本台自采的优先。

对同一新闻事件的间断性直播可选取其中1个完整直播段参评。跨年直播的节目，首次播出时间和节目主体部分应在上一年度完成。不包括纪念会、报告会、文艺演出、工程庆典、剪彩仪式、活动开幕式和以演播室直播谈话等为主体的作品。

13. **广播新闻节目编排**：以动态消息为主的常设集纳式新闻栏目编排作品。要求编辑思想明确，内容与定位相符；节目形式新颖，编排合理，转换流畅，制作水平较高；主持人驾驭节目能力强。

14. **电视消息**：具体要求同广播消息。

15. **电视评论**：具体要求同广播评论，时长不超过40分钟。

16. **电视新闻专题**：具体要求同广播新闻专题，时长不超过45分钟，电视新闻纪录片不限时长。

17. **电视新闻访谈节目**：具体要求同广播新闻访谈节目。

18. **电视新闻现场直播**：具体要求同广播新闻现场直播。

19. **电视新闻节目编排**：具体要求同广播新闻节目编排。

20. **网络新闻专题**：综合运用多媒体手段和多种新闻体裁，从不同角度全面报道同一新闻事件或同一新闻主题的作品，含网络新闻访谈。要求主题得当，特色鲜明，容量大、采集广，更新及时，交互性强，表现形式丰富多样；页面结构清晰，布局合理，设计新颖美观，形式、内容与主题思想有机统一。

21. **页（界）面设计**：新闻网站、新闻频道或新闻专题首页，移动端新闻作品界面。要求主题鲜明，体现新闻性、艺术性与网络特点有机统一，运用多种手段表达、展示新闻主题和内容，较好体现页（界）面功能。

22. **短视频现场新闻**：移动端首发直击新闻现场的视频新闻。要求时效性强，现场感强，信息量大，传播效果好。时长不超过3分钟。

23. **短视频专题报道**：移动端首发对新闻事件或人物较深入的视频专题报道，含微纪录片。要求新闻价值大，内容有深度，呈现方式新，社会反响好。时长不超过8分钟。

24. **移动直播**：移动端首发对重大新闻事件或突发事件的新闻直播。要求与新闻性事件的发生和发展同步采集现场信息并发布，集现场报道、背景介绍与事态分析等于一体。策划周密，信息全面准确；音质画面清晰，报道重大突发事件可适当放宽；体现用户的参与性、同场感；充分体现移动端直播特征。时长不超过180分钟。

对同一新闻事件的间断性直播选取其中1个完整直播段参评。跨年直播的作品，首次播出时间和主体部分应在上一年度完成。不包括纪念会、报告会、文艺演出、工程庆典、剪彩仪式、活动开幕式直播作品。

25. 创意互动：移动端首发并与用户形成完整交互传播链条的作品。要求主题鲜明，特点突出；应用互动新技术、交互性强；体现新闻性、互动性、技术性高度统一。时长不超过 30 分钟。

26. 融合创新：移动端首发结合运用多媒体技术生产的新闻作品。要求在内容表达、报道形式、技术应用、传播渠道等方面有重大创新，传播效果好，社会反响强烈，对推动媒体融合发展具有积极引领和示范效应。

27. 新闻名专栏：新闻单位原创，有共同特征的新闻报道版块（单元），应连续刊播一年以上，年度内刊播不少于 48 周、每周不少于 1 次。要求内容选择与专栏定位、版面位置（播出时段、发布平台）相符；形式新颖，特色鲜明；编排制作精良，受众认知度高，社会影响大。网络媒体（含移动端）专栏要求信息量大，鼓励自有平台刊播栏目。

报纸专栏应有固定的名称，位置相对固定和独立，不含专刊和专版；广播、电视专栏应有固定名称、标识；新闻网站专栏应在固定页面有固定名称和链接位置；移动端专栏应持续刊播且有固定名称。

28. 国际传播：中国媒体的对外报道，包括以国际传播为研究对象的新闻论文。要求突出维护国家主权、安全和核心利益，体现我国外交政策精神，传播中华文化，展示改革开放成就，放大中国声音，有效影响国际舆论；充分考虑境外受众接受度、社会习俗，新闻性、针对性和吸引力、亲和力较强，传播效果好；落地（转载、引用）率高。字数、时长按作品体裁适用本办法相关评选项目要求。

29. 新闻论文：研究论述新闻实践、新闻理念、新闻理论的文章。要求立论正确，论据可靠，论证充分，论述严谨，理论联系实际，重视实践探索与理论创新。字数不超过 8000 字，不含注释，计算方式同文字消息。

五、作者（主创人员）、编辑申报

作者（主创人员）、编辑应据实按规定名额（详见附件1）申报。超出名额按"集体"申报的，应附对作品做出核心贡献、主要贡献的人员名单。

1. 作者申报

姓名和排序，以刊播为准；署笔名的，注明本名；未署名的，按"集体"申报。

2. 主创人员申报

对作品策划、采访、编辑等做出核心贡献、主要贡献人员（详见附件1）。按贡献度从大到小排序。

3. 编辑申报

原则上不得空缺。每件作品不超过 3 名，超过 3 名的，按"集体"申报。按贡献度从大到小排序。作者（主创人员）可同时申报编辑。

六、设奖数额

设奖数额不超过 350 个，其中，一等奖不超过 68 个（包括 12 个新闻名专栏）；二等奖 106 个左右；三等奖 176 个左右。

1. 特殊情况下，经评委会决定，可设不超过 5 个特别奖，与一等奖同等待遇。

2. 在全部一、二、三等奖获奖作品中，超长作品不得超过 12 个。报纸、通讯社作品，广播作品，电视作品，媒体融合奖项作品，每类不超过 2 个；新闻论文、国际传播奖项每个项目不超过 2 个。

3. 为调动更多新闻单位积极性，1 个刊播单位在以下项目获一等奖作品不超过 1 个。报社、通讯社限制项目为消息、评论、通讯与深度报道；广播电台、电视台限制项目分别为广播或电视消息、评论和专题。

4. 每个评选项目的设奖数额，由评委会主任会议根据当届作品质量、结构和报送、评选情况提出建议，经评委会全体会议讨论确定。

七、奖励办法

中国记协向特别奖、一等奖获奖作品作者（主创人员）以及新闻名专栏获奖单位颁发中国新闻奖奖杯、获奖证书和奖金；向获奖作品编辑和二、三等奖获奖作品的作者（主创人员）颁发获奖证书。按"集体"申报作品，向作品刊播单位颁奖，国际传播奖向采制单位颁奖。二、三等奖获奖作品奖金由作者（主创人员）所在单位确定、发放。

八、参评办法

本评选实行组织推荐和自荐、他荐两种参评办法。其中，组织推荐参评由新闻单位按本办法规定，向中国记协委托的报送单位、专项初评报送单位推荐；自荐、他荐参评按本办法规定，向报送单位、专项初评报送单位、试点报送单位或中国记协评奖办公室推荐。

1. 组织推荐范围与程序

（1）本办法规定范围的新闻单位，均可推荐本单位原创并刊播作品参评；新闻论文与国际传播作品不限本单位刊播；各新闻单位分支机构、记者站作品由本单位推荐参评。合作作品可由任一家首发单位推荐。

（2）新闻单位应对所推荐作品及其申报信息真实性负审核把关责任。

（3）作品应由新闻单位编辑记者民主推荐，由单位负责人和编辑、记者代表（本人无作品参评）组成评委会评选。

（4）对评委会评选结果，新闻单位应按本办法规定严格审核，提出拟推荐的作品，在本单位公示不少于 5 个工作日。对公示中提出的意见进行核查，并根据核查情况确定推荐作品。

2. 初评报送

中国记协委托报送单位、专项初评报送单位和试点报送单位开展对有关作品的初评,并受理自荐、他荐有关作品。接受委托的单位应对所报送作品的真实性及相关申报信息的准确性负审核把关责任。

(1) 人民日报社、新华社、中央广播电视总台、光明日报社、经济日报社、中国日报社、中国新闻社报送本单位作品。

(2) 中央主要新闻单位和部分全国性行业报初评委员会(以下简称"中央主要新闻单位初评委员会")报送科技日报社、人民政协报社、中央纪委国家监委新闻传播中心、学习时报社、工人日报社、中国青年报社、中国妇女报社、农民日报社、法治日报社等单位作品。

(3) 各省(区、市)和新疆生产建设兵团记协,中央军委政治工作部宣传局,中国晚报工作者协会、中国地市报研究会,报送本地区、本系统新闻单位作品。

(4) 中国行业报协会报送本协会会员单位作品。

(5) 上述范围以外,主管单位属地方的,由属地省级记协报送;主管单位属中央单位的,由中央主要新闻单位初评委员会报送。

(6) 中央网信办网络传播局报送网络媒体(含移动端)的文字消息、文字评论、页(界)面设计,以及新闻网站的新闻专题、新闻专栏。

(7) 中国广播电视社会组织联合会报送广播电视新闻访谈、新闻现场直播、新闻节目编排、新闻专栏。

(8) 中国新闻摄影学会报送新闻摄影作品。

(9) 中国新闻漫画研究会报送新闻漫画作品和报纸新闻版面。

(10) 中国报纸副刊研究会报送报纸副刊作品和报纸、通讯社新闻专栏。

(11) 中国记协新媒体专业委员会报送短视频现场新闻、短视频专题报道、移动直播、创意互动、融合创新和移动端专栏。

(12) 中国社会科学院新闻与传播研究所等21家新闻教研机构(详见附件2),按要求报送各项目参评作品。

3. 报送名额

各报送单位名额见附件2。具体要求如下:

(1) 各报送单位报送作品中,落实全媒体传播要求,全媒体传播效果突出的作品不少于30%。

(2) 参评国际传播奖项的作品,应不少于各报送单位报送数额的10%,各地记协、中国行业报协会、各专项作品报送单位和中央主要新闻单位初评委员会,按不少于5%掌握。在此基础上，如名额不足，可新增不超过2件。中央广播电视总台可报送不超过3件。

（3）各省（区）记协报送作品中，省级媒体，包括省属都市类媒体作品按不超过60%掌握，可浮动1个名额。

（4）其他经专项初评报送的作品，包括新闻版面，报纸副刊，广播电视新闻访谈、现场直播、节目编排，网络消息、评论、专题，页（界）面设计，新闻摄影、漫画，新闻专栏，媒体融合奖项等，报送数额见各有关专项作品的《初评工作通知》。

（5）每个试点报送单位报送作品不超过3件，其中，其所在省（区、市）媒体刊播作品不超过1件；1个刊播单位（含移动端账号）作品不超过1件。

（6）超额报送的，按所申报《中国新闻奖报送作品目录》，撤下排序靠后的作品。

4. 自荐、他荐参评

各社会单位（不包括新闻单位）、个人均可按本办法规定，向相关单位自荐、他荐作品，名额不超过1个。

（1）作品应获得省部级或中央主要新闻单位社（台）级二等奖及以上新闻奖，并有2名新闻专业副高以上职称的人士实名推荐。

（2）作品应由刊播媒体所在的省级记协、中央新闻单位或中国行业报协会等对其政治方向、舆论导向、业务水平及报送材料审核把关，并盖章确认。

（3）不得向2家（含2家）以上单位推荐，一经发现，立即取消参评资格。

（4）应公示作品完整参评材料，公示时间不少于5个工作日。

（5）在各有关报送单位要求的截止日期前提交参评材料。

九、参评材料

参评应提交参评材料纸质版和电子版。报纸作品应报送样报原件；通讯社作品提交发稿时的文字稿打印件和采用样品；广播、电视作品应报送公开刊播版的完整复制件。相关申报资料及信息应真实准确。不符合要求或逾期报送的，不予受理。纸质材料以寄达日期为准，网络报送材料以截稿当日24时为准。

1. 纸质版材料制作要求及格式详见附件3。

2. 电子版材料用于评审、网络公示和有关书籍出版，具体制作要求和格式详见附件3。确有特殊情况应在截止日期前15个工作日联系评奖办公室说明。

3. 广播、电视作品参评单位、人员务必保存音视频作品的播出栏目原版以及该作品和所在栏目的内部编辑、制作和播出审批凭据，含数字系统编审痕迹，以便对比鉴定。无法提供的，不予评选；已经获奖的，撤销获奖资格。

4. 纸质材料和电子材料提交办法见附件4。

5. 所有报送单位和参评人员应签署并提交《诚信参评承诺书》，详见附件10。

6. 报送单位，自荐、他荐单位和人员应提交公示情况说明。内容应列明公示时间、网址（含每件作品网址）、收到举报及核查处理情况等，并加盖单位公章。个人自荐、他荐的，应签署自荐、他荐人姓名。

十、评选程序

1. 实行推荐、初评和定评三级评选制。

2. 中国记协评奖办公室为评选委员会（以下简称"评委会"）领导下的工作机构，负责受理参评作品并开展初审、公示，组织审核、受理复议申请等。评委会未召集期间，接受评委会主任会议领导。

3. 通过评奖办公室审核的作品及相关材料在中国记协网、新华网公示不少于7个工作日，接受评议和监督。评议意见提交审核委员会、评委会参考，举报意见由评奖办公室核查，并根据核查情况向评委会主任会议提出评选建议。

4. 评奖办公室组织审核委员会，对作品及相关材料按本办法评选标准进行审核。审核意见经评委会主任会议审议确定，并根据审核情况向评委会提出评选建议。

5. 评委会实到评委应超过应到人数4/5。

6. 评委应审看、审听全部作品参评材料，听取审核情况、公示情况报告，确定作品参评资格。

7. 评选以无记名投票方式进行。

8. 分小组评议、讨论作品，并推荐一、二、三等奖候选作品。候选作品按票数排序，同票数情况，讨论确定。

9. 评选采取差额投票方式。一、二、三等奖候选作品差额数不少于设奖数额的20%。候选作品少于或等于设奖数额的评选项目，经评委会主任会议研究决定，并经评委会同意，可适当调剂该项目设奖数额。

10. 评委会全体会议听取各小组推荐情况，经评议、讨论确定候选作品，并选出获奖作品。一等奖获奖作品须达到实到评委2/3赞成票，二、三等奖获奖作品须超过实到评委1/2赞成票。最多进行三轮投票，如三轮投票后，达到规定票数的作品数仍少于设奖数额，其缺额不补。

11. 达到规定票数的一、二等奖候选作品多于设奖数额的，成为下一等次获奖作品并排在前列。

12. 达到规定票数的作品数量未达到设奖名额，一、二等奖空缺名额调入下一等次该项目设奖名额。

13. 评选期间，评委不得宣传、介绍、点评本单位推荐、报送的作品。

14. 评选细则由评奖办公室根据本办法和当届作品参评等情况起草，提交当届评委会第一次全体会议讨论通过后施行。评选结束后，评委名单、评选细则随评选结果在中国记协网、新华网公示，公示不少于7个工作日。

15. 评奖办公室负责受理公示期间有关举报，按照本办法规定对举报事实进行认真核查，提出处理建议报评委会主任会议决定。对没有提供违规线索或证据的，不予受理。

16. 核查工作结束并报经中宣部批准后，正式揭晓获奖作品名单。

十一、评委组成

1. 评选委员会由中国记协聘任并报经中宣部同意，任期一届。每届人数100名左右。

2. 评委实行回避制。各单位申报的评委，本人或其直系亲属有作品参评的，应当回避。

3. 评委实行一定比例的轮换制。

4. 评委应坚持党性原则；品行端正，作风务实，办事公道；熟悉新闻业务；组织纪律性强，符合新闻从业经验要求。

5. 评委应签订保密协议，承担评选信息保密责任。

6. 评委会组成人员包括：

（1）中宣部、中央网信办、国家广播电视总局、中央军委政治工作部宣传局和人民日报社、新华社、解放军报社、光明日报社、经济日报社、中国日报社、中国广播电视社会组织联合会、中国行业报协会各1位负责人；中央广播电视总台央视、央广、国广各1位负责人；中国记协主席、副主席和书记处书记。（27名左右）

中国新闻摄影学会、中国新闻漫画研究会、中国报纸副刊研究会负责人担任摄影、漫画、副刊项目评委。

（2）科技日报社、人民政协报社、中央纪委国家监委新闻传播中心、中国新闻社、学习时报社、工人日报社、中国青年报社、中国妇女报社、农民日报社、法治日报社按轮换制原则推荐相关采编业务负责人。（5名左右）

（3）中国行业报协会会员单位以外的全国性行业类媒体和地方新闻单位业务骨干，要求是在职的"两奖"获奖者或具有正高职称的中青年编辑、记者。网络、国际传播方面，可放宽为副高以上职称。（21名左右）

（4）各省（区、市）和新疆生产建设兵团记协主席或由主席委托的人选担任评委。为增强评委会专业性，主席委托人选须按要求推荐新闻单位在职且分管采编业

务的负责人。(32名左右)

(5) 专家学者。由中国记协评奖办公室在评委会主任或主任委托的副主任监督下，从上届未出任评委的专家库专家中抽取产生。其中从事广播电视新闻研究方向专家占50%左右，文字、网络新闻和国际传播研究方面的专家所占比例大致相等。(15名左右)

十二、违规处罚

如有违规参评、获奖的，对相关责任人、责任单位予以处罚。

1. 参评作品存在严重导向问题，有抄袭、造假，或内容严重失实，一经查实，撤销作品参评或获奖资格，对作者（主创人员）和编辑予以通报批评。

2. 重新制作作品，作品刊播信息有造假或虚报，作者（主创人员）、编辑有虚报，一经查实，撤销作品参评或获奖资格，对相关责任人予以通报批评。

3. 参评人员违反职业道德，或因违反评奖规则等行为受到处罚并在影响期内的，一经查实，取消参评资格和获奖资格，并对相关责任人予以通报批评。

4. 因上述1、2、3项违规情况被通报批评的人员，3年内不得参加中国记协新闻奖评选活动。连续2年被通报批评的报送单位（含试点报送单位），按2年累计涉及作品核减其下一届报送名额。

5. 对未按规定程序开展推荐和初评，未按要求对报送作品材料公示等违规问题，一经查实，即撤销相关作品参评或获奖资格，对相关责任单位予以批评，责令整改。

6. 对取消获奖资格的作品，公开发布公告，取消相关人员获奖资格，责成相关报送单位、推荐单位追回奖杯、获奖证书和奖金。

7. 填报信息有误，造成申报版本与播出版本不一致，对报送单位予以批评。首次被批评的，责令整改；连续2年被批评的，减少2年累计涉及作品名额。

8. 自荐、他荐作品参评的，一经发现有上述违规情况，除按相关条款处罚外，推荐人3年内不得参加中国记协新闻奖评选活动。

9. 对推荐单位、报送单位和参评者等有请客吃饭、送礼、贿赂等行为，审核委员、评委等有收受贿赂、钱（物）票交易等行为的举报，委托相关主管单位纪检监察部门介入调查。一经查实，取消该作品的参评资格或获奖资格，取消该审核委员、评委资格并通报所在单位。相关责任人今后不得参与中国记协各项评选活动；该审核委员、评委今后不得参与中国记协各项评选活动。

10. 审核委员、评委严格履行与中国记协评奖办公室签订的保密协议。在评选结果揭晓前，未经中国记协评奖办公室授权，不得发布、告知他人有关评选工作的内容和信息。如违反，取消其审核委员、评委资格，并通报所在单位，今后不得参与中国记协新闻奖评选活动。

十三、附则

1. 未尽事项，由当届评委会主任会议研究决定。
2. 中国记协享有中国新闻奖参评作品申报材料的使用权。
3. 本办法解释权归中国记协。
4. 本办法自公布之日起施行。

附件：（详见中国记协网 http://www.zgjx.cn/）

1. 作者、主创人员申报名额及范围
2. 报送单位报送名额
3. 参评作品材料制作要求
4. 纸质材料和电子材料截止日期和提交办法
5. 中国新闻奖报送作品目录
6. 中国新闻奖参评作品推荐表
7. 中国新闻奖参评作品推荐表（自荐、他荐作品）
8. 参评作品推荐表填报说明
9. 中国新闻奖系列、连续、组合报道作品完整目录
10. 诚信参评承诺书
11. 中国新闻奖参评材料清单

参考文献

专著

《实践中的马克思主义新闻观：新闻报道经典案例评的》编写组. 实践中的马克思主义新闻观——新闻报道经典案例评析. 北京：高等教育出版社，2015.

《新闻采访与写作》编写组. 新闻采访与写作. 北京：高等教育出版社，2019.

艾丰. 新闻采访方法论. 北京：人民日报出版社，2007.

艾丰. 新闻写作方法论. 北京：人民日报出版社，2010.

白贵，彭焕萍. 当代新闻写作. 北京：中国人民大学出版社，2013.

白贵，彭焕萍. 当代新闻写作：第二版. 北京：中国人民大学出版社，2018.

白庆祥，刘乃仲，郑保章. 新闻采访写作编辑案例教程，北京：新华出版社，2003.

蔡军剑，张晋升. 准记者培训教程——南方周末采编精英演讲录，广州：南方日报出版社，2007.

陈力丹. 通讯员习作点评. 北京：中国广播电视出版社，2007.

成鸿昌，赵娟萍. 漫谈社会新闻. 北京：新华出版社，1994.

程道才. 专业新闻写作概论. 北京：中国广播电视出版社，2002.

仇学英. 热点经济新闻采访技巧. 北京：新华出版社，1998.

戴振雯. 当代新闻写作教程. 合肥：合肥工业大学出版社，2004.

丁柏铨，胡翼青. 通讯写作. 北京：中国广播电视出版社，2007.

丁柏铨. 新闻采访与写作：第三版. 北京：高等教育出版社，2014.

丁柏铨. 新闻写作研究导引. 南京：南京大学出版社，2015.

丁晓萍，戴永明. 新闻采访与写作. 上海：上海人民出版社，2005.

窦锋昌. 全媒体新闻生产：案例与方法. 上海：复旦大学出版社，2018.

杜骏飞，胡翼青. 深度报道原理. 北京：新华出版社，2001.

杜荣进. 中外新闻采写借鉴集成. 杭州：浙江教育出版社，1997.

樊凡，时统宇. 经济新闻范文评析. 北京：新华出版社，2001.

范敏. 新闻采访实务. 北京：北京交通大学出版社，2009.
方延明. 新闻写作教程. 北京：高等教育出版社，2005.
方延明. 新闻写作教程. 北京：高等教育出版社，2005.
冯建，李峰. 通讯名作100篇：修订版. 北京：新华出版社，2009.
高刚，潘曙雅. 新闻采访与写作. 北京：中国人民大学出版社，2018.
高宁远，郭建斌，罗大眉. 现代新闻采访写作教程. 北京：新华出版社，1998.
耿煜. 最新新闻传媒写作技巧与范例. 北京：企业管理出版社，2006.
辜晓进. 现代科技新闻概论. 北京：中国科学技术出版社，1994.
顾理平. 社会新闻采写艺术. 北京：中国广播电视出版社，2002.
顾理平. 隐性采访论. 北京：新华出版社，2004.
郭光华. 新闻传播艺术论——报纸新闻写作魅力探索. 长沙：岳麓书社，2002.
郭光华. 新闻写作. 北京：中国传媒大学出版社，2006.
郭建斌，晋群. 新闻采访写作基础. 昆明：云南大学出版社，2009.
国务院新闻办公室新闻局. 政府新闻发布工作手册. 北京：五洲传播出版社，2007.
何明. 写作语言学. 长春：东北师范大学出版社，1998.
何志武. 新闻采访：第二版. 武汉：武汉大学出版社，2006.
胡欣. 新闻写作学. 武汉：武汉大学出版社，2006.
黄炜. 新闻采访写作. 上海：上海大学出版社，2005.
黄晓军，田颂云. 新闻采写基础. 北京：中国传媒大学出版社，2021.
黄晓钟. 新闻写作思考与训练. 成都：四川大学出版社，2002.
蒋晓丽. 现代新闻传媒标题艺术. 成都：四川大学出版社，1998.
靖鸣. 会议新闻学. 北京：中国传媒大学出版社，2007.
康文久. 实用新闻写作. 北京：新华出版社，1996.
邝云妙. 当代新闻采访学. 广州：暨南大学出版社，1998.
蓝鸿文，马向伍. 新闻语言分析. 北京：中国物资出版社，1989.
蓝鸿文. 新闻采访学：第二版. 北京：中国人民大学出版社，2011.
蓝鸿文. 专业采访报道学. 北京：中国人民大学出版社，1991.
蓝鸿文. 专业采访报道学：第二版. 北京：中国人民大学出版社，2003.
李矗. 法制新闻报道概说. 北京：中国广播电视出版社，2002.
李法宝. 新闻写作的艺术与技巧. 广州：中山大学出版社，2005.
李良荣等. 当代西方新闻媒体. 上海：复旦大学出版社，2010.
李沁. 融合新闻学概论：理念、实务、操作解析. 北京：中国人民大学出版社，

2021.

李希光，孙静惟，王晶. 新闻采访写作教程. 北京：清华大学出版社，2011.

李希光. 初级新闻采访写作. 北京：清华大学出版社，2013.

李元授，白丁. 新闻语言学. 北京：新华出版社，2001.

梁一高. 现代新闻采访学教程：修订二版. 北京：中国广播电视出版社，2008.

林永年. 新闻报道形式大全：修订本. 杭州：浙江大学出版社，2003.

林玉树. 新闻有常 俯仰百变：新闻采访与写作技巧谈. 北京：中国传媒大学出版社，2010.

刘冰. 新闻实务训练. 北京：北京大学出版社，2017.

刘福利，王中伟. 新闻采访十讲. 上海：上海三联书店，2021.

刘海贵，孔祥军. 新闻传播精品导读：新闻（消息）卷——范式与典例. 上海：复旦大学出版社，2004.

刘海贵. 当代新闻采访：第二版. 上海：复旦大学出版社，2003.

刘海贵. 新闻采访教程：第二版. 上海：复旦大学出版社，2011.

刘海贵. 新闻采访写作新编：新一版. 上海：复旦大学出版社，2004.

刘海贵. 新闻传播精品导读：通讯卷. 上海：复旦大学出版社，2004.

刘海贵. 中国新闻采访写作教程. 上海：复旦大学出版社，2008.

刘海贵. 中国新闻采访写作学：新修版. 上海：复旦大学出版社，2011.

刘建华. 一本书学会新闻采访. 北京：人民日报出版社，2011.

刘建华. 一本书学会新闻写作. 北京：人民日报出版社，2011.

刘明华，张征.《新闻写作教程》教学参考书——新闻作品选读. 北京：中国人民大学出版社，2003.

刘乃仲，刘连峰. 体验式新闻. 北京：中国广播电视出版社，2002.

刘其中. 诤语良言：与青年记者谈新闻写作. 北京：新华出版社，2003.

刘善兴. 新闻采访36式. 北京：解放军出版社，2000.

刘笑盈. 经济学与经济新闻报道. 北京：中国传媒大学出版社，2006.

刘勇. 深度报道采访与写作. 合肥：合肥工业大学出版社，2006.

罗海岩. 法拉奇 向世界投不信任票. 北京：新华出版社，2007.

罗以澄，吴玉兰. 新闻采访. 长沙：中南大学出版社，2005.

罗以澄. 新闻采访学新论. 武汉：武汉大学出版社，2002.

罗以澄. 新闻采访学新论：第二版. 武汉：武汉大学出版社，2019.

罗哲宇. 广播电视深度报道. 中国广播电视出版社，2004.

欧阳霞. 新闻采访与写作. 北京：清华大学出版社，2019.

戚鸣. 实用新闻采访. 北京：新华出版社，2010.

邱沛篁. 新闻采访论. 成都：四川大学出版社，2001.

邱沛篁等. 实用新闻学基础. 成都：四川大学出版社，1986.

人民日报新闻研究中心. 人民日报60年优秀通讯选. 北京：人民日报出版社，2009.

荣乐娟. 新闻写作概论. 北京：中国政法大学出版社，2005.

桑义燐，樊葵. 新闻报道学：第二版. 杭州：浙江大学出版社，2004.

申凡. 当代新闻采访学. 武汉：华中理工大学出版社，1999.

孙文杰. 新闻采访新编. 北京：中国传媒大学出版社，2019.

唐峥. 深度报道. 北京：中国人民大学出版社，2021.

田建国，任翠英. 电视新闻采访与写作. 北京：中国传媒大学出版社，2015.

童兵. 理论新闻传播学导论. 北京：中国人民大学出版社，2000.

王波. 计算机辅助新闻学概论. 北京：新华出版社，2000.

王灿发. 现代新闻业务基础教程：第三版. 北京：中国广播影视出版社，2020.

王俊璞. 新闻写作60招. 北京：新华出版社，2007.

王中义，史梁. 当代新闻采访教程. 合肥：合肥工业大学出版社，2004.

王中义. 新闻写作技法. 合肥：合肥工业大学出版社，2006.

文通. 新编新闻写作1本通. 北京：中国纺织出版社，2009.

吴高福. 新闻学基本原理. 武汉：武汉大学出版，1993.

武斌. 新闻写作案例教程：范例、思路与技巧. 广州：南方日报出版社，2014.

肖明，丁迈. 精确新闻学. 北京：中国广播电视出版社，2002.

新华出版社. 中国名记者传略与名篇赏析：修订版. 北京：新华出版社，2010.

熊高. 采访行为学概论. 北京：人民出版社，2000.

熊先志. 新闻采写术. 北京：新华出版社，2000.

徐国源. 当代新闻采访写作. 苏州：苏州大学出版社，2006.

许颖. 新闻采访与写作. 北京：中国传媒大学出版社，2011.

薛国林. 当代新闻写作. 广州：暨南大学出版社，2005.

严三九，包鹏程，王虎. 经济新闻写作教程. 北京：北京大学出版社，2007.

杨秀国. 新闻采访学通论. 北京：人民出版社，2007.

姚里军. 中西新闻写作比较. 北京：中国广播电视出版社，2002.

岳海翔. 新闻传媒写作要领与范文. 北京：中国言实出版社，2009.

曾繁旭，林珊珊，庄永志. 深度报道：题材、理念与方法. 北京：清华大学出版社，2021.

曾祥敏. 电视采访：第二版. 北京：中国传媒大学出版社，2010.

曾祥敏. 电视采访：融合报道中的人、故事与视角. 北京：中国传媒大学出版社，2018.

张柏兴，汪宗保，龙长征. 专业新闻报道. 杭州：浙江大学出版社，2005.

张超. 出镜报道：第二版. 北京：中国人民大学出版社，2017.

张宸. 当代西方新闻报道规范：采编标准及案例精解. 上海：复旦大学出版社，2008.

张惠仁. 现代新闻写作学. 成都：四川人民出版社，2001.

张晋升，麦尚文，陈娟. 实用新闻写作. 广州：中山大学出版社，2006.

张举玺. 新闻写作新编：第二版. 北京：中国传媒大学出版社，2019.

张默. 新闻采访写作. 武汉：武汉大学出版社，2000.

张锡杰. 感悟人物通讯：采写经验50谈. 北京：西苑出版社，2006.

张征. 新闻采访教程. 北京：中国人民大学出版社，2008

赵淑萍. 当代电视新闻采访教程. 上海：复旦大学出版社，2010.

郑思礼，郑宇. 现代新闻报道：理解与表达. 昆明：云南大学出版社，2004.

周胜林，尹德刚，梅懿. 当代新闻写作：第二版. 上海：复旦大学出版社，2004.

周勇. 视听新闻报道. 北京：中国人民大学出版社，2021.

译著

[美] J. 赫伯特·阿特休尔. 权力的媒介. 黄煜，裘伯康，译. 北京：华夏出版社，1989.

[美] 比尔·科瓦齐，汤姆·罗森斯蒂尔. 新闻的十大基本原则. 刘海龙，连晓东，译. 北京：北京大学出版社，2014.

[美] 布鲁斯·D·伊图尔，道格拉斯·A·安德森. 当代媒体新闻写作与报道：第六版. 贾陆依，华建昌，译. 北京：中国人民大学出版社，2006.

[美] 布鲁斯·加里森，马克·塞伯加克. 体育新闻报道. 郝勤，译. 北京：华夏出版社，2002.

[美] 菲利普·迈耶. 精确新闻报道：记者应掌握的社会科学研究方法：第四版. 肖明译. 北京：中国人民大学出版社，2015.

[美] 盖伊·塔奇曼. 做新闻. 麻争旗，刘笑盈，徐扬，译. 北京：华夏出版社，2008.

[美] 卡罗尔·里奇. 新闻写作与报道训练教程：第六版. 钟新，译. 北京：中

国人民大学出版社，2012．

［美］凯利·莱特尔，朱利安·哈里斯，斯坦利·约翰逊．全能记者必备：新闻采集、写作和编辑的基本技能：第七版．宋铁军，译．北京：中国人民大学出版社，2010．

［美］凯利·莱特尔，朱利安·哈里斯，斯坦利·约翰逊．全能记者必备：新闻采集、写作和编辑的基本技能：中文版．宋铁军，译．北京：中国人民大学出版社，2005．

［美］克里斯·劳什．15堂财经新闻写作课：顶尖记者教你报道与金钱有关的故事（第二版）．张淑玲，译．北京：社会科学文献出版社，2018．

［美］肯·梅茨勒．创造性的采访．李丽颖，译．北京：北京大学出版社，2010．

［美］梅尔文·门彻．新闻报道与写作．展江，主译．北京：华夏出版社，2005．

［美］密苏里新闻学院写作组．新闻写作教程．范红，等，译．北京：新华出版社，1986．

［美］纳维德·萨利赫．新闻写作的艺术．陶娟，译．北京：中国人民大学出版社，2017．

［美］塞缪尔·G. 弗里德曼．媒体的真相：致年轻记者．梁岩，王星桥，译．北京：中信出版社，2007．

［美］威廉·E. 布隆代尔．《华尔街日报》是如何讲故事的．徐扬，译．北京：华夏出版社，2006．

［美］谢丽尔·吉布斯，汤姆·瓦霍沃．新闻采写教程：如何挖掘完整的故事．姚清江，刘肇熙，译．北京：新华出版社，2004．

［美］约翰·布雷迪．采访技巧．寿跃进，姜雨楠，译．北京，中国新闻出版社，1985．

［英］萨利·亚当斯，文弗·希克斯．新闻采访：第一线采访手边书．郭琼俐，曾慧琦，译．上海：上海三联书店，2004．

期刊及其他

蔡雯．从"超级记者"到"超级团队"——西方媒体"融合新闻"的实践和理论．中国记者，2007（1）．

李德龙，荣江涛．标题新闻的内涵及特点．新闻前哨，2008（1）．

刘保全．精品是怎样选取新闻角度的——兼评部分"中国新闻奖"作品（上）．

新闻实践，2008（1）.

刘保全. 精品是怎样选取新闻角度的——兼评部分"中国新闻奖"作品（下）. 新闻实践，2008（2）.

刘万永. 摒弃炒作满足需求——2006年高考报道探讨. 中国记者，2006（9）.

沈世纬. 深度报道与理论思维. 新闻记者，2003（9）.

宋晓农. 读者需要什么样的教育新闻. 中国记者，2003（4）.

田勇. 全媒体新闻运行的理念与操作. 中国记者，2009（7）.

王桂林. 怎样写好科技新闻. 记者摇篮，1988（3）.

温红彦. "四季歌"里觅强音——从教育新闻的特征谈如何做好教育报道. 新闻战线，2005（8）.

吴红月. 健康科技新闻的表现形式和特征. 科技传播，2009（4）.

徐沁. 媒介融合：新闻传播业的新趋势. 东南传播，2008（6）.

许向东. 新闻文体的创新与发展. 军事记者，2009（8）.

周平. 当前都市报文娱版的问题及对策分析——以武汉媒体为例. 新闻界，2008（4）.

后 记

"带着孩子般的眼光，充满好奇地观察社会、描述世界"，伴随这样的憧憬和对新闻业务教学、科研的热忱与专注，我有幸获得这样的机会能够将自己近10年的教学实践心得进行系统梳理，编写成眼前这部厚厚的《新闻采写教程》。虽然这部教材的厚度远不及新闻采写实践的丰富空间，但在一定程度上，却是我和我的学生们不断追赶实践创新的步伐的艰苦努力，这种努力贯穿在教学互动的每个环节中，坚定着我坚持以人为本的教学信念。

21世纪的新闻业已经进入全新的信息整合时代，业务竞争的内核是建立在业务能力的复合化与服务功能的多元化基础上的综合竞争，记者与媒体的整合优势必须在应对其他媒体竞争和受众多元的需求变化中不断巩固、不断聚合、不断提升，而这正是以新闻采写为主轴的新闻业务教学的指向。培养什么样的新闻人才，构建什么样的新闻教学实践模式需要新闻教育和教学做出迅捷和前瞻的回应。基于此，本人结合自己曾经在媒体实习和工作的经历，通过课堂教学的案例讲解，指导了近10届本科生、6届研究生进行模拟发布会和户外现场采访的实践，试图以作业、作品的方式与媒体一线的实态要求接轨，这种课堂外的技能演练最终形成了这部教材的思路与构架，也因此让我对共同参与教材写作、提供教材选编实例的我的研究生和本科生们心怀深深的谢意与敬意，他们的"身入""心入"以及"行入"，让这部教材充满活力。细心的读者在阅读和使用教材时会发现，正文与附录中有课堂教学的实例，当你们看到这些跃动着对新闻采写充满热情与兴趣的作品时，你们会和我一样深受感染，并且会感觉到新闻内在的无穷魅力，它在伴随我们生活的过程中也因为我们的创新而精彩。因此，我更想对你们说，在这个开放的讨论空间中，新闻采写其实是一种充满时代气息的社会历史的书写，它凸现出我们时代风貌的亮点，更让我们在这些亮点的背后感悟我们的存在以及有价值的点滴探进。作为教材编著的一员，我衷心并诚恳地希望你们能够把这部教材看做一个互动的开放空间与对话平台，祈盼你们能在学习和思考新闻采写的"大体"规律中触摸到变化的方向，从而成为与时俱进的全能新闻人。

后 记

教材从设计到完成经历了两年的时间,在这漫长而充实的构思与写作过程中,我和我的研究生们进行了一次又一次深入的讨论,这使我更加严谨、认真地对待这次写作。两年间,我承担着繁重的本科与研究生教学工作,带领学生开展过数十次不同类别的采写实践,每一次评讲与交流都是一次学理的梳理与深化。我们在教学相长中共同搭建技能培养与思维训练的灵动空间,尽管业界的发展始终领先于我们的理论探讨,但这正是新闻传播研究面临的特定状态,我们在跟进中除了关注与思考外,还需要具体地建设、切实地寻找对接的可能性与可行性,所以,在教材写作之前,我们做了充分的扎实的调研与准备,如参考了一百多本国内外新闻采写教材,对新闻系 2006 级、2007 级、2008 级本科新闻班的同学进行了问卷调查和座谈会调研,我还访谈了国内媒体的新闻工作者,以尽可能全面、深入地了解教材需求,从而把握住教材的现实针对性与应用价值点。我认为,这样的过程也是一次特殊的采写,它使我们在编写时更加注意经典案例和学生作品的过程分析,也使我们在编写时更加强调基本原则和动态实施变化的内在关联,教材每一章的思考题,我们都尽量从科学选择、实用设计出发,在数次修改过程中侧重新闻采写过程的连贯指导和内在思维的创新启发,由于各方面的局限,我们同样以孩子般的真诚期盼、等待读者的检阅和指正,因为教材的写作实际上已经成为教学和实践的动力和新的起点。

本书的编写是我近十年来教授新闻采访、新闻采写课程的结晶,也是与我所指导的研究生们协作共建的结晶。我负责设计全书的编撰框架、体例和文风,提供了贯穿全书的重要资料及参考文献,并负责全书的统筹、修改与审稿工作。本书各章撰写分工如下:第一章,操慧、肖玉圆、周珣、李佳韬、杜冉乐;第二章,操慧、韩希、李玮、薛薇;第三章、第四章,操慧、丁静;第五章,操慧、张灿;第六章,操慧、沈小艳;第七章,操慧、熊博;第八章,操慧、韩希;第九章,操慧、曹丹、江沛佩;第十章,操慧、李玮、罗智子;第十一章,操慧、韩希、肖玉圆;第十二章,操慧、李佳韬、蔡汶君;第十三章,操慧、周珣、蔡汶君;第十四章、第十五章、第十六章,操慧、邓小红;第十七章、第十八章,操慧、薛薇;第十九章、第二十章,操慧、李玮;附录,操慧、范玉富、王开云。感谢上述章节中参加写作的我的研究生李玮、韩希、薛薇、邓小红、江沛佩、肖玉圆、周珣、李佳韬、丁静、张灿、沈小艳、熊博、杜冉乐、蔡汶君、曹丹以及吴玉章学院的罗智子同学,你们全力投入,在一次次认真的修改中提高与进步,给予我无数感动和激励,我为你们的成长感到高兴;感谢范育富和王开云同学极其认真负责地协助我做好本书的校对、格式调整以及部分篇章的修改工作,没有你们的全力支持和通力合作,我将无法完成这部教材的编撰。感谢四川大学文学与新闻学院新闻系 2008 级新闻班的本科生陈晓婷、徐溦、程颜颜、王晓冉、庞博、王康力、石晓、杨帆、李丹丹、叶舟盈、张芝花、张聪聪、张梦媛、李金洁、汪茗侠、张倩、陈晓波、张晴、夏小童、戴予馨、王辰悦，你们所提供的部分章节与附录中精彩的作业案例将对我们的读者大有启发，感谢李瑞、张晴、陈晓波、韩振海、夏小童、姜晓琨、杨珊、杨松涛同学帮助查找第五章的案例。除此之外，我还要感谢教育部批准我院新闻学专业获得首批高校特色专业建设点这个异常宝贵的机会，它使我能够将多年的教学经验和思考转化为成果，供大家参考、批评和指正；感谢我的导师邱沛篁教授多年来无私传授新闻采写的经验与扶助；感谢四川大学文学与新闻学院的蒋晓丽教授与吴建教授以及四川大学出版社的编辑徐燕、徐凯，你们的信任、鼓励和敦促给予我写作的信心和勇气。

在"六一"节前画下教材写作的暂时句点，我以此巧合作为一份特别的自励。孩子的眼光是纯真的尺子，它映射出世界的真、善、美；孩子的好奇心是推动世界不断发展的动力，正是这样的不懈求知与坚守成为记者面对未来挑战的特殊动力。立足新闻采写的教学和教育，我乐意与记者们以及未来的记者们心怀这份美丽和神奇的好奇，带着问题重新出发。

操慧于家中
2010年5月31日